KB069319

신라 왕경의 이해

주보돈 지음

신라 왕경의 이해

주보돈 지음

주류성

목차

I

신라왕경론

II

왕경과 신앙

III

왕경과 인식

책머리에

내가 고향이나 다름없는 오랜 대구 생활을 말끔히 청산하고 식구들과 짐을 싸서 경주에다 새 둥지를 턴지 벌써 3년 반을 지나 이제 만 4년의 문턱이다. 경주는 신라사 분야를 전문 연구 영역으로 삼아온 나로서는 평소 공사(公私)의 업무 차 자주 드나들었으므로 그리 낯선 곳은 아니었다. 아니 퍽이나 익숙한 곳이라고 함이 옳은 표현이겠다.

그렇다고 경주에로의 이주 결정이 단번에 쉽게 내려져 실행으로 옮겨진 일은 아니었다. 상당한 시간을 투여한 일종의 기획이었다. 그럼에도 미지의 지역에 대한 두려움으로 반신반의하던 식구들의 반대와 주위 사람들의 만류 등으로 나름의 힘든 과정을 겪을 수밖에 없었다. 하지만 끝내 뼈를 묻어야겠다는 일념으로 강행한 것이었다.

경주가 과거 신라 왕경이었던 사실을 제외하면 나의 현생(現生)에서는 별다른 인연을 맺었던 곳은 아니다. 굳이 따진다면 잠깐의 스치는 여행이나 답사 일정을 제외하고 1970년대 중반 시내 중심지에 있는 어느 적석목곽분 발굴단의 일원으로서 15박 16일 동안의 현장 체험이 전부이다. 그럼에도 경주를 삶의 마지막 터전으로 삼으려는 각오를 드디어 굳힌 데에는 나름의 적지 않은 명분과 이유가 있었다.

여기서 형편상 그런 실상을 낱낱이 밝힐 수는 없지만 어떻든 그 가운데 가장 뚜렷한 것은 연구자로서의 마무리를 신라사의 현장인 왕경에서 정리해보겠다는 강한 욕구였다. 이리저리 발길 닿는 대로 걸으면서 신라 왕경의 정경(情景)을 떠올리고 당시 사람들은 무슨 생각으로, 어떻게 살아갔을까 하는 냄새를 어렴풋이 상상으로나마 맛보는 시간을 갖고 싶었다. 평소 책상머리에서 문헌 기록으로만 그려본 신라 왕경의 모습이란 과연 얼마나 실상에 가까울까, 너무 동떨어진 허구이며 한갓 피상이지 않을까 하는 의아심을 적지 않게 품고 있었다. 그렇다면 과연 그런 서사(書寫)가 무슨 의미가 있을까 하는 회의까지 들곤 하였다.

과거 답사란 이름 아래 경주분지 내에서 신라인의 삶과 문화 흔적이라고 알려진 웬만한 곳은 대충 돌아다녀본 경험이 있다. 당시에는 한꺼번에 많이 보고자 하는 욕심이 앞선 나머지 언제나 시간에 쫓겨 허겁지겁 들여다본 기억만이 아련하게 떠오를 따름이다. 그래서 이제 경주에 닻을 내리려는 마당에 한층 느긋하게 여유를 갖고 좀 더 꼼꼼하게 낱낱이 살펴볼 작정이었다.

경주에 정착한 뒤 여러 가지 여건상 비교적 자주 찾아보는 현장은 황룡사지와 (소)금강산자락 일대이다. 이 두 군데가 각별히 자주 들르는 대상으로 떠오른 것은 아내의 신앙과 강아지 때문이다. 그래서 굴불사와 백률사, 이차돈 무덤, 그리고 마애불까지 있는 (소)금강산에는 거의 1주일에 서너 차례 꼴로 찾게 되었다.

굴불사에 잠시 들러 백률사까지만 올랐다가 내려옴이 일상이지만 이따금씩 산꼭대기까지 찾아보는 경우도 있다. 그럴 때 신라인들이 왜 (소)금강산을 신성시하고 하필 여기에다 이차돈의 무덤을 조성하였을까, 백률사(자추사)는 어떤 규모와 구조를 가졌으며 누가 찾았을까 등등을 생각하곤 하였다. 신라인들은 평소 (소)금강산을 어떤 산으로 생각하였을까는 무척 궁금하게 여긴 대목이었다.

집에서 걸어서 왕복 한 시간 쯤 걸리는 황룡사지는 대체로 봄, 가을 날씨가 화창한 날만을 골라 1주일에 한두 차례쯤 찾아 대충 한 시간 쯤 머물다가 돌아오는 대상이다. 물론 강아지를 데리고 아내를 동반함이 일반적이지만 이따금씩 혼자서, 간혹은 경주를 찾아오는 방문객들을 안내해 주기 위해서일 때도 있다. 그런 기회에 중심부의 목탑지와 금당지를 톺아보고 간혹 홀로 앉아서 온갖 상념에 잠기는 시간을 갖기도 하였다.

그러다가 사방을 둘러보면서 왜 하필 여기에 황룡사가 자리하였을까, 금당지와 목탑지는 굳이 이 지점이며, 구조는 왜 저럴까 하는 의문을 품는다. 간혹 황룡사 사역(寺域)의 구석구석까지 샅샅이 더듬어보기도 하였다. 그러면서 평소 얼마나 중앙부 대상으로 수박 겉핥기식 접근을 하였던가를 깨닫기도 하였다. 세밀히 훑어보면 엄청난 정보를 확보할 수도 있었겠다고 자성하는 계기로 삼기도 하였다. 마침내 신라 왕경의 전반을 재구성해보는 구심은 황룡사이어야 한다는 생각을 굳히게 되었다. 신라 왕경은 황룡사에서 시작해 황룡사로 끝나야 한다는 느낌이 들었다.

사실 여러 해 전 황룡사의 창건 배경과 관련한 글을 정리하면서(『한국사연구』176, 2017) 언젠가 이를 본격적으로 다루어봄 직하다는 생각을 가진 적이 있었다. 기실 황룡사가 차지하는 중요도에 비추어 역사적으로 접근한 변변한 단행본 하나 없는 우리의 현실에 큰 안타까움을 느꼈기 때문이다. 황룡사지에 들를 때마다 여전히 그런 자성(自省)이 되살아나곤 하였다. 마음을 다잡는 시간이었다. 이번 글에서 그런 생각의 일단을 조금이라도 정리해보는 셈이 되었다.

황룡사 중심부에 앉아서 사방을 둘러보면 주변부 산세나 모습이 예사롭지 않다는 인상을 강하게 받는다. 각각의 산들은 저마다 간직한 어떤 특징을 나름대로 드러내려고 애쓴다는 느낌이 들었다. 물론 나만이 갖는 상상일지 모르지만 신라인들은 과연 어떻게 생각하였을까가 무척 궁금해지는 대목이었다. 저 멀리 해가 뜨는 동녘에 아스라이 봉우리만 약간 드러내어 신비롭게 보이는 토함산, 정반대 방향에 마치 무덤의 봉분처럼 홀로 우뚝한 선도산, 봉우리가 겹겹이 쌓여 깊고 그윽한 산세인 듯이 보이는 남산, 마치 얌전히 앉은 3존상을 연상케 하는 북쪽의 (소)금강산은 신라인에게 유다른 산악으로 비쳐졌을 공산이 크다. 무조건 규모나 외양이 크고 우람하다고 반드시 좋은 산은 아니다. 각자는 나름의 독특한 모습을 하고 어떤 내밀히 간직한 특별한 뜻을 나타내어 보이려는 듯하다.

경주분지를 둘러싼 수많은 산들 가운데 그들만이 각별히 신성하게 다루어져 산악숭배의 대상이 된 것은 어떤 상당한 의미가 깃들어 있기 때문이었을 터이다. 그래서 신라인들이 언젠가 이들을 왕경5악(혹은 4악)이라 하여 하나로 묶었으리라는 데에 생각이 미쳤다. 이들 4악을 서로 연결하면 만나는 접점이 바로 황룡사로 여겨졌다. 황룡사지에 앉아서 사방을 둘러보면 어느 누구라도 단번에 그처럼 느낄 것만 같았다.

그때 신라인들이 왜 그토록 황룡사를 중시하였던가가 선뜻 다가온다. 뒷날 황룡사를 창건한 뒤 건설 과정에서 황룡이 나타난 데서 그런 이름을 갖게 된 설화를 만들어낸 데에는 그런 위치로부터 비롯한 인식이 깊숙이 스며들었을 듯하다. 황룡사는 신라 왕경의 지리적 중앙부이면서 동시에 정치적·정신적 심장부였다.

그런 인식을 갖고 황룡사에서 다시 주변을 둘러보면 4악은 모두 예사롭지 않게 보인다. 이들 각각은 토착신앙의 원초라 할 산악숭배로부터 출발해 차츰 불교 신앙으로 대체되어 갔다. 그런 전환이 일시에 함께 이루어진 것은 아니었다. 그 결과 각자 구현하고자 한 불교 신앙의 내용이 달랐음은 물론이려니와 산악신앙과의 융합 방식이나 정도도 달랐으리라 상상된다. 모두 신라 불국토를 구현해내는 수단이었다.

그런 인식 아래 주변부 산악에 대해 관심을 조금씩 더 깊숙이 기울여 보기로 마음먹었다. 왕경의 구조를 세부적으로 들여다보기에 앞서 그런 밑그림을 선행함이 마땅하다고 생각하였기 때문이다. 그래서 황룡사의 위상과 변천을 새롭게 살피면서 (소)금강산, 선도산, 남산이 산악신앙으로부터 불교 신앙의 대상으로 바뀌어져가는 모습을 그려보고자 시도하였다. 그럴 때 토함산과 낭산(狼山)도 당연히 대상으로 삼아야 마땅하나 아쉽게도 불가피한 사정으로 넣지 못한 상태이다. 이들은 나중에 따로 다루어볼 작정이다.

본서에서 다룬 글들 가운데 왕경 자체나 산악신앙과 관련한 것은 새로 썼지만 나머지는 기왕 발표한 글에다 약간의 손질을 가한 것들이다. 신라 왕경의 참모습에 다가가는 데에 일정하게 도움이 될지 모른다고 여겨 약간의 번잡함을 무릅쓰고라도 싣기로 결정하였다.

이로써 경주에 정착한 목적의 첫 번째의 결실을 본서로서 맺음하게 되었다. 하나의 책으로 정리되어 나오는 데까지 많은 사람이 도움을 주었기에 가능하였다. 바쁜 일정 속에서 적지 않은 분량을 꼼꼼하게 읽고 교정하는 수고를 아끼지 않은 국립경주문화재연구소의 최준식군 도움이 매우 컸다. 개인적으로 소장하고 있는 여러 사진을 기꺼이 제공해준 연세대 하일식교수에게도 고마움을 표한다. 별로 수익성이 뒤따를 것 같지 않음에도 본서 간행을 흔쾌하게 받아들인 주류성 최병식 사장과 편집을 책임진 이준 이사께도 고마움을 전한다.

2020. 10.
경주 중초서사에서 저자

I

신라 왕경론

월성(국립경주문화재연구소)

1
신라 왕경의 형성과 전개

1. 들어가면서

전근대사회에서 한 국가의 왕경이 각별한 위치를 차지함은 두루 인식하고 있는 바와 같다. 왕조국가의 정치 행정은 물론 경제적, 문화적인 중심지로 기능함으로써 왕경에는 사람과 함께 온갖 물산(物産)이 모여들게 마련이었다.

정치사회가 점점 발전해갈수록 왕경에 대한 집중도는 한층 더 높아지고 그에 맞추어 내부 구조도 저절로 바뀌었다. 국왕은 고양된 위상과 권위를 드러내어 과시하고 이를 이념적으로 뒷받침하기 위해 왕궁을 비롯한 신전(神殿) 등 온갖 신성한 기념물을 크고도 화려하게 세우고 치장하는 데에 무척 애를 썼다. 이에 따라 왕궁은 물론 왕경 전반도 체계적으로 설계, 관리해 나갔음은 물론이다. 그런 까닭에 왕경은 다른 여느 도시에 견주어 뚜렷이 차이가 날 정도로 각별한 면모를 띨 수밖에 없었다.

자연적·지리적 여건으로 말미암아 기존 공간만으로는 늘어나는 인구와 물산을 체계적으로 관리하기 힘들거나 현실적 권위와 위세에 어울리지 못한다고 판단될 경우 때론 왕경을 다른 곳으로 옮기거나 혹은 별도(別都)를 따로 마련해 운영함으로써 취약점을 보완하는 등 여러 가지 방안을 강구하기도 하였다. 물론 왕조의 교체가 이루어질 때에는 당연히 새로운 곳에다 왕경을 개척하기도 하였다. 그리하여 왕경은 왕궁을 주축으로 해서 새 지배체제에 걸맞도록 다른 모습으로 단장해 갔을 터이다.

이런 전반적 추이에 비추어 신라의 왕경 경영은 대단히 특이한 사례로 손꼽아도 좋을 듯 싶다. 읍락국가(邑落國家)인 사로국(斯盧國)을 모태로 삼아 4세기 중엽 무렵 출범한 신라국가는 발상지(發祥地) 자체의 경역(境域) 그대로를 왕경으로 삼았다. 일종의 도시국가적 성격을 띤 사로국이 왕경으로 전화(轉化)한 셈이었다. 이를 토대로 정치사회 발전 수준에 어우러지는 모습으로 왕경은 차츰 탈바꿈해 나갔다.

이후 멸망에 이를 때까지 신라는 단 한 차례도 왕경을 다른 곳으로 옮기지 않았다. 이것이 곧 신라 왕경의 특징을 최종적으로 결정짓는 주된 요소로 작용하였다. 물론 5세기 말엽 당시 점점 불안해진 국제정세에 대처해 왕궁을 잠시 명활산성(明活山城)으로 옮긴 적이 있었지만 이는 어디까지나 왕경 내부에서의 임시 피난처였을 따름이다. 7세기 후반 삼국을 통합해 지배체제를 새로이 정비해나가면서 기존 왕경만으로는 여러모로 곤란한 상황에 다다르자 잠시 천도를 기획하였으나 끝내 실현시키지 못하고 말았다.

이처럼 원래의 발상지 중심으로만 성쇠를 거듭한 데에 신라 왕경 운영의 주요한 특징적 측면이 엿보인다. 여러 차례 정치사회적 변동을 겪으면서도 시종 같은 곳에 자리함으로써 왕경 자체는 매우 특이한 모습을 띨 수밖에 없었다. 질량(質量)의 두 방면에서 상당한 변화가 뒤따랐으나 동일한 공간을 그대로 활용해야 하였으므로 왕경 경영에 유난스레 고심을 하였을 터였다. 이와 같은 점이 신라 왕경의 경관(景觀)을 유례 드물도록 만든 요인이 된 것으로 여겨진다.

기왕에 신라 왕경의 경관과 운영을 군이 중국사에서 모델을 찾아내어 이에 비추어 이해하려 함이 일반적 경향이었다. 그리하여 전혀 생뚱맞게도 왕궁을 기준으로 북쪽으로 길게 뻗어나간 주작대로(朱雀大路)의 존재를 터무니없게 잘못 상정하면서 당의 장안성(長安城)과 일본의 평성경(平城京)에 견주어 대략의 구조와 규모를 추정하는 해프닝까지 벌이기도 하였다.

신라 왕경 중심부는 세 방면이 큰 시내[川]로 둘러싸이고 왕궁이 남쪽에 치우친 까닭으로 방향의 측면에서도 그러하지만 엄청난 크기의 대로가 존재하기 힘든 구조였다. 이러한 점이 오히려 동아시아세계 속에서 신라의 왕경의 경관을 각별하게 만든 또 다른 요인이라 하겠다. 이는 신라 왕경의 특징적 측면을 제대로 이해하려면 특히 염두에 두어야 할 대목이다.

이처럼 신라 왕경은 줄곧 같은 곳에 자리하면서 지형적 여건으로부터 적지 않은 제약을 받은 까닭에 오히려 나름의 독창적 면모를 지니게 되었다. 왕경의 형성 과정을 구체적으로 점검하는 가운데 그런 특징은 저절로 드러나리라 여겨진다.

2. 연구상의 문제

한국고대사의 세부 분야 대부분이 그러하지만 신라 왕경에 대해서도 전모(全貌)와 흐름을 제대로 파악할 수 있게 하는 기본 사료는 대단히 희소하다. 관련 사료들은 『삼국사기』 등 여러 사서(史書) 여기저기에 흩어져 겨우 단편적·파편적 형태로만 존재할 따름이다.

그런 까닭으로 특정 시기 신라 왕경의 모습은 물론이고 변천의 양상도 제대로 가늠해내기가 무척 곤란한 실정이다. 다만, 아래에 소개하는 자료는 근본적인 문제점을 안고 있기는 하지만 신라 왕경의 개략을 정리해 두었다는 측면에서 흔히 대강을 가늠하는 데에 매우 유용한 참고 자료로 삼아 왔다.

A) 지금 살피건대 신라 시조 혁거세((赫居世)는 전한(前漢) 오봉(五鳳) 원년 갑자(甲子)에 나라를 열었다. 왕도는 길이 3075보(步) 너비 3018보 35리(里) 6부(部)였다. 국호는 서야벌(徐耶伐), 혹은 사라(斯羅), 혹은 사로(斯盧), 혹은 신라(新羅)라 하였다. 탈해왕(脫解王) 9년 시림(始林)에 닭의 괴이함이 있어 이름을 고쳐 계림(雞林)이라 하고 국호로 삼았다. 기림왕(基臨王) 10년에는 다시 신라라 불렀다. 처음 혁거세 21년 궁성(宮城)을 축조해서 금성(金城)이라 하였고, 파사왕(婆娑王) 22년 금성 동남쪽에 성을 쌓아 월성(月城), 혹은 재성(在城)이라 불렀는데 둘레가 1023보였다. 신월성(新月城) 북쪽에는 만월성(滿月城)이 있는데 둘레는 1838보였다. 또 신월성 동쪽에는 명활성(明活城)이 있는데 둘레는 1906보이며, 신월성 남쪽에는 남산성(南山城)이 있는데 둘레는 2804보였다. 시조 이래 금성에 거처하였는데 후세에 이르러 두 월성에 많이 거처하였다.(『삼국사기』34 지리지1 서문)

이는 『삼국사기』 전체 50권 가운데 모두 4권으로 편성된 지리지의 서문(序文)에 해당하는 기사이다. 여기서는 신라 영역 전체를 총괄적으로 기술하면서 특정 시기의 왕경에 대한 대강(大綱)의 모습과 변화를 그려두고 있다. 신라가 서기전 57년 건국한 사실 및 당시(?) 왕경의 규모와 구조, 이후 국호의 변천, 궁성의 축조와 규모 및 변동, 그리고 주변의 산성 등을 대략 정리해 놓은 것이다.

위의 기사가 보여주는 내용의 대부분은[1] 『삼국사기』 신라본기에 흩어진 상태로 확인되므로 찬자가 그들을 끌어 모아 나름의 시각과 입장에서 종합적으로 정리한 것으로 여겨진다. 따라서 그것이 특정 시기의 실상을 반영한다기보다는 『삼국사기』 편찬자가 고려시대의 시각과 입장에서 그려낸 내용일 따름이다.

그래서 신라 당대의 모습이라기보다는 고려 중기 무렵의 인식이 깊숙이 들어 있는 것으로 판단된다.[2] 시조 혁거세에 의해 사로국이 개국되면서부터 벌써 왕도가 존재한다고 설정한 점, 그때부터 이미 35리까지 있었다고 묘사한 점 등에서 후대의 부회임이 뚜렷이 확인된다. 따라서 사료적 가치는 그리 높지 못한 편이라고 해야겠다.

그렇다면 위의 내용을 주요 자료적 근거로 삼아 신라 왕경의 실상에 접근하는 것은 대단히 위험하다고 여겨진다. 이 기사에 그려진 신라 왕

---

1) 사료 A)의 내용 대부분은 신라본기에 의거한 것이다. 다만, 新月城은 월성, 즉 在城을 그처럼 표현한 듯한데 이 용어는 신라본기를 비롯한 여타 다른 기록에는 전혀 보이지 않는다. 아마도 고려시대의 어느 시기에 이르러 월성의 겉모습이 마치 초승달 모양으로 인식된 데에 근거해 그처럼 반(半)월성이라 부른 데서 파생된 이칭(異稱)으로 여겨진다. 반월성에 대응하여 만들어진 만월성이란 용어도 그 연장선상에 있다. 따라서 이 사료 A)에는 고려 시대의 인식도 깊숙이 스며들어가 있다고 해야겠다.

2) 위의 주 1)에서 언급한 것처럼 신월성이나 만월성 관련 내용이 바로 그런 측면을 입증한다.

경의 모습은 어디까지나 고려시대 『삼국사기』 찬자의 시각과 해석에 지나지 않기 때문이다. 그런 측면에서 기왕에 거기에서 확인되는 '왕도'의 개념이나 규모 등에 착목하여 유추해낸 중고기(中古期)의 이른바 신라 왕경 '축소론(縮小論)'[3]은 받아들이기 힘든 근본적 문제점을 안고 있다고[4] 하겠다.

이 기사에 등장하는 신월성이나 만월성과 같은 용어도 이미 언급한 것처럼 문제를 내재하고 있다. 이들은 『삼국사기』 신라본기 등에서는 단 한 차례도 확인되지 않는다. 오로지 위의 서문 기사에서만 등장하는데, 이는 당대적 용어가 아님을 뚜렷이 방증해주는 사실이다. 신라가 멸망한 뒤 고려시대에 왕궁이 자리한 월성의 겉모습을 근거로 해서 처음 상정해낸 것이 신월성이며, 이로부터 나온 반월성도 마찬가지의 선상에서 이해된다. 만월성 역시 신월성을 전제로 해서 만들어낸 용어에 지나지 않을 따름이다.

신월성과 만월성의 둘은 왕궁을 가리키는 당대의 공식적 용어가 아니었다. 그러므로 신라 왕경의 실상에 접근할 때 굳이 위의 사료에 집착할 필요는 없다. 이를 활용해 왕경의 구조를 추적하는 데에는 각별히 세심한 주의가 요구된다.

그밖에 달리 신라 왕경의 실태를 종합적으로 정리해서 보여주는 당대의 기사는 어디에도 없다. 따라서 실상을 밝혀내려면 여러 곳에서 산견되는 단편적인 사료들을 매개로 해서 추리할 수밖에 없으므로 상당한

---

3) 여호규, 「신라 도성의 공간구성과 왕경제의 성립과정」『서울학연구』18, 2002 ; 전덕재, 『신라 왕경의 역사』, 새문사, 2009.

4) 이기봉, 『경주의 탄생』, 푸른역사, 2007.

어려움이 뒤따른다. 왕경이 차지하는 중요성에 비추어 그동안 문헌상의 연구가 상대적으로 부진했던 이유도 바로 여기에 있다.

지금껏 진행된 신라 왕경 연구의 흐름을 일별하면 이를 추동하고 주도한 것은 고고학이나 건축사 등 유물이나 유적과 같은 관련 실물자료를 근거로 접근하는 분야였음이 드러난다. 아무래도 문헌자료가 빈약한 데서 빚어진 당연한 결과이기도 하였다.

이들 분야에서는 처음 경주분지의 중심부가 근·현대 도시로 변모하기 직전까지 본래의 원형이 별로 크게 바뀌지 않고, 이전의 모습을 상당 부분 간직한 것으로 여겼다. 그래서 당해 시점에 제작된 지적도(地籍圖)나 주변에 대한 고고학적 조사 현황, 그리고 그 뒤에 찍은 항공사진 등등의 자료를 토대로 신라 왕경의 모습(사실상은 왕경 전체가 아니라 중심 시가지일 따름이다) 전반을 그려내려고 시도하였다. 거기에다 비슷한 시기 중국 수당(隋唐)의 장안성(長安城)이나 일본 고대의 평성경(平城京)과 등원경(藤原京) 등의 사례를 끌어들여 비교 자료로서 적극 활용하였다. 이를 매개로 가장 전성기의 신라 왕경 전모를 구상해보는 몇몇 야심찬 복원도까지 작성되었음은 두루 알려진 바와 같다.

근자에 이르러 활발히 진행된 고고발굴을 통해 왕경의 도로나 주거 유적 등의 자료가 적지 않게 확보됨으로써 이 방면 연구는 새로운 도약의 국면을 맞았다. 도로의 규모나 실상, 측구(側溝)를 비롯한 주변 상황, 그리고 도로의 구획된 이른바 방(坊)의 크기나 구조 및 가옥의 실상 등에 대한 기본적 사항이[5] 어느 정도 드러났다. 이들을 근거로 해서 기존의

---

5) 국립경주문화재연구소, 『신라왕경-황룡사지동편S I E 1지구-』(본문, 유물도판), 2002.

몇몇 복원도에 대한 점검이 이루어짐으로써 거기에 내재된 잘잘못도 확인되며,[6] 신라 왕경의 일각까지 새롭게 확인된 상황이다.

그러나 실상의 전모를 보여주는 문헌 자료가 매우 드문 현황에서 비록 실물자료이기는 하나 이들 단편적인 자료만으로는 누구라도 충분히 납득할 만한 합리적 해석이 나올 리 만무하다. 게다가 신라 왕경에 대해 그것이 성립되는 역사적 사정과 아울러서 그 배경으로 작용한 자연적·지리적 환경 등의 근본 요소를 적극 고려하지 않은 채 막연하게 비슷한 시기의 중국이나 일본의 사례를 염두에 둔 접근은 커다란 문제였다. 알게 모르게 그런 선입견에 사로잡힘으로써 정작 신라 나름의 왕경 실상, 운용상의 특징적 측면, 구조적 실태 등 지나쳐버린 부분이 적지 않게 찾아지기 때문이다.

문헌사학에서는 새로운 자료를 근거로 접근한 고고학 및 건축사 분야로부터 영향과 자극을 받아 비로소 신라 왕경에 대해 적극적으로 관심을 기울이기 시작하였다. 왕경이 갖는 중요성에 비추어 연구의 출발점은 매우 뒤늦었던 셈이다. 그것은 유관 사료가 매우 빈약한 데서 비롯된 부득이한 일이기도 하였다.

그처럼 뒤늦음에도 다양한 접근이 이루어지게 됨으로써 이제 신라 왕경의 대체적인 윤곽과 변천의 양상은 상당 부분 드러났다고 평가하여도 좋다. 그렇지만 앞서 소개한 사료 A)에 내재된 근본적 한계를 제대로 인지하지 못한 채 고고학 및 건축사적인 접근이 마구 뒤섞이게 됨으로써 적지 않은 문제점을 노출한 것 또한 숨길 수 없는 사실이다. 여기서도

---

6) 박방룡, 『신라 도성』 학연문화사, 2013.

주작대로(朱雀大路)의 설정과 같은 사례처럼 잘못이[7] 되풀이되는 경향을 보였기 때문이다. 특히 왕경의 구조에 대한 오해로부터 비롯한 바가 컸다. 적절한 용어와 함께 개념을 제대로 정립하고 공유해가지 않는다면 사료 이용은 자칫 자의적 방향으로 흐를 위험성이 항상 뒤따른다.

지금까지 알려진 고고자료를 근거로 삼으면 특정 시기 이후 신라 왕경의 중심부에는 네모반듯한 모습의 주거 구역인 방(坊)이 설정되었음을 일단 유추해낼 수가 있다. 따라서 비록 기록에 나타난 시점 그대로는 아닐지라도 왕경의 상당 부분을 계획적·체계적으로 운용하려 하였음은 밝혀진 셈이다. 신라에서도 어느 시기부터 왕궁을 기준으로 한 중앙부에는 방제가 실시되었던 것이다. 그런데 문제는 그처럼 방제가 실시된 지역만을 굳이 한정해서 왕경으로 설정하려는 경향이 짙다는 사실이다.

신라의 방제는 왕경 전 지역을 대상으로 일시에 실시된 것이 아니었다. 대상 지역은 중앙부에서 점차적인 과정을 밟아 차츰 외곽으로 늘여나갔다. 하지만 멸망에 이를 때까지 끝내 실시되지 못한 지역이 훨씬 더 넓었다. 달리 말하면 신라 왕경에서 방제가 실시된 곳은 그리 넓지 않았던 것이다. 그럼에도 방제가 명백히 진행된 곳만을 하필 왕경인 듯이 설정한 점은 근본적으로 문제가 된다고 하겠다. 왕경에는 방제가 전면적으로 실시된 중심부가 있는가 하면 자연적 지리적 요인으로 말미암아 원천적으로 실시 불가능한 곳도 함께 있었기 때문이다.

그런 측면에서 신라 왕경을 바라볼 때 공간 활용 방식이 지역마다 달리 나타났다고 이해함이 적절하다. 일각에서 제기된 통일기 신라 왕경

---

7) 박방룡, 위의 책.

축소론은 바로 방제의 실시 지역만을 주요 대상으로 삼은 데서 빚어낸 잘못된 이해이다. 게다가 앞서 소개한 사료 A)에 보이는 왕도의 규모도 그런 설정에 결정적인 영향을 미쳤다. 여하튼 신라 왕경의 범위와 개념 자체를 너무도 좁혀 해석함으로써 왕경 6부까지 잘못 오해하는 결과로 이어졌다.

뒤에서 다시 언급하겠지만 신라 왕경은 6부를 구성의 기본 단위로 해서 출발한 것이었다. 6부는 6세기에 접어들면서 본질적 성격이 달라졌지만 명칭이나 범위는 멸망할 때까지 거의 변함없었다. 이는 경덕왕(景德王)대에 이르러 관부나 관직, 지명 등을 한문식으로 전부 고치는 이른바 한화정책(漢化政策)을 추진하는 가운데에서도[8] 신라적 특성을 강하게 지닌 골품 및 17관등의 명칭과 함께 6부의 명칭은 고치는 대상에서 제외하였다.[9] 핵심이 빠진 한화정책이었던 셈이다. 6부명은 성립 이후 멸망할 때까지 바꾸지 않고 처음의 것을 그대로 사용하였다. 이는 달리 말하면 6부의 범위가 정치사회적 변화에 맞추어 거의 달라지지 않고 이어졌음을 입증해주는 사실이다.

다만, 시대의 흐름과 함께 변화된 부분이 있다면 내부적으로 진행된 지역에 따른 공간에 대한 활용도(活用度)라 하겠다. 왕경 경영을 위한 모든 기획이 전체 구역에 걸쳐서 똑같이 적용되지는 않았다. 지역의 형편이나 사정에 따라 현저하게 차이가 났다. 그런 측면에서 왕경 전체를 동일한 선상에 놓고 접근한 것이 근본적 문제였다고 하겠다. 이를테면 방

---

8) 이기백, 「신라 혜공왕대의 정치적 변혁」『사학과학』2, 1958 ; 『신라정치사회사연구』 일조각, 1973.
9) 주보돈, 「職名 · 官等 · 地名 · 人名을 통해 본 6세기 신라의 한문자 정착」『한국고대사연구의 현단계』 주류성, 2009.

제가 먼저 실시된 왕경의 중심부가 있는가 하면 뒷날 실시된 곳도 있고, 끝내 실시되지 못한 주변부도 병존하였던 것이다.

그에 따라 이들 지역의 행정 구획 단위는 물론 명칭도 달랐을 공산이 크다. 달리 말하면 왕경 전체 지역에 걸쳐 동일하게 중심부처럼 부(部)-리(里)-방(坊)이 일률적으로 적용된 것이 아니었다. 부-리-촌(村)이거나[10] 혹은 그와 함께 부-촌으로 그친 듯한 지역도[11] 상정된다. 이때의 방과 촌은 단순한 거주 구역의 단위일 뿐 정식의 행정단위는 아니었다. 그 것은 신라가 한 번도 천도한 적이 없는 상태에서 주어진 공간의 테두리 내에서만 왕경을 경영하지 않으면 안 되는 특수한 사정에서 비롯한 일이었다. 자연적 지리지형적 제약을 받을 수밖에 없는 한계에서 말미암은 결과였다.

지금까지 진행된 발굴을 통하여 신라 왕경에는 특정 시기 이후 직선의 도로가 만들어짐으로써 일정한 규모로 정형화된 이른바 방제가 실시된 사실은 명백해졌다. 그것만으로도 기존 연구는 가능한 한의 성과를 올린 것으로 판단된다. 사실 현재 수준으로서는 앞으로 결정적인 고고자료가 확보되지 않는다면 신라 왕경을 더 이상 온전한 모습에 가깝게 그려내기는 매우 어려운 실정이다. 왜냐하면 그처럼 도로나 건물로 이루어진 왕경의 겉모습은 건설과 파괴, 재건이란 일련의 과정이 끊임없이 되풀이했을 터이기 때문이다.

그런 측면에서 현재 신라 왕경 연구를 더 진전시킬 과제는 일단 고고

---

10) 주보돈, 「삼국유사 '念佛師'조의 음미」『신라문화제학술회의발표논문집』31, 2010.
11) 이를테면 지방의 가장 기본 행정 단위인 縣만 하더라도 縣令이 파견된 곳과 少守가 파견된 두 등급으로 나뉘어 있었다는 점도 참고가 된다.

학, 고건축학이 아니라 문헌연구 쪽에 있다고 단정해도 좋을지 모르겠다. 장차 문헌상의 연구를 통해 큰 윤곽이 잡혀짐으로써 다시 고고자료의 새로운 이해에 도움을 줄 수 있을 듯 싶다.

3. 전성기 왕경의 모습

『삼국유사』 흥법편(興法篇) 「원종흥법 염촉멸신(原宗興法 厭髑滅身)」조에 보이는 신라 왕경의 정경에 대한 묘사는 무척 흥미롭다. 어느 시점의 신라 왕경이 '절들이 별처럼 펼쳐지고 탑들이 기러기 날아가는 듯(寺寺星張 塔塔雁行)'한 모습으로 그려진 것이다. 언뜻 깊은 밤하늘의 별처럼 수많은 절들이 곳곳에 우뚝하게 솟은 모습이었음을 연상시킨다. 그런 가운데 수많은 탑들이 마치 기러기가 대오(隊伍)를 정연하게 지어 날아가는 듯한 모양새로 잘 정비된 상태였을 것으로 보인다. 말하자면 신라 왕경 시가지 전반은 사찰을 기준으로 해서 매우 균형이 잡혀진 모습인 듯하다. 6세기의 상태인 듯이 기록되었으나 제반 상황으로 미루어 전성기의 사정으로 추정된다.

같은 책의 기이편(紀異篇)1 「진한(辰韓)」조에는 약간 다른 방식으로 왕경의 전모가 그려져 있다. 이 기사에서는 신라 전성기의 사정이란 전제를 깔면서 호구가 17만 8936호이고 1360방, 55리로 이루어진 구조이며,[12] 곳곳에는 유력한 귀족들의 대저택인 35금입택(金入宅, 사실상 열거해 둔 것은 39개)이 존재하였다고[13] 대략을 소개하였다. 바로 그에 뒤이어진

---

12) 『삼국유사』5 피은편 「念佛師」조에는 360방 17만호라고 하여 약간의 차이를 보인다. 한편 『삼국사기』34 잡지 지리지 서문에는 왕도를 길이 3075步, 너비 3018步, 35리, 6부라 하였다.

13) 이기동, 「신라 금입택고」『신라 골품제사회와 화랑도』 한국연구원, 1980.

왕경복원모형_경주박물관(하일식 제공)

「우사절유택(又四節遊宅)」조에서는[14] 4계절에 따라 (국왕이) 이용하였음
직한 일종의 별궁 같은 저택까지 존재한 사실을 보인다.

　신라 왕경의 전경(全景)을 대충 묘사한 두 기록은 각기 무게를 둔 중
점에서 차이가 난다. 전자가 사찰이라면, 후자는 주로 대저택에 초점을
맞춘 셈이다. 어쩌면 이는 신라 왕경을 상징하는 랜드마크가 마치 어느
시점에 사찰로부터 대저택으로 옮겨간 시대적 변화 양상을 반영하는 듯
한 느낌도 든다. 여하튼 사찰이나 대저택 양자는 모두 엄청난 건물의 기
와집으로서 줄곧 왕경의 주요 랜드마크로 기능하였음을 유추해낼 수가

---

14) 「우사절유택」조는 원래 「진한」조에 딸려 있었으나 서사(書寫)나 판각(板刻)의 과정에서 빚어진
잘못으로 현재 별도의 항목처럼 되어 있다.

있다. 하지만 두 말할 나위 없이 이들 모두가 일시에 함께 갖추어진 것은 아니겠다. 당연히 오랜 기간에 걸쳐서 조금씩 마련되어간 것이다.

신라 왕경에 대한 좀 더 구체적인 모습은 위에서 소개한 「우사절유택」조의 끝머리에 덧붙여 '제49대 헌강대왕대의 성 안에는 초가집이 하나도 없으며 지붕의 처마 끝과 담장은 이어지고 노래 소리가 길에 가득하여 밤낮으로 끊이질 않았다.'고[15] 서술한 대목에서 엿보인다. 헌강왕이 재위한 기간(875-886)인 9세기 말 무렵 신라 왕경 시가지의 상황이 어떠하였던가를 짐작할 수 있도록 하는 기록이다. 거의 비슷한 내용이 기이편2의 「처용랑 망해사(處容郞 望海寺)」조에서도 확인되지만[16] 이들 모두 원래는 다음 기사에 의거한 듯하다.

9월 9일 왕이 좌우의 신료들과 함께 월상루(月上樓)에 올라가 사방을 바라보니 왕경 민가의 집들이 이어져 있고 노래 부르는 소리가 끊이지를 않았다. 왕이 시중(侍中)인 민공(敏恭)을 돌아보며 이르기를 "내가 듣건대 지금의 민간에서는 지붕을 기와로 덮고 초가는 없으며, 밥을 짓는데 숯을 사용하고 땔감나무를 쓰지 않는다는데, 이것이 사실인가"라고 물었다. 민공이 대답하기를 "신(臣) 또한 일찍이 그렇게 들었습니다. 그래서 드리는 말씀인데, 임금께서 즉위하신 이래 음양이 조화롭고 비바람이 순조로워 풍년이 듦으로써 인민이 풍족하게 먹고 살며, 변경은

---

15) 원문은 다음과 같다. '第四十九憲康大王代 城中無一草屋 接角連墻 歌吹滿路 晝夜不絶'

16) 다만, 앞부분에 '경사에서 해내에 이르기까지[自京師至於海內]'라고 한 표현은 주목해볼 필요가 있는 대상이다. 그 아래에 묘사된 기사가 왕경에만 해당하는 것이 아니라 이로부터 '해내(海內)'에 이르기까지 이어지고 있음을 의미하기 때문이다. 아마도 '해내'는 막연히 영토의 안이라기보다는 헌강왕이 행차한 울산 방면을 가리키는 듯하다.

조용하고 저잣거리에는 기뻐서 즐거워하는 소리가 넘쳐납니다. 이 모두가 성덕(聖德)의 덕택입니다."라 하였다. 왕이 기뻐하면서 이르기를 "이는 그대들이 잘 보좌한 공이지 어디 짐(朕)의 덕분일까"라고 하였다.'(『삼국사기』11 신라본기 헌강왕 6년조)

9세기 말은 오랜 기간 이어져온 신라 왕조가 무너져 내리던 시점이었으므로 당시 국정을 책임진 임금과 신하가 주고받은 이야기가 사실 그대로일 리는 만무한 일이겠다. 그 속에 담긴 내용은 실제보다 너무나 과도하게 포장되었음이 확실하다. 그렇지만 구태여 왕경의 외양에 대한 전반적 묘사까지 의심할 필요는 없을 듯싶다. 당시 신라 왕경 중앙부의 시가지에는 사찰이나 금입택과 같은 기와집들이 실제로 즐비하였을 공산이 크기 때문이다.

아마 오래도록 인구와 물산이 왕경에 집중됨으로써(당연히 그 정도나 수준이 지나친 점이 신라를 멸망에 이르게 한 요인의 하나였겠지만) 그를 마음껏 향유한 지배집단의 호사스런 삶이 절정에 이른 상황을 역설적으로 그리고 있는 표현이라 하겠다. 흥덕왕(興德王) 9년(834) 온갖 일상생활을 규제하는 교서를 발령하면서 신분에 따라 가옥의 크기 및 외양의 치장, 특히 고급 기와인 당와(唐瓦) 사용을 금지한 사실도[17] 그런 측면을 여실히 방증한다.

이처럼 호화스럽고 비대해진 9세기 무렵의 신라 왕경이란 오랜 기간에 걸쳐 정치사회적 변동을 겪으면서 켜켜이 쌓여져온 최종의 결과였다.

---

17) 『삼국사기』33 雜志 屋舍조.

말하자면 내부는 물론 겉모습도 당연히 처음부터 그처럼 완성된 상태로 출발한 것이 아니며 끊임없는 변천의 과정을 거쳤음을 뜻한다. 그런 과정에서 매 시기마다 왕경 운영의 중점 대상은 달라졌고, 그를 상징하는 랜드마크도 저절로 그에 어우러지게 바뀌는 등 한결같지 않았을 듯하다. 그러므로 마지막에 이르기까지의 구체적 실상은 자연히 역사적 흐름을 살피면서 더듬어갈 수밖에 없는 일이다.

4. 왕경의 개념과 의미

신라 왕경이 형성되어가는 과정을 살피기에 앞서 먼저 점검해볼 대상은 왕경의 개념과 범주의 설정이다. 왕경의 실상을 제대로 파악하려면 모름지기 함께 사용하는 용어에 대한 기본적 개념이 어느 정도 공유되어야하기 때문이다. 그럼에도 현재 논자에 따라 왕경의 개념과 범주에 대해서는 상당한 편차를 보이는 실정이다. 이런 양상은 거꾸로 신라 왕경에 대한 연구 수준의 향상을 가로막는 주된 장애 요인이기도 하다. 이로 말미암아 왕경의 발전과 전개에 대한 역사가 제대로 드러나지 못하고 있다.

흔히 신라 수도를 지칭하는 일반적 용어로서 왕경과 왕도가 혼용되고 있다. 양자는 사전적으로는 전혀 차이 나지 않는 동일한 의미이므로 병용하여도 무방하겠다.[18] 다만, 6-7세기에 한정되기는 하지만 신라가 관등을 왕경인 대상의 경위(京位)와 지방민 대상의 외위로 이원화해서 운용한 점, 중앙의 조직을 경관(京官)이라고 한 점, 군사조직에서도 경외

---

18) 왕경과 왕도에 대해 넓은 범위를 왕도, 그 내부의 일정 범위를 왕경 등 층위 관계로 설정하려는 견해도 있으나 이는 사전적인 용어 개념에 따르는 한 잘못 적용한 것으로 보인다.

(京外)로 구분한 점 등으로 미루어 왕도보다는 왕경 쪽을 한층 즐겨 사용함이 일반적 경향이다. 신라식의 신분제인 골품제도 왕경인만을 대상으로 삼는 특징을 보였다. 이처럼 신라의 경우 왕경이란 단어 속에는 당시의 시대 양상이 짙게 스며든 것으로 여겨지기 때문에 각별히 사용하려는 것이다.

신라 왕경은 여러 기록에 의하면 (신라)6부(部), 건모라(健牟羅, 6啄評),[19] 금경(金京),[20] 대경(大京),[21] 동경(東京, 東都)[22] 등으로도 불리었다. 하지만 이들은 어디까지나 왕경을 대상으로 해서 시대별로 사용된 각종 이칭(異稱), 혹은 별칭에 지나지 않을 따름이다. 대내외적으로 줄곧 표방된 신라 왕경에 대한 정식 명칭은 당대 기록인 「단속사신행선사비(斷俗寺神行禪師碑)」 및 「대숭복사비(大崇福寺碑)」나 『당서(唐書)』 신라전(新羅傳) 등에서 확인되는 금성(金城)이다.

『삼국사기』나 『삼국유사』에 보이듯이 금성은 왕성(王城)과 함께 그 가운데의 핵심적인 공간이라 할 왕궁을 지칭하는 이중적 의미로 사용되었다. 이는 뒷날 왕족 집단이 김씨(金氏)를 왕성(王姓)으로 삼은 사실과도 깊이 연관된 듯하다. 신라국가의 모태였던 사로(斯盧), 사라(斯羅), 서라벌(徐羅伐), 서나벌(徐那伐) 등처럼 같은 대상에 대해 단지 음을 빌어서 다양하게 나타내었는데, 언젠가부터 그에 대해 한문식의 용법을 빌어 금성으로 표기하면서 발음은 여전히 동일하게 사용되었으리라[23] 생각된다. 달

---

19) 『梁書』 54 열전 신라전.

20) 「關門城石刻」

21) 「白紙墨書華嚴經寫經」의 발문.

22) 「斷俗寺神行禪師碑」 및 處容歌.

23) 문경현, 「신라 국호의 연구」『대구사학』2, 1970 ; 『증보 신라사연구』, 도서출판 츰, 2000 참조.

리 말하면 같은 대상에 대해 사로·서라벌은 음차(音借), 금성은 훈차(訓借)의 표기였던 것이다.

　신라 왕경인 금성의 내부는 행정적으로 6부, 35리(혹은 55里), 360방(혹은 1360坊)으로 이루어진 구조였다. 아쉽게도 더 이상 이들의 내부 실상을 구체적으로 보여주는 기록은 달리 찾아지지 않는다. 6부를 가장 상급의 단위로 해서 그 아래에 35리(혹은 55리)를 기본 축으로 하며, 다시 그 하위에는 360방(혹은 1360방)으로 구조화된 것으로 이해하고 있다. 다만, 이들과는 별도로 촌(村)이란 단위도 병용되었음이[24] 곳곳에서 확인된다. 네모나게 구획된 하나의 단위를 방이라고 부른 점을 고려하면 지리지형적 사정으로 미루어 과연 모든 리의 하위가 정연한 방으로 이루어졌을까는 너무나 의심스럽다. 신라 왕경의 구조에 대한 체계적인 이해를 위해서는 이 또한 앞으로 치밀히 밝혀져야 할 과제이다.

　이처럼 부-리-방(혹은 촌) 가운데 부와 리는 정식의 행정 단위였지만 가장 하위의 방과 촌은 하나의 거주 구획에 지나지 않는다. 방이 기획에 따라 의도적으로 나눈 기초 단위라면 촌은 편제를 거치지 않은 자연발생적으로 형성된 거주 단위였다. 신라 왕경이 하루아침에 이루어지지 않았듯이 이들이 처음부터 그러한 구조를 모두 갖추어 출발한 것이 아님은 이를 나위가 없는 일이겠다.

　이미 언급한 것처럼 경주분지에 위치한 읍락국가인 사로국 자체가 신라라는 고대국가로 출범하면서 그것이 곧장 왕경으로 전화한 것이었다. 이때의 왕경은 정치적으로 반(半)자립성을 지닌 6부로 구성되었지만

---

24) 주보돈, 『삼국유사』 「念佛師」조의 음미」『신라문화제학술발표논문집』31, 2010.

그 하위가 리(里)로 이루어진 것은 아니었다. 정치사회가 변화하고 왕경의 운영이 진전되는 과정에서 부는 다시 리라는 하위 단위로 나뉜 것이었다. 부-리가 왕경 행정단위의 기본 골격이었다. 방이나 촌은 단순히 리를 구분한 하위의 거주지 구획에 지나지 않았다.

왕경이라고 통칭하여도 내부에는 세밀히 살피면 여러 층위가 존재함이 확인된다.[25] 왕경은 대단히 넓은 공간이므로 무조건 이들을 하나의 묶음으로 파악하기에는 체계적인 이해에 한계가 뒤따르게 마련이다. 따라서 이를 좀 더 세분해볼 필요성이 제기된다. 이미 당대에도 실제로 도시 중앙부와 주변부, 그리고 그 바깥의 외곽으로 몇 개 층위로 구분하였다.

왕경의 지리적 중앙부는 정치행정이 이루어지고 경제력이 집중되는 핵심적 공간이다. 이를테면 국왕이 거주하는 왕궁이 있으며 이를 에워싸고 신성한 제의의 공간과 사찰, 관아, 시장 등이 존재하였다. 이를 중핵으로 해서 중심 시가지가 형성되었으며, 인구가 밀집됨으로써 가장 일찍이 방으로 구획된 곳이었다. 중앙부도 인구가 증가함으로써 시가지는 점차적으로 확장되어 갔을 터이다.

중앙부를 기준으로 그 경계의 바깥에도 당연히 거주할 공간이 있었다. 운영이 체계화되면서 자연적으로 왕경에는 중심부와 주변부의 구별이 생겨났다. 그 구분선은 지리지형적 요인이나 인구 밀집의 정도에 따른 거주 방식 및 생활권에 의해 자연스럽게 이루어졌을 것으로 보인다. 어느 시기에 이르러 두 지역 사이의 경계선상에는 경성(京城), 즉 왕성(王

---

25) 이들에 대한 이해는 김용성, 「신라 왕도의 범위에 대하여」『신라왕도의 고총과 그 주변』, 학연문화사, 2009 및 이동주, 『신라 왕경 형성과정 연구』, 경인문화사, 2019 참조.

城)이 따로 필요해졌다. 이는 왕경 및 중심부의 보호를 위한 장치였다.

그런데 신라에서는 중앙부 시가지를 둘러싼 나성(羅城)이 따로 존재
하지 않았다. 다만, 문무왕이 통일 이후 왕경 전반을 재정비하는 마지막
의 단계로서 사망하기 바로 직전인 재위 22년(681) 경성을 쌓으려고 시
도한 적이 있었다.[26] 그러나 이때 고승 의상의 격렬한 반대에 부딪쳐 끝
내 실행으로 옮기지는 못하였다.

당시 쌓고자 한 경성이 단순히 왕경 내에 있는 기존의 금성이나 월성
과 같은 거주 용도가 아니라 중앙부 대상의 방어 용도였음이 분명하다.
특히 의상은 왕의 정교(政敎)가 밝게 이루어진다면 그냥 풀로 덮인 언덕
에다 줄을 그어서 성으로 삼더라도 백성이 감히 넘어가지 못할 터인데,
만약 그렇지 않는다면 장성(長城)을 쌓더라도 재해를 막을 수가 없다는
명분을 앞세웠다.[27] 이후 왕경 중앙부의 보호를 위한 장치로서 경성, 왕
성을 쌓은 흔적은 따로 보이지 않는다. 이를 쌓으려 한 경계선의 위치는
뚜렷하지 않지만 아마도 그를 기준으로 삼아 이후 여러 방식으로 주변
부에서 중심부로의 출입이 통제·관리되지 않았을까 싶다.

그럴 때 주목되는 대상은 중앙 관부로서 경성주작전(京城周作典)이 존
재한 사실이다. 경덕왕대에 경성주작전을 수성부(修城府)로 고친 점으로
미루어 경성을 관리·수선하는 관부였음이 분명하다. 장관인 령(令) 5인
이 성덕왕 31년(732), 차관인 경(卿) 6인이 바로 이듬해 두어진 것으로 보
아 바로 이 무렵 처음 설치되었다고 하여도 무방하겠다.

경성주작전의 설치는 1년 전인 성덕왕 30년(731) 일본의 병선 3백척

---

26) 『삼국사기』7 신라본기 문무왕 21년조.
27) 『삼국유사』2 기이편2 「문호왕법민」조.

이 동해연안에 나타난 사실과[28] 밀접한 관련이 있는 듯하다. 비록 병선을 모두 대파하기는 하였지만 외침으로 자칫 왕경이 위기를 맞을 수 있는 사실을을 확인함으로써 그에 대한 새로운 방어 대책도 또한 필요해졌다. 그에 앞서 성덕왕 21년(722) 일본의 공격에 대비해 이 방면에 모벌군성(毛伐郡城), 즉 관문성(關門城)을 쌓았지만[29] 이것만으로는 한계가 뚜렷하다고 여겼기 때문이었을 듯하다.

이처럼 경성주작전이란 관부가 따로 두어질 정도로 왕경 특히 중앙부로의 출입 및 방어체계 구축이 절실한 상황이었다. 그래서 의상이 지적했던 바와 같이 비록 구체적인 축성 형식은 아니어도 나름의 일정한 방어망은 갖추어졌으리라 여겨진다. 위치가 뚜렷이 드러난 상태는 아니지만 일단 이를 경성 혹은 왕성이라고 불렀을 소지가 엿보인다.

이상과 같이 보면 신라의 왕경은 크게 왕궁을 중핵으로 삼은 중앙부와 외곽 일대의 주변부로 일단 구분된다. 이를 구분하는 경계선은 비록 축성의 형식은 아니어도 존재한 것만은 부정하기 어려운 사실이다. 아마도 이들 두 지역은 구조나 기능 및 성격에서도 일정하게 차이가 났을 것이다.

아무래도 왕궁과 이를 에워싼 중심 공간, 왕성(경성)은 정치 경제 문화의 핵심 구역으로서 가장 먼저 정연하게 방으로 구획되어 주로 골품제 하의 상층 귀족과 그를 보조하는 사람들이 사는 거주 구역으로 기능하였을 터이다. 이와 함께 왕성은 성을 쌓아 출입을 통제하고 관리하며 외적의 침입을 대비하는 역할도 하였을 듯하다.

---

28) 『삼국사기』8 신라본기 성덕왕 8년조.
29) 동상 21년조 ; 지리지 34 임관군조 ; 『삼국유사』2 기이편2 「효성왕」조.

주변부에는 작은 주요 몇몇 거점이 따로 존재하였을 것으로 보인다. 이들은 원래 6부 각각의 중심부가 존재하던 곳이다. 일부 지배집단은 중앙집권적 지배체제가 성립되면서 중심부로 옮겨갔을 터이지만 나머지는 여전히 같은 공간에서 살아갔을 것이다. 그런 실상을 보여주는 것이 바로 육부소감전(六部少監典)과 전읍서(典邑署)의 존재이다.

육부소감전은 왕경의 행정 단위인 6부를 관리 감독하는 기관이다. 감랑(監郞) 이하 여러 층위의 관리가 6부별로 각각 두어졌다. 한편 전읍서는 경덕왕대에 전경부(典京府)로 고쳐진 적이 있는 사실로 미루어 왕경 전체를 관리하는 기관이었음이 분명하다. 여기에도 역시 경(卿) 이하 여러 층위의 실무담당 관리가 두어졌다. 양자가 선후하는 지 아니면 병존한 것인지 등등의 관계나 기능 등은 분명하지 않다. 다만, 이들로 보아 왕경을 구성하는 행정 단위로서의 6부 각각에는 읍(邑)이라 불리는 중심지가 따로 존재하였음이 틀림없다. 거기에는 각기 관아가 있고 상근하는 관리가 배속되었음이 분명하다.

6부를 이루는 각각의 공간도 다시 몇몇 층위로 나뉜다. 6부는 행정을 맡은 읍을 구심으로 해서 그 주변부 일대와 하나의 관계망을 이루고 있었다. 아마도 이 읍도 왕경 중심부와 마찬가지로 인구가 점차 늘어나고 거주지의 확장이 이루어짐과 함께 부분적이기는 하겠으나 구획된 방제가 갖추어지기도 하였을 터이다. 역시 그 주변부 일대는 자연취락의 상태 그대로 머물렀을 것이다. 여기에는 농경생활은 물론 인근의 산곡 간에는 성(成)이나 향(鄕)과 같은 특수 전문적인 수공업자 집단의 거주지가 있었을 것으로 보인다.

그 주변부는 다시 왕경의 방어망과 관련한 산성을 비롯한 각종 군사

시설과 상비군적 성격의 여러 군사조직이 상주하는 공간이 따로 존재하였을 터이다. 그들 사이에는 왕경 중앙부는 물론 주변부와도 서로 연결되는 일정한 방어체계가 갖추어졌을 것임은 상정키 어렵지 않다. 이들이 바로 경기(京畿)[30] 혹은 왕기(王畿)가[31] 아닌가 싶다. 대체로 특별한 군현으로 편성되었다가 어느 틈엔가 없어진 대성군(大城郡)과 상성군(商城郡)이 바로 거기에 해당한다.[32]

이처럼 왕경이라 통칭하여도 구체적으로 들여다보면 기능을 달리하는 여러 구획으로 나뉘어져 있었음이 확인된다. 왕경 전체의 구체적인 공간 범위는 아직 잘 드러난 상태는 아니지만 이들 모두가 사로국 전체의 경역, 즉 6부였다. 6부는 6세기 전반 크게 정치적으로 반(半)자립성을 지닌 것으로부터 행정 구획적 성격으로 바뀌었지만 그 명칭(부명)은 멸망할 때에 이르기까지 아무런 변함이 줄곧 그대로였다. 이런 사실로 미루어[33] 공간적 범위 역시 그대로 이어졌음을 보여준다고 하겠다.

이상과 같이 사로국의 경역 전체가 온전히 신라 왕경으로 전환하였다. 사로(사라)나 그 이표기인 서라벌이 곧 신라의 왕경을 뜻하면서 뒷날 경(京)의 훈인 '서울'을 가리키는 보통명사로 전환되었음은 그를 뚜렷이 입증해주는 사실이다.

신라 왕경의 발전은 지역에 따라 선후 차이가 나더라도 어디까지나

---

30) 『삼국유사』2 기이편2 「김부대왕」조 ; 『삼국유사』3 탑상편 「황룡사구층탑」조.

31) 『삼국사기』50 열전 궁예전.

32) 木村誠, 「統一新羅の王畿にいて」『東洋史研究』42-2, 1983 ; 『古代朝鮮の國家と社會』 吉川弘文館, 2004.

33) 경덕왕대에 전국에 걸쳐 지명 개정이 진행되었음에도 6부명만은 그대로 이어졌음이 특징적이다. 이는 경덕왕이 추진한 한화정책에는 한계가 내재되었음을 뜻한다.

곧 6부 전체 범위 내에서 이루어진 일이었다. 애초에 기획된 도시로서 출발한 것이 아닌 까닭에 주거 공간이 중심부부터 개발되고 차츰 주변부로 확대, 확산되어 나갔다. 그러면서 각각의 지역은 나름의 분업적 역할을 맡았던 데에 신라 왕경 경영상의 특징이 엿보인다.

자연발생적 상태로부터 시작해 정치사회적 진전에 따라 여러 형식의 지배이념이 점점 그 속으로 투영됨으로써 차츰 계획된 짜임새를 갖춘 도시로서의 모습으로 변모되었다. 그러나 끝내 자연적 지리적 한계로 말미암아 전반에 걸쳐 정연한 획일적 모습을 띠지는 못하였다. 이를테면 방제는 왕경 전면에 걸쳐서 실시된 것이 아니라 중앙의 핵심부와 함께 6부의 읍치가 있는 주변의 일부 구역에 한정해서 행해질 수밖에 없었던 것이다.

국가는 작고 단순한 데로부터 크고 복잡한 구조를 갖는 쪽으로 진화(進化)해 가게 마련이다. 국가의 중핵인 왕경의 모습도 그에 적절히 어울리게 달라졌다. 말하자면 왕경 경관은 처음부터 하나의 고정된 모습으로 출발한 것이 아니며, 꾸준한 발전의 과정을 통해 변모되어간 것이었다. 그런 가운데 새로운 요소가 대체되거나 덧붙여지고, 또 이들이 서로 복잡하게 얽히고설킴으로써 전혀 다른 모습으로 바뀌었다. 이는 왕경 변천의 흐름을 구체적으로 살피면 저절로 드러나리라 여겨진다.

5. 왕경의 형성과 전개

1) 부체제(部體制)기 -상고기-

사실 사로국의 형성과 발전 및 신라국가가 탄생하게 되기까지의 전개 과정에서 가장 궁금하게 여겨지는 대목은 주도세력의 원래 거주지가 어디였을까 하는 점이다. 지금껏 막연하게 경주분지의 중앙부는 시종일관 특정 유력 집단에 의해 배타적으로 점유되었을 것이라고 추정함이 일반적 경향이었다.

그렇지만 사로국의 성립 과정이나 존재 양상이 반영된 고고학적 근거로서의 목관묘(木棺墓)나 그에 뒤이은 목곽묘(木槨墓)의 발굴 실태를 종합적으로 판단하면 경주분지의 중앙부에서는(여기서 중앙부라 함은 일단 세 개의 큰 하천으로 둘러싸인 안쪽의 공간을 말함) 아직껏 뚜렷한 사례가 확인되지 않은 점은 눈여겨볼 사실이다. 중앙부로부터 가장 가까운 곳이라 할 북천 입구의 바로 건너편인 황성동(皇城洞) 목관묘와 목곽묘, 남천 남쪽의 탑동(塔洞) 목관묘 정도가 겨우 발굴을 통해 확인되었을 따름이다.[34] 이들은 초기 사로국의 범위와 구조를 짐작하는 데에서 놓칠 수 없는 대상이다.

그와는 다르게 바깥으로부터 중앙부로 나아가는 교통로상의 주변부에는 목관묘나 목곽묘가 여기저기에 수없이 산재하였다. 이를테면 사라리(斯羅里, 서쪽 영천 방면), 덕천리(德川里, 서남쪽 양산 방면), 조양동(朝陽洞), 구정동(九政洞), 죽동리(竹洞里), 구어리(仇於里), 입실리(入室里), 중산리(中山里, 이상 동남쪽 울산 방면) 등을 구체적 사례로서 손꼽을 수 있다.[35] 이런 현황으로 유추하면 사로국을 구성한 원주민의 본래 거주 구역은 중앙부가 아니라 차라리 주변부였을 가능성이 매우 큰 것으로 여겨진다.

중앙부에는 주민이 거주하더라도 매우 희박하고 분산적일 수밖에 없었을 터이다. 현재까지의 고고 발굴의 현황으로 미루어 경주분지 중앙부

---

34) 국립경주문화재연구소, 『목관묘로 본 사로국의 형성과 전개』, 2019 참조.
35) 위와 같음.

의 공간 전반은 제대로 발길이 닿지 않은 자연 상태 그대로였다고 봄이 온당할 듯 싶다. 이는 중앙부가 처음에는 주민이 생활을 안정적으로 꾸려나가는 데에는 여러모로 적절하지 못한 공간이었기 때문이다. 그 요인에 대해서는 일단 두 측면에서 접근해볼 여지가 있다.

하나는 북쪽, 동북쪽에서 양산(梁山, 낙동강) 방면과 울산(蔚山) 방면으로 각기 달려가는 두 개의 커다란 구조곡(構造谷)이 중앙부에서 서로 교차한다는 사실이다. 중앙부는 두 구조곡에서 나온 네 갈래의 커다란 통로가 서로 만나는 비교적 넓은 선상지(扇狀地)로서 교통상의 요충지로 기능할 만한 유리한 입지(立地)였음을 뜻한다.

그렇지만 그런 입지가 마냥 반드시 유리하게 작용한 것은 아니었다. 중앙부를 차지하여 이를 안정적으로 유지, 관리해 나가려면 그에 걸맞은 힘의 존재가 뒷받침될 때에만 비로소 유리·유용한 입지로서 작동할 수 있다. 만약 그렇지 못하다면 중앙부는 사방으로 열려진 까닭에 오히려 외부로부터 언제라도 공격받을 위험성을 크게 안고 있는 지역이 된다. 그럴 때 중앙부 일대가 도리어 매우 불리한 여건으로 작용할 수 있음을 뜻한다.

다른 하나는 중앙부가 세 개의 하천으로 둘러싸여 언제나 범람(氾濫)할 위험성을 안고 있다는 사실이다. 특히 북천의 경우 뒷날까지 범람이 잦았음은 기록상으로도 확인된다. 범람을 완벽하게 막아내어 수많은 사람들이 항시 안전하게 살아갈 만한 거주지나 이용 가능한 농경지가 되도록 하려면 대규모의 토목공사가 반드시 전제되어져야 한다. 이는 대대적인 인력을 무시(無時)로 동원할 수 있는 능력을 갖출 때에만 비로소 가능해지는 일이겠다. 그렇지 않는다면 자주 범람할 소지가 큰 중앙부는 오히려 이용하기에 매우 불편한 곳일 따름이다.

게다가 중앙부 일대는 흔히 용궁(龍宮)이라도 불릴 정도로 저습지(低濕地)가 곳곳에 산재하고 용천수(湧川水)에서 발원한 여러 갈래의 작은 물길이 흐르는 곳이었다.[36] 안압지가 조영된 일대에도 조그마한 시내가 흐르는 사실은 그를 입증한다. 황룡사(皇龍寺)의 발굴을 통해서도 그러한 실상은 뚜렷이 입증되었다. 유난스레 우물이 많이 발굴된 사정도 그와 연관지어볼 만한 요소이다. 무조건 처음부터 중앙부를 굳이 선호하는 거주 대상이라고 단정한 것은 어디까지나 뒷날의 사례에 비추어 나온 결과론적 선입견에 불과한 해석일 따름이다.

이와 같이 내재한 근본 한계를 원천적으로 극복할 만한 내부 역량을 확실히 확보하지 못한다면 경주분지의 중앙부는 오래도록 돌보지 않은 상태로 방치된 무주공산일 수밖에 없는 입지였다. 사실 중앙부의 가장 남단인 남천(南川)가에 위치하면서 뒷날 왕궁으로 기능하는 월성(月城)을 처음 바깥 세계로부터 들어온 왜계(倭系)의 호공(瓠公)이 거주지로 삼았다거나 뒤이어 동해안 방면을 거쳐 진출해 아직 확고한 세력 기반을 제대로 구축하기 이전의 석탈해(昔脫解)가 장악하였다는 설화는 그와 같은 실상을 유추해내기에 충분한 사례들이다.

선주한 토착세력으로 표상된 소위 6촌장(村長)이 북쪽의 알천(閼川)가에 모여서 장차 지배세력으로 부상하게 될 박혁거세(朴赫居世)를 맞아들이는 설화가 시사해 주듯이 당시 주민들은 중앙부로부터 약간 떨어져서 이를 내려다볼 수 있는 주변의 산자락이나 곡간(谷間)을 주된 생활의

---

36) 심현철, 「신라 적석목곽묘 연구」, 부산대박사학위논문, 2020.

근거지로 삼고 있었다. 남산 서쪽의 산자락에 위치한 창림사(昌林寺) 일원이 초창기 왕궁이 자리한 곳이라는 전승은[37] 그런 사정을 방증한다. 주변 지역에 흩어져 있던 세력을 차츰 규합해나가면서 중앙부로의 진출을 겨냥하는 형세였다.

중앙부를 안정적인 관리·통제 아래에 두고 개발해나가기 위해서는 일단 배타적인 힘을 구사할 수 있는 적절한 실력과 함께 위세를 지닐 때 비로소 가능해진다. 말하자면 강력한 정치세력이 등장하지 않으면 중앙부의 개발과 안정적 유지는 불가능한 일이었다. 비등(比等)한 수준의 여러 읍락에 기반한 사로국 시기에 중앙부의 개발은 기실 꿈꾸기조차 힘든 상황이었다.

중앙부를 본격적으로 개발할 만한 기회는 4세기 신라국가가 출현함으로써 비로소 가능해진 것이었다. 신라국가의 탄생은 사로국 자체의 영역 범위가 곧 왕경으로 전화되었음을 뜻한다. 최고 지배자의 칭호인 마립간(麻立干)이 사로국의 이사금(尼師今) 시절과 달리 여러 집단의 유력자가 번갈지 않고 특정한 집단에서 배타적으로 배출되면서 그에 어울리게 위세를 과시하는 용도인 왕궁을 따로 마련해야할 필요성이 저절로 생겨났다.

원래 기본적으로 대등한 성격의 읍락(邑落) 여럿을 기초 단위로 삼은 사로국은 신라국가의 형성 과정에서 내부 통합 운동이 진행됨으로써 마침내 3개의 핵심 집단으로 정리되기에 이르렀다. 이것이 얼마 뒤 다시 분화를 거쳐서 마침내 단위 정치체로서 기능하는 6부가 출현하였다. 이

---

37) 『삼국유사』1 기이편1 「신라시조혁거세왕」조.

에 바탕해서 운영된 지배질서를 총칭하여 흔히 부체제라 일컫고 있다.[38]

사실 마립간의 지위는 6부 가운데에서도 핵심인 탁부(喙部)의 부장이 도맡아 세습하였다. 그러나 신라의 정치 운영은 탁부 부장인 마립간이 독점해서 배타적으로 행사하지 못하는 등등 힘의 한계가 뚜렷하였다. 6부 각자가 정치적·경제적으로 반(半)자립성을 지닌 상태였기 때문이다. 각 부들 사이는 다함께 묶어 6부라 통칭한 데서 드러나듯이 반드시 서로 적대시하는 대립적·대결적 관계가 아니며 상호 협조하면서도 치열하게 경쟁하는 관계였다. 이 점은 6부가 뒷날까지 모두 혁거세를 공동 시조신으로 삼은 데서 유추되는 사실이다.

신흥의 신라국가는 마립간의 주도 아래 이들 각부의 부장(部長)을 비롯한 여러 유력자들의 협의와 합의 아래 공동 운영되는 특징을 보였다. 그 회의체가 바로 간군회의(干群會議, 諸干會議)였으며, 마립간은 그 주재자였다. 부체제는 마립간이 탁부의 부장으로서 국왕이더라도 권력을 일방적으로 행사하는 데에는 뚜렷한 한계가 뒤따랐다.[39]

6부는 각자 저마다 독립적인 거주 구역과 함께 부장의 거관(居館)을 갖고 있었다. 7세기 초반까지 왕궁인 대궁(大宮, 本宮) 외에도 양궁(梁宮), 사량궁(沙梁宮), 본피궁(本彼宮)이 따로 존재한 사실은 그런 실상을 여실히 입증한다. 6부의 부장들은 각기 자신이 직접 관장하는 범위 내에 거소(거관)를 마련해 두고 있으면서 서로 간 합의 하에 새로운 정치행정의 공동 공간으로서 설정한 곳이 바로 중앙부의 대궁인 왕궁이었다. 마립간은 처음에는 평시 자신이 기반한 양궁을 주된 거소(居所)로 하면서 신라

---

38) 주보돈, 「삼국시대의 귀족과 신분제-신라를 중심으로-」『한국사회발전사론』 일조각, 1992.
39) 주보돈, 위의 글

국가의 공식 정무(政務)는 왕궁 중심으로 처리하는 방식이었을 듯하다.

그런 의미에서 마립간 시기 왕궁의 가장 적절한 대상으로서는 6부의 공동 관리 구역이라 할 중앙부에 가장 가까운 곳의 언덕인 월성이 선뜻 부상하였다. 물론 그동안 월성이 아무렇게나 방치된 상태는 아니었다. 다만, 이곳을 거주지로 삼은 주인이 몇 차례 바뀐 사실로 미루어 특정한 유력 집단이 배타적으로 소유한 상태가 아니었음을 뜻한다. 이제 새로운 성격의 신라국가가 탄생하고 마립간을 주축으로 하는 약간이나마 집권화가 이루어진 지배체제가 출범하면서 월성은 정치행정의 중심지로서 구성 세력인 6부의 합의 아래 공동 선정된 특별한 공간으로 기능하였다고 하겠다.

월성이 이제 마립간의 거소인 왕궁으로 기능하면서 6부 각각의 중앙부에 대한 관심의 정도는 한층 커져갔을 것임이 분명하다. 월성이 정치행정의 중심 공간으로서 자리 잡자 신라국가를 이념적으로 뒷받침해주는 신성한 공간[神殿]이 저절로 논란의 대상으로 떠올랐을 터였다. 마립간 시대가 시작된 뒤에도 각 부는 나름의 신성 공간을 따로 갖추었겠지만 시조묘(始祖廟)에 대한 제사처럼 내부 결속을 도모하기 위해 공동으로 관장하는 신성 구역도 동시에 필요함을 느꼈다. 각 부별 수준을 뛰어넘어 6부라 합칭하여 부르는 큰 공동조직체를 지속적으로 유지해나가 위해서는 근본 뿌리를 함께 한다는 의식(意識)이나 의례(儀禮)의 공유가 필수적 요소였기 때문이다. 그럴 때 현실적으로 가장 먼저 논의의 중심으로 떠오른 것이 공동의 묘역(墓域)이었을 것 같다.

마립간 시대가 출범하면서 그에 적절히 어울리도록 새로운 묘제로서 채택된 것이 적석목곽분(積石木槨墳)이었음은 두루 아는 바와 같다. 이는 특이한 내부 구조와 함께 외형의 고대화(高大化)를 주요 특징으로 하였다. 바깥으로 드러난 무덤의 외양을 크게 키운 이른바 고총(高塚)은 곧 피장자(被葬者, 물론 그보다는 사실 葬儀 주도자의 입장이 주로 반영된 것이겠지만)의 현실적 위세를 드러내어 보이려는 용도였다. 지금까지 6부가 적석목곽분을 함께 채택하였으리란 데에는 별다른 이론(異論)이 없다.

그러면서도 6부 각각이 별도의 묘역을 조성한 것으로 봄이 일반적 경향이었다. 그러나 아직껏 그와 같은 고고학적 흔적을 찾아 증명해 내지를 못한 상태이다. 그렇다면 이제 그와 관련하여서는 발상의 일대 전환이 절실한 시점이다. 그럴 때 6부가 함께 묘역 공유의 가능성을 설정함이 올바른 자세로 여겨진다.

정치행정이 공동으로 협의해 이루어지는 마당에 월성과 함께 무덤도 공동 구역에 조영되었다고 해서 조금도 이상스러울 바가 없다. 김씨 족단(성씨는 당대가 아닌 뒷날 사용한 것으로서 부회된 것이지만)의 선도 아래 모든 족단이 이후에도 혁거세를 줄곧 신라국가의 공동 시조로 떠받든 사정을 고려하면 묘역도 각각 별도로 조성한 것이 아니라 내부 결속을 도모하기 위해 공동의 합의 아래 동일한 지역에 함께 공유하였다고 함이 오히려 너무나 자연스럽게 여겨진다.[40] 이것은 바로 신라의 부체제라는 6부에 의한 공동의 국가 운영과 그대로 부합하는 사실이기도 하다.

이처럼 6부의 합의로 정치행정이 공동으로 이루어지는 부체제 아래에서는 자신들을 언제라도 지켜줄 조상의 고총을 같은 지역에 함께 공유하려 했을 공산이 크다. 공동 묘역은 마치 신라 지배집단의 신성한 기

---

40) 물론 그렇다고 공동묘역에 부별 구별도 없이 마구 뒤섞였다는 의미는 아니다.

념물로서 신전처럼 인식되었을 것이다. 눌지마립간(訥祗麻立干) 19년 (435)에 이르러 역대원릉(歷代園陵)을 수즙하고 바로 이어서 시조묘에 제사한 사실은[41] 그런 실상의 일단을 잘 보여준다.

일정한 기간이 지나 무덤의 수치가 차츰 늘어나자 관리를 비롯하여 묘역의 전체 범위나 집단별 내부의 구획을 확실하게 해야만 하는 문제에 직면하였다. 이로 말미암아 묘역 전체를 재정리해볼 필요성에서 나온 조치가 위의 기사였을 것으로 추정된다. 어쩌면 이때에 6부의 하나인 모탁(牟喙, 牟梁)만이 어떤 각별한 연유로 말미암아 공동 구역으로부터 따로 떨어져나가 새로운 묘역을 조성하였을 가능성이 크다.

지금껏 막연하게 6부별로 각기 묘역을 따로 조영하였으리라 당연시하고서 줄곧 그를 밝히려는 노력을 기울여 왔으나 이는 강한 선입견에서 말미암은 착각이다. 6부가 혁거세를 공동의 시조로 여기는 인식을 공유하고 있는 한 묘제와 묘역까지 함께 하였음이 차라리 당연한 일이었다고 봄이 적절할 듯싶다. 이는 소지마립간(炤知麻立干) 9년(487) 시조 초생지처(初生之處)인 나을(奈乙)에 신궁(神宮)을 마련하였다는 데에서도[42] 보강된다.

신라국가의 정치적 주요 사항을 함께 논의해 결정하는 부체제 아래에서 왕경의 중앙부는 6부의 공동 합의로 개발되기 시작한 것이다. 가장 먼저 정치행정의 공간으로서 월성이 선정되고 동시에 그로부터 그리 멀지 않은 곳에다 신성한 공간으로서 묘역이 조성되었다. 그렇다면 앞으로 6부의 묘역 문제는 탁부에서 분화된 모탁의 무덤만이 왜 하필 따로 떨어

---

41) 『삼국사기』3 신라본기 눌지마립간 19년조.
42) 『삼국사기』3 신라본기 소지마립간 9년조.

지게 되었는가, 과연 그 내부 구조는 어떠한가 하는 등등으로 논의의 초점을 모아감이 훨씬 생산적인 일로 여겨진다.

2) 골품체제(骨品體制) 정립기 -중고기-

6세기에 접어들어 진행된 지배체제의 변화와 맞물려 왕경은 단순히 겉모습만이 아니라 내부 구조 등도 크게 달라지기 시작하였다. 기존 부체제가 국왕을 정점으로 한 중앙집권적 지배질서인 이른바 골품체제로 진화한 데에서 비롯한 일이었다.

이제 신라 국왕은 정치력의 구사에 한계가 뚜렷한 위상으로부터 벗어나 점차 초월자적 존재로 격상되어갔다. 이에 그를 유지하는 기본적 토대가 되는 각종 제도의 설치가 뒤따랐다. 그런 흐름 속에서 마립간의 호칭도 대왕, 태왕(太王) 등으로 바뀌었다.

마립간이 주도한 제간회의 주재권(主宰權)은 531년 두어진 상대등(上大等)에게 이관되었고 이로 말미암아 회의체 자체의 기본 성격도 달라졌다.[43] 부별 단위로 분산되어 있던 병마권(兵馬權)은 점차 국왕에게도 집중되었다. 율령 반포로 국가 운영의 기본적 사항이 법제화되었으며, 그에 따라 행정을 분담하는 각종의 관부가 잇달아 설치되었다. 이런 변화의 양상 전반을 뒷받침해주는 지배이데올로기로서 보편종교인 불교가 공인되었다. 신라국가의 구조나 질서가 밑바닥으로부터 근본적으로 달라지기 시작하였다.

사실 6부가 다 같이 참여해 공동으로 국가를 경영하던 부체제적 질

---

43) 주보돈, 앞의 글, 1992.

서 아래에서는 행정의 세부 사항을 나누어 맡아 처리하는 상설적인 관부나 관직이 아직 두어지지 않았다. 그래서 관아(官衙)도 따로 둘 필요가 없는 상황이었다. 모든 일은 유력자가 다 같이 모여서 공동으로 논의해서 결정하고 임시의 실무담당자를 선발해 집행하는 방식이었다. 그러므로 오직 남당(南堂)이나 도당(都堂)처럼 회의를 위한 일정한 공간만이 필요한 상태였다.

항시의 회의 장소로는 월성의 안이거나 아니면 월성과 공동묘역에 가까운 도당산 등이 적합하였을 듯하다. 월성과 공동묘역 사이에는 그 위치상 시조묘를 비롯한 신궁(神宮), 종묘(宗廟), 사직(社稷) 등이 들어섰을 것으로 보인다. 뒷날 별자리 관찰로 국가의 운세를 점칠 목적에서 세운 첨성대(瞻星臺, 占星臺)가 바로 거기에 두어진 사실은 위치를 추정하는 데에 크게 참고가 되는 사항이다.

각종의 관부는 법흥왕대에 가장 요긴한 병부(兵部)를 신호탄으로 해서 본격적으로 설치되기 시작하였다. 진흥왕(眞興王)대에 이르러 영역 확장과 어울리게 급격히 늘어났으며, 이를 이어받은 진평왕(眞平王)대에는 국가 경영을 위한 행정 조직 전반의 기본적 골격이 거의 대부분 갖추어진 셈이었다.

관부의 수가 크게 늘자 운영의 효율성 때문에 관아만을 따로 배치한 일정한 구역이 필요하였다. 관아는 여러모로 정치행정의 편의성과 효율성을 드높이기 위해 어느 특정한 지역에 다함께 결집시켰을 공산이 크다. 아직 그들의 구체적 위치를 명확하게 가늠하기는 곤란한 형편이지만 정청(政廳)을 남당이라 일컫은 점, 정치와 일정하게 연관된 도당산성(都堂山城)의 위치, 관부가 정비된 직후인 591년 왕경 방어망이 새롭게 구축된 남산신성(南山新城)이 피난성으로 설정되고 이후 그 일대가 신성시된 점 등등을 염두에 두면 본궁인 월성과 남산의 사이, 혹은 좀 더 좁게는 월성과 도당산성 사이의 공간을 하나의 가능성으로 고려해 봄직하다. 뒷날 경덕왕이 18년(759) 관부를 대대적으로 정비하고 난 바로 이듬해인 19년(760) 본궁을 거쳐 남산 쪽으로 올라가기 위해 건너는 월정교(月淨橋, 月精橋)와 함께 그로부터 그리 멀지 않은 곳에 남궁(南宮)으로부터 남천을 건너기 위한 춘양교(春陽橋, 日精橋)가 놓인 사실도[44] 그렇게 진단하는 데에 아울러서 참고가 된다.

진평왕대에는 관부와 함께 왕실 업무도 대대적으로 정리되기 시작하였다. 석가족 의식을 기반으로 해서 나온 성골(聖骨) 인식을 한층 강화시켜나갈 필요성에서였다. 국가와 왕실의 사무 일체를 분리분장(分離分掌)시키려 하였다. 그래서 진평왕대에 내성(內省)이란 기구를 따로 두어서 왕실 사무를 총괄하도록 유도하였다. 진평왕 7년(585) 먼저 대궁, 양궁, 사량궁을 각기 분장한 사신(私臣) 3인을 두었다가 44년(622)에 이르러 그 셋을 아우른 내성사신을 둠으로써 외양에 대한 정비는 거의 일단락되게 된 셈이었다.

이후에도 국왕권의 위상이 강화되어 왕실 관련 업무가 한결 복잡해지자 역할을 분담해야 할 관서가 두어졌다. 『삼국사기』39 직관지(職官志) 중(中)에 내성 소속 부서가 100여 개에 이르렀음은 그런 실상을 잘 보여준다. 이들 왕실 업무를 전담한 관부들은 대체로 월성 내부와 함께 이를 중심으로 해서 아주 가까운 곳에 배치되었을 공산이 크다. 어쩌면

---

44) 『삼국사기』8 신라본기 경덕왕 19년조.

그 성격상 월성과 무덤이 산재한 신성 공간의 사이였을지도 모르겠다.

4세기 후반 월성이 왕궁으로 확정됨과 함께 공동 묘역이 북쪽에 다 함께 자리 잡은 뒤 주변부에서 살던 6부 소속 사람들이 중앙부 일대로 모여들 수 있는 토대가 비로소 갖추어졌다. 그렇다고 아직 많은 사람들이 일시에 진출해서 살 정도는 아니었다. 이후 점진적인 과정을 밟아 거주 구역이 정비되고 범위도 점점 넓혀졌다.

그런 측면에서 잠깐 주목해볼 대상은 자비마립간(慈悲麻立干) 12년 (469)의 '왕경 방리 이름을 정하였다[定京都坊里名]'는[45] 내용의 기사이다. 기왕에 이에 대해 지나치게 확대 해석해온 느낌이 짙다. 당시의 부체제적 운영 실태는 아예 고려의 대상으로 넣지 않은 채 마치 이때부터 왕경의 도시구획이 한꺼번에 기획된 것처럼 이해하였기 때문이다.

당(唐)이나 고려와는 달리 신라에서는 6세기 이후 단위 정치체로부터 왕경의 가장 큰 행정구획 단위로 바뀐 6부의 바로 아래에 정식의 행정 단위로 설정된 것은 방(坊)이 아니었다. 부의 하위에 왕경 행정 구획의 기초 단위는 리(里)였다.[46] 리명(里名)은 각기 존재하지만 방명(坊名)이 따로 두어지지 않았다.

방은 어디까지나 왕경 중심부의 거주 관리를 위해 마련한 여러 도로로 나뉜 조그마한 구역(블록)에 지나지 않았다. 그러므로 방의 명칭을 일일이 별도로 붙일 만한 대상이 아니었다. 방의 위치를 나타낼 때 사찰이나 금입택 등이 랜드마크로서 적절히 활용된 사례는 그 점을 여실히 입증한다. '방리'라 하여 방을 리에 앞서 내세운 표현 자체는 이를 정식의

---

45) 『삼국사기』3 신라본기 자비마립간 12년조
46) 591년의 「남산신성비」 喙部 主刀里는 그를 뚜렷이 증명한다.

행정 단위로서 설정한 고려식의 소급 적용에 불과할 따름이다.

　그러므로 위의 기사는 왕경의 중앙부 대상으로 리명을 처음 도입해 주민의 거주가 가능하도록 하고 전반을 정비해 이를 구획한 조치 정도로 풀이함이 적절하다고 여겨진다. 이때부터 비로소 왕경 중앙부 전체에 사람들이 본격적으로 모여들어 살아갈 수 있도록 개발된 것이었다. 이는 곧 부체제의 변동이 시작됨을 바닥에 깐 일종의 신호탄이었다. 당시 6부 각각에 소속한 주민들 중 일부가 중앙부로 옮겨가고 때로는 반(半)강제적인 집행을 거쳐 이주하기도 하였을 터이기 때문이다.

　이런 조치로 말미암아 왕경의 기본 구도도 그에 어울리게 저절로 바뀔 수밖에 없었다. 이제 본궁(대궁)은 국왕이 배타적 정치력을 행사하는 신성한 공간으로서 자리 잡고 그에 어우러지도록 새롭게 치장되었다. 가까운 인근에 실무 행정을 맡은 관부가 배치되었다. 왕궁을 중핵으로 삼은 도시계획이 이루어질 기반이 처음으로 마련된 것이었다. 그를 추진하기 위한 정지작업은 두 방면에서 이루어졌다.

　하나는 공동 묘역의 공간 이동이었다. 고총의 적석목곽분과 묘역은 이미 언급하였듯이 6부의 합의 아래 공동으로 조영된 것이었다. 이제 부체제적 질서를 벗어나 국왕의 위상이 초월자적 지위로 부상하게 된 마당에 기존의 공동 묘역도 자연히 달라질 수밖에 없었다.

　이제 절대권자로서의 위상에 걸맞게 국왕만을 위한 신성한 공간이 따로 마련될 필요성이 생겨났다. 그리하여 새로운 묘역으로서 선도산(仙桃山, 西岳)의 일대가 선정되었다. 이를 계기로 중앙부에는 무덤은 거의 조영되지 않게 되었다. 각 가계별로 묘역은 전부 분산되어 외곽의 산자락으로 옮겨갔다.

이때 주목되는 사실은 선도산자락 고분군(서악고분군)의 중심부에는 오로지 국왕의 무덤만을 따로 나란하게 조영된 점이다. 이를 주축으로 해서 좌우 양쪽의 야트막한 산지에는 여타 귀족들의 묘역이 각기 그룹을 이루어 따로 조성되었다.[47] 부체제라는 공동체적 질서의 해체에 따른 변화가 무덤 조영에도 그대로 영향을 미친 것이었다. 왕경의 중앙부를 벗어난 곳에 새로운 묘역이 자리 잡으면서 사후 관념에 대한 근본 인식까지 바뀌었음은 물론이다. 그와 함께 신성한 공간, 혹은 신전 인식이나 개념에 대한 변화도 뒤따랐다.

묘역의 이동과 성격의 변화에 상응해서 불교 사원이 중앙부의 핵심 공간 여기저기에 들어섰다. 불교의 수용과 공인으로 이제 죽음 자체는 물론 사후 세계에 대한 근본적 관념까지 달라졌음을 뜻한다. 사찰이란 커다란 건물이 들어서면서 왕경의 기본 구도도 본격적으로 바뀌기 시작하였다.

묘역의 변화는 늦어도[48] 불교가 공인되면서부터 기획된 일이나 다름없었다. 진흥왕 10년(549) 양(梁)나라가 신라에 사신을 파견하면서 유학한 승려 각덕(覺德)을 귀국시킬 때 불사리(佛舍利)를 함께 보내오자 진흥왕이 직접 백관을 거느리고서 바로 얼마 전 완공된 신라 최초의 사찰인 흥륜사(興輪寺) 앞길(前路)에까지 나아가서 맞았다. 이런 사실로 미루어 왕궁을 기점으로 서천(西川)으로 나아가는 동서로 뻗은 간선대로(幹線

---

47) 이들은 대체로 진골귀족들만의 무덤으로 보인다. 서악고분군의 실상에 비추어 이제 골품체제로 전환되면서 묘역도 가계별, 신분별로 조영되기 시작하였을 터이다. 그것은 곧 오랜 공동체적 질서의 해체와 맞물려 진행된 변화였다.

48) 어쩌면 지증왕이 재위 3년(502) 순장을 없애거나 재위 5년(504) 喪服法을 제정한 사실도 그와 연관해서 이해해 봄직하다. 여하튼 법흥왕이 사망하자 무덤을 애공사 북봉에 조영하였다는 540년을 하한으로 함은 명백하다.

大路)가 흥륜사 창건 때 마련되었음을 유추하게 한다.

토착신앙과 관련해 신성시되어온 숲인 천경림의 자리에 흥륜사가 들어선 사실 자체는 무불(巫佛) 교체라는 신앙적 측면과 함께 기존의 자연발생적 상태로부터 벗어나 사찰에 비중을 크게 둔 왕경을 경영하는 하나의 전기(轉機)가 되었음을 뜻한다. 그와 연관해서 눈여겨볼 사실은 엄청나게 규모가 큰 사찰인 황룡사의 창건이다.

국왕의 위상이 두드러지게 격상되면서 왕궁 전반은 그에 어울리도록 규모를 키우는 등 새롭게 단장할 필요성이 대두되었다. 그런데 기존의 월성이란 좁은 공간만으로는 그런 목적을 달성하기에는 턱없이 미흡하였다. 그래서 부득이 경주분지의 중심부 가까운 위치에 왕궁을 새로이 조영해 옮기려고 기획하였다. 여기에는 왕궁이 경주분지의 남쪽으로 지나치게 치우쳐 있다는 한계성과 함께 왕경 자체에 새로운 지배이념을 투영시키려는 의도까지 작용하였던 것 같다. 이때 남조 양나라의 『주례(周禮)』에 기반한 왕경 경영으로부터 적지 않게 영향을 받았으리라 추정된다. 왕경의 구조 전반에 대한 근본 변화를 동반하는 기획이었다.

그러나 왕궁의 이전이 본격화되던 도중에 황룡사의 창건으로 목표가 갑작스레 바뀌었다. 그 계기야 어떻든 법흥왕, 진흥왕대에 표방된 전륜성왕(轉輪聖王) 의식 등을 고려하면 이를 불국토(佛國土) 구현의 중심으로 삼으려는 의지의 표명으로 여겨진다. 불교적 세계관에 입각한 왕경 경영의 새로운 출범이었다.

아마 법흥왕이 백제의 성왕이나 양나라 무제(武帝)의 영향으로 이들을 모델로 삼아 자신도 전륜성왕임을 표방하고[49] 뒤이은 진흥왕이 그를 승계해 구현해간 사정과도 밀접한 관련이 있는 듯하다. 중고기 신라 왕경의 일신(一新)은 곧 불교적 세계관을 중심으로 진행되었다. 달리 말하면 신라국가를 불국토의 세계로 일구어내려는 생각 아래 추진된 일이었다. 앞서 사찰이 별처럼 널리고 불탑이 마치 기러기가 나르는 모양을 하였다는 표현은 마침내 그런 배경 아래에서 나올 수가 있었다.

황룡사를 기준으로 여러 갈래의 도로망이 갖추어지고 신라 왕경 전반은 제법 정연한 모습으로 정비되어갔다. 이에 따라 주변부 일대에서 살아온 사람들도 중앙부 중심으로 급속하게 모여들기 시작하였다. 곳곳에 들어선 사찰을 중심으로 해서 거주 구역이 형성, 확장되었다. 사찰을 기준으로 도로망이 갖추어지고 거주지는 생활의 편의성을 고려해 구획되었다. 이후 겉모습이 두드러진 각종 사찰이 오래도록 신라 왕경의 랜드마크로 기능하였다. 불국토 관념에 적절히 어우러지는 양상이었다.

3) 통일기 왕경의 쇄신과 변화-중·하대기

한반도 중심의 삼국만이 아니라 당과 왜까지 참전한 이른바 국제전으로서의 통일전쟁은 동아시아세계의 일대 격변기 속에서 지러졌다. 최후의 승리는 후발주자인 신라에게 돌아갔다. 이로써 신라는 새로운 시대적 전환기를 맞았다.

신라는 이미 무열왕(武烈王) 김춘추(金春秋)가 즉위하면서 그 이전과는 확연히 차이 나는 새로운 지향을 표방하였다. 이로 말미암아 현실 정

---

49) 조경철, 「동아시아 불교식 왕호 비교 4~8세기를 중심으로」『한국고대사연구』43, 2006.

치에서 유용한 유학(儒學)이 지배이데올로기로서 차츰 불교를 대체해 나갔다. 이미 김춘추는 집권하는 과정에서 당으로부터 각종 새로운 제도를 도입해 지배체제를 완전하게 바꾸어나갈 채비를 차렸다. 뒤를 이은 문무왕은 마침내 삼국을 통합하게 됨으로써 지배체제 전반의 정비에 한층 박차를 가하였다.

신라국가는 고구려·백제의 유민을 자신의 민(民)으로 적극 포용, 융합해나감으로써 체제의 안정을 도모하려 하였다. 그들 중 유력자에게 관등을 지급함으로써 관료로서 받아들이고 각종 세제를 균등히 하였다. 전국토를 9주(州)로 나누고 교통상의 거점에다 5소경(小京)을 배치함으로써 지방을 대대적으로 정비하였다. 원래의 신라민과 함께 복속민을 포함한 중앙의 핵심 군단으로서 구서당(九誓幢)을 편성하였다. 신라에 의한 삼국통합의 당위성을 역사적으로 일깨울 목적으로 일통삼한(一統三韓)하였다는 의식을 내세우기도 하였다. 문화적으로 가장 후진이었던 신라의 역사를 드높이기 위하여 김씨 족단의 시원이 마치 중국 전설시대의 소호금천씨(少昊金天氏)에 뿌리를 둔 듯이 분식(粉飾)하였다.

그런 정황에 어울리도록 왕궁과 왕경 전반도 새롭게 치장하였다. 고구려 백제 유민을 포함한 새로운 주민과 물산의 대량 왕경 이입(移入)으로 재편이 불가피해지는 상황을 맞았다. 사실 왕경 내에서 가장 먼저 관심을 기울인 대상은 왕궁일 수밖에 없었다. 문무왕(文武王)은 재위 4년(674) 궁궐 내에다 못을 파고 산을 만들어 각종의 화초를 심고 진귀한 짐승들을 길렀다고 한다.[50] 이후 이는 금입택과 같은 대저택에 정원을 갖

---

50) 이를 雁鴨池 혹은 月池라고 한다.

추고 연못[苑池]을 파는 구조의 전범(典範)이 되었다.

당시 당과 시작한 전쟁이 아직 미처 마무리되지 않은 전시 상황임을 고려하면 무척 한가로운 조치처럼 비쳐진다. 어쩌면 겉으로는 당과 더 이상 싸울 뜻이 없음을 내비치려는 의도로 꾸며내었을지도 모른다. 게다가 당이 귀족 일부가 집권 세력에 불만을 품고 반발하려는 신라 내분의 분위기를 적극 활용해가는 움직임 속에서 문무왕은 내부용으로서 위세를 드러내어 보이기 위한 방편으로도 이용하였을 듯싶다. 그러면서 내심 당과의 전쟁에 대한 대비책도 강구하였음은 물론이다. 이후 전쟁이 계속되다가 마침내 676년 소부리주(所夫里州)의 기벌포(伎伐浦)에서 벌어진 일대 해전(海戰)을 끝으로 전쟁은 소강상태를 맞았다. 이로써 사실상 모든 싸움은 일단락된 셈이었다.

전쟁이 마무리되면서 가장 먼저 봉록(俸祿) 사무를 도맡은 좌사록관(左司祿館)을 설치하였다. 이는 전쟁의 결과 군공을 놓고 논공행상을 실시하려는 의도로 짐작된다. 이를 계기로 전후 처리의 일환으로서 관부에 대한 정비 작업에 나섰다. 그러면서 동시에 왕경과 왕궁을 대대적으로 치장하기 시작하였다.

문무왕 19년(679) 2월 궁궐을 중수하였는데 '자못 장려(壯麗)'하였다는 표현으로 미루어 엄청나게 큰 대규모의 역사(役事)를 진행하던 듯하다. 지금까지 월성을 비롯해 경주분지 여기저기에 산재한 큰 규모의 건물지로부터 바로 시점을 나타내는 '의봉사년개토(儀鳳四年皆土)'의 명(銘)이 새겨진 기와가 백 수십 점 출토된 것은 그런 실상을 증명하기에 충분한 사례이다.

의봉 4년은 바로 궁궐을 전면적으로 중수한 679년이다. 이 기와를 사용해서 지은 건물이 일시에 착공되거나 준공된 것이 아님을 고려하면 바로 이 해는 단지 왕궁뿐만 아니라 왕경 전반의 쇄신을 시작한 기념비적인 시점으로[51] 여겨진다. 아마도 676년 이후 3년 동안의 추이로 미루어 당의 공세가 더 이상 없으리라 확신하게 된 문무왕은 이로써 사실상 전쟁이 끝나고 통합이 이루어졌음을 선언한 것으로 보인다.

같은 해 8월 동궁(東宮)을 짓고 안팎의 여러 문호(門戶)의 액호(額號)를 처음으로 정하였다는 데서도 그런 실상이 유추된다. 동궁은 태자의 처소였으므로 이는 차기의 왕위를 승계권자에게 안정적으로 물려주려는 의지의 표명이었다. 이 또한 왕경을 새롭게 재정비하려는 일환이기도 하였음은 물론이다. 679년부터 시작된 왕궁을 비롯한 왕경의 일체 정비 작업이 한창 진행 중일 즈음인 681년 소백산자락의 부석사(浮石寺)로 밀려나 있던 고승 의상이 더 이상 왕경 쇄신 작업을 그만두도록 촉구하였다. 이는 문무왕의 왕경 쇄신 작업이 그만큼 대단한 규모였음을 반증한다.

사실 이제부터 왕경 중앙부의 쇄신 핵심은 사찰에 놓인 것이 아니며 왕궁을 비롯한 관부, 그리고 귀족들의 대저택 중심이었다. 문무왕 4년(664) 함부로 사찰에다 재물과 논밭 등 토지 시주하는 것을 금지하는 법령을 발포한 데서 유추되는 사실이다. 사찰의 난립을 막고 이를 국가의 관리 통제 아래에 두려는 뜻이었다. 이후 왕경의 중앙부에는 국가가 직접 운영 관리한 성전사원(成典寺院)만이 들어선 것은 그런 사실을 방증한다. 아마도 왕경 자체를 체계적으로 정비하려는 의도가 담긴 조치로 여겨진다.

---

51) 이에 대해서는 이동주, 앞의 책.

통일 이후 왕궁을 비롯한 각종 관부의 대대적인 신설과 보완에 따라 더 많은 관아 건물이 요구되었다. 이로써 왕경의 경관 전반은 크게 달라졌다. 기존의 주어진 공간만으로는 감당해내기가 곤란하였다. 그래서 여러모로 별궁(別宮)이나 이궁(離宮)을 따로 마련하지 않으면 안 되었다.

먼저 기존 왕궁에다 별궁을 덧대어서 지었다. 이를테면 동궁, 남궁의 사례를 손꼽을 수 있겠다.[52] 여타의 별궁들은 대궁과 일정한 거리를 두고 떨어진 곳에다 배치될 수밖에 없었다. 월성을 본궁(本宮)이란 별칭으로 부른 밑바닥에는 그런 사정이 깔린 것으로 여겨진다. 이미 앞서 소개한 사절유택의 경우도 그와 같은 이궁에 해당한다. 동궁, 북궁, 남궁처럼 방위명으로 나타낸 곳과 여타 이궁은 각각 위상이나 층위(層位)에서 일정하게 차이가 나며 성격이나 용도 또한 달랐으리라 여겨진다.

그와 같은 구조적 변화와 함께 급속한 인구와 물산의 확대는 왕경의 구조 변화를 촉진한 또 다른 동인이었다. 이로 말미암아 도로로 구획된 방(坊)의 수도 저절로 늘어났을 터이다. 그 이전에는 중심부에 한정해서 방이 설정되었으나 이제는 점점 주변부로까지 확산되어 나갔다. 주변부의 거점으로서 6부의 읍에도 방이 도입된 것이었다.

인구와 물산의 증대는 생필품의 교환을 위한 더 많은 시장을 필요로 하였다. 소지마립간 11년(489) 처음 시장이 두어졌으며 이것이 지증왕(智證王) 9년(508) 동시(東市)로 발전하였다. 통일 이후 효소왕(孝昭王) 4년

---

52) 북궁(北宮)도 존재하였음은 의심의 여지가 없다. 다만, 그 위치에 대해서는 논란이 많아 확정하기는 어렵다. 여러모로 보아 알천에 가까운 큰 규모의 건물인 전랑지(殿廊址)일 가능성이 매우 크다. 한편 서궁(西宮)의 존재는 기록상 확인되지 않는다. 아예 기획하지 않았거나 아니면 이미 많은 건물이 들어선 상태에서 더 이상 별궁을 지을 공간이 없었기 때문일 수도 있겠다. 혹여 신궁이나 종묘, 혹은 사직과 같은 신성한 건물이 들어섰거나 아니면 요석궁(瑤石宮)과 같이 별칭으로 불리었을 여지도 있다.

(695)에는 서시(西市)와 남시(南市)가 각각 개설되었다. 시장의 증치는 왕경의 정비를 추동하도록 한 또 다른 요인이었다.

신라 왕경은 통일을 계기로 인구가 엄청나게 불어나고 규모가 매우 커짐으로써 제대로 관리하지 않으면 유지가 힘든 상황을 맞았다. 이미 구획된 왕경의 운영을 각각 분담한 육부소감전과 함께 전읍서가 두어진 것도 바로 그 때문이었다. 한편 왕성 전반을 일체적으로 관리하기 위해 경성주작전이 설치되었다. 이들 관부들은 신라 중앙정부가 왕경을 왕경답게 관리하고 유지해나가려는 데에 얼마나 고심하였던가를 보여주는 실례이다.

교통망을 중심으로 해서 통행을 관리·통제하였다. 성덕왕 22년(721) 관문성을 쌓아 동남방면의 출입을 통제·관리하였다. 동시에 인근의 산성을 연결해 방어망 체계를 구축하였다. 그런 외곽의 방어망 체계는 5세기 말엽 고구려와의 긴장관계가 고조되면서부터 갖추어지기 시작한 것이었다. 이후 삼국 간의 항쟁이 치열해지면서 왕경 수비에 더욱 박차를 가하였다.

왕경이 아래로 직접 내려다보이는 곳에는 명활산성과 남산신성, 서형산성(西兄山城)과 같은 피난용의 성을, 그 외곽 일대의 교통상·군사상 요충지에는 부산성(富山城)이나 북형산성(北兄山城)처럼 방어용의 성을 쌓았다. 왕경의 수호(守護)를 위해 나름의 지리지형적 사정을 감안한 종합적인 구도였다. 아들 주위에는 9서당을 비롯한 중앙군의 주력 상비군(常備軍)을 곳곳에 배치하였다. 앞서 언급한 것처럼 이들 방어망 지역 내부에 포함된 것이 6부 가운데 중심부와 구별해서 왕기라고 불렀다.

신라 중앙정부는 이중 삼중의 방어망 체계를 구축해 왕경을 보호하였을 뿐 아니라 주요 자연물에 대한 종교 신앙을 매개로 왕경은 물론 나아가 국토를 수호하려는 강한 의지를 갖고 있었다. 그 가운데 주목되는 것이 산천 대상의 제사체계였다.

국가를 공동으로 지켜주는 조상 숭배는 대체로 5묘제 중심의 종묘(宗廟)로 수렴되었다. 이외에 전체 영토 내 산천 중심으로 비중에 따라 대사(大祀), 중사(中祀), 소사(小祀)로 구분하여 각종의 제사체계를 마련하였다. 큰 규모의 산, 강, 내, 나루, 해변, 성문(城門), 숲, 곡(谷) 등이 주요 대상이었다. 이들은 늘어난 영토에 어우러지게 원래 지방은 물론 새로이 고구려 백제의 제사 체계까지 수렴한 결과였다.

왕경에도 계절에 따라 지내는 여러 종류의 여러 자연물 관련 제사가 신성한 공간으로 자리 잡았다. 그 가운데 기장 중시되어 최고의 위치를 차지한 것은 대사로 선정된 삼산(三山)이었다. 하늘에 대한 제사를 따로 지내지 않은 까닭에 저절로 산악이 중요시될 수밖에 없었다. 삼산 가운데 왕경의 나력이 특히 그 핵심적 위치에 있었다고 하겠다.

나력의 구체적 위치에 대해선 약간의 논란이 있기는 하지만 대체로 낭산(狼山)으로 비정함이 일반적이다. 낭산은 경주분지 내에서는 거의 유일하다시피 한 약간 높은 구릉지이다. 중앙부의 경관을 내려다볼 수 있어 위치가 매우 좋은 곳이다. 그래서 오래도록 낭산은 신(神)이 사는 세계에 가장 가까운 곳으로 인식된 듯하다. 낭산 남쪽 가장자리의 숲을 신이 내려와 논다는 의미의 신유림(神遊林)이라고 불린 것은 그를 잘 보여준다. 신유림은 이른바 전불(前佛)시대의 7처(處)가람 가운데 하나로서 이미 오래 전부터 숭앙의 대상이었다. 그래서 7처가람 터에는 모두 사찰이 세워졌거니와 마지막으로 신유림에 들어선 것은 사천왕사(四天王寺)

였다.

원래 통일 이전에도 왕경의 3산을 비롯한 산악신앙이 당연히 있었다. 그러나 통일 이후 영토가 늘어나면서 전면적인 재편이 이루어졌지만 3산은 원래 그대로 이어졌다. 그 가운데 왕경의 중앙부에 자리한 것이 낭력이었다. 왕경의 위치를 고려하면 낭산은 통일 이전에는 중악의 기능을 겸하였을 가능성도 엿보인다. 이는 낭산이 그만큼 신라 전 시기를 통해 대단히 중요시된 산악숭배의 대상이었음을 뜻한다. 사천왕사의 명칭이나 선덕여왕(善德女王)의 무덤 조영과 관련한 설화에 비추어 낭산이 불교적 세계관 속에서 불국토의 중심인 수미산(須彌山)으로 인식된 것도 그런 사정 때문이었다.

이처럼 낭산은 토착신앙 뿐만 아니라 그와 접변한 불교에서도 매우 신성하게 여겨진 특수 공간이었다. 그런 곳에 사천왕사가 들어선 데에는 상당한 의미가 깃들어 있는 것으로 보인다.

사천왕사는 문무왕이 불력(佛力)을 빌어서 당을 물리치려는 염원에서 창건한 사찰이다. 문무왕이 사망하자 거기에서 시신을 화장하였으며 문무왕릉비가 세워진 곳이기도 하다. 신라의 국토를 외침으로부터 지켜준다고 여긴 가장 중요한 사찰이 사천왕사였다고 하겠다.

사천왕사가 통일기 신라국가가 직접 책임지고 관리한 핵심 사찰이라 할 7개의 성전사원 가운데 가장 수위(首位)에 자리할 정도로 중시된 것도 바로 그 때문이었다. 사천왕사는 왕경 핵심부로 들어가는 주요 길목이면서 오랜 전통신앙과 불교가 융합되었을 뿐만 아니라 그를 지켜주고 나아가 신라 왕조를 수호하려는 호국 의식이 깃든 제일급의 성소로서 기능하였다. 낭산과 그 주변에 최근 발굴을 거친 황복사(皇福寺)나 중생사

(中生寺)를 비롯한 여러 유력한 사찰이 들어선 점은 그를 입증하기에 충분하다.

이상과 같이 보면 신라 왕경은 통일기에 이르러 정치적으로는 물론 종교적, 군사적으로도 매우 짜임새 있는 구성을 한 것으로 평가할 수 있다. 자연적 상태로부터 출발해 그런 모습을 갖추게 되기까지는 엄청난 고난과 고심의 과정을 거친 것으로 여겨진다. 왕경의 밑바탕에는 그와 관련한 내용이 깊숙이 스며들어가 있다. 신라사회의 흐름 전반을 제대로 이해하는 데 왕경은 필수적 대상이 될 수밖에 없는 근거가 실로 이런 데에 있다고 하겠다.

6. 나오면서 -신라 왕경의 특징

온갖 문물이 집결되게 마련인 왕경은 어떤 국가에서도 간판의 기능을 할 수밖에 없다. 신라도 역시 마찬가지이지만 오히려 집중도가 비할 바 없이 두드러지게 컸던 데에 큰 특징을 보였다. 그러므로 신라사회를 제대로 이해하기 위해서는 다른 무엇보다도 왕경의 실상에 대한 이해가 선행되어 마땅하다.

신라 왕경은 비슷한 시기의 고구려·백제나 인근의 중국이나 일본과는 전혀 다른 독특한 면모를 지녔다. 이는 단 한 차례도 천도한 경험을 갖지 못한 데서 비롯한 일이었다. 그럼에도 기왕에 아무런 근거도 없이 무조건 주작대로 설정한다거나 그 크기를 추정하려는 하는 등의 시도가 있었다. 이는 다른 여느 동아시아세계 왕경과 마찬가지로 신라도 막연히 중국적 모델을 따라서 조성한 것이라 단정한 선입견에서 비롯한 것이었다.

물론 신라 왕경의 운영이나 구조가 중국과 같은 선진국이나 여타 주변의 인접 국가로부터 영향을 받았을 것임은 부정하기가 어렵다. 그렇지만 내부의 자연적·지리지형적 조건의 제약으로 말미암아 그대로 모방해서 받아들이기 어려운 독특한 구조였다. 그런 까닭에 일부 받아들인 대상조차 나름의 변용 과정을 거쳐서 적용하였으리라 여겨진다. 그 결과 신라 왕경은 달리 유례를 찾기 힘든 특이한 구조로 갖추어졌다. 신라 왕경의 실태를 제대로 파악하려면 자연히 역사적 흐름 속에서 살펴볼 수밖에 없는 이유는 실로 이런 데에 있다.

　　자연발생적으로 형성된 사로국 경역을 기반으로 삼아 출발한 신라 왕경에는 온갖 정치사회적 격변을 거치면서 필요에 따라 계속 새로운 이념이나 요소가 가미됨으로써 구조나 외양도 바뀌어져 갔다. 각 시대마다 추구한 지향성은 저절로 왕도 경영에 반영되게 마련이었다.

　　신라의 모태가 된 사로국의 경역이 그대로 왕경으로 전화하였지만 자체 내부의 변화를 통해서 6부가 탄생하였다. 따라서 6부의 경역은 곧바로 왕경과 등치되었다. 출발기의 6부는 단순한 행정구획이 아니며 각기 정치적으로 반(半)자립적 성격을 띤 단위 집단이었다. 신라국가의 중대한 일은 6부의 협의 아래 회의체에서 공동의 논의를 거쳐 결정, 집행되었다. 이런 구조를 부체제라 부르고 있다.

　　이때부터 상당 부분 비어있는 상태나 다름없던 왕경의 중앙부는 6부의 공동 합의 아래 개발되기 시작하였다. 그 출발을 이룬 것이 정치행정의 중심으로서 왕궁과 신성공간으로서의 공동묘역이었다. 이를 중심으로 바깥으로부터 주민의 집주(集住)가 본격화됨으로써 신라 왕경은 제대로 모습을 갖추어나갔다.

신라 왕경 전반이 일시에 같은 수준으로 개발의 과정을 거친 것이 아니었다. 처음에는 중앙부에 집중되었으며 이로부터 점차 주변부로 확산되어 갔다. 그러므로 도로에 의해 비교적 정연하게 구획된 방도 전면적으로 실시된 것이 아니며 중심부로부터 주변부의 가능한 지역으로 조금씩 퍼져갔다. 그래서 중앙부(혹은 주변부의 중심 지역)와 주변부의 구조는 상당히 차이가 날 수밖에 없었다. 중앙부는 기본적으로 부-리를 근간으로 하면서 그 하부가 방으로 구획된 반면 주변부에는 부-리의 아래에 자연 상태의 취락인 촌(村)이 존재하였다.

이처럼 오랜 기간을 거치면서 신라 왕경의 인구도 엄청나게 늘어났다. 6부는 행정구획으로 전화되고 그 공간은 지역에 따라 적절히 활용되었다. 그럼에도 언제나 핵심은 정치행정의 공간[당나라 방식으로는 이른바 궁성(宮城)과 관아가 있는 황성(皇城)을 의미]과[53] 바로 인근(대궁과 가까운 북편과 서편 일대로 추정되는 곳)의 신성 공간이었다.

중앙부를 기준으로 외양은 매우 화려해졌으며 곳곳에는 기와지붕의 대저택이 들어섰다. 그렇다고 해서 35금입택이 특정한 공간에만 집중되지 않고 왕경 전반에 퍼져 있었던 점으로 미루어 신분에 따른 거주 구역만 따로 설정된 상태는 아니었던 듯하다. 다만, 구역에 따른 빈부의 격차는 당연히 있었을 터였다.

신성 공간은 때로는 개발 지역의 확대로 주변 곳곳에 설정되었다. 남산(南山)이나 낭산, 서악과 동악 등을 주변부에 배치된 신성 공간의 사례로서 들 수 있다. 거주 구역이 주변부로 늘어남에 따라 진행된 일이었다.

---

53) 이에 대해서는 세오 다츠히꼬(최재성 옮김), 『장안은 어떻게 세계의 수도가 되었나』, 황금가지, 2006 참조.

그 점은 통일기에 접어들어 시장이 두 개나 더 설치된 데서도 충분히 짐작할 수 있겠다.

중앙부로부터 약간 떨어진 외곽의 산곡 곳곳에는 따로 생산구역이 설정되었다. 향(鄕), 성(成), 촌(村)과 같이 중앙정부나 귀족들의 생활필수품 생산을 전담한 특수 취락이 만들어졌다. 왕실의 필수품을 조달한 내성 소속의 각종 관서(官署)를 통해 그 종류를 약간이나마 유추해볼 수가 있다.

적어도 10만이 넘었으리라 추정되는 인구가 일상생활을 안정적으로 영위해가기 위해서는 왕경은 도로나 교통도 체계적으로 갖추어졌을 것임은 두 말할 나위가 없다. 전국으로 뻗어나가는 교통망이 갖추어져 있었다. 각종 역(驛)이나 통(通)은 그런 체계를 반영한다. 신라국가의 번영은 이런 교통망을 매개로 유지되었으리라 여겨진다. 그런 측면에서 신라 왕경의 구조는 지방의 존재 양상과도 결코 무관하지 않았던 셈이다.

(새글)

2
신라 궁성의 형성과 변화
-고려 궁성으로의 전화(轉化)

1. 들어가면서

새로 출범한 왕조는 언제나 건국의 정당성이나 정통성을 내세우기 위해 온갖 명분과 함께 방법을 동원해 포장하게 마련이다. 그런 일환으로 직전 왕조의 지배체제 일체를 부정함으로써 단절하려는 데에 노력을 기울이지만 그것이 완벽하게 이루어질 리 만무하다. 전대적(前代的) 요소는 어떤 형태로건 면면히 이어지기 때문이다. 따라서 단절과 계승은 공존할 수밖에 없다.

그와 같은 실상은 신라를 이은 고려의 경우에서도 확인된다. 고려는 신라의 왕경으로부터 가장 멀리 떨어진 변방에서 출현한 왕조이다. 그 중심부는 신라가 삼국을 통일한 이후 8세기 중엽에 이르기까지 거의 관심을 두지 않은 채 방기된 지역이었다. 그런 의미에서 고려의 건국은 그야말로 '변경혁명(邊境革命)'이라 이름 붙여도 무방할 듯 싶다. 고려왕조가 신라의 지배체제를 밑바닥에서 변혁(變革)하고 가능한 한 연결고리를 잘라내어 새로운 왕조다운 면모를 갖추어나가려 한 것은 일견 당연한 소치로 보인다.

소위 천년왕국 신라가 멸망에 이른 요인을 한마디로 잘라서 말하기는 곤란하다. 오랜 기간 존속하면서 누적된 구조적 모순이 일거에 폭발한 결과였기 때문이다. 그 가운데 아무래도 가장 결정적인 요소로는 흔히 골품체제의 질서 아래 왕경(인) 중심의 정치 운영을 손꼽아도 좋을 듯싶다. 골품체제적인 지배질서는 오랜 기간 너무 깊이 뿌리내려져 그로부터 생겨난 근본 모순은 단순한 부분적 보완만으로 극복 불가능할 정도의 심각한 수준이었다.

고려가 상대적으로 지방(민)의 문제에 각별한 관심을 기울인 것도 바로 그런 측면 때문이었다. 태조 왕건(王建)이 후삼국 통합의 과정에서 지방 유력자에게 '중폐비사(重幣卑辭)'한 사정 속에는 그런 요인이 깊숙이 반영되어 있는 셈이다. 이후 본관제(本貫制)나 속현제(屬縣制)와 같은 고려만의 독특한 지방 운영 방식을 채택하거나 능력 있는 인재 확보를 위한 과거제(科擧制)를 도입하고 운용한 사실 등은 바로 그런 배경 아래 나온 것이라 하겠다.

고려는 문화적으로 매우 낙후된 변두리 지역에서 일어난 까닭에 어떻든 권위를 확립하면서 위세를 과시하기 위해 여러모로 새로운 방안을 강구하지 않으면 안 되었다. 그 가운데 관심을 가장 크게 기울인 대상은 아무래도 왕경과 왕궁일 수밖에 없었다. 그것이 한 왕조의 위상을 가장 잘 드러내는 방편이었기 때문이다. 그럴 때 기왕의 신라 사례는 반면교사이면서 동시에 전범(典範)으로도 작용하는 양면성을 보였으리라 짐작된다.

멸망할 즈음의 신라 수도 금성에는 수많은 사찰과 함께 대저택인 이른바 35(39)금입택이[1] 즐비한 상태였다.[2] 인구와 물산이 금성으로 엄청나게 집결됨으로써 지배귀족의 호화사치 정도는 극한의 양상으로 치닫고 있었다. 태조 왕건은 경순왕(敬順王) 5년(931) 금성을 방문해[3] 그런 실상의 경관(景觀)을 직접 목도한 적이 있었다. 어쩌면 이것이 '취민유도(取民有度)'를 앞세운 고려의 왕경이나 왕궁이 신라의 그것과 상당히 다른 모습을 띠게 한 요인의 하나로서 작용하지 않았을까 싶다.

그러면서 신라의 왕경과 왕궁 경영 전반을 참고해 모방한 점도 적지 않았으리라 여겨진다. 이는 일단 고려도 신라처럼 원래의 발상지에서 시종한 사실로부터 유추되는 사실이다. 천도를 경험하지 않아 이미 주어져 있는 지리 지세를 최대한 활용할 수밖에 없었던 신라의 방식을 고려도 적지 않게 참고하였으리라. 그런 점은 일단 왕경을 부방리(部坊里)로 구획한 데서 상정할 수가 있다. 아마도 신라 지배층이 고려의 지배층으로 많이 편입된 점도 그 밑바닥에서 작용하였을 듯하다.

그러나 고려왕조가 창업되는 과정에서 적극 수용한 풍수지리설이 왕경 건설에도 적용됨으로써 신라와는 다른 면모를 보였을 듯하다. 왕궁을 왕경의 북쪽인 송악산(松嶽山)을 배후로 삼은 북좌남조(北坐南朝)의 구조를 한 것은 그런 측면을 여실히 보여준다. 12세기 초 풍수설에 입각해 주장된 서경천도론(西京遷都論)의 명분 속에는 신라(출신자)에 대한 반발이 기본적으로 깔린 것이지만 신라식 왕경의 운용 방식에 대한 불만도 적

---

1) 『삼국유사』1 紀異篇1 「辰韓」조.
2) 『삼국사기』11 신라본기 憲康王 6년조.
3) 『삼국사기』12 신라본기 敬順王 5년조.

지 않게 작용하였을 것 같다.

　이상과 같은 여러 사정을 염두에 두면서 신라의 궁성(宮城)이 형성·전개되는 과정과 거기에서 나타나는 몇몇 특징적 측면을 더듬어보고자 한다. 고려 궁성의 구조나 운영에 내재한 특성은 그를 통해 저절로 드러나리라 여겨진다.

2. 단절과 계승

　고려 왕조의 발상지인 개성(開城) 중심의 예성강(禮成江) 일대는 신라가 통일 직후 전체 영역을 9주(州)로 편제한 가운데 서북방에 위치한 한주(漢州)에서도 가장 북쪽의 변경지대에 해당한다. 『삼국사기』 지리지에는 그 일대가 원래 고구려의 영토였던 듯이 밝혀두고 있다.[4] 이는 5세기 후반에서 6세기 중엽 이전으로 한정할 때에만 타당한 지적이다. 한성과 그 북쪽의 예성강 유역 부근까지는 475년 고구려 장수왕(長壽王)에 의해 함락당할 때까지의 수백년 동안 백제 영역에 속하였다. 그곳을 백제의 초기 발상지라 주장하는 견해까지 제기되어 있다.

　550년대 초반 신라는 백제와 합작으로 한강 유역으로 진출하고 직후 그 일대 전부를 영토로서 독차지한 뒤 멸망에 이를 때까지 줄곧 그런 상태를 그대로 이어나갔다. 그렇게 보면 고려의 발상지인 예성강 일대는 일찍부터 삼국의 정치와 문화가 번갈아가면서 교차 경험한 독특한 지역으로 진단할 수 있겠다. 고려 왕조도 신라처럼 '일통삼한(一統三韓)'을 내세워 통일왕조임을 강조하려 한 데에는 그럴 만한 충분한 역사적 근거

---

4) 『삼국사기』 35 지리지 漢州條.

를 갖고 있었던 셈이다.

개성 북쪽의 고구려 영역은 신라의 통일 이후 사실상 상당한 기간 동안 당나라의 관장 아래에 놓여 있었다. 당이 고구려 영토를 장악하기 위해 그 수도 평양(平壤)에 배치한 안동도호부(安東都護府)를 676년 요동 방면으로 옮긴 뒤에도 신라는 예성강 이북으로 북상하지를 않았다.

이후 두 나라 사이가 휴전으로 돌입하고 드디어 전쟁 상태가 완전히 끝났음에도 신라는 여전히 그를 당의 영토라 여기는 입장을 취하였다. 648년 당태종과 김춘추(金春秋) 사이에 맺은 밀약(密約)을 끝끝내 충실히 지켜내려는 모습이었다. 그러다가 733년 발해에게 산동(山東) 방면을 공격당하게 된 당이 신라로 하여금 출병해주기를 요청한 사건을 계기로 해서 사정이 근본적으로 달라져갔다.

당은 자신의 요구에 충실히 부응한 대가로서 성덕왕(聖德王) 34년 (735) '패강(浿江) 이남의 땅'을 비로소 신라의 영역으로 인정해 주었다.[5] 이로써 두 나라 사이에 빚어진 갈등의 고리는 말끔히 정리되고 전시(戰時) 상황도 이제 완전히 종결되기에 이르렀다. 이는 사실상 두 나라가 화평관계로 진입함을 공식적으로 밝힌 선언이나 다름없는 조치였다. 신라는 이후 이 방면의 개발에 적극 나서서 마침내 패강진(浿江鎭)이라는 군사적 성격의 특수 구역으로 편제하였다. 이 일대가 뒷날 고려 왕조의 출범에 주요한 군사적 기반으로 작용하였음은 물론이다.[6]

이처럼 한국고대사 전반의 흐름 속에서 살피면 고려의 발상지는 여

---

5) 『삼국사기』8 신라본기 聖德王 34년조.

6) 이기동, 「신라 하대의 浿江鎭-고려왕조의 서립과 관련하여-」『한국학보』2, 1976 ; 『신라 골품제사회와 화랑도』, 한국연구원, 1980.

러모로 특이한 역사적 과정을 거친 지역이라고 평가할 수 있다. 앞서 언급하였듯이 고구려·백제·신라 삼국이 번갈아가면서 영역으로 삼았던 곳이다. 뒷날 장보고(張保皐) 세력의 해상왕국 거점인 청해진(淸海鎭)의 해체로 그에 소속한 병력이 뿔뿔이 흩어지면서 일부가 북상하여 패강진으로 흡수되어 들어갔을 여지도 보인다. 해상활동을 주요 기반으로 삼은 왕건 세력이 통합의 과정에서 나주(羅州)를 비롯한 영산강(榮山江) 유역권이나 남해연안의 해상 세력과 각별하게 연결된 사실은 그런 사정과 무관하지 않을 듯하다.

이상과 같이 보면 고려 건국의 주도 세력이 가진 입장과 특성의 일단을 이해할 수 있다. 고려의 탄생에는 단순히 고구려를 계승하였다는 의식만이 내재된 것은 아니었다. 그 점은 고려라는 국호 사용에서도 저절로 드러난다.

고구려는 5세기 후반 장수왕대에 '구(句)'자를 아예 빼어버려 국명을 고려(高麗)로 고쳤다. 5세기 말엽에 세워졌다고 추정되는 「충주고구려비(忠州高句麗碑)」에 보이는 고려 국호의 사용 사례는 그를 뚜렷이 입증해 준다. 이후 중국 왕조의 고구려 국왕에 대한 책봉호(冊封號)를 비롯해 그와 관련된 수많은 기록은 물론 『일본서기』 등에서도 실제로 확인되는 사실이다.

그처럼 고구려 때 이미 바꾼 국명을 고려 왕조가 건국의 과정에서 그대로 사용함으로써 되살려낸 사실에 대해서는 새롭게 의미를 부여할 필요가 있는 대상이다. 고려는 단순히 고구려를 잇겠다는 의식을 훌쩍 뛰어넘어 사실상 그 부활을 선언한 것이나 다름없었다. 말하자면 고려의 건국에는 고구려 중심의 '일통삼한' 표방을 내재하고 있었다고 보아도 좋을 것 같다. 고려는 단순히 후삼국을 통합한 사실에서 한 걸음 더 나아가 기존 신라 중심의 '일통삼한'을 부정하려는 인식을 지니고 있었던 것이라 하겠다.[7] 고려 초기에 성립한 3경제(京制)의 운용 속에서도 그런 측면을 읽어낼 수 있다.

고구려의 부활을 지향한 고려는 출범 당초 주민 포섭을 위해 일단 신라의 지배질서를 전적으로 부정할 수밖에 없었다. 그렇지만 신라적인 색채를 무조건 도외시하지는 못하였다. 신라 주민도 적절한 수준에서 아우르지 않으면 안 되었기 때문이다. 그 점을 잘 보여 주는 것이 3경 가운데 신라 왕경의 이칭(異稱)이라 할 동경(東京)을 적극 수용한 사실이다.

935년 신라의 마지막 국왕인 경순왕 김부(金傅)가 나라를 들어 투항하였을 때 고려는 왕경인 금성을 그의 식읍(食邑)으로 인정해주는 대신 '경사스런 고을'이란 뜻의 경주(慶州)로 바꾸었다. 경종(景宗) 3년(978)에 이르러 김부가 사망하였을 때 그의 시호를 굳이 '경순(敬順)'왕이라 명명한 것도 비슷한 맥락에서 이해된다.

그러는 한편 고려는 신라 지배층의 일각에서 사용한 동경(東京)이란 지명을 그대로 이어받아 사용하였다. 신라에서는 8세기 중엽 무렵부터 비주류(非主流)를 중심으로 당의 수도 장안성에 견주어 자신의 왕경 금성을 동경이라고 부름으로써 자존(自尊) 의식을 드높여보려는 움직임이 있었다.[8] 아마도 755년 당나라에서 일어난 안록산(安祿山)의 반란으로부터 받은 자극 때문으로 추정된다.

---

7) 『고려사』92 열전 崔凝傳에 태조가 굳이 신라의 사례를 끌어들여 西京에다 9층탑을 건립해 '合三韓爲一家'하였다는 사실도 그 점에서 참고가 된다.

8) 주보돈, 「신라의 '동경'과 그 의미」『대구사학』120, 2015.

그런 자존 의식이 당시 당과의 우호관계로 말미암아 신라국가에 의한 공식적 입장으로까지 나아가지는 못하였지만 바닥에서 하나의 뚜렷한 흐름을 이루고 있었음은 틀림없다. 822년 왕경의 고위 귀족인 김헌창(金憲昌)이 웅천주(熊川州)를 근거로 삼은 반란을 획책하면서 당의 수도인 장안(長安)을 국호로 삼고 경운(慶雲)이란 연호를 내세운 사실은[9] 바로 그런 의식의 발로였다고 하겠다.

이처럼 부득이 일각에서만 사용되던 동경이란 용어가 고려 초에 경주를 지칭하는 공식적 지명으로서 되살아난 현상은 매우 주목되는 사실이다. 『고려사』에서 동경이 최초로 확인되는 사례는 성종(成宗) 6년(987)의 일이지만[10] 이를 하한으로 이미 이전부터 사용되었음을 뜻한다. 그것은 태조 때부터 벌써 고구려의 수도였던 평양을 서경(西京)이라 불러서 특별하게 관리하려 한 데서도 확증되는 사실이다.

개경을 기준으로 삼을 때 오로지 방위만을 따진다면 평양은 결코 서경으로 명명될 대상이 아니었다. 이는 동해연안에 길게 두어진 동계(東界)와 함께 북쪽의 변경지대에 특수한 군사 구역을 따로 설정하여 북계(北界)라고 명명한 데서도 뚜렷이 입증되는 사실이다. 서경이란 특이한 지명은 이미 사전에 동경이 존재함을 전제로 하였을 때 비로소 이해가 가능해지는 명명법(命名法)이다.

동경을 전제로 한 서경의 설정은 정치적 의미가 강하게 깃든 구상(構想)으로 풀이된다. 고려 국왕은 스스로 황제(皇帝)라 자처하면서 개경을 천하의 중심으로 내세우고 신라 왕경이었던 동경에 대응해 고구려의 왕

---

9) 주보돈, 「신라 하대 김헌창의 난과 그 성격」『한국고대사연구』51, 2008.
10) 『고려사』57 지리지 東京留守官慶州條.

경을 의도적으로 북경(北京)이 아닌 서경이라고 불렀다. 그런 밑바탕에
는 스스로 고구려의 부활이라 여긴 고려가 신라까지 통합한 새로운 황
제국(皇帝國) 건설을 표방하려는 인식이 깃든 것으로 풀이된다. 광종(光
宗) 11년(960) 연호를 준풍(峻豊)이라 고치면서 개경을 황도(皇都), 서경을
서도(西都)라 한 것은 그런 발상에서 나온 시도였다.

고려가 단순하게 고구려의 부활을 앞세우는 것만으로는 신라나 (후)
백제 계통의 인민들을 제대로 포용해내기 어려웠다. 뒷날 문종(文宗) 대
에 이르러서는 (후)백제 유민을 포섭할 의도에서 다시 과거의 백제 왕성
한성(漢城)을 남경(南京)으로 명명한 사실도 그런 측면을 고려한 것으로
이해된다.

이상의 사례로 미루어 보면 고려에서 신라적 요소를 깡그리 부정하
려한 것은 아니었던 셈이다. 정치사회적으로 필요한 요소는 일정 정도
이어받으려는 자세였다. 그것은 이미 창업 과정에서 고려 국왕의 조상
세계(祖上世系) 가운데에서 성골장군(聖骨將軍)을 의도적으로 내세우거나
혹은 신라 중고기(中古期) 진평왕 이후 국왕의 권위를 상징하면서 신성한
신라 왕조를 수호해주는 보물로서 널리 알려진 천사옥대(天賜玉帶)를 태
조 왕건이 고려의 보물로서 받아들인 데서도[11] 유추된다. 신라의 국호
가운데 하나인 계림(鷄林)이나 이칭이라 할 낙랑(樂浪)까지 고려에서 그
대로 사용된 것도 그런 실상을 반영하는 사례의 하나로 손꼽을 수 있다.

고려가 왕경을 경영하면서 5부방리제(部坊里制)를 채용한 데서도 그
런 측면이 엿보인다. 5부의 경우 그 수치나 명칭에만 국한한다면 마치

---

11) 『고려사』2 태조 20년조 및 『삼국유사』1 紀異篇1 「天賜玉帶」조.

고구려의 그것을 그대로 승계한 듯이 비쳐질지 모른다. 그렇지만 부방리를 아울러서 참고하면 신라 왕경의 행정 구획 체계를 받아들인 것으로 이해해도 무방할 듯 싶다.

신라의 경덕왕(景德王)은 지명과[12] 함께 관부(官府)·관명(官名) 일체를[13] 한식(漢式)으로 바꾸었다.[14] 삼국의 잔재를 말끔히 씻어내고 신라사회를 새로운 방향으로 이끌어가려는 경덕왕의 야심에서 추진된 일로 보인다. 이때 가장 전통성·고유성이 짙은 관등과 함께 6부명만은 굳이 고집해서 바꾸지를 않았다.[15] 어쩌면 내부 반발이 너무 드세었기 때문일 수도 있겠다. 고려왕조가 왕경을 구획지어면서 신라의 전통성이 강한 6부라는 수치와 명칭을 그대로 이어받을 수는 없는 노릇이었다. 따라서 단순히 수치나 방위명의 부명(部名)만으로 신라의 영향이 아니라고 부정해서는 곤란하다.

다만, 신라의 부방리제를 받아들이면서도 방위명과 함께 거꾸로 방(坊)을 리(里)의 상위로 삼은 데에 두드러진 차이점이 엿보인다. 신라는 리가 왕경의 기초 행정 단위였으며, 방은 어디까지나 여러 십자형의 도로로 구획된 단위 블록(block) 하나하나를 지칭한 데에 지나지 않는다. 591년의 「남산신성비(南山新城碑)」에 보이는 탁부(喙部) 주도리(主刀里)는 물론 6세기 말 무렵 작성된 것으로 추정되고 있는 월성(月城)의 해자(垓

---

12) 『삼국사기』9 신라본기 景德王 16년조.

13) 『삼국사기』9 신라본기 경덕왕 18년조.

14) 이기백, 「신라 혜공왕대의 정치적 변혁」『사회과학』2, 1958 ; 『신라정치사회사연구』, 일조각, 1974.

15) 주보돈, 「직명·관등·지명·인명을 통해본 6세기 신라의 한문자 정착」『한국고대사연구의 현단계-석문 이기동교수 정년기념논총』, 2009.

字) 출토 목간에서 모탁부[牟梁部]의 아래에 여러 리가 6부의 하위 행정 단위로서 기능하였음이 뚜렷이 확인되는 데에[16] 견주어 방의 경우 그와 같은 실례가 전혀 보이지 않음에서 여실히 입증된다.

반면, 고려에서는 그와는 다르게 각각의 방명은 있었으나 리명이 따로 존재하지 않았다. 방은 5부마다 적게는 8개, 많게는 12개에 이르기까지 약간씩 차등 있게 설정되었으며 각각의 방에는 방명(坊名)이 주어졌다. 이는 고려가 신라의 부리방제를 받아들이면서도 나름의 독창성을 발휘한 것으로 풀이할 여지가 엿보인다.

현종(顯宗) 15년(1024) 무렵 개성이 5부 35방 355리를 갖춤으로써 왕경의 정비는 일단락되기에 이르렀다. 수치상의 측면으로 보아서도 신라의 그것을 거의 모방한 듯한 느낌이 짙다. 자비마립간(慈悲麻立干) 12년(469) 처음 정하였다는 기록을[17] 근거로 해서 이를 흔히 방리제라 부르고 있지만 이는 고려의 그것을 근거로 삼아 거꾸로 부회, 적용된 결과로 풀이함이 온당할 것 같다.

이상과 같은 몇몇 사실로 미루어 고려는 기본적으로 고구려의 부활을 선언하면서 일단 신라와의 단절을 지향하였으나 불가피하게 적정한 수준에서 수렴, 계승하지 않으면 안 되는 요소도 적지 않았다. 아마도 신라 귀족을 비롯한 주민을 활용하고 포용하려는 자세를 취한 데서 나온 부득이한 조치였다. 이것이 뒷날 묘청(妙淸)의 난에서 드러나듯이 고려 왕조가 고구려 계승하였음을 강조하는 일파와 신라의 계승을 강조하는 일파 사이의 대립·갈등으로 치닫게 된 씨앗이기도 하였다. 결국 후자가

---

16) 국립경주문화재연구소, 『월성해자 발굴조사보고서Ⅱ』 2006, 9호 목간.

17) 『삼국사기』3 신라본기 慈悲麻立干 12년조.

승리함으로써 『삼국사기』처럼 정리된 것으로 보인다. 왕성 전반의 운영을 통해서도 그런 측면을 찾아볼 수 있을지 모르겠다.

3. 신라 궁성(宮城)의 형성과 변화

1) 왕경의 구획과 경성(京城)

사로국을 모태로 해서 4세기 중반 무렵 출범한 신라는 이후 점진적인 과정을 밟아 고대국가로서의 면모를 차츰 갖추어 나갔다. 사로국의 기존 경역은 자연스레 신라의 왕경으로 전화(轉化)되었다. 그렇다고 신라와 함께 사로란 국명도 한동안 그대로 병용된 데서 드러나듯이 일시에 기존 구조와 인식으로부터 완전히 벗어난 것은 아니었다.

이후 온갖 정치사회적 변동을 겪으면서 거기에 어울리도록 왕경의 외양과 내실(內實)이 갖추어지고 또 변모되어 나갔다. 대체적으로 외형은 한층 커지고 화려하게 치장되는 경향성을 띠었다. 그 밑바닥에는 각 시기마다 수용된 지배이데올로기가 저절로 스며들었음은 물론이다.

최고 지배자인 국왕이 사는 왕경은 지배체제가 점차 갖추어지고 인구와 물산이 모여들면서 도시의 체계적 경영을 위해 여러 부분으로 구획되었다. 기록 전반에 근거해 내부를 들여다보면 매우 단순하고 거칠게나마 일단 크게 왕궁(王宮), 왕성(王城, 京城), 왕기(王畿, 京畿)의 세 부분으로 구분이 가능하다. 이들이 끝내 짜임새 있는 정연한 체계를 갖추지는 못하였지만 왕경의 안정적인 관리·유지를 위한 나름의 기본 구도는 마련되어 있던 것이다.

왕경은 국왕의 거처이자 정치행정이 펼쳐지는 핵심공간인 왕궁을 주축으로 운영될 수밖에 없었다. 이를 지켜내기 위해 일정한 범위를 설정하여 일차적 방어망의 기능을 하는 곳을 왕성으로 삼고 다시 이를 보위(保衛)하고 지원해주는 용도로서 설정한 것이 군사적 성격이 강한 왕기였다. 고려나 조선 왕조에서는 전근대 동아시아 세계의 일반적 사례처럼 나성(羅城)을 쌓아 안팎을 구분하고 왕궁을 보호하는 경향이 일반적이었다. 그렇지만 신라에서 나성은 아직 뚜렷한 축성 흔적이 확인되지 않아 그 존재가 부정되고 있다.

하지만 신라에는 비록 나성은 아니지만 일차 보호망이라 할 왕성이 존재한 듯하다. 통일의 초기인 문무왕의 축조를 시도한 적은 있으나 당시 반발을 강하게 받아 실행으로 옮기는 데에는 실패하였다. 그렇지만 왕성으로 부를 수 있는 방어망이 갖추어지지 않은 것은 아니었다.

그것은 경성주작전(京城周作典)이란 중앙행정 관부를 둔 데서 유추되는 사실이다. 비록 부·부(部·府)가 아닌 전(典)에 머물렀지만 경성주작전에 최고 장관직으로서 5인의 령(令)이 배치된 데서 사실상 최고 관부와 비등하게 취급된 것으로 여겨진다. 이는 령에 취임할 수 있는 관등의 범위가 대아찬으로부터 대각간까지인 사실에서도 입증된다.

이처럼 최고의 관부라 하여도 좋을 경성주작전이 존재한 사실로 미루어 신라에서 일단 왕성은 정식으로 경성(京城)이라고 불렸음이 분명하다. '주작(周作)'이란 표현에서 저절로 드러나듯이 그것은 원래 왕경 중심부를 에워싼 경성을 조영해서 운영할 목적에서 설치한 관부였다. 그러므로 뚜렷한 기록은 물론 아직 고고학적 흔적이 검출되지는 않았지만 어떤 형태로건 거주지의 핵심 공간을 보호하기 위한 장치로서 왕성의 존재를 전적으로 부정하기는 어렵다.

실제로 문무왕 21년(681) '왕욕신경성(王欲新京城)'이라 하여 경성을 새롭게 하려고 시도한 자체에서도[18] 그러한 사실을 유추해낼 수 있다. 처음부터 새로운 경성을 지으려 한 것이 아니며 삼국통일 직후의 변화된 사정에 걸맞게 왕경 전반을 쇄신하고 그 마무리 작업으로서 기존의 것을 새롭게 정비하려 한 것으로 여겨진다. 결국 고승 의상(義湘)에게 자문한 결과 완강하게 반발을 받아 그만두었다지만 경성주작전이 이후 존속한 것으로 미루어 짐작하면 당시 경성의 쇄신 작업을 완전히 포기한 것은 아니었다.

경성주작전은 문무왕대에 왕경 전반의 쇄신 작업을 추진해나가면서 설치되었을 공산이 크다. 의상의 반대를 일단 받아들임으로써 비록 당장의 축성에서 후퇴하기는 하였지만 경성주작전이란 관부는 그 뒤에도 없애지 않았다. 그러다가 80여년이 지난 경덕왕대에는 수성부(修城府)로 명칭을 바꾸어서 존치시켰다.

이처럼 관부의 명칭상 변화로 미루어 경성은 이미 완성되어 있는 상태였다고 추정해볼 여지가 생겨난다. 경성주작전은 왕경의 축성 사업을 위해 설치한 관부이기는 하지만 이제 경덕왕의 한화(漢化)정책에 따라 경성의 수선(修繕)을 맡은 관부란 뜻을 지닌 수성부로 명칭을 바꾼 것은 경성이 이미 존재함을 전제로 하기 때문에 가능해진 일이다. 경성의 구체적 실태는 현재로서는 가늠하기 곤란하지만 장차의 구명을 기다리는 과제로 남겨져 있다.

경성은 왕경의 핵심부를 일차적으로 보호, 통제, 관리하기 위한 용도였음이 분명하다. 왕경 전체는 여전히 6부(部)란 큰 행정 단위로 일차 구

---

18) 『삼국사기』7 신라본기 文武王 21년조.

획되었으며 이들 각각은 다시 리라는 하위의 행정 단위로서 편제되었다. 6부는 원래 정치적으로 반(半)독자성을 지닌 단위 정치체였다가 6세기 초반 국왕을 정점으로 한 지배체제가 갖추어지면서 행정구획으로 전환되었다. 앞서 언급하였듯이 처음의 전통적 명칭 일체가 경덕왕대에 한화되면서도 6부만은 끝내 바꾸지 않고 그대로 이어간 데에 주요한 특징이 엿보인다.

리는 5세기 말부터 생겨나기 시작하였으나 모든 부의 내부가 일제히 균등하게 구획된 것은 아니었다. 처음에는 6부 가운데 상대적으로 인구가 많고 규모도 컸을 탁부와 사탁부 등을 중심으로 리가 설정되었다. 이를 근간으로 해서 차츰 다른 부의 구역에까지 확대·적용되어갔을 것으로 여겨진다. 그 점은 앞서 언급한 월성의 해자 출토 목간에 보이는 모탁부 소속 리명의 경우 신라식의 음차(音借)가 아니라 중리(仲里), 신리(新里), 상리(上里), 하리(下里), 적리(赤里) 등이 한문식으로 명명된 데서 유추되는 사실이다. 리의 수치는 점차적인 과정을 거쳐 35리, 나아가 마침내 55리까지 늘어났다. 거기에는 왕경 주민의 확대와 함께 이들을 체계적으로 통제, 관리해가려는 지향이 담긴 것으로 풀이된다.

리의 하위는 사통팔달하는 도로망에 의해 저절로 방으로 구획되었다. 왕경의 전체 지역이 모두 균등하게 방으로 이루어진 것이 아니었다. 왕경의 지리지형적 요인으로 말미암아 일시에 비슷한 모습으로 구획할 수 있는 구조가 아닌 데서 말미암는다. 중앙부의 가능한 지역으로부터 구획을 시작함으로써 왕경의 일부에만 국한해서 방이란 단위가 생성된 것이었다.

도로망이 차츰 확장·정비됨에 따라 자연히 외곽 일부에서도 방이 생겨났다. 이를 놓고 왕경 확대로 풀이하려는 견해도 있지만 6부의 기본적 성격을 잘못 이해한 데서 비롯한 것이다. 신라 왕경은 원래의 사로국 경역 그 자체로서 신라국가가 출범한 이후 성립한 6부의 공간적 범위는 아무런 변함없이 그대로 이어졌다. 주변부도 끊임없이 거주지의 개발이 이루어지고 공간 활용이 진전됨으로써 리와 방의 수치가 한층 늘어났을 따름이다. 다만, 끝내 방으로 편제되지 않은 곳이 더욱 더 비중을 크게 차지하였다.

원래 부리의 하위에는 자연취락인 촌(村)이 기초적 단위로서 존재하였다. 주변부 사람들이 왕경 중심부로 집주(集住)하게 됨으로써 중앙 구역에는 도로망이 만들어져 이에 따라 저절로 방이 생겨날 수밖에 없었다. 따라서 왕경은 엄밀하게는 부리방과 부리촌의 두 종류로 이루어진 것으로 봄이 적절하다.

이처럼 신라 왕경은 애초부터 계획된 도시로서 출발한 것이 아니라 자연적 상태로부터 점진적으로 도시 정비가 이루어지면서 점점 체계적인 모습을 갖추어 나갔다. 신라국가가 크게 발전하면서 인구와 물산도 엄청나게 집중되는 현상을 보였다. 통일기에 기존 상태로는 더 이상 감당하기 어려운 지경에 이르렀다.

통일 이후 왕경에 대한 정비가 거의 일단락되었을 무렵인 689년 달구벌(達句伐)로 천도를 시도한 것은 당시 포화 상태로 말미암아 얼마나 절박한 사정을 맞았던가를 여실히 입증해 주는 실례이다. 하지만 끝내 달구벌 천도를 실행하지 못하고 말았다. 이 때문에 신라 왕경은 달리 유례를 찾기 어려운 독특한 구조와 운영체계를 갖추게 된 것이라 하겠다. 그런 양상은 왕궁의 경영에서 좀 더 뚜렷하게 확인된다.

2) 왕궁의 형성과 전개

국왕이 거처하는 왕궁을 중핵으로 왕경의 구조 전반은 모습을 갖추게 마련이다. 삼국은 정치사회적인 발전을 거치면서 선진의 중국으로부터 문화적 영향을 크게 받았다. 지배이데올로기의 수용과 함께 일시 왕경의 구도(構圖)도 중국의 사례를 전범(典範)으로 삼으려 시도한 적이 있었다.

중국 왕경의 유형은 왕궁을 기준으로 하면 대략 두 가지로 분류된다고 한다. 하나는 왕경의 한가운데에다 왕궁을 배치하고 이를 기준으로 사방을 정연하게 구획하는 구조였다. 대체로 정전제(井田制)처럼 『주례(周禮)』에 근거를 둔 유형이라 하겠다. 그런 기준이 완벽하게 이루어진 것은 아니지만 전·후한대의 왕경, 특히 남조의 건강성(建康城)이 바로 그와 같은 유형에 속하는 것으로 이해되고 있다.

다른 하나는 왕경의 북쪽에 치우치게 왕궁을 배치하고 이를 기준해서 정남 방향의 중앙부에 주작대로(朱雀大路)를 만들어 좌우(左右, 東西) 양쪽을 비슷하게 구분한 유형이다. 이를 북좌남조(北坐南朝)의 유형이라고 한다. 대체로 북방 유목민 문화에 뿌리를 둔 것으로서 북위(北魏) 이후 수당(隋唐)을 거치면서 하나의 정형(定型)으로 자리 잡았다. 왕궁과 가까운 곳에는 각종 관부(官府) 등 국가 운영의 필수적인 각종 기구들이 배치되었다. 이를 흔히 황성(皇城)이라 일컫는다. 나머지는 주민의 거주를 위한 구역으로서 일정한 간격으로 길을 내고 담장을 쌓아 구획하였다. 이처럼 정연한 모습으로 구획된 각각을 방이라 부르며 각 방 단위로 고유한 명칭까지 부여하였다. 큰 규모 도시의 체계적인 관리의 필요성에서였음은 물론이다.

후자는 특별히 동아시아세계의 형성과 함께 주변 민족에게 널리 파급되었다. 새로운 왕조가 출현해 수도를 건설할 때 이런 유형을 모방함으로써 마치 하나의 유행처럼 전형(典型)으로 자리 잡아 나갔다. 발해나 조선의 왕경을 그런 사례로서 손꼽을 수 있다.

신라는 진흥왕(眞興王) 14년(553) 새로운 왕궁을 짓다가 급작스럽게 황룡사(皇龍寺) 창건으로 바꾸었다. 원래 왕궁의 건설이 기획되었다가 황룡(黃龍)의 출현으로 사찰로 바꾸게 된 설화가 남겨진 데서 유추되듯이 바로 그곳은 신라분지의 거의 중앙부에 해당한다. 5방색(方色) 가운데 황색이 중앙부를 가리키며, 황룡의 출현 설화 자체에는 중앙부 의식이 내재되어 있다.

왕궁을 왕경의 중앙부에다 옮겨지으려 한 목적은 이를 매개로 황제국(皇帝國) 인식을 투영시키려는 데에 있었다. 사정상 사찰로 바꾸게 되었지만 황룡사라는 사명(寺名) 속에 그런 의식이 엿보인다. 진흥왕은 아마도 황룡사를 구심으로 황제국의 표방과 함께 불국토(佛國土)를 구현해내려는 인식을 동시에 갖고 있었다 하겠다.

이처럼 신라가 6세기 중엽 왕궁을 옮기려 시도한 자체는 기존 왕궁만으로는 어떤 한계 상황을 맞고 있었음을 의미한다. 왕궁을 다른 곳에다 지으려한 바탕에는 왕경을 전면적으로 재구성하려는 뜻도 동시에 깔린 것이라 하겠다. 그렇다면 기존의 왕궁은 어디였으며, 짓기를 포기한 이후 그 실상이 구체적으로 어떻게 달라졌는가는 매우 궁금하게 여겨지는 대목이다.

처음의 왕궁은 명칭이나 성격이 여하하든 좁은 의미의 금성이었다는 점에 대해서는 별다른 이견이 없다. 다만, 금성의 성격이나 구체적 위치

등을 놓고서는 논란이 부성(富盛)하다. 이는 문헌 기록은 물론 고고자료의 한계로 말미암아 앞으로도 확연하게 밝혀내기 힘든 대상이다. 따라서 영원한 수수께끼로 남게 될 공산이 크다.

금성이란 용어는 어느 시점에 이르러 더 이상 신라 왕궁의 뜻으로는 사용되지 않게 되었다. 『삼국사기』 신라본기에서는 소지마립간(炤知麻立干) 22년(500) 금성의 우물에 용이 나타난 기사를 마지막으로 더 이상 등장하지 않는다. 대신 이후 몇몇 신라 금석문이나[19] 『당서(唐書)』와 같은 중국의 사서에서는 신라 왕경을 가리키는 정식의 명칭으로서 금성이 확인된다.

금성 관련 사료 전반을 훑어보면 원래 의미가 어떻든 왕궁이란 좁은 의미로부터 왕경, 나아가 신라 자체를 의미하는 용법으로 확대, 사용되다가 마침내 왕경으로 낙착된 것처럼 보인다. 거기에 금성이란 용어가 갖는 특징적 면모가 엿보인다. 그 점에서 아래에 살펴볼 월성과는 뚜렷하게 차이가 난다.

어느 시점부터 월성이 신라 왕궁으로서 기능하였음은 의심의 여지가 없는 일이다. 앞서 언급한 것처럼 황룡사가 세워진 곳이 왕궁의 대상지로 선정될 때까지의 국왕 거처는 월성이었다. 다만, 언제부터 월성이 왕궁으로 기능하였는가는 아직 그리 명확히 드러나지 않아 논란되고 있다.

『삼국사기』 신라본기에 따르면 월성은 파사이사금(婆娑尼師今) 22년(101) 2월 축성되었으며, 같은 해 7월에는 국왕이 거처를 거기로 옮겼다고 한다. 이를 액면 그대로 인정한다면 2세기 초엽부터 월성은 왕궁으로

---

19) 崔致遠의 「大崇福寺碑」.

기능한 셈이 된다. 그렇지만 초기기록은 여러모로 문제점을 안고 있으므로 액면 그대로 받아들이기 곤란하다. 당시는 신라국가가 출범하기 이전의 사로국 단계였으므로 고정적인 왕궁 자체가 존재하였다고 보기 어렵기 때문이다.

사로국의 대표자인 이사금(尼師今)의 지위가 교립(交立)되었다는 데서 시사를 받을 수 있듯이 정치적 구심인 국읍(國邑)은 계속 바뀌었다. 이는 곧 왕궁으로서의 금성은 고정불변하지 않고 자주 옮겨졌음을 뜻한다. 그러다보니 시기상이나 기술상으로 당시 공고한 건물을 짓기 어려워 흔적이 남지 않게 된 것으로 보인다. 왕궁으로서의 금성을 현재 특정하기 곤란함도 바로 그런 사정으로부터 기인한 것이라 하겠다.

한편 월성 및 그를 둘러싼 해자(垓字)의 발굴을 통해서 드러났듯이 고고자료상으로 축성 시점은 4세기 후반을 더 이상 거슬러 올라가기 힘든 것으로 짐작되고 있다. 따라서 월성이 신라의 왕궁으로서 처음 기능한 시점은 어림잡아 4세기 후반을 상한으로 한다고 하여도 무방할 듯하다.

월성과 관련하여 확실히 믿을 만한 사실은 소지마립간 9년(487) 그를 수리하고 이듬해 국왕이 거처를 명활산성에서 그곳으로 옮겼다는 점이다. 신라는 4세기 전반 이후 고구려와 줄곧 우호 관계를 맺어왔다. 399년 백제의 사주를 받은 가야와 왜의 연합병력 공격으로 신라는 왕경을 함락당하는 위기 상황을 맞았다. 이듬해인 400년에는 고구려의 도움으로 그를 극복할 수 있었다.

고구려는 신라 왕경에다 병력을 계속 주둔시켜서 왕위 계승에 개입하는 등 정치적으로 심하게 간섭하였다. 신라는 433년 백제와 우호관계를 맺는 등 고구려의 질곡(桎梏)으로부터 벗어나기 위해 몸부림치다가

464년 왕경에 주둔하던 고구려 병력을 일시에 몰살시키는 결단을 감행하였다. 이로써 두 나라 관계는 완전한 파탄을 맞기에 이르렀다.

이후 신라는 고구려 공세가 드세리라 예상하고 여러 군사적 요충지에다 대대적인 축성 사업을 벌이는 한편 475년에는 국왕이 잠시 명활산성으로 거처를 옮기는 등 만반의 대비책을 강구하였다. 그러다가 13년만인 488년 월성으로 되돌아간 것이다.

그런데 월성이 처음 왕궁으로 기능한 시점을 바로 이때로 간주한 견해가 있다. 그러나 옮기기 직전 수리를 했다는 사실로 미루어 이미 그 이전부터 사용하였음이 분명하다. 한동안 피난으로 방치 상태로 두었다가 수리해서 다시 옮겼다고 풀이하는 편이 한결 순리적이다. 따라서 그 이전부터 월성은 이미 왕궁으로 사용되었을 공산이 크다. 만약 발굴의 결과 그대로 월성의 초축(初築) 시점을 4세기 후반으로 설정할 수 있다면 그 성격은 여하하든 이때부터 곧 왕궁의 기능을 한 것으로 풀이함이 온당할 듯 싶다.

여하튼 기록상의 상치, 고고자료상의 한계 등으로 말미암아 월성이 왕궁으로 기능한 첫 시점은 논란을 거듭하고 있으나 5세기 말 이후부터는 변함없이 줄곧 왕궁이었다는 사실에 대해서는 별다른 이견은 없다. 다만, 이후 왕궁은 오직 월성만 아니라 여러 궁이 함께 두어졌다는 측면에서 문제가 그리 간단하지 않다. 특히 553년 새로 지어서 옮기려다 그만둔 뒤 왕궁의 경영이나 구조는 매우 복잡한 양상을 띠어갔다.

월성이 처음부터 무인지경(無人之境)의 상태였다가 갑작스레 왕궁으로 바뀐 것은 아니었다. 그곳을 거처로 삼은 주인공은 호공(瓠公), 석탈해(昔脫解) 등으로 몇 차례에 걸쳐 교체되었다. 그러다가 4세기 중반 이후 신라국가가 출현하고 마립간(麻立干)이 등장하면서 월성은 정치행정의 중심부로서 기능하기 시작하였다.

이후 월성 자체는 물론 왕궁의 구조도 여러 차례 안팎으로 변화를 겪었을 수밖에 없었다. 특히 6세기 초반부터 초월자적 성격으로 부상한 국왕을 정점으로 하는 집권적 지배체제라 할 이른바 골품체제가 갖추어지면서 그에 적절히 어울리게 왕궁의 면모는 일신되기 시작하였다.

6세기 이후 월성은 국왕의 중심적 거처임에는 변함이 없었다.[20] 다른 곳으로 옮겨간 기록이 전혀 보이지 않음은 그를 입증한다. 하지만 지리지형적 요인 때문에 그것만으로는 정치행정의 중핵인 왕궁이 확대된 기능 전반을 제대로 감당해내는 데에는 명백한 한계가 뒤따랐을 터이다. 이미 진흥왕이 옮기려고 시도한 자체는 그를 방증해주기에 충분하다. 7세기 말 통일 이후 지배질서를 전반을 정비해나가면서 최후로 왕경을 다른 곳으로 옮기려 시도한 것도 그런 추정을 한층 더 보강해준다.

바로 이때에 기존의 왕경이나 왕궁만으로는 더 이상 버티기 힘들 정도의 극한 상황에 이르렀음을 의미한다. 따라서 너무나 협소한 탓에 왕궁으로서 정상 운용되기 힘든 월성을 보완하기 위한 다양한 조치가 취해질 수밖에 없었다. 이런 과정을 거치면서 신라의 왕궁은 나름의 독특한 구조와 운영을 위한 체계가 갖추어졌다. 왕경이 단 한 차례도 옮기지 않고 발상지(發祥地)에서 그대로 이어나감으로써 독특한 구조를 갖추게 된 사정과 마찬가지로 왕궁 또한 그러하였다. 이로써 신라의 왕궁 운영도 달리 유례를 찾기 어려운 모습을 띠었다.

---

20) 그런 측면에서 국왕이 평소 거처하는 월성을 在城이라 부른 점도 이해가 가능하다.

만월대(하일식 제공)

　왕궁이 체계적으로 관리된 것은 6세기 후반에 이르러서의 일이다.
진평왕(眞平王)은 7년(585) 대궁(大宮), 양궁(梁宮), 사량궁(沙梁宮)의 3궁에
다가 각각 사신(私臣)을 두었다. 3궁을 3소(所)라고 표현한 사실로 미루어
이들은 따로 떨어져 위치하였음이 분명하다. 6부 가운데 본피궁(本彼宮)
까지 따로 존재한 점으로 미루어 원래 각 부별(部別)로 궁(宮)이 마련되어
있었을 가능성이 크다. 이들 가운데 3궁만이 진평왕대에 이르기까지 특
별하게 관리되었던 것 같다.

　여러 궁을 따로 두고서 이를 관리하기 위해 고위 관등을 보유한 관직
을 배치한 것은 국가 사무와 왕실 사무를 분리·운용하였음을 뜻하는 사
실이다. 사신의 '사(私)'란 단어 속에는 이미 국왕의 사적 성격이란 뜻이

내재되었다.

그럴 만한 여지는 이미 539년 「울주천전리서석(蔚州川前里書石)」 추기(追銘, 己未銘)에 법흥왕비인 부걸지비(夫乞支妃, 保刀夫人)를 수가(隨駕)한 유력자들로서 작공신(作功臣), 예신(禮臣) 등의 사례에서 엿보인다. 574년으로 추정되는 계사명(癸巳銘)에서는 궁의 최고 관리자로 여겨지는 '궁두(宮頭)'라는 특이한 용어(직명?)까지 확인된다. 이것이 진평왕대 두어진 사신의 시원이었을 여지가 없지 않다. 만약 '궁두'가 사신으로 바뀐 것이라면 이는 곧 왕궁이 그만큼 격상되었음을 뜻하는 것이기도 하다.

국왕의 위상이 6세기에 접어들어 초월자로 부상해가면서 국가 사무로부터 궁중, 왕실 사무가 차츰 분리되기 시작하였다. 이를 방증하는 것이 568년의 「진흥왕마운령비(眞興王磨雲嶺碑)」에 진흥왕을 수가(隨駕)한 관료들을 열거한 가운데 보이는 '당래객이내객오십(堂來客裏來客五十)'이란 표현이다. '당래객(堂來客)'은 남당(南堂)이나 정사당(政事堂) 등에서 정치를 담당한 관료이며, '이래객(裏來客)'이나 '이내종인(裏內從人)'의 이내(裏內)가 곧 내리(內裏)로서 궁중(宮中) 업무를 맡은 관원을 총칭한다면[21] 이미 이를 하한으로 그 이전 궁중(宮中)과 부중(府中)이 확연히 분리되었음을 의미한다.

이렇게 보면 진평왕대 전반에 각종 관부와 관직을 신설, 정비해 부중 등 국가 사무에 대한 체계적 관리를 도모하면서 동시에 궁중을 비롯한 왕실의 사무 전반에 대한 정비의 일환으로서 3궁에다 각각 사신을 둔 것으로 여겨진다. 왕실의 업무를 분장하고 그에 대한 관리를 한층 강화해

---

21) 이문기, 「신라 진흥왕대 신료조직에 대한 일고찰」『대구사학』20 · 21, 1982.

간 것이다.

이후 진평왕 44년(622) 왕실 관련 기구를 통합한 최고의 관부로서 내성(內省)을 설치해 사신(私臣) 1인을 두어서 사무 전반을 일원화시킴으로써 체계적인 관리를 도모하였다. 이는 왕실의 비중과 격(格)이 그만큼 커지고 높아졌음을 뜻하는 사실이다. 당시 석가족(釋迦族) 신앙에 토대해 정치적 목적으로 창안된 성골(聖骨)의 출현과도 밀접한 관련을 갖는 것으로 여겨진다. 성골 왕족의 신성성과 특별함을 과시하고 왕실의 위상을 드높이는 과업은 필연이었다.

내성을 설치함으로써 왕실을 체계적으로 관리하기 위한 기반은 마련된 셈이다. 그런데 통일기에 이르러서 국왕의 위상은 단순한 관념의 수준을 훌쩍 뛰어넘어 현실적·실제적으로도 매우 높아진 상태였다. 그래서 이미 언급하였듯이 그에 어울리도록 왕경을 대대적으로 재정비하는 과업이 추진되었다. 국왕의 거처인 왕궁도 왕경 정비의 일환으로서 화려하게 꾸며졌다. 그런 점을 뚜렷이 보여주는 사례의 하나가 바로 다음의 기사이다.

2월 궁궐 안에서 못을 파고 산을 만들어 화초를 심고 진귀한 새와 동물을 길렀다.(『삼국사기』7 신라본기 문무왕 14년조)

문무왕은 재위 14년(674) 당과 전쟁을 치르는 도중이었음에도 궁궐 내에다 못을 파서 산을 만들고 거기에 화초를 심어 희귀한 새와 동물을 길렀다고 한다. 이 못은 오래도록 안압지(雁鴨池)라 불렸으나 최근에는 월지(月池)로 고쳐서 부르고 있다. 위의 기사에 보이는 궁내를 근거로 혹여 월성의 안쪽을 고려해야 한다는 견해도 제기되어 있다.

그러나 월성의 내부 공간은 그처럼 섬을 만들고 진귀한 새와 짐승을 기를 수 있을 정도의 큰 연못이 들어설 만큼 넉넉하지 못하다. 특히 위치상 엄청나게 소요되었을 수량(水量)을 넣고 빼내기가 어려운 구조였으므로 월성 안에는 그리 큰 못이 존재하기가 어렵다. 따라서 그것은 기왕의 통설처럼 안압지라고 간주함이 옳을 것으로 보인다.[22]

그럴 때 위의 기사에서 주목되는 점은 안압지를 '궁내(宮內)'라고 표현한 사실이다. 이는 왕궁의 범위를 생각하는 데에 크게 참고로 삼아야 할 대상이다. 어느 시점부터 왕궁의 범위가 월성에만 국한된 것이 아님을 시사해주기 때문이다. 월성이 갖는 근본적 한계를 의미한다. 왕궁은 월성의 범위를 점점 벗어나 외연(外延)이 크게 확장되는 길을 걸었다. 그런 과정이 한꺼번에 일시에 진행된 것은 아닐 터이다. 이미 언급한 것처럼 왕실 사무가 분리되어 이를 전담하는 관부들이 두어지기 시작한 데서 말미암은 것으로 여겨진다. 마침내 그를 총체적으로 다루는 내성까지 설치된 것이었다.

이처럼 신라의 발전 도정에서 국왕의 위상과 비중이 점점 커지자 그에 따라 왕궁도 저절로 커져갈 수밖에 없었다. 그래서 왕궁의 범위도 월성을 뛰어넘어 그 바깥으로 점점 넓혀졌다. 이를 방증해주는 것이 바로 월성 북쪽의 해자(垓字)가 어느 시점에서 폐기되어 기능이 바뀐 사실이다. 해자의 크기나 구조가 발굴을 통해 현재 3차례에 걸쳐 변화해갔음이 밝혀졌거니와 이는 어떻든 자체 기능의 근본적 변화를 뜻함은 의심의

---

22) 『삼국사기』9 신라본기 景德王 19년도에는 이때 宮中에 큰 못을 팠다는 기록이 보인다. 이는 월지(안압지)와 별개로서 월성의 내부일 가능성도 있지만 단정하기는 어렵다.

여지가 없다.

최근 발굴로 출토된 월성해자의 목간에 '병오(丙午)'라는 간지가 보임은 그와 관련하여 각별히 주목해볼 대상이다. 이 '병오'는 586년일 것으로 추정되거니와 그렇다면 바로 직전 대궁(大宮)에다 사신을 두어 궁궐을 정비한 조치와 무관하지 않으리라 여겨진다. 전국적 차원의 대규모 역역동원을 통해 월성을 재정비함으로써 기존 왕궁은 대궁이란 이름에 걸맞도록 확대·확장된 것이었다.

대궁이란 용어는 『삼국사기』와 같은 문헌 사료만이 아니라 월성 해자 출토 목간(10호)에서도 확인된다. 대궁을 월성과 단순하게 등치시키는 데에는 약간 주저되는 바가 있다. 왜냐하면 안압지에서 출토된 접시의 밑바닥에 묵서(墨書)로서 '본궁(本宮)'이란 새 용어가 따로 보이기 때문이다. 본궁은 여타의 궁이 여럿 따로 존재하였을 때 비로소 사용 가능한 용어이다.

그럴 때 위치상 본궁과 이어졌음이 확실한 동궁(東宮)과 남궁(南宮)도 범주에 넣을 수 있을지 모르나 그렇게 단정하려면 다른 여러 측면이 함께 고려되어야 마땅하다. 그런 점에서 참고로 삼을 만한 대상은 안압지에서 출토된 186호 목간에 '우궁북문수(隅宮北門迏)'라 하여 우궁(隅宮)이란 새로운 궁명이 보인다는 사실이다.

우궁은 글자 그대로 '귀퉁이에 위치한 궁'이란 뜻으로서 북문이 존재한 것으로 미루어 독립적 성격의 궁임이 분명하다. 목간이 보여주듯이 우궁에는 북문만이 아니라 여러 다른 문들도 함께 존재하였다. 이런 우궁은 곧 본궁에 대응해서 별개로 존재한 궁으로 볼 수 있겠다. 명칭상으로 미루어 귀퉁이에 위치하였을 법한 우궁 이외에 인근에는 역시 다른 궁들도 존재하였을 터이다.

그렇다면 대궁이 곧 본궁을 가리킨다기보다는 이를 중핵으로 우궁과 같이 본궁의 확장을 통해 새로이 만들어진 궁까지도 아우른 큰 범주의 궁을 가리킬 여지가 생겨난다. 말하자면 본궁은 왕궁의 출발이라 할 월성 자체이며, 대궁은 곧 이를 주축으로 외연의 확장을 통해 새로 새운 여러 궁들까지 포함한다고 풀이된다.[23] 아마도 대궁의 범주 속에는 방위명의 동궁, 남궁, 북궁(北宮) 등은 제외되었을 공산이 크다.

이들 3궁은 모두 대궁을 중심으로 방향에 따라 설정된 특징을 보인다. 3궁은 각기 용도가 나뉘고 그에 따라 성격상 차이가 났을 것임은 당연히 상정해 봄직하다. 방위의 순서상 동궁이 가장 먼저 두어지고 또 상대적인 위상도 당연히 높았을 터이다. 그 가운데 창건 사실이 기록상 확인되는 것은 오직 동궁뿐이다. 다음의 기사는 동궁 설치의 사실을 알려주므로 잠시 주목해볼 필요가 있다.

(가을 8월)동궁을 창건하였다. 처음 안팎 여러 문의 이름을 정하였다.(『삼국사기』7 신라본기 문무왕 19년조)

이때 동궁을 창건하였다는 사실은 크게 주목을 끄는 사항이다. 동궁은 흔히 춘궁(春宮)이라고도 불리며 태자의 거처를 뜻한다. 9세기 초에 차기 왕위 계승권자인 부군(副君)의 거처로서 등장하는 월지궁(月池宮)이

---

23) 문무왕의 庶弟인 車得公이 살고 있는 집을 皇龍과 皇聖의 두 절 사이라 하고 이를 大內라고 표현한 것은(『삼국유사』2 紀異2 「文虎王法敏」조) 곧 월성의 범위를 넘는 대궁의 존재를 설정할 때 비로소 이해 가능한 대상이다.

흔히 동궁의 이칭(異稱)으로 추정되고 있다. 그럴 여지도 충분하나 무조건 그처럼 단정하기 어려운 측면도 엿보인다. 월지궁은 큰 의미에서 궁궐 내부의 별도 건물을 지칭할 가능성도 전적으로 배제하기가 어렵기 때문이다.[24]

원래 동궁은 없었으나 이때 처음 태자의 거처로서 조영되었음이 분명하다. 신라에서 차기 왕위 계승권자로서 태자제가 처음 도입된 것은 진흥왕 27년(566)의 일이었다. 그러나 당시 태자로 책봉된 동륜(銅輪)이 일찍 사망함으로써 이후 제도로서 한동안 정착되지를 못하였다. 그러다가 태종무열왕(太宗武烈王)이 재위 2년(655) 장남 법민(法敏)을 태자를 책봉하면서 비로소 뿌리내려지기 시작하였다. 이후에는 각 왕대별로 거의 빠짐없이 태자가 책봉되었다. 동궁을 별도로 마련한 데에는 태자를 반드시 책봉하겠다는 의지의 표명이 깃든 것으로 풀이된다.

위의 기사에서 주목되는 또 다른 요소는 동궁을 창조하면서 안팎[內外]의 여러 출입문에다 이름을 각각 붙이고 현판을 단 사실이다. 이는 본궁 외에, 혹은 그에 부속된 건물로서의 궁이 많이 늘어나면서 구조가 매우 복잡하게 얽힌 데서 말미암은 일로 여겨진다. 아마도 대궁과 동궁 사이는 물론이고 대궁 내에서도 본궁을 중심으로 부속 소궁(小宮)이나 별도의 당(堂)이나 전(殿) 등과 같이 다양한 성격의 건물이 여럿 존재하게 되었는데 이들 사이에 담장을 쌓아 서로 분별하고 출입문을 달았음을 의미한다.

안압지에서 출토된 자물쇠 가운데 보이는 '사정당북의문(思正堂北宜

---

24) 月池宮은 「智證大師塔碑」에도 두 차례나 보인다. 그 실체는 면밀한 분석을 기다리는 대상이다.

門)'은 그런 점을 뚜렷이 입증해 주는 사례이다. 앞서 소개한 우궁(隅宮)에는(186호 목간) 북문(北門), 서문(西門), 동문(東門), 개의문(開義門) 등 4개의 문이 달려있었으며, 각각의 문마다 수비 병력을 배치해 지키게 하였다. 이와 함께 역시 안압지에서 출토된 213호 목간에서는 책사문(策事門), 사역문(思易門) 등과 같은 구체적인 문의 이름도 보인다.[25]

이상과 같이 보면 왕궁이 시종일관 월성에만 고정된 것은 아니며 이를 기점으로 외연이 바깥으로 점점 넓혀졌다. 그래서 월성을 본궁이라 부르고 이를 중심으로 외연이 늘어난 일체를 대궁이라 함으로써 구별한 것으로 여겨진다. 대궁 안에는 많은 소궁이 배치되어 있었다.

그러나 안압지(월지)를 궁내라고 한 사실로 미루어 이를 경계로 대궁의 안팎을 구분한 것 같다. 그 바깥에 들어선 동궁을 굳이 방위명으로 나타낸 것은 대궁 속에 직속시키지 않으려는 데서 비롯한 것으로 여겨진다. 월성의 남쪽에 잇댄 남궁이나 이와 떨어진 북천 부근의 전랑지(殿廊址)로 추정되는 북궁도[26] 성격이나 용도는 명확하지 않으나 마찬가지로 생각함이 적절하겠다.

---

25) 본궁인 월성에도 北門, 武平門 등이 보인다. 한편 월성의 확장과 관련한 대궁에도 歸正門, 臨海門, 仁化門, 的門, 庫門 등 많은 사례가 확인된다.

26) 다만, 방위명의 궁은 독특한 면모를 보인다. 이는 일단 동궁을 태자궁이라 한 데서 유추되는 사실이다. 남궁은 발굴을 통해서 드러난 바와 같이 그곳의 우물은 단순히 食飲用으로 보기는 어렵다. 많은 동식물이 층위를 이루고 인골까지 출토된 것으로 보아 祭儀用이라 여겨진다. 북궁의 경우 惠恭王 이전에 창건되었는데 眞聖女王이 재위 11년 6월 조카인 孝恭王에게 양위한 뒤 北宮에서 살다가 같은 해 12월 사망하였다고 한다. 최치원이 撰文하였다는 「奉爲憲康大王結華嚴經社願文」에 보이는 北宮長公主가 진성여왕이라면 즉위 이전 공주로서 북궁에 거주한 데서 비롯한 것으로 보인다. 그런 의미에서 방위명은 大宮과 직결된 성격의 별궁으로서 다른 이궁이나 별궁과는 성격을 달리한다고 하여도 무방하다.

3) 왕궁 구조와 체계상의 특징

신라국가가 출범한 4세기 후반 무렵부터 월성은 왕궁으로 기능하기 시작하였다. 이후 안팎의 모습이 아무런 변함없이 그대로 이어진 것은 아니었다. 정치적·사회적 변동을 겪으면서 내부는 그에 어우러지게 끊임없이 변모하였다. 그와 동시에 외양도 크게 달라졌다. 그런 점은 월성을 둘러싼 해자가 몇 차례 바뀐 사실 등에 뚜렷이 반영되어 있다. 월성을 중핵으로 한 왕궁이 점차 확대되어간 것이다. 그래서 월성을 본궁이라 부르고 늘어난 외연을 포함한 왕궁 일체를 대궁으로 일컬었던 것 같다.

이처럼 왕궁이 점차적인 과정을 밟아 내부는 물론 외연이 확대·확장되어간 것은 천도를 하지 않았을 뿐만 아니라 왕궁을 다른 곳으로 옮기지 않은 데서 비롯한 것이었다. 다른 곳으로 천도하지 않고 같은 곳에서 자리한 결과 지리지형적 제약으로 왕경과 왕궁을 독특한 경영할 수밖에 없었다. 그런 사정 전반은 이미 언급하였듯이 방위명을 갖는 왕궁의 경영에서 잘 드러난다.[27]

그런데 대궁과 함께 그 내부나 방위명이 붙은 궁들 외의 궁명(宮名)도 적지 않게 확인된다. 이들은 대체로 별궁이나 이궁이었을 터이다.[28] 대부분 왕경 내에 위치하였겠지만 왕경의 바깥에 두어지기도 하였다. 이들은 용도나 성격에서도 상당한 차이를 보였을 것 같다. 궁이란 용어는 엄밀히 한정적 대상에 대해서만 사용된 것이 아니며 매우 폭넓게 혼용되

---

27) 西宮의 존재 有無를 둘러싸고는 약간의 논란이 있다. 관련 기록이 없는 데서 비롯한 일이다. 다만, 神宮을 비롯한 宗廟, 社稷 등을 고려하면 신성한 공간으로 활용하였기 때문에 따로 방위명의 궁을 붙일 여지가 없었을 지도 모른다. 혹여 瑤石宮과 같은 곳이었을지도 알 수 없다. 새로운 자료가 출현해야만 가름할 수 있을 듯하다.

28) 이궁과 별궁은 사전적 의미에서는 약간의 차이를 보이지만 여기서는 따로 구별해서 사용하지는 않겠다. 『삼국사기』에서는 간혹 이궁이란 용어를 사용하였음이 확인된다.

었다는 점에서 뚜렷한 특징이 보인다.

궁이란 용어가 금석문상에서 처음 확인되는 사례는 501년의 「포항 중성리비(浦項中城里碑)」이다. 하지만 궁 앞에 인명이 붙은 것으로 보아 장원(莊園)이나 사령지(私領地)와 같은 성격일 듯하다. 이로 미루어 궁이란 단어 속에는 별장(別莊)과 같은 의미도 들어가 있다고 하겠다.[29] 한편, 35금입택 가운데 분황사(芬皇寺)의 위쪽 방(坊)에 위치한 판적댁(板積宅)을 만약 9세기 전반 흥덕왕 사후 잠시 국왕으로 받들어진 김균정(金均貞)이 들어갔다는 판적궁(積板宮)과[30] 동일한 것이라면 대저택도 당시 궁이라 불렀을 여지가 엿보인다.

이처럼 신라에서 궁은 당시 왕궁과 그 부속 건물이나 이궁, 별궁 등에만 한정해서 사용된 용어가 아니었다. 매우 다양한 용법을 지니고 있었다. 이를테면 시조의 탄강지(誕降地)에 세웠다는 신궁(神宮)도 궁이란 용어가 특이하게 사용된 사례에 속한다. 한편, 왕궁과 직접 연관되었더라도 용법이 모두 한결같지 않았다. 따라서 신라 왕궁의 운영 양상을 제대로 구명하려면 이들 여러 궁들의 실태가 제대로 밝혀져야 하겠다.

문헌상으로 확인되는 왕궁 관련 여러 용례에 접근하는 방법은 매우 다양하다. 일단, 사료의 존재 양상을 기준으로 분류할 수도 있겠다. 이를테면 가령 신라본기와 직관지에 보이는 궁을 일단 나누어서 보는 것도 하나의 방법이 되겠다.

---

29) 문무왕 2년(662) 군공 포상으로 金庾信과 金仁問에게 나누어 주었다는 財貨, 田莊, 奴僕이 本彼宮 소속의 것이라는 점은 그를 생각하는 데에 참고가 된다.

30) 『삼국사기』44 열전 金陽傳.

신라본기에는 양궁(壤宮),[31] 신궁(新宮),[32] 영창궁(永昌宮),[33] 선천궁(善天宮),[34] 영명신궁(永明新宮)[35] 등 여러 궁들의 창건이나 수리를 전하는 사례가 보인다. 그 가운데 영창궁은 문무왕 17년(677) 창건되었다. 당시 왕경 및 왕궁에 대한 쇄신(刷新) 작업이 본격적으로 추진되던 시기였음을 감안하면 그와 일련의 선상에 있는 것으로 보인다. 이로부터 50년 뒤인 성덕왕 26년(727) 수리하고 30년 뒤인 경덕왕 16년(757) 다시 수리하였다는 기록까지 남기고 있다. 굳이 수리한 기록을 두 차례나 남겼다는 자체는 예사롭게 보이지 않는다. 어떤 긴요한 사안에 대해 적절히 대비하려는 데서 나온 조치로 여겨지기 때문이다. 영창궁은 많은 궁들 가운데 하필 성전(成典)을 둔 데서도 각별하게 취급되었음을 읽어낼 수 있다.[36]

비슷한 측면에서 비록 따로 성전은 두어지지 않았지만 중앙 관부의 하나로 들어가 있는 신궁(新宮)도 주목할 만하다. 직관지(職官志) 상(上)에 중앙 행정 관부의 하나로 보인다. 후술할 직관지(職官志) 중(中)에서 확인되는 다른 궁들과 성격을 달리하는 듯하다.

---

31) 『삼국사기』7 신라본기 文武王 16년조.

32) 『삼국사기』8 신라본기 聖德王 16년조. 다만, 이 신궁에 대해 같은 책 38 職官志 上에서는 경덕왕대에 典設館으로 고쳤다고 하므로 다른 궁과는 성격을 달리할 여지도 크다.

33) 『삼국사기』8 신라본기 聖德王 26년조. 다만, 이는 창건이 아니라 수리 기사이다. 景德王 16년에 다시 수리한 기사가 보인다.

34) 『삼국사기』9 신라본기 孝成王 3년조.

35) 『삼국사기』9 신라본기 景德王 7년조. 孝成王妃로 추정되는 太后를 영명신궁으로 옮겨 살게 하였다고 한다.

36) 왕실 직속의 관아를 정리한 직관지 중에 永昌典이 보인다. 만약 영창궁을 관리하는 관부라면 성전을 창건이나 수리를 국가 차원에서 담당하고 평소 그에 대한 관리는 왕실 직속의 관부에서 전담한 셈이 된다. 이런 측면은 이른바 7대 成典寺院에 대한 이해에도 참고해 봄직하다.

월지복원모형_경주박물관(하일식 제공)

　한편, 태후를 옮겨 살도록 하였다는 영명신궁도 눈여겨볼 대상이다.
신궁을 덧붙인 사실로 미루어 새롭게 지은 궁으로 여겨진다. 이때의 태
후는 효성왕의 왕비인 혜명(惠明)임이 확실하다. 혜명은 경덕왕이 즉위
한 뒤에도 한동안 대궁에서 살다가 그 바깥의 영명신궁으로 옮기게 된
것이었다.

　그밖에 다른 사례는 보이지 않지만 태후나 왕자, 공주 등의 거처로서
대궁과 분리되어 존재한 곳이 궁으로 불리었을 가능성이 있다. 과수(寡
守)가 된 태종무열왕의 공주가 왕궁 가까운, 혹은 대궁의 범위에 들어갈
만한 요석궁(瑤石宮)에 살고 있었던 사례는 그를 방증해준다.

　이처럼 궁 가운데 태후나 왕자, 공주가 거처하는 공간도 따로 존재하

였음이 분명하다. 이외에 왕실에 직속해 내성의 관장 아래 들어가 특수한 기능을 한 궁들도 적지 않았다. 직관지 중(中)에서 많이 확인된다. 이를테면 수궁전(藪宮典), 청연궁전(靑淵宮典), 부천궁전(夫泉宮典), 차열음궁전(且熱音宮典), 병촌궁전(屛村宮典), 북토지궁전(北吐只宮典), 홍현궁전(弘峴宮典), 갈천궁전(葛川宮典), 선평궁전(善坪宮典), 이동궁전(伊同宮典), 평립궁전(平立宮典), 회궁전(會宮典), 예궁전(穢宮典), 염궁남하소궁(染宮南下所宮), 남도원궁(南桃園宮), 북원궁(北園宮) 등을 손꼽을 수 있다.[37]

이들의 실체나 기능이 분명하게 드러나지는 않다. 다만, 그 속에 단순한 관부의 성격을 지닌 것도 있겠지만 대체로 왕실에 직속해 특수 기능을 맡은 궁도 존재하였음을 보여준다. 왕실이 소유한 각종의 별궁, 이궁들이 있었고 여기에는 본피궁의 사례처럼 재화, 토지, 노비 등 재산도 딸려 있어 이를 일상적으로 관리하기 위한 기구가 필요하였을 것이다. 가령 소내(所內)가 보이는 「영천청제비병진명(永川菁堤碑貞元銘)」이나[38] 「신라촌락문서(新羅村落文書)」가[39] 왕실직할지와 관련된다면 이들을 관리하기 위한 기구가 따로 필요하였을 법하다. 별장(別莊, 別墅)처럼 토지와 함께 건물도 존재하였을 것으로 여겨진다. 이들 '궁전(宮典)'의 일부는 그처럼 '궁'이 딸린 왕실직할지와 연관되는 것으로 여겨진다.

이들 가운데 대부분은 왕경의 안이거나 이에 가까운 곳이겠지만 때

---

37) 이 가운데 穢宮은 鳳林寺 「眞鏡大師塔碑」에 보이는 藥宮과 발음상 동일하여 어떤 상관성이 있을지 모르겠다.

38) 하일식, 「신라 왕실 직할지의 초기 형태에 대하여-영천청제비위 정밀 판독과 분석-」『동방학지』 132, 2005.

39) 윤선태, 「신라 통일기 왕실의 촌락지배-신라 고문서와 목간이 분석을 중심으로-」 서울대박사학위논문, 2000.

로는 그로부터 멀리 떨어진 지방에 위치한 궁도 있었던 것 같다. 국왕이 지방을 순행할 경우에 대비해 때로는 행궁(行宮)도 두어졌을 터이다. 이를테면 진흥왕이 낭성(娘城) 지역 순행 때 남한강 유역에 살던 우륵(于勒)을 불러들여 가야금곡을 들었다는 하림궁(河臨宮)의 사례를 들 수 있다. 그를 유지하는 데에 소요되는 경비 일체는 자체 소속의 전장(田莊)으로 충당하고 관리하였을 듯하다.

대부분 왕실직할지도 같은 방식으로 운영되었을 터이다. 앞서 소개한 것 가운데 병촌궁(屛村宮)이나 이동궁(伊同宮)을 그런 사례로 손꼽을 수 있다. 병촌의 위치는 분명하지는 않지만 이동궁은 「남산신성비」 9비에 보이는 급벌군(伋伐郡) 이동성(伊同城) 예하의 이동촌(伊同村)에 위치하였을 가능성이 크다.

요컨대 신라에서 궁이란 용어는 매우 다양한 방식으로 사용되었다. 왕궁이라 하더라도 국왕이 거처하는 본궁만이 아니라 이를 포함한 큰 범주의 대궁, 방위명의 몇몇 궁, 이궁이나 별궁, 왕실 직속의 토지나 특수 업무를 관장하는 궁 등 실로 다양하였다.

이들이 모두 한곳에 집중해서 위치한 것은 아니었다. 왕경뿐만 아니라 지방 곳곳에까지 존재하였다. 왕경이라 하더라도 대궁을 중심으로 해서 정연하게 배치된 것이 아니라 여기저기에 흩어져 있었다. 이는 처음부터 왕경을 전반을 하나의 체계 아래 기획한 것이 아닌 데서 온 불가피한 사정에서 말미암는다. 정치사회적 발전 과정에 따라 수시로 배치함으로써 생겨난 현상이었다. 다양한 성격과 용도의 수많은 궁이 존재한 것과 함께 신라 왕궁 경영상에서 나타난 특징적 현상으로 지적하여도 무방할 것 같다.

4. 나오면서

경주분지를 근간으로 한 진한 연맹체의 맹주였던 사로국(斯盧國)이 4세기 중엽 주변의 동료국가들을 병합함으로써 신라가 탄생하였다. 이때 사로국 자체는 신라 왕조의 왕경으로 전화(轉化)하였다. 신라가 출범하면서 사로의 내부에서도 큰 변동이 뒤따랐고 그 결과로서 출현한 것이 6부였다. 신라 왕경은 정치적 단위 집단으로서 6부로 이루어진 셈이다. 6부의 범위가 곧 신라 왕경이었다.

6부는 정치사회적 변동을 겪으면서 6세기 전반 그 성격이 행정구획으로 바뀌었으나 명칭은 멸망기에 이르기까지 그대로 이어졌다. 이는 왕경의 내부 구성에서는 변화가 뒤따랐으나 범위에는 아무런 변동이 없었음을 뜻한다.

이후 신라는 935년 멸망에 이를 때까지 천도하지 않았다. 이로 말미암아 왕경은 다른 나라에서는 유례를 찾기 어려울 정도의 특이한 구조와 운영체계를 갖춘 것으로 여겨진다. 선진국의 사례를 모방하려는 시도를 한 적이 있지만 그러지를 못하였다. 자연적·지리적 지형적 제약을 강하게 받을 수밖에 없었기 때문이다. 수용된 지배이데올로기가 왕경을 경영하는 데도 저절로 투영되게 마련이었다. 그럴수록 신라 왕경은 독특한 모습을 띠어갔다. 그런 점은 왕궁의 경영에서 두드러지게 나타났다.

신라는 월성이 본궁으로 기능하였으나 협소한 탓에 변화 발전해가는 상황에 조응하기 어려웠다. 월성을 주축으로 하면서 왕궁의 외양이 점점 커질 수밖에 없었다. 그 결과 본궁을 거점으로 확대된 의미의 대궁(大宮)이 만들어졌다. 그를 중심으로 방위명을 가진 별궁, 이궁이 두어졌다.

한편, 대궁과는 떨어진 별궁들이 많이 창건되었다. 이들 별궁이 반드시 왕경에만 있었던 것이 아니라 지방 곳곳에 흩어져 널리 존재하였다. 그 기능이나 성격도 다종다양하고 규모에서도 차이가 났다. 하나의 획일화된 구조를 갖춘 것이 아니었다는 데에 또 다른 특징이 있다.

이처럼 신라는 왕경과 왕궁이 모두 독특한 구조와 경영을 한 점에서 유난스런 면모를 지녔던 것으로 보인다. 그런 특징적 면모의 일부는 부방리제가 채택된 데서 드러나듯이 고려 왕조로 알게 모르게 이어졌을 가능성이 크다. 다만, 고려에서는 그 위에 풍수지리적인 요소나 중국적 제도가 적절히 배합됨으로써 나름의 왕경과 왕궁 경영을 도모해 나갔으리라 여겨진다.

(새 글)

3
월성(月城)과 해자(垓字)
출토 목간의 의미

1. 들어가면서

전근대 사회에서 왕경이 치지하는 비중이 어떠하였을지는 새삼스레 강조할 필요가 없을 터이다. 왕경은 언제나 바깥 세계로부터 온갖 물산(物産)과 인력(人力)이 몰려드는 정치적 경제적·문화적인 핵심 공간이었다. 따라서 왕경을 따로 떼어놓고서는 당대 사회의 실상과 성격을 제대로 규명하기란 매우 힘든 일이겠다.

왕경 가운데도 중앙의 핵심부에 자리한 것이 왕궁(王宮)이었다. 왕궁은 국가의 모든 정책의 결정권을 가진 국왕과 주변 인물들이 거주하는 권위적 공간으로서 언제나 국가 자체를 상징하기도 하였다. 그래서 내부는 물론 바깥의 모습도 그에 적절히 어우러지도록 치장되게 마련이었다. 왕경의 도시계획 전반도 자연히 왕궁을 기본 축으로 해서 설계되었으며 규모나 외형도 저절로 당대의 가장 선진적 건축 양식으로 대표되는 위치를 차지할 수밖에 없었다. 왕궁은 국가 사회를 움직이는 심장부로서

이곳에서 벌어진 일은 언제나 국가 전체 운영과도 연동(連動)되었음은 물론이다.[1]

왕궁을 중핵으로 하는 왕경은 처음부터 끝까지 특정한 한곳에서만 뿌리박힌 것은 아니었다. 왕조국가의 정치사회적 형편이나 대내외적 상황의 변동으로 말미암아 때론 다른 곳으로 옮겨지기도 하였다. 왕경의 이동, 즉 천도(遷都)란 곧 국왕이 거주하는 왕궁이 옮겨짐을 뜻한다. 그에 따라 왕경 및 왕궁의 구조나 운영체계도 달라지게 마련이었다. 특히 그 속에는 끊임없이 변화해가는 정치사회적 사정이 깊숙이 스며들게 마련이므로 언제나 새로운 모습으로 단장되고, 그에 어우러지게 내부도 자연스레 바뀌어졌다.

그런 의미에서 천도 사실 자체나 왕경 및 왕궁과 관련한 제반 실상을 매개로 정치사회적 양상이나 변화의 흐름 등을 추적해 볼 여지가 생겨난다. 왕경과 왕궁에 적지 않은 무게를 두고 접근해볼 명분은 바로 이런 데서 찾아지는 것이다.

모태인 사로국을 기반으로 해서 4세기 중엽 무렵 갓 출범한 신라는 이후 온갖 곡절을 거치면서 성쇠를 거듭하다가 마침내 10세기 전반에 이르러서 소멸하였다. 신라는 사로국까지 포함해 존속 기간 전체를 줄잡아 흔히 천년왕국(千年王國)이라 일컬어지고 있다. 그런데 신라사의 전개 과정에서 가장 주요한 특징적 현상으로 손꼽을 수 있는 대목의 하나는 그처럼 긴 기간 동안 단 한 차례도 왕경을 다른 곳으로 옮긴 경험이 없었

---

1) 왕경은 국왕이 거주하는 왕궁을 주축으로, 그 바깥의 중심적 범위를 왕성, 다시 바로 외곽이 촌락으로서 하나의 체계가 갖추어진 일정한 공간을 포함한다. 왕경을 제외한 그밖의 모든 영역은 저절로 지방이 되는 셈이다. 왕경 구조에 대한 필자의 기본적 입장에 대해서는 朱甫暾, 「신라 왕경론」『문헌으로 보는 신라의 왕경과 월성』 국립경주문화재연구소, 2017 참조.

다는 사실이다. 물론 천도를 시도한 적은 한 차례 있었지만[2] 끝내 실현시키지를 못하고 말았다.

천도를 시도한 자체는 왕경이 한곳에 오래도록 자리한 데서 어떤 심각한 구조적인 모순을 안게 되었고 이를 해소하려는 의도에서였을 것임은 충분히 상상할 수 있다. 끝끝내 목적을 이루지 못한 채 좌절하고 만 것은[3] 그런 문제점들이 자체 내부에서 일정 정도 해소되거나 최소화해 갔음을 의미한다. 만약 그러지 않았더라면 왕경을 다른 곳으로 옮기지 못한 신라가 천년 동안을 같은 곳에서 버티기란 그리 쉽지 않았을 터이다.

신라사의 전개 과정에서 겪은 경험의 일단이 왕경에는 물론 그 핵심인 왕궁의 구도와 운영에까지 그대로 반영되었으리라는 점은 당연히 상정해 봄직하다. 그런 측면에서 왕경의 실태 및 그 변화의 양상에 대해서는 그동안 적지 않은 접근이 이루어짐으로써[4] 대략적 윤곽은 어느 정도 잡힌 것 같다.

그렇지만 왕궁에 대해서는 이제 연구의 걸음마를 막 뗀 단계로 여겨진다. 이는 기본 자료의 부족 때문이라 생각되거니와 현재 진행 중인 발굴 작업을 통해 확보될 수많은 고고자료를 근거로 해서 앞으로도 꾸준한 관심을 기울인다면 한층 커다란 진전이 있으리라 기대된다.

---

2) 『三國史記』8 新羅本紀 神文王 8年條.

3) 천도의 실패 요인에 대해서는 朱甫暾, 「新羅의 達句伐遷都 企圖와 金氏集團의 由來」『白山學報』 52, 1999. 다만, 신문왕 등 천도 추진의 주도세력이 부득이하게 반대를 받아들이게 된 것은 왕경 금성이 달구벌보다 동해안과 가까운 곳에 있다는 장점도 고려되었을 가능성이 크다. 통일 이후 이제 내륙 방면보다는 해양 방면이 중시되는 시대가 도래한 것이었다.

4) 김원용외, 『역사도시 경주』 열화당, 1984 ; 이기봉, 『고대 도시 경주의 탄생』 푸른역사, 2007 ; 전덕재, 『신라 왕경의 역사』 새문사, 2009 ; 이동주, 『신라 왕경 형성과정 연구』 경인문화사, 2019.

천도를 경험하지 않았다고 해서 신라 왕궁이 시종 여일(如一)한 모습을 그대로 이어간 것은 아니었다. 정치사회적인 변화와 연동해 외형은 물론 내부 구조와 운영 조직 등도 끊임없이 바뀌어졌을 터이다. 그런 실상을 추적해볼 만한 단서는 여럿이겠으나, 왕궁을 둘러싼 해자도 하나의 매개 고리로 삼을 수가 있겠다.

왕궁의 보호를 위해 둘러쳐진 해자는 그 변화의 양상을 충실히 담보할 만한 주요 대상이다. 근자에 진행된 월성 해자의 발굴로 새로이 출토된 몇몇 목간은 그런 실상을 보여주는 중요한 내용을 담고 있어 각별히 주목해볼 만하다. 이들 목간에 내재된 의미의 대강을 월성의 변천과 연결시켜 음미해보려는 이유는 바로 여기에 있다.

2. 금성(金城)과 월성

월성이 어느 특정 시점부터 멸망에 이를 때까지 오랜 기간 신라의 왕궁으로 기능하여 왔음은 두루 아는 바와 같다. 하지만 언제부터 월성이 왕궁으로서 자리 잡게 된 것인지는 그리 명확히 드러나 있지 않다.

지금껏 알려진 기록 그대로를 받아들이면 처음 왕궁으로 기능한 것은 금성(金城)이었다. 『삼국사기』 신라본기에 의하면 금성은 시조 혁거세(赫居世) 21년(서기전 37) '경성(京城)'을 처음 축조하면서 붙여진 이름이다.[5] 바로 얼마 뒤인 26년(서기전 32)에는 경성(금성)의 내부에 따로 궁실이 조성되었다고[6] 한다. 이 두 기록을 합쳐서 이해하면 금성으로 불린 왕성의 내부에 따로 왕궁이 두어졌음이 확인된다.

---

5) 『三國史記』1 新羅本紀 始祖赫居世 21年條, '築京城 號曰金城'.
6) 동상 26년조, '春正月 營宮室於金城'.

이후 금성 관련 기록은 5세기 후반에 이르기까지 줄곧 단편적인 형태로 이십여 차례에 걸쳐서 나타나거니와 그럴 때마다 왕성임과 동시에 이따금씩 왕궁의 의미로도 혼용되곤 한다. 하지만 금성의 공식적 실태는 어디까지나 경성(왕성)이었으며, 그 자체가 왕궁은 아니었다.

6세기 이후 멸망할 때까지 금성이란 용어가 계속해서 사용되었지만, 이때에는 신라의 왕경(首都) 자체를 가리키는 정식 명칭이었을 따름이며, 왕궁의 의미로서 사용된 적은 전혀 없었다. 이와 같은 측면에서 6세기 이전 금성은 본질도 역시 왕성으로 봄이[7] 순조롭겠다. 이때의 금성은 원래 서라벌(徐羅伐), 사로(斯盧) 등 신라의 고유어(固有語)를 한문식으로 나타낸 표기라 여겨진다.[8]

금성의 명칭 유래가 어떻든 이것이 계속 사용된 사실은 곧 왕성이 먼저 확립되어 있었음을 의미한다. 최고 지배자의 거소(居所)로서 금성 안의 핵심 공간이라 할 왕궁은 처음에는 별도의 이름을 갖지 않았던 까닭에 그냥 금성으로 통칭되었다. 말하자면 금성은 본질적으로 왕성이면서 동시에 좁은 의미로는 왕궁도 그처럼 불리었다.

이와 같은 성격의 금성에 견주어 주목해볼 대상은 월성(月城)이다. 월성은 금성과 달리 시종 왕궁으로만 불리고 기능하였기 때문이다. 월성과 관련해서 다음과 같은 기록이 처음 등장한다.

A) 22년 봄 2월 성을 축조하여 월성이라 하였다. 가을 7월 왕이 월성으

---

7) 朴方龍,『新羅 都城』, 학연문화사, 2013, p.184

8) 文暻鉉,「新羅 國號의 研究」『大丘史學』2, 1970 ;『增補 新羅史研究』, 도서출판 춤, 2009, pp.8-10 에서는 徐羅伐를 그렇게 표기한 것으로 이해하였다.

로 옮겨 살았다.(『삼국사기』1 신라본기 파사이사금조)

　파사이사금 22년(101) 축성한 뒤 이를 월성으로 명명하고, 몇 달 뒤에
는 국왕이 거기로 옮겨가 살았다고 한다. 위의 기사를 앞서 언급한 사실
과 아울러서 살피면 국왕은 좁은 의미의 '금성'에서 월성으로 거처를 옮
긴 셈이 된다. 말하자면 이때부터 월성이 왕궁으로 본격 기능하기 시작
한 것이었다.

　이후 월성 관련 기록이 이따금씩 보이지만 이들은 모두 왕궁이었을
뿐, 왕성의 의미로서 사용된 사례가 전혀 없음이 특징적 현상이다. 월성
이란 용어는 금성과는 확연히 다르게 시종일관 왕궁으로서만 사용된 점
에서 뚜렷한 차이를 보인다. 이후 월성과 함께 금성이 기록상 계속 나타
나지만 양자가 뒤섞여 사용되는 등 어떤 모순성을 보이지 않음도 그를
입증해준다. 월성은 뒷날의 계림(鷄林)과 마찬가지로 '닭(달)'을 훈차(訓
借)해 한문식으로 표기한 데서 유래한 명칭으로 여겨진다.[9] 말하자면 월
성은 '닭(달)성'이란 뜻이다.[10]

　이상과 같이 왕성[京城]인 금성 내에서 왕궁이 어느 시점부터 월성으
로 옮겨졌음을 확인할 수 있다. 다만, 신라본기 초기기록의 기년(紀年)을
액면 그대로 받아들이기 어려운 실정을 감안하면 월성이 왕궁으로 기능
한 시점(始點)은 따로 특정하기 곤란하다. 이를 놓고서 논란이 적지 않게
벌어지고 있는 것도[11] 바로 그 때문이다.

---

9) 文暻鉉, 위의 글, pp.11-12.
10) 주보돈, 「신라의 달구벌 천도와 김씨집단의 유래」『백산학보』52, 1999. p.578.
11) 金洛中, 「新羅 月城의 性格과 變遷」『韓國上古史學報』27, 1998, pp.189-190.

엄밀히 말하면 신라의 모태인 사로국 단계부터 따로 왕경의 존재를 설정함은 너무나도 안이한 접근이다. 사로국은 정치적 독자성을 어느 정도 보유한 공동체인 여러 읍락으로 이루어졌으며, 그 가운데 정치적 중심지로 기능한 곳은 특별히 국읍(國邑)이라 불리었을 뿐 따로 왕경이 존재한 것은 아니었다. 이외에 바깥의 영역도 달리 존재하지 않았다.

그러므로 왕경에 대응되는 지방(地方)이란 개념을 당시로서는 상정하기 어렵다. 왕성으로서의 금성이 성립한 시점을 무작정 올려보아서 안되는 이유는 여기에 있다. 신라가 사로국 단계를 벗어나 지방이 존재하는 영역국가(왕조국가)로서의 모습을 갖춘 이후로 설정함이 적절하기 때문이다. 가령 신라국가 성립 이전의 사로국 단계에서 왕성과 왕궁이 기록상 보인다면 이는 어디까지나 단순하게 당시 최고 수장(首長)인 이사금의 거처를 가리키는 것으로 풀이함이 올바르겠다.

사로국 시기 이사금의 지위가 박(朴)·석(昔)·김(金) 3성의 족단(族團)에 의해서 교체되었듯이 그들의 거처 또한 특정한 한곳에만 고정되어 있지를 않았다. 따라서 같은 사로국 영역 범위 내에서 이리저리 옮겨지는 성질을 띨 수밖에 없었다. 초기기록을 통해서 왕궁으로서의 '금성' 위치는 아무리 추적해도 끝내 특정하기 곤란한 점도 바로 그런 사정 때문이었다.

그런데 사로국을 근간으로 해서 상당한 영역과 규모를 갖춘 새로운 성격의 신라국가가 탄생함으로써 사정은 근본적으로 달라졌다. 신라라는 새로운 국호가 내세워졌을 뿐만 아니라 왕호도 이사금 대신 마립간(麻立干)으로 바뀌었다. 마립간의 지위는 이제 이사금과 다르게 오로지 김씨 족단 내부에서만 이어졌다. 사로국 단계와는 전혀 다른 면모였다.

사로국 자체가 신라의 왕경으로 근본적 위상이 바뀐 것이었다.

4세기 중엽 무렵 새로 출범한 왕조국가 신라에서 최고지배자 마립간은 권위를 안팎으로 드러내어 공고화하는 데에 적절히 어울리도록 특정한 곳에다 고정된 왕궁을 마련할 필요가 뒤따랐다. 그와 동시에 지배층들은 자신들의 정통성과 정당성을 상징적으로 보증할 조상들의 무덤을 큰 규모로 새롭게 조성할 필요성도 아울러 느꼈다. 그런 용도로서 적석목곽분(積石木槨墳)이란 유난스런 고총(高塚)을 창안해낸 것이었다.

그래서 자신들의 지위를 영속적으로 지켜주고 보장해줄 무덤을 바라볼 수 있는 가까운 곳에다 왕궁을 마련하였다. 지형상으로 약간 높은 대지(臺地)이어서 주변부를 내려다볼 수 있고 또 남천을 끼고 있어 수비하기에 비교적 용이한 월성은 매우 안성맞춤의 위치였다.

그런 의미에서 월성을 왕궁으로 삼은 시점과 가까운 곳의 공동 묘역 조성은 거의 동시에 이루어진 일로 보인다. 국왕의 현실적 거처인 왕궁을 설정하고 이로부터 얼마 떨어지지 않은 지점에 조상들이 함께 묻혀 일종의 신전(神殿)으로 기능한 고총군을 지배집단이 공동으로 마련함으로써 기반을 유지하는 수단으로 삼으려 하였던 것이다.

이상과 같은 의미에서 월성이 신라 왕궁으로 선정된 시점은 사로국으로부터 신라로 전환한 4세기 중·후반 무렵으로 봄이 적절하다고 판단된다. 바로 이 무렵부터 고총의 조영이 이루어지기 시작한 것도 그를 방증하는 사실이다.

기록에 따르면 월성의 주인공은 여러 차례 바뀌었다. 처음의 상태는 잘 알 수 없지만 어느 시점부터 왜계(倭系)인 호공(瓠公)이 점유하였다가 얼마 뒤 동해안 방면에서 경주분지로 처음 진출한 석탈해(昔脫解)가 술수로서 점거하기에 이르렀다. 월성이 특이하게도 외부 세계로부터 사로(서라벌) 지역으로 진입한 새 이주민에 의해 교대로 장악된 사실은 거기에 내재한 의미를 상징적으로 보여준다.

하나는 원래 월성은 거의 무주공산이다시피 비워진 상태였다는 점이다. 이는 경주분지 중앙부 일대는 집단을 이루어 살아갈 만한 적합한 상태가 아니었음을 뜻한다. 그것은 저습지나 용출수가 사방으로부터 가해질지 모르는 위험 앞에 노출된 위치였기 때문이다. 그래서 거꾸로 바깥으로부터 이제 갓 이주해온 새 집단이 쉽게 장악할 수 있었다.

다른 하나는 경주분지 내에서 월성의 위치가 차지하는 중요도가 그만큼 높았다는 점이다. 다만, 바깥으로부터 가해지는 위험을 견딜 수 있는 안정성만 확보된다면 일단 거처로서는 더할 나위 없이 좋은 곳이었다. 이제 왕궁으로 삼았다는 자체는 안정적으로 유지해나갈 만한 힘을 갖추었음을 뜻한다. 신라국가가 탄생함으로써 비로소 가능해진 일이었다.

신라국가의 출범을 주도한 김씨 족단 출신의 마립간은 성공의 표상(表象)으로서 새로운 왕호 및 국호의 사용과 함께 월성을 거처로 삼아 왕궁으로 활용하였다.[12] 그 북쪽에는 안정성을 보장하는 상징으로서 신라 지배층의 공동 묘역이 조성되었다. 이후 공동 묘역에는 핵심 지배층인 김씨 족단(탁, 사탁부)만이 아니라 여타 6부의 지배집단도 함께 참여한 데

---

12) 신라의 수도를 일단 왕경이라 표현하였지만 그 구조를 약간 부연 설명하면 다음과 같다. 신라의 근간 세력인 사로국이 곧바로 왕경으로 전환되었다. 사로국 구성세력이 6부로 전환되었으므로 그 영역을 가장 넓은 범위의 왕경이라 할 수 있다. 6부 가운데 중심부는 王城이었고 그 속에 王宮이 존재하였다. 그런 의미에서 왕궁을 중심으로 왕성, 그 외곽에 전원이 존재하는 구조였다. 뒷날 里制는 6부 전역을 대상으로 구획한 것이었으나 坊制는 그 가운데 오직 중앙부에만 한정해서 실시되었다. 이를 왕성이라 불렀는데 범위가 고정불변한 것이 아니라 그 외연은 방제의 확대 실시와 함께 점점 늘어갔다.

에 주요한 특징이 있었다.[13] 이것이 곧 월성을 중심으로 한 경주분지의 중앙부에 대한 안정성을 보증해주는 장치이기도 하였다. 이로써 경주분지 중앙부는 본격적으로 개발될 발판이 갖추어진 셈이었다.

3. 월성의 위상과 구조의 변화

월성이 왕궁으로서 기능하기 시작한 직후의 모습과 구조가 이후 온전히 그대로 이어져간 것은 아니었다. 여러 차례에 걸쳐서 외형은 물론 내부 구조도 상당히 변모되는 과정을 거쳤을 것으로 여겨진다. 특히 정치적·사회적 변동과 함께 바깥 세계로부터 가해지는 온갖 위협과 이로부터 빚어진 위기가 왕궁의 위상과 모습을 바꾸는 데 결정적 요인으로 작용하였다.

왕궁의 변모와 관련해 무엇보다도 가장 먼저 주목해볼 대상은 「광개토왕비」에 보이는 '신라성(新羅城)'이다. 신라는 399년 백제의 사주를 받은 가야와 왜(倭) 연합 병력의 급작스런 공격으로 왕경이 함락 당하는 일대 위기 상황을 맞았다. 난국에 처해 북쪽 국경지대로 부랴부랴 피난한 나물왕(奈勿王)은 긴급히 고구려에게 도움의 손길을 내밀었다. 신라는 이듬해 400년 출정한 고구려 병력의 지원을 받아 당면의 위기 상황을 일단 벗어날 수 있었다. 이때 공수(攻守)의 주요 대상은 '신라성'이라 표현되어 있다.

막연하게 '신라성'이라고 표기되었지만 전후 사정으로 미루어 왕성인 금성(金城)을 가리킴은 의심의 여지가 없다. 왕성으로서의 '신라성' 속

---

13) 물론 모탁부는 공동 묘역의 조성에 참여하지 않았지만 애초부터 그러하였는지는 판단하기 쉽지 않다. 모탁부가 따로 묘역을 조성한 이유는 장차 밝혀져야 할 커다란 수수께끼이다.

에는 당연히 왕궁인 월성까지도 포함되었을 터였다. 당시 전란의 와중에 왕궁과 함께 왕성 전반은 극심한 피해를 입었을 것임이 분명하다. 이후 한동안 왕성과 왕궁에 대한 대대적인 복구 작업이 진행되었을 것이다.

이때부터 왕성 및 왕궁의 내부 구조뿐만 아니라 대외적 방어망 구축이라는 측면도 아울러 고려한 왕경 전반의 구도(構圖)가 새롭게 구상되었을 가능성이 상정된다. 이를테면 왕궁인 월성을 토성(土城)으로부터 토석(土石)의 혼축(混築)으로 한층 높여서 쌓는다거나 동시에 안팎의 공간을 뚜렷이 구별하고 간단한 보호를 위해 해자(垓字)를 처음 둘러쳤을 경우도 상정된다.

한편 왕경 내의 왕궁 가까운 곳에다가 만약의 사태에 대비한 피난처로서 활용하기 위해 따로 요새지를 마련하였을 여지도 엿보인다. 뒷날 진행된 추이로 미루어 이때 피난처로 선정된 대상은 명활산성(明活山城)이었을 법하다. 이른바 왕궁과 임시 피난처를 함께 운용하는 이원체제 운영 방식의 도입이다. 이런 방식은 당시 신라 왕경을 비롯한 군사 요충지에다 병력을 주둔시킨 고구려의 도움, 혹은 영향을 받아 이루어진 일이라 여겨진다.

이처럼 5세기 초의 전란으로 극심한 파괴를 겪은 뒤 왕궁인 월성은 한 차례 일신하여 새로운 모습으로 단장되고 동시에 방어를 위한 기본 구조까지 갖추어졌다. 이후 기록상으로 왕성과 왕궁이 재정비되었을 만한 구체적 계기로서 다시금 기록상 확인되는 것은 5세기 후반에 이르러서의 일이다. 다음에 소개하는 일련의 기사는 그런 사정의 일단을 짐작케 한다.

B) ①12년 봄 정월 경도(京都)의 방리 이름을 정하였다.(『삼국사기』3 신
라본기 자비마립간조)

②18년 봄 정월 왕이 명활성(明活城)으로 옮겨 살았다.(동상)

③9년 봄 2월 신궁(神宮)을 나을(奈乙)에 두었다. 나을은 시조가 탄생한
곳이다. 3월 처음으로 4방에 우역(郵驛)을 두고 소사(所司)로 하여금
관도(官道)를 수리하게 하였다. 가을 7월 월성(月城)을 수리하였다. (동
상 소지마립간조)

④10년 봄 정월 왕이 월성으로 옮겨 살았다.(동상)

⑤12년 3월 용(龍)이 추라정(鄒羅井)에 나타났다. 처음 경사(京師)에 시
사(市肆)를 열어 4방의 재화가 통하도록 하였다.(동상)

위의 기사 B)는 5세기 후반 신라 왕경이 전반적으로 새롭게 정비되
는 일련의 과정을 피상적이나마 내비친다. 자비왕 12년(469) 방리명을
정하는 사실로부터 먼저 왕경 정비의 기치를 올리기 시작하였다. 이 기
사가 갖는 구체적 의미에 대해서는 현재 다양한 해석이 시도되고 있지
만, 여하튼 이때 왕경 6부의 하위 단위를 따로 마련한 것은 내부 정비 작
업이 진행된 사실을 뚜렷이 보여준다.

이로부터 꼭 6년 뒤인 475년 봄 자비왕은 명활산성으로 옮겨 거주하
기 시작하였다. 이후 소지왕 9년(487)에는 시조왕의 탄강처(誕降處)인 나
을에다 신궁을 세웠다. 바로 이때 왕경으로부터 사방으로 나아가는 요지
에다가 역참(驛站)을 처음 도입하고 동시에 국가가 관리하는 공식 도로
라 할 관도(官道)를 수리하였다고 한다. 같은 해 7월에는 월성을 수리하
였다.

월성 발굴(하일식 제공)

　역참의 설치와 관도 수리는 곧 지방의 물산을 왕경으로 집중시킴으로써 12년(490) 시장을 처음 열도록 한 배경으로 작용하였다. 바로 직전인 소지왕 10년(488)에는 소지왕이 명활산성을 떠나서 꼭 13년만에 수즙을 모두 끝낸 뒤의 월성으로 되돌아왔다고 한다. 이로써 월성이 다시 새롭게 왕궁으로 기능하기 시작하였다.

　이와 같은 일련의 왕경 정비 작업은 당시 고구려의 위협에 대처해 전체 지방을 대상으로 삼아 대대적으로 진행된 축성 사업과 연동해서 벌어진 일이었다. 『삼국사기』 신라본기에 따르면 대략 464년 무렵을 기준으로 해서 그 직전까지 왜(倭)의 공세가 진행되다가 이후 467년 전함(戰艦)을 수리한 뒤부터는 고구려의 공세가 본격화되는 양상을 보인다. 468

년 고구려와 말갈의 연합 병력으로부터 북변의 실직성(悉直城)이 공격 받은 뒤 니하(泥河)에 축성한 사실을 신호탄으로서 해서 이후 470년에는 3년이나 걸려 마무리 지은 삼년산성(三年山城)을 비롯해 전국에 걸쳐 축성 사업이 대대적으로 이루어졌다. 대체로 북경(北境) 일대와 왕경을 잇는 간선도로 선상에서 진행된 축성으로서 주로 고구려의 공격에 대비한 대책의 일환이었다.

사실 명활산성을 임시의 왕궁으로 삼은 475년 바로 이 해에는 고구려의 파상적 공세로 인해 백제의 왕도 한성(漢城)이 함락되었다. 이런 제반 사정을 고려하면 소지왕이 명활산성으로 옮겨가서 살았던 것도 백제의 한성 함락 사건과도 전혀 무관한 일이 아니었겠다. 아래에 소개하는 사실을 고려하면 밀접히 연관되었음이 분명히 드러난다.

475년 고구려가 백제에 대해 대대적인 공세를 가해 한성을 함락시키는 사건을 유발한 밑바탕에는 464년 신라가 고구려와의 단절을 공식 선언한 사실이 작용하고 있었다. 400년 이후 고구려는 신라 왕경을 비롯한 요충지에 병력을 주둔시키면서 왕위 계승 등을 비롯해 여러모로 극심한 정치적 간섭을 시도하였다. 인내의 한계를 느낀 신라는 이를 벗어나기 위해 백제와의 관계를 점차 강화해가는 쪽으로 힘을 쏟았고 마침내 433년 동맹관계까지 체결하는 등 고구려의 일방적 압박과 간섭에 대항하기 위해 혼신의 노력을 기울였다.

그러다가 464년에 이르러서는 왕경에 주둔하던 고구려의 잔여 병력 100여명을 일시에 몰살시키는 일대 사건을 일으켰다.[14] 이는 오래도록

---

14) 『日本書紀』14 雄略紀 8年條.

면면히 이어온 고구려와의 관계를 완전하게 끝장낸다는 의지의 대내외적 표명이었다. 신라는 이후 고구려의 전면적 공세가 뒤따르리라 예상하고 전국의 군사적 요충지 곳곳에다가 축성하는 등 만반의 준비 태세를 갖추어갔다. 이를 위해 지방민을 전국적 차원에서 대대적으로 동원해 축성 작업을 실시하고 조직화해 나갔다. 이런 과정을 거쳐 지방 지배를 한층 강화하였음은 물론이다. 신라는 위기 상황을 기회로서 적극 활용함으로써 새로운 도약의 전기(轉機)를 마련해가고 있었다.

고구려는 신라의 이탈 배후에 백제가 작용한 것으로 추단하였다. 그렇지 않아도 사전에 착실하게 전면전을 준비해가면서 백제 공격의 기회를 엿보던 고구려의 장수왕(長壽王)은 도리어 백제의 개로왕(蓋鹵王)이 적극적인 공세로 나오자 이를 명분삼아 475년에는 역공에 나섰다. 그 결과 백제는 한성을 함락 당하고 개로왕까지 전사함으로써 심각한 위기의 국면을 맞았다. 때마침 신라의 도움을 받아 즉위하게 된 문주왕(文周王)은 초토화된 한강 유역을 뒤로하면서 사전 준비도 제대로 갖추지 못한 채 웅진(熊津)으로 천도를 단행하였다.

이처럼 북방에서 한창 전운(戰雲)이 감돌고 또 백제의 왕성이 함락되기 바로 직전 신라는 명활산성으로 왕궁을 옮겨 만약의 사태에 대비해 나갔다. 이후 13년 동안이나 명활산성을 왕궁으로 활용한 것은 이미 그럴 정도로 미리 착실한 준비를 해두었기에 가능한 일이었다. 신라는 명활산성을 임시 피난처로 적절하게 운용해 나가면서 고구려의 공세에 대비하고, 나아가 이 기회를 적극 활용해 왕경 및 왕궁의 재정비까지[15] 본

---

15) 崔秉鉉, 「경주 월성과 신라 왕성체제의 변천」『한국고고학보』98, 2016, p.54.

격 추진하였다. 이때 왕경과 왕궁은 전면적 수리를 거침으로써 마침내 완전히 새로운 모습으로 단장되기에 이르렀다.

이 시기 변모된 월성의 구체적 실상에 대해 문헌상으로는 더 이상 추적하기 곤란한 실정이다. 다만, 기왕에 진행된 고고발굴을 통해서 확인된 것처럼 해자를 한층 더 깊숙이 파고 성벽을 높여 쌓아 공고하게 하였으리라는 추정은 일단 가능하다. 이로써 왕궁 방어를 위한 기본적 채비는 어느 정도 갖춘 셈이었다.

이런 전반적 흐름 속에서 결국 신라는 지배체제의 근간을 바꾸어나가지 않으면 안 되는 상황을 점차 맞아가고 있었다. 기존의 지배 구조로는 점증(漸增)해가는 대외적 위기에 신속하게 대처하고 극복해 나가는 데에는 뚜렷한 한계가 노출되었기 때문이다.

마립간 시기의 내부 운영 체계를 흔히 부체제(部體制)라 일컫고 있거니와 당시 국왕의 지배권은 매우 미약한 상태였다. 배타적인 독자성을 일정 정도 보유한 6부가 공동으로 참여한 회의체를 통해 신라국가의 중대한 일이 논의·결정되는 구조였다. 국왕인 마립간은 최고지배자로서 회의체의 주재자이기는 하였지만 어디까지나 6부 가운데 가장 유력한 탁부(喙部, 梁部)의 부장(部長)에 지나지 않았을 따름이다. 국가의 중대한 일은 6부 유력자의 합의를 통해서 결정, 집행되었다.

그런데 고구려의 강한 압박으로 대외적 긴장감이 크게 감돌자 이에 대비해 지방 지배를 강화해가는 과정에서 왕경의 겉모습도 차츰 갖추어져 갔다. 이런 분위기 속에서 내부의 정치 환경은 크게 달라져가고 있었다. 위기의 국면에 직면하여 지배 집단 내부의 결속력을 한층 강화시켜야 할 필요성이 제기되자 6부 가운데 먼저 유력 핵심 세력인 탁부의 부장인 매금왕(寐錦王)과 사탁부(沙喙部, 沙梁部)의 부장인 갈문왕(葛文王) 중심으로 체제가 점점 재편되는 길을 걸어갔다. 이런 단계를 밟아 마침내 최종적으로는 국왕인 매금왕에게 집중되어졌다.

이런 과정에서 다른 4부의 약화는 필연의 수순이었다. 사실 이 무렵부터 신라는 새롭게 발돋움해 전반적으로 변신하는 길로 나아가고 있었다. 그 결과로서 6세기 전반 마침내 부체제가 해체되면서 대신 국왕을 정점으로 한 중앙집권적 귀족국가로 전환되기에 이르렀다.

서서히 진행되던 부체제상의 변화가 본격화된 것은 지증왕(智證王)과 법흥왕(法興王)이 실시한 몇몇 혁신적 시책이 성공을 거두면서였다. 율령(律令)의 반포, 불교(佛敎)의 공인, 상대등(上大等)의 설치 등속의 두드러진 정책의 시행으로 부체제는 급격히 약화, 해체되는 길을 밟아 마침내 귀족국가로 변신하였다. 530년대 법흥왕이 대왕(大王, 太王)이란 왕호와 함께 건원(建元)이란 첫 연호의 사용은 최후의 정점을 찍는 선언이었다.[16]

이로써 신라의 지배질서는 전혀 새로운 면모를 띠게 되었다. 이제 왕경과 왕궁도 그런 변화된 사정에 어울리도록 재정비될 필요성이 자연스레 제기되었다. 지배이데올로기가 기존의 전통신앙으로부터 고등종교인 불교로 옮겨감으로써 사원(寺院)이 이제 신전으로서의 무덤 기능을 점차 대신해가면서 왕경 중심부에 들어섰다.

이에 따라 왕경 전반은 한층 세련된 계획적 도시로 변신할 기반이 마련되었다. 도시를 구획하는 정연한 방제(坊制)가 우선 일부 가능한 곳으로부터 실시되기 시작하였다. 왕경 전반이 재정비되는 쪽으로 가닥이 잡

---

16) 주보돈, 「三國時代의 貴族과 身分制」『韓國社會發展史論』, 일조각, 1992.

히자 왕궁은 저절로 기획의 중핵으로 부상하였다.

이로써 기존의 상황과는 매우 다르게 지리적으로 왕경의 중앙부에 왕궁이 자리 잡도록 기획된 신궁(新宮)의 건설이 추진되었다. 진흥왕은 재위 11년(551) 기존 월성의 동쪽 지역을 신궁 조영의 대상지로 선정해 왕궁을 그곳으로 이전할 계획을 세워 실행에 옮겼다. 그러나 어떤 내밀한 사유로 말미암아 도중에 신궁 건설은 취소되고 장차 신라국가의 제일급 호국 사원으로 기능하는 황룡사(皇龍寺)의 창건으로 대체되었다.[17]

이처럼 지배체제의 변화로 말미암아 왕경과 함께 왕궁까지 바뀔 분위기가 무르익었다. 신궁 건설의 포기는 곧 기존 왕궁이 현재 위치에서 재정비됨을 의미한다. 왕궁은 이때 거창한 규모의 황룡사와 비슷하거나 그보다도 한결 더 크고 치장된 모습을 갖추도록 기획되었음이 틀림없다. 아직 월성의 발굴이 진행 중이어서 전모가 확연히 드러나지 않은 상태이지만 바로 이때 내부 건물의 외형이나 구조가 정연하고 규모 있게 정비되었을 공산이 크다. 이에 따라 해자의 용도나 기능도 기왕과는 현저히 다르게 바뀌었을 터이다. 당시 왕궁 월성의 변화와 연결해서 이해해야 할 대상은 일단 명활산성의 수리 사실이다.

540년 7세의 어린 나이로 법흥왕의 뒤를 이은 진흥왕(眞興王)은 10년 동안 어머니 지소태후(只召太后)의 섭정을 받았다. 진흥왕은 551년 성년이 되자마자 곧바로 친정(親政)을 시작하면서 개국(開國)이란 새로운 연호 사용을 표방하였다. '나라를 연다'라는 뜻의 새 연호 속에는 젊은 진흥왕의 굳센 의지가 담겨져 있었다. 진흥왕은 이때 한강(漢江) 유역의 향

---

17) 주보돈, 「거칠부의 出家와 出仕」『韓國古代史研究』76, 2014 ; 「皇龍寺 의 創建과 그 의도」『韓國史研究』176, 2017.

방에 신라의 장래 명운을 걸고 여하한 수단과 방법을 동원해서라도 이를 차지하려는 계획을 치밀하게 세워서 강력하게 추진해나갔다. 그렇게 되면 결국 고구려와 함께 백제까지 동시에 적으로 돌리는 셈이 되므로 매우 큰 위험성을 안게 되는 일종의 승부수였다.

진흥왕은 친정을 시작한 바로 그해에 백제 및 가야와 합작해 한강 유역으로 진출하는 데 성공하고 2년 뒤인 553년 그 지역 전부를 독차지해 새로운 영토란 뜻의 '신주(新州)'를 설치하였다. 이로써 크게 배신감을 느낀 백제와는 돌이킬 수 없는 한판의 대결이 불가피해진 상황을 맞았다. 백제의 성왕(聖王)은 554년 신라를 대상으로 한강 유역 상실에 대한 보복전으로서 전면전을 펼쳤으나 오히려 관산성(管山城) 싸움에서 대패해, 전사하고 말았다.

사실 진흥왕은 그런 사정을 예비(豫備)하였다. 이미 551년부터 전국적 차원의 역역을 동원해 명활산성의 수즙 작업을 시작하였음은[18] 그를 뚜렷하게 방증해준다. 물론 처음에는 백제와 연합해 한강 유역으로 진출할 경우 그 성패(成敗)를 떠나 고구려의 보복 공격에 대비함이 주된 용도였을 가능성이 컸다.

그런데 553년 한강 유역을 독차지함으로써 군사적 대비를 할 대상에 백제까지 포함되었다. 말하자면 554년 명활산성의 수즙을 완료할 즈음에는[19] 이제 고구려와 백제를 함께 대비하려는 용도였다. 명활산성을 수즙하는 데에 비교적 긴 기간이 소요되었던 것도 그런 사정 때문이지 않았을까 싶다.

---

18) 주보돈, 『금석문과 신라사』 지식산업사, 2002.
19) 『삼국사기』4 신라본기 진흥왕 15년조.

그처럼 전운이 크게 감돌면서 피난처는 새 왕궁의 조성 계획과도 하나의 짝을 이루어서 추진될 수밖에 없었다. 명활산성은 지난 475년 임시 왕궁으로서 본격 활용된 적이 있었지만, 전국에 걸친 대규모 역역동원이라는 엄청난 공력을 들여서 전면적 수즙을 단행한 것은[20] 곧 평소 왕궁과 피난성의 관계처럼 하나의 세트로서 운용하려는 의도가 깃든 것으로 보인다. 앞서 언급한 것처럼 고구려가 평지에 위치한 왕성인 국내성(國內城)과 함께 환도산성(丸都山城)의 이원체제로 운용한 사실로부터 배워왔음이 분명하다.

이로 말미암아 기존의 왕성이나 왕궁의 구조나 기능도 상당 부분 바뀌어졌을 가능성을 상정할 여지가 생겨난다. 왕경 주변의 산성을 본격적인 피난처로 활용하려는 계획이 세워졌을 때 이는 때마침 추진 중이던 왕궁의 재정비와 연계된 것 같다. 구체적 실상을 살피기는 어렵지만 이때 왕궁을 둘러싼 해자까지 일정한 변화를 겪었다고 해도 지나친 추정은 아니겠다. 특히 왕궁이 피난성과 함께 하나의 세트를 이룬 사실은 이후 왕경의 수비체계 전반과도 연결되어졌으리라 여겨진다. 이를 계기로 왕경의 방어망 체계도 군사조직의 정비와 어우러지게 실시되었을 터이기 때문이다. 왕경과 왕궁의 경영은 그 자체에만 머문 것이 아니었겠다. 방어망 체계와 군사조직의 편성 및 운용까지 함께 고려한 접근을 시도해야 실상이 제대로 드러날 수 있다.

지금껏 언급해온 것처럼 왕경과 함께 왕궁의 구조나 위상 등이 크게 바뀌어져간 계기는 대부분 새로운 지배체제의 정립(定立)이나 대외적인

---

20) 주 19와 같음.

요인 등에서 비롯한 일이었다. 이에 따라 해자 등 왕궁의 보호를 위한 장치의 기능이나 성격도 저절로 달라질 수밖에 없었다. 처음 해자가 조성될 때에는 주로 왕궁 안팎의 격절(隔絶) 및 간단한 수비용 정도가 중심이었겠지만, 지배체제상 큰 변동이 일어나면서 그에 걸맞게 방어체계가 바뀌고 왕궁의 범위도 늘어나는 등 적절히 어우러지게 운용되었다. 지금까지 진행된 발굴의 결과를 통해 해자의 규모나 조성 방식 등에서의 변화양상이 일부 포착된 것은 그런 실상을 여실히 반영해준다.[21]

왕궁의 면모는 관부(官府)의 신설에 따른 관아(官衙)의 설치, 그리고 왕실에 대한 인식의 변화와도 밀접히 연동되었다. 신라에서 중앙 관부가 정식으로 두어지기 시작한 시점으로는 517년 병부(兵部)의 설치를 손꼽을 수 있다. 이후 군사적 필요성이 한층 높아져가면서 그에 걸맞은 부대 편성이 이루어졌지만, 중앙행정 체계와 직결된 관부가 본격적으로 설치된 것은 진평왕(眞平王)대에 이르러서의 일이다.

이 무렵에는 뒷날 6전(典)체계의 기본 골간이 대략 갖추어졌다. 전체 부서별로 장관과 실무자라는 두 등급으로 편성된 2등관제, 혹은 3등관제로 출발하였다.[22] 아마도 당시 신설된 관부 일부는 월성과 바로 북편 대릉원 일원의 고분군들 사이 공간에 배치되어 왕궁과 직결되었을 것 같다. 여러 건물지가 월성 북편의 발굴을 통해 확인된 사실은 그를 방증한다.

왕궁과 관아는 연접(連接)하거나 서로 자연스레 연결되어야만 기능이 순조롭게 발현될 터였으므로 월성의 곳곳에는 바깥과 연결되는 문

---

21) 국립문화재연구소, 『月城垓子-발굴조사보고서 II』 2006.
22) 주보돈, 「중앙통치조직」『한국사』7(삼국의 정치와 사회III-신라·가야), 국사편찬위원회, 1997.

(門)이나 새로운 통로가 동시에 갖추어졌을 것 같다. 이로써 왕궁의 겉 모습은 물론 해자의 기능도 완전히 달라져갔다. 이 시기 그와 같은 왕경 변모에 결정적 박차를 가한 계기로는 왕실 관련 조직의 정비를 들 수가 있다.

신라에서 왕실의 개념과 범위가 새로운 관심의 대상으로 부각된 것은 부체제가 해체되고 완전히 중앙집권적 귀족국가로 바뀐 법흥왕대 이후의 일이다. 기존 부체제 단계에서는 국왕인 마립간조차 소속 부의 부장(部長)으로 그 일원에 지나지 않았을 따름이므로 왕실의 범위는 막연하게 매우 넓게 인식되었을 공산이 크다.

그러나 귀족국가의 출범으로 국왕이 새로 편성된 신분제인 골품제의 테두리를 벗어난 초월자로 부상함과 연동해 왕실의 폭과 범위는 매우 좁혀졌다. 진평왕대에는 특히 국왕 중심의 특정 근친 왕족만을 일반 골족(骨族)에서 따로 떼어내어 한 단계 격상, 신성화시켜 각별히 성골(聖骨)이라고 부름으로써[23] 왕실 자체는 각별한 위치로 부상하였다. 이제 왕실 관련 일체 사무를 국가의 중앙행정조직이나 재정(財政)과는 따로 분리할 필요성이 절실해졌다. 규모가 커지고 복잡해져 오로지 왕실의 업무만을 전담하는 관부를 따로 두지 않을 수 없게 되었다.

진평왕 7년(585) 대궁(大宮), 양궁(梁宮), 사량궁(沙梁宮)의 3궁에 각각 고위직인 사신(私臣)을 두어서 궁을 관리하도록 조치한 사실은 왕실을 체계적·조직적으로 관장하려 한 첫 신호탄이었다. 그 뒤 진평왕 44년 (622)에 이르러 이들 3궁을 하나로 묶어 사신 1인만을 두어 관장하도록

---

23) 李基東, 「新羅 奈勿王系의 血緣意識」『歷史學報』53 · 54, 1972 ; 『新羅 骨品制社會와 花郎徒』 일조각, 1984.

함으로써 대대적인 개편의 걸음을 내디뎠다.

바로 이때에 이찬 용춘(龍春)이 내성사신(內省私臣)으로 임명되었다. 이는 곧 왕실 사무 일체를 맡은 독립된 종합 관부로서 내성이 두어졌음을 의미한다. 국가의 중앙행정 업무와는 별도로 내성을 설치할 필요성은 왕족의 지위가 여타 진골귀족에 견주어 그만큼 도드라지진 결과였다. 이 무렵 진평왕은 왕위의 부자 승계를 확립시키려는 의도에서 자신들의 혈통이 석가모니를 이었다는 인식으로 성골 관념을 보강하였다. 그렇지만 진평왕은 결국 아들을 얻지 못함으로써 남아로서 후계를 정상적으로 잇는 데에 실패하고 말았다.

왕실 사무를 총괄하는 내성의 직할 건물이 어느 곳에 두어진 것인지는 분명하지 않으나 성격상 왕궁의 내부나 가까운 부근이었을 공산이 크다. 이로 말미암아 왕궁의 구조상에서 일정한 변화가 뒤따랐을 것임은 상상하기 어렵지 않다. 아마도 내성이 월성 자체라 할 본궁을 중심으로 왕실 직속의 양궁, 사량궁 등을 함께 관장한 것은 왕궁의 근본 구조가 달라졌음을 뜻하기 때문이다.

왕경은 물론 왕궁을 다른 곳으로 옮기지 않고 기존 체제의 테두리 내에서 경영함으로써 달리 유례를 찾기 어려운 독특한 구조를 갖도록 하였다. 좁은 범위의 왕궁은 시종일관 월성이었지만 넓은 범위의 왕궁은 그를 뛰어넘어 멀리 떨어진 별궁(別宮)이나 이궁(離宮)까지도 아우르기에 이르렀다. 왕궁의 공간과 개념에 근본적 변화가 일어난 것이었다. 왕경을 한 차례도 다른 곳으로 옮겨가지 못한 데서 비롯한 특이한 운용은 왕궁의 구조 체계와 운영 방식에까지 직접적인 영향을 미쳤다.

사실 왕족 의식의 고양에 따라 왕실 업무를 전담하도록 관부를 따로 두기 시작한 진평왕대 초반인 591년 남산신성(南山新城)을 쌓은 사실은 각별히 주목해볼 대상이다. 남산신성의 축조는 왕경을 포함해 전국에 걸치는 주민을 체계적으로 동원해서 일구어낸 대규모의 토목공사였다. 그와 같은 실상은 현재 10기 알려진 「남산신성비」의 발견으로 뚜렷이 확인되는 사실이다.

기존에 존재하던 남산토성 대신 석성을 쌓으면서 굳이 '신성(新城)'이란 이름을 붙인 데서 유추되듯이 진평왕은 직전과는 확연히 대비되는 무엇인가 새로운 면모를 보이려는 의도를 갖고서 추진해 나갔던 것 같다. 특히 남산신성이 왕궁과 매우 가깝고 그 내부가 훤히 내려다보이는 높은 곳에 위치하므로 일차적인 피난성으로서 이용하려 한 듯하다. 아마도 왕궁에 대응하는 피난성으로 오래 활용해온 명활산성을 이제 남산신성으로 바꾸려는 생각이었다.

그 점에서 2년이 지난 뒤인 바로 593년 명활산성과 함께 서형산성(西兄山城)을 개축(改築)한 사실 또한 주목을 끈다. 이 두 성은 왕궁으로부터 약간 멀리 떨어져 있으면서 왕성을 내려다볼 수 있는 곳에 자리한 점이 공통적이었다. 크게는 왕성을 수비하기 위한 용도에서였음을 짐작하게 하는 사실이다. 왕궁과 이원적 체계로서 하나의 세트를 이루던 대상이 이제껏 명활산성이었으나 남산신성으로 대체하면서 왕경의 방어체계 전반까지 새롭게 전면적으로 바꾸려는 의도가 깔린 조치이지 않았을까 싶다.

앞서 언급한 것처럼 왕실 사무를 전담하는 내성을 따로 둔 것과 함께 왕궁과 남산신성을 이원적 체계로 구축하려는 노력이 전혀 별개로 추진된 것 같지는 않다. 이로 말미암아 왕궁의 구조상에도 일정한 변화가 뒤따랐을 터이다. 그 점은 뒤에서 월성 해자 출토의 목간을 다루면서 구체적으로 언급하기로 하겠다.

왕경과 함께 왕궁의 전면적인 재편 작업이 추진된 것은 7세기 후반 통일기에 이르러서의 일이다. 오랜 기간에 걸친 통일전쟁으로 백제와 고구려가 차례로 멸망되고 마침내 당과의 싸움이 한창이던 674년 문무왕은 돌연 궁내(宮內)에다 못을 파고 산을 만들어서 화초(花草)를 심고 진귀한 새와 기이한 짐승을 기르는 조치를 단행하였다.

이는 곧 왕궁의 전면적인 변화를 상징적으로 나타내어주거니와 679년에는 한결 더 대대적인 손질을 가하는 작업이 이어졌다. 이때 궁궐을 자못 장려(壯麗)하게 중수(重修)하였으며, 잇달아 동궁(東宮)도 새로 짓고 왕궁의 내부 및 안팎을 드나드는 문의 이름을 각기 지어서 현판[額號]을 내달았다.[24] 마치 추구해온 '일통삼한(一統三韓)'이란 소기의 목적이 완료되었음을 기념하기라도 하듯 전례 드문 큰 규모의 왕궁 재편을 결행한 것이었다.

월성 내부를 비롯해 왕경 곳곳의 대형 건물지에서 발견되는 '의봉사년개토(儀鳳四年皆土)'명(銘) 기와는 그런 사정을 여실히 입증한다.[25] 이때는 왕궁뿐만 아니라 왕경 전체가 혁신되었다고 해도 무방할 정도로 엄청난 토목공사가 추진되었다. '중수궁궐(重修宮闕)'이라 한 데서 저절로 드러나듯이 해자를 비롯한 왕궁 자체의 기능이 크게 바뀌어졌다. 삼국을 통합한 상황에 어울리도록 왕궁을 전면적으로 새롭게 단장하면서 오랜 구태(舊態)를 말끔히 씻어내려는 듯하였다.

---

24) 『三國史記』7 新羅本紀 文武王 19年條.

25) 이동주, 「新羅 '儀鳳四年皆土'명 기와와 納音五行」『歷史學報』220, 2013.

4. 해자 출토 목간과 월성

이상에서 오래도록 신라의 왕궁으로 기능한 월성 내부의 구조와 이를 둘러싼 바깥의 해자 기능까지 바꾸는 계기가 되었음직한 사건·사실 중심의 흐름을 간단히 짚어보았다. 아마도 이런 과정을 거치면서 왕궁의 안팎은 때로는 작게, 때로는 매우 크게 변모를 겪었다.

그와 같은 양상은 지금껏 발굴을 통해 드러난 해자 자체는 물론 거기에서 출토된 목간의 내용 속에도 일정 정도 반영되었으리라 여겨진다. 이들 고고자료의 분석을 통해서 전반의 실태를 구체적으로 밝히는 작업은 고고학 분야의 몫이므로[26] 그쪽으로 넘기고 여기서는 해자 출토의 목간을 근거로 해서 대략의 실상을 더듬어보기로 하겠다.

1980년대 중반부터 지금까지 몇 차례에 걸쳐 진행된 월성 해자 발굴로 확보된 목간은 모두 수십 점에 달한다. 1985년에서 1986년 주로 '다' 지구의 발굴에서 출토된 목간(이를 편의상 1차 목간이라 부르기로 함) 가운데 묵흔(墨痕)이 뚜렷이 확인되는 것은 이십 여점이다. 2016년에는 모두 7점의 목간이 다시 출토되었는데(이를 편의상 2차 목간이라 부르기로 함), 묵서(墨書)가 대체로 선명한 편이다.[27]

전반적 양상으로 미루어 월성 해자 출토 목간은 1면보다 2면 이상의 다면(多面) 목간이 비중을 크게 차지하는 특징을 보인다.[28] 긴 단책형, 봉형 모양이 대부분이며, 흔히 하찰(荷札)로서 사용되곤 하는 홈이 파인 목

---

26) 李相俊, 「慶州 月城의 變遷過程에 대한 小考」『嶺南考古學』21, 1997 ; 金洛中, 앞의 글 ; 崔秉鉉, 앞의 글.

27) 국립경주문화재연구소, 「신라 천년의 궁성, 월성」(소개자료), 2017.

28) 윤선태, 「월성해자 출토 신라 문서목간」『역사와 현실』56, 2005.

간도 없지는 않으나 이조차 다른 용도로서 사용되었음이 분명하다. 일부 습서(習書) 목간도 확인되나 대체로 문서(文書) 목간이 주류를 이룬다. 왕궁을 둘러싼 해자에서 출토된 목간다운 면모를 보여주는 것일지도 모른다. 목간의 내용을 통해 얼핏 유추하면 어떤 특정 사안에만 국한된 내용의 문서가 아님이 간취된다. 다종다양한 내용이 담겨져 있음을 일단 특징적 현상으로 지적할 수 있다.

이미 알려진 목간에 대해서는 최근까지 여러 시각과 입장에서 종합적 수준의 검토 작업이 대체로 끝난 상태이다.[29] 그들 가운데 어떤 형태로건 문서 형식을 완전히 구비한 목간들이 특별히 주목을 받았다. 이들은 종이 구입과 관련한 것, 약재(藥材) 관리나 처방(處方)에 관한 것, 왕경의 행정 구획인 부(部)와 그 하위 단위인 리(里)의 운영에 관한 것 등이 중심적 내용을 이루고 있었다.

다만, 무척 아쉽게도 1차 목간의 어디에도 작성의 절대 연대를 구체적으로 확정지을 만한 어떠한 결정적 단서가 보이지 않았다. 문헌상으로 보아 해자의 기능이 완전히 정지되었으리라 추정되어온 가장 하한인 679년 이전의 것이라는 사실만이 잠정 확인되었을 따름이다. 사실 발굴을 통해 드러난 유구(遺構)나 출토 유물 등 고고자료상으로도 해자의 성격이나 기능 등의 변모를 풀만한 실마리는 보이지 않았다. 그래서 주로 문헌을 원용해서 이와 연결시켜 접근하려는 경향이 강하였다.

이처럼 1차 목간에서 너무나 아쉽게도 작성 연대를 확정할 만한 명확한 단서가 발견되지 않았음은 자료 활용상에서 안고 있는 근본적 한계

---

29) 국립경주문화재연구소, 『月城垓子-발굴조사보고서 Ⅱ』, 2006.

였다. 목간을 역사 복원을 위한 사료로서 활용하는 데에는 연대 판별이 가장 기본적, 일차적 사안임은 두말할 나위가 없다. 그나마 목간의 내용만으로도 작성의 상한선과 하한선은 추정할 만한 실마리가 조금이나마 확보되었음은 무척 다행스런 일이었다.

1차 목간에서 대충의 연대를 추정할 단초는 12호와 26호에[30] 각각 보이는 전대등(典大等)과 도사(道使)란 직명이다. 전자는 목간 작성 시점의 상한선을, 후자는 그 하한선을 설정하는 데에 유력한 단서가 된다. 진덕여왕 5년(651) 왕명의 출납(出納)을 담당한 집사부(執事部)란 관부가 처음 설치되고 그 장관으로서 중시(中侍)가 두어지거니와 그 모태는 품주(稟主), 혹은 조주(祖主)였다. 품주나 조주의 실체는 분명하지 않으나 당시의 사정 전반으로 미루어볼 때 따로 관부가 설치되지 않은 상태의 직명으로[31] 추정된다.

진흥왕 26년(565)에는 거기에다 전대등이 두어졌다. 집사부가 설치되고 장관으로서 시중이 두어지면서 전대등은 하위의 차관직으로 편제되었다. 이후 통일기의 경덕왕 6년(747) 시랑(侍郎)으로 개칭될 때까지 전대등은 존속하였다. 그렇다면 1차 목간의 12호는 일단 크게 565년부터 747년 사이의 어느 시점에 작성된 것으로 범위를 특정할 수 있겠다.

한편 26호에 보이는 직명인 도사는 행정성촌(行政城村)을 단위로 해서 파견된 지방관이다. 501년의 「포항중성리비(浦項中城里碑)」나 503년의 「영일냉수리비(迎日冷水里碑)」에 지방관 도사의 직명이 보이므로 설치

---

30) 이 목간 번호는 국립경주문화재연구소, 앞의 보고서를 근거로 한 것이다.

31) 이를 관부로 보아 집사부의 전신으로 단정하는 것은 약간 문제가 있다. 軍主, 幢主, 花(化)主처럼 비슷한 시기에 主를 語尾로 삼은 관직은 있지만 관부는 전혀 사례가 없기 때문이다. 그 자체 특정 관부에 소속되지 않은 관직으로 해석하여도 전혀 무리하지가 않다.

시점은 아무리 늦추어 잡더라도 5세기 후반까지는 소급 가능하겠다. 이후 7세기에 접어들어 도사가 파견된 행정성촌이 현(縣)으로 개편되면서 거기에 파견된 지방장관의 명칭도 현령(縣令)으로 바뀌었다.

다만, 아직 바뀐 명확한 시점을 확정하기는 곤란한 형편이지만 여러모로 7세기 전반이나 중반 이후까지 내려가지 않음은 거의 확실시된다.[32] 그러므로 앞서 1차 목간의 하한을 통일기 무렵이라고 본 추정과도 대체로 부합한다. 그래서 흔히 1차 목간을 6세기 후반부터 7세기 전반 사이일 것으로 범위를 잠정 상정해 둘 수 있었다.[33]

그런데 1차 목간과는 다르게 2차 목간에서는 작성의 절대 연대를 한 결 더 구체적으로 추적해볼 단서가 엿보이므로 주목된다. 먼저 '보고목간(報告木簡)'으로 잠정 명명된 목간에 보이는 전중대등(典中大等)과 급벌참전(及伐漸(慚)典), '문인주공지길사(文人周公智吉士)' 등을 손꼽을 수 있다.

전중대등은 명칭상 전대등과 같은 것으로 여겨진다. 이는 전대등의 본래 명칭, 혹은 정식의 명칭이 전중대등이었음을 시사해 준다. 대등(大等)은 왕신(王臣)의 의미로서 특정한 직임(職任)을 맡은 관직이 아니라 귀족회의체의 구성원 일반을 지칭함은 널리 알려진 사실이다.[34] 전중대등의 '전중'은 그와 같은 대등의 직임을 한정시키는 기능을 하므로 맡은 구체적 역할을 보여주는 것이다. 그 가운데 '중'은 당시 '에'나 '의' 등의 처

---

32) 朱甫暾,「二城山城 출토의 목간과 道使」『慶北史學』9, 1990 ; 『금석문과 신라사』, 지식산업사, 2002.

33) 尹善泰, 앞의 글 ; 국립경주문화재연구소, 앞의 보고서.

34) 李基白,「大等考」『歷史學報』17 · 18, 1962 ; 『新羅政治社會史研究』 일조각, 1974. 다만, 품주가 곧 전대등이라는 견해는 따르지 않는다. 품주가 관부로는 보이지 않기 때문이다.

격조사(處格助詞)로서 널리 사용되었으므로 전중대등은 '전(典)에 소속한 대등', '전(典) 소속 대등'이란 의미로 풀이된다.

이럴 때 '전(典)'의 직무가 뚜렷하지 않으나 여하튼 관부를 뜻함은 분명하다. 전중대등은 엄밀히 말하면 전대등과 동일하더라도 그 원초적 형태에 해당하는 것으로 유추된다. 따라서 정식 관부인 집사부가 설치되기 이전 단순히 '전'이라 통칭한 어떤 관부가 존재하였으며, 이에 직속한 관직의 하나가 전중대등이었다고 할 수 있다. 전중대등이 곧 전대등이라면 당해 목간의 작성 범위는 한층 좁혀지는 셈이다. 줄잡아 진흥왕 26년(565) 이후 집사부가 설치된 651년 이전으로 한정할 수 있다. 이는 급벌참전을 통해서도 유추된다.

급벌참전은 마운령비에 보이는 급벌참전(及伐斬典) 바로 그것과 동일한 관부로 여겨진다. 명칭만으로는 기능이나 성격을 제대로 가늠하기 힘드나 진흥왕을 수가(隨駕)한 사실 자체나 '전(典)'이란 관부의 위상으로 미루어 국왕을 지근거리에서 보좌하는 근시기구(近侍機構)의 하나로 여겨진다. 왕궁인 월성의 해자 목간에서 보이는 점은 그런 추정을 보증해준다.

이후 『삼국사기』 직관지를 비롯한 어디에도 그와 유사한 명칭의 관부는 확인되지 않는다. 아마도 왕실 사무를 총괄하는 내성의 조직화가 진전되어 그 속에 완전히 용해되어버림으로써 이후 문헌상에서는 별다른 흔적을 남기지 않게 된 것으로 추측된다. 이 점 또한 목간의 작성 시점이 일단 7세기 중엽 이후로 결코 내려가지 않을 것임을 시사해주는 대목이다.

'보고목간'의 작성 시점을 좀 더 한정시키는 것이 '문인주공지길사'

이다. 이 인물은 당해 문서를 작성한 바로 그 사람이다. 문인이란 글자 그대로 문장을 지은 사람이겠는데, 지방민으로서는 서척(書尺), 문척(文尺), 서사인(書寫人) 등의 직명이 보이며, 561년의 「창녕비」에서는 왕경인으로서 비문의 작성자를 서인(書人)이라고 불렀다. 서인과의 차이는 잘 드러나지 않지만 문인이 지닌 이름과 연결지어보면 예사롭지 않게 느껴진다.

그의 이름을 주공지(周公智)라고 한 사실은 각별히 주목해볼 대상이다. 지(智)는 부지(夫智) 등과 함께 '종(宗, 으뜸)'의 뜻으로서 중고기 당시 인명의 말미에 붙여 널리 사용된 존칭 어미이다. 주공은 주(周)나라 문왕(文王)의 둘째 아들로서, 맏형 무왕(武王)의 자식이며 자신에게는 조카인 성왕(成王)을 적극 도와 예악(禮樂) 등의 지배질서 체계를 수립함으로써 주 왕조의 기틀을 닦아 뒷날 현인으로서 널리 숭앙받아온 인물이다. 바로 그와 같은 인물의 이름을 빌어다 지은 사실은 주공

'병오년(丙午年)' 목간(국립경주문화재연구소 제공)

지의 지향(사실상은 부모의 뜻이겠지만)이 어떠하였던가를 짐작케 하는 대목이다.

　단순히 문장을 작성하는 데에 머물지 않고 강한 유학적 실천 의식과 의지를 드러냄으로써 시대를 앞서간 인물로 풀이된다. 즉위 이후 한때 정도(正道)를 벗어난 정치를 행하던 진평왕을 대상으로 죽음을 맞으면서까지 간언한 김후직(金后稷)의 이름을[35] 선뜻 떠올리게 한다. 후직은 주나라의 전설적 시조로서 농업을 관장한 신이기도 하였다.[36] '주공지'는 적어도 이름으로만 추정하면 김후직과 지향을 함께 하였으며 밀접한 관련성을 지니고서 비슷한 시기에 활동한 인물이라 하여도 그리 어긋나지는 않을 듯하다.

　그와 같은 목간의 작성 연대 상한을 추정 가능하게 해주는 것이 주공지가 지닌 길사(吉士)란 관등이다. 길사는 17등급으로 이루어진 경위(京位) 가운데 제 14등으로서 계지(稽知), 길차(吉次)라고도 불렸다. 깃발이나 부대를 나타내는 당(幢)을 계지(稽知)라 한 것으로 미루어[37] 이 또한 길사의 이칭(異稱)이었던 것 같다.

　그런데 처음부터 표기가 길사로 일관한 것이 아니었다. 길사란 관등이 처음 등장하는 524년의 「울진봉평비(蔚珍鳳坪碑)」에서는 길지지(吉之智)라고 표기하였다. 그러다가 551년의 「명활산성작성비(明活山城作城碑)」와 568년의 「황초령비(黃草嶺碑)」와 「마운령비(磨雲嶺碑)」에서는 지

---

35) 『三國史記』45 列傳 金后稷傳.
36) 「황초령비」와 「마운령비」에 『書經』이 인용된 사실을 고려하면 당시 주나라의 人名이 원용된 사실도 그와 무관하지 않을 듯 싶다. 『서경』이 진흥왕대 이후 통치상 널리 애용된 사서임을 짐작케 한다.
37) 『三國史記』38 職官志 上.

(智)가 탈락함으로써 길지(吉支)로 불렸다.

그러다가 591년의 「남산신성비」 3비에 이르러서 처음으로 길사(吉士)라 하였으며 이후에는 계속 그처럼 불리었다. 길사는 길지지(吉支智)→길지(吉支)→길사(吉士)와 같이 표기상의 변화를 겪은 셈이다. 다만, 길사가 사용되기 시작한 시점을 일단 568년과 591년 사이로 특정할 수 있으므로 '보고목간'의 작성 시점도 일단 568년을 상한으로 그 이후라고 추정해도 무방하겠다.

이상과 같이 보면 일단 '보고목간'의 작성 시점은 6세기 후반 이후 통일 이전까지로 한결 더 좁혀진다. 그런데 2차 목간에서는 구체적 연대를 특정할 수 있는 단서가 보이므로 각별한 주목을 끈다. 특히 목간의 작성 연대뿐만 아니라 해자의 기능 변동과도 상관성이 엿보이는 귀중한 내용이 담겨져 있다. 이를 잠시 소개하면 다음과 같다.

C) ①功以受汳荷四煞功廿二以八十四人越蒜山走入蔥(파손)
   ② 受一伐〔代成〕年往留丙午年干支受
   ③ 二

이 목간은 '공(功)'과 같은 용어나 '22'와 '84'와 같은 인원수 등의 존재가 역역동원과 연관되므로 '역역문서(力役文書)' 목간으로 잠정 명명되었다. 내용상 앞과 뒤의 양면이 하나의 문서로서 이루어졌으며, 위의 C)는 그 중 뒷면이었을 공산이 크다. 앞면도 역시 3행으로 이루어져 있으나 거기에 고나촌(古拿村)이란 촌명을 비롯해 겨우 몇 글자만 확인될 뿐 판독이 거의 불가능한 상태이어서 문서의 전모를 제대로 파악하기 힘들다.

일단 이 목간에서 절대 연대를 판별할 수 있는 주요한 근거로서 병오(丙午)란 간지가 확인되는 점이 눈길을 끈다. 월성 해자에서 출토된 수십 점의 목간을 통틀어서 확인되는 유일한 연간지(年干支)의 사례이다. 병오가 가리키는 절대 연대는 앞서 제시한 몇몇 기준의 범위를 고려한다면 일단 586년과 644년의 둘 가운데 어느 하나로 추정할 수 있겠다. 양자 가운데 어느 쪽을 선택하게 하는 결정적 단서는 ②행의 끝부분에 보이는 간지(干支)란 관등의 표기 방식을 들 수 있다. 간지는 같은 행의 가장 앞부분에 보이는 일벌(一伐)이나 앞면(추정)에 보이는 고나촌을 염두에 두면 외위(外位)임은 의심의 여지가 없겠다.

그런데 지금까지 경위이건 외위이건 간군(干群) 관등의 말미에 따라붙는 '지(支)'가 561년의 창녕비를 기준 시점으로 해서 탈락하고 단지 모모'간(干)'으로 표기가 확정된다고 봄이 일반적 이해였다.[38] 이와 같은 논리의 연장선상에 서면 위의 목간 C)는 당연히 560년 이전으로 설정함이 온당하겠다. 사실 「창녕비」에만 국한해서 본다면 충분히 설득력을 갖춘 논리라고 할 수가 있다.

그래서 591년에 작성된 「남산신성비」에서 보이는 간군 외위(干群外位)는 어떠한 예외도 없이 모두 '지(支)'가 탈락하였으므로 그런 가설은 기왕에 널리 입증된 사실로 받아들여져 왔다. 그를 비판할 만한 여지가 있는 약간의 근거로서 578년 작성된 「대구무술오작비(大邱戊戌塢作碑)」에 '귀간지(貴干支)'가 확인되었으나[39] 그와 같은 일반론에 파묻혀버림

38) 武田幸男,「金石文資料からみた新羅官位制」『江上波夫教授古稀記念論文集 歷史篇』, 1977 참조.
39) 朱甫暾, 『新羅 地方統治體制의 整備過程과 村落』, 신서원, 1998, p.227 ; 하일식. 『신라 집권 관료제 연구』, 혜안, 2006, p.240.

으로써 별반 주목을 끌지 못하고 말았다.

사실 애초에 무조건 간군(干群)의 경위와 외위를 동일한 선상에 놓고 접근한 것은 문제점을 안고 있는 일이었다. 양자는 왕경인과 지방민 가운데 누가 작성한 것인지에 따라 차이가 났을 가능성이 크기 때문이다. 기왕에 그런 점을 전적으로 간과해버린 데에 약간의 문제점을 안고 있었던 것이다. 「창녕비」는 왕경인인 서인(書人)이 작성한 것이므로 어떤 예외도 보이지 않는다. 지방민인 문작인(文作人)이 작성한 「대구무술오작비」에는 간군 외위의 말미에 붙는 '지'를 일률적으로 탈락시키지 않고 기존 관행을 한동안 그대로 이었을 여지를 제공하는 유력한 근거이다.

그런 측면에서 지방민 대상의 간군 외위에 '지'가 따라붙는 기존의 관행이 간군 경위보다 약간 뒤에까지 탈락하지 않고 사용되었을 수 있다. 그러다가 중앙정부 차원에서 진행된 「남산신성비」 단계에 이르러서 외위의 '지' 탈락은 전혀 예외 없이 일괄 이루어진 것이었다. 이로 미루어 「남산신성비」 이전의 어느 시점에 간군 외위도 '지'가 모두 탈락하게 되었다고 할 수 있겠다.

이렇게 본다면 경위와는 달리 외위의 경우 '지'가 완전히 탈락한 시점을 「창녕비」의 561년보다는 약간 하향 조정할 여지가 생겨난다. 그렇지 않더라도 외위 '간(干)'을 '간지(干支)'라고 쓴 표기가 7세기까지 내려간 사례는 아직껏 알려진 바가 없으므로 '역역목간'의 작성 시점을 구체적으로 알려주는 병오년은 586년이라 단정해도 전혀 무리한 추정이 아니라 하겠다.

이상과 같이 '역역문서' 목간의 작성 시점을 586년으로 확정지어 무방하다면 월성 해자 출토의 목간 전체는 물론 해자의 기능 변화를 생각하는 데 대단히 중요한 근거가 된다. 다만, 해자 출토 목간 전부를 같은 시기의 일괄인지 아닌지는 판별하기 쉽지 않은 문제점이 뒤따른다.

그럼에도 통일 이후까지 늦추어볼 어떠한 근거도 목간 전체의 내용에서 찾아지지 않는다는 측면에서 일단 모두 약간의 시차만을 둔 비슷한 시기의 것으로 단정하여도 그리 크게 어긋나지는 않을 듯 싶다. 목간의 폐기 시점이 월성의 해자의 기능 변경과도 연결된 현상으로 보이기 때문이다. 그런 의미에서 바로 이 시점에 월성 해자에도 사실상 왕궁의 보호라는 본래의 기능상에 어떤 근본적 변화가 야기되었을 가능성이 상정된다. 그 점을 시사해주는 것이 바로 목간의 내용이다.

C)의 내용을 구체적으로 드러내는 데에 가장 핵심이 되는 대상은 ② 행의 '受一伐〔代成〕年往留丙午年干支受'이다. 이를 어떻게 판독하느냐에 따라 문서 목간의 내용에 대한 이해는 크게 달라진다. 일단 〔代成〕의 경우 필획(筆劃)이나 그 위치로 볼 때 〔戊戌〕로도 읽혀질 가능성이 없지 않다.[40] 그렇다면 ②행뿐만 아니라 C)는 물론이고 나아가 '역역문서' 목간 전체에 대한 이해까지 기본적으로 달라질 여지가 생겨난다. 여기서는 그에 대한 상세한 검토는 뒷날로 할애하고 일단 그럴 가능성만 지적해 두는 선에서 그친다.

위의 목간 자료 전반을 통해 드러나는 주요한 내용은 고나촌, 공(功), 일벌, 간지 등등의 용례로 미루어 병오년을 하나의 유력한 기준 시점으

---

40) 사실 필자는 처음 이 목간 사진을 처음 접하였을 때 '戊戌'로 읽었다. 그러다가 공동으로 판독하면서 내용상으로는 그럴 수도 있고 그렇게 해석되더라도 일단 보이는 그대로 읽는 것이 순리라고 판단하여 '代成'으로 잠정 판독하였다. 사실 금석문이나 목간의 경우 흔히 아무런 실수가 없이 완벽하다고 상정하고 접근하는 경향이 강하지만 종종 오자나 탈자도 확인된다. 따라서 그럴 만한 여지를 남겨두기 위해서도 잠정적으로 그렇게 판독해 두었다.

로 해서 전국적 규모의 역역동원이 이루어진 사실이다. '역역문서' 목간은 편린(片鱗)에 불과하기는 하나 그와 같은 실상 전반을 반영한다. 이로부터 5년 뒤인 591년 남산신성이 축조된 사실도 그런 추정을 보강해주거니와 전국적으로 역역을 동원한 토목건축 과업이 이미 왕궁을 중심으로 해서 먼저 이루어졌음이 확인되는 것이다.

월성의 토목건축 공사가 전국적인 역역동원으로 이루어졌다면 곧 왕궁 내부가 일차적 대상으로 되었을 것임이 분명하다. 그러한 왕궁 대상의 대규모 토목건축이라면 앞서 언급하였듯이 이 시기에 신설된 관부와 함께 왕실 업무를 전담하기 위해 진행된 전면적 체제 개편과도 무관하지 않았을 것 같다. 아마도 그런 과정에서 월성 해자도 예외 없이 근본적 변화를 겪었을 터였다. 어쩌면 월성의 보호와 안팎의 구획이란 해자의 본래적 기능이 완전히 해소된 것도 바로 이 시점이었을 공산이 커진다.

이때 관아 건물과 함께 왕궁도 전면적인 변모를 거쳤을 듯하다. 만약 〔代成〕을 무술(戊戌)로 판독할 수 있다면 578년으로 볼 수밖에 없게 되며, 따라서 이는 진평왕대가 아닌 직전의 진지왕대에 해당한다. 그렇다면 왕궁과 그 주변, 나아가 왕경 전반에 대한 공사의 기획은 진지왕대부터 이미 이루어진 셈이 되므로 새로이 이해해볼 여지가 뒤따른다. 그럴 때 당대 사정 전반은 깊이 재음미되어야 할 대상이다.

하여튼 왕궁을 비롯한 주변의 경관이 대체로 6세기 말 무렵 바뀌었다면 591년 남산신성의 축조도 이와 연계하여 이해함이 적절하겠다. 왕궁의 변화는 곧 왕경의 방어체계 전반의 변동을 유발하였고 그 연장선상에서 남산신성의 축조가 이루어진 것이었다. 그러므로 남산신성은 왕경의 전면적 재편이라는 기획 아래 진행된 일이었다고 볼 수 있다. 남산신성을 굳이 '신성'이라 명명한 것 자체가 예사로워 보이지가 않는다.[41] 아마도 그런 맥락에서 왕성도 역시 '신성'(남산신성과 연결해서), 왕궁을 '신궁(新宮)'이라고 불렀을 가능성도 엿보인다. 이후 왕실의 석가족 신앙이나 이에 토대한 성골 관념의 출현, 내성의 설치 등은 그와 같은 혁신적 시책을 배경으로 해서 진행된 일이었다.

5. 나오면서

4세기 중엽 신라국가가 출범한 이후부터 멸망에 이를 때까지 월성은 줄곧 왕궁으로 기능하였다. 국가의 중대사가 결정, 집행되는 정치적 공간으로서의 왕궁은 언제나 왕경의 상징으로 중심부에 위치하며 자연히 이와 연동해서 운영될 수밖에 없었다.

신라는 단 한 차례도 천도를 단행한 적이 없었는 데에 국가 운영상의 주요 특징으로 지적된다. 이로 말미암아 왕궁도 언제나 한정적 범위 내에서 운영의 묘(妙)를 찾아야만 하였다. 그런 측면에서 왕경과 마찬가지로 왕궁도 독특한 면모를 지닐 수밖에 없었다. 대외적으로 위기 상황이 한창 고조되었을 때 왕경의 방비체계를 갖추면서 동시에 왕궁 수비 대책을 마련하기도 하고 때로는 주변의 산성을 피난처로 삼아 옮기기도 하였다.

그러나 지배체제가 새로워지자 왕궁의 공간이 상대적으로 너무 좁은 것이 활용상 명백한 한계로 작용하기 시작하였다. 그 까닭으로 왕궁을 늘 월성에만 국한하는 것은 여러모로 문제가 뒤따를 수밖에 없었다. 7세

---

41) 朱甫暾, 앞의 책, p.268.

기 말 왕경을 한 차례 옮기려고 시도한 데에는 왕궁의 협소함도 작용하였을 터였다. 이미 6세기 중엽 같은 왕경의 내에서라도 신궁(新宮)을 지어 옮겨감으로써 문제점을 최소화해보려 한 적이 있으나 이마저 실행으로 옮기지 못하였다. 따라서 동일한 왕경 안에서 왕궁 운용의 방안을 여러 방식으로 모색함으로써 신라 왕궁은 독특한 모습을 띠게 된 것이라 하겠다.

그와 같은 왕궁의 변천상을 품고 있는 것 가운데 하나로서 이를 둘러싼 해자를 손꼽을 수 있다. 지금까지 월성의 발굴을 통해 확연히 드러난 바와 같이 해자는 동일한 모습으로 시종(始終)한 것이 아니라 자연 해자, 연못형 해자, 석축 해자와 같은 형식으로 모양과 구조가 몇 번에 걸쳐 변모하였다. 이런 양상은 곧 해자의 성격이나 기능 또한 바뀌었음을 뜻한다. 해자의 변모는 동시에 왕궁 자체의 규모나 성격까지 변천하였음을 반영한다. 그런 측면은 문헌상으로도 확인되지만 해자에서 출토된 수십 점의 목간 자료가 여실히 입증해준다.

출토 목간을 사료로서 활용하는 데에는 무엇보다도 먼저 작성의 연대가 확실히 드러나야 한다. 그렇지만 1980년대 중반 월성 해자에서 출토된 수십 점의 목간에는 그를 직접 확정지을 만한 단서가 없어 명백한 한계를 지녔다. 그런데 2016년 발굴된 목간에는 작성의 절대 연대를 구명할 수 있는 단서인 연간지(年干支)가 보여 주목을 끈다.

출토 목간 모두를 같은 시기의 것으로 단정할 만한 결정적 근거는 없지만 대체로 7세기 중엽 이전이라는 점에서 작성 시기가 대체로 비슷하다 하여도 무리하지는 않을 듯하다. 이른바 역역목간과 마찬가지로 6세기 말엽의 것으로 보인다. 그렇다면 해자가 용도 폐기된 시점도 바로 이때라 하여도 무방할 듯 싶다.

 목간이 작성된 시점인 6세기 말 진평왕대에는 관부 확충이 전반적으로 추진되고 그와 함께 여러모로 개혁적 시책이 단행되었다. 591년의 남산산성의 축도 등이 그와 밀접히 관련된다고 여겨진다. 월성 해자 출토 목간은 수량도 적고 또 비록 단편적이기는 하나 그런 실상을 추적하는 데에 적지 않은 시사점을 던지는 내용이 엿보인다. 장차 출토 목간 전체를 대상으로 삼은 전면적인 검토를 통한 연구의 전척이 기대된다.

(『목간과 문자』20, 2018)

4
신라 금입택(金入宅)과
재매정택(財買井宅)

1. 들어가면서

신라사의 전개 과정에서 명멸(明滅)한 숱한 군상(群像)들 가운데 가장 치열하고 극적인 삶을 산 인물로서 김유신(金庾信)을 첫머리에 올리는데 주저할 사람은 별로 없을 듯 싶다. 그는 6세기 초 신라에게 멸망당한 금관가야 왕족의 후예로서 비록 최고의 신분인 진골로 편입되기는 하였지만 바깥으로부터 들어온 이질분자(異質分子)로 낙인이 찍혔던 까닭에 배타성이 강한 왕경 귀족들로부터 끊임없는 질시와 견제를 받았다.[1]

그의 할아버지 김무력(金武力) 때부터 혁혁한 군공을 세워 군사 방면에서 크게 두각을 나타내었음에도 불구하고 이후 그런 사정이 원천적으로 해소되지 않았다. 이로 말미암아 김유신 집안에서는 평소 신라의 지배질서나 체제를 부정적으로 여길 수밖에 없는 입장이었다. 그래서 김

---

1) 그의 아버지 金舒玄이 진흥왕의 동생인 肅訖宗의 딸 萬明과 혼인하려 하였을 때 제지당하였다거나 그의 둘째 여동생 文姬와 金春秋 사이의 비정상적 혼인에서도 그런 측면이 유추된다.

유신은 그를 대체할 만한 새로운 지배질서의 수립을 꿈꾸어 갔다. 오로지 그 길만이 자신이 처한 현실의 한계를 뛰어넘을 수 있는 최선의 방안이라 여겼기 때문이다. 김유신 당대에 이르러서 그와 같은 희망은 어느 정도 구체화되기에 이르렀다. 김춘추(金春秋)라는 뜻을 영원히 함께할 수 있는 특출한 동지를 만났기 때문이다.

김춘추도 김유신과 비슷한 처지여서 매우 유사한 생각을 갖고 있었다. 그는 마침내 즉위하게 되기는 하였지만 그것이 결코 순탄한 과정을 밟아 이루어진 일이 아니었다. 진흥왕(眞興王, 540-576)의 아들인 진지왕(眞智王, 576-579)이 바로 그의 할아버지였으므로 겉으로 드러난 혈통만으로 보면 누구에게도 뒤지지 않을 제일급의 전통 귀족 출신자였음이 분명하다.

그러나 진지왕이 실정(失政)을 저질러 귀족들에 의해 폐위 당함으로써[2] 그의 직계비속(直系卑屬)들은 정당한 왕위 계승권에서 멀어진 상태였다. 게다가 그의 아버지 용춘(龍春)의 경우 출생에서 어떤 문제를 안고 있었으므로[3] 더욱 더 그러하였다. 이로 말미암아 김춘추도 진골귀족들로부터 자연히 견제의 대상이 된 비주류였다. 그런 까닭에 신라사회가 심각한 모순을 안고 있다고 여겨 이를 타개하기 위한 방안을 줄곧 모색해 가던 중이었다.

이처럼 동병상련의 두 사람 및 그들의 집안은 자연스럽게 접근해 가

---

2) 『삼국유사』1 紀異篇1 「桃花女鼻荊郎」條.

3) 『삼국유사』1 기이편1 「桃花女鼻荊郎」條에는 사망한 진지왕의 혼이 寡守가 된 도화녀와 관계하여 鼻荊을 낳았다고 한다. 이 비형이란 인물이 흔히 龍春의 출생을 상징적으로 나타내는 존재라고 여기고 있다(朴淳敎, 「金春秋의 執權過程 硏究」, 경북대박사학위논문, 1999, pp.52-54 ; 金基興, 「桃花女 · 鼻荊郎 설화의 역사적 진실」『韓國史論』41 · 42, 1999, p.154). 이에 따른다면 용춘은 진지왕의 私生兒이며 遺腹子였던 셈이다.

까워졌고, 그 결과 돈독한 관계를 맺어 유지하였다. 두 집안은 마침내 중첩적 혼인까지 갖게 됨으로써 더욱 더 긴밀해져 갔다. 그들은 의기투합해 신라사회를 자신들이 꿈꾸어오던 모습으로 일구어내기 위해 오래도록 꾸준하게 실력을 쌓아갔다. 그 결과 상당한 곡절을 겪으면서도 마침내 정권을 장악하는 데에 성공하였던 것이다.

두 사람은 합심해서 드디어 삼국통일까지 달성함으로써 처음 설정한 꿈을 어느 정도 이룰 수 있는 기반을 마련한 셈이 되었다. 그들이 희구한 것은 당시로서는 새로운 정치이념이라 할 유학에 입각한 명실상부한 왕도정치의 구현이었다.[4] 그래서 김춘추의 즉위를 기준으로 삼아 이전과 이후 사이를 하나의 획기(劃期)로서 설정할 수 있게 되었다. 그것이 『삼국사기』에 따라 상대(上代, 서기전 57-서기 654)와 중대(中代, 654-780), 혹은 『삼국유사』에 따라 중고(中古, 514-654)와 하고(下古, 654-935)의 사이를, 또는 신라와 통일신라로 가르는 기준의 하나가 되기도 하였다.

김유신은 통일에의 길을 턴 가장 두드러진 주역으로서 생시에는 물론 사후에도 신라를 지켜주는 호국(護國)의 신으로서 국가적 차원의 영원한 숭앙(崇仰) 대상이 된 인물이었다. 그의 집안은 중대 왕실의 외가(外家)이기도 하였으므로 그 후예들은 자연히 한동안 그에 어울리는 적절한 대우를 받았다. 그들은 그런 여세를 몰아 집안을 현창하는 사업으로서 금관국 성립 과정을 다룬 『개황록(開皇錄, 開皇曆)』이란 역사서를 편찬하기도 하였다. 이는 금관국을 황실을 인식한 데서 나온 것이었다.[5]

---

4) 주보돈, 「金庾信의 정치지향-연구의 활성화를 기대하며-」『신라사학보』11, 2007 및 「김춘추의 정치지향과 유학」『국왕, 의례, 정치』(문화로 본 한국사4), 태학사, 2009 참조.
5) 주보돈, 「가야사 인식과 사료문제」『한국 고대사와 고고학』 학연문화사, 2000, p.928.

그러나 통일의 열기가 차츰 식어가고 그와 같은 기운도 미약해짐으로써 김유신의 후예들은 상당한 곡절을 겪기도 하였다. 김유신 집안이 신라사의 전개 과정에서 마냥 순풍을 탄 모양새로 이어지지는 않았다. 때로는 신라의 전통적 귀족들에 의해 원상태로 되돌아간 듯이 질시와 견제의 대상이 되고 압력과 핍박을 받기도 하였다. 그로 말미암아 후예들 중 일부는 모반사건에 가담하기도[6] 한 사례까지 생겨났다.

그처럼 숱한 우여곡절을 겪으면서도 그의 집안은 신라 말기까지 완전하게 몰락하지는 않고 일정 정도의 명맥을 유지해 나갈 수 있었다. 흥덕왕대에 흥무대왕(興武大王)으로 추봉된 사실은[7] 그를 여실히 입증해 준다. 이는 삼국통일을 이룬 원훈으로서 김유신이 지녔던 명망(名望)과 함께 그를 지탱케 한 경제적 기반이 일정 정도 유지되고 있었기에 가능한 일이었다. 김유신 집안의 경제적 기반을 입증해 주는 증거는 흔히 신라 말기의 모습을 담은 것으로 간주된[8] 35금입택(金入宅)의 하나로서 등장하는 재매정택(財買井宅)의 존재이다.

재매정택은 김유신 집안의 종택(宗宅)으로 추정되고 있다. 재매정택이 보유한 재화는 곧 신라 말까지 김유신 집안이 숱한 정치적 위기와 굴곡을 겪으면서도 끝까지 유력한 가문의 하나로서 버틸 수 있게 한 기본 동력이었다. 여기서는 그 점에 유의하면서 재매정택과 관련한 몇몇 의문스런 문제를 간략히 짚어 보고자 한다.

---

6) 이기백, 「신라 惠恭王代의 정치적 變革」『신라정치사회사연구』 일조각, 1974.

7) 『삼국사기』 43 열전 김유신전 下. 한편, 『삼국유사』1 기이편1 「金庾信」條에서는 景明王대(917-924)의 일로 기록하였으나 따르지 않는다. 다만, 여기에는 신라 말기의 어지러운 상황 속에서 금관국계를 회유하려 하였다는 측면에서 나름의 의미가 깃들어 있는 것으로 진단한다.

8) 이기동, 「신라 금입택고」『신라 골품제사회와 화랑도』 한국연구원, 1980.

2. 금입택 자료의 음미

『삼국유사』1 기이(紀異)편1 「진한(辰韓)」조에는 특이하게도 신라 전성기 왕경의 모습 대강으로서 구조와 호수 및 인구수를 알려주는 다음과 같은 주목할 만한 기사가 실려 있다.

A)신라 전성기 때 서울에는 178,936호(戶) 1360방(坊) 55리(里) 35금입택(富潤大宅을 이른다)이 있었다. 남택(南宅) 북택(北宅) 오비소택(亏比所宅) 본피택(本彼宅) 양택(梁宅) 지상택(池上宅, 本彼部) 재매정택(財買井宅, 庾信公의 祖宗) 북유택(北維宅) 남유택(南維宅, 反香寺下坊) 대택(隊宅) 빈지택(賓支宅, 反香寺北) 장사택(長沙宅) 상앵택(上櫻宅) 하앵택(下櫻宅) 수망택(水望宅) 천택(泉宅) 양상택(楊上宅, 梁南) 한기택(漢岐宅, 法流寺南) 비혈택(鼻穴宅, 上同) 판적택(板積宅, 芬皇寺上坊) 별교택(別敎宅, 川北) 아남택(衙南宅) 김양종택(金楊宗宅, 梁官寺南) 곡수택(曲水宅, 川北) 류야택(柳也宅) 사하택(寺下宅) 사량택(沙梁宅) 정상택(井上宅) 리남택(里南宅, 亏所宅) 사내곡택(思內曲宅) 지택(池宅) 사상택(寺上宅, 大宿宅) 임상택(林上宅, 靑龍之寺 東方有池) 교남택(橋南宅) 항질택(巷叱宅, 本彼部) 루상택(樓上宅) 리상택(里上宅) 명남택(楡南宅) 정하택(井下宅)

첫 머리에 막연히 '신라의 전성기'라고만 하였을 뿐 시점을 명시하지 않아 전체 기사가 보여주는 대략의 시기를 가늠하기는 곤란하다. 다만,

뒤이어지는 「우사절유택(又四節遊宅」조에[9] 보이는 49대 헌강왕대(憲康王代, 875-886)란 기록과 연결하여 이것도 같은 때일 것으로 추정함이 일반적이다.[10] 일단 별다른 결정적 근거가 없는 한 위의 기사가 보여주는 모습을 신라 말기로 간주하여도 그리 크게 어긋나지는 않으리라 여겨진다. 그렇지만 좀 더 면밀하게 들여다보면 무조건 그때의 일로 쉽게 단정해버리는 데는 약간 주저되는 바가 있다.

위의 내용이 당시의 실상을 얼마나 명확하게 전해주는 것인가를 둘러싸고 크게 논란되고 있다. 신라 왕경의 호구를 17만 8천이라고 한 점이 중점적 논의의 대상이 되었다. 이를 액면 그대로 받아들이면 당시 왕경의 인구수는 줄잡아 거의 1백만에 육박한다. 당시 경주분지 전반의 형편을 고려할 때 과연 그 정도의 인구를 수용할 만한 공간과 주거 환경이 갖추어져 있었을까 하는 점에 대해서는 자못 의문스러운 측면이 엿보인다.

이로 말미암아 17만 8천이란 수치를 호구수가 아니라 인구수(人口數)의 잘못일 것이라는 견해로부터, 단지 실제 왕경 거주지와는 상관없이 호적에 올라가 있는 편적(編籍)상의 수치일 뿐이라는 견해에[11] 이르기까지 다양한 해석들이 제기된 상태이다. 이처럼 위의 기사에는 약간의 착란으로 불안정한 요소를 내재하고 있음은 분명하다고 하겠다.

그와 관련해 신라 말기의 사정을 전하면서 하필이면 「진한」조에 들어가 있는 점도 매우 의아스럽게 여겨지는 대목이다. 진한이라면 그 자

---

9) 현존의 『삼국유사』에서는 이 항목을 독립된 것으로 내세워져 있으나 내용상으로 보면 진한조에 이어져 있던 것이 板刻 과정에서 그처럼 잘못 처리된 것으로 보인다.

10) 이기동, 앞의 글.

11) 하일식, 「신라 왕경인의 지방 이주와 編籍地」『신라문화』38, 2011.

체는 신라가 아니라 그 모태인 사로국을 맹주로 한 연맹체(혹은 국가연합체)임은 다 아는 바와 같다. 엄밀하게는 신라 전성기 왕경의 실상을 묘사하면서도 구태여 그 출발기라고 할 수 있는 「진한」조에다 넣은 것은 아무래도 이상스럽게 느껴진다. 『삼국유사』의 찬자인 일연(一然)의 의도를 잠시 참작해 약간 과감하게 추정해 본다면 거기에 담긴 내용은 일거에 성립한 것이 아니며 오랜 기간을 거쳤는데 그 시원적 뿌리가 진한에까지 소급될 수 있다고 생각한 데서 비롯하지 않았을까 싶다.

35금입택에 포함된 집안은 진한 시절부터 출현하기 시작해 오랜 과정을 거쳐 신라 말기에 최종적으로 도달한 결과의 전체 모습을 종합해서 그려놓는다는 뜻에서 굳이 출발기라 할 「진한」조에다 의도적으로 배치한 것으로 여겨진다. 그런 입장에 선다면 위의 사료에 보이는 35금입택 자체는 비록 말기의 사정을 총체적으로 정리한 것이기는 하더라도 그것이 진한 시기 이후 신라 말기에 이르기까지 오랜 기간에 걸쳐서 성립한 것이라는 의미가 담긴 내용으로 풀이된다.

그와 같은 입장에 서면 35금입택이지만 실제로 열거된 수치를 헤아리면 39개에 이르는 점도 어느 정도 합리적 이해가 가능해진다. 금입택의 수치가 어느 특정 시점에 35개로 거의 고정되다시피 하였는데 이때부터 그것이 마치 하나의 관용구(慣用句)처럼 굳어지기에 이르렀다. 그러다가 그 뒤 4개가 더 늘어나 39개로 되었음에도 불구하고 기존 관례대로 35금입택이라고 불렸다고 추정해볼 수 있는 것이다.[12]

이로 보면 39개 가운데 4개를 제외한 35개의 금입택이 실제로 성립

---

12) 35금입택은 수치상 35리의 존재와도 무관하지 않았을 듯하다.

한 것은 신라 말기가 아니라 그보다 훨씬 앞선다고 간주해도 무방하겠다. 이후 4개가 더 늘어났음에도 명칭은 그대로 35금입택이라 통칭될 정도로 굳어졌던 것으로 보인다.

그렇다면 사료 A)의 첫머리에 보이는 '신라 전성기'란 표현을 기왕처럼 무작정 헌강왕대로 단정하기보다는 약간 달리 해석해 볼 여지가 생겨난다. 사실 신라사의 흐름 전반을 제대로 간파하고 있었던 일연이 말기에 해당하는 헌강왕대를 신라의 전성기로 인식한 자체는 이해하기 곤란하다. 같은 문장의 첫머리에다가 헌강왕대라고 특정한 시점을 굳이 명시하지 않고 막연하게 '신라 전성기'라 규정하면서 하필 이어지는 「우사절유택」조의 말미에다가 그처럼 헌강왕대라 덧붙인 것은 바로 앞의 내용이 차라리 그때가 아님을 강하게 의식한 데서 나온 서술 기법으로 보인다. 그렇다면 35금입택이 성립한 시점은 글자 그대로 신라의 전성기의 일로 이해해야 함이 적절할 듯 싶다.

그럴 때 전성기라면 일반적인 이해대로 아무래도 8세기의 중대 무렵이라 봄이 올바른 진단이라 하겠다. 다만, 거기에 4개가 더해져 39개로 늘어난 사실은 그 이후 하대(下代, 780-935)에 들어와 진행된 변동의 결과라 풀이해도 좋을 듯 싶다. 하대에 그처럼 늘어난 데에는 이후 진행된 정치사회적 변동 양상이 깊숙이 반영되어 있다.

여하튼 헌강왕대에 이르기까지 금입택 전체 수치는 39개로 정리되었다. 그렇지만 그 이전에도 35 금입택의 구성 자체까지 전혀 불변(不變)이었다고 단정하기는 어렵다. 중대 말 혜공왕대에 일어난 이른바 96각간의 난을 시발로 해서 내부의 모반과 반란이 무척 잦았는데, 이런 정치적 혼동상을 거치면서 몰락하거나 아니면 새롭게 부상한 집안도 당연히 들어있었을 터이기 때문이다. 따라서 35금입택이란 용어 자체는 이미 그 이전에 고착된 상태였지만 구성 세력에서는 이후 적지 않게 부침을 거듭하였다고 봄이 온당한 이해라 하겠다.

이상과 같이 오랜 과정을 겪으면서 일단 금입택이 35개로 정리된 시점은 여러모로 신라가 최고 전성기에 도달한 8세기 중엽 무렵으로 봄이 적절할 듯하다. 그를 부분적이나마 방증하는 사례는 금입택 가운데 하나로서 리상택(里上宅)이 경덕왕대에 확인되는[13] 점이다. 이후 리상택은 말기까지 금입택의 위상을 이어갔다.

실제로 나말에 존재한 39개 가운데 어느 것이 먼저 성립되었고 어느 것이 나중에 나온 것인지는 판별하기가 곤란하다. 다만, 이미 지적되고 있는 것처럼[14] 김양종택의 김양종이 헌덕왕(憲德王) 2년(810)부터 3년 (811)에 걸쳐 집사부의 시중(侍中)을 역임한 양종(亮宗)과 동일한 인물이라면 이는 하대에 들어와 뒤늦게 금입택 중의 하나로서 헤아려졌을 가능성이 제기될 수 있다. 하대에 이르러서도 새로운 금입택이 계속 추가되었음을 보여주는 사례이기도 하다.

금입택은 글자 그대로 금(金)이 들어가는 집이란 뜻일 터이다. 이때의 금이란 단지 황금에만 국한되지 않고 그를 주축으로 한 재화 일체를 총칭한 표현이겠다. 그래서 일연도 굳이 거기에 협주를 달아서 '부윤대택(富潤大宅)'이라는 나름의 해석을 덧붙였다. 실제로 금입택들은 엄청난 부를 보유하였으면서 상당한 규모의 외양을 갖춘 대저택을 가리키는 표현이었다. 문무왕 14년(675) 왕궁 내에다 만든 화려한 연못(흔히 月池로 추

---

13) 『삼국유사』3 塔像篇 「皇龍寺鐘 芬皇寺藥師 鳳德寺鐘」조.
14) 이기동, 앞의 글.

정함)을[15] 하나의 전범으로 삼아 이후 유력한 귀족들은 저택을 지으면서 마치 유행처럼 대소 규모의 인공 연못까지 조성하였다.

지금껏 경주분지 일대에서 행해진 발굴을 통해[16] 금입택으로 비정할 만한 단서를 확보한 몇몇 건물지는 그런 양상을 뚜렷이 입증해 준다. 금입택을 유지해 가던 사람들의 생활상이나 그들의 경제적 기반의 실태는 소략하나만 다음의 기록에서도 짐작된다.

> B) 재상가에는 봉록이 끊어지지 않았다. 노동(奴僮)은 3천명, 갑병과 소 말 돼지도 그만큼이었다. 바다 속의 섬에 놓아서 길렀는데 먹으려 하면 쏘아서 잡았다. 남에게 곡식을 빌려주고 이자를 받았는데 채우지 못하면 고용해 노비로 삼았다. 왕성(王姓)은 김이고 귀인(貴人)의 성은 박(朴)인데 일반민들은 씨(氏)가 없고 이름뿐이었다.(『당서』220 열전 신라조)

이 기사의 재상가가 반드시 글자 그대로 현실의 재상이란[17] 특정 관직을 보유한 집안이란 뜻이 아니라 그를 배출할 만한 자격과 능력을 갖춘 지배귀족 일반을 가리키는 중국식의 표현이라 봄이 올바를 듯 싶다. 재상가도 규모에 따라 물론 현저한 차이가 났겠지만 그들은 대체로 노예를 3천명쯤 보유하였고 평소 재부(財富)를 지키기 위해 독자적 무장 병력까지 거느리는 수준이었다.

---

15) 『삼국사기』7 신라본기 문무왕 14년조.

16) 영남문화재연구원, 『경주 용강동 원지유적』 2001. 이후 여러 곳에서 발굴된 건물지 내부에서 원지가 확인되었다.

17) 신라의 재상에 대해서는 木村誠, 「新羅の宰相制度」『人文學報』108·109, 1976·1977 참조.

그들이 부를 축적한 방법으로는 관료로 복무하는 대가로서 받는 녹읍, 녹봉, 토지를 비롯하여 조상 대대로 물려받은 식읍(食邑), 그리고 고리대와 같은 이식(利息) 행위 등을 손꼽을 수 있다. 그밖에 대외 무역 등의 상업이나 생산 활동도 축재 행위에 속하였다. 소수의 유력 귀족들에게 엄청난 재부가 집중될 수밖에 없는 구조였다.

　　그렇게 그려진 재상가의 모습은 앞서 언급한 금입택의 실상을 자연스레 연상시킨다. 위의 기사는 대체로 혜공왕대 초 당나라 사신 귀숭경(歸崇敬)의 일원으로서 신라에 왔다가 돌아간 고음(顧愔)이 작성해 중앙 정부에 제출한 복명서인 「신라국기(新羅國記)」에 근거하였으리라[18] 추정되고 있다. 따라서 8세기 중엽 신라의 실태를 직접 보고서 묘사한 내용이므로 신빙도가 매우 높은 기록이라 할 수 있다. 그 내용은 실로 금입택의 경제적 기반에 잘 들어맞는다. 매우 화려하였을 금입택 자체의 외관(外觀)에 대한 대강은 아래의 사료로부터도 유추된다.

　　C) 진골은 방의 길이와 너비가 24척(尺)을 넘지 않으며 당와(唐瓦)로 덮지는 못한다. 높은 처마를 만들지 못하고 고기를 조각하여 매달지 못한다. 금은 놋쇠의 다섯 색깔로 장식하지 못하고 계단석을 다듬되 3층 계단을 두지 못한다. 담장은 들보와 마룻대를 시설하지 못하며 석회를 바르지 못한다. 발의 테두리는 여러 비단과 수놓은 비단을 금했고 병풍에도 수를 놓지 못하도록 하였다. 상은 대모(玳瑁)와 침향(沈香)으로 꾸미지 못한다.(『삼국사기』33 잡지 옥사조)

---

18) 岡田英弘, 「新羅國記と大中遺事について」『朝鮮學報』2, 1951 참조.

이 기사에 의하면 최상층 신분인 진골귀족조차도 집의 규모와 꾸미는 내용의 범위에서 크게 제약을 받고 있었음이 드러난다. 집의 외형만이 아니라 내부의 장식이나 생활상까지도 금령에 의한 규제를 받았다. 가령 발(簾)의 가장자리에는 금계수(錦罽繡)나 야초라(野草羅) 같은 고급의 비단을 사용하지 못하게 하였으며 병풍에는 수를 놓지 못하고 침상은 대모나 침향과 같은 외래품으로 장식하지 못하는 제약을 받았다. 위의 기사는 진골귀족의 가옥 크기와 안팎의 장식과 생황상 등 기본적 규제의 대강을 그려놓은 내용이다.

그런 조치는 흥덕왕(興德王) 9년(834) 귀족들이 전반적으로 일상생활에서 극단의 호화 사치를 추구해 절정에 이른 나머지 강력하게 제어하지 않으면 안 되는 지경인 까닭에 마련한 법령 가운데 한 조목이다. 이때 모든 신분층들이 대상이었는데, 위의 기사는 그 중 진골귀족과 관련된 내용의 일부이다.

이 금령이 당시 온전히 실행될 수 있을 정도로 신라 정치사회는 그리 안정적이지 않았다. 그럼에도 그와 같은 법령의 반포를 통해 형식적으로나마 통제하는 시늉을 하지 않으면 안 될 정도의 우려스런 수준에 다다른 데서 내려진 일종의 궁여지책이었을 따름이다. 따라서 어느 정도 경제력을 보유한 일반 진골귀족의 집은 현실적으로는 그런 수준을 훨씬 뛰어넘었음을 반영한다.

그들 가운데서도 특히 가장 부유한 진골귀족의 초호화 저택인 금입택은 상상을 초월할 정도였다고 추정할 수 있겠다. 금입택이란 명칭은 그런 분위기에서 나온 것이었다. 그처럼 부의 극심한 편중 현상은 신라가 벌써 말기적 증상을 드러내고 있었음을 암시한다.

용강동원지(하일식 제공)

그런 모습의 금입택 가운데 하나로 설정되어 있는 재매정택(財買井宅)이란 택호가 눈에 들어온다. 거기에는 김유신의 종택이라는 단서가 달려 있어서 더 각별하게 눈길을 끈다. 아래에서는 장(章)을 달리해 그것이 어떤 과정을 밟아 어떤 배경으로 재매정이라 불리게 되었는지를 살펴보도록 하겠다.

3. 재매정택과 재매정

진한을 구성한 여러 정치세력 가운데 하나인 사로국이 동료국가들을 병합하면서 신라국가로 전환하고 이후 발전을 거듭함으로써 마침내 삼국을 통합하기에 이르거니와 그 사이에 무수한 지배세력이 끊임없는 부침을 겪었다. 그런 가운데 가계 분화가 이루어지고 마침내 8세기 무렵 살아남은 유력한 집안으로서 일단의 정리를 본 것이 35금입택이었다. 35개가 마치 고유명사처럼 함께 묶여져 불린 것은 그들 모두가 특정 시점의 동시적 존재였음을 의미한다.

그들 대부분은 어쩌면 재매정택처럼 특정한 대소 가계(家系)를 대표하는 종가였을 가능성이 크다. 5세기 무렵부터 신라에서 가계 분화 현상이 점차적으로 진행되어 이후 6세기 초 이른바 부체제적(部體制的) 질서가 해체되면서[19] 더욱 본격화되었다. 이로써 법흥왕대에 출현하는 골품제라는 신분질서의 골간이 마련된 것이었다.

이후 전공(戰功)이나 정치력을 통해 승승장구함으로써 기반을 계속 이어간 가문들의 경우 때때로 분가(分家)를 겪기도 하였으므로 금입택 하나하나가 반드시 원래부터 종가였다고 단정하기는 어렵다. 뒷날 9세기에 이르러 금입택의 하나로서 칭해진 김양종택의 사례는 그런 실상을 뚜렷이 반영한다.

김양종은 어느 유력 가문으로부터 분가해나간 방계로서 9세기에 두드러지게 부상한 것으로 보인다. 그들 가운데에는 신라가 정복전쟁을 통해 확보한 지역 출신의 유력자로서 새로 편입되거나 이후 정치적·경제적으로 부상한 집안도 당연히 들어가 있었을 것이다. 이를테면 김유신가의 경우를 그런 사례의 대표로서 손꼽을 수 있다. 그런 의미에서 금입택의 밑바닥에는 신라사의 전개 과정에서 겪었을 법한 숱한 이야기가 깔린 셈이다.

---

19) 주보돈, 「삼국시대의 귀족과 신분제-신라를 중심으로」『한국사회발전사론』, 일조각, 1992.

그런데 이들 금입택이 당시의 정황으로 보아 거의 모두 가장 유력한 진골귀족이었음에는 의심의 여지가 없다. 물론 8세기에 오랜 관료생활을 마무리하고 은퇴한 뒤 사재(私財)를 털어 왕경 변두리에 감산사(甘山寺)를 짓고서 상당한 규모의 불상을 조영한 김지성(金志誠, 金志全)처럼 6두품 출신자로서 엄청난 부를 축적한 경우도 없지는 않았다.[20] 하지만 진골귀족을 중핵으로 해서 운영된 신라사회에서 그들이 잠시 동안 막대한 부를 축적, 보유할 수 있었을지 몰라도 이를 항구적으로 유지해 나가서 금입택의 하나로까지 거명될 수준에 이르기는 무척 힘들었을 것이다. 6두품 출신으로서 오를 수 있는 가장 고위직인 집사시랑(執事侍郎)을 역임한 김지성이 늘그막에 분수 넘칠 정도의 거금을 들여 대대적으로 불사를 일으킨 것은 차라리 예외적인 현상으로 여겨진다. 따라서 일단 금입택은 거의 진골귀족의 저택을 가리킨다고 봄이 무난하겠다.

그런데 39개에 달하는 금입택을 점검하면 그 명칭은 한결같은 기준을 갖고 붙여진 것이 아님이 확인되는데, 이는 눈여겨 볼 만한 매우 흥미로운 현상이다. 일관된 몇몇 뚜렷한 기준을 내세워 의도적으로 택호를 만든 것이 아니었다. 이는 결국 금입택의 명칭이나 범위가 어떤 공식성을 띤 것이 아니라 비공식적으로 붙여진 것임을 시사해 준다.

그처럼 금입택이 비공식적으로 그렇게 불리었고 35개가 하나의 통칭으로 굳어진 것이라면 그 주도자는 공적 기관이 아니라 왕경의 일반 주민들이라 봄이 순조롭겠다. 금입택은 그들의 입에서 입으로 간단(間斷)없이 오래도록 회자되면서 자연스레 정착한 것이다.

---

20) 金英美, 「성덕왕대 전제왕권에 대한 일고찰-감산사 미륵상 · 아미타상명문과 관련하여-」『梨大史苑』22 · 23, 1988 참조.

민간의 일반인들이 그처럼 특별히 부유한 저택을 금입택이라 총칭한 데에는 나름의 이유와 배경이 작용하였을 것 같다. 이들 저택이 저들에게는 일종의 선망과 질시의 대상, 혹은 비난과 비판의 대상이었을 수 있었겠다. 그처럼 그들만을 묶어서 부른 자체 속에 당시 일반인들의 감정과 의식에 녹아들어가 있는 것이다.

한편, 통일기 초 무진주(武珍州) 출신의 유력자였던 안길(安吉)이란 인물이 자신의 차례가 된 상수(上守)를 위해 왕경으로 올라와서 이미 만난 적이 있던 문무왕의 서제(庶弟) 차득공(車得公)의 집을 찾으려 하였을 때의 사정을[21] 고려하면 평소 길이나 집을 찾거나 방향을 가늠하는 데도 특정 저택의 명칭은 매우 유용하였을 터이다. 이처럼 일상생활의 방편에서 택호를 특별하게 불렀을 가능성도 없지는 않았겠다.

여하튼 민간에서 특정 저택을 금입택의 하나에 넣어서 부를 때에 각별한 기준과 원칙을 마련해 둔 것 같지는 않다. 이는 금입택이 일시에 만들어진 것이 아니라 오랜 시일에 걸쳐 점차적인 과정을 밟아 자연스럽게 형성된 것임을 시사해 준다. 때때로 필요에 따라 별다른 기준 없이 자유롭게 명명하고 불러줌으로써 저절로 관행으로 굳어지게 된 것으로 여겨진다. 그 점은 상당수가 행정 지명이나 혹은 방위, 자연물 등 기준을 다양하게 삼은 데서 유추된다. 특정한 인물의 이름, 지방의 지명 등을 근거로 붙여진 명칭이 있음도 그런 추정을 보강해 준다. 그들 가운데 각별히 우리의 주목을 끄는 것이 재매정택으로 명명된 택호(宅號)이다.

재매정택은 재매정이란 우물을 근거로 해서 붙여진 이름임은 의심의

---

21) 『삼국유사』1 기이편2 「文虎王法敏」조.

재매정(하일식 제공)

여지가 없다. 금입택 가운데 몇몇 지명을 제외하면 우물처럼 특히 물과 관련된 택호가 비교적 많다는 점을 특징으로 지적할 수 있다. 이를테면 지상택, 천택, 수망택,[22] 곡수택, 정상택, 지택, 정하택 등을 들 수 있겠다. 경주분지의 중심지를 서천, 알천, 남천 등 여러 하천이 관통하고 또 용천(湧泉)이 매우 많아 물이 비교적 풍부할 수밖에 없는 자연적·환경적 요인이 작용한 데서 나온 지극히 당연한 일로도 보인다. 실제 발굴을 통해서 집집마다 우물이 대부분 확인되는 사실은 그런 양상을 뚜렷이 입증해 주고 있다.

---

22) 전남 長興 寶林寺 「普照禪師塔碑」에는 里上宅과 나란히 望水宅이 나온다.

그 가운데 특히 우물을 기준으로 삼아 지어진 택호가 재매정을 포함해 3개나 된다. 그 중 정상택과 정하택은 하나의 특정 우물을 기준으로 위아래에 위치해 공유한 데서 붙여진 명칭임이 분명하다. 두 집안은 가까운 혈연관계였을지도 모른다. 그 우물이 어떤 것인지는 알 길이 없지만 각별한 위치나 의미를 지녔을 수도 있겠다.

다만, 그 우물은 바깥에서 바라보았을 때 두 집안을 가르는 위치이므로 어느 특정 집안 내에 소재한 것일 수는 없는 일이다. 두 집의 바깥에 있어 공동으로 이용한 까닭에 우물 기준으로 택호가 붙여진 것이다. 그렇지만 재매정택의 경우는 그와 다르다. 이는 집의 바깥이 아니라 내부에 우물이 있는 데서 그렇게 붙여진 것으로 보인다. 재매정택 안에는 재매정이라 불린 유별난 우물이 있었던 것이다.

재매정이란 이름은 우물이 '재매(財買)'와 관련된다고 인식한 데서 그렇게 명명된 것일 터이다. '재매'는 글자 그대로 풀이하면 재화 곧 돈으로 샀다는 의미이겠다. 집이나 우물을 돈으로서 샀다는 뜻인지 우물물을 돈으로 산다는 데서 비롯한 것인지 그 자체만으로는 모호하다. 다만, 그런 이름이 계속해서 유지된 것으로 미루어 우물의 물을 돈으로 사먹을 정도로 맛이 있는 데서 일단 그렇게 붙여졌으리라 추리할 여지도 엿보인다. 집안으로 재화가 굴러들어오게 된 요인이 우물의 맛에 있었다는 인식 때문에 재매정이란 독특한 이름에 갖게 되었을지도 모른다. 말하자면 재매정택이 금입택의 하나로 불리게 된 연유는 그와 같은 재화를 불러오는 특이한 우물이 집안에 존재하였기 때문이다.

그럴 때 주목되는 것은 재매정택이 김유신의 집이었다는 사실이다. 재매정댁에 대해서는 앞의 사료 A)에 보이듯이 이미 '김유신공조종(庾信

公祖宗)'이란 일연의 풀이가 달려 있다. 조종(祖宗)이란 조상대대로의 오랜 종택이란 뜻일 터이다. 이는 재매정택이 김유신 이전은 물론 이후까지 계속 이어진 오랜 본가였고 따라서 종가집이란 뜻으로서 그와 같은 주석을 단 것으로 보인다. 재매정택이 고려시대에 이르기까지 그처럼 널리 전승되고 있었기에 가능하였던 것 같다.

김유신 본가의 우물은 마치 재물을 가져다주는 보물이나 수호신처럼 인식되어 널리 회자되고 있었다. 그런 의미에서 잠시 상기해 볼 대상은 김유신 본가의 우물이 이미 맛으로서 알려진 사실이다. 그런 내용이 『삼국사기』 김유신전에[23] 보인다.

642년 백제가 군사적 요충지 대야성(大耶城)을 대대적으로 공략해 낙동강 이서(以西)의 옛 가야 영역을 모두 장악하고 왕경 가까운 곳까지 압박해가자 신라는 매우 위급해졌다. 그래서 한편으로는 이 방면의 방어에 혼신의 힘을 쏟으면서 다른 한편으로는 고구려와 당을 대상으로 청병 활동을 활발히 벌였다. 645년 1월 백제의 대군이 매리포성(買利浦城)을 공격하자 상주장군(上州將軍)으로 임명된 김유신은 집에도 들르지 않고 바로 출정하였다.

그 싸움에서 신라는 2천여급의 목을 베는 등 큰 전과(戰果)를 올렸다. 김유신은 3월에 왕경으로 귀환해 복명(復命)하자마자 미처 집으로 돌아가기도 전에 다시 백제의 대군이 공격해왔다는 전갈을 받고 즉시 전장으로 나아갔다. 김유신은 출정하면서 바로 자기 집 앞을 지나가면서도 들르지를 않았다. 그때 집안사람들이 바깥으로 나와 멀리서 배웅할 따름

---

23) 『삼국사기』41 열전 김유신전 상.

이었다.

그는 자신의 집의 대문을 지나면서도 돌아보지 않고 나아가다가 50 보쯤 되는 지점에서 말머리를 잠깐 세우고 사람을 보내어 자기 집의 우물물을 떠오게 하였다. 김유신은 우물물을 맛보고서 자기 집의 물이 옛 맛을 그대로 간직하고 있다는 사실을 확인하고서 전장으로 떠나갔다.

이 기사는 명장 김유신이 전투에 임하면서 국가에 대한 멸사봉공(滅私奉公), 선공후사(先公後私)의 충성심을 앞세워 병사들의 사기를 북돋우는 모습을 강조하려는 의도에서 내세워진 내용이다. 이때 김유신 집 우물물의 맛이 그런 실상을 드러내는 하나의 수단으로서 활용된 사실이 예사로워 보이지가 않는다. 당시의 특별한 사정을 전하려 한 것이므로 물맛 자체는 실제보다 과장된 것일 수도 있겠지만 그 종택을 재매정택이라 이름을 지은 것과 연결하면 그냥 지나치기는 어렵겠다.

그 이전부터 김유신 집의 물맛이 좋다는 소문이 나 있었는지 어떤지는 알 수 없는 일이지만 적어도 이 극적인 장면을 계기로 널리 알려지게 되었을 것임은 의심의 여지가 없을 터이다. 실제로 물맛이 그처럼 좋지 않았더라면 계속적으로 인구에 회자되었을 리 만무하다. 따라서 재매정택은 일단 김유신 본가의 물맛이 특출한 데서 붙여진 택호였음은 분명하다.

다만, 재매정택이 김유신 당대부터 그처럼 불린 것인지 아니면 뒷날 어느 시점에 붙여진 것인지는 분명하지 않다. 그와 같은 택호가 금입택의 하나로까지 거명된 사실로 미루어 그 우물이 김유신가의 경제력이나 행운을 가져다준다는 인식이 점점 퍼지게 된 결과였음은 분명하다. 그런 양상에 대해서는 다시 장(章)을 넘겨 구체적으로 점검해 보기로 하겠다.

4. 재매부인과 지조(智照)

재매정이 김유신 집안에 재화를 가져다준다는 믿음은 사람들 사이에 널리 퍼지고 오래도록 이어졌다. 그렇지만 김유신의 종가가 언제부터 재매정을 근거로 해서 재매정택이라 불리기 시작하였는지는 확실하지가 않다. 다만, 그를 추적할 만한 약간의 실마리는 다음의 기사에 보이므로 잠시 주목해 볼 필요가 있다.

D)㉠(상략)김씨 재매(財買)부인이 죽어 청연(靑淵)의 위쪽 골짜기에 장사지냈다. 그래서 이 계곡을 재매곡(財買谷)이라 한다. 해마다 봄에 종중의 사녀(士女)들이 모여 그 계곡의 남쪽 물가에서 잔치를 열었다. 이때 온갖 꽃이 피어나고 송화(松花) 골짜기 숲을 가득 메웠다. 계곡 입구에 나무를 엮어 암자를 지어 송화방(松花房)이라 하였는데 원찰(願刹)로 삼았다고 전한다. ㉡54대 경명왕(景明王)대에 이르러 유신을 추봉하여 흥호대왕(興虎大王)이라 하였다. 공의 무덤은 서산(西山) 모지사(毛只寺)의 북쪽에 있는데 동쪽으로 뻗은 봉우리에 있다(『삼국유사』1 기이편1 「김유신」조)

위의 기사에는 김씨로서 재매부인이란 인물이 등장해 무척 흥미롭다. 재매부인이 사망하였을 때 청연이라 불린[24] 어떤 연못의 위쪽 골짜기에다 장사를 지내고는 그 골짜기 이름을 재매곡이라 고쳐 불렀다고

---

24) 청연은 『삼국사기』39 잡지 직관지 중에 보이는 靑淵宮典과 관련이 있을지도 모른다. 청연궁은 청연이란 못의 가에 세워진 궁이며 청연궁전은 그를 관리하기 위해 설치한 관부이다. 청연궁을 경덕왕대에 造秋亭으로 고친 것으로 미루어 조그마한 정자 수준이었으리라 추정된다. 한편 御龍省의 지시를 받는 관부 가운데 하나로 보이는 新靑淵宮도 청연과 무관하지 않은 것으로 여겨진다.

한다. 계곡의 이름을 피장자의 이름을 따다가 새로 지었다는 사실은 예사롭지 않다. 이는 재매부인이 범상치 않은 인물임을 시사하기 때문이다.

해마다 봄이 되면 재매부인 집안의 온 남녀가 재매곡 남쪽의 냇가에 모여서 연회를 베풀었다는 사실도 그런 추정을 방증하기에 충분하다. 그때가 봄이었으므로 온갖 꽃들이 만발하고 소나무꽃(가루)이 골짜기 전체 숲에 가득한, 향내를 그윽하게 풍기는 장면이 묘사되어 있다. 연회를 치를 때에 골짜기의 입구에다 나무로 결구(結構)해서 암자를 지었는데 그래서 그를 송화방(松花房)이란 이름을 붙였다고 한다. 언젠가 송화방을 원찰로 삼게 되었다는데 기리는 대상은 당연히 재매부인이었을 터이다.

이상과 같이 위의 기사가 전하는 내용으로 미루어 짐작하면 재매부인은 유별나고 특출한 존재였음이 틀림없지만 구체적으로 누구인지는 드러나지 않는다. 다만, 그 이름이 재매정과 밀접히 연관된 데서 그처럼 불린 점은 의심할 나위가 없는 일이다. 말하자면 재매부인은 재매정택을 대표할 만한 여성이라 할 수 있겠다.

그런데 재매정과 재매부인 둘 가운데 어느 쪽의 명칭이 먼저 만들어졌는지는 뚜렷하지 않다. 일반적 관행으로 보면 일단 재매정택에서 재매부인이란 호칭이 나왔다고 볼 여지가 크다. 그럴 때에는 재매정에 자연 무게 중심이 두어져 그로부터 부인의 이름도 붙여진 셈이 된다. 그렇다면 재매정택부인이라 불러도 좋을 터인데 굳이 재매부인이라고만 한 것으로 보면 꼭 그렇게 단정할 수만은 없겠다. 물론 재매정택부인이라고 하면 특정인만 한정하는 고유명사가 아니라 보통명사로 되므로 의도적으로 특정인을 지칭할 목적에서 재매부인이라 줄여 구별하려고 하였을지 모르겠다.

다른 한편, 거꾸로 재매부인에서 재매정이란 이름을 따오고 다시 그로부터 재매정택이라는 택호가 만들어졌을 가능성도 배제할 수는 없다. 재매곡이란 골짜기가 재매부인이 그곳에 묻힌 데서 유래한 사실로부터 유추되듯이 그런 이름이 먼저 존재한 데에서 종택의 이름도 지어졌을 수 있기 때문이다. 이는 마치 닭과 달걀의 관계를 따지는 모습과 비슷하다.

그것은 여하튼 문제는 과연 재매부인이 누구였을까 하는 점이다. 그를 확정지을 만한 결정적 단서는 어디에도 보이지 않는다. 다만, 위의 기사에서 이 부분을 특이하게 처리하고 있는 점은 그와 관련해 주목해 볼 만한 대상이다. 이를 매개로 하면 재매부인의 실체를 추적할 여지가 엿보인다.

D)㉠의 바로 앞의 부분까지는 상대적으로 길게 김유신의 출생 및 화랑 시절 고구려로부터 온 백석(白石)이란 인물에 의해 시도된 김유신 살해미수 사건에 관한 내용으로 채워져 있다. 그러다가 곧바로 이어 ㉠에서 재매부인과 관련한 기술이 갑작스레 튀어나왔다.

그런데 그것으로 마무리되었다면 별달리 문제로 삼을 만한 근거가 되기 어려울 텐데 다시 바로 그 뒤의 ㉡에서는 다시 김유신에 관한 내용이 이어진 까닭에 충분히 고려해볼 만한 대상으로 된다. 재매부인이 김유신과 직접 관계되지 않는 데에 그 사이에 들어가 있다면 이는 이상하기 짝이 없기 때문이다.

김유신이 신라 제54대 경명왕(景明王, 917-924)대에 흥무대왕(興武大王)으로 추봉된 사실(물론 이에 대해서는 흔히 흥덕왕대의 잘못이라 간주하고 있지만)과 함께 그의 무덤 위치가 구체적으로 적시되어 있다. 이 「김유신」조의 기사 전체가 단순히 연대기적 순서에 따라 기술된 것이 아니라면 김유신과 관련한 ⓒ부분은 당연히 ⓐ에 앞서 배치해야만 순조로운 서술로 귀결된다. 그럴 때에 비로소 김유신과 관련한 전체 내용이 하나의 묶음으로서 일단락되는 정제된 형식의 서술이기 때문이다.

그렇지 않고서 김유신과 관련한 내용이 보이다가 갑자기 도중에 재매부인의 죽음 및 그 이후와 관련한 내용이 등장하고서 끝에다 다시 김유신의 흥무대왕 추봉 기사와 무덤의 위치를 밝히고 있는 것은 매끄럽지가 못한 기술 방식이다. 특히 재매부인과 김유신이 아무런 직접적인 관계가 없다면 더욱 그러하다.

그렇지만 재매부인이 김유신과 각별히 관계되는 인물이라면 사정은 전혀 달라진다. 김유신이 위기 상황에 빠졌다가 구출된 이야기에 잇달아 재매부인의 이야기가 서술됨은 일견 당연한 일이기 때문이다.『삼국유사』의 찬자도 재매부인이 김유신과 밀접히 연관됨을 드러내기 위하여 그런 수법으로 서술하였으리라 여겨진다.

만일 재매부인이 김유신과 특수한 관계가 아니었다면 굳이「김유신」조에 넣어서 다루는 것 자체도 그러려니와 또 김유신 관련 내용이 모두 끝나지도 않은 상태인데 그 사이에 끼워 넣어 서술한다는 것은 매우 이상하다. 만일 그렇다고 하면 재매부인은 김유신과 구별해 마지막에 덧붙이는 것이 올바른 서술일 터이기 때문이다.

이상과 같은 측면에서 재매부인을 김유신과 밀접히 관계되는 인물로 본다면 모든 의문은 저절로 풀리게 된다.『삼국유사』찬자 일연도 그런 사실을 이미 간파해 재매부인 관련 사항을 김유신조에 끼워 넣으면서 맨 마지막이 아닌 중간에다 배치한 것이다. 위의 사료에서 드러나듯이 재매부인이 당대에 그렇게 특별히 대우 받았음을 내세운 것도 그러하지만 김유신의 부인이었기에 함께 언급한 것이다.

그와 같은 서술 기법은 이미 『삼국사기』 열전의 김유신전에서도 사용되고 있다. 양자의 문단 구조가 장단(長短)의 차이는 뚜렷하지만 기본적으로 동일한 양상이다. 따라서 위의 기사는 뒤의 사료 E)에서 소개된 『삼국사기』 김유신전의 서술 구조를 거의 그대로 모방해서 정리한 것이라 단정해도 좋을 듯하다. 이 점은 재매부인의 구체적 실체를 밝히는 데서 대단히 중요한 요소이다.

그런데 『신증동국여지승람』에서는[25] 어디에 근거한 것인지 알 수 없지만 재매부인을 막연히 김유신의 종녀(宗女)라고 풀이해 두고 있다. 그와 같은 이해가 이후 조선시대에는 그대로 받아들여져 일반화되었던 것 같다. 종녀의 구체적 의미는 뚜렷하지는 않지만 막연하게 김유신 종가의 여성이란 의미로 사용된 것이 아닐까 싶다.

그렇지만 앞서 언급하였듯이 위의 기사 D)에 근거하는 한 단순히 그렇게 단정하기는 곤란하다. 이후 종택의 이름을 붙일 만한 여성을 달리 찾을 수 없는 것도 근본적 문제이다. 재매부인이 그처럼 엄청난 대접을 받은 데에는 당대에 이미 국가적으로 공인되었기에 가능한 일이었다. 그런 의미에서 재매부인은 막연한 종녀이기보다는 김유신의 부인으로 단정함이 자연스럽다. 그것이 김유신이 당대에 특별한 대접을 받고 있었던 사정과도 자연스럽게 어울리는 모습이다.

종택명이 재매부인에게서 나왔건 거꾸로 택호로부터 재매부인이란 호칭이 비롯되었건 간에 김유신에게는 뒷날 종중(宗中)을 대표하는 인물

---

25) 『新增東國輿地勝覽』21 慶尙道 慶州府 古跡條.

로서 영원토록 기릴 만한 특별한 부인이 실제로 존재하였다. 다음의 사료는 그를 보여준다.

E) 처는 지소(智炤)부인인데 태종대왕(太宗大王)의 셋째 딸이다. 아들을 다섯 낳았는데 장남은 삼광(三光) 이찬, 차남은 원술(元述) 소판, 셋째는 원정(元貞) 해간(海干), 넷째는 장이(長耳) 대아찬, 다섯째는 원망(元望) 대아찬이며, 딸은 넷이다. 또 서자(庶子)로 군승(軍勝) 아찬이 있는데 그 어머니의 성은 일실되었다. 뒷날 지소부인은 머리를 깎고 베옷을 입고 비구니가 되었다. 이때 대왕이 부인에게 이르기를 '지금 안팎이 평안해서 군신들이 베개를 높이베고 걱정이 없음은 태대각간(太大角干) 덕분입니다. 부인께서 그 집안을 잘 다스려 삼가고 경계한 음공(陰功)이 대단합니다. 과인은 그 공덕에 보답하고자 하루도 마음으로 잊지를 않았습니다. 남성(南城)의 조(租)를 해마다 1천석 지급하겠습니다.'고 하였다. 뒷날 흥덕대왕(興德大王)은 유신공을 흥무대왕(興武大王)으로 추봉하였다.(『삼국사기』43 열전 김유신전 상)

이 기사에 의하면 김유신에게는 본처로서 지소(智炤)부인이 있었는데 무열왕의 셋째 딸이었다. 그와의 사이에 삼광(三光)을 비롯한 5남 4녀가 태어났다고 한다.[26] 『삼국사기』5 신라본기 태종무열왕 2년(655)조에는 왕녀인 지조(智照)를 김유신에게 출가시켰다는 기록이 보이므로 이와

---

26) 당시 이미 60세를 넘긴 김유신의 연령 및 지조가 김춘추와 문희 사이의 소생인 점, 그리고 그들 사이에 태어났다는 자식들의 활동 양상 등을 고려하면 5남 4녀가 모두 지조의 소생일 수는 없는 일이다. 그럼에도 지조의 소생이라 일괄 정리된 것은 아마도 혈연이 아니더라도 전처의 자식들을 후처가 그대로 승계하는 습속으로부터 비롯한 관행으로 보인다.

도 곧바로 일치하는 셈이다.

그런데 김유신에게는 이름을 알 수 없는 또 다른 여성도 있었는데 그로부터 군승(軍勝)이란 서자도 얻었다고 한다. 지조부인은 말년에 삭발해 출가하여 비구니가 되었다. 이때 대왕이 김유신의 공헌을 되새기면서 부인에게 남성(南城)에 보관하고 있는 곡식 1천석씩을 매년 지급하도록 결정하였다. 남성은 남산신성(南山新城)을 가리키는데 그 안에 세워진 창고에 저장된 조세인 곡물을 지급한 것으로 보인다.

위의 기사에서는 대왕이 구체적으로 누구인지, 그런 사항이 결정된 시점은 언제인지 등등이 분명하게 드러나 있지 않다. 무척 다행스럽게도 다음의 기사에는 그에 대한 구체적인 내용이 보여 주목된다.

F) 11년 가을 7월 김유신의 처를 부인으로 삼고 해마다 곡식 1천석을 주었다.(『삼국사기』8 신라본기 성덕왕조)

이 기사에 따르면 성덕왕은 재위 11(712) 김유신의 처를 부인으로 책봉하고 해마다 곡식 1천석을 지급하도록 하였다 한다. 사료 E)와 F)를 함께 연결하면 모호한 부분은 저지 않게 해소된다. E)의 대왕은 바로 성덕왕이며, 지조를 부인으로 책봉한 시점은 재위 11년 되던 해이고, 세조를 지급한 것도 다름 아닌 지조를 부인으로 정식 책봉한 데 따른 후속조치였다. 지조를 부인으로 책봉한 뒤 그 포상으로서 세조(歲租) 1천석의 혜택을 주었다는 것이다.

문서 작성 등 외교 활동을 통해 삼국통일에 공헌한 포상으로 강수(强

首)에게 관등 승격과 함께 세조 2백석을 지급한 사실에[27] 견주면 지조에게 지급된 세조의 규모가 어느 정도 수준인를 대충 가늠할 수 있다. 일반적으로 확인되는 부인(夫人)이란 호칭이 모두 책봉에 의한 것인지 어떤지는 잘 알 수는 없지만 위의 기사로 보아 일단 부인 가운데에는 국가로부터의 정식 책봉에 의한 호칭도 있었음이 확인된다. 일반적 관례를 고려하면 이때 지조에게 책봉과 동시에 책봉호까지 주어졌을 터이지만 내용이 기록상에는 보이지 않는다.

지조를 부인으로 공식 책봉한 것은 당연히 김유신의 위세가 미약하나마 아직 이어지고 있었으므로 그 공로를 기린 데서였을 터이다. 하지만 하필 이 시점에서 그것만을 명분으로 책봉하였다고 보기에는 선뜻 납득되지 않는 측면이 엿보인다.

물론 성덕왕(702-737) 당시 국왕이 김유신의 손자인 윤중(允中)과 윤문(允文) 형제가 왕족들로부터 강하게 질시 받을 정도로 총애한 사실을 고려하면 김유신 일가를 우대해 주려는 분위기가 널리 퍼져 있었음은 분명하다. 사실 지조는 태종 무열왕의 딸로서 성덕왕의 할아버지 문무왕과는 남매 사이였으므로 현재의 국왕과도 매우 가까운 혈연관계이다. 그것이 지조를 부인으로 정식 책봉하는 명분이었을 수도 있겠다.

그렇지만 김유신은 이미 오래 전인 문무왕 13년(673) 사망한 상태였고 따라서 이 무렵 지조를 부인으로 정식 책봉한 배경으로서 그것만을 상정하기에는 석연치가 않다. 다만, 위의 사료 E)에 의거하는 한 일단 지조의 출가 행위가 직접적인 계기로 작용하였거나 일정한 영향을 미쳤음

---

27) 『삼국사기』7 신라본기 문무왕 13년조.

은 확실하다. 그 자체는 물론 지조의 사적인 종교 행위였지만 성덕왕에게는 그것을 뛰어넘는 또 다른 의미로 비쳐졌을지도 모를 일이다.

김유신의 사망 이후 상당한 세월이 경과해 그 후예들에게 경제적 기반을 보장해 주기 위해 지조의 출가를 책봉의 명분으로 삼아 그런 시도를 했을 수도 있다. 재매부인이 당시 책봉호로서 주어진 것인지 어떤지는 분명하지 않지만 그 결과로서 주어진 세조 1천석은 김유신가의 재산에는 적지 않은 보탬이 되었을 터이므로 이것이 바로 지조를 특별히 재매부인이라 부르게 된 계기가 되었을 수 있는 일이다.

사실 김유신의 집안에는 그 이전부터도 축적된 재부가 적지 않았다. 그의 증조부인 금관국왕 구해(仇亥)가 532년 신라에 투항하면서 본국을 식읍으로 사여 받았고[28] 이후 성공적인 여러 군사 활동을 통해 기반은 한층 더 확대되어 갔을 터이다. 특히 여러 차례에 걸쳐서 군공 포상을 크게 받았던 적이 있는데 그 규모는 타의 추종을 불허할 정도로 월등하였다.

구체적 실상을 모두 추적하기는 어렵지만 662년 당과 합세한 대고구려 작전에서 군량 수송을 무사히 마친 데 대한 공로로서 본피궁(本彼宮)의 재화(財貨), 전장(田莊), 노복(奴僕)을 왕제(王弟)인 김인문과 함께 분여 받은 사실[29], 663년 백제부흥운동을 제압한 뒤 전 500결(結)을 받은 사실[30] 등을 두드러진 사례로서 손꼽을 수 있다. 669년에는 전쟁을 일단 마무리 지은 후 포상하면서 목마장[馬阹] 174개소를 분여할 때 그 가운

---

28) 『삼국사기』4 신라본기 법흥왕 19년조.
29) 『삼국사기』6 신라본기 문무왕 2년조.
30) 『삼국사기』42 열전 김유신전 중.

데 왕실 22, 국가기관 10개를 지급하였는데, 이때 김유신은 개인으로서는 가장 많은 6개소를 받았다.[31] 당시 김인문에게 5개, 각간 보유자에게 각기 3개소가 주어진 점과 비교하면 김유신에 대한 포상이 어떤 수준이었는지 충분히 가늠할 수 있다.

군사 활동 특히 삼국통일 전쟁이 마무리될 즈음까지의 포상 전체를 고려하면 김유신에게 주어진 경제적 혜택은 실로 엄청났으리라 여겨진다. 673년 사망하였을 때 국가가 상례(喪禮)에서 보여준 대단한 예우를 통해서도[32] 실상은 충분히 감지되는 일이다. 그런 과정을 통해 김유신 집안에는 상당한 재부가 축적되었고 그 결과 금입택의 하나로서 손꼽히는 데에 손색이 없었다. 게다가 지조의 책봉을 계기로 해서 매년 1천석의 세조까지 더해짐으로써 축재의 정도는 대단하였으리라 상상된다. 35금입택 가운데서도 재매정택은 한때 최고의 수준이었으리라 짐작된다.

삼국통일의 원훈인 김유신 종가를 실질적으로 이끌어온 지조를 부인으로 책봉한 것은 어쩌면 뒤늦은 감이 있다. 이때 택호가 정식의 재매정택이 되고, 부인은 종실의 가장 큰 어른으로서 동시에 재매부인이라 불리었을 공산도 엿보인다. 다만, 지조가 김유신의 종가인 재매정택에 어울리게 재매부인으로 불린 것은 재부가 축적되는 과정으로 미루어 단순히 매년 조 1천석을 받아 기여한 사실에만 근거한 것이 아니었을 듯 싶다. 차라리 지조가 줄곧 보여준 모범적 덕업 자체로부터 비롯하였을 공산이 크다.

---

31) 『삼국사기』6 신라본기 문무왕 9년조.

32) 『삼국사기』43 열전 김유신전 하에 의하면 김유신에게 彩帛 1천필, 조 2천석이 장례비용으로 지급되고 장의 진행용의 軍樂鼓吹 백 명이 보내졌다고 한다.

지조가 보여준 행위는 예사롭지가 않았다. 김유신의 정신과 뜻을 철저히 계승함으로써 이후의 전범이 되도록 하였다. 사실 지조가 부인으로 책봉되고 그에 걸맞은 세조를 받게 된 것도 그녀 자신이 중대의 왕가 출신이었다는 사실과 함께 김유신의 처라는 점도 물론 밑바닥에 작용하였겠지만 그보다는 김유신 집안의 종부(宗婦)로서 보여준 모범적 행위에 있었다고 생각된다.

신라는 670년 무렵부터 고구려와 백제 영역을 놓고서 당과 일전(一戰)을 벌이기 시작하였다. 문무왕 12년(672) 신라군은 고구려의 부흥 세력을 끌어들여 말갈을 앞세운 당군과 석문(石門)에서 치열하게 싸움을 펼쳤다. 이때 신라군은 각 부대마다 군공을 세우려고 앞 다투다가 작전상의 실패를 거듭함으로써 참패하고 말았다.

김유신의 둘째 아들 원술은 이 싸움에 비장(裨將)으로서 참전하였다가 장렬하게 전사할 기회를 놓치고 살아서 돌아왔다. 이때 문무왕이 패전의 책임 소재를 논의하였을 때 김유신은 원술이 왕명을 욕되게 하였을 뿐만 아니라 가훈(家訓)도 져버린 치욕적 행위를 한 탓에 목을 베어야 마땅하다고 주장하였다. 문무왕이 비장으로서는 너무도 가혹한 처사라 여겨 방면하였다. 이에 원술은 부끄럽게 여겨 전원(田園)으로 숨어들어가 살았다. 이듬해 김유신이 사망하였을 때 원술이 와서 용서를 구하였지만 삼종지의(三從之義)를 내세운 어머니로부터 끝내 받아들여지지 못하였다. 원술은 이후에도 참전하여 군공을 세웠으나 지조는 죽을 때까지 그를 돌아보지 않았다고[33] 한다.

---

33) 『삼국사기』43 열전 김유신전 하.

지조는 김유신의 신념과 이상을 철저히 신봉하고 따름으로써 가문의 원칙을 지켜내려 하였다. 왕도정치가 표방되기 시작한 후 신라사회에서는 충과 함께 효가 극력 강조되던 분위기였다. 그런데 김유신은 충과 효가 일체로서 양전(兩全)하되 효보다는 일단 충을 앞세우는 입장을 강하게 지키려 하였다. 효가 곧 충이 아니라 오히려 충을 곧 효라고 생각하였던 것이다.

그런 점은 화랑들의 사례에서 드러나듯이 새로운 시대를 맞고 있던 신라 지배층 사이에 널리 공유된 인식이었지만 김유신은 실천의 측면에서는 타의 추종을 불허하는 모습을 보였다. 그의 동생인 김흠순(金欽純)도 660년 백제와 싸울 때 아들 반굴(盤屈)로 하여금 역시 비슷한 입장을[34] 드러내어 장렬하게 전사하도록 하였다. 원술이 전장에서 살아 돌아왔을 때 김유신이 내세운 가훈이란 바로 그런 내용이었다. 배타적인 진골귀족 중심 사회에서 이질분자(異質分子)였다 할 김유신가가 살아 성공할 수 있었던 것은 바로 그런 신념을 변함없이 지켰기 때문이었다. 그들은 왕도정치를 추구하려는 국가에 대한 충성을 당연히 효보다 우선시하였다.

김유신의 뒤를 이어 사실상 재매정택을 이끈 것은 재매부인이었다. 그가 말년에 출가를 결심하였을 때 김유신 집안은 물론 그와 같이 밑으로부터 보이지 않게 이룩한 그녀의 공헌을 참작해 성덕왕이 부인으로 정식 책봉하였던 것이다. 재매정이란 우물을 종택으로 쓴 것도 그로부터 비롯되었을 지도 모를 일이지만 우물 자체가 여성을 상징한다는 점에서

---

34) 『삼국사기』5 신라본기 태종무열왕 7년조.

주목된다.

우물은 탄생의 모태를 의미하며, 그래서 신라에서는 널리 제사나 제의의 주요 대상이 되기도 하였다. 김유신 종가에서는 자신들의 뿌리, 원천이 바로 유별난 유물에 있다고 여겼을지 모른다. 그래서 재매정택이란 택호를 순순히 받아들였던 것이라 하겠다.

김유신 집안에서는 재매정이 집안의 재부를 분출하는 상징처럼 여겨 신성하게 여겼던 것 같다. 그들로 하여금 현실적 위치를 유지케 하는 수호신이나 다름없었다. 그를 제대로 관리하고 지키는 것은 당연히 종녀인 지조부인의 몫이었다. 지소를 재매부인이라도 부른 것도 종택 전체 뿐만 아니라 특히 재매정을 관리하는 대표자이기도 하였를 듯하다.

그런 측면에서 재매부인은 어쩌면 책봉호로서 지조에게 정식으로 주어졌을지도 모른다. 무덤에 묻힌 골짜기를 재매곡이라 이름 붙일 수 있었던 것도 바로 그러지 않았을까 싶다. 김유신의 집안에서 차지하는 지조부인의 비중은 그만큼 지대하였던 것이다. 지조부인에게 재매정과 재매부인은 하나로 혼융일체가 되어 있었다. 그러므로 둘 중 어느 쪽이 먼저이고 어느 편이 나중이냐를 굳이 따지는 것 자체가 한갓 부질없는 일일지도 모른다.

5. 나오면서

신라 삼국통일의 영웅 김유신은 대단히 걸출한 인물이었다. 그는 동업자 김춘추를 만나면서 마치 물고기가 물을 만난 듯 역량을 마음껏 발휘하였다. 두 톱니가 서로 맞물려야 돌아가듯이 두 사람은 서로에게 절실히 필요한 존재였다. 두 사람은 정치 지향이 같았으나 기질적으로는 뚜렷한 차이를 보였다. 김춘추가 외유내강형의 정치외교가라 한다면 김유신은 그야말로 직설적이며 굽히지 않는 강골형의 무인(武人)이었다. 각자 역할을 분담해서 충실히 이행함으로써 서로의 미비점을 보완해 마침내 정권을 장악하였을 뿐만 아니라 삼국통일이란 대업(大業)을 이루어내기까지 하였다. 이를 통해 그들 두 사람은 함께 꿈꾸던 유학에 기반한 왕도정치를 실현하는 토대를 구축할 수 있었다.

두 사람, 두 가문을 오래도록 끈끈하게 연결해준 고리로서 지조(智照, 智炤)란 인물을 들 수 있다. 지조는 무열왕 김춘추의 셋째 딸이었다. 무열왕은 자신의 처남 김유신이 환갑을 맞던 해인 655년 지조를 그에게 출가시켰다. 김유신의 연령을 고려하면 지조는 정상적 혼인이 아닌, 따라서 순전히 정략적 혼인이었음이 분명하다. 그녀의 어머니 문명황후(문희)가 앞서 무열왕가로 출가해 김유신 집안을 연결하는 고리 역할을 하였다면 이제는 거꾸로 역할이 지조에게 주어졌던 것이다.

지조가 고령의 김유신과 함께 한 기간은 20년이 채 되지 않았지만 주어진 역할을 충분히 감당하였다. 특히 김유신이 사망한 뒤에도 집안의 가장 큰 어른으로서 종가를 제대로 이끌었다. 아들 원술의 사례에서 드러나듯이 효보다 국가에 대한 충성을 우선시한 김유신 집안의 가훈을 충실히 지켜내기 위해서 줄곧 애를 썼다. 그것이 통일의 열기가 식어갈 즈음 다시 일기 시작한 김유신 집안에 대한 다른 왕족이나 귀족들의 견제와 질시로부터 견디어내도록 한 기반이자 동력으로 작용하였다.

한편, 지조는 종가의 재부를 관리하고 유지해 나가는 데도 크게 기여하였다. 김유신 종가의 재부를 가져다주는 상징으로 여겨지던 우물을 변함없이 유지 관리하였다. 그래서 그녀는 재매부인이란 칭호로 불리었다.

신라가 전성기를 구가할 수 있게 된 것이 김유신의 공로라 생각한 성덕왕은 종가를 지켜낸 지조를 부인으로 책봉하고 경제적 혜택까지 주었다. 이로써 재매부인이란 이름도 국가적으로 공인받게 된 셈이 되었다.

김유신가가 정치적 격동기에 극심한 내부 분란까지 겪으면서도 뒷날 흥무대왕으로 추봉까지 받은 데서 드러나듯이 명맥을 유지하여 마지막까지 금입택의 하나로 불리게 된 것도 재매부인 지조의 힘이 적지 않게 작용한 결과였다.

(『신라문화』46, 2015)

Ⅱ

왕경과 신앙

1
황룡사의 호국 기능과 그 변화

1. 들어가면서

황룡사가 신라 최대·최고의 국가 사찰로서 기능하였음은 익히 아는 바와 같다. 이는 창건의 배경이나 계기야[1] 어떻든 국가 차원에서 각별하게 관리하였음을 뜻한다. 황룡사는 그만큼 정치성이 강하게 깃든 대표적 사원이라 하겠다. 그럴 때의 정치성이란 흔히 지적되었듯이 한마디로 압축하면 호국(護國)이라 일러도 좋을 듯하다.[2] 황룡사는 그런 정치성의 영향으로 기능이나 역할에서 부침을 그만큼 겪었다는 뜻이기도 하다.

신라 불교는 5세기 전반 처음 전래된 뒤 갖은 곡절을 겪다가 법흥왕 15년(527) 근신(近臣) 이차돈(異次頓)의 순교(殉敎)라는 일대 사건을 거쳐

---

1) 주보돈, 「황룡사의 창건과 그 의도」『한국사연구』176, 2017.

2) 李基白, 「황룡사와 그 창건」『신라시대 국가불교와 유교』, 한국연구원, 1978 ; 『신라사상사연구』 일조각, 1986, p.57. 이후 대부분의 논자들이 별다른 이의 없이 받아들이고 있다. 다만, 호국보다 護法으로 이해하려는 입장이나(남동신, 「신라 중고기 불교치국책과 황룡사」『신라문화제학술논문집』22, 2001) 양자를 일치시켜 불국토사상으로 접근하려는 입장(신동하, 「신라 불국토사상과 황룡사」『신라문화제학술논문집』22, 2001)도 있다.

마침내 국가 종교로서 공인(公認)되었다. 이처럼 불교가 힘들게 수용된 사정은 시대적 전환기였던 데서 말미암은 일이었다. 당시는 이른바 부체제(部體制) 단계로부터 국왕을 정점에 둔 중앙집권적 지배체제로 옮겨 가던 중이었다. 전대의 대립·갈등 잔재가 아직 완전히 가시지 않은 탓에 불교의 공인을 놓고서 마지막 한판의 격돌이 벌어진 것이었다. 이는 당시 불교가 순전한 종교의 수준을 뛰어넘어 강한 정치성을 띤 데서 비롯한 불가피한 현상이었다고 풀이된다.

불교 공인의 직후 국가 주도로 흥륜사(興輪寺)와 영흥사(永興寺)가 창건되고 이어서 황룡사가 세워졌다. 황룡사 창건은 원래 진흥왕대에 왕궁으로 기획되었다가 갑작스레 사찰로 바뀐 결과였다. 이처럼 황룡사 창건의 배경은 자못 특이하거니와 거기에 실린 정치적 비중과 무게가 어떠한가를 여실히 반증하는 것이기도 하다. 아마도 왕궁이 사찰로 바뀔 때 내세워진 명분은 당시 신라가 직면한 현실을 고려하면 강한 호국적 성격이었음은 의심의 여지가 없다.

이처럼 황룡사는 전형적인 호국 사찰로서 출범하였지만 이후 그 기능과 역할이 아무런 변함없이 꼭 그대로 이어간 것은 아니었다. 지배체제가 새롭게 갖추어져감과 동시에 바깥 세계의 움직임도 일정하게 작용함으로써 적지 않은 굴곡의 과정을 거쳤으리라 상상된다. 여러모로 사정이 달라짐에 맞물려 호국의 상대와 목표도 저절로 바뀔 수밖에 없었을 터이다. 이런 정황이 황룡사의 운용이나 위상 자체에도 반영되었을 것임은 자연스레 상정된다. 이후 장육상(丈六像)이란 대형의 불상이 새로이 조영되거나 9층목탑이 세워지며, 대종(大鍾)이 내걸리는 등 다양한 불사(佛事)가 시차를 두고서 활발히 진행되었음은 그런 정황의 일단을 반영한다.

어떤 단체나 조직의 기능과 역할이 오래도록 그대로 이어나간 경우는 찾아보기 매우 힘든 사례일 듯하다. 특히 정치성을 강하게 지닐수록 더더욱 그러하였을 터이다. 따라서 정치사회적인 변화를 염두에 넣으면 황룡사의 기능과 역할이 변천해간 양상도 미흡하게나마 추적해볼 여지가 생겨난다.

돌이켜보면 그동안 불상이나 목탑처럼 황룡사의 중추를 이루는 여러 요소에 대한 개별적인 접근은 각 분야별로 적지 않게 이루어졌음이 확인된다.[3] 그렇지만 이들을 일별하면 거의 정태적 접근에 머물렀음이 확인된다.[4] '호국 대상의 변천'이란 동태적 시각에서 황룡사의 기능과 역할을 추적해본 사례는 매우 드물다는 느낌이다.

흔히 호국으로 통칭되더라도 그 주체 및 객체와 대상은 시대의 흐름에 따라 저절로 바뀌게 마련이다. 그러므로 호국 사찰로서 황룡사가 갖는 기능을 제대로 규명하려면 그런 변화를 반드시 염두에 넣어서 살핌이 올바른 접근이겠다. 그럴 때에만 황룡사가 맡은 역할과 기능이 제대로 드러날 터이기 때문이다.

여기서는 호국에 초점을 맞추어 황룡사의 기능과 역할의 변화 양상을 구조적으로 추적해보고자 한다. 이를 통해 기왕에 황룡사를 다루면서 그냥 지나쳐버린 부분도 적지 않게 포착되리라 기대된다.

---

3) 국립경주박물관, 『황룡사』, 2018의 말미에 부록으로 붙은 「황룡사 연구 참고문헌」 참조.
4) 물론 이기백, 앞의 글이나 蔡尙植, 「신라사에 있어서 황룡사의 位相과 그 推移」『황룡사의 종합적 고찰』(신라문화제학술회의논문집22), 2001과 같이 황룡사의 변화를 다룬 논고가 전혀 없지는 않다.

2. 유관 자료와 성격

황룡사 관련 자료는 문헌이건 고고자료건 무척 많은 편에 속한다.[5] 이것이 곧 황룡사의 기능과 역할 전반을 본격적으로 다룰 수 있는 단서를 제공한다.

국가 종교로서의 공인을 비롯해 저명한 고승(高僧)들의 움직임, 불교 관련 일부 문물의 수용 양상, 유력한 사찰의 창건 등 어떤 특정 사항에 국한해서만 연대기(年代記)로서 매우 단편적으로 다룰 뿐 불교 전반에 대해 무척 인색한 편인 『삼국사기』조차 유독 황룡사에 대해서는 비교적 관대한 입장을 취한다. 창건과 완공, 장육상(丈六像)의 조영과 이변 현상, 9층목탑의 건립과 개탑(改塔), 호국 법회인 백고좌회(百高座會)의 개최와 간등(看燈) 행사, 원광(圓光)법사의 강경(講經), 국왕의 행차 및 자연 현상에 따른 변화 등 비록 단편적 수준에 불과하지만 황룡사의 기능이나 역할은 물론 변화 양상의 일단을 어렴풋하게나마 더듬어볼 기초적 실마리를 제공한다. 여타의 다른 사찰과는 현저한 차이를 보이는 면모이다.

불교 분야를 본격적으로 다룬 사서로서의 근본적 성격 때문에 황룡사 관련 주요 사료의 거의 대부분을 차지하는 것은 아무래도 『삼국유사』쪽일 수밖에 없다. 『삼국유사』에서 오로지 황룡사만을 단독으로 다룬 항목이 여럿 찾아짐은 그런 사실을 명백히 입증한다. 이를테면 황룡사의 절터를 취급한 「가섭불연좌석(迦葉佛宴坐席)」조, 주존불인 장육존상(丈六尊像) 조영의 연기설화를 다룬 「황룡사장육」조, 9층목탑의 조영 배경과 과정을 그린 「황룡사구층탑」조 등은 전적으로 황룡사만을 대상으로 삼

---

5) 이에 대한 대강은 국립경주박물관, 앞의 책 참조.

은 항목에 속한다. 그밖에도 다른 동종(銅鐘) 및 불상과 아울러서 황룡사의 종을 취급한 「황룡사종·분황사약사·봉덕사종」조, 목탑에 안치한 불사리의 유입 경위를 실은 「전후소장사리(前後所將舍利)」조, 왕경 7곳의 전불시대 가람 터를 기록한 「아도기라(阿道基羅)」조를 비롯한 다른 여러 항목에 걸쳐서 비록 단편이기는 하지만 어떤 형태로건 황룡사 관련 사실을 적지 않게 전해준다.[6]

이처럼 『삼국사기』나 『삼국유사』 등의 기본 사서 전반을 훑어보면 황룡사가 유난스레 취급되었다는 느낌을 떨치기 어렵다. 다른 사찰에 견주어 황룡사는 각별히 주목받는 대상이 되고 있는 것이다. 특히 『삼국유사』는 지나치다고 표현해도 무방할 정도로 크게 비중을 두었음이 매우 특징적이다. 그런 까닭으로 찬자인 일연(一然)을 황룡사에 대한 최초의 연구자로서 손꼽으려는 견해까지[7] 제기될 정도이다. 일연이 황룡사에 대해 그처럼 많은 관심을 기울인 소인(素因)은 『삼국유사』를 찬술하려고 마음먹은 당시의 시대상과 함께 자신의 직접적 체험으로 얻게 된 현실 인식이 강하게 작용한 데서 말미암았으리라 여겨진다.

일연이 태어난 13세기 전반은 고려 왕조의 무신 최충헌(崔忠獻)의 집안이 대를 이어가면서 정권을 오로지하던 비상적인 시기였다. 당시 북쪽에서는 거란을 뒤이어 새로 흥기해가던 몽고가 변경 일대를 수시로 침공하는 등 고려를 강하게 압박함으로써 안팎의 위기감이 크게 감돌던 정국이었다.

몽고는 1231년부터는 고려의 왕도를 직접 겨냥해 공세를 가하였다.

---

6) 이를테면 두 차례나 인용된 「동도성립기」도 그런 사례의 하나로 손꼽을 수 있다.

7) 이용현, 「황룡사를 보는 몇 가지 관점에 대한 논의」『황룡사』, 국립경주박물관, 2018. p.330.

이에 고려의 지배층은 그 이듬해인 1232년 강화도 천도를 단행함으로써 끝까지 항전하려는 자세를 취하였다. 이후 몽고의 파상적인 공격으로 국토 전체가 전장화(戰場化)하고 무차별적인 약탈의 자행으로 철저하게 유린되어 갔다. 몽고 병력이 마침내 1238년 황룡사(탑)를 완전히 불태우는 등으로 동경(東京)은 초토화되다시피 하였다.

몽고 병란과 관련한 기록은 『삼국유사』 속의 여러 항목에 흩어져 발견된다. 1206년 출생한 일연은 젊은 시절 경향 각지에서 벌어진 병란의 참상을 목격·체험하였고, 특히 경주(동경)에서 직접 눈으로 본 장면으로부터 엄청난 충격을 받았던 것 같다. 이런 사실이 일연의 역사의식과 함께 『삼국유사』 찬술에도 적지 않게 영향을 미쳤을 것임은 상상키 어렵지 않다.

흔히 지적되어 왔듯이 『삼국유사』 본문의 첫머리에 최초의 민족국가라 할 「고조선(古朝鮮)」조를 앞세워 시조 단군의 출현과 건국의 신화를 버젓이 역사 속에 내건 사실은 그렇게 추정할 만한 충분한 근거가 된다.[8] 그 속에는 고려의 주민 모두 다 같은 단군의 후예로서 민족국가의 구성원임을 일깨우려는 의도가 밑바닥에 깔린 것으로 여겨진다.

하필 세상을 피신해 숨는다는 뜻의 피은(避隱)편을 『삼국유사』 편목의 하나로서 내세우고 있음도 그런 사정과 전혀 무관하지 않을 듯하다. 물론 내용을 낱낱이 뜯어보면 피은을 유발시킨 요인은 오직 하나뿐이 아니라 매우 다양하였을 터이지만 일연 자신이 공세가 한창이던 1236년 포산(包山, 현재의 琵瑟山) 속으로 들어가 생활한 것도 몽고 병란과 일정한

---

8) 주보돈, 「삼국유사를 통해본 一然의 역사 인식」『영남학』63, 2017, pp.155-157.

관련이 있었다.[9] 일연은 포산을 주요 거점으로 삼아 인근을 오가며 무려 전후 30여년이란 장구한 세월에 걸쳐 그 일대에서 생활하였다. 온전한 상태의 황룡사를 찾아본 그가 전화를 입어 전소된 현장을 목도한 사실도 관련 기록을 세세히 남기는 데에 적지 않게 영향을 미쳤으리라 여겨진다.

신라 제일의 호국 사찰인 황룡사, 그 가운데 특히 9층목탑은 고려 왕조까지 각별한 주목의 대상이었다. 신라의 국가 사찰인 황룡사와 관련한 기록을 『고려사』에 몇 차례나 남기고 있음은 그를 방증해준다. 역시 미약하나마 호국의 역할을 고려 때까지도 기대한 데서 말미암은 것이 아닐까 싶다.

몽고 병란을 겪기 이전 경주를 방문한 고려의 승려나 지식인들 사이에서도 황룡사, 특히 9층목탑은 주요 관심사의 하나였다. 고종(高宗)대에 활동한 시인 김극기(金克己)나[10] 승려인 무의자(無衣子) 혜심(慧諶)이[11] 불타기 직전의 9층목탑에 올라가 동경 시가지를 내려다본 느낌과 경관을 시로서 간결하게 나타낸 사실은 그를 잘 보여준다. 『고려사』 고종세가(高宗世家)에서 유독 황룡사 소실(燒失)의 사실을 마치 9층탑만이 불탄 듯이 묘사한 점도[12] 그런 연장선상에서 이해가 가능한 일이다. 황룡사

---

9) 채상식, 『고려후기불교사연구』 일조각, 1991, pp.119-120.

10) 『신증동국여지승람』21 경상도 경주부 고적조.

11) 『무의자전집』하(『한국불교전서』6). 황룡사와 관련한 무의자의 또 다른 시는 『삼국유사』3 탑상편 「전후소장사리조」에 인용되어 있다. 이는 혜심이 황룡사에 기울인 관심의 정도를 반영한다.

12) 현장을 직접 다녀간 일연은 『삼국유사』3 탑상편 「皇龍寺九層塔」에서 몽고 병란으로 불탄 것이 '塔寺丈六殿宇'라 하여 황룡사 전부임을 드러내고 있다. 『신증동국여지승람』21 경상도 경주부 고적조에서는 마치 조선 초기까지 장육상만이 황룡사에 남아 있는 듯이 기록하였으나 이는 『고려사』에서 불탄 것이 9층목탑뿐이란 기사를 매개로 유추한 추정일 따름이다.

황룡사지 전경(국립경주문화재연구소 제공)

가운데서도 특히 9층목탑의 호국적 성격이 어떠하였던가를 시사해주는 대목이다.

일연은 황룡사가 불타기 이전과 이후 적어도 두 차례나 황룡사를 방문한 적이 있었던 것 같다.[13] 그는 황룡사에 병화가 지나간 뒤의 참담한 현장을 목격하고 '큰 불상과 두 보살상은 모두 녹아서 없어졌으며, 오로지 작은 석가상만 여전하게 남아 있다.'고 술회하였다.[14] 한편 '세간에서

---

13) 일연이 경주를 몇 차례 방문한 것인지 뚜렷하지는 않다. 한 차례만 왔다간 것으로 보는 견해도 있다.(이근직, 「삼국유사의 경주관련 기사분석」『삼국유사 요모조모』, 학연문화사, 2017, p.15) 그러나 『삼국유사』 전반을 일별하면 곳곳에는 현장을 방문해 직접 살핀 흔적을 남기고 있어 그렇게 보기는 어렵다.

14) 「황룡사장육조」

전하기를 황룡사의 탑이 불타던 날 (통도사 계단) 돌뚜껑[石鑊]의 동쪽 면에 큰 얼룩이 생겼다고 하였는데, 지금도 여전히 그러하다.'고[15] 그랬다. 이는 일연이 직접 현장의 실상을 목격하였음을 여실히 보여준다. 『삼국유사』에서 황룡사를 매우 중시한 것도 현장을 방문해서 직접 보고 얻은 자료에 근거하였음을 뜻한다.

이상과 같이 샅샅이 점검하면 황룡사 관련 문헌 자료는 상대적으로 많은 편에 속한다. 거기에 더해 현장 발굴을 통해서 확보된 고고자료 또한 적지 않은 사실도 눈여겨볼 만하다. 1976년부터 1983년까지 8년 동안 황룡사 사역(寺域) 전체에 걸친 발굴이 진행되었다. 이후 다시 오랜 기간 간헐적이나마 남은 부분은 물론 주변 일대의 도로 및 거주 구역으로까지 확장해서 보완적 성격의 발굴 작업이 이루어져 왔다.

아직껏 진행 중인 극히 일부 구역을 제외하고는 대부분의 발굴이 마무리됨으로써 황룡사의 전모는 이제 거의 드러난 셈이다. 확보된 발굴 자료를 토대로 황룡사의 내부 구조와 변천의 양상 전반은 대충이나마 짐작 가능하게 되었다.[16] 회랑(回廊)으로 둘러싸인 중문(中門)의 바깥에 위치한 남문의 외곽 담장이 둘러쳐진 사실도 확인되었다. 사역의 바깥 바로 남편에는 동서로 달리는 간선 도로와 함께 엄청난 규모의 광장(廣場)까지[17] 드러났다. 사역은 약간 변동의 모습을 보이지만, 대체로 창건기의 그것으로부터 근본적인 변화는 거의 겪지 않았으리라 추정되고

---

15) 「전후소장사리조」.

16) 양정석, 「신라 중고기 황룡사의 조영과 그 의미」 (고려대박사학위논문), 2001 ; 국립문화재연구소, 『황룡사 연구의 현황과 과제』(황룡사연구총서4), 2009 및 『황룡사 최근 연구 성과와 과제』, 2016 참조.

17) 경주시·신라문화유산연구원, 『황룡사 광장과 도시 I 』, 2018.

있다.

그에 견주어 내부적으로는 구조적 변화가 매우 심각한 수준으로 진행되었음이 확인된다. 본래 하나로 출발한 금당(金堂)이 셋으로 늘어나고, 처음 금당에 달린 익랑(翼廊)은 없어졌으며, 회랑에서도 일정한 변화가 뒤따랐다. 중문의 규모도 한층 커졌으며, 강당을 비롯한 부속 건물도 차츰 늘어나고, 마침내 종루(鐘樓)와 경루(經樓)로 추정되는[18] 건물까지 들어서는 등 내부 구조에 대한 일정한 수정이 계속 가해졌음이 확인되었다. 오랜 발굴을 통해 추출할 만한 기본 정보는 이제 거의 다 얻어낸 셈이다.[19]

창건 이후 가람 배치의 양상 등 구체적 세부 사항에 대한 이해를 두고 논자들 사이에 약간의 이견이 제기되었으나, 크게 세 차례에 걸친 구조상 변화가 일어난 사실은 널리 받아들여지고 있다. 현재 문헌상에 보이는 내용과도 상당 부분 일치한다고 봄이 일반적인 경향이다.[20]

하지만 그런 추정은 오직 고고발굴을 통해 확보된 자료에 근거하였다기보다는 문헌을 먼저 염두에 두고서 이끌어낸 결론처럼 비쳐지기도 하므로 약간의 문제가 없지는 않다.[21] 고고자료로부터는 사실상 문헌자료와 같이 세밀한 수준에서 변화 양상을 체계적으로 분석, 편년할 만한 기본 정보가 없는 데서 빚어진 현상이다. 구조에 대한 변화 문제를 놓

---

18) 김정기, 「황룡사지 발굴과 삼국유사의 기록」『신라문화제학술회의논문집』1 1980 ; 『수혈주거지와 사지』(창산 김정기저작집 1』, 2016, p.284.

19) 문화재관리국, 『황룡사 유적발굴조사보고서』1, 1984 ; 국립문화재연구소, 『황룡사 연구의 현황과 과제』, 2009 참조.

20) 김정기, 앞의 글, p.265.

21) 양정석, 앞의 글 참조.

고 해석상 약간씩 차이를 보이는 것도 고고자료가 지닌 근본적 한계에서 비롯한 부득이한 일이기도 하다.

사실 황룡사 자체에서 문헌과 대조해볼 만한 기록이 나오기도 하였다. 이른바 「찰주본기(刹柱本記)」를 사례로서 들 수 있다. 「찰주본기」는 정식의 발굴에 의해 확보된 자료가 아니며 이미 도굴로 도난당해 흩어졌다가 뒷날 우연찮게 수습된 것이다.[22] 「찰주본기」는 원래 9층목탑지 중앙부의 심초석(心礎石) 안에 마련된 사리공(舍利孔)에 들어가 있던 내함(內函) 안팎의 6면에 걸쳐 새겨진 명문이다. 전체 글자의 수는 판독 여하에 따라 약간의 출입이 있으나 대충 923자쯤으로 추정되고 있다.[23]

「찰주본기」내용 전반을 훑어보면 몇 개의 단락으로 이루어졌음이 확인된다. 처음 9층목탑이 세워진 배경 및 경과, 이후 9세기 전반 문성왕(文聖王)대부터 기울어지기 시작해 30여년만인 872년 옛것을 전부 허물고 다시 짓게 된 사실,[24] 원래 사리공 속에 들어가 있던 것과 함께 새로이 추가한 것까지 하나로 합쳐서 다시 사리공에 장착시킨 과정, 그리고 말미에는 명문의 작성자 및 작업의 일체를 담당한 성전(成典) 조직과 작업 참여자인 도속(道俗)의 명단이 열거되어 있다.

「찰주본기」는 9세기 말의 당대 기록인 셈인데, 『삼국유사』에 실려 기왕에 알려진 내용과 거의 일치하므로 황룡사 관련 기록의 사실성이 상당 부분 입증된 셈이다. 그렇다고 두 기록 사이의 선후 관계까지가 모두 확연해진 상태는 아니다. 『삼국유사』에 실린 내용 가운데 「찰주본기」

---

22) 황수영, 「신라 황룡사 구층목탑지-찰주본기에 대하여」『고고미술』116, 고고미술동인회, 1972.

23) 논자에 따라서 전체 수치상 약간의 출입을 보이나 최근의 정밀 조사 결과 그처럼 판명되었다.(국립경주박물관, 『황룡사』, 2018, p.359)

24) 이를 「찰주본기」에서는 '始廢舊造新'라고 표현하였다.

에 의거하였을지도 모를 것도 일부 엿보이기 때문이다. 이를테면 『삼국유사』에서[25] 9층목탑의 높이를 나타내면서 「찰주기」를 근거로서 인용한 사실을 손꼽을 수 있다.

그렇지만 일연이 활용한 「찰주기」가 곧바로 「찰주본기」 그것이라고 단정하기 곤란한 실정이다. 사실 일연이 불타버린 현장을 직접 탐방하기는 하였으나 주초석의 사리공 위에 놓인 엄청난 규모의 뚜껑돌을 들어올려 「찰주본기」를 직접 살펴본 뒤 다시 원상태로 집어넣었다고 상상하기는 곤란하다.[26] 한편 일연이 경문왕대 탑의 개건 사실을 언급하지 않고 매우 간단하게 '중수(重修)'라고 처리해버린 점도[27] 「찰주본기」를 실견하지 않았을 가능성을 한결 드높여준다. 그런 측면에서 「찰주기」는 「찰주본기」와는 다른 어떤 것을 가리킬 여지가 크다.

그렇다면 일연이 이용한 「찰주기」의 실체가 과연 무엇인가를 당연한 의문으로 떠올려봄 직하다. 만일 양자가 다른 것이라면 「찰주기」는 처음 탑을 세울 때 넣은 것일 수도 있겠기 때문이다. 목탑의 높이와 관련한 두 기록을 대조하면 「찰주본기」가 보(步)와 그 아래의 단위인 척(尺)을 함께 사용한 반면, 「찰주기」에서는 모두 척으로 환산하는 등 뚜렷한 차이를 보임은 그렇게 추정할 만한 약간의 소지를 제공한다.[28]

「찰주본기」에 의하면 원래 있던 것을 들어내고 사리장치를 새롭게

---

25) 「황룡사구층탑」조.

26) 강종훈, 「금석문 자료 활용 방식을 통해본 《삼국유사》 수록 사료의 성격」『역사와 담론』60, 2011 ; 『한국고대사 사료비판론』 교육과학사, 2017, p.166.

27) 「황룡사구층탑」조.

28) 한편 『삼국사기』11 신라본기 경문왕 13년조에는 개탑 완료 뒤 높이를 22丈이라 하여 다른 단위를 사용하였다. 게다가 22장은 환산하면 220척이 되므로 「찰주기」 및 「찰주본기」와도 차이가 난다.

황룡사장육존_받침돌(하일식 제공)

만들어 보완해 넣었으므로 이때 처음 만들 때의 내용을 찬자인 박거물(朴居勿)이 직접 보고 다시 재정리한 것일 수도 있다. 만일 그렇다면 「찰주본기」와 달리 처음 작성된 「찰주기」가 따로 있다고 봄이 적절하다. 그럴 가능성은 일연이 9층탑을 다루면서 두 차례나 인용한 「사중기(寺中記)」를[29] 매개로 하면 이해할 만한 여지가 보인다.

　638년 입당(入唐)한 자장이 떠돌다가 태화지(太和池)에서 만난 신인(神人)이 9층탑의 건립을 권유하였다고 하거니와 구체적 이름은 「황룡

---

29) 다만, 그 가운데 한 차례는 「寺中古記」라 하였는데 양자는 같은 자료일 터이다. 「장육상」조에는 본문 외에 「寺記」 「別傳」 「別本」과 같은 형태로 인용되어 있다. 대체로 모두 동일한 것이거나 비슷한 계통의 자료로 이해된다.

사구층탑」조의 본문에서는 보이지 않는다. 그런데 협주로 인용된 「사중기」에는 막연한 신인의 실명이 종남산(終南山)의 원향선사(圓香禪師)임을 밝혀두고 있다. 이는 「찰주본기」의 내용과도 그대로 일치하는 사실이다. 여하튼 현재로서는 「찰주기」와 「찰주본기」의 상관관계를 명백하게 밝히기는 어렵지만 설사 같은 것이라 하더라도 일연이 직접 본 것이 아니며, 「사중기」를 매개로 해서 관련 내용을 전해 들었음이 틀림없다고 하겠다.

이상과 같은 사실은 기존 문헌 기록도 결코 소홀히 다루어져서는 안됨을 의미한다. 『삼국사기』 신라본기 경문왕(景文王) 13년조(873)에 보이는 9층목탑의 개건 사실과 함께 시점까지 그대로 일치하는 사실도[30] 아울러서 참고가 된다.

그런 의미에서 다른 방법이 찾아지지 않는 한 새로운 고고자료를 문헌과 관련지어 접근해도 실상과 그리 크게 어긋나지는 않을 듯 싶다. 「찰주본기」에는 전혀 알려지지 않은 새로운 내용은 물론이지만 기왕에 알려진 기록도 결코 무시할 수 없음을 실증해주었다는 점에서 크나큰 의의가 찾아진다.

문헌이나 고고자료가 곧바로 합치되는 경우는 흔하게 볼 수 있는 사

---

30) 흔히 개건의 완료 시점을 「찰주본기」에 보이는 '咸通十三年歲次壬辰十一月卅五日記'란 기록의 함통 13년에 의거해서 872년으로 봄이 일반적이지만 엄밀히 말하면 이는 명백한 잘못이다. 내용상 경문왕이 찰주를 들어서 올려 내부를 직접 확인한 시점은 11월 6일이고, 이는 이후 姚克一이 왕명을 받아 박거물이 작성한 문장을 쓴 시점을 가리킬 따름이기 때문이다. 작성된 사리 장치를 내함에 다시 넣고서 문장 자체를 새기는[鐫字] 등 개탑과 관련한 일체 작업을 최종 마무리하려면 상당한 시간이 소요될 수밖에 없다. 그러므로 탑의 개건을 완료한 시점은 872년 11월 25일 이후가 되어야 온당하다. 그런 의미에서 개건 작업이 모두 끝나고 일체 완료된 시점은 『삼국사기』처럼 경문왕 13년(873) 9월로 단정함이 옳다고 보아야 한다. 그렇다면 『삼국사기』와 「찰주본기」 사이에는 내용과 시점의 相馳는 전혀 없게 되는 셈이다.

례는 아니다. 황룡사의 전면 발굴을 통하여 수만 점에 달하는 매우 다양한 유물이 출토되었지만 그 동안 이들에 대해 각 분야별로 대상을 나누어서 접근함이 일반적이었다. 이를테면 고고학을 비롯해 고건축, 불교사, 불교미술, 의례, 생활사, 금속공예 등의 분야를 손꼽을 수 있다.

그러나 이제 그러한 분산적 작업을 뛰어넘어 종합적·총체적으로 접근해볼 시점에 이르지 않았을까 싶다. 관련 자료의 축적이란 측면에서도 그러하지만 개별적 연구는 상당할 정도로 진척되었다고 판단되기 때문이다. 근자에 더 이상 황룡사와 관련해서 두드러진 새로운 연구 성과가 거의 나오고 있지 않음은 그를 방증한다. 일찍이 어느 연구자가 제창한 것처럼[31] 체계적인 구명을 위해서는 따로 '황룡사학'의 정립이 필요한 시점일 듯하다.[32] 그것이 결국 각 분야의 개별적 연구 수준을 지금보다 한 단계 더 드높이는 길이기 때문이다.

3. 창건의 배경과 과정

1) 왕궁의 건설과 과정

황룡사의 창건 작업은 애초에 사찰을 지을 목적에서 시작한 것이 아니었다. 본디 신궁(新宮), 즉 새로운 궁궐을 겨냥한 기초 작업이 이미 어느 정도 진행된 상태였다. 신궁 건설 작업의 도중에 사찰로 바꾸어 짓기로 결정하고 마침내 완공을 봄으로써 황룡사란 이름을 갖게 된 것이었

---

31) 양정석, 앞의 글, p.306.

32) 이용현, 앞의 글, p.351에서도 그런 점을 결론으로서 강조해두고 있다.

다.[33]

이때의 신궁은 단순히 왕궁의 여러 부속 건물 가운데 또 하나의 새로운 궁을 가리키는 것이 아닌 듯하다. 뒷날 성덕왕 16년(717)에도 '신궁(新宮)'이란 이름의 궁이 지어진 바 있다.[34] 완공 뒤 신궁의 명칭 자체가 그대로 사용되고 관리를 위한 몇몇 관원이 배치되기도 하였다. 신궁은 특이하게도 중앙관부만을 취급한 『삼국사기』38 직관지(상) 속에 들어가 있다. 이것이 경덕왕대에는 전설관(典設館)으로 명칭이 바뀌었다. 이런 사실로 미루어 '신궁'이라 불렸지만 혹여 애초부터 별궁이 아닌 독특한 관부였을지도 모른다. 그렇지 않다면 글자 그대로 왕궁의 부속 건물 하나였지만 경덕왕대에 설치된 전설관이 신궁의 건물을 활용하게 된 것인지도 알 수는 없다.

여하튼 진흥왕대에 처음 짓기로 예정된 신궁이 자궁(紫宮)이라고도 불린 점에서[35] 단지 왕궁을 구성하는 여러 건물 가운데 하나가 아님은 분명하다. 뒷날의 표현을 빌면 본궁(本宮),[36] 혹은 대궁(大宮)의[37] 건설을 겨냥하였음이 틀림없다.

그렇다면 이는 단순히 왕궁만의 건축에 머문것이 아니라 나아가 왕경의 구조 전반을 본격 재편하려는 커다란 기획 아래 추진된 대규모 역

---

33) 『삼국사기』4 신라본기 진흥왕 14년조. 다만, 처음부터 황룡사란 이름을 갖고 출발한 것은 아닌 듯하다. 도중에 이름의 표기가 바뀐 것으로 미루어 사명을 놓고 한동안 고심하였을 가능성이 크다. 따라서 이름이 확정된 뒤 黃龍이 출현하였다는 창건 연기설화를 창안하여 소급적용시켰으리라 여겨진다.

34) 『삼국사기』8 신라본기 성덕왕 16년조.

35) 「황룡사장육」조.

36) 국립경주박물관, 『문자로 본 신라』, 2002, p. 76.

37) 『삼국사기』39 잡지 직관 중.

사(役事)라고 여겨진다. 그런 과업을 추진한 배경으로서는 일단 왕궁인 월성(月城)이 원천적으로 안고 있는 공간적 한계와 기존 왕경의 경영 속에서 차지하는 위치상의 근본적 결함을 아울러 떠올리지 않을 수 없다.

월성은 익히 알다시피 왕궁으로서 계속 사용하기에는 내부 공간이 지나치게 협소한 근본적 취약점을 안고 있었다. 왕권이 상대적으로 미약한 시절의 부체제(部體制) 단계에는 어떻지 몰라도 이제 초월자적 절대 권자로 부상한 국왕 중심의 중앙집권적 지배체제가 출범하고 이를 체계적으로 뒷받침해 줄 관료조직을 어느 정도 갖춘 법흥왕·진흥왕대를 거치면서 월성만으로는 더 이상 견디기 힘든 지경에 이르지 않았을까 싶다.[38] 왜계(倭系)의 이주민인 호공(瓠公)이 처음 머물렀다거나[39] 뒤이어 바깥 세계로부터 경주분지로 들어온 석탈해(昔脫解)가 꾀로써 빼앗아[40] 즉위하기까지 한동안 거주한 사실 등에서 유추되듯이 월성이 개인적 차원에서는 어떻지 몰라도 지배체제가 상당한 수준에 이른 단계의 신라 왕궁 면모로서 본격 기능하기에는 뚜렷한 한계를 지녔던 것 같다. 그것이 왕궁을 전면적으로 재편하게 만든 일차적 요인으로 작용하였으리라 여겨진다.

다른 하나는 월성의 지리적 위치 자체가 신라국가의 중핵인 왕경으로 기능하기에는 너무도 미흡한 데서 말미암았을 가능성이다. 처음에는 오히려 지리적 이점 때문에 월성이 부득이하게 왕궁으로 선택되었을 터이다. 주변 일대와 견주어 비교적 높은 언덕을 이루어 시가지를 곧바로

---

38) 주보돈, 「신라 왕경론」, 『문헌으로 보는 신라의 왕경과 월성』, 국립경주문화재연구소, 2017.
39) 『삼국사기』1 신라본기 시조 혁거세거서간 38년조.
40) 『삼국사기』1 신라본기 탈해이사금 즉위년조 및 『삼국유사』 1 기이1 탈해왕조.

내려다볼 수도 있고, 또 바로 남쪽으로 남천이란 시내를 끼고 있어 북편에만 약간의 손질을 가해 해자(垓字)를 두른다면 상대적으로 방어가 무척 용이한 곳이다. 석탈해가 월성을 굳이 사람이 살 만한 길지(吉地)라고 인식한 데에는 그런 유리한 면이 참작되었을 법하다.

이처럼 월성이 일찍이 왕궁지로 선택된 것은 거주와 함께 방어하기 좋은 지형적 여건 때문이었을 터이다. 그래서 아직 어떤 각별한 이념적 요인이 달리 작용할 여지는 없었을 것 같다. 당시 천신과 지신을 비롯한 산천 등 자연물이나 조상 숭배를 대상으로 삼은 토착신앙이 일반적이었다. 부체제(部體制) 단계에는 아직 특별히 왕궁이나 왕경의 경영에 더 이상의 이념이 가미될 필요가 없었을 터이다.

그러나 이제 법흥왕 이후 국왕의 위상이 초월적 지배자로 부상해간 마당에서는 그를 뒷받침해 주기 위해 일체가 저절로 달라질 수밖에 없었다. 왕궁은 물론 이를 중추로 삼은 왕경 전반까지 현저히 달라진 국왕의 위상에 어울리도록 새롭게 단장되어야 하였다. 왕경인과 함께 지방민까지 포함한 신라 주민 전체를 대상으로 국왕 및 중앙정부의 위엄과 권위를 과시할 필요성이 생겨났다. 그럴 때 왕궁과 왕경은 어떤 지배이데올로기를 넣어 포장시키게 마련이었다.

왕궁의 건설이 그 자체만으로 마무리 지어졌을 리 만무하다. 왕경 전반의 재정비 일환으로서 추진된 일이었기 때문이다. 왕궁 자체만 하더라도 엄청난 역사(役事)였으므로 하루아침에 당장 이루어질 일이 아니었다. 오랜 기간의 사전 준비 작업을 꾸준히 거쳤을 때 비로소 가능해질 터였다. 아마도 그런 정지작업이 본격적인 궤도에 오르자 이제 실행으로 옮겨지게 된 것으로 여겨진다. 성년(成年)에 이른 진흥왕의 친정(親政) 시점이 바로 그 계기였다. 그런 사정의 일단은 진흥왕이 재위 12년(551) 사용하기 시작한 개국(開國)이란 연호에서 유추된다.[41]

신라 최초의 연호는 법흥왕 23년(536)의 건원(建元)이다. 건원은 '원년(연호)을 세운다'는 뜻이므로 법흥왕이 나름대로 추진한 새로운 지배질서를 최종 마무리 지으려는 선언임과 동시에 새로운 시대의 출발 표방을 함축한 것으로 풀이된다.

그로부터 4년 후인 540년 법흥왕의 뒤를 이어 즉위한 진흥왕은 따로 새 연호를 내세우지 않고 기존의 건원을 그대로 이어 사용하였다. 당시 진흥왕은 7세의 어린 나이였으므로 법흥왕의 딸로서 그의 어머니인 지소(只召)태후가 섭정하였다. 지소태후는 당분간 기존 법흥왕대의 기조(基調)를 잇는다는 의미에서 건원을 그대로 사용한 것으로 여겨진다.

그런데 즉위한 지 12년째 되던 551년 진흥왕은 연호를 개국으로 바꾼 것이다. 바로 이 해는 진흥왕이 성년으로 되던 때였으므로 그 속에는 안팎으로 친정 선언의 의미가 당연히 담겼으리라 생각된다.[42] 그러면서도 하필 '개국'이란 연호를 내세운 사실은 결코 예사로워 보이지가 않는다. 그 자체에 어떤 의미심장한 목적을 담으려 한 느낌이 짙게 들기 때문이다.

개국은 글자 그대로 '나라를 연다'는 뜻의 매우 함축적인 표현이다. 물론 '나라를 처음 연다'는 뜻이 아님은 이를 나위가 없는 일이겠다. 그렇다면 이는 현실의 신라국가를 새롭게 만들겠다는 강한 의지를 담은 표명으로 읽힌다. 진흥왕은 친정을 계기로 법흥왕대의 정책적 기조를 이

---

41) 주보돈, 앞의 글, 2017 참조.
42) 이병도, 「진흥대왕의 위업」『한국고대사연구』, 박영사, 1976.

어가면서도 신라국가를 재정립하려는 웅지(雄志)를 품고서 그와 같은 각별한 연호를 창안한 것으로 풀이된다. 그렇다면 진흥왕이 지향한 국가는 과연 어떤 것인가가 당연한 의문으로 떠오른다.

2) 황룡사로의 전환과 그 기능

진흥왕이 꿈꾼 나라의 구체적 모습이나 성격은 그가 직접 피력한 언급이 없으므로 간파해내기 쉽지 않다. 하지만 당시의 시대적 상황과 함께 재위 기간 동안 추진한 과업이나 정책을 통해서 얼핏 짐작할 여지는 보인다. 사실 새로운 왕궁 건설과 함께 추진한 왕경 전반에 대한 재정비 속에는 그런 목표를 실행으로 옮기는 의지가 깃든 셈이다. 다만, 이는 어디까지나 결과가 아닌 개시(開始)였을 따름이다.

개국이란 단어 자체 속에는 같은 해에 추진된 왕궁 건설과 함께 왕경의 쇄신이란 과제도 당연히 들어갔을 것으로 보인다. 그럼에도 왕궁을 짓기로 시작한 작업을 갑작스레 불사(佛寺)로 바꾸었다. 현재 남겨진 관련 기록만으로 언뜻 살피면 진흥왕이 왕궁을 짓기 시작한 시점도 재위 14년(553)인 듯이 비쳐진다.[43] 그렇지만 이는 엄밀히 말하면 왕궁을 불사(佛寺)로 고쳐 짓기로 결정된 시점이라고 한정적으로 풀이함이 마땅할

---

43) 『삼국사기』4 신라본기 진흥왕 14년조에 '王命所司 築新宮於月城東 黃龍見其地 王疑之改佛寺 賜號曰皇龍寺'라 하여 마치 왕궁을 세우는 일과 사찰로 바꾼 것이 동시인 듯이 기록되어 있다. 편년체에서는 그와 같이 여러 일련의 여러 사건, 사실들을 하나로 처리하면서 부득이하게 한곳으로 몰아 압축적인 방식으로 서술한 경우는 흔히 있는 일이다. 따라서 모든 사건이 동시에 이루어진 일로 봄은 너무도 순진하며 섣부른 판단이다. 이는 낱낱이 분해해서 이해해야 실상에 제대로 다가갈 수 있다.

듯 싶다.[44] 말하자면 왕궁의 건설 작업은 551년 시작해 이미 어느 정도 수준까지 기초 공사가 추진된 마당에서[45] 553년 사찰로 바꾸어 짓기로 한 것이었다.

물론 그렇다고 본래의 의도까지 근본적으로 바뀐 것은 아니며 일체가 불사(佛寺) 중심으로 승계되었다고 봄이 지극히 자연스럽다. 왕궁이 차지하는 무게로 보아 사찰로 바꾸어 짓는 일은 선뜻 동의를 얻어 즉각적으로 이루어졌을 성질의 것은 아니다. 기록상에서는 간단히 처리된 것처럼 비쳐지지만 아마도 그와 같은 엄청난 결단을 내리기까지 상당한 내부 논란의 과정을 거친 결과라 봄이 온당할 것 같다. 개국이란 연호 속에 왕궁 건설도 당연히 포함되었을 터이지만 동시에 거기에는 불사로 옮길 만한 그럴싸한 명분까지 들어가 있는 듯이 보이기 때문이다. 그렇다면 그 밑바탕에 어떤 계기와 배경이 구체적으로 작동하였을까는 매우 궁금해지는 대목이다.

익히 알다시피 왕궁을 옮기는 자체는 하루아침에 시작될 정도로 간단한 일이 아니다. 이를 실행으로 옮기려면 사전의 기초적인 정지작업이 이미 충분히 이루어졌을 때 비로소 가능해진다. 말하자면 직전까지 왕경을 위한 여러 가지 기초적 작업이 상당한 수준으로 진척되었기에 진흥왕은 친정하면서 실행으로 옮길 수 있었던 것이다.[46] 그래서 진흥왕이

---

44) 이를테면 화랑제의 창설 시점이 명확하지 않을 때 진흥왕 말년에 화랑 관련 내용을 모두 합쳐서 기재한 것도 그와 마찬가지의 사례로 손꼽을 있다. 편년체적 서술에서는 낱낱이 과정까지 기록하지 않고 최종적 결과만을 함께 기록한 사례가 적지 않게 발견된다.

45) 김정기, 「황룡사 가람변천에 관한 고찰」『황룡사 유적발굴조사보고서 Ⅰ』, 1984 ; 『수혈주거와 사지』, 2016, p.285. 창건 초기 가람 배치에서 확인되는 익랑의 존재가 곧 궁궐로서 창건되었음을 보여주는 증거로 보기도 한다.(김창호, 「황룡사 창건가람에 대하여」『경주사학』19, 2000)

46) 조유전, 「황룡사의 창건 및 연혁」『황룡사 유적발굴조사보고서 Ⅰ』, 1984, p.23.

왕궁 이전과 함께 이를 기준으로 삼은 왕경 전반의 쇄신까지 일단 개국이란 선언 속에 들어가 있었다고 봄이 적절할 듯 싶다. 이미 언급하였듯이 왕궁에만 머물지 않고 왕경 전체의 도시계획도 아울러 겨냥한 일이었음을 고려하면 더욱 더 그러하다.

왕궁뿐만 아니라 왕경의 쇄신에는 무엇보다도 먼저 지배집단의 공동 묘역(墓域)을 다른 곳으로 옮기지 않으면 안 된다. 왕궁인 월성의 바로 북편 일대에는 4세기 중엽 무렵부터 6세기 초엽에 이르기까지 신라 지배집단의 공동 묘역이 조성되고 있는 상태였다. 만일 현황을 그대로 이어나간다면 왕경 전반의 체계적 정비는 원천적으로 불가능한 일이었다. 주거 가능 지역이 묘역 확장으로 계속 잠식된다면 결국 계획도시로서의 왕경 경영은 포기하지 않으면 안 된다. 그러므로 왕경의 쇄신 작업에는 공동 묘역의 이전을 대전제로 하였다.

그런데 지증왕은 재위 3년(502) 순장(殉葬)을 금지하고 5년(504)에는 상복법(喪服法)을 제정하였다. 당시의 사정으로 미루어 이는 장제(葬制) 전반에 걸치는 엄청난 개혁적 시책으로 여겨진다. 장제 변화의 구체적 실상은 잘 드러나지 않으나 어떻든 묘역의 조정을 위해 내디딘 첫걸음이라 이해된다. 이후 기존 묘역이 자리한 대릉원 일원의 무덤 조영에는 상당한 제한과 제약이 저절로 뒤따를 수밖에 없었을 터이다.

왕릉이 위치하는 새로운 묘역과 관련해 믿을 만한 기록은 540년 사망한 법흥왕 무덤에서부터 보이거니와 이후 왕릉 기사는 국왕의 죽음과 같이 거의 빠짐없이 등장한다.[47] 이 무렵부터 경주분지 중심부를 에워

---

47) 『삼국사기』 신라본기의 국왕 말년의 기사에 왕릉의 위치가 마치 기재의 원칙인 듯이 보이나 『삼국유사』 王曆篇에는 간간히 기재되어 빠진 곳이 많다.

싼 주변 산자락 여기저기에 공동의 묘역이 조성되기 시작하였다.[48] 그 가운데 특히 서천(西川) 건너편의 우뚝한 선도산(仙桃山) 산록 일대에는 가장 핵심 지배층의 분묘가 집단으로 조성되었다. 그 중심적 위치에 7세기 중엽의 무열왕까지 몇몇 왕릉이 집단을 이루어 나란히 조영된 특징을 보인다. 기왕의 평지 왕릉과는 전혀 다른 면모였다.

이처럼 지배층의 공동 묘역이 외곽으로 옮겨짐과 함께 행해져야 마땅한 절차는 대대적인 토목공사였다. 왕경 중앙부 일대에는 용천(湧泉)에서 생겨난 자그마한 시내(川)와 함께 여기저기 저습지가 적지 않게 형성되었고, 또 비교적 큰 하천인 북천(北川)까지 자주 범람하였다. 특히 왕궁의 예정지 부근 일대는 흔히 용궁(龍宮)으로 불린 데서[49] 짐작할 수 있듯이 대표적인 저습지였다.

거주 가능한 공간을 최대한 확보하기 위해서는 모쪼록 이 문제를 사전에 해결해 두지 않으면 안 된다. 그렇지 않으면 왕경 내의 거주 가능한 공간은 매우 한정적일 수밖에 없기 때문이다. 그런 상황에서 새로운 왕궁 건설은 물론 왕경 전반의 도시계획도 꿈꾸기조차 어려웠을 터이다. 이런 문제점을 근원적으로 해소하기 위해 반드시 시가지 전반에 걸치는 대대적인 토목공사는 선행되어야 할 필수적 과제였다.[50] 먼저 북천에 둑을 쌓아 범람에 대비하고, 곳곳의 저습지를 메우며 용천수의 흐름을 체계적으로 관리하지 않으면 안 되었다.

---

48) 법흥왕의 무덤이 조영된 540년은 주변 지역으로 묘역이 옮긴 시점이 아니라 하한 시점이었을 따름이다. 527년 사망한 이차돈의 무덤이 북쪽 금강산자락에 조영되었음은 그를 보여준다.

49) 「가섭불연좌석」조.

50) 김재홍, 「신라 중고기의 저습지 개발과 촌락구조의 재편」『한국고대사논총』7, 1995.

법흥왕대 제방 수리의 기록이나[51] 536년 저수지 축제의 결과를 기록한 「영천청제비(永川菁堤碑)」를 매개로 삼으면[52] 당시 물을 다루는 토목기술은 상당한 수준에 이르렀으리라 유추된다. 그 이전의 고총고분 축조나 5세기 말 전국 곳곳에서 대대적으로 행해진 석성(石城)의 축조 경험 등도 토목공사 능력을 향상시키는 데 큰 몫을 하였으리라 여겨진다. 게다가 불교 수용 및 공인과 함께 그에 딸려서 새로운 선진문물로서 건축 토목기술까지 들어왔음이 분명하다.

엄청난 규모의 토목 공사는 장기간에 걸쳐 꾸준하게 실시되었을 터이다. 진흥왕이 왕궁 및 왕경의 대대적인 정비 사업을 본격 추진할 수 있게 된 것도 그와 같은 사전의 정지작업이 충분하게 진척된 바탕 위에 비로소 가능해진 일이었다. 겉으로 진흥왕이 친정하면서 시작된 듯이 비쳐지지만 이미 오래 전부터 준비 과정을 거친 결과라 봄이 온당하다.[53] 친정하자마자 개국으로 개원(改元)한 것도 그런 전제 아래에서 가능하였다. 개국은 여러모로 미리 준비된 기반 위에서 왕궁 및 왕경 전반에 대한 정비의 기치를 처음 공식적으로 내건 출발점이었던 셈이다.

그렇다면 왜 갑작스레 왕궁을 불사(佛寺) 창건으로 바꾼 것일까. 거기에는 그럴 만한 어떤 결정적 계기나 명분이 작용하였을 터이다. 이를 뚜렷이 입증할 만한 기록은 없지만 진흥왕이 추진한 여러 정책의 내용을 매개로 짐작해볼 수 있다.

---

51) 『삼국사기』4 신라본기 법흥왕 18년조.
52) 이기백, 「영천 청제비의 병진축제기」『고고미술』106 · 107, 1970 ; 『신라정치사회사연구』 일조각, 1974.
53) 이미 서천 건너편에서 왕궁으로 들어가는 큰 길을 흥륜사 창건과 동시에 닦아놓은 사실로부터 유추된다.(『삼국사기』4 신라본기 진흥왕 10년조)

'개국'을 선언하기 바로 직전인 550년 무렵 세워진 「단양신라적성비」가 보여주듯이 신라는 이미 남한강 상류까지 진출한 상태였다. 548년부터 고구려와 백제가 도살성(道薩城)과 금현성(金峴城)을 놓고서 치열한 공방전을 펼쳤다. 신라는 550년 잠시 두 나라가 피폐해진 틈을 타고 두 성을 동시에 장악해서 병력을 주둔시키는 일대 결단을 감행하였다. 이는 진흥왕이 장차 한강 유역 방면으로 본격 진출하겠다는 의지를 내비친 사건이었다. 백제가 도움을 요청하기에 앞서 신라는 이미 내밀히 그를 추진하기 위한 전략을 세워두었음을 보여준다.

진흥왕은 이듬해인 551년 개국을 표방한 뒤 곧장 지방의 순행에 나서 낭성(娘城)을 들렀다. 낭성은 오늘날의 청주 일원으로서 도살성과 금현성을 포괄한 지역의 주요 거점이었다. 이는 그 일대 전체를 영역으로 편입한 데에서 가능해진 일이었다. 이때 바로 직전 신라로 망명하였으나 국원(國原), 즉 충주 지역으로 사민 당한 대가야 출신의 악성 우륵(于勒)을 진흥왕은 하림궁(河臨宮)으로 불러서 가야금곡을 연주토록 하였다. 이로 미루어 신라가 남한강 상류 일대의 상당 부분을 장악한 상태였음을 알 수 있다.

신라는 같은 해에 백제의 요청을 받아 가야 세력까지 포함된 연합군의 일원으로서 한강 중·하류 유역까지 진출하는 데 성공하였다. 명장 거칠부(居柒夫)는 당시 군사작전을 이끈 신라의 8장군 중 한 사람으로서 최선봉에서 활약하였다. 바로 이때 거칠부는 고구려 출신의 승려 혜량(惠亮)을 만났다. 두 사람은 이미 구면의 관계였다.

거칠부는 관직에 나아가기 직전의 젊은 시절 출가(出家)해 전국을 주유(周遊)하다가 마침내 국경을 넘어 고구려 경역에까지 들어간 적이 있었다. 이때 거칠부는 혜량이 주도한 강경(講經)에 몰래 참가하였다가 위험한 지경에 빠졌는데 그로부터 도움을 받아 무사히 돌아올 수 있었다. 거칠부는 한강 유역 진출에 성공하면서 고구려를 탈출해온 혜량을 다시 만난 것이었다.

신라는 553년에는 한강 상류만이 아니라 백제가 일시 점령한 하류까지도 힘들이지 않고 장악하였다. 백제는 신라가 고구려에 접근한다는 첩보를 접하고서 힘들게 되찾은 한성(漢城)으로부터 스스로 물러났기 때문이다.[54] 신라는 그 여세를 몰아 한성은 물론 한강 이북의 평양(平壤, 남평양으로서 서울 북부와 의정부 일대) 일원까지 나아갔다. 이로써 신라와 백제 두 나라의 오랜 우호관계는 사실상 완전한 파탄이 난 상태였다. 두 나라는 이미 예정된 수순을 밟아 554년 관산성(管山城)에서 명운을 건 한판의 대결을 펼쳤다. 이 싸움에서 신라가 대승을 거두고 성왕이 사망함으로써 두 나라는 전혀 새로운 국면을 맞았다.[55]

이처럼 한강 유역을 둘러싸고 전개된 동향 전반을 일별하면 백제가 일방적으로 추진하고 신라가 그에 수동적으로 끌려간 작전이 아니었다. 신라는 나름의 독자적인 기획 아래 한강 유역을 진출을 줄곧 노려왔고 그 시점을 가늠하던 중이었다. 이 때문에 언젠가 고토 회복을 꿈꾸어온 백제와의 한판 승부는 불가피하였다. 그 과정에서 신라는 백제와 고구려를 적절하게 이용함으로써 마침내 목적 달성에 성공하게 되었다.

이로 보면 진흥왕이 표방한 개국 속에는 광대한 영역을 보유한 국가, 이로써 백제는 물론 고구려와의 경쟁에서 승리할 수 있는 강력한 신라

---

54) 주보돈, 「5-6세기 중엽 신라와 고구려의 관계」『북방사논총』11, 2006, pp.91-93.
55) 주보돈, 「백제 성왕의 죽음과 신라의 국법」『백제문화』47, 2012, pp.142-144.

국가를 건설하려는 희구까지 아울러 포함한 것이라 하겠다. 그를 구현하기 위해서는 다른 무엇보다도 삼국 간 전략적 요충지인 한강 유역의 진출이 가장 긴요한 선결과제였다. 이로써 인적·물적 토대를 크게 늘리고 동시에 독력으로 중국과 직접 통교할 수 있는 길을 열게 됨으로써 이후 오랜 숙원이던 선진문물을 입수할 수 있었다.

그런데 신라가 가장 약체의 처지였던 까닭에 고구려와 백제를 동시에 적으로 돌리는 행위는 자칫 명운을 좌우할 정도의 위험 부담이 크게 뒤따르는 전략이었다. 그를 위해서는 대단한 결단이 요구되었다. '개국'의 선언은 그야말로 거기에 적절히 어울리는 행위였다. 사실 진흥왕이 한강 유역의 진출을 계기로 우륵과 혜량 두 망명객을 우연히 만나게 된 사실은 공교롭게도 이후 추진해 나간 개국의 정책과도 밀접한 관련이 있으므로 주목해볼 대상이다.

우륵의 음악은 단순히 즐기기 위한 수단이 아니었다. 흔히 예악(禮樂)이라 일컬어지듯이 악(樂)은 예(禮)를 수반한 제의(祭儀)와 같은 공식 의례용으로서, 유학에 대한 기본적 이해를 전제로 한다. 진흥왕이 우륵의 음악을 직접 듣고서 주위의 강한 반발을 억누르면서까지 적극 수용하려한 데에는 '개국'에 어울리는 요소가 거기에 깃들어 있다는 판단 때문이라 여겨진다.[56]

568년 세워진 「황초령비」나 「마운령비」에서 『서경(書經)』 등 유교 경전을 원용한 데서 확인되듯이 진흥왕은 개국 선언과 함께 왕도(王道)정치를 신라국가가 장차 추구해 나가야 할 이상의 하나로서 꿈꾸었음이

---

56) 주보돈, 「우륵의 삶과 가야금」『악성 우륵의 생애와 대가야의 문화』, 2006 ; 『가야사 이해의 기초』, 주류성, 2018.

짐작된다. 우륵의 음악은 그런 정책과 잘 어우러질 만한 대상이었다. 이에 망명객 우륵의 비애스런 마음이 알게 모르게 스며든 원래의 가야금곡 12곡을 끝내 5곡으로 줄여 편곡함으로써 이를 궁중의 각종 제례용(祭禮用) 음악인 대악(大樂) 속에 넣었던 것이다. 어떤 형태로든 우륵의 음악을 신라의 공식적 음악으로 수용한 사실은 진흥왕이 자신이 추구한 정치적 이상을 왕도정치에 두고 있었음을 넌지시 내비친 사례이다.

그와는 다른 측면에서 주목해 봄직한 것이 고구려의 망명 승려 혜량과의 만남이다. 혜량은 거칠부의 안내로 신라 왕경으로 들어와 진흥왕을 만났다. 진흥왕은 즉시 혜량을 승통(僧統, 혹은 國統)으로 임명해 불교와 관련한 일체의 자문역을 맡겼다. 아마도 수많은 고승을 불러 호국 경전인 『인왕경(仁王經)』을 강독하는 법회인 백좌강회(百座講會, 백고좌회)와 토착신앙과 연관해서 전사자를 위로하는[57] 팔관지법(八關之法)의 실시도 혜량의 건의에 따른 것으로 보인다. 불교가 단순히 국왕 개인이나 왕실의 안녕만을 도모하려는 것이 아니라 호국과 직결됨을 드러낸 면모였다.

이런 사실로 미루어 짓고 있던 왕궁을 불사로 바꾸도록 적극 건의한 것도 혜량이었을[58] 공산이 매우 크다. 당시 신라 내부에서는 혜량만큼 불사를 호국과 연결시키려는 이념적 명분을 제공할 정도로 불교 경전과 교리에 정통한 인물이 따로 있지 않았다.

진흥왕은 재위 5년(544) 흥륜사의 완공을 계기로 출가하여 정식의 승려가 될 수 있도록 조치하였다. 그들 가운데에는 남조의 양나라에 유학

---

57) 『삼국사기』4 신라본기 진흥왕 33년조.
58) 이기백, 앞의 글, 1986.

한 각덕(覺德)이 10년(549) 양의 사신과 함께 불사리(佛舍利)를 갖고서 귀국하기도 하였다. 이를 통해 남조 불교가 신라에 적극 수용되었음 직하다.

그러나 당시 여건으로 보아 신라의 승려가 불교 교리나 경전에 대한 깊은 이해를 바탕으로 정치적 자문역까지 맡을 만한 수준에는 아직 이르지 못하였다. 물론 「울주천전리서석」의 갑인(甲寅)조에 보이는 대왕사(大王寺)의 승려 안장(安藏)이 11년(550)[59] 대서성(大書省)에 처음 보임된 바로 그 사람이라면 제법 연륜과 능력을 쌓은 승려도 없지는 않았겠으나 전반적 실상을 고려할 때 당면한 불교 자체는 물론 정치의 자문까지 감당할 정도는 아니었다. 갓 망명해온 고구려 승려를 비록 예우 차원의 상징적 자리이긴 하여도 최초의 승통(국통)으로 삼은 점으로 미루어 진흥왕을 설득해서 왕궁을 불사로 바꾸도록 유도한 것은 아무래도 혜량이라고 봄이 온당한 이해일 듯 싶다.[60]

이상과 같이 보면 진흥왕이 앞장서서 구현하려 한 신라국가는 불교의 호국 중심에다 왕도정치까지 혼용된 내용이었다. 물론 출발 당초부터 양자가 굳게 결합하였다고 단정할 근거는 없다. 다만, 진흥왕이 영역 확장에 성공하고 지방 지배를 위한 여러 시책을 마련해 나가면서 신구(新舊)주민을 대상으로 한 왕도정치의 구현이 절실하다고 여겼을 법하다. 물론 당면 현실에서는 불교적 입장에서 영역 확장을 도모하는 적극적·공세적 성격의 호국을 추진하면서 장차 수성(守成)을 겨냥한 왕도정치의 싹이 함께 움트고 있었던 것이다.

---

59) 『삼국유사』4 의해편 「慈藏定律」조.
60) 주보돈, 「거칠부의 출사와 출가」『한국고대사연구』76, 2014.

이처럼 특이하게도 양자를 구체화시킨 주요 계기가 망명객들과의 만남이란 사실이다. 이는 곧 진흥왕이 기본적으로 사람은 물론 외래문물을 적극 수용하고 포용하려는 자세를 취하였음을 뜻한다. 온갖 위험을 무릅쓰고 한강 유역을 독차지하려 한 의도 가운데 하나가 선진지역인 중국과의 직접적인 통교였다. 진흥왕이 개국으로 일구어내려 한 국가가 어떤 성격인지를 읽어낼 수 있게 한다.

혜량이 귀화하자마자 불교뿐만 아니라 여러 가지 새로운 정치 자문역까지 떠맡아야 할 정도로 신라의 당면 국내외 정세는 매우 긴박하게 돌아가는 국면이었다. 신라가 한강 유역을 독차지하면서 삼국 간에는 전운이 크게 감돌고 있었다.

신라는 한강 유역 진출 채비를 하면서 만약의 사태에 대비해 551년부터 명활산성(明活山城)을 수축하기 시작하였다.[61] 5세기 말 고구려의 공세에 대한 대비책의 하나로서 명활산성에 석성을 쌓아 임시의 궁궐로 활용한 경험을 되살린 조치였다. 이제는 백제의 공격에 예비하려 한 사실이 뚜렷하게 달라진 면모였다. 명활산성 수축 작업은 그로부터 3년쯤 지난 뒤 마무리되었다.

이처럼 비록 신라가 도발한 것이지만 한강 유역을 놓고 전운이 크게 감돌던 위기의 상황은 어쩌면 갓 귀화해온 혜량에게 새로운 왕궁의 건립이 개국으로 내세운 목표와 현실에 비추어 너무도 한가롭게 비쳐졌을 듯하다. 그래서 내부적으로 결속을 도모하고 대외적 위기 상황을 극복하기 위한 하나의 방편으로서 먼저 왕궁을 불사로 바꾸어야 한다고 건의

---

61) 주보돈, 「명활산성작성비의 역역동원체제와 촌락」『서암조항래교수화갑기념 한국사논총』, 1992 ; 『금석문과 신라사』 지식산업사, 2002..

하였을 공산이 큰 것이다.[62] 왕궁을 불사로 돌린 것은 마치 양나라 무제(武帝)가 자신이 원래 살았던 집을 희사해서 광택사(光宅寺)를 지은 것과 비슷한 행태였다.[63]

그런 건의를 받아들여 진흥왕도 자신이 거주하기로 예정된 왕궁을 희사하여 불사로 바꾸기로 결정하였다. 이는 뒷날 자장이나 원효와 같은 고승이 출가하면서 살던 집을 희사해 절을 지은 사례의 선례가 된다고 하겠다.

4. 황룡사의 완공과 호국

1) 창건 시기의 전륜성왕 의식

한창 건설 중인 왕궁을 호국 용도의 불사로 바꾸는 데에 혜량의 건의가 결정적으로 작용하였지만 신라의 내부에서도 그를 받아들일 만한 약간의 단초는 이미 마련되어 있었다. 아직 미흡한 출발의 수준이기는 하나 전륜성왕(轉輪聖王) 의식에서 그런 요소를 찾을 수 있다.

신라 국왕 스스로가 불교의 호국·호법을 상징하는 전형적 제왕인 전륜성왕으로 처음 자처한 것은 진흥왕이 아니었다. 전륜성왕 의식은 불교식 왕명에서 드러나듯이 법흥왕으로부터 시작되었다. 법흥왕의 이름은 원래 모즉지(牟卽智),[64] 무즉지(另卽知)[65]였는데 불교의 공인 뒤에는 그처럼 불리었다. 법흥이란 글자 그대로 불법을 일으킨다는 의미로서 그

---

62) 발굴을 통해 초창의 황룡사 금당에 익랑이 보이는데 이는 흔히 고구려의 영향이라 지적되고 있음도 참고가 된다. 이로부터 황룡사 창건에 혜량의 입김이 작용하였을 여지를 읽어낼 수 있다.

63) 최준식, 「신라 진흥왕대 황룡사 창건과 그 의미」 경북대석사학위논문, 2018, p.23.

64) 「울진봉평신라비」

65) 「울주천전리서석」 이를 訓借한 이름이 原宗이다.

자체에는 전륜성왕 의식이 깊숙이 스며들어가 있다.

535년의 「울주천전리서석」 을묘명(乙卯銘)에는 성(聖)법흥대왕이란 왕명이 확인된다. 법흥왕의 앞에 붙은 성(聖)이란 간단한 단어는 여러 가지로 해석될 소지가 있다. 법흥이란 왕명과 잠시 연계시켜 이해하면 전륜성왕 의식을 드러낸 구체적 표현이라 풀이된다. 불교를 공인하기 직전 천경림(天鏡林)에다 지으려던 신라 최초의 사찰을 흥륜사(興輪寺)라 한데서도 그런 의식이 엿보인다. 흥륜사는 이차돈의 순교 사건으로 마침내 불교가 공인되는 결정적 계기로 작용하였지만 도중에 중단되는 곡절을 겪은 끝에 마침내 진흥왕 5년(544) 완공을 보았다.

흥륜사의 흥륜도 법흥과 마찬가지로 법륜(法輪)의 흥륭, 즉 불법을 일으킨다는 뜻이다. 따라서 그 속에는 국왕을 전륜성왕으로 보려는 의식이 들어있다. 흥륜사 창건의 출발과 완공을 함께 묶어 이해하면 법흥왕과 진흥왕은 연속선상의 전륜성왕으로서 서로 연결된다. 진흥왕이 한동안 법흥왕의 시책을 그대로 이은 데에도 그런 의식의 작용이 간취된다.

그런데 전륜성왕 의식은 동맹국 백제의 성왕(聖王)이 먼저 도입하였다. 백제에서 성왕은 시호(諡號)가 아닌 불교식 왕명을 처음 사용한 국왕이었다. 성왕의 원래 이름은 명농(明禮)이었지만 즉위한 뒤 국인(國人)들이 그처럼 높여 불렀다고 한다.[66] 이는 성왕이란 왕명 자체가 예사롭지 않았음을 시사해 준다. 거기에는 스스로 전륜성왕임을 내세워 성왕이라 하였으나 마치 국인이 높여 부른 듯이 포장한 것이었다. 성왕이 사비 천도 이전 웅진(熊津)에 지은 사찰 가운데 하나를 하필 흥륜사라 부른 것도

---

66) 『삼국사기』26 백제본기 성왕 즉위년조.

⁶⁷⁾ 역시 그런 추정을 보강해준다.

불교식 왕명과 함께 흥륜사의 창건 등을 공통분모로 한다는 점에서 법흥왕은 백제의 성왕으로부터 적지 않게 영향을 받은 한편 그를 따라잡으려는 생각에서 적극적으로 모방한 것 같다. 이후 추이를 살피면 역시 동맹관계 속에서도 내심 강한 경쟁의식을 지녔음을 유추해낼 수 있다.

법흥왕은 재위 8년(521) 백제 사신의 안내를 받아 무제(武帝) 치세하의 남조 양(梁)나라에 처음 사신을 파견하거니와 이때 얻은 정보로부터 받은 충격이 작지 않았던 듯하다. 당시의 장면을 묘사한 「양직공도(梁職貢圖)」에 보이듯이 백제는 양나라 무제에게 신라가 자신들에게 예속된 조그마한 나라에 지나지 않는 듯이 의도적으로 낮추어 소개하였다. 백제를 매개 고리로 해서 양나라에 알려진 이때의 신라 관련 정보는 뒷날 『양서(梁書)』에 최초로 입전(立傳)된 신라전에도 실렸다. 여기에서 신라는 문자를 알지 못한다고 함으로써 문화적 실상을 매우 낮추어 평가하고 있다.

아마 사신을 통해 신라로 전해진 양나라의 실상은 물론 백제의 현실적 위상은 이제 막 부체제 단계를 벗어나 국왕 중심의 집권체제로 발돋움하던 법흥왕으로 하여금 경쟁심을 강하게 불러일으키기에 충분하였다. 법흥왕이 말년에 법공(法空)이란 법명으로 가사(袈裟)를 입고 사찰에 머물렀다거나 궁척(宮戚)을 내놓아 사찰의 노비로 삼았다는 사실 등은⁶⁸⁾

---

67) 노중국, 「신라와 백제의 교섭과 교류 - 6-7세기를 중심으로-」『신라문화』17·18, 2000, p.3 ; 조경철, 「동아시아 불교식 왕호 비교」 4~8세기를 중심으로 『한국고대사연구』43, 2006.

68) 『삼국유사』 흥법편 「원종흥법염촉멸신」조.

흔히 양나라 무제를 본받으려 한 사신(捨身) 행위로 이해되고 있다.[69] 실제로 법흥왕은 그 정도에 머물지 않고 한 걸음 더 나아가 백제 성왕과의 강한 경쟁의식을 지녔음이[70] 분명하다.

하필 이 무렵 법흥왕이 불교를 공인한 것도 바로 성왕에게 자극받은 데서 말미암지 않았을까 싶다. 성왕은 즉위 3년째 되던 525년 신라에게 사신을 보내어 교빙을 요청하였거니와[71] 이는 기존의 동맹관계를 재확인하는 절차의 하나라 여겨지지만 그런 움직임조차 법흥왕으로 하여금 경쟁의식을 부추기는 데에 일정하게 작용하였을 터이다.

법흥왕이 527년 웅천주(熊川州)에 양무제를 위하여 대통사(大通寺)를 창건하였다는 기록이 보이거니와 이는 일연도 지적한 것처럼[72] 여러모로 잘못임이 명백하다. 어쩌면 법흥왕과 성왕이 다함께 전륜성왕을 표방하고 치열하게 경쟁한 데서 빚어진 하나의 착각에서 비롯한 기록으로 여겨진다. 백제 성왕으로서는 불교를 혹신(惑信)하면서 사신(捨身) 행위를 한 양무제가 전형적인 전륜성왕이라 여겼을듯 하다.[73]

법흥왕도 겉으로는 양무제를 내세웠지만 실제로는 성왕에 견주어 자신도 전륜성왕이라 자처하면서 국왕의 위상을 한결 드높이고 그를 따라잡으려는 생각을 가졌던 것 같다. 이를 계기로 내부적으로 결속하고 대외적으로 영역 확장을 도모함으로써 마침내 성왕을 추격해서 극복하는

---

69) 최준식, 앞의 글, p.25. 이외에도 최치원이 찬문한 鳳巖寺의 「智證大師塔碑」에 신라의 불교 공인 연대를 菩薩帝(무제)가 同泰寺로 가서 捨身 행위를 한 지 1년이 지난 시점이며, 율령이 반포된 지 8년이 흐른 뒤라고 한 표현 등은 곧 법흥왕에게도 영향을 크게 미쳤음을 시사해주는 사례이다.

70) 최준식, 위의 글, p.16.

71) 『삼국사기』26 백제본기 성왕 3년조.

72) 「원종흥법염촉멸신」조.

73) 이에 대해서는 조경철, 『백제불교사 연구』 지식산업사, 2015, pp.102-115 참조.

데에 목표를 두었다. 이런 경쟁의식은 마침내 두 나라 사이에 대립·갈등을 불러오게 마련이었다. 다만, 아직 약체의 신라로서는 당분간 내부의 실력을 기르는 데에 치중할 수밖에 없는 국면이었다.

법흥왕은 지배체제를 정비해가면서 532년 낙동강 하류 금관국 방면으로 진출하는 데에 성공하였다. 왕명을 법흥이라 부르면서 겉으로 전륜성왕임을 내세우게 된 것도 불교 공인은 물론 어쩌면 이런 영역 확장을 통해 거둔 성과가 주요 계기로 작용하였을지 모르겠다. 당시 백제 성왕은 아버지 무령왕(武寧王)의 뜻을 이어받아 잃어버린 한강 유역의 탈환 준비에 온힘을 쏟음으로써 낙동강 방면에로 눈 돌릴 겨를을 갖지 못하였다. 법흥왕은 이를 틈타 낙동강 하류 진출에 성공한 것이었다.

당시 성왕은 한강 유역 진출을 위한 준비 작업의 일환으로서 임시 피난처의 성격이 강한 웅진을 떠나 사비(泗泚)에다 새 둥지를 마련하는 중이었다. 그래서 가능하면 가야 문제를 놓고 신라와의 직접적 마찰은 피하려는 입장이었다. 이처럼 백제와 신라 두 나라는 다른 생각을 갖고 있으면서 서로의 필요성 때문에 우호관계를 이어나갔다. 하지만 두 나라 국왕이 함께 전륜성왕을 표방하는 한 언젠가 사활을 건 한판의 대결은 피할 수 없는 숙명이나 다름없었다.

그런 도중에 법흥왕이 사망하고 진흥왕이 즉위하였다. 법흥왕이 내세운 전륜성왕 의식은 자연스레 어린 진흥왕에게도 승계되었다. 앞서 언급한 것처럼 건원이란 연호가 그대로 이어진 사실은 그를 방증해 준다. 기실 어머니 지소태후의 섭정은 차후 성년의 진흥왕이 친정하는 명실상부한 전륜성왕을 예비하는 기간이었을 따름이다.

그와 같은 과도기를 거친 진흥왕은 551년 친정을 시작하자마자 개국을 선언하였다. 그 속에는 곧 진정한 전륜성왕으로서 뜻을 펼치고자 한 인식이 자리하였음은 물론이다. '진정한 정법을 일으킨다'는 뜻을 함축하고 있는 것으로 보이는 진흥왕의 왕명 자체가 그런 실상을 뒷받침해준다.

그럼에도 진흥왕은 자칫 한가롭게 비쳐질지도 모를 새 왕궁을 짓는 데에서 개국 과업의 실천을 위한 첫발을 내디뎠다. 하지만 이는 망명객 혜량의 눈에는 전륜성왕의 실질적 구현과는 거리가 한참 멀었다. 오히려 현실적 상황에서 요구되는 진정한 과업은 호국의 구심을 감당할 도량이었다. 그리하여 혜량의 건의를 옳다고 여긴 진흥왕은 왕궁 건설이 진행 중임에도 마침내 사찰로 고쳐 짓기로 결단한 것이었다.

이미 언급한 것처럼 진흥왕은 친정을 시작하면서 한강 유역을 독차지하려는 원대한 기획을 세워 차근차근 실행으로 옮겨갔다. 백제와 연합하기에 앞서 이미 남한강 상류 유역에까지 진출한 사실이나 고구려와 백제가 치열하게 다투던 도살성과 금현성을 동시에 장악한 사실은 그를 뚜렷이 입증해준다. 개국의 선언 속에는 이런 지역을 발판으로 해서 한강 유역까지 영역을 넓히려는 내용도 담긴 듯하다.

진흥왕은 한강 유역 진출에 엄청난 공력을 들였다. 백제가 한강 유역의 탈환을 위해 오래도록 힘써온 사실이 널리 알려진 까닭에 진흥왕도 내밀한 계획을 치밀히 세워서 추진해 나갔다. 사실상 신라로서는 한강 유역 진출에 국가의 명운을 걸다시피 하였다. 551년 오래도록 꿈에 그리던 한강 유역을 차지한 백제 성왕은 2년만인 553년 세 불리를 느낀 나머지 그곳을 버리고 스스로 물러났다.[74] 이로써 신라는 한강 유역을 독차지하게 되었다. 이때 신라가 그 일대를 '새로운 땅', '새로운 나라'라는 뜻의 신주(新州)라고 명명하였다. 이 또한 바로 직전에 표방한 개국의 구현과 잘 어울리는 조처였다고 하겠다.

신라가 한강 유역을 독차지함으로써 백제와의 명운을 건 한판 대결이 드디어 불가피해진 시점을 맞았다. 554년 두 나라 사이를 결단하는 대접전이 마침내 관산성(管山城)에서 펼쳐졌다. 진흥왕과 성왕이 각자 정통의 전륜성왕으로 자처해온 실상을 고려하면 관산성 싸움은 마치 진정한 전륜성왕은 과연 누구인가를 가름하는 결전과도 같았다. 서로 간 하늘 아래 두 명의 전륜성왕이 용납되기 어렵다고 생각하였을지 모를 일이다. 그 결과는 신라의 승리로 돌아갔다. 이로써 진흥왕은 단순한 전투의 승리자 수준을 뛰어넘어 안팎으로 명실상부한 전륜성왕임을 자부할 수 있게 되었다.

그런 실상은 진흥왕이 바로 이 무렵 전후 낳은 두 아들의 이름을 하필 동륜(銅輪)과 사륜(舍輪)이라 지은 데서 뚜렷이 드러난다. 불법을 실은 수레의 4바퀴 가운데 금륜과 은륜은 누구를 지칭하는 지 드러나 있지 않지만 혹여 진흥왕 자신과 왕비를 그렇게 설정했을지도 모를 일이다. 진흥왕은 남북 두 왕조의 통합을 이루지 못한 채 바로 직전 사망한 양나라의 무제를 뛰어넘어 인도의 첫 통일왕조를 이룬 마우리아 왕조의 아소카가 세운 업적을 겨냥해 한 걸음 더 앞으로 나아갔다.

법흥왕이 백제 성왕을 본받아 양 무제를 전륜성왕의 전범으로 삼았

---

74) 주보돈, 앞의 글, 2006 참조.

다면 관산성 승리 이후 진흥왕은 이제 마치 아소카를 겨냥한 듯하였다. 진흥왕은 한강 유역을 거점으로 해서 영역을 더욱 넓혀나갔다. 한강을 건너 임진강까지 진출하는 한편 동해안을 따라 계속 북상하였다. 그러면서 562년 낙동강을 건너의 가야 영역 전체도 마침내 손에 넣었다. 삼국 통합 이전 최대의 판도를 확보한 셈이었다.

이로써 기존의 영토와 주민에 비교해 3배 이상이나 늘어났다. 새로 편입한 영역을 안정적으로 지켜나가기 위해 지방통치 조직을 재정비하고 왕경인을 지방으로 옮겨가 살게 하였다. 이로써 진흥왕은 자신이 이룩한 영역 확장의 업적을 전형적 전륜성왕인 인도의 아소카에 견줄만하다고 여겼을 법하다.

그런 측면은 진흥왕이 전체 영토를 대상으로 순행하면서 가는 곳마다 국경선 확인·확정의 의미를 지닌 석비를 세운 사실로부터 유추된다. 입비의 위치나 내용에서는 시점에 따라 일정한 차이를 보이지만[75] 바로 아소카가 자신의 지배 아래에 놓였음을 입증하기 위해 곳곳에다 석주(石柱)를 세운 행위를 모방하려고 의도한 것 같다. 이후 황룡사 장육상의 조영 관련 연기(緣起)설화가 시사해주듯이 자신이 아소카를 능가한다는 인식에까지 나아갔다.

요컨대 황룡사는 전형적인 호국 도량의 필요성에서 창건된 사찰이다. 당시 진흥왕이 지켜내려고 한 것은 진정한 전륜성왕으로서 이룩한 신라국가였다. 영역 확장에 성공함으로써 설정한 목표의 일단은 이룬 셈

---

75) 「황초령비」와 「마운령비」는 568년 같은 해 세워졌으며 내용도 거의 동일하다. 이는 바로 같은 해 초에 대창이라고 개원한 사실과도 밀접히 관련된다. 그와 비교해 「북한산비」는 내용도 약간 차이를 보이며 입비 연대도 확정적이지 않아 한마디로 가름하기는 곤란한 실정이다.

이었다. 앞으로 이를 꾸준히 지켜내기 위한 실질적 방안으로서 긴요한 것이 전륜성왕 의식에 토대한 왕도정치였다. 이 점이 진흥왕으로 하여금 스스로 아소카를 능가하는 진정한 전륜성왕임을 자처할 수 있게 한 것이었다. 그런 국가를 장차 지켜나가는 구심은 이제 황룡사에게 맡겨졌다.

2) 완공과 호국 의식의 고양

법흥왕을 뒤이어 진정한 전륜성왕을 표방한 진흥왕은 바깥으로 영역 확장에 무게 중심을 두어 성공을 거두었다. 그러는 한편 왕궁을 대신한 황룡사의 창건 작업도 동시에 추진해 나갔다.

황룡사 창건을 시작한 것은 553년이지만 완공을 본 것은 진흥왕 27년(566)에 이르러서의 일이다.[76] 소요된 기간은 줄잡아 14년에 이른다. 물론 바깥에 둘러친 담장 조성의 기간까지 고려하면 무려 17년이나[77] 걸린 셈이었다. 하나의 사찰 완공에 소요된 기간으로는 무척이나 긴 편에 속한다. 이는 물론 역사(役事)의 규모 자체가 크기 때문이기도 하였지만 다른 한편 당시의 영역 확장을 적극 추진한 전시(戰時) 상황으로서 안정적인 노동력 수급이 쉽지 않은 사정도 어느 정도 작용하였을 듯하다. 그렇다면 노동력 동원은 어떻게 이루어진 것일까.

그를 풀어가는 데 눈여겨볼 대상은 황룡사 창건과 비슷한 시점에 명활산성의 축조가 진행된 사실이다. 기존 문헌상에서는 명활산성 수축을 최종 완료한 시점으로는 관산성 싸움이 벌어진 바로 그 해인 진흥왕 15

---

76) 『삼국사기』4 신라본기 진흥왕 27년조.
77) 「황룡사장육」조.

년(554)이라고만[78] 명시되었을 따름이다. 이 무렵 전후의 상황을 고려하면 명활산성 수축은 한강 유역에로의 진출과 깊이 연관된 일이었음이 분명하다. 아마도 장차 그로 말미암아 빚어질지도 모를 위기 상황에 대비하려는 일환으로 여겨진다.

신라는 5세기 후반 고구려와의 관계가 완전한 파탄을 맞았을 때 대대적인 공세가 머지않아 진행되리라 예상하고 473년 명활산성의 수리에 나섰다. 이후 긴장이 한층 고조된 475년 국왕은 임시 거처를 그리로 옮겨 488년까지 무려 13년 동안이나 머물렀다. 명활산성을 정식의 왕궁이나 다름없게 운용한 셈이었다.

명활산성은 일단 경주분지를 둘러싼 세 개의 큰 내[川]를 건너지 않은 곳에 위치한 점, 왕경 중심부를 내려다볼 수 있는 점, 왕궁인 월성과 비교적 가까우면서도 상대적으로 방어에 유리한 점, 장기간 집단생활을 가능케 하는 평탄한 공간이 내부에 여러 군데 있는 점 등등으로 임시의 피난처로서는 안성맞춤인 곳이었다. 무척 긴 기간 동안 임시의 왕궁으로 기능한 사실은 그를 입증해준다.

이제는 방어를 위한 주적이 고구려로부터 백제로 바뀌었지만 그때의 경험을 바탕으로 명활산성을 수리해서 만약의 사태에 예비하려는 것이었다. 문헌상에서는 오직 완공의 시점만 보일 뿐 수축의 시작에 대한 흔적은 보이지 않는다. 그런데 매우 다행스럽게도 1988년 홍수로 우연찮게 출현한 「명활산성작성비(明活山城作城碑)」(이하 「작성비」)에는 그를 추적할 만한 내용이 엿보인다. 「작성비」를 단서로 해서 명활산성의 수축

---

78) 『삼국사기』4 신라본기 진흥왕 15년조.

시작 시점이나 방식, 역역동원의 내용 등 기본 사항에 대한 대강을 짐작할 수 있게 되었다.[79]

「작성비」는 지방관 나두(邏頭)의 주도로 오대곡(烏大谷)이란 행정성촌 단위의 주민을 3개의 분단으로 나누어 551년 11월 15일부터 12월 20일까지 35일 동안 동원하여 높이(高) 10보(步), 길이(長) 14보 3척(尺) 3촌(寸)에 이르는 주어진 구간을 완료한 사실을 기록한 내용이다. 동원된 특정 집단이 일정한 기간에 한정적으로 수행한 작업의 내용을 대강 기록한 비를 세운 때가 551년임을 알려줄 뿐이며, 거기에는 작성(作城)의 시작이나 끝맺음한 시점은 보이지 않는다.

하지만 바로 이 해의 봄 개국을 선언한 사실을 고려하면 작성 과업의 시작도 이와 무관하지 않을 듯하다. 그러므로 개국을 선언하면서 동시에 그를 실현해나가는 일환으로서 명활산성의 축성을 함께 시작하였다고 해도 지나친 추정은 아니라 여겨진다.

그런데 무척 다행스럽게도 문헌에는 수축(修築)이라 해서 마무리된 시점을 554년이라 명시하고 있다. 명활산성의 작성이건 수축이건 여하튼 대략 3년여 남짓의 시일이 소요된 셈이다.

문헌과는 달리 「작성비」에서는 '성을 짓는다'는 의미의 작성이라 하여 표현상 약간의 차이를 보인다. 용법상 '작성'을 곧바로 수축과 등치시키기는 곤란할 듯 싶다. 그렇다고 비문만으로 이때 행해진 작업 전체를 작성이라 단정하는 것도 매우 섣부른 진단이다. 왜냐하면 명활산성은 이미 5세기 후반 임시의 피난처로서 사용한 적이 있으므로 당시 원상도 적

---

79) 주 52)와 같음.

지 않게 온존된 상태였을 터이기 때문이다.

그러므로 비문이 보여주듯이 북쪽의 출입문으로 보이는 고타문(古他門)을 비롯한 산성의 주요 핵심적 부분과 손상의 정도가 심각한 부분에 대해서는 작성이라고 이를 수준까지 완전히 새롭게 쌓은 곳도 당연히 있었겠고, 그렇지 않고 약간의 손질만으로도 충분히 활용 가능한 곳도 있었을 터이다. 그러므로 작성과 수축이 병행되었으나 명활산성 전반을 놓고 보면 문헌이 암시하듯이 차라리 후자가 중심을 이룬 작업이었다고 풀이함이 온당할 것 같다.

여기서 각별히 주목하고 싶은 점은 명활산성을 작성(당연히 수축도 포함)하는 데에 전국적인 차원에서 지방민을 대대적으로 역역 동원한 사실이다. 그것은 또 다른 「작성비」가 존재한 데서 방증된다. 현재 겨우 비의 단편(斷片)밖에 남지 않아 한때 591년 건립된 「남산신성비(南山新城碑)」의 하나로 잘못 알려졌다. 7세기 중엽 명활산성이 완전히 용도 폐기되면서 석재들은 674년 안압지를 축조할 때 호안(湖岸)의 석축으로 재활용되었다. 이때 일부 「작성비」도 그 속으로 들어갔다.[80] 이처럼 현재 「작성비」가 두 개 존재한다는 사실은 곧 591년 남산신성의 축조 사정을 고려하면 전국적 차원에서 역역 동원이 이루어졌음을 입증한다고 하여도 좋다.

그렇다면 바로 같은 시기에 새로운 왕궁을 건설하면서 왕경인과 함께 지방민도 전국적 규모로 동원되었다 하여도 하등 이상할 바가 없겠다. 최근 월성 북쪽의 해자에서 출토된 몇몇 목간 자료에 의하면 586년

---

80) 주보돈, 「안압지출토비에 대한 고찰」 『대구사학』27, 1985 ; 『금석문과 신라사』, 지식산업사, 2002.

전후 해자 자체나 월성의 성벽, 혹은 성내의 토목공사에 지방민을 동원한 사실이 뚜렷이 간취된다.[81] 당시 신라는 전국적인 역역 동원을 실시할 만큼의 기반을 충분히 갖추고 있는 상태였다.

6세기에 접어들자 신라는 지방행정 전반을 정비함과 동시에 지방의 유력자를 전국적 차원에서 조직적으로 편제하는 외위(外位) 체계를 마련하였다. 이를 발판으로 지방관을 직접 파견하는 등 지방 지배를 본격화해 나갔다. 이로써 왕경에서 이루어진 대대적인 토목공사에도 전국의 지방민을 조직적으로 동원할 수 있는 토대를 구축하게 된 셈이었다.

이런 배경 아래 왕궁을 새로이 조영하면서 명활산성의 작성(수축)과 마찬가지로 전국적 차원에서 대규모의 역역을 동원한 것 같다. 당시 긴장감이 크게 감돌아 적지 않게 군사를 동원한 까닭에 왕경인만으로는 인력이 크게 부족하였을 터이다. 그래서 지방민을 전국 단위로 동원하게 되었거니와 다른 한편 굳이 그와 같은 시도를 강행한 데에는 따로 상당한 정치적 목적을 깐 것으로 여겨진다. 왕경의 토목공사에 전국적 차원의 지방민을 동원함으로써 그들을 대상으로 신라국가와 국왕의 권위 및 위엄을 각인시키고 동시에 개국의 의지 실현을 주지시키려 한 것이 아니었을까 싶다.

사실 신라국가는 4세기 중엽 출범하였지만 이후 오래도록 승자 인식이 강하게 스며들어 있는 사로국 중심 의식으로부터 완전히 벗어나지 못한 상태였다. 503년의 「냉수리비」에서는 지방민 대상으로 아직 사라(斯羅)란 국명을 사용하고, 525년의 「봉평비」 단계에서도 지방민을 대상

---

81) 주보돈, 「월성과 해자 출토 목간의 의미」『목간과 문자』20, 2018.

으로 왕경 지배집단 스스로 '신라육부'라고 표현하였다. 한편, 「봉평비」에서는 지방민 일부가 대상이기는 하였으나 그들을 예속민인 노인(奴人)이라 간주하였다. 지방민은 비록 11등 외위 체계의 정비를 매개로 신라국가의 정식 주민으로서 인정받았으나 그 자체 왕경인과의 강한 차별적 인식으로부터 완전히 벗어나지를 못하였음을 보여준다.

그런 실상을 고려하면 왕경의 토목공사, 특히 신궁의 건설에 전국적 차원의 지방민을 동원한 것은 상당한 정치적 의도가 깃든 일이었다. 「마운령비」와 「황초령비」가 시사해주듯이 이제 갓 영역으로 편입된 지방민까지도 노인이 아닌 신라국가의 정상적인 주민[新庶]으로 인식하려는 경향이[82] 강하게 표출되고 있었다. 아마도 개국의 선언 속에는 그와 같이 전체 주민을 신라인으로서 동일시하겠다는 왕도정치의 구현이 들어갔음이 분명하다. 전국적인 역역 동원을 매개로 신라국가는 기왕과는 전혀 다른 모습으로 탈바꿈한다는 의지를 지방민에게까지 내보이려 하였다. 당시 전쟁의 확대·확산으로 지방민의 조직화와 동원이 절실해진 상황과 맞물려 진행된 변화 양상이 깊숙하게 반영되어 있는 것이다.

왕궁을 불사로 바꾸어 짓는다고 해서 예정된 지방민의 역역 동원까지도 완전히 없앤 것으로는 보이지 않는다. 아마도 불사에 왕궁 건설의 이념까지 그대로 승계됨으로써 당연히 지방민의 동원도 이어졌을 것이다.[83] 전륜성왕 의식을 앞세워 영역 확장을 도모해나가는 데 국가 사찰

---

82) 주보돈, 「신라 國號의 확정과 民의식의 성장」『구곡 黃鍾東교수 정년기념 사학논총』, 1994 ; 『신라 지방통치체제의 정비과정과 촌락』, 신서원, 1998 참조.

83) 황룡사 남문 바깥의 도로에 있는 우물에서 출토된 청동제의 접시 밑바닥에 '達溫心村主'로 판독되는 명문이 새겨졌음이 주목된다. 일반적으로 도로 조성 시점을 근거로 삼아 통일기의 것으로 보고 있지만 제작 시기는 6세기로 올려볼 여지도 없지 않다. 그렇다면 이는 지방민이 황룡사 창건에 동원되었음을 입증하는 유력한 증거가 될 수도 있겠다는 생각이다.

의 건립에 지방민의 동원은 오히려 당연시되었을 터이다. 어쩌면 황룡사의 완공에 상당한 시일에 소요된 것도 대규모 전쟁을 치르는 도중이었으므로 일시에 많은 지방민을 한꺼번에 동원하기 곤란한 현실 사정이 작용하였기 때문일지 모른다.

황룡사의 창건에도 전국의 지방민이 동원되었다면 이를 매개로 불교도 지방으로 널리 확산되는 계기로 작용하였을 듯하다. 중앙정부로서는 황룡사를 창건하면서 그런 점도 노렸을 듯하다. 개국 속에 지방민을 정식의 신라 주민으로 포섭한 의식이 들어 있음과 함께 전륜성왕 의식은 물론 왕도정치의 구현까지 함께 내재한 것이겠다. 이는 당시의 호국이 결국 영역 확장을 앞장세운 적극적·공세적 성격이었음을 드러낸 것이라 생각된다.

3) 전륜성왕 의식의 변화와 장육상 조영

진흥왕은 적극적으로 추진해온 영역 확장 과업을 어느 정도 마무리 짓자 재위 25년(564) 북제(北齊)에 최초로 사신을 혼자의 힘으로 파견해 국제무대에 이름을 올렸다. 이듬해인 565년에는 북제로부터 처음 작호를 받기도 하였다. 바로 같은 해에는 남조의 진(陳)나라가 사신 유사(劉思)와 함께 승려 명관(明觀)을 파견하고 1700여권의 불경을 보내왔다. 이듬해에는 진나라에다 보답 형식의 사신을 파견하였다.

이처럼 신라는 번갈아가면서 사신을 보내는 등 남북의 두 왕조를 겨냥한 양면 외교를 적극 펼쳤다. 이와 같은 공식적 교류를 통해 두 나라로부터 선진문물을 입수하고 동시에 국제적 안목과 외교적 역량을 길러나갔다. 이런 경험은 뒷날 세계제국으로 발돋움한 당(唐)과의 군사동맹 외교를 이끌어내는 밑거름으로 작용하였다.

　이로써 신라가 고구려와 백제를 모두 적으로 돌리는 엄청난 모험까지 무릅쓰면서 감행한 한강 유역 진출의 효과가 드디어 발현되는 셈이었다. 이제부터 당분간 진흥왕의 앞에는 확보한 성과를 굳건하게 온전히 지켜내는 과제만이 남겨졌을 따름이다. 영역 확장을 도모하는 명분으로 활용한 전륜성왕 의식과 함께 내치(內治)의 기본 이념인 왕도정치의 이상을 내건 신라국가는 순항을 거듭하는 듯하였다. 하지만 진흥왕에게는 마치 호사다마이기라도 한 듯이 얼마 지나지 않아 큰 시련이 닥쳤다.

　재위 27년째 되던 566년 진흥왕은 장남인 동륜을 태자로 책립하였다. 중앙집권적 지배체제를 갖추기 시작한 중고기에서 전무후무한 태자 책봉이었다. 공교롭게도 황룡사가 완공되던 바로 그 시점임이 유의된다. 어쩌면 동륜의 태자 책립은 황룡사 완공에 맞추어 의도적 기획 아래 추진된 것처럼 비쳐진다. 진흥왕은 호국 사찰인 황룡사의 완공 시점을 고려해 동륜을 태자로 책봉함으로써 진륜성왕 의식을 이어나가겠다고 표방한 느낌이다.

　그런 조치에 어울리게 568년에는 연호를 개국 대신 대창(大昌)으로 바꾸었다. 이는 개국이 자신이 세운 목표에 어느 정도 도달하였다는 자신감, 자부심에서 비롯하지 않았을까 싶다. 대창이란 용어 자체가 시사해 주듯이 이제 나라를 내부적으로 크게 번창시켜 나가겠다는 포부를 담은 것으로 여겨진다. 진흥왕은 그러는 한편 전륜성왕의 이름으로 새로 확보한 영역을 직접 확인하고 굳히기 위하여 많은 신료와 승려까지 대동해 몸소 변경의 순행(巡幸)에 나섰다. 새로운 주민을 신라의 민으로 포용하는 왕도정치의 포부를 주지시키려는 내용을 담은 순수비를 가는 곳마다 세웠다.

　그러나 뜻하지 않게 572년 3월 동륜태자가 사망하는 사건이 벌어졌다. 바로 앞서 정월에는 연호를 갑작스레 홍제(鴻濟)로 바꾸었는데, 이는 태자의 사망 사건과 전혀 무관하지 않은 듯하다. 태자가 당시 혈기왕성한 비교적 젊은 나이였음을 고려하면 어쩌면 병사하였을 공산이 크다. 홍제가 '크게 구제한다'는 뜻임을 미루어 진흥왕은 연호를 그렇게 바꿈으로써 인민을 구제하는 덕치(德治)를 적극 펼침과 동시에 병든 태자를 구원하려는 염원을 담지 않았을까 싶다. 그렇지만 그런 기대와 희망에 부응하지 못한 채 태자는 이로부터 2개월 뒤 사망하고 말았다. 동륜의 죽음은 전륜성왕 의식에서 근본적 변화를 가져오는 주요한 계기가 되었을 듯하다.

　그 점과 관련해 태자가 사망한 바로 그해 10월 20일에는 전사(戰死)한 사졸들을 위해 팔관연회(八關筵會)를 7일간이나 연 사실이 주목된다. 특히 이때 팔관연회가 열린 장소를 막연히 외사(外寺)라고만 표현한 점은 약간 의외이다. 외사가 단순히 왕궁, 왕경 바깥의 사찰을 지칭하는 표현인지 어떤지는 알기 어렵지만 일단 황룡사가 아닌 것만은 분명해 보인다.

　앞서 언급하였듯이 황룡사의 창건을 발의한 승통 혜량에 의해 백고좌회(百高座會)와 팔관회(八關會)가 실시되었다.[84] 전륜성왕 의식을 구현하는 데 선봉에 섰다가 전사한 영령들을 위로하기 위한 법회라면 당연히 호국의 본영이라 할 황룡사에서 치러야 마땅한 일이겠다. 그럼에도

---

84) 이기백, 앞의 글.

굳이 호국적 성격의 행사를 황룡사가 아닌 다른 사찰에서 행한 사실은 어떤 문제가 내재되었음을 사사하는 대목이다. 그 의문을 풀어갈 만한 실마리는 바로 얼마 뒤의 황룡사 장육상 조영에서 찾아진다.

구리가 3만 5천 7백근, 도금(鍍金)이 1만 1백9십분(分)이나 들어갈 정도의 엄청난 불사였던 장육상 조영 과업이 완료된 것은 태자가 사망하고 호국법회로서의 팔관회가 열린 시점으로부터 2년이 지난 574년의 일이다.[85] 아마도 그를 위해 조성 방법과 과정 등 전반을 기획하고 결정할 뿐만 아니라 소재를 구입하는 등 일련의 과정을 고려하면 이미 사전에 상당한 예비의 기간이 필요하였을 것이다. 이런 사실로 미루어 기획의 시점은 태자의 사망, 팔관회의 개최 시점까지 거슬러 올라갈 가능성이 크다.

황룡사 완공이 얼마 되지 않은 점, 특히 금당이 갖추어짐으로써 여하한 불상이건[86] 당연히 안치되었을 법한데도 이제 다시 새로운 대규모의 불상을 만들려는 자체는 예사롭게 보아 넘기기 어려운 대상이다. 아마도 태자의 사망을 계기로 호국 사찰인 황룡사 자체에 어떤 문제가 생긴 것으로 인식하지 않았을까 싶다. 물론 진흥왕 개인으로서도 승계 예정자인 태자의 사망이 가져다 준 충격은 너무나도 컸을 것이다. 다른 한편 제왕으로서 앞으로 전륜성왕의 지위를 이어야 할 동륜의 사망은 그런 의식의 순조로운 항진을 가로막는 장애였다. 전륜성왕 의식의 수정이 불가피해지는 상황을 맞은 셈이었다.

---

85) 『삼국사기』4 신라본기 진흥왕 35년조. 다만, 『삼국유사』3 탑상편 「황룡사장육」조와 거기에서 인용된 별전에는 각각 수량에서 차이 나는 내용이 보인다.

86) 최병헌, 「신라 진흥왕대의 국가발전과 정치사상-진흥왕순수비ㆍ황룡사장육존상 조성의 역사적 의의-」『신라문화』54, 2019.

진흥왕은 원래 장륙상의 조영을 계기로 황룡사는 물론 전륜성왕 의식을 쇄신하려는 생각을 가졌을지 모른다. 조상 관련 연기설화에 반영되어 있듯이 아소카가 이루지 못한 엄청난 역사인 장륙상 조영을 진흥왕이 일구어내겠다는 인식이다.

물론 그 자체는 어디까지나 장륙상의 재료와 모형을 바깥 세계로부터 들여왔다는 사실을 설화 형식으로 보여주는 것으로 풀이된다. 다만, 법흥왕을 승계한 진흥왕이 원래 치열한 경쟁자인 성왕과의 쟁패에서 승리한 뒤 승승장구함으로써 스스로 최고의 전륜성왕임을 자처하려는 생각을 깔고서 장륙상 조영을 추진한 것 같다.[87] 그리하여 마침내 스스로 아소카까지 능가하는 진정한 전륜성왕이라고까지 표방하였을지 모를 일이다.[88]

그러나 법륜의 네 바퀴 중 태자의 요절로서 하나가 빠짐으로써 그 동안 쌓아온 모든 업적이 물거품으로 돌아갈지 모른다는 의구심을 가졌을 듯하다. 전륜성왕을 상징하는 장륙상을 애초의 기획대로 조영하지만 중도에 태자 사망으로 본래의 의도는 사실상 감쇄되고 만 셈이었다. 장륙상이 눈물을 흘렸다는 것은 그를 방증한다. 매사가 진흥왕이 뜻한 바대로 움직이지를 않았던 것이다. 진흥왕의 바람과는 다르게 전륜성왕 의식을 계속 이어가는 데에 또 다른 난관이 기다리고 있었다.

---

87) 『일본서기』19 흠명기 6년 9월조에 백제에서 장륙상을 만들었다고 한다. 어쩌면 진흥왕이 장륙상을 만들게 된 것도 그를 강하게 의식한 결과로 보인다.

88) 신동하, 앞의 글, p.68에서는 아소카와 연결시키는 인연설은 조영 당시에는 아직 성립하지 않았다고 보고 있다.

5. 호국과 석가족 신앙

1) 금당 재건축과 그 의미

동륜태자의 사망은 순조롭게 항진하던 진흥왕에게 엄청난 시련과 좌절을 가져다 주었다. 전륜성왕을 상징하는 장육상의 조영 작업이 끝난 바로 직후인 575년 가뭄이 봄과 여름 계속 들자 눈물을 흘러 발꿈치까지 내렸다고 한다.[89] 『삼국유사』에서는 이를 진흥왕이 곧 사망할 조짐을 보인 것이라 풀이하였다.[90] 장육상이 조영되자마자 그런 변이가 뒤따른 자체는 사실상 진흥왕의 사망을 계기로 빚어진 전륜성왕 의식의 뚜렷한 한계 상황을 반영한다. 말하자면 장육상이 눈물을 흘린것은 진흥왕의 사망으로 줄곧 추구해온 기존 전륜성왕 의식의 종언을 뜻하는 것으로 풀이된다.[91]

진흥왕의 뒤를 둘째 아들인 사륜이 잇는 일은 이미 정해져 있었으니 바로 진지왕(眞智王)이다. 사륜 또한 이름 자체가 보여주듯이 전륜성왕의 한 축을 이루는 존재였다. 진흥왕으로서는 기실 동륜태자의 사망에 직면해 후계자를 손자인 동륜의 아들 백정(白淨)으로 할지 사륜으로 할지 고심하였을 것 같다. 마침내 사륜으로 결정하였다. 하지만 한쪽의 큰 바퀴가 빠져버렸으니 실망은 그지 없을 듯 하다.

사륜에게 이양하면서 일말의 희망을 걸었겠지만 이마저도 진지왕이 재위 4년만인 579년 국인들에 의해 돌연 폐위됨으로써 완전한 물거품이 되고 말았다. 진흥왕이 꿈꾼 전륜성왕의 나라는 더 이상 이어나갈 동력

---

89) 『삼국사기』4 신라본기 진흥왕 36년조.
90) 『삼국유사』4 탑상편 「황룡사장육」조.
91) 사실 그런 측면에서 장육상이 눈물을 흘렸다는 사실의 연기설화는 당대의 것으로 보기는 곤란하며, 뒷날 결과론적 입장에서 창안해서 소급 적용한 것이라고 풀이함이 순조로운 이해이다.

과 명분을 잃은 셈이었다. 동륜태자의 아들인 백정, 즉 진평왕이 곧바로 뒤를 이어 즉위하였지만 이미 전륜성왕 의식을 그대로 이어나갈 만한 상황이 아니었다. 그를 뒷받침해 주어야 할 사륜이 국인에 의해 폐위 당한 마당이었다. 이제 그에 대체되는 새로운 지배이데올로기를 찾아내지 않으면 안 되었다. 황룡사의 장육상을 안치할 금당을 새롭게 세우는 일은 그런 의도를 담고 있는 뚜렷한 하나의 증좌로 보인다.

대규모의 장육상 조영 사업은 574년 일단락되었다. 뚜렷하지는 않으나 별로 길지 않은 기간에 이루어진 듯이 보인다. 하지만 이상스럽게도 그를 안치할 금당은 즉각 지어지지 않았다. 이로부터 무려 10년이나 흐른 진평왕 6년(584)에 이르러서야 비로소 완공되었다고 한다.[92]

장륙상을 주존으로 모신 금당이 세워지는 데에 그처럼 오랜 기간이 걸린 점은 매우 의아스럽게 여겨지는 대목이다. 금당 건설에 대한 방안을 미리 세워 두지 않은 채 장육상 조영 이후 무려 10년이나 노출된 상태로서 방치해 둔 점은 잘 이해하기 힘든다. 그런 의미에서 금당 건축에 소요된 10년을 당연시한 기존의 이해에는 근본적인 문제를 안고 있는 것으로 의심할 수밖에 없다.

아무리 본존불의 규모가 컸더라도 조영 직후 그리 머지않은 시점에 금당까지 일단 완공된 것으로 봄이 적절한 이해이다. 만약 그렇다면 진평왕 6년에 완공을 본 금당은 처음 장육상만의 안치를 위한 장치가 아닐 여지가 상정된다. 이미 장육상을 안치한 금당이 이미 존재하였으나 다시 이를 전면 개편할 필요가 생겨났고, 이에 따라 다시 새로이 지은 금당은

---

92) 「황룡사장육」조.

10년 뒤에 완공을 본 것이 아닐까 싶다. 그런 추정을 입증할 만한 몇몇 근거가 확인된다.

첫째, 울산의 동축사(東竺寺)에 안치해둔 석가삼존상(1불 2보살)을 금당 완공 뒤 황룡사로 다시 옮겨온 사실이다. 연기설화에 따르면 장육상에 소요되는 재료와 장차 만들어질 모형까지 함께 배에 실려 왔다고 한다. 그래서 이들을 처음 맞아들인 바닷가에다 임시로 동축사를 짓고서 모형을 안치해둔 상태였다. 이를 황룡사로 옮기기로 결정하였다면 기존의 금당에 대한 전면적 재조정은 불가피해지게 된다.

둘째, 황룡사 금당에는 원래 안치된 본존불이 있었는데 이에 대한 처리의 문제이다. 애초의 황룡사 금당에도 구체적 존명(尊名)은 분명하게 드러나 있지 않지만[93] 어떻든 불상이 존재하였던 것만은 틀림없다. 그런데 어떤 연유로 본존불을 장육상으로 바꾸기로 결정한 것이다. 그렇다면 장육상 조성 사업이 끝난 뒤 이들에 대한 처리도 당연히 논란꺼리가 되었을 법하다. 그러나 발굴 결과에 의하면 창건기에 존재한 것은 1금당뿐이었다.

셋째, 원래 장육상과 두 보살상을 합친 3존상이 기획되었지만 황룡사 금당의 발굴을 통해서는 14구의 석재 대좌(臺座)가 드러난 사실이다. 게다가 잔존의 양상이나 이들의 배치 상태로 미루어 2구의 대좌는 현재 인멸됨으로써[94] 현장에는 보이지 않지만 석가3존 외에도 16구가 더 안치된 것으로 확인되고 있다. 연기설화에서는 오로지 석가모니 3존상만

---

93) 남동신, 앞의 글 및 최병헌, 앞의 글에서는 석가모니불로 보았으나, 노중국, 「신라 흥륜사 미륵상과 황룡사 장육조상 그리고 진흥왕과 거칠부」『신라문화제학술논문집』37, 2016 및 양정석, 앞의 글에서는 미륵불로 보고 있다.

94) 양정석, 앞의 글, p.70.

의 주조 대상이었지만 사실상 금당에는 이를 포함 전체 19구의 불상이 모셔졌던 것이다.[95] 장육상의 모형과 함께 갖고온 소재는 오직 3존상으로 한정되어 있다. 그럼에도 금당 내에는 그보다 무려 16구나 더 늘려서 조영된 것이다.

이상과 같은 측면에서 연기설화가 보여주는 그대로 애초에는 석가3존의 조영만이 기획되었고 금당도 이를 기준으로 삼은 규모로서 세워졌다고 봄이 온당하다. 그래서 창건기의 본존불이 바뀌면서 처음의 금당도 저절로 수정되지 않으면 안 되었을 것이다. 그러다가 어느 시점에 동축사에서 옮겨온 모형과 원래 금당의 주존불을 모시기 위한 새로운 금당까지 따로 필요하였다. 어쩌면 발굴을 통해 19구가 안치된 본당의 좌우에서 확인된 두 채의 건물은[96] 그를 위한 추가적 용도로서 마련되지 않았을까 싶다.

이처럼 장육상을 처음 안치한 금당이 완공된 이후 얼마 지나지 않아 어떤 연유로 다시 16구를 더해야 할 필요성이 생겨났다. 그래서 이를 위해 주금당을 재건축하는 작업이 추진된 것으로 여겨진다. 이때 주금당의 좌우에 새로운 동·서의 두 금당을 증설해서 각각 모형과 원래의 본존불까지 안치함으로써 황룡사는 특이한 3금당의 형식을 갖추게 되지 않았을까 싶다.[97]

---

95) 발굴을 통해 주존인 3존상을 제외하고 석재의 대좌가 14구만 확인되지만 전반적 배치 상황으로 미루어 원래 16구였으리라 추정되고 있다. 그렇다면 금당에 안치된 불상은 도합 19구가 되는 셈이다.

96) 현재 각각 동금당과 서금당으로 불리고 있다.

97) 3금당은 이미 고구려에 있으므로 그로부터 영향을 받은 것으로 풀이하는 견해가 있다. 양정석, 앞의 글 참조.

16구를 추가로 조영해서 배치하였으리라는 추정을 뒷받침해주는 근거가 「황룡사장육」조에서 언뜻 확인된다. 3존상이 완성된 이듬해 눈물을 흘리는 변이를 기록한 말미에다 약간 덧붙여 '혹은 상(像)이 진평왕대 이루어졌다고 하나 이는 잘못이다.'고 한 기록이다.[98] 불상이 진평왕대에 조영되었음을 부정하는 일연의 견해는 어디까지나 3존상을 주된 대상으로 삼은 평가였을 따름이다.

여하튼 이 기사로 미루어 짐작하면 일연은 따로 불상의 완성 시점을 진평왕대로 명시한 기록이나 전승을 직접 접하였음이 틀림없다. 하지만 그는 그것이 곧 3존상이라고 당연히 여겨 진평왕대설은 잘못이라고 쉽사리 단정해버리고 말았다.

만약 3존상에 국한시킨다면 일연의 견해는 일견 옳다. 하지만 3존상을 제외한 나머지 16구가 진흥왕대가 아닌 진평왕대에 조영되었다면 사정은 전혀 달라진다. 일연이 본 기록은 오히려 전체 19구 가운데 3구를 제외한 16구의 조영 시점이 차라리 진평왕대임을 보여주는 명백한 근거가 된다. 그 동안 오랜 선입견에 지나치게 긴박된 나머지 진평왕대설 자체는 아예 간과한 채 거의 거들떠보지 않으려고 한 것은 근본적으로 문제였다. 지금껏 일연의 견해를 너무도 당연한 것으로 받아들여 거기에 담긴 진정한 의미의 추적을 애초부터 포기하고 말았다.

사실 그동안 발굴을 통해 밝혀진 황룡사 전반의 구조 변화를 기록에 맞추어서 이해하려는 경향성을 짙게 보였다. 그러면서도 금당 내부의 배치 상황이 사실상 기록과 합치하지 않았음에도 불구하고 이에 대해서는

---

98) 『삼국유사』4 탑상편 「황룡사장육」조.

거의 눈을 돌리려 하지 않았다. 아무런 의문을 갖지 않은 채 어물쩍하게 넘어가고만 것이다.

진평왕대 황룡사의 불상이 만들어졌다는 단편적 기록을 별다른 근거 없이 일연이 내세운 주장에 따라 무조건 무시해서는 곤란하다.[99] 오래된 이설(異說)이 있다는 자체는 나름의 의미를 갖고 있을지도 모르기 때문이다. 물론 3존상은 당연히 진흥왕대에 조영된 것이지만 나머지 16구까지 그렇게 볼 당위성은 어디에도 없다.

금당에 안치된 19구 모두 진흥왕대 일시에 만들어진 것이 아니며 일부는 진평왕대로서 조영 시점을 달리한 것 같다. 처음 배에 싣고 온 재료가 3존상에 국한된 사실도 그런 추정을 보강해준다. 그러므로 문헌 기록과 고고자료를 조화롭게 살펴볼 필요가 있다. 3존상은 일차로 진흥왕대에 함께 조영되었으나 직후의 어느 시점에 16구가 더해짐으로써 기존의 금당을 보완하게 된 것으로 풀이함이 적절할 듯하다. 진평왕 6년(584)의 금당 건축에는 바로 그런 사정이 내밀히 들어가 있다.

진흥왕 말년 석가3존상의 조영과 함께 금당이 완공됨으로써 일단 과업은 마무리 지어진 상태였다. 그러나 이로부터 얼마 지나지 않아 16구를 보완해 원래의 기획을 수정해야할 어떤 필요성이 뒤따랐다. 이로 말미암아 금당을 전면 개편하면서 다시 16구를 더하고 동시에 동축사에 있던 모형과 황룡사의 원래 불상까지 넣음으로써 전면적인 재정비를 단행하였다. 그러므로 금당이 완공된 진평왕 6년이란 이런 전면적 재편 작업이 완료된 시점을 가리킨다고 여겨진다.

---

99) 다만, 신종원, 『신라초기불교사』 민족사, 1992, pp.276-277에서는 이 기록에 근거하여 장육상 자체를 진평왕대 조영으로 보려 하였으나 따르기는 어렵다.

이처럼 금당은 3존상의 조영으로 완전히 마무리된 상태가 아니었다. 현재 발굴을 통해 확인되는 1금당이 3금당으로 늘어난 사실 자체가 그런 실상을 반영한다. 황룡사는 당면의 호국 문제로 창건되었지만 안팎의 정세가 바뀌고 또 불교 자체에 대한 이해가 증대되면서 이에 부응해 황룡사의 기능이나 구조에도 일정한 변화가 뒤따랐을 것임은 당연하게 상정해 봄직하다. 뒷날 7세기 중엽 새로운 9층목탑은 건립도 그런 추정을 방증해주는 사례이다.

갓 완공을 본 금당을 다시 수정할 정도라면 이를 추진한 데에는 상당한 명분과 당위가 작용하였을 터이다. 말하자면 진평왕 6년의 금당 건축이 완료된 밑바닥에는 그럴 만한 어떤 정당성이 담보되었으리라 여겨진다. 바로 새로운 시대 상황에 걸맞은 새로운 이데올로기의 도입이다.

2) 석가족 신앙의 출현

진평왕대 초반 금당의 전면적 재편은 이미 언급하였듯이 신라 내부에서 어떤 커다란 변동이 진행되었음을 암시한다. 금당의 본존불이 애초에 기획한 3존상으로 끝나지 않고 16구를 더 늘린 사실 자체가 그런 추정을 입증해준다. 이는 기존의 금당에 담긴 근본적 내용과 의미가 바뀌어졌음을 시사해주는 것이기도 하다. 그런 측면에서 먼저 주목해볼 대상은 진지왕이 국인에 의해 폐위된 사실이다.

신라는 이미 언급하였듯이 동륜태자가 불의에 사망함으로써 법륜의 한 수레바퀴는 미처 굴러보기도 전에 빠진 셈이었다. 얼마 뒤에는 진지왕의 폐위로 다른 한 쪽마저 도중에 빠져버렸다. 이런 두 대형 사건으로 이제 기존의 전륜성왕 의식은 더 이상 지배이데올로기로서의 기능을 다한 것이나 다름없게 되었다. 이제 그에 대체될 만한 새로운 대안이 필요해진 시점이었다.

예기치 못한 진지왕의 폐위 사건으로 그의 조카이자 동륜태자의 아들인 진평왕이 즉위하였다. 진평왕의 즉위는 다소 급작스러웠지만 진지왕의 폐위와는 달리 국인들의 지지와 기대 속에서 이루어진 일이었다. 진평왕의 계승은 결국 그동안 국왕 중심의 집권적 지배체제가 어느 정도 갖추어진 데서 가능한 것이기도 하였다.

비교적 젊은 나이로 뜻하지 않게 즉위한 진평왕은 진지왕이 갑자기 폐위된 까닭에 국가 경영에 대비할 만한 겨를은 별로 갖지 못하였다. 게다가 진지왕의 폐위에서 비롯한 여진은 아직 채 가시지 않은 상태였다. 그런 상황에서 진평왕은 나아갈 길을 새롭게 모색하지 않으면 안 되었다.

즉위 원년(579) 노리부(弩里夫)를 상대등으로 임명하고 두 동생인 백반(伯飯)과 국반(局飯)을 갈문왕(葛文王)으로 책봉하면서 안정 도모를 위한 체제정비에 나섰다. 2년(580)에는 신궁으로 가서 친히 제사하고, 이름 자체가 풍겨주듯 유학적 소양을 상당히 지닌 김후직(金后稷)을 병부령에 보임하였다. 이밖에 3년(581)에는 관료의 인사를 맡은 위화부(位和府)를 설치하고, 5년(583)에는 병부의 산하에 대감과 제감을 두어 선부서(船府署)를 관장케 하였다.

이처럼 관부와 관직을 상당할 정도로 새로 마련함으로써 관료조직에 토대한 체제 정비 쪽으로 가닥을 잡았다.[100] 황룡사의 금당이 새롭게 세워진 시점이 하필 584년임을 고려하면 이 또한 그와 같은 일련의 제도

---

100) 주보돈, 「중앙통치조직」『한국사7-신라의 정치와 사회』, 국사편찬위원회, 1997.

적 정비와 맞물려서 진행된 일로 여겨진다. 특히 바로 같은 해에 진평왕이 연호를 건복(建福)으로 고친 사실 또한 그와 관련해 주목된다.

그동안 진지왕대를 거치면서도 따로 연호를 개정하지 않았는데 아마이는 진흥왕대 말년의 홍제를 그대로 이어 사용하였기 때문인 것 같다. 그런 의미에서 건복으로 바꾼 데에는 진평왕이 나름의 새로운 지향과의지를 선언하는 의미가 깃든 것으로 여겨진다. 특히 새로운 금당을 완공함과 건복의 사용은 같은 해라는 측면에서 어떤 깊은 상관관계가 느껴진다.

누차 언급해 왔듯이 동륜태자의 사망과 진지왕의 폐위로 전륜성왕의식은 이미 기능을 다함으로써 더 이상 발휘되기 힘들었다. 이후 대안으로 나온 것이 두루 알려진 바처럼 이른바 석가족(釋迦族) 신앙이었다.[101]

황룡사의 금당에 기존 석가3존 외에 16구를 더 추가한 사실은 그런사정의 한 단면을 엿보게 한다. 구체적인 기록이 없어 16구의 존명을 낱낱이 열거하기는 어렵지만 현재 남은 14구 석재의 대좌 현황이나 위치를 점검하면 대충 3개의 그룹으로 나뉜다. 그 가운데 주축이라 할 석가3존상 중심으로 좌우의 균형이 잡히도록 5구씩 배치된 전체 10구는 하나의 묶음인 듯하다. 이들은 흔히 석가모니의 두드러진 10대 제자일 것으로 추정되고 있다. 그 바로 바깥의 동서에 각기 자리해 서로 대칭을 이루는 6구는 성격이 뚜렷하지는 않으나 위치나 대좌의 대칭적인 측면에서다시 두 개의 작은 그룹으로 나뉜다.

---

101) 「황룡사구층탑」조.

이로 보면 황룡사 금당의 불상은 진평왕대에 접어들어서 기존의 석가3존상을 주축으로 어떤 치밀한 기획 아래 16구를 보완한 것이라 추정할 수 있다. 아마도 그것이 곧 바로 석가족 신앙의 표현이 아닐까 싶다. 말하자면 기존 전륜성왕 의식으로부터 석가족 신앙으로 지배이데올로기의 일대 전환이 이루어졌고[102] 그것을 금당 속에 반영시킨 것이다.

석가족 신앙의 뿌리가 진평왕에게 있음은 스스로를 석가모니의 아버지인 백정이라 일컫고, 첫째 부인인 만호(萬呼)를 어머니인 마야(摩耶), 두 친동생을 각각 석가모니의 삼촌인 백반(伯飯)과 국반(國飯)이라 칭한 사실에서 뚜렷이 간취된다. 현재의 기록 그대로를 받아들인다면 이런 이름들이 모두 그의 아버지 동륜태자가 설정한 것이라 볼 여지도 없지 않지만 그는 이미 진흥왕에 의해 전륜성왕으로 예비(豫備)된 존재였을 따름이다.

특히 마야부인을 염두에 넣으면 석가족 신앙은 진평왕의 혼인이 이루어진 뒤에 나온 것으로 봄이 적절하겠다. 따라서 석가족 신앙 관련 기록은 진평왕 즉위 이후 어느 시점부터 그려진 것으로 볼 수밖에 없다. 진평왕이 즉위한 뒤 나름의 지배체제가 어느 정도 굳어져가면서 석가족 신앙이 정치적 필요성에서 의도적으로 내세워지지 않았을까 싶다.

그렇다면 그 구체적 시점은 건복이란 연호의 사용과도 밀접히 연관될 듯하다. 바로 이때 왕실의 위상을 드높이는 작업이 본격화된 사실도 그런 상정을 보강해 준다. 건복 2년 즉 재위 7년(585) 정궁인 대궁(大宮)을 비롯해 양궁(梁宮), 사량궁(沙梁宮)의 3궁 각각에다 처음으로 고위직인 사

---

102) 김두진, 「신라 진평왕대의 석가족 신앙」『한국학논총』10, 1988, p.17.

신(私臣)을 배치해 왕실의 관리를 맡겼다.[103] 이는 왕실에 대한 대대적인 정비의 차원으로 진행된 일이었다. 그 결과 행정 및 재정을 비롯한 왕실 관련 사무 일체가 국가의 정치행정으로부터 분리·독립된 것으로 여겨진다. 그만큼 왕실의 위상이 드높아진 데서 말미암은 당연한 수순이었다.

한편 바로 같은 해에 월성 혹은 해자를 대대적으로 손질한 사실도 그런 추정을 한층 보강해준다. 앞에서 잠시 소개하였듯이 월성해자 출토의 여러 목간 가운데 병오(丙午)년이란 간지를 가진 목간은 월성(당연히 해자도 포함)의 정비를 위해 전국적인 차원에서 역역 동원이 이루어졌음을 보여준다. 병오년의 절대연대는 여러모로 586년임이 거의 확실시된다.[104] 이때 왕실 위상의 고양에 따른 왕궁의 대대적 정비가 추진되었음은 충분히 짐작할 수 있다. 그렇다면 바로 이 무렵 신라 왕실의 위상을 드높이는 과업으로서 석가족 신앙이 새로운 지배이데올로기로서 내세워졌다고 해도 그리 지나친 추정은 아니라 여겨진다.

진평왕은 자신의 일족이 곧 석가모니의 가족과 연결된다는 신앙을 만들어냄으로써 이제 전륜성왕 의식 대신에 왕실의 위상을 드높이는 수단으로서 본격 활용하였다. 당시 진정한 왕족의 범위를 자신 중심의 직계 존비속(尊卑屬)에 국한해 이를 신성가족(神聖家族)으로 내세웠다. 이들 신성가족을 신라 건국의 중추세력인 소위 기존의 골족(骨族)으로부터 따로 떼어내어 각별하게 성골(聖骨)이라[105] 불렀다. 나머지 골족은 진골(眞骨)이라 부름으로써 성골과 차별화시켰다. 이렇게 정치적 목적으로 한

---

103) 『삼국사기』39 잡지 직관지 중.

104) 주보돈, 앞의 글, 2018 참조.

105) 이기동, 「신라 나물왕계의 혈연의식」『역사학보』53·54,1972 ; 『신라 골품제사회와 화랑도』, 한국연구원, 1980.

골족의 분화가 이루어짐으로써 골의 등급, 즉 사실상 골품이[106] 탄생한 것이다. 이는 국왕과 더불어 왕실의 위상 자체가 크게 고양된 결과였다.

석가족 신앙에 토대한 지배체제를 안정적으로 이어가기 위해서 진평왕은 관료조직을 계속해서 정비해나갔다. 한편 성골 관념으로 드높아진 국왕의 위상을 보증하고 영속화시켜나갈 의도로 천사옥대(天賜玉帶)를 만들었다. 성골 출신의 국왕은 국가의 큰 제사[郊廟大祀]에서 성대(聖帶)를 착용함으로써[107] 천명(天命)에 따라 하늘로부터 신성성과 권위를 정당하게 부여받은 것처럼 분식하였다. 천사옥대는 신라 국왕의 정통성 상징으로서 신라국가를 지켜주는 보물이었다.[108] 이후 즉위하는 국왕은 천사옥대를 물려받음으로써 승계의 정당성을 부여받았다. 이제 전륜성왕의 상징으로서 장육상은 석가족 신앙을 도와주는 기능을 할 따름이었다.

이처럼 진평왕이 재위 초반 새로운 지배체제의 수립에 박차를 가해 일정한 성과를 거두어갈 무렵 바깥의 국제정세는 매우 불안정한 양상으로 내달았다. 다른 무엇보다도 북방의 강자로 새로 출현한 수(隋)나라가 589년 오랜 남북 분열의 시대를 끝냄으로써 거대한 통일제국을 성립시킨 데서 비롯한 일이었다. 이제 막 통일을 달성함으로써 응축된 수나라 내부의 기운이 바깥으로 분출될 날만을 기다리는 형국이었다. 이는 저절로 주변 여러 국가에게 커다란 위협으로 작용하였다.

그 파장은 저절로 한반도 삼국 전체에까지 미쳤다. 특히 수나라와 영

---

106) 주보돈, 「신라 골품제 연구의 새로운 경향과 과제」『한국고대사연구』54, 2009, pp.8-12.
107) 『삼국유사』1 기이편1 「천사옥대」조.
108) 김상현, 「신라 삼보의 성립과 그 의의」『동국사학』14, 1980 ; 『신라의 사상과 문화』, 일지사, 1999.

토를 접한 고구려는 직접적인 영향권 안에 들었다. 한편, 관산성 싸움 이후 복수의 칼날을 갈아온 백제는 이와 같은 위기 국면을 적절한 기회로 포착해 신라에 대한 대대적인 반격을 준비해갔다.

가장 변방에 위치한 신라로서도 이런 움직임에 적절히 대비해 두지 않을 수 없었다. 먼저 수나라 대상의 적극적인 외교를 펼칠 채비를 차렸다. 진평왕 3년(591) 외교 업무를 맡은 영객부령(領客府令) 2인을 두었다. 진평왕은 이어 수나라에 접근하여 재위 16년(594) '상개부낙랑군공신라왕(上開府樂浪郡公新羅王)'의 작호를 부여받았다. 그러면서 외교사절이나 승려를 통해 국제 동향을 예의주시하면서 내부적으로는 방어 대책 마련에 나섰다.

머지않아 큰 일이 벌어질 듯한 전운이 감돌자 진평왕은 우선 왕경 중심의 방어망 구축에 나섰다. 지방의 요충지 대상으로 이미 5세기 후반 이후 전국에 걸친 축성 작업이 대대적으로 이루어진 바가 있었다. 그 뒤 지방관은 전국의 모든 지역을 대상으로 해서 파견되고 영역이 크게 확장되자 각 지역 거점 중심의 방어망과 방어체계를 상당할 정도로 갖추어진 상태였다. 이에 견주어 왕경의 방어는 주로 명활산성에 초점을 맞추어졌음이 실상이었다.

그러나 이제 제반 사정이 달라졌다. 앞으로 예상되는 전쟁의 규모는 명활산성 중심만으로 더 이상 감당하기 곤란한 수준에 이르렀다. 이에 내부 정비가 어느 정도 마무리된 진평왕 13년(591)에는 남산신성을 새로이 축조하였다. 지금까지 발견된 10기의 「남산신성비」로 미루어 남산신성도 전국적인 규모의 영역 동원을 통해 이루어졌음이 확인된다. 당시 신라의 영역 범위나 지방 지배의 진전으로 진흥왕이 명활산성을 수축할 때보다 훨씬 많은 인력이 동원되었을 듯하다. 15년(593)에는 역시 명활산성과 개축(改築)과 함께 서형산성(西兄山城)까지 축조하였다. 이로써 왕경의 기본적 방어망 체계는 새롭게 구축된 셈이었다.

그런데 긴장감이 크게 감돌던 시기에 왕궁에서 곧장 바라볼 수 있는 남산에다 대규모의 석성을 쌓으면서 굳이 신성(新城)이라고 이름을 붙인 것은 예사롭지 않다.[109] 더 이상의 영역 확장이 막힌 상태에서 지켜내기 위한 방어망을 구축하면서 하필 신성이라고 명명한 데에는 어떤 각별한 의도가 깃든 것으로 여겨지기 때문이다. 신성이란 자체의 의미 속에 그동안 석가족 신앙과 지배체제 정비를 통해 확연히 달라진 신라국가와 국왕의 면모를 담으려는 의도가 깔린 것이 아닐까 싶다. 이를 전국적 차원에서 동원한 지방민에게까지 각인시키려는 목적도 아울러 지녔을 것으로 여겨진다.

이로써 위기 국면에 직면할 때마다 활용된 예비의 피난처가 명활산성이었으나 이제 남산산성으로 바뀌었다. 어쩌면 전륜성왕 의식과 연동된 임시 피난처인 명활산성도 더 이상 의미가 없게 되지 않았을까 싶다. 전륜성왕 의식으로부터 석가족 신앙으로 지배이데올로기의 교체와 맞물려서 방어망의 중추가 바뀐 것도 무척 자연스러운 일로 보인다.

왕경인과 함께 지방민을 전국적 차원에서 대대적으로 동원한 남산신성의 축조는 그동안 진행되어온 지배이데올로기 전환의 일대 마무리 작업이나 다름없었다. 이후 남산이 차츰 불교 신앙의 신성한 중심적 공간으로 바뀌어져 가는 것도 그런 사정과의 관련 속에서 파악함이 올바른

---

109) 주보돈, 「남산신성의 축조와 남산신성비-제9비를 중심으로-」『신라문화』10·11, 1994 ; 『금석문과 신라사』 지식산업사, 2002.

접근일 듯하다.

3) 9층목탑의 조영

진평왕은 석가족 신앙을 새로운 지배이데올로기로 삼아 국왕의 위상 고양에 따른 왕실의 신성성과 정통성을 강조함으로써 신라국가를 새롭게 가꾸려는 꿈을 꾸었다. 동시에 바깥으로부터 점차 밀려오는 위기의 극복을 위한 나름의 대비책도 마련하였다. 이와 같이 석가족 신앙에 기반한 신라국가를 앞으로도 계속 안정적으로 이어가기 위해 남은 과제는 아들을 얻어서 왕위를 순조롭게 승계시키는 일이었다.

진평왕은 왕위 승계 문제에 대해서는 이전의 거듭된 경험에서 비롯한 강한 트라우마를 갖고 있었다. 그의 아버지 동륜태자는 즉위해보지도 못한 채 일찍 사망하였고, 삼촌인 진지왕은 국인에 의해 폐위되었다. 그래서 평소 왕위 계승 문제에 각별히 신경을 곤두세우지 않을 수 없는 입장이었다. 그래서 석가족 신앙에 입각해 아들을 낳음으로써 왕위를 정상적으로 이으려고 희구하였을 터이다. 그 아들이 다름 아닌 신라의 석가모니로 설정되었다.

진평왕은 아들, 즉 석가모니를 얻기 위해 줄곧 노력을 기울였을 터이나 끝내 딸밖에 얻지 못함으로써 순조로운 승계의 희구는 수포로 돌아갔다. 말년에 이르러서 왕위 계승 문제를 놓고 무척이나 고심하였을 터이다.

진평왕이 아들을 낳지 못한 유력한 귀족 임종(林宗)으로 하여금 진지왕의 유복자인 비형랑(鼻荊郞)과 같이 놀던 귀신 길달(吉達)을 양자로 맞아들이도록 권유한 사실은[110] 어떻게든 자신도 승계자를 구하고 싶은 심경의 일단을 내비친 것이 아닐까 싶다. 그러다가 마침내 '성골남진(聖骨男盡)'을 명분으로 내세워 맏딸인 덕만(德曼)을 후계자로 결정하였으니 바로 선덕여왕(善德女王)이다.

아무리 신성가족인 성골의 성원 가운데 남성이 없다는 이른바 '성골남진'이란 그럴싸한 명분을 앞세웠더라도 신라의 첫 사례인 여왕의 즉위가 아무런 부작용 없이 순조롭게 성사되었을 리는 만무한 일이다. 그런 결정에 대해 정치적으로 강한 반대가 당연히 뒤따랐다. 54년이란 장기간 재위한 진평왕이 사망하기 바로 직전 해인 631년 이찬 칠숙(柒宿)과 석품(石品)이 주도한 모반 사건은 그런 정황의 일단을 잘 보여준다. 선덕여왕의 즉위를 놓고 찬성하는 왕당파와 반대하는 귀족파로 크게 엇갈리어 대립 갈등하는 양상을 보였던 것이다.

선덕여왕의 즉위는 두 세력 사이의 일정한 타협이 이루어진 데서 가능한 일이었다.[111] 오랜 기간 공석이던 상대등을 임명하는 선에서 귀족파는 일단 타협안을 받아들였다. 진평왕 10년(588) 수을부(首乙夫)가 이어받은 뒤 오래도록 후임 상대등을 지명한 사례가 없다가 선덕여왕 즉위년 을제(乙祭)가 임명되었다. 이는 선덕왕의 즉위를 수용하는 데 대한 반대급부로서 귀족파의 요구를 받아들인 결과로 여겨진다.[112]

왕당파와 귀족파는 서로 팽팽하게 견제하는 가운데 각자 차후를 노리면서 대비하였다. 선덕여왕은 재위 기간 내내 그런 균형 상태를 노골

---

110) 『삼국유사』1 기이편1 「도화녀비형랑」조.
111) 주보돈, 「비담의 난과 선덕여왕대 정치 운영」『이기백교수고희기념 한국사학논총』 일조각, 1994 ; 『김춘추와 그의 사람들』 지식산업사, 2018.
112) 위와 같음.

적으로 깨트리는 어떤 정치적 행위를 약간이라도 시도하기 힘든 국면이었다. 서로 조금의 양보도 허용하지 않았다. 당시 어떤 관료 조직 개편이나 관부 신설 등의 사례가 단 한 차례도 보이지 않음은 그를 여실히 입증한다. 대신 불사가 전례 드물게 많이 이루어졌음이 선덕여왕대의 특징적 현상이라 하겠다.[113]

견제와 균형의 상태는 임시적이어서 바깥 사정이 불안정해지면 언제라도 깨어지게 마련이다. 642년 백제의 의자왕이 자체 내부의 당면 정치적 불안정 상태를 해소하기 위해 신라에 대한 총공세를 가하였다. 삼국간 전면전이 본격화하는 첫 방아쇠가 당겨진 셈이었다. 이로 말미암아 신라 내부의 견제와 균형의 상태는 즉각 금이 가기 시작하였다.

신라는 백제 의자왕의 총공세를 받아 낙동강 이서의 옛 가야 영토 전부를 상실함으로써 안팎으로 심각한 위기 상황을 맞았다. 외줄 타듯 힘들게 유지되던 정국은 총체적 난국 상황에 직면해 무너져갔다. 바로 이 무렵 당으로부터 귀국한 자장이 분열의 상황을 벗어나기 위한 방책으로서 특별한 제안을 하였다.

여러모로 어려움에 직면한 선덕여왕의 간절한 도움 요청을 뿌리치고 출가해 638년 당나라로 유학을 떠난 자장(慈藏)은 643년 귀국하였다. 귀국하자마자 당면의 위기를 극복할 수 있는 유력한 방책으로서 9층목탑의 건립을 건의하였다. 건립의 대상 사찰이 호국의 중심 도량인 황룡사였음은 당연한 일이었다. 사실 긴박하게 돌아가는 위기의 전시 국면에서 엄청난 경비와 노력이 드는 9층목탑의 건립 추진은 자칫 너무나 느긋하

---

113) 위와 같음.

고 한가롭게 비쳐질 소지가 있었다. 그럼에도 그것이 추진된 데에는 두 가지 목적이 바탕에 깔린 것으로 이해된다.

하나는 백제에게 유화의 신호를 보냄으로써 전혀 전의(戰意)가 없음을 내비치려는 외교적 몸짓이었다. 이로써 눈앞에서 치열하게 펼쳐지는 공세를 잠시나마 잠재우면서 일단 대비하기 위한 시간을 벌려는 것이었다. 다른 하나는 분열된 국론을 결집하는 기회로 삼아 대립·갈등을 완화시킴으로써 난관을 타개해보려는 심산이었다. 이를 계기로 잠깐 시간이 늦추어지기는 하였으나 점증(漸增)하던 내분은 결국 647년 정월 비담(毗曇)의 난으로 폭발하고 말았다. 이제 안팎으로 한판의 대결만이 남은 상태였다.

마침내 비담의 난을 진압함으로써 드디어 정치적 실권을 장악한 왕당파 대표 김춘추는 진덕여왕을 즉위시켜 내부 정비에 박차를 가하고 동시에 외교 활동을 적극적으로 펼쳐 648년 당나라와의 군사동맹까지 이끌어내었다. 이로써 삼국 간의 군사적 대결에서 신라는 승리의 발판을 마련한 셈이었다. 이후 삼국 간 내부 모순까지 뒤얽힘으로써 전쟁은 전면전의 양상으로 치달았다. 그 결과 삼국 통합의 최후 승리는 가장 약체의 신라에게 돌아갔다.

이미 앞서 소개한 「찰주본기」에서는 '과연 삼한을 통합해 (일통하였으며), 군신(君臣)이 안락하게 된 것은 지금껏 이에 힘입은 것이다.'고[114] 풀이하여 신라가 삼국 통합에 성공하고 국가 발전을 기약하게 된 공로를 9층목탑의 건립 덕분으로 돌리고 있다. 이는 황룡사의 9층 목탑 건립으로

---

114) 원문은 다음과 같다. '果合三韓 以爲△△ 君臣安樂 至今賴之'.

일통삼한 하였다는 인식이 신라인의 뇌리에 얼마나 깊숙이 각인되었는지를 보여주는 사례이다. 호국의 사찰로서 황룡사가 어떤 기능을 하였는지를 보여주는 것이기도 하다.

삼국통일로 호국의 대상에는 변화가 뒤따랐다. 이에 따라 호국 기능의 무게 중심은 저절로 장육상으로부터 천사옥대를 거쳐 9층목탑으로 옮겨졌다. 다함께 호국을 상징하는 보물이지만 그 성격과 대상이 달라진 데서 말미암은 것이다. 장육상에 내재된 호국이 전륜성왕 의식에 입각한 영역을 확장하고 보전하는 공세적 성격이었다면 9층목탑의 그것은 영역 전체를 보위하는 수세적 성격의 것이었다.

이상과 같이 황룡사는 호국의 중심 사찰로서 국가의 정책 방향과 긴밀히 연동해서 운용되었다. 그에 따라 적절한 내부 불사를 일으킴으로써 호국의 역할을 다하였다. 이는 언젠가 황룡사가 지닌 호국의 역할이나 기능 자체까지 바뀔 수 있음을 뜻하는 사실이다. 어쩌면 삼국통일을 계기로 기존 호국의 대상이 소멸함으로써 황룡사의 역할 자체까지 달라져야 할 속성을 내재하고 있었던 것이다.

6. 통일기의 황룡사 위상과 그 변화

1) 호국의 대상과 성격의 변화

황룡사는 창건 이후 삼국통합에 이를 때까지 정치적·종교적 측면에서 국가 보위의 구심적 기능을 다하였다. 하지만 통일 이후에도 그와 같은 역할과 기능이 꼭 그대로 이어진 것은 아니었다. 주변의 정치 지형이 여러모로 바뀜으로써 새로운 변화가 뒤따랐다. 물론 중대에도 불교가 여전히 신라의 국가적 종교로서 기능하였다. 다만, 정교(政敎)의 분리 현상이 진전됨으로써 불교의 정치성은 매우 약화되었다.

김춘추의 집권과 즉위를 계기로 그동안 꾸준히 성장해온 유학이 새로운 지배이데올로기로서 뿌리내렸다. 불교식 왕명 시대가 끝나고 유학식의 시호와 묘호 시대가 시작되었음은 그런 양상을 뚜렷이 보여준다. 이제 불교는 주로 신앙과 함께 교학(敎學)의 대상이 됨으로써 정치와의 관계로부터 상대적으로 멀어졌다. 이로 말미암아 황룡사의 호국적 위상이나 기능도 저절로 한계를 드러내어 퇴조할 수밖에 없었다.

황룡사가 추구한 호국의 핵심 주적은 눈앞의 고구려와 백제였다. 이제 삼국의 통합으로 오랜 주적은 사라졌다. 이로써 사실상 호국 사찰로서 황룡사의 역할이 다한 셈이었다. 다만, 그 대신 새로운 주적이 부상함으로써 이에 연동해 호국의 구심 사찰에도 변화가 뒤따랐다. 통일 이후 국가사찰로서 부상한 성전사원(成典寺院)은 그를 잘 보여준다.[115]

성전의 성(成)은 원래 수공업을 뜻하며, 전(典)은 관부(官府)다. 그런 측면에서 성전사원은 관리(官吏)는 물론 절의 수리·보수까지 전담한 관부를 따로 둔 사찰이라고 풀이된다. 관부라면 내부에는 상설이든 겸직이든 관직이 따로 두어지게 마련이다. 아마도 고위직은 대체로 겸직이며, 하위직은 상설이었던 것으로 보인다. 그런 의미에서 성전사원은 신라국가가 주도해서 창건하고 관리한 국가 직할의 사찰을 가리키는 셈이다. 성전사원이 『삼국사기』 직관지(職官志)의 중앙관부를 다룬 편목에 들어가 있음은 그를 입증한다.

직관지에 등장하는 성전사원으로는 사천왕사(四天王寺), 봉성사(奉聖

---

115) 채상식, 「신라통일기의 성전사원의 구조와 기능」『부산사학』8, 1984 및 「신라사에 있어서 황룡사의 위상과 그 추이」『신라문화제학술논문집』22, 2001.

寺), 감은사(感恩寺), 봉덕사(奉德寺), 봉은사(奉恩寺), 영묘사(靈廟寺), 영흥사(永興寺) 등의 7사를 들 수 있다. 금석문에서 확인되는 진지대왕사(眞智大王寺)는 봉은사로 바뀐 것이라 추정되고 있다.[116] 한편 872년 작성된 「찰주본기」에는 황룡사에도 성전을 두었음이 확인된다. 이는 거꾸로 성전사원도 상황에 따라 치폐되기도 한 성격의 것이었음을 뜻한다. 직관지의 7개 성전사원의 역할도 유동적이며 특정한 시기에만 한정해서 작동하였음을 짐작케 하는 사실이다. 대체로 중대에는 그들 7사만이 성전사원으로 지정된 듯하다.

직관지의 7사 가운데 전반부에 배치된 5사는 통일기에 창건되었다. 그러므로 이들이 성전사원으로 지정된 것은 창건과 동시였거나 혹은 그 직후의 일로 보아야겠다. 뒤의 2사는 통일 이전에 창건된 사찰이다. 영흥사는 법흥왕대에 세워진 니사(尼寺)인데, 유일하게 성전이 두어진 해가 신문왕 4년(684)이라고 밝힌 사실이 주목된다. 어쩌면 바로 이때부터 특정의 성전사원이 처음 두어지기 시작하였을 가능성이 크다.[117] 그런 의미에서 선덕여왕 4년(635) 창건된 영묘사가 성전사원으로 선정된 시점도 영흥사와 같은 때였을 듯하다.

이상과 같이 보면 특정 몇몇 사찰을 성전사원으로 삼은 것은 통일기의 일로서 창건과 함께 진행된 것이 아니라 어떤 시점에 이르러 내부의 필요성에 따른 일로 보인다. 그와 관련해 주목되는 것이 황룡사성전이다.

---

116) 이영호, 「신라 중대 성전사원의 관사적 기능」『한국사연구』43, 1983 ; 『신라 중대의 정치와 권력구조』 지식산업사, 2014.
117) 이영호, 위의 글. 다만, 성전의 7사 가운데 첫머리에 위치한 사천왕사가 창건 추진을 매개로 한 시점일지도 모른다.

황룡사를 성전사원으로 삼은 사실이 직관지에는 보이지 않는다. 그래서 황룡사에 성전을 처음 둔 것이 9세기 후반으로 봄이 일반적이다. 그러나 이미 중대에 두어졌으나 직관지상에서 누락되었을 것이라 보는 견해도[118] 없지 않다. 하지만 중고기까지 유지된 사격(寺格)에 비추어 황룡사도 당연히 성전사원이었는데 실수로 빠진 것이라 봄은 적절하지 못하다.

사원의 역할과 기능의 끊임없는 변화를 염두에 두면 황룡사 자체는 여전히 존재하였으나 어떤 연유로 말미암아 성전사원에서 배제된 것이라 봄이 순조롭다. 그렇다면 성전사원이 두어지면서 기존 사원의 위상이나 사격(寺格)에 일정한 변동이 뒤따랐다고 상정해도 무방하겠다.

황룡사가 성전사원의 대상에서 제외되었다거나 뒷날 다시 선정되었음은 곧 그 위상이나 성격에 약간의 부침이 있었음을 반증한다. 중고기 호국의 구심적 역할을 담당한 황룡사가 통일을 계기로 사실상 불교식 왕명시대를 마감하고 유학식의 묘호·시호시대로 진입하면서 본래의 호국 기능이나 역할은 일단 수명을 다한 것으로 짐작된다. 중대의 집권세력은 황룡사를 더 이상 호국의 중심 사찰로서 여기지를 않았던 것이다. 성전사원에서의 배제는 곧 호국 사찰로서의 황룡사 역할이 끝났음을 공언한 셈이었다. 그런 사정의 일단은 사천왕사나 감은사의 사례를 통해서도 뚜렷이 증명된다.

사실 신라가 삼국의 통일을 이루면서 주변의 위협적인 주적(主敵)이 달라진 사실은 황룡사의 위상과 역할을 바꾸는 주요 명분으로 작용한

---

118) 濱田耕策,「新羅の成典寺院と皇龍寺の歷史」『學習院大學文學部研究年報』28, 1982 ;『新羅國史の研究』 吉川弘文館, 2002.

듯하다. 황룡사가 호국의 중심 도량으로 기능하던 때의 주적은 수세적이건 공세적이건 어디까지나 고구려와 백제였다. 불력을 빌어 외환을 물리치는 명분을 앞세운 9층목탑에서도 당면의 주적을 고구려와 백제로 삼은 것이었다.

뒤에서도 언급하듯이 이때의 외적(外敵)을 「동도성립기(東都成立記)」에서 9한(韓), 혹은 9이(夷)라 하여 각 층마다 구체적 국명을 배정하기는 하였으나, 이는 어디까지나 당대적 표현이 아니며 9세기 말엽에 이르러서의 일로 보인다.[119] 7세기 중엽 신라와 군사동맹을 맺은 중국[唐]까지 그 대상에 포함되었음은 그런 실상을 뚜렷하게 입증한다. 그러므로 만약 당시 주적을 9한으로 설정한 것이 사실이라면 이는 사방의 외적을 총체적으로 가리키는 막연한 표현이었을 따름이다. 「찰주본기」가 시사해 주듯이 7세기 신라의 당면 주적은 어디까지나 고구려와 백제였다.

그런데 고구려와 백제가 멸망한 상태의 통일 이후라면 호국의 대상 주적도 저절로 달라지게 마련이다. 그런 점을 여실히 보여 주는 것이 사천왕사와 감은사의 창건이다. 백제와 고구려가 소멸된 뒤인 670년 무렵 당과의 사이에 점령지를 놓고 대립 갈등이 벌어짐으로써 예견되던 전쟁이 임박해진 상황이었다. 이에 문무왕은 여러모로 대비책을 모색·강구하였다. 이때 신인종(神印宗) 계통의 승려 명랑(明朗)이 나서서 낭산(狼山)의 남쪽 신유림(神遊林)에다 비단채색으로 절을 꾸며 문두루비법(文豆婁秘法)을 구사한다면 당병을 물리칠 수 있으리라고 진언하였다.[120]

이것이 곧 사천왕사 창건의 계기였거니와 임시방편으로 긴급히 마련

---

119) 주보돈, 「신라 '東京'과 그 의미」,『대구사학』120, 2015.
120) 『삼국유사』2 기이편2 「문호왕법민」조.

한 사찰은 신문왕대에 정식의 성전사원으로 선정되었다. 직관지에서 성전사원 7사를 열거하는 가운데 사천왕사가 제일 첫머리에다 배치될 정도로 거기에 함의된 정치적·종교적 비중은 매우 컸다. 어제의 동맹국인 당나라를 물리치는 데 기여한 호국의 중심 도량에 매우 걸맞은 조치였다. 이는 거꾸로 기존 황룡사의 호국 기능이 수명을 다하였음을 뜻하는 것이기도 하다.

한편 문무왕은 말년 당시 신라에 위협적인 왜(일본) 세력을 물리치려는 강한 염원을 담은 감은사를 짓기 시작하였으나 이 또한 완공을 보지 못한 채 사망하였다. 신문왕이 그를 이어받아 682년 완성하기에 이르렀다. 감은사에서 동해구(東海口)가 멀찍이 바라보이는 바다 속 바위섬에 화장한 문무왕의 유골을 안치하고 대왕암(大王岩),[121] 혹은 대왕석이라고[122] 불렀다 한다.

감은사는 문무왕의 명복을 빌기 위한 원찰의 성격을 띠기는 하나 왜병의 침략을 불력으로 물리쳐 주기를 간절하게 바란 염원에서 세워진 사찰이었다. 죽은 뒤 스스로 동해의 용왕이 되어 그를 실현시키려는 강인한 포부를 드러낸 문무왕의 수장처(水葬處)인 대왕암과 어우러지게 조영된 전형적인 호국 사찰이 바로 감은사였다.

이처럼 사천왕사와 감은사 두 사찰은 각기 별개인 듯이 보이지만 문무왕을 중심으로 해서 긴밀히 연결된 대표적 호국도량이었다. 사천왕사 바로 앞에는 현재 귀부(龜趺) 두 개가 나란히 놓여 있거니와 동편의 것은 사적비이며, 서편의 것은 「문무왕릉비」가 세워진 자리라 추정되고 있다.

---

121) 「만파식적」조.
122) 『삼국사기』7 신라본기 문무왕 21년조.

아마도 문무왕의 유체(遺體) 화장은 사천왕사 바로 입구에서 이루어진 듯하다.[123)]

『삼국사기』에서는 문무왕의 화장터를 막연히 고문외정(庫門外庭)이라고만 지적하였을 따름이다. 흔히 사찰의 입구 부근에서 국왕을 화장한 사례가 적지 않게 보이는 점, 사천왕사가 문무왕과의 인연이 특별히 깊은 점, 「문무왕릉비」가 바로 인근에서 발견된 점 등을 고려하면 사천왕사에서 유체 화장이 치러진 것으로 봄이 옳을 듯 싶다. 이곳이 울산만 방면으로부터 왕경의 중심부로 들어가는 입구의 간선도로상에 위치한 사실도[124)] 그렇게 추정하는 데에 크게 참고로 된다.

그렇다면 사천왕사와 감은사 두 사찰은 각기 문무왕의 혼백(魂魄)을 매개로 서로 밀접한 연관을 맺고 있는 셈이 된다. 게다가 각기 당과 왜라는 당면의 두 외적을 물리치려는 염원을 안고서 창건된 전형적 호국의 사찰이라는 데에 공통점을 지니고 있다.

삼국 통합에 성공한 주역으로서 문무왕은 창업(創業)보다 수성(守成)의 어려움을 인지하면서 그에 대한 대비 방안을 유조(遺詔) 속에다 곡진히 남겼다.[125)] 내부의 정치적 분열 양상이 아직껏 채 가시지 않은 상태의 내정과 함께 당 및 일본의 군사적 움직임까지 크게 우려하면서 두 사찰의 창건으로 호국의 책무를 분담토록 유언한 것이었다. 외적에 대해 각별한 관심을 갖고서 문무왕이 창건을 주도한 두 사찰을 신문왕이 완공 후 성전사원으로 삼은 것은 국가적 차원에서 이들을 너무나 중시하

---

123) 주보돈, 「통일신라의 (陵)墓碑에 대한 몇 가지 논의」『목간과 문자』9, 2012.

124) 위와 같음.

125) 『삼국사기』7 신라본기 문무왕 21년조.

였음을 뜻하는 사실이다.

여하튼 통일 이후 당면의 외적은 당과 일본으로 완전히 바뀌었다. 고구려와 백제를 주요 두 주적으로 삼은 호국의 사찰인 황룡사의 기능과 역할 퇴조(退潮)는 시대 상황의 변천과 맞물려 진행된 필연의 과정이었다.

그렇지 않아도 중고기의 정교가 일체화된 상태에서 중대의 개창 세력은 불교가 맡은 역할을 근본에서부터 바꾸려는 생각을 가졌다. 그들에게는 현실의 상황이 황룡사를 최고 최대의 위상으로부터 밀어내기 위해 시의적절하다고 판단하였을 듯하다. 새로운 호국의 보물로서 동해안에서 얻은 만파식적(萬波息笛)과 흑옥대(黑玉帶)도 그와 같은 변천 양상을 상징하고 있다. 황룡사의 장육존상과 9층목탑은 만파식적에게, 진평왕의 천사옥대는 흑옥대에게 각각 맡았던 호국 상징의 보물 자리를 내어준 것이었다.

중대로 접어들어 새로이 성전사원을 마련한 자체가 기존 불교의 전반이나 사찰의 위상을 바꾸려는 의도의 일환이었을 듯하다. 거기에서 배제된 황룡사는 이후 사격도 현저히 저하될 수밖에 없었으며 거기에 담긴 호국적 기능은 자연히 성전사원으로 옮겨졌다. 이와 관련하여 황룡사를 비롯한 황복사(皇福寺), 황성사(皇聖寺), 분황사(芬皇寺), 황룡사(皇隆寺) 등 왕경 중앙부에 위치해 '황(皇)'을 공통으로 사용한 중고기의 주요 사찰 어느 것 하나 성전사원에 들어가지 못한 점은 유의해볼 대상이다. 중고기 불교계 전반을 쇄신하면서 당과의 우호관계나 오묘제의 도입 등을 염두에 둔 매우 의도적인 조치로 여겨진다.

사천왕사가 당과의 관계를 고려해 세워진 절이란 사실은 겉으로는 적극 내세우지를 않았다. 한편 당나라 황제의 축수(祝壽)를 위한다는 명분 아래 임시방편적으로 급조된 망덕사(望德寺)도 시대상에서 차지한 중요성에도 불구하고 성전사원으로 선정되지를 못하였다. 이 점 또한 황룡사의 기능 변화 및 사천왕사의 부상과 연관하여 주목해볼 대상이다.

2) 황룡사의 재부상

이상과 같이 통일기에 들어와 호국 중심 사찰로서의 황룡사 위상은 현저히 저하되었음은 부정할 수 없는 사실이다. 이는 국가적 입장에서 실시한 호국적 성격의 종교 행사가 중고기와는 달리 황룡사에서 거의 치러지지 않은 데서도 입증된다.[126] 중대에 인왕도량이 봉덕사에서 개최된 사실도[127] 그렇게 추정하는 데 참고가 된다.[128]

그러나 경덕왕대부터 다시 약간 변화하는 조짐이 일기 시작하였다. 이를테면 경덕왕이 화엄승려 법해(法海)를 황룡사로 불러 『화엄경』을 강론하게 하고서 친히 행향(行香)한 사례를 들 수 있다. 이보다 1년 앞서 가뭄이 크게 들었을 때 남산 용장사(茸長寺)에 주석하고 있던 유식승(唯識僧) 태현(太賢)을 내전(內殿)으로 불러들여 『금강경(金剛經)』을 강경하게 하면서 단비가 내리게 하도록 요청하였다. 대현은 이에 부응해 즉시 말랐던 왕궁 내의 우물물을 넘쳐 솟구치게 하는 이변을 보였다.[129]

바로 뒤이어 초빙된 화엄승려 법해는 동해를 기울여서 왕궁 전체가

---

126) 채상식, 앞의 글, 2001, p.196. 이 글에서는 황룡사에서 벌어진 이변 현상과 함께 「찰주본기」에 중대의 사정을 전하는 내용이 전혀 보이지 않음도 그렇게 추정하는 요소로서 지목하였다.

127) 『삼국유사』2 기이편2 「성덕왕」조.

128) 채상식, 앞의 글, 2001, p.198.

129) 「賢瑜珂海華嚴」조.

물이 차고 넘치도록 하는 신통력을 발휘하였다. 불력의 측면에서 법해가 태현보다 한 수 위였음을 내비친 설화로 풀이된다. 아마도 7세기 후반 의상(義相) 중심으로 들여온 뒤 한동안 중앙에서 밀려나 있던 화엄종이 새롭게 부상해가는 등 불교계 전반의 변화 분위기를 반영한 것으로 여겨진다.[130] 이때 법력이 높은 화엄계통의 승려 법해를 황룡사로 부른 자체가 사찰의 위상에도 어떤 변화가 일어났음을 유추케 하는 대목이다.

비슷한 시기에 경덕왕과 이혼한 선비(先妃) 삼모부인(三毛夫人)이 이찬 효정(孝貞)과 함께 엄청난 사비(私費)를 들여 황룡사의 대종을 주조한 사실도[131] 주목된다. 개인적인 경비를 들여 만든 대종을 국가 사찰인 황룡사에다 안치시킨 자체에는 어떻든 각별한 사정이 내재된 것으로 여겨진다. 바로 얼마 뒤 효성(孝誠)이 지극한 경덕왕이 자신의 아버지 성덕왕(聖德王)을 위해 대종을 주조하려다 뜻을 이루지 못한 채 사망하자 아들 혜공왕(惠恭王)이 뜻을 이어받아 재위 7년(771) 주조에 성공한 성덕대왕신종(聖德大王神鍾)을 봉덕사(鳳德寺)에 안치하였다.

두 종을 비교하면 전자의 무게가 후자에 견주어 무려 4배나 더 나가는 사실도 불교계 내부의 어떤 모종의 움직임을 시사해주는 대목이다. 그런 과정에서 바로 이 무렵 불교계의 핵심에서 약간 밀려나 있던 황룡사가 잃어버린 호국 중심의 사찰로서의 위상과 명성을 차츰 되찾아가는 모습이 감지된다. 그 점을 결정적으로 입증하는 것이 오랜 세월이 흐른 뒤의 일이기는 하지만 황룡사 9층목탑의 재건 사건이다. 앞서 언급하였듯이 그런 실상은 「찰주본기」에서 찾아진다.

---

130) 김복순, 『신라화엄종연구』, 민족사, 1990, p.66.
131) 『삼국유사』3 탑상편4 「황룡사종 · 분황사약사 · 봉덕사종」조.

「찰주본기」에 따르면 9세기 전반 문성왕(文聖王) 때부터 목탑이 동북으로 기울자 다시 지으려고 목재를 모으기 시작하였다. 그럼에도 정작 실행으로 옮기지 못한 채 무려 30여년을 방치해둔 상태였다.

그러다가 경문왕이 재위 11년(871) 정월 어떤 연유에서인지는 뚜렷하지 않으나 탑을 개조(改造)하기로 결정하고[132] 그 해 8월 탑을 완전히 해체해서 새로 세우기 시작하였다.[133] 이듬해 872년 9월 9층의 기본 공사를 모두 마치고 11월 6일에는 경문왕이 직접 신료들을 거느리고 현장으로 가서 찰주를 들어올려서 사리장치를 확인하고 25일에 다시 넣었다. 이때 개탑 및 사리장치와 관련한 사정의 개략을 기록하도록 하였다.[134] 이듬해인 873년 9월 황룡사 개탑의 작업 일체가 완전히 마무리되었다.[135]

전체 소요된 기간이 처음 조영할 때보다 더 걸린 점을 고려하면 기존의 탑을 단순히 수리하는 데에 그친 것이 아니었다. '비로소 옛것을 폐하고 새것을 만들었다.'고 한 데서 느껴지듯이 사실상 해체해서 새로운 탑을 조영한 셈이나 다름없었다. 물론 기존의 목재도 당연히 활용하였겠지만 상당 부분 새로운 목재를 사용한 대역사(大役事)였다.

이 시점에서 엄청난 경비와 공력을 들여서 황룡사 9층목탑 재건을 추진한 바탕에는 나름의 내밀한 연유가 깔렸을 터이다. 9층목탑 건립의 원래 목적이 내우외환의 극복을 겨냥한 것이라 한다면 이 시점에서 같

---

132) 『삼국사기』11 신라본기 경문왕 11년조.

133) 「찰주본기」 여기서는 改作, 또는 '廢舊新造'란 표현을 썼다. 부분적으로 수리한 데에 그치지 않고 탑을 완전히 허물고서 새로이 지었음을 보여준다.

134) 이상의 내용은 모두 「찰주본기」에 의거함.

135) 『삼국사기』11 신라본기 경문왕 13년조.

은 자리에 대대적인 복원 작업을 시도한 데에도 비슷한 목적의식이 강하게 깔린 것으로 여겨진다.

다만, 안팎의 환경이 근본적으로 달라진 사실이 유의된다. 내부적으로는 왕위 계승 문제를 놓고 장기간 격렬한 싸움을 벌이다가 이제 겨우 진정되어 가는 기미를 보이기는 하였으나 아직 여진이 완전히 가시지 않은 상태였다. 특히 헌안왕(憲安王)의 사위로서 경문왕이 즉위함으로써 왕위 쟁탈전이 재연될 조짐까지 보이기 시작하였다. 경문왕은 그런 분위기를 잠재우고 전반을 일신함으로써[136] 내정의 안정을 도모하려고 기도한 것 같다.

한편, 외환은 아직 그리 두드러지지는 않은 상태였다. 다만, 이 무렵 당에서는 실정과 붕당으로 내정이 심히 불안정하고 여러 번진(藩鎭) 세력이 독립을 외치고 나섰다. 이로부터 그리 머지않은 시점인 875년 당나라에서 황소(黃巢)의 난이 일어난 것으로 미루어 국제정세 전반도 심상찮게 돌아갔다. 이러한 사정은 곧장 신라에까지 직접적인 영향을 미쳤을 것 같다.

신라 지배층은 주변의 동향을 민감하게 주시하였을 공산이 크다. 만약 내부의 불안정이 지속되고 외환까지 겹친다면 걷잡을 수 없게 비화할지도 모를 일이었다. 그래서 경문왕은 그런 내우외환의 움직임에 대한 사전 대비책으로서 거의 30년 동안이나 방치해둔 9층목탑을 엄청난 경비를 들여서 새로이 세우려고 하였던 것이다.[137]

---

136) 이기동, 「나말려초 근시기구와 문한기구의 확장」『역사학보』77, 1978 ; 『신라 골품제사회와 화랑도』 한국연구원, 1980.

137) 김창겸, 「신라 경문왕대 修造役事의 정치사적 고찰」『민병하교수정년기념 사학논총』 1988.

그와 관련해 바로 이 무렵 안홍의 「동도성립기」가 쓰인 사실은 눈여겨볼 대상이다. 여기에는 선덕여왕대에 9층목탑을 세우면서 9한의 침범을 물리치고 각종 재앙을 제압할 수 있기를 염원하였다고 한다. 다만, 안홍은 7세기의 인물이지만 「동도성립기」는 여러모로 9세기 후반 바로 황룡사에 9층의 목탑 개건이 이루어질 때 그에게 가탁하여 작성된 참위서(讖緯書)로 여겨진다.[138] 아마도 개탑의 명분으로 내세우기 위해 만들어진 것이 아닐까 싶다. 처음 9층탑을 만들 때의 주적이 고구려와 백제였다면 이때에는 막연한 외세로서 9한, 9이였던 점에서 뚜렷한 차이가 난다. 시대 상황이 바뀐 실상을 반영한다.

신라 말기에 이르러 제반 사정이 달라지면서 황룡사가 호국의 사찰로서 새롭게 부각되었다. 중대에 당과 일본이 주적으로 설정되었을 무렵에는 사천왕사나 감은사가 각각 호국을 위한 중심 사찰로서 기능하였지만 이제는 다시 제반 사정이 달라졌다.

한동안 왕위 쟁탈전이 벌어지고 내정이 심히 불안정한 상태가 지속되자 9층목탑이 기울어졌음에도 불구하고 방치해둔 상태였다. 그러다가 경문왕이 내부질서를 정리해 나가면서 어느 정도 성과를 거두자 민심 결집을 도모하기 위한 방편으로서 외환을 앞세워 황룡사 9층탑의 개탑을 추진하였다. 사실 주적을 구체적으로 지칭하지 않은 채 막연히 9이, 9한이라 한 것은 그런 사정의 일단을 반영한다. 외환은 명분상 내세워진 핑계였을 따름이고 정작 무게 중심은 내정에 놓여 있었던 점이 달랐다.

이때 황룡사를 성전사원으로 삼고 9층목탑의 개탑을 추진하였다거

---

138) 주보돈, 앞의 글, 2015, pp.196-202.

나 이를 중심으로 삼은 「동도성립기」란 참위서가 쓰인 사실은 호국불교의 변화를 상징한다. 아마도 그런 분위기는 한동안 호국 사원의 중심에서 밀려난 있던 황룡사가 다시 부상되었음을 방증한다. 그것은 곧 경문왕대 신라의 화려한 재흥을 위한 노력의 일환이었다.[139] 하지만 안팎으로 새로운 흐름에 휘말려 신라왕조가 멸망의 길로 내달아 그런 시도는 무위로 돌아가고 있었다.

7. 나오면서

과거에 일어난 사실을 대상으로 철저한 방법론에 입각한 실증을 전제로 삼는다면 다양한 입장과 시각에서 해석할 수 있다는 데에 역사학의 매력이 돋보인다. 특정 사건·사실에 대한 해석은 언제라도 달라질 수 있는 성질의 것이다. 황룡사의 위상이나 역할에 대한 이해가 바로 그렇다고 하겠다.

신라 최고 최대의 사찰인 황룡사가 특히 역사학, 고고학, 미술사, 불교사, 사상사 등 이렇다 할 다양한 분야에서의 접근이 가능한 대상이라는 데에 큰 특징이 있다. 그동안 여러 분야에서 황룡사를 다루어 왔음은 그런 측면을 여지없이 드러낸다.

그렇지만 황룡사의 진면모(眞面貌)를 제대로 드러내려면 이제는 개별 분야의 수준을 훌쩍 뛰어넘어 유관 분야 전체를 아우른 종합적 접근이 가장 바람직하다. 여러 분야에서 밝혀낸 분산적, 파편적인 여러 사실들은 알게 모르게 서로 유기적으로 연결되어 있기 때문이다. 그럼에도

---

139) 통일기 이후 석탑 조영이 일반화된 상태에서 기존 9층의 목탑을 개탑하려는 인식은 그런 점을 강하게 풍겨주고 있다. 특히 30년이나 기울어진 채 방치된 탑을 개건하려는 한 자체가 그러하다.

불구하고 여기서도 그런 접근을 시도하지 못한 실정이다. 그렇게 하려면 무척 많은 시간과 공력이 요구되기 때문이다.

그래서 다양한 요소를 염두에 두면서도 황룡사의 창건 목적과 함께 본래 설정된 기능과 역할이라 할 호국에다 주된 초점을 맞추면서 그 위상의 변화를 소박하게나마 추적해 보았다. 물론 기왕에도 그런 측면에서의 시도가 없지는 않았으나 여기에서는 일단 왜 『삼국유사』가 황룡사에 그처럼 비중을 크게 두었던가를 환기시켜보려는 측면에서 접근하였다.

사실 황룡사가 불에 타서 소진되어버린 비참한 현장이 일연에게 던진 충격파는 엄청나게 컸으리라 짐작된다. 일연은 불타기 이전 건재한 상태의 황룡사를 실견한 바 있고, 불탄 뒤의 참혹한 광경을 목도하였다. 황룡사 관련 항목과 내용이 상대적으로 많을 뿐만 아니라 여러 차례에 걸쳐 몽고 병란을 언급하고 있는 것도 그런 사정의 일단을 유추하게 한다.

어쩌면 일연이 역사의 긴 흐름에서 작동하는 신이(神異)한 힘의 실재를 믿고 그를 찾으려고 한 것도 바로 그 때문이었을지 모른다. 그로 하여금 『삼국유사』 편찬을 추동하거나 그렇지 않더라도 편목을 구성하는 데 크게 작용한 것이 황룡사였을 가능성은 매우 컸으리라 여겨진다. 다른 무엇보다도 황룡사가 갖는 호국, 호법의 중심 도량이라는 점이 관심의 주요 대상이었던 것이다. 따라서 황룡사의 위상 변화는 일연이 설정한 방향을 따라서 추적이 가능하리라 여겨진다. 여기서도 그런 입장에서 호국의 중심 도량에 초점을 두고 황룡사를 잠시 주목해 보았다.

(새 글)

2
신라 남산의 역사성

1. 들어가면서

우리나라의 대표적인 역사문화 도시로서 해마다 수많은 관광객이 찾는 경주가 세계문화유산 가운데 하나인 역사유적지구로 지정된 것은 2000년의 일이다. 신라 국왕의 거주지인 궁궐로서 정치적 중핵이라 할 월성(月城)의 일대, 특정 시기 최고 지배층의 무덤이 몰려있는 대릉원(大陵苑) 지구, 신라 불교의 중추적 역할을 맡은 황룡사(皇龍寺)의 터, 명활산성(明活山城) 중심의 산성 구역 등과 함께 남산(南山) 일원도 그 가운데 하나에 들어가 있다.

어쩌면 남산은 내용상 이들 중 가장 돋보이는 곳이라 단언하여도 좋지 않을까 싶다. 오르기가 그리 쉽지 않은 산세임에도 일반 여행객뿐만 아니라 신라의 역사나 문화에 약간의 관심과 매력을 느낀 탐방객들이 평소 자주 찾아보는 대표적 장소로 자리매김 되었음은 그런 실상을 뚜렷이 입증해준다.

남산을 에워싼 주변부의 평지는 물론 그 안의 능선과 계곡 여기저기에는 사찰을 비롯해 온갖 종류의 불상(마애불 포함)과 석탑 등 불사(佛事)의 흔적이 헤아리기 어려울 정도로 많이 흩어져 있다. 뿐만 아니라 당시 어떤 제의(祭儀)와 연관되는 것으로 추정되는 나정(蘿井)과 포석정(鮑石亭), 그리고 주로 왕릉으로 비정되고 있는 매우 큰 규모의 석실분과 산성 등이 조영됨으로써 각자 나름의 어떤 시대적 양상을 반영하고 있다.

이처럼 남산은 지금껏 무척 다양한 성격의 신라 문화유산을 간직하고 있어 가히 종합적 보고(寶庫)라 일컬을 만하다. 현재 드러나 있는 특이한 경관(景觀) 자체만으로도 세계문화유산으로 지정된 어느 곳에 견주어도 하등의 손색이 없다고 해도 좋다.

그런데 남산이 차지하는 중요도나 무게감에 비추어 지금껏 내재한 역사성 전반이 제대로 밝혀진 것인지는 매우 의아스럽게 여겨진다. 남산이 과연 어떤 연유와 역사적 배경 아래, 언제부터 어떤 과정을 밟아 그런 모습을 띠게 된 것인지는 무척 궁금해지는 대목이다. 이에 대해서는 과문(寡聞)한 탓인지는 몰라도 아직 뚜렷이 밝혀진 바가 없다.

그렇다면 세계문화유산으로 지정된 자체만으로 일체의 과업이 마무리된 상태는 아니라 하겠다. 차라리 남산에 담겨진 역사성에 대한 구명(究明) 작업은 이제부터 본격적으로 추진해야 할 과제로 여겨진다.

그동안 남산에 대해 고고학, 특히 불교미술사적 측면에서의 접근은 적지 않게 이루어져 왔다.[1] 고고학 분야가 주로 사지(寺址)나[2] 산성 등을

---

1) 이에 대한 연구논저 목록의 대강은 국립경주문화재연구소, 『경주남산-본문·해설편-』, 2002에 첨부된 자료 참조.

2) 이근직, 「경주 남산 불교유적의 형성 과정」『경주문화논총』6, 2003 ; 『경주에서 찾은 신라의 불국토』 학연문화사, 2017 ; 차순철, 「南山佛蹟의 調查狀況」『新羅文物研究』12, 2019 참조.

주된 대상으로 삼았다면[3] 미술사적인 접근은 대부분 몇몇 두드러진 명품적(名品的) 성격의 불상에 초점을 맞추어[4] 진행하였음이 대체적인 추세였다. 이밖에 연구자의 관심에 따라 특정한 개별 유구나 유물을 다루기도 하였다. 하지만 그와 같은 한정적인 대상만으로 남산 전반의 역사성까지 제대로 드러났다고 말하기는 힘들 듯하다.

한편, 역사학 분야에서는 남산 자체보다는 지금껏 10기 정도로 알려진 남산신성비(南山新城碑)에 국한해서 겨우 관심을 기울여 왔을 따름이다. 남산의 전모(全貌)에 대한 실상이 거의 드러나지 않은 채 현재까지 피상적 이해 수준으로 머문 것도 바로 그와 같은 접근 방식이나 대상이 갖는 뚜렷한 한계 때문이었던 셈이다.

이상과 같은 의미에서 남산에는 장차 해명을 기다리는 숙제가 적지 않게 남아 있다고 단언하여도 좋을 듯 싶다. 이제 종합적 지향을 본령으로 삼는 역사학 분야가 적극 나서서 남산을 본격적으로 다룸으로써 실상 전반을 확연하게 밝혀낼 때에 이른 것이 아닐까 싶다.

남산자락과 곡간(谷間) 곳곳에 가득한 문화유산이 두말할 나위 없이 하루아침에 이루어졌을 리는 만무한 일이다. 신라왕조가 존속하던 전 기간에 걸쳐서 점진적인 과정을 밟아 켜켜이 쌓여온 총체라 하겠다. 이들 각각에는 당시 신라인들의 일상적 삶과 사유, 그리고 숨결이 깊숙이 스며들어 당대의 정치사회적 실상을 머금고 있는 모습이다.

그러므로 몇몇 명품이나 국한된 자료만을 대상으로 삼아서는 남산이 품고 있는 전체 역사상을 제대로 그려내는 데는 뚜렷한 한계를 지닐 수

---

3) 경주시, 『경주 남산신성』, 2010.
4) 이를테면 강우방, 「경주 남산론」, 『圓融과 調和』, 열화당, 1996.

밖에 없다. 개별 자료들을 낱낱이 음미해보는 것도 물론 당연히 긴요한 일이겠지만 무엇보다 먼저 신라의 정치사회에 대한 전반적 흐름 속에 남산이 갖는 위상을 제대로 더듬을 때 비로소 개개의 자료에 담겨진 면모까지도 저절로 드러나리라 여겨진다.

여기서는 그런 인식 아래 왜 신라왕조 당대부터 산성과 무덤은 물론 불교 신앙과 관련한 흔적을 남산 속에 수없이 남기게 되었는가, 어떻게 해서 신라인들은 남산을 그처럼 신성한 공간으로서 여기게 된 것인가 등등 몇몇 기본적 사항에 초점을 맞추어 대충의 그림을 그려보고자 한다. 이를 통해 남산에 내재된 역사성의 일각도 드러나리라 기대한다.

2. 현황

일제강점기인 1910년대 무렵부터 신라 왕경인 경주 지역 전반이 주목을 끌면서 남산에 대한 학술 조사도 조금씩 실시되기 시작하였다. 이후 처음으로 본격적인 관심을 쏟은 것은 1930년대 후반에 이르러서의 일이다. 이때 조선총독부가 주관해 1940년 『경주남산의 불적(佛蹟)』이란 이름의 보고서를 간행함으로써[5] 대체적인 작업은 일단 마무리 지어졌다.

이로써 학술적 측면에서 남산에 대한 대략적인 윤곽은 잡혀진 셈이었다. 이 자료는 지금의 시점에서 보면 매우 미흡하기 짝이 없는 수준이지만 이후 수많은 연구자들의 관심을 끌어 길잡이 역할을 충분히 감당하였다고 평가해도 좋을 듯하다.

해방 이후에는 오래도록 기왕에 알려진 자료를 토대로 해서 수많은

---

5) 국립경주문화재연구소, 앞의 책 말미에 원문 전체가 한글로 번역, 수록되었다.

호사가들 중심으로 주로 개인적 차원에서 남산을 찾아보고 조사하는 움직임이 꾸준하게 늘어났다. 그 결과 새로운 자료도 적지 않게 발견되었음은 물론이다.

이로써 남산의 실상은 한결 더 구체적인 모습을 띠기에 이르렀다.[6] 윤경렬(尹京烈)의 『경주남산고적순례(慶州南山古蹟巡禮)』(경주시, 1979)와 뒷날 이를 수정·보완한 『경주남산-겨레의 땅 부처님 땅』(불지사, 1993)은 그런 각고의 노력이 거둔 대표적 결실로 손꼽아도 무방할 듯 싶다.

이와 같이 오랜 과정을 거치면서 남산의 자연 경관 전반은 물론 개별 유물 각각의 정확한 출토 지점과 함께 곳곳에 산재한 유적의 위치가 밝혀지고, 능선과 계곡 등 각종 탐방로가 개척되었다. 마침내 그를 다룬 세밀한 문화지도까지[7] 작성되기에 이르렀다.

1990년 이후에는 그런 기초적 자료 조사와 정리를 토대로 해서 국립문화재연구소 주관으로 국가적 차원에서 남산 전반에 대한 측량과 실측 작업이 처음 실시되었다. 그 성과의 일단은 『경주남산의 불교유적』(1992)이란 이름으로 일단 정리되었다.

바로 직후인 1996년 비파곡(琵琶谷)과 용장계(茸長溪) 일대에서[8] 일어난 화재 사건을 계기로 남산에 대한 종합적 성격의 조사와 함께 정비의 필요성이 새롭게 제고되었다. 이에 국립경주문화재연구소 주관 아래 현장에 대한 치밀한 실사 작업이 본격적으로 추진되었다. 그 결과는 도

---

6) 그동안 조사 정리 현황에 대한 종합적 정리 전반은 국립경주문화재연구소, 위의 책 참조.

7) 앞서 소개한 윤경렬의 책과 함께 사설의 신라문화진흥원과 경주남산연구소가 제작한 남산 지도나 소책자를 그와 같은 사례로서 들 수 있다.

8) 남산에는 계곡이 워낙 많고 이들 각각에는 고유한 이름이 붙여져 있다. 이 가운데 큰 규모의 계곡에 대해서는 특별히 溪로 분류하고 그 하위에 개별 계곡을 谷으로 부르고 있다.

록편(2000)과 해설편(2002)의 두 권으로 이루어진 『경주남산(慶州南山)』
이란 책자가 간행되고, 2년 뒤에는 종합적인 보존계획까지 수립됨으로
써[9] 최종적으로 마무리 되기에 이르렀다. 이로써 오랜 기간에 걸쳐서 면
면히 이어져온 남산 전반에 대한 종합적인 실태 조사와 정리는 거의 일
단락된 느낌이 든다.

물론 남산에는 불교 관련 유적·유물이 워낙 많고, 또 아직 땅에 묻혀
있거나 계곡으로 떨어진 것도 적지 않아 앞으로도 발견을 기다리는 대
상이 적지 않아 보인다. 그러므로 조사가 모두 완벽하게 이루어져 전모
가 온전히 드러났다고 단정하기에는 이른 감도 없지 않다.[10] 그렇다면
새로운 자료가 계속 늘어날 여지도 남아 있는 셈이다. 하지만 현재까지
진행된 조사·정리만으로도 남산 속에 담겨진 역사성의 개략을 더듬어보
는 데에는 별다른 부족함은 없으리라 여겨진다.

그럴 때 남산과 관련한 기본적 사항을 놓고서 논자에 따라 여러모로
입장의 차이를 보이는 사실은 필히 유념해두어야 할 요소이다. 남산의
공간적 범위를 놓고도 기준을 여하히 잡느냐에 따라 규모 설정에서[11]
약간씩 편차를 보이기 때문이다. 때로는 계곡의 전체 수치나 이들 각각
의 명칭도 상당한 차이가 난다. 사찰을 비롯한 구체적인 문화유산에 대
한 현황 파악도 어떻게 접근하느냐에 따라 각기 다르게 헤아려지고 있

---

9) 국립경주문화재연구소, 『경주남산정밀학술조사보고서』 및 『경주남산 석탑발굴·복원정비보고
서』, 2004.

10) 자료가 나온 직후 온전한 불상이 출현한 것은 그를 반영한다. 최근 신라문화유산연구원이 진행
한 발굴로 약수골에서 佛頭가 출토된 사례도 그런 실상을 입증해준다.

11) 예컨대 남산의 남북을 8km, 동서 4km로 보는 견해가 있는가 하면, 각각 10km 12km쯤으로 보
는 견해도 있다. 이는 남산의 공간적 범위를 어떻게 잡았느냐의 차이에서 비롯한 것으로 여겨진다.

는 실정이다.[12]

그러므로 현재로서는 부득이 공식적 입장에서 종합적으로 정리된 『경주남산』의 자료를 주된 근거로 삼되 미흡하거나 오류가 명백한 부분은 바로잡으면서 조금씩 수정·보완해 나아가는 쪽이 자칫 빚어질지 모를 혼란을 최소화하는 데에 가장 무난한 방법일 것으로 여겨진다. 그래서 여기서도 일단 남산과 관련한 용어나 범위를 비롯한 제반 실상은 이 자료에 의거할 수밖에 없다.

남산에서 문화유산의 흔적이 뚜렷이 확인되는 크고 작은 계곡은 줄잡아 63개 정도에 이른다고 한다. 전체적으로 보아 사지(寺址)는 대략 147개소이며, 이들 가운데 몇몇 출토 명문을 비롯하여[13] 『삼국유사』 등 문헌자료에 등장하는 기록을 매개로 구체적 사명(寺名)까지 확인할 수 있는 사찰도 10여 개 남짓이나 된다.[14]

불상은 석조(石造)나 마애불(磨崖佛), 선각화(線刻畵) 등을 포함해 대충 118점을 헤아린다. 석탑은 완형과 함께 파손된 것까지 모두 합쳐서 96점 정도에 이르며, 석등(石燈)도 22점이라고 한다. 불사 외에도 산성은 석성(石城)과 토성(土城)을 포함해 4곳,[15] 뒷날 조선 후기에 왕릉으로 비정된 무덤이 13기이며, 석실분(石室墳)이나 골호(骨壺)도 적지 않게 확인되었다. 그밖에 용도가 명확하게 밝혀지지 않은 다량의 석물과 건물지 등도 드러나 있다.[16] 이런 제반 실상으로 미루어 남산은 신라인이 남긴 문화

---

12) 이에 대한 대비는 국립경주문화재연구소, 앞의 책, p.13의 표 참조.

13) 이를테면 神印寺, 禪房寺 등이다.

14) 이를테면 昌林寺, 南澗寺, 金光寺 등등 여럿을 손꼽을 수 있다.

15) 박방룡, 「경주 남산의 성곽」『경주 남산신성』 경주시, 2010.

16) 제반 실상에 대해서는 국립경주문화재연구소, 앞의 책, p.12 참조.

유산의 백화점이라 일컬어도 그리 지나친 표현은 아니라 생각된다.

남산은 경주분지 중앙부, 특히 황룡사 9층목탑지에서 정남향을 바라보았을 때 작은 봉우리들이 첩첩이 놓인 듯이 보이며 대단한 장관의 모습을 하고 있다. 이는 다른 주변부의 산들에 견주어서 경관상에서 뚜렷하게 차이 나는 면모이다. 후술하듯이 어느 시점에 남산을 왕경의 이른바 5악(岳) 가운데 남악(南岳)으로 인식한 데에는 그와 같은 경관적 요소가 강하게 작용하였을 법하다. 남산이 왕경 내에서 차지하는 지리적 위치를 통해서도 그런 점은 충분히 유추해낼 수 있는 사실이다.

경주분지의 중앙부를 기준으로 삼을 때 각각 동남방의 울산만(蔚山灣)과 서남방 양산의 낙동강 쪽을 향해 달려가는 두 구조곡에 대해 남산이 선뜻 나서서 가로 막아 둘을 양쪽으로 가르려는 듯한 모양새를 하고 있다. 말하자면 남산은 마치 두 구조곡을 나누려는 분기점의 지세로서 마치 경주분지 중앙부를 향해 돌출한 형태이다.

두 구조곡 남쪽의 어느 깊숙한 산골짜기를 발원지로 삼아 북으로 향하는 남천(또는 문천)과 서천(형산강)은 주변의 여러 작은 물길을 받아들이면서 경주분지 중앙부를 향해 북쪽으로 유유히 흐르다가 마침내 남산의 북편에서 이를 감싸는 듯이 서로 만나 하나로 합류한다.

그래서 남산 일원은 언뜻 이 두 내[川]에 의해 경주분지의 중앙부와 그 주변부로부터 따로 격리된 지역인 듯이 비쳐지기도 한다. 이런 지리적 위치가 신라인들에게 남산 자체를 각별히 독립적 성격의 신성한 공간으로 여기도록 이끈 요인으로 작용하였을지 모를 일이다.

경주분지의 중앙부에서 남쪽을 바라보면 남산의 가장 북편에는 앞으로 툭 튀어나와 야트막한 언덕을 이루면서 왕궁인 월성을 향해 내달리는 듯한 지세의 도당산(都堂山)이 자리하고 있다. 그 주변부를 에워싸고 비교적 이른 시기에 토성(土城)이 조영된 도당산은 월성과 대치하는 듯 서로 바라다보는 모습이다.

그런 측면에서 이 둘 사이에 끼인 평지 일대도 현재에는 인용사(仁容寺)나 천관사(天官寺) 등 사찰로 추정되는 터 정도만 노출된 채 남았으나 예사로이 보아 넘길 수 없는 특수 공간이라 여겨진다.[17] 뒤에서 언급하듯이 현실의 왕궁인 월성과 위급할 때 대피를 위한 용도로서 국왕이 자주 오르내린 남산신성의 사이란 점에서도 그러하다. 흔히 남산을 동서 양편 각각을 동남산과 서남산으로 나누어 부르는 기준도 바로 도당산이다.

동남산은 비교적 짧고 완만해서 오르기 쉬운 반면 서남산은 이에 견주어 약간 가파르고 계곡이 깊으며 그 수치도 조금 더 많은 편이다. 현존 문화유산의 흔적이 서남산 자락에 많은 점도 그런 지형지세와 무관하지 않은 것 같다.

널리 알려져 있듯이 나정이나 창림사(昌林寺) 터처럼 초기 신라의 발상지로 인식된 유적이 서남산에 있었다는 몇몇 기록으로는 물론이고 그 부근에 신석기나 청동기 유물 유적의 출토나 분포의 양상으로[18] 미루어 경주분지 일원에서도 비교적 이른 시기부터 사람들이 정착한 사실은 그와 같은 지형지세와 어느 정도 연관이 있어 보인다. 서남산자락은 사람이 살아가기에 비교적 적합한 곳이었던 것 같다.

---

17) 현재의 남은 절터가 발굴 결과나 위치 등 여러모로 미루어 인용사가 아니라고 추정하는 견해가 우세하다. 천관사 또한 김유신과 관련한 설화에 등장하는 바로 그곳이라 단정하기는 힘들다.
18) 국립경주문화재연구소, 앞의 책, pp.125-127.

포석정(하일식 제공)

남산이 경주분지 일대 거의 전부를 조망할 수 있는 위치인 점도 이른 시기부터 사람이 살기 시작한 사실과 무관하지 않을 듯하다. 남산의 경역은 좁게 잡으면 해발 468미터의 금오봉(金鰲峰)을 최고봉으로 하는 하나의 산괴(山塊)와 그에 부수된 일정 범위의 평탄면으로 한정되지만 넓게는 바로 남쪽의 용장계를 사이에 놓고 서로 마주하면서 우뚝하게 솟은 494미터의 고위봉(高位峰, 일명 수리봉)을 최고봉으로 한 그 주변부 일대까지도 포함한다.

다만, 전통적으로는 신라 말기부터 시인묵객들 사이에 금오산이란 별호로 불린 사실로 미루어 신라인들은 본디 좁은 의미의 금오봉 중심 일정 범위만을 한정해 남산으로 지칭하였던 것 같다. 이는 『삼국유사』

에서[19] 고위산 자락에 위치한 천룡사(天龍寺)의 구체적 위치를 밝히면서 나타낸 다음과 같이 표현에서도 드러난다.

A) 동도(東都) 남산(南山)의 남쪽에 하나의 봉우리가 우뚝 솟아 있는데, 속칭 고위산이라 한다. 그 산의 남쪽에 한 절이 있는데 마을에서는 고사(高寺), 혹은 천룡사라고 부른다.   (『삼국유사』3 탑상편 「천룡사」조)

이는 고위산에 자리한 천룡사의 구체적 위치를 명확하게 일러주기 위해 당시 널리 알려진 남산을 기준으로 삼았음을 보여준다. 남산의 남쪽에 그와는 별도로 우뚝 솟은 고위산이 따로 있다고 함으로써 양자를 하나로 보지 않고 따로 구별한 것이다. 여하튼 이 기사를 근거로 짐작하면 『삼국유사』가 편찬되던 고려 후기에 이르기까지도 금오산이라고도 불린 남산과 고위산은 뚜렷하게 구별되고 있었음이 분명하다.

한편, 조선 초기에 정리된 『신증동국여지승람』에는[20] 나말 이후 시인묵객들 사이에서 단순히 남산의 별호로서만 사용되던 금오산이[21] 어느 틈엔가 그 유래와 함께 오히려 정식의 명칭인 듯이 앞세워졌다. 남산은 금오산을 부연 설명하기 위한 방편으로 협주(夾註) 속에 넣어 마치 그 일명인 것처럼 처리되었다.

처음 고위산에 대해서는 달리 항목을 설정하지 않았다가 16세기 초

---

19) 『삼국유사』3 塔像篇 「天龍寺」조.

20) 『신증동국여지승람』21 慶州府 山川條.

21) 금오산은 널리 알려져 있듯이 당나라 시인 顧雲이 귀국길에 오른 崔致遠에게 준 送別詩에서 처음 사용한 용어로서(『삼국사기』46 열전 崔致遠傳) 이후 주로 조선시대에 시인묵객들 사이에 널리 애용되었다.

중종(中宗)대 신증(新增)하는 단계에서 말미에 덧붙였을 따름이다. 조선 후기에 편찬된 『동경잡기(東京雜記)』에서도 『신증동국여지승람』의 내용을 그대로 이어받아 기술하였다. 이로 미루어 아마도 고위산은 조선시대에 이르기까지 금오산보다 약간 높기는 하지만 아예 남산(금오산) 속에 포함시키거나 혹은 비중을 낮추어 설정함이 일반적 경향이었던 셈이다.[22]

이처럼 원래 남산은 신라 이후 으레 금오봉을 최고봉으로 삼은 산괴만을 한정해서 지칭하였다. 그러다가 점차 바로 남쪽 고위봉 중심의 산괴(여기에는 동남편의 馬石山도 포함)까지 그 범위를 확장시키기에 이른 것 같다.

그래서 근자에는 남산이라면 금오봉 중심의 좁은 범위보다 고위봉까지 아우른 넓은 범위를 지칭함이 일반적이지 않을까 싶다.[23] 자칫 공간적 범위를 설정할 때 일률적이지 않으며 논자에 따라 약간씩 차이를 드러내어 혼동이 빚어지곤 하는 것도 바로 그런 사정 때문이라 하겠다. 앞서 제시한 남산 관련 통계 수치는 그처럼 넓은 범위를 염두에 둔 데서 나온 것이다.

남산 관계의 기록은 『삼국사기』를 대충 훑어보면 지극히 단편적, 파편적 형태로서만 이따금씩 등장할 뿐이지만 그와는 달리 『삼국유사』에서는 적지 않게 찾아진다. 불교사 중심의 『삼국유사』 전편에 걸쳐서 확인되는 신라 당대를 통틀어서 가장 많이 헤아려지는 산이 남산인 점도

---

22) 남산 산명과 그 변천에 대한 정리는 辛鍾遠, 「경주 남산 불교 유적의 토착성」『신라문물연구』12, 2019 참조.

23) 윤경렬, 앞의 책, 1993, p.20 ; 국립경주문화재연구소, 앞의 책 참조.

그와 관련하여 각별히 유념해볼 대
상이다.

　비록 대부분 강한 불교 설화적
성격이 담긴 내용이지만, 여하튼 그
것은 남산이 신라인들의 삶과도 뗄
수 없을 정도로 긴밀하게 밀착되어
있었음을 뜻하는 것이기도 하다. 신
라인에게 남산이 당시의 일상생활은
물론 사후(死後) 세계까지도 연결된
신성한 공간으로서 기능하고 있었음
을 뜻한다. 이는 남산이 곧 신라인의
삶 자체는 물론 왕경을 이해하는 데
에도 빠트릴 수 없는 대상임을 보여

남산신성비_제1비(하일식 제공)

주는 사실이다. 아래에서는 그런 인식이 정립되는 과정을 좀 더 구체적
으로 더듬어봄으로써 남산에 내포된 역사성을 한결 더 선명히 드러내어
보고자 한다.

3. 토착신앙과 남산

　앞서 잠시 언급하였지만 남산은 온갖 불사를 비롯한 무덤·산성 등과
같이 삶과 죽음이 함께 어우러진 수많은 흔적을 오랜 세월에 걸쳐 켜켜
이 쌓아온 특이한 곳이다. 그런 의미에서 남산 속에는 신라인의 일상생
활과 의식이 깊숙이 스며들어가 있다고 하겠다. 그렇다면 언제부터 어떤
과정을 어떻게 밟아 그렇게 되었을까는 매우 궁금해지는 대목이다.

문헌기록을 그대로 받아들인다면 서남산 자락의 나지막한 둔덕에 조영된 나정은 신라국가의 시조신으로서 오래도록 숭앙된 박혁거세의 탄강지로 널리 알려진 곳이다.[24] 초창기의 궁궐이 그로부터 그리 멀지 않은 창림사(昌林寺) 터에 자리했다는 전승도[25] 그런 맥락에서 나온 것이었다.

신라인들은 대체로 서남산 일원을 초기 건국세력의 주된 거주지였다고 생각해 비교적 이른 시기부터 조상숭배와 연관된 공간으로 신성하게 여겼을 공산이 크다. 만약 소지마립간 9년(487) 시조가 탄강한 나을(奈乙)에 세웠다고 하는 신궁(神宮)의 위치를[26] 곧 나정이라 한다면 신라인들이 남산자락을 신성 공간으로 여긴 시점은 아무리 늦추어 잡아도 이때까지 거슬러 올라가는 셈이다. 여하튼 신라인들은 남산자락을 신라국가의 발상지라고 인식함으로써 그 일대를 조상숭배 신앙과 연계시켰음은 충분히 상정 가능하다.

이후 조상숭배와 관련한 남산의 향방은 뚜렷이 드러나지 않는다. 다만, 나정이나 포석정을 대상으로 국왕이 행차하였다거나 제의 및 유희의 대상지로서 삼은 기록이 이따금씩 등장하는 것은 그런 인식이 신라 말까지도 면면히 이어졌음을 의미한다. 통일기에 종묘사직과 같은 유교식의 조상숭배가 도입됨으로써 약간 미약해지기는 하였을 터이나 남산, 특히 신라의 발상지로 인식된 서남산과 연계된 전통적 조상숭배 의식은 온갖 정치사회적 변동을 겪으면서도 끊이지 않았던 것이다.

---

24) 『삼국유사』1 「紀異篇1 「新羅始祖 赫居世王」조.
25) 동상.
26) 『삼국사기』3 신라본기 소지마립간 9년조.

남산과 관련해 주목해볼 또 다른 대상은 산악신앙이다. 9세기 말로 한정되는 특수 사례에 속하지만 헌강왕(憲康王)이 포석정에 행차하였을 때 왕의 앞에 남산신(南山神)이 나타나 신라국가의 몰락을 경고하는 성격의 춤을 춘 사실이 주목된다.[27] 포석정의 본래적 성격이나 기능을 놓고 논란이 많지만 어떻든 남산신이 나타난 자체는 거기에서 산악신앙과 연관된 어떤 제의가 치러졌음을[28] 뜻한다. 말하자면 신라국가는 남산을 오래도록 산악신앙의 대상지로서도 여겨왔던 것이다. 남산 관련 산악신앙이 이때에 비로소 나온 것은 아닐 터이며, 이미 오래전부터 그런 인식이 널리 퍼져 있었다고 봄이 온당하다.

  이처럼 신라인들에게 국가의 발상지로서 깊이 각인된 남산은 산신이 항상 머무르는 신성한 공간으로서 조상숭배나 산악신앙과 같은 토착신앙의 성소로서 기능하였다.[29] 나정과 포석정은 평소 그와 같은 토착신앙과 연관된 제의 행위를 실시하는 공식의 신성 공간이며, 그런 까닭으로 신라 말까지 유지·관리될 수 있었다. 신라들은 때때로 남산신이 모습을 드러내어 장래에 대한 경종을 울려주는 등 신라국가를 보위해 준다고 굳게 믿었던 것이다. 내부적으로 국가 위기를 초래하는 분열상을 맞았을 때도 남산의 신이 비슷한 역할을 한다고 여겼다. 그런 측면은 두루 알려진 소위 사금갑(射琴匣) 설화로부터 유추해볼 여지가 있다.

---

27) 『삼국유사』2 기이편2 「處容郞 望海寺」조.

28) 정치사회가 해이해져 멸망으로 치닫던 신라 말기의 경애왕대에 일시 놀이 공간으로 이용하였다고 하여 그 자체의 본질적 성격을 遊戲로서만 접근하는 것은 명백한 한계가 엿보인다. 남산신의 출몰은 곧 놀이 자체를 제의의 범주 속에 넣어 복합적으로 이해함이 적절함을 보여주기 때문이다.

29) 그런 의미에서 『삼국사기』32 雜志 祭祀志에 보이듯이 농경제사로서 12월 寅日에 지냈다는 八褚祭나 中農 제사를 하필 월성과 마주보는 남산신성의 북문에서 지낸 것도 원래의 산악신앙과 전혀 무관하지는 않았음을 뜻한다.

5세기 초 무렵 변경 지대인 선산(善山) 부근에 처음 전래된 불교가 5세가 말 소지마립간대에 이르러서 마침내 왕경의 궁주(宮主)가 신봉하고 분수승(焚修僧)이 왕궁 안 깊숙이까지 출입할 정도로까지 널리 유포된 상태였다. 바야흐로 불교를 공식적으로 인정해야만 할 정도로 분위기가 한창 무르익던 중이었다. 하지만 완전한 공인에 이르기까지는 최후로 뿌리 깊은 전통적 토착신앙 신봉 세력의 반발이란 장벽을 넘지 않으며 안 되었다.

국왕을 중심으로 한 지배층 내부에서는 공식적인 수용 문제를 놓고 심각한 수준의 대립·갈등이 빚어지고 있었다. 불교 수용을 부득이 대세로서 인정해 이를 적극 받아들이려는 쪽과 강하게 반발해 기존의 토착신앙을 그대로 지켜내려는 두 입장으로 크게 나뉘어졌다. 어느 쪽에 치우치지 않은 중도적 자세도 있었을 것임은 물론이다.

소지마립간이 즉위 10년(488) 천천정(天泉亭)으로 행차하려고 하였을 때 어떤 노옹(老翁)이 까마귀, 쥐, 돼지 등 일상생활과 매우 친근한 동물들을 매개로 해서 물[書出池] 속으로부터 나와 '금갑을 쏘아라[射琴匣]'라고 풀이되는 무척 암시적인 글로써 국왕 암살 기도라는 위기 상황을 알려주었다. 이에 소지마립간은 일관(日官)의 뜻풀이를 근거로 마침내 궁주와 분수승을 먼저 죽임으로써 사건이 일단락되었다는 내용이다.

이는 비록 설화적 형식을 취하였지만 당시의 사정 전반으로 미루어 골격에는 사실성을 상당 부분 담겨진 것으로 여겨진다.[30] 설화는 국왕을 중심에 놓고 궁주와 분수승으로 상징된 일파와 노옹 및 일관으로 상

---

30) 朱甫暾, 「삼국유사 사금갑조의 이해」『신라문화제 학술논문집』40, 2019 참조.

징된 다른 일파가 대립·갈등하고 있었던 구도를 보여주고 있는 것이다. 소지마립간은 양자 사이에서 선뜻 결정 내리지 못한 채 우유부단해하는 모습이다.

아마도 이 설화는 왕궁 깊숙이까지 침투한 불교 문제를 놓고 그동안 지배층 내부에 심각한 대립과 암투가 빚어졌고, 드디어 그것이 폭발 지경에 이르자 소지마립간이 마침내 반대파의 입장을 선택하였음을 핵심적 내용으로 하고 있다. 분수승의 왕궁 출입을 허용할 정도로 한때 불교에 대체로 포용적 입장이던 소지마립간이 어떤 연유에서인지 분명하지는 않지만 잠시 판단의 기로에 선 듯하다가[31] 결국 반대파의 손을 들어준 것으로 결말이 났다.

문제는 여기에 등장하는 노옹과 일관의 존재이다. 일관은 그 명칭으로 미루어 전통적인 토착신앙과 연관된 성격의 존재임이 분명하다. 역시 까마귀, 쥐 등 일생생활과 직결된 동물을 부리면서 신라국왕으로 하여금 불교를 배척하도록 유도한 노옹도 마찬가지로 자연물 중심의 토착신앙을 상징한 산신이나 샤먼과 같은 존재로 풀이해도 무방할 듯하다.

노옹이 출현한 곳이 동남산 방면으로 설정되기는 하였지만 하필 남산자락이란 점은 주목해 볼 대상이다. 앞서 보았듯이 헌강왕대에 국왕의 앞에 직접 모습을 드러낸 남산신과 무척 유사한 존재라 보아도 무방할 것 같다. 이 또한 신라국가가 위기 상황에 직면하였을 때 남산신이 구원하는 역할을 맡는다는 산악신앙의 또 다른 표현 형태로 풀이해도 좋을 듯하다.

---

31) 1인의 죽음과 2인의 죽음을 놓고 망설이다가 후자를 선택한 사실은 그런 실상을 은유적으로 표현한 것이라고 풀이한다.

불교 수용 여하를 놓고 벌어진 싸움을 보여주는 이른바 '사금갑 사건'은 왕궁에까지 침투한 분수승과 그 신봉자인 궁주를 죽임으로써 일단락되기에 이르렀지만, 이후의 전개 양상으로 보면 그것은 단순히 겉으로 불거진 문제였을 따름이다. 당시 불교 수용 여하가 주축인 것처럼 비쳐졌지만 거기에 머물지 않으며, 밑바닥에는 지배층 내부에서 벌어진 일련의 정치적 파쟁(派爭)이 깔린 일이었다.

토착적 성격의 마립간을 왕호로 삼은 이때의 지배체제를 흔히 탁부(喙部)를 비롯한 6부가 공동으로 참여한 회의체를 중심으로 운영되었다고 해서 각별히 부체제(部體制)라 일컫는다. 당시의 6부는 각기 정치적으로 (반)자립성을 강하게 지닌 조직체였다. 아직 중앙 집권력이 미약하고 국왕인 마립간조차 초월적 위상을 확고히 굳히지는 못한 상태였다.

탁부의 부장인 국왕의 권력 행사에는 언제나 큰 제약이 뒤따랐다. 6부 각각은 적지 않은 우열의 격차를 지녔지만 서로 경쟁하고 견제하는 상태였다. 6부 가운데 아무래도 국왕을 배출하는 탁부가 가장 유력하였다. 국왕은 탁부의 정치적·경제적 우위를 배경으로 줄곧 중앙집권화를 추구해나가려는 입장이었다.

이런 지향에 대해 여타 부들은 대체로 분립적인 성격의 기존 부체제를 이어나가려는 자세를 고수하였다. 이처럼 지배질서에 대한 두 입장이 길항하면서 지배체제가 유지되고 있었으나 대립·갈등의 골이 점점 깊어지면서 언젠가 폭발하기로 예정된 상태나 다름없었다.

5세기 후반에 이르러 고구려와의 대립·갈등으로 위기 상황이 점점 고조되어가자 소지마립간은 이를 기회로 국왕 중심의 집권화를 도모하려고 하였다. 당면의 대외적 위기 상황을 벗어나려면 다른 무엇보다도 내부의 결속력이 그만큼 필요함을 절감하고 있기 때문이다. 그런 분위기 속에서 이해관계의 대립은 저절로 표출되게 마련이다.

정치 지향을 달리하는 두 입장이 폭발적 상황으로 내달을 즈음 직접적인 도화선이 된 것이 바로 불교의 문제였다. 불교 수용 여하를 놓고 벌어진 갈등은 때마침 한창 달아오르던 정치적 대립과 연계될 수밖에 없는 국면이었다.

이후 전개된 과정 전반을 살피면 6부 중심의 기존 지배체제를 그대로 이어나가려는 쪽은 전통적인 토착신앙을 고수하려 한 반면 국왕 중심의 집권화를 추구하려는 쪽은 새로운 지배이데올로기로서 불교를 적극 수용하려는 입장이었던 듯하다. 물론 구체적인 이해관계가 복잡하게 뒤얽혔을 터이므로 양자를 두부 자르듯 확연하게 가르기는 곤란한 일이겠다. 이때 궁주의 불교 신앙과 함께 분수승의 왕궁 출입까지 용인할 정도로 불교에 매우 우호적이던 소지마립간은 갑작스레 정반대 쪽 입장으로 돌아섰다. 그것이 바로 앞서 살펴본 '사금갑 설화'가 보여주는 내용이라 하겠다.

이처럼 5세기 후반 신라는 새로운 국면을 맞아가던 중이었다. 이로부터 10년쯤 지난 뒤 두 세력은 다시 격돌하였다. 이번 대결에서 국왕을 정점으로 한 권력 집중화를 도모하면서 불교를 적극 옹호하는 쪽의 승리로 돌아갔다. 그런 양상은 503년의 「포항냉수리비」를 통해서 유추된다.

이 비문에 따르면 6부 가운데 국왕을 배출하며, 가장 유력한 탁부(喙部) 출신이 아니라 원래 같은 뿌리이면서[32] 치열하게 경쟁하던 사탁부

---

32) 주보돈, 「삼국시대의 귀족과 신분제-신라를 중심으로-」『한국사회발전사론』 일조각, 1992.

(沙喙部) 소속의 갈문왕으로서 이미 64세의 노령(老齡)인 지도로(至都盧)가 (지증왕으로) 즉위한 사실이 확인된다. 이는 기존 사서에서는 볼 수 없는 특이한 내용이다.

정상적 상황이라면 지도로는 여러모로 즉위가 불가능하였다. 그럼에도 즉위한 자체는 순조로운 과정을 밟지 않고 비상적인 방법이 동원되었음을 뜻한다. 지증왕은 입장을 달리한 소지마립간과 대립·갈등으로 빚어진 한바탕의 정치적 격돌을 겪은 뒤 마침내 승자가 됨으로써 즉위할 수 있었던 것이다.

지증왕은 즉위하자마자 곧장 괄목할 만한 여러 가지 시책을 적극적으로 펼쳤다. 그가 추구한 정책의 기본 지향은 국왕을 정점으로 한 집권력 강화였다. 뒤를 이은 법흥왕과 진흥왕도 역시 율령 반포, 불교 공인을 비롯한 여러 가지 제도적 정비 등 각종 개혁적 성격의 시책을 추진해 상당한 성과를 올림으로써 지증왕의 지향을 착실히 이어나갔다. 이로써 점차 국왕을 초월적 위상으로 한 새로운 중앙집권적 지배체제로 전환하기에 이르렀다.

이와 같이 근본적 변동을 겪으면서 당시 지배이데올로기의 무게 중심도 전통적 토착신앙으로부터 점차 불교 쪽으로 옮겨갔다. 물론 그렇다고 불교가 일시에 토착신앙을 무조건 배척하고 대체해간 것이 아니었다. 불교 속에 토착신앙의 일정 부분을 포용함으로써 함께 공존하려는 방식을 취하였다.

신라 불교가 국가적 종교로서 공인된 이후 비교적 짧은 시간에 깊이 뿌리내릴 수 있게 된 것도 그처럼 토착신앙을 적극 받아들여 융합한 결과였다. 흔히 중고기를 불교식 왕명(王名) 시대라 부르는 데서 우러나듯이 당시 정교(政敎)의 일체화가 이루어지면서 토착신앙은 비록 주류적 자리를 넘겨주기는 하였으나 완전히 소멸되지 않고 불교의 테두리 속에서 명맥을 면면히 이어나갔던 것이다.

남산과 관련한 토착신앙의 흔적은 앞서 이미 살폈듯이 9세기 말까지도 보인다. 남산에 행차한 헌강왕의 앞에 남산신이 직접 모습을 드러내어 신라의 당면 위기 상황을 알렸다. 토착신앙과 관련된 포석정 본래의 기능도 유지되고 있었다. 남산 중심의 산악신앙이 여전히 신라를 보위해 준다는 인식은 다음의 사례를 통해서도 확인된다.

B) 신라에는 4곳의 신령스런 땅이 있었다. 나라의 큰일을 논의할 때면 대신들이 반드시 그 땅에 모여 의논하면 일이 꼭 이루어졌다. 첫째 동의 청송산(靑松山), 둘째 남의 우지산(亏知山), 셋째 서의 피전(皮田), 넷째 북의 금강산(金剛山)이다. (『삼국유사』1 기이편 「진덕왕」조)

청송산을 비롯한 남산, 피전, 금강산 등 4곳을 함께 묶어 특별히 영지(靈地)라 총칭하고 이곳에서 신라국가의 당면 중대 문제를 논의하였다고 한다. 이들 4영지는 언제부터인지는 잘 알 수 없지만 명칭이 나타내어 주듯이 신령스런 땅으로 인식된 자체는 자연 신앙, 특히 산악신앙과 연관된 데서 비롯한 것으로 여겨진다.

이 기사의 바로 앞에는 신라가 안팎의 커다란 위기 상황을 맞았을 때 유력한 가문을 대표하는 6인의 대신(大臣)이 '남산의 우지암'에 모여서 회의를 열어 중대 사안을 결정하는 구체적 실례가 소개되어 있다. 이로 미루면 위의 사료에 보이는 '우지산'이 곧 '남산의 우지암'을 그처럼 줄여서 표현하였음이 확인된다.

4영지 가운데 서쪽의 것은 여타 3곳과 달리 각별하게 피전이라 하였으나 단순히 밭을 대상으로 지칭한 것 같지는 않다. 어쩌면 '남산의 우지암'을 '우지산'이라 줄여서 부르기도 한 것처럼 서쪽에 위치한 어떤 산자락에 있던 피전을 우연찮게 구체적 산명을 생략한 채 그렇게 표현한 것일 지도 모르겠다.[33]

여하튼 신라인들은 왕경을 사방에서 에워싼 남산을 비롯한 4곳의 산(피전 포함)은 늦어도 7세기에 이르기까지 함께 하나로 묶어 4영지라 부르면서 신성한 공간으로 인식하고 있었던 것이다. 국가의 안위와 연관된 중대 사안을 결정하지 않으면 안 되는 일이 생기면 반드시 거기에서 회의를 열었는데, 그러면 결정한대로 모든 문제들이 순조롭게 풀렸다는 것이다. 그런 점에서 4영지는 신라국가를 보위해주는 신령스런 곳이라 여겨졌다.

아마도 거기에는 산신이 산다고 인식한 데서 그렇게 생각한 듯하다. 당시 비주류 입장 시절의 김춘추와 김유신 여동생 문희(文姬) 사이의 혼사 문제가 정치적 논란을 겪을 때 유력자들이 모여 회의를 열거나 산악제사를 지낸 것은 아니지만 그런 사실을 인지한 선덕여왕이 행차해 해결한 곳이 바로 남산이었던 사례도[34] 그와 관련해 주목된다. 어떤 중대 사안을 결정하는 데에 공동으로 남산에서 회의를 열면 기대한대로 상당

---

33) 신라 왕경 내에 前佛시대에 있었다는 7곳의 절터 가운데 뒷날 曇嚴寺가 지어진 곳이라는 婿請田이 있는 사실(『삼국유사』3 興法篇 「阿道基羅」조)로 미루어 산악과 따로 떨어져 있는 특이한 밭의 경우도 신성한 공간으로 여겨져 농경제사를 지냈을 가능성도 없지 않다. 그런 의미에서 피전도 반드시 왕경 서쪽의 어떤 산 가운데 포함된다고 단정할 필요는 없는 일이겠다.

34) 『삼국유사』1 기이편1 「太宗春秋公」조

한 효과를 발휘한다는 인식의 바탕에는 산악신앙이 깔린 것이었다.

남산뿐만 아니라 북쪽 금강산에도 산신이 산다는 기록이 보이는 사실로[35] 미루어 신라인들은 나머지 영지 2곳에도 역시 산신이 살고 있다는 인식을 갖고 있었음이 분명하다. 말하자면 4영지에는 산신이 평소 살면서 신라국가를 보위하고 명운을 결정지어준다고 믿는 산악신앙과 밀접히 연계되어 있었다. 그래서 중대 회의를 열거나 국왕이 행차할 때마다 산신들을 대상으로 일정한 제의 의식을 치렀을 공산이 크다. 신라인들은 중요 사항에 대해 언제나 국가를 지켜주는 산신들이 도와서 반드시 이루어지게 한다고 여기고 있었던 것이다.

이처럼 남산은 어느 시점부터 산신이 머무는 신성한 공간으로서 산악신앙의 주요 대상지로 기능하고 있었다. 불교가 공인된 이후 점차 불사가 본격적으로 이루어지면서 그와 같은 남산의 본래 성격에도 저절로 변화가 뒤따랐다.

물론 그것이 유독 남산에서만 국한된 일은 아니었다. 중요도나 위상에서 차이는 있겠으나 다른 3영지도 마찬가지였다. 말하자면 전통적 산악신앙은 차츰 선후하면서 불교 중심으로 대체되는 과정을 밟았던 것이다. 그렇다고 불교신앙 성소로의 전환이 급작스럽게 이루어진 것은 아니었다. 정치사회적 변동과 맞물리면서 점진적으로 불교 중심의 신성한 공간으로 바뀌어져갔다. 다음에는 장을 달리하여 그런 사정을 구체적으로 점검해보고자 한다.

---

35) 『삼국유사』2 기이편2 「處容郞 望海寺」조.

4. 불교 성역(聖域)으로의 전환

남산자락에 사찰이 처음으로 들어선 시기를 막연히 6세기 후반으로 추정할 뿐 뚜렷한 기록이 없어 구체적 시점을 적시하기 곤란하다. 다만, 6세기 초 불교가 공인된 뒤 신라의 초기 사찰인 흥륜사(興輪寺)와 영흥사(永興寺)가 남천의 북쪽 평지를 중심으로 세워지기 시작한 시점을 기준으로 삼으면 이로부터 어느 정도의 시간이 경과한 이후라고 설정할 수는 있겠다. 왕경에서의 사찰 건립은 중심 구역으로부터 점차 주변부로, 특히 서천을 경계로 해서 남쪽을 따라 조금씩 확산되어가다가[36] 어느 틈엔가 남산자락에까지 이르렀을 것임은 흐름으로 미루어 거의 확실시된다.

진흥왕 14년(553) 기공(起工)하고 27년(566)에 이르러서[37] 일차 완공을 본 신라 최대 규모의 황룡사(皇龍寺)는 두루 알다시피 원래 새로운 왕궁 건립을 기획하였다가 사찰로 바꾸어서 지은 것이다. 당시 처음 둔 명예 승직인 국통(國統, 혹은 僧統)으로 지명된 고구려 출신 승려 혜량(惠亮)이 황룡사를 맡은 한 데서 유추되듯이 단순한 신앙적 차원을 뛰어넘어 정교일체(政敎一體)를 구현하는 구심(求心)의 역할을 한 정치성이 매우 강한 호국의 사찰이었다.

황룡사가 통일 이전의 중고기에 신라를 지켜준다고 믿은 소위 3보(寶) 가운데 금당의 장륙존상(丈六尊像)과 9층목탑 등 2개나 보유한 점도 그와 같은 사정의 일단을 입증하기에 충분하다. 애초에 왕궁을 지으려

---

36) 이근직, 앞의 글 참조

37) 『삼국유사』에서는 566년보다 3년 뒤 주변에 담장이 세워진 569년 시점을 완공된 때로 삼아 차이를 보이는데 이는 畢功에 대한 기본 관점이 다른 데서 기인한다.

한 데서 물씬 풍겨나듯이 황룡사 창건은 그 자체 신라 왕경의 구조 전반을 재편하려는 기획이 바닥에 깔렸을 정도로 이후 도시의 내부를 반듯하게 구획하는 기준으로 기능하였다.[38]

이처럼 황룡사 창건 뒤 한동안 왕경 중앙부의 평지를 중심으로 세워진 사찰은 대체로 도시계획과 연동해서 추진되었으리라 여겨진다. 이를테면 황룡사가 완공되던 시점과 거의 동시에 세워진 기원사(祇園寺)나 실제사(實際寺)도 현재 위치를 구체적으로 가늠하긴 곤란하지만[39] 도시계획의 연장선상에서 지어진 평지 사찰이라 간주해도 무방할 듯 싶다.

그런데 바로 이 무렵을 전후해서 남산 자락에도 약간의 불사가 행해졌음이 확실시된다. 다음의 기사에서 흐릿하게나마 그런 양상을 읽어낼 수가 있기 때문이다.

C) 9년 가을 7월 대세(大世)·구칠(仇柒) 두 사람이 바다로 갔다. 대세는 나물왕(奈勿王)의 7세손으로서, 이찬 동대(冬臺)의 아들이다. 자질이 빼어나서 어려서부터 바깥 세계에 뜻을 두었는데, 교유하던 승려 담수(淡水)에게 이르기를 '신라의 산곡지간에 살면서 일생을 마치면 못 속에 사는 물고기나 새장에 갇힌 새가 푸른 바다가 넓고 산과 숲이 너그럽고 한가함을 알지 못하는 것과 무엇이 다르랴! (중략)'고 하였다. 대세는 물러나서 벗을 구하다가 마침내 구칠을 만났다. 마음을 굳게 먹고 뜻을 다져가면서 그와 함께 '남산의 절(南山之寺)'에서 놀았다. 문득 바람과 비를 맞으며 낙엽이 정원의 물에 떠 있음을 목격하고서 대세는

---

38) 주보돈, 「황룡사의 창건과 그 의도」『한국사연구』176, 2017.
39) 이근직, 앞의 글에서는 서천 연변을 따라 남쪽으로 가면서 세워졌다고 추정하였다.

구칠과 더불어 말하기를 '나는 그대와 함께 서쪽으로 유람할 뜻이 있는데, 지금 각자 나뭇잎으로 배를 만들어서 나아가는 앞뒤를 보자.'고 하였다. 갑자기 대세의 나뭇잎이 앞섰다. (중략) 드디어 서로 함께 벗이 되어 남해에서 배를 타고 떠나갔는데 뒷날 머문 곳을 알지 못하였다.(『삼국사기』4 신라본기 진평왕조)

이 기사에 등장하는 주인공 대세(大世)는 아버지 동대(冬臺)가 이찬의 관등을 보유한 점에서 유력한 진골귀족 출신의 인물로 짐작된다. 그가 어릴 때부터 큰 뜻을 품었다고 한 점, 동료로서 담수란 승려가 보이는 점, 새로 사귄 친구 구칠(仇柒)과 함께 평소 '남산의 절'에서 놀면서 뜻을 키운 점 등 이 기사가 일러주는 교유의 범위나 활동을 놓고 볼 때 갓 출범한 화랑도(花郎徒) 조직원이거나 아니면 그에 버금하는 존재로 상정해도 무방할 듯 싶다.

위의 기사에서 특별히 주목해보고 싶은 대상은 대세가 구칠과 함께 놀았던 곳을 '남산지사(南山之寺)'라고 한 표현이다. '남산지사'는 일반적 용법으로 미루어 오직 어떤 하나의 특정 사명(寺名)을 지칭하는 것이 아닌 '남산의 절'이란 복수의 표현으로 풀이된다. 구체적 사명을 드러내지 않은 채 그처럼 막연한 방식으로 나타낸 것은 곧 진평왕 9년(587)을 하한으로 해서 그 이전의 어느 시점부터 남산자락에 규모나 성격은 확실하지 않으나 몇몇 사찰이 이미 들어선 상태였음을 암시한다.

이들 남산에 위치한 사찰들은 화랑도 조직이나 혹은 뜻있는 젊은이들이 평소 삼삼오오 찾아들어 심신을 수련하는 도량의 하나로서 활용된 것 같다. 어쩌면 이런 사찰을 중심으로 해서 남산 전체가 화랑도들 유오

(遊娛)의 대상지였다 하여도[40] 지나친 추정은 아닐 듯 싶다. 화랑도 구성원을 비롯한 젊은이들은 인근의 산천뿐만 아니라 때론 전국 방방곡곡의 명산대천을 두루 찾아다니면서 도의(道義)를 닦고, 교유를 통해 신의를 쌓아가면서 지형지세를 익혔다. 이들이 유오한 명산대천 가운데 상당수는 통일기에 이르러 대·중·소의 3사(祀) 제사체계 속으로 편제되었을 터이다.

이런 사정 전반으로 유추하면 유오의 대상인 남산도 그처럼 원래 산악신앙의 주요 대상이었으리라 여겨진다. 앞서 언급한 남산에 산신이 살았다는 것도 그런 맥락에서 자연스럽게 이해된다. 이제 평지를 벗어나 산지에까지 사찰이 조영되면서 남산은 화랑들의 유오 대상지로서 부각되기 시작한 것이다. 이제 남산의 본래적 성격이나 기능이 자연물 대상의 토착신앙을 훌쩍 뛰어넘어 장차 불교의 성지로 바뀔 것임을 알리는 신호탄이기도 하였다.[41] 이는 당시 신라의 지배체제가 차츰 불교를 기반으로 삼은 이른바 정교일체로 정립되어간 실상과 맞물려 진행된 커다란 변동이었다.

남산자락에 사찰이 들어섰다고 해서 왕경 중심부 일대에는 사찰을 조영할 만한 공간이 벌써 부족해진 데서 빚어진 현상은 아니었다. 아마도 남, 북, 서쪽의 세 내로 둘러싸인 왕경 중앙부에는 황룡사 창건 이후

---

40) 남산이 화랑도의 일시적인 유오 대상지가 아니며 말기까지 지속되었음은 경순왕의 아버지 孝宗郎이 남산 포석정에서 놀았다는 사실에서 알 수 있다.(『삼국유사』5 孝善篇 「貧女養母」조)

41) 진평왕대 선도산(仙桃山)에 살던 성모(聖母)의 현몽을 들었다는 비구니 지혜(智惠)가 주석하던 安興寺도 그런 사례의 하나로서 손꼽을 수 있겠다.(『삼국유사』5 感通篇 「仙桃聖母隨喜佛事」조) 다만, 안흥사는 국가적 차원에서 지어진 것이 아니라 개인적으로 지은 사찰이란 의미에서 평지에 지어진 것과는 내재된 의미가 다르다. 어쩌면 남산에 들어선 사찰도 당시 국가적 성격의 사찰이 아닌 개인적 혹은 家門的 차원에서 지어졌을 가능성이 크다.

도시 기획과 연동해 신라국가가 운영한 대규모의 여러 사찰이 각기 일정한 시차를 두면서 계속 들어섰다. 이를테면 앞서 소개한 초기의 세 사찰이나 이후 이른바 전불(前佛)시대의 7처가람 터에[42] 세워진 분황사, 영묘사, 사천왕사, 담엄사를 비롯한 천주사(天柱寺), 삼랑사(三郎寺)와 같은 국가적 성격의 사찰 창건이 줄줄이 이어진 것이다.

이런 정황을 고려하면 남천의 남쪽 일대처럼 왕경 중심부의 평지를 벗어나 남산자락에 처음 세워진 사찰들은 도시계획과는 별로 상관없이 진행되었다는 측면에서 사적(私的) 성격이 강한 사찰로 간주해도 그리 어긋나지 않을 듯 싶다. 다만, 그 규모가 그리 크지 않아 당시 국가 주도의 평지 사찰에 견줄 바는 아니었을 터이다.

이처럼 위의 기사 B)로 미루어 왕경을 에워싼 주변의 여러 산지, 특히 4영지 가운데서도 남산은 비교적 이른 시기부터 가장 먼저 사원이 들어서는 주요 대상지로 떠올랐다. 이는 당시 불교의 발 빠른 성장·발전과 연동해서 벌어진 일이었다.

법흥왕은 공인 후 얼마 지나지 않아 스스로 경전에 의거해서 불교를 널리 홍포하는 역할을 맡은 전형적 군주라 할 전륜성왕(轉輪聖王)임을 내세웠다.[43] 아마도 당시 치열하게 경쟁하던 동맹국 백제의 성왕이 그렇게 자처한 사실로부터 크게 영향을 받았을 가능성이 짙다. 계승자 진흥왕은 영역 확장 정책을 대대적으로 추진해 나가면서 전륜성왕의 전형임을 한층 더 뚜렷하게 표방하였다. 두 아들의 이름을 동륜(銅輪)과 사륜(舍

---

42) 『삼국유사』3 興法篇 「阿道基羅」조.

43) 「울주천전리서석」에 보이는 '聖法興大王'의 '聖'은 전륜성왕의 의미를 내재한 것으로서 풀이되고 있다.

輪, 鐵輪)으로 지었음은 그를 뚜렷하게 입증해주는 사실이다. 네 바퀴의 법륜(法輪) 가운데 금륜과 은륜까지 내세운 흔적은 기록상 보이지 않지만 아마도 진흥왕 자신과 왕비를 상징적으로 그처럼 인식하였을 공산이 크다.

진흥왕은 영역 확장을 적극 추구해 전쟁을 자주 일으켰다. 이런 행위 일체가 마치 불교 홍포를 위한 듯이 포장해 전의(戰意)를 강하게 북돋우고 새로 확보한 영역 지배의 명분으로 삼았다. 지방을 순행(巡幸)할 때에는 승려를 대동하기도 하였으며, 영역을 획정(劃定)지으면서 복속 주민을 위무하고 신라민으로 편입시키기 위한 용도로서 곳곳에 순수비를 세웠다.

주로 변경지대에 순수비를 세운 자체는 지방민에게 현실 전륜성왕으로서의 위세와 위엄을 과시하려는 의도도 깔고 있었다. 이는 인도 최초의 통일왕조인 마우리아의 아소카왕을 강하게 의식하고 본받으려 한 행위처럼 느껴진다. 재위 말년에 아소카왕이 만들려다 실패한 재료를 갖고서 황룡사의 장육존상 조영에 성공하였다는 내용의 진흥왕 찬미 설화가[44] 상징하듯이 영역 확장 과업에 성공한 뒤 자신이 아소카를 능가하는 최고의 전륜성왕이란 자부심을 강하게 갖고 있었다.

이처럼 법흥왕과 진흥왕의 양대를 거치면서 비교적 짧은 기간에 신라 불교는 급속히 발전하고 뿌리내려가면서 지배이데올로기로서 강력하게 기능하였다. 이후 중고기(中古期)의 왕위 승계자들은 전임자가 마련한 시책을 이어받아 꾸준히 발전시켜 나갔다. 각자는 불교식으로 왕명을

---

44) 『삼국유사』3 탑상편 「皇龍寺丈六」조.

짓는 것 자체를 매우 당연하게 여겼다. 이 시기를 각별히 불교식 왕명(王名) 시대라고 부르는 것도 그 때문이다. 이는 불교가 그만큼 지배이데올로기로 기능하였음을 뚜렷하게 입증하는 사실이다.

불교를 적극 신봉한 신라 국왕은 경전의 내용이나 교리로서 위상을 한층 그럴듯하게 포장하였다. 진평왕대에는 전륜성왕 의식으로부터 한 걸음 더 나아가 신라의 왕실이 곧 석가모니부처의 신성한 혈통을 이어 받았다는 이른바 석가족(釋迦族) 신앙을 널리 앞세우는 등 최고조에 이르렀다.

진평왕 스스로는 석가모니의 아버지 정반왕(淨飯王), 왕비는 어머니 마야(摩耶)부인, 두 동생을 각각 삼촌인 백반(伯飯)과 국반(國飯)이라 부르면서 장차 언젠가 아들을 얻게 되면 신라의 석가모니로 여긴다는 생각을 가졌다. 이런 신성가족(神聖家族) 의식에 입각해 현실의 신라 왕족 위상을 한껏 드높이려는 의도 아래 만들어낸 것이 바로 성골(聖骨) 관념이었다.

7세기 중엽에는 당나라에 5년간 유학하고 돌아온 자장(慈藏)의 주창(主唱)으로 신라 땅에는 부처가 산다는 새로운 신앙 체계가 마련되었다. 이를 배경으로 석가모니 출현에 앞서는 전세(前世)부터 이미 신라에는 부처가 살았으며, 앞으로 미래불인 미륵(彌勒)이 필히 하생할 영원한 불국토(佛國土)임을 강조하였다. 진흥왕대에 조직된 화랑을 현실에서 실제로 구현하는 화신(化身)인 듯이 포장한 것도[45] 바로 그런 분위기 아래 나온 것이었다.

---

45) 『삼국유사』3 탑상편 「미륵선화 미시랑 진자사」조.

이처럼 신라는 삼국 가운데 가장 뒤늦게 불교를 공인하였으나 점진적 과정을 밟아 명실상부한 불교국가로 급속히 탈바꿈하였다. 그에 어우러지게 국왕은 초월적이며, 신성한 존재로서 자리매김 되었다. 진평왕은 각종의 제도적 정치를 마련해 그를 뒷받침하려고 하였다. 즉위 초반부터 관료조직을 체계적으로 운용하려는 시도와 연관된 몇몇 관부들, 이를테면 관등을 담당한 위화부(位和府), 공부(貢賦)를 담당한 조부(調府), 마정(馬政)·거승(車乘)을 담당한 승부(乘府), 의례(儀禮)를 맡은 예부(禮部) 등의 신설은[46] 그런 실상을 반영해주는 사례라 하겠다.

이와 같이 크게 달라진 현실의 왕권에 발맞추어 왕실의 운영 전반도 새롭게 정리되었다. 진평왕 7년(585) 왕궁 가운데 국왕의 거처로서 본궁(本宮)인 대궁(大宮)을 비롯해 별궁(別宮), 혹은 이궁(離宮)이라 할 양궁(梁宮)과 사량궁(沙梁宮)을 관장하기 위해서 이들 각각에 사신(私臣)이란 고위직을 배치하였다. 이는 중앙 행정조직과 분리되지 않고 미분화된 채 마구 뒤섞여 운영되던 기존의 왕실 사무를 따로 떼어내어서 독립시켰음을 뜻한다. 국왕과 왕실의 고양된 위상에 따른 지극히 당연한 조치였다.

이로써 국가 운영은 그만큼 체계화, 조직화한 셈이었다. 이를 토대로 진평왕 44년(622)에 이르러서는 3궁을 하나로 묶고 왕실의 업무 전반을 총괄하는 기구로서 내성(內省)을 설치하여 무열왕 김춘추의 아버지 용춘(龍春)을 첫 사신으로 삼았다. 그동안 왕실의 위상이 한층 더 높아진 데에 적절히 어우러지는 대책이었다.

진평왕대의 왕실 위상 제고와 관련해 각별히 눈여겨볼 대상은 이때

---

46) 주보돈, 「중앙통치조직」『한국사 7-삼국의 정치와 사회』 국사편찬위원회, 1977, p.176.

왕궁까지도 재정비한 사실이다. 당시의 왕궁 재정비 자체가 문헌기록상으로는 뚜렷하게 확인되지 않으나 앞서 살펴본 것처럼 사신을 두어서 3궁을 관리한 점에서 일단 그럴 만한 추정은 충분하다. 왕실 업무 전반을 정리하면서 대궁에 사신을 둔 밑바탕에는 왕궁의 외양에 대한 정비까지 아우른 것으로 비쳐지기 때문이다. 그런 사실은 비록 단편에 지나지 않지만 월성(月城)의 해자(垓字)에서 출토된 목간의 내용을 통해 짐작해 볼 수 있다.

1985년부터 1986년에 걸쳐 진행된 월성의 해자 발굴로 수십 점의 목간이 출토되었다. 이들은 일반적으로 6세기 후반이나 7세기 전반 무렵 작성된 것으로 추정되어 왔다. 한편 2016년에는 이른바 해자의 '다'지구 발굴로 7점의 목간이 새로이 더 추가되었다.[47] 이들 수십 점에 이르는 월성해자 출토 목간 거의 대부분은 왕실이나 왕궁에서 일어난 일상생활의 한 단면을 반영해주는 것으로 여겨진다.

다만, 그 중 일부는 바로 이때 왕궁이나 해자의 수리 정비를 위해서 지방민이 동원된 실상을 보여주므로 각별한 주목해볼 대상이다. 그 가운데 왕궁 정비와 관련해 관심을 끄는 것은 소위 '역역문서(力役文書)'로 잠정 명명된 목간이다.

양면의 '역역문서' 목간에서는 한 면에 고나촌(古拿村)과 같은 촌명(村名)이 보이며, 다른 면에는 일벌(一伐)이나 간지(干支)와 같은 외위가 확인된다.[48] 다른 목간에서는 쌀, 안두(安豆) 등과 같은 곡물과 함께 술[酒]

---

47) 이들의 성격과 의미에 대해서는 국립경주문화재연구소와 목간학회의 공동 주관으로 국제학술회의를 열고 그 성과를 『木簡과 文字』20, 2018에 게재해 종합 정리한 바 있다.
48) 함께 나온 다른 목간에서는 阿尺도 보인다.

이나 닭[鷄] 등의 용어가 보인다. 이런 내용은 동원된 지방민의 생활과도 일정하게 관련됨을 연상케 한다.

이 목간에서 확인되는 병오년(丙午年)이란 간지는 특별한 주목의 대상이 된다.[49] 그 동안 월성해자 출토의 여러 목간에서는 절대연대를 추리할 만한 뚜렷한 실마리는 보이지 않았다. 이제 병오년으로 월성 해자 목간의 절대연대를 설정할 수 있는 단서를 갖게 된 것이다. 병오년은 여러모로 진평왕 8년(586)임이 거의 확실시된다.[50] 이에 비추어 기왕에 알려진 것도 대부분 비슷한 시기에 작성되었다고 간주해도 무방할 것 같다.

이들은 사용 후 폐기되었다가 우연히 월성해자 속으로 휩쓸려 들어 갔겠지만, 그 가운데 '역역문서' 목간은 아무래도 왕궁이나 아니면 그를 둘러싼 해자에 대한 수리·정비와 관련지어 생각할 수밖에 없는 대상이다. 만약 지방민을 장기간 조직적으로 역역동원하였다면, 이는 곧 왕궁 자체의 전면적인 토목 공사 이외에 달리 생각할 여지가 거의 없기 때문이다.

그렇다면 앞서 보았듯이 왕궁과 왕실에 대한 재정비 사업은 단지 조직의 구성 수준에 머문 것이 아니라 해자와 함께 건물 자체의 모습 전반을 새롭게 단장, 치장하는 일까지 병행한 것으로 상정해도 무방할 듯 싶다. 아마 그동안 국왕과 왕실의 위상에 엄청난 변화가 있었고, 외양까지 그에 걸맞도록 위엄과 위세를 두루 갖출 필요성이 자연스레 제기되었을 법하다. 그래서 왕궁 전체에 대한 재정비 작업이 이루어졌다고 설정해도

---

49) 병오년의 바로 앞에는 판독상 약간의 논란은 있으나 '戊戌年'이란 간지로 읽을 만한 부분도 보인다. 그렇다면 월성 해자 목간에서는 2개의 간지가 확인되는 셈이다.

50) 주보돈, 「月城과 垓字 출토 木簡의 의미」『木簡과 文字』20, 2018.

하등 이상스럽지 않다. '역역문서' 목간이 진평왕 8년(586) 작성된 것이라면 그런 실상을 여실히 반영한다고 풀이해도 지나치지 않을 것 같다.

그런데 진평왕대 초반 남산의 북편으로서 왕궁을 내려다보는 곳에 자리한 남산신성도 그 연장선상에서 주목해볼 대상이다. 남산신성의 축성은 단순한 방어를 위한 용도의 범주를 뛰어넘어서 직전에 행해진 제반 지배체제의 정비와 함께 최종 마무리 짓는 성격을 짙게 풍기기 때문이다. 여기에서 한 걸음 더 나아가 남산의 위상이나 성격까지도 본질적 변화를 가져오는 주된 계기로 작용하였으리라 여겨진다.

진평왕은 재위 13년(591) 남산신성을 축조하였다. 바로 직전 관료조직 전반에 대한 대대적인 정비 사업은 일단락된 상태였다. 이후 한동안 어떠한 사업도 이루어지 않았다. 그런 의미에서 남산신성의 축조는 직전까지 추진된 과업과 연계시켜 이해함이 적절하겠다. 관료조직에 대한 재정비가 한정적 수준에서나마 다시 이루어진 것은 이로부터 30여년쯤 지난 뒤인 진평왕 46년(624)에 이르러서의 일이다. 이때에는 초기에 진행된 조직체계를 약간 보강하는 정도의 수준에 그쳤을 따름이다.

남산신성을 축조한 데에는 내부 정비에 대한 일단의 마무리와 함께 때마침 바깥 세계의 심상치 않은 움직임이 큰 요인으로 작용하였던 것 같다. 당시 중국 방면에서 오래도록 진행된 남북 분열의 시대를 마감하고 589년 수(隋)라는 통일왕조가 들어는 변동이 있었다.

수의 등장으로 가장 크게 긴장한 것은 아무래도 영토를 직접 접한 인근의 고구려였다. 변동의 파장은 당연히 백제와 신라에도 미쳤다. 551년 한강 유역 진출과 554년 그 최종적 결과로서 벌어진 백제와의 관산성(管山城) 싸움 이후 신라는 고구려와 백제 두 나라를 동시에 적으로 돌림으로써 한반도 내에서는 고립무원의 상태에 놓여 있었다.

북중국 일대에서 긴장감이 감돌 조짐이 보이면서 고구려는 뒷문 단속을 철저히 해두기 위해 대체로 한반도 남쪽으로 눈을 돌려 먼저 공세를 취함이 일반적 경향이었다. 그래서 신라로서는 어떻든 고구려의 동향을 예의주시하면서 만반의 준비태세를 갖추려 하였다. 아마 남산신성의 축조는 그런 안팎의 움직임을 배경으로 해서 진행된 일종의 대비책이었다.

그런데 기왕에는 바깥으로부터 가해지는 압박에 대응해 임시의 피난처로서 활용된 것이 주로 명활산성(明活山城)이었다. 신라는 「광개토왕비」에 보이듯이 399년 백제의 시주를 받은 가야와 왜 연합군의 공격으로 왕경이 함락되어 거의 멸망 지경에 이른 뼈아픈 경험을 한 적이 있었다. 이때의 경험은 이후 오래도록 신라인에게 마치 일종의 트라우마로 작용해 비슷한 조짐이 언뜻 비치기라도 하면 미리 대비책을 적극 강구해나갔다.

5세기 후반 삼국 사이에 긴장감이 크게 고조되어가자 자비마립간은 머지않아 고구려의 공세가 있으리라 예상하고 재위 16년(473) 명활산성을 수리하였다. 475년 초 고구려의 대대적인 공세 첩보를 입수한 자비마립간은 즉각 명활산성으로 거처를 옮겼다. 이후 명활산성은 488년 월성으로 되돌아오기까지 거의 13년 동안이나 임시 왕궁으로서 기능하였다.

진흥왕은 재위 12년(551) 백제와 공동으로 한강 유역에로의 진출을 감행하면서 사전에 전국적 차원의 역역을 동원해 명활산성을 석성(石城)으로 고쳐쌓기 시작하였다가 3년 뒤 관산성 싸움 바로 직전인 재위 15년

(554) 가을 작업을 모두 마무리 지었다.[51] 이런 실상으로 미루어 신라가 대외적으로 위급한 상황을 맞을 때마다 명활산성을 임시 피난처로 삼아 왕경 방어의 최고 지휘부로 활용한 것은 일종의 관행처럼 굳어져 있는 상태였다.

그런데 이제 591년부터는 남산신성이 기존 명활산성의 역할을 대신 하게 되었다. 물론 남산신성이 완공된 바로 2년 뒤인 진평왕 15년(593) 북형산성(北兄山城)과 함께 명활산성까지 개축된 사실을 고려하면[52] 아 직 폐기된 것은 아니었던 셈이다. 명활산성은 여전히 왕경 방어망의 한 축을 맡았지만 위치상 무게 중심은 남산신성 쪽으로 옮겨졌음이 분명 하다.

이제 명활산성은 북쪽 형산강 하구변의 북형산성과 함께 왕경을 수 호하는 데에서 보조적 기능으로 바뀌었다. 물론 그렇다고 이때부터 남 산신성의 기능이 전적으로 피난처나 방어용 요새의 성격에 국한된 것은 아니었다. 명활산성 대신 남산신성을 한결 중시한 데에는 당시까지 추진 되어온 지배체제 전반에 대한 정비 사업과 밀접히 연관되어 있다. 그런 사정의 일단은 지금까지 10기로 알려진 「남산신성비」에 담겨진 몇몇 내 용을 통해 드러난다.

첫째, 남산신성을 축조하면서 전국적 차원에서 지방민을 대대적으 로 동원한 점이다. 물론 551년 명활산성 수축 당시 역시 전국적 범위에 서 지방민을 동원하였지만 규모면에서 남산산성에 견줄 바는 아니었다. 진흥왕은 명활산성을 축조한 뒤 가야 권역 전체를 영역으로 편입하였을

---

51) 주보돈, 「명활산성작성비의 역역동원체제와 촌락」『금석문과 신라사』 지식산업사, 2002 참조.
52) 『삼국사기』4 신라본기 진평왕 15년조.

뿐만 아니라 한강 유역을 장악하고 서해안 방면까지 진출한 상태였다.

「황초령비」나 「마운령비」 등 진흥왕순수비가 보여주듯이 동해안 방면으로도 일시적이나마 엄청나게 북상하였다. 이로써 6세기 후반 당시 영토는 그 이전에 견주어 엄청나게 불어났다. 남산신성을 축조할 때 동원된 지방민 규모는 명활산성의 그것보다 몇 배나 더 컸다. 그런 점에서 남산신성이 갖는 위상 자체는 일단 명활산성과 다르게 파악해도 무방할 듯하다.

둘째, 「남산신성비」의 첫머리에는 모두 서사(誓事)가 공통적으로 보이는 점이다. 「명활산성비」를 비롯한 어떤 비문에서도 비슷한 형식의 서사는 확인되지 않는다. 서사 구절은 마치 「남산신성비」만의 전매특허인 듯이 비쳐진다. 거기에 담긴 대략의 내용은 법(율령)에 의거해서 완성한 뒤 만약 3년 안에 성이 붕괴되면 죄를 묻겠다는 점을 구간별 담당자 모두에게 주지시키고 이를 함께 맹세하도록 한 것이다. 그런 이면에는 신라는 국가 경영이 국왕의 자의(恣意)가 아니라 오직 법치, 곧 율령에 따라 집행한다는 입장을 강하게 내비치고 있다.

그 속에는 당연히 신라국가의 현실적 위세와 국왕의 권위를 과시하고 주지시키려는 의도가 깔린 것이겠다. 전국적인 역역동원을 매개로 구서(舊庶),[53] 즉 구민(舊民)은 물론 새로이 주민으로 편입된 이른바 신서(新庶), 즉 신민도 공히 동등하게 신라 법령의 지배 아래 놓인다는 의식을 심어주었다. 그동안 초월적 수준으로 신성시된 국왕의 위상을 강하게 주입시키려는 의도로 여겨진다.

---

53) 「마운령비」 및 「황초령비」 참조.

셋째, 그런 사정과 밀접하게 관련되지만 산성의 명칭을 일반적인 경향과는 다르게 산명(山名)에 의거해 간단히 남산성이라 부르지 않고 굳이 남산신성이라 명명한 점이다. 양자는 이후의 문헌 기록에서는 때론 통용되기도 하였지만,[54] 정식 명칭은 어디까지나 남산신성이었을 따름이다. 앞서 소개한 『삼국사기』 제사지에서도 두 군데에 걸쳐서 줄여 굳이 신성(新城)이라 표기한 사실은 그를 뚜렷이 입증해 준다.

다른 산성의 경우 새롭게 쌓았더라도 구태여 신성이라고 명명하지 않은 반면 오로지 남산신성에 한정해서만 굳이 그처럼 부른 것은 예사로이 보아 넘길 수 없는 대상이다.[55] 명활산성도 여러 차례 수리를 거쳤으며, 진흥왕대에는 전국적인 역역동원으로 석성을 쌓았지만 신성이라고 부르지를 않았다. 이는 남산신성 가운데 무게 중심을 오히려 '남산' 쪽이 아닌 '신성' 쪽에다 두었음을 의미하는 명백한 증거라 하겠다. 당시 남산에도 도당산성처럼 남산성으로 불렸을 법한 토성(土城)이 이미 따로 존재하였다.[56] 그렇다면 단순히 새로 쌓은 의미로서만 '남산신성'이라고 명명한 것으로 보기는 어렵겠다. 거기에는 어떤 상당한 의미가 함축되었으리라 여겨진다.

남산신성은 북방 지역에 전운이 크게 감돌면서 쌓았지만 그에 앞서 진평왕대 초반부터 추진된 관료조직의 전면적 재편성에 토대한 새로운 지배체제의 출범이라는 선언적 의미가 내부 깊숙이 스며든 것으로 여겨

---

54) 『삼국사기』에서는 진평왕 13년의 축성 기사에서는 남산성이라 한 반면, 문무왕 13년(663)에 성 안에 장창(長倉)을 만들면서는 남산신성이라 하여 혼용하고 있다. 『삼국유사』는 『삼국사기』를 그대로 인용하면서도 줄여서 남산, 남산성으로 사용하였다.

55) 주보돈, 「남산신성의 축조와 남산성비 9비」『금석문과 신라사』, 지식산업사, 2002.

56) 박방룡, 앞의 글 참조.

진다. 말하자면 '신(新)'이란 단어 속에는 중앙집권적 지배체제 정비와 함께 한층 새로워진 국왕과 왕실의 위상을 담아내려는 의도가 깃들어있는 것이다. 그런 측면에서 남산신성은 단순히 왕경 방어 용도의 여타 다른 산성과는 성격을 전혀 달리한다고 하겠다. 이후 국왕이 직접 행차했을 법한 대상으로 오직 남산신성만이[57] 확인되는 것은 그를 방증해준다.

이상과 같이 보면 남산신성의 축성과 함께 그처럼 특별한 명칭을 굳이 고수한 데에는 안팎의 변화 양상 전반이 담긴 데서 비롯한 것이라 풀이해도 좋을 듯하다. 만약 그렇다고 한다면 그와 같은 신성이 자리한 남산 자체의 성격이나 위상도 기존 상태 그대로 이어졌을 리 만무한 일이겠다. 새로운 성격과 지향을 지닌 남산신성의 축조를 계기로 해서 남산의 본질에도 일단 상당한 변화가 뒤따랐음을 상정해도 지나치지 않을 듯하다.

5. 남산의 성격 변화와 그 의미

이상과 같이 591년 전국적 범위의 역역동원에 의해 석성의 남산신성이 축조된 뒤부터는 그에 어울리게 남산 속에 함축된 의미도 점점 변화해갔다. 남산은 비록 임시의 피난처이었어도 왕궁으로서의 기능을 감당한 셈이므로 몇몇 사례처럼 여러 산들 가운데 신라 국왕이 이따금씩 찾아보는 각별한 대상이었다.

당시 국왕은 정교일체의 인식에 입각한 매우 신성한 존재였다. 특히 남산신성을 축조한 진평왕은 자신 중심의 직계 존비속(尊卑屬) 일원을 석

---

57) 선덕여왕이 오른 남산이란 위치상으로 보아 바로 그 가운데 남산신성을 가리키는 듯하다.

가모니의 혈통을 이어받은 신성가족으로 내세웠다. 장차 자식[男兒]을 얻는다면 현생의 석가모니가 된다는 희구를 가진 입장에서 바라보면 임시피난처로서의 남산은 불교적 성격을 강하게 지닌 신성한 공간으로 삼기에 충분하였다. 그런 까닭으로 이제 남산은 기존의 토착신앙을 훌쩍 뛰어넘어 바야흐로 내재한 본질적 성격까지도 바뀌어져가는 상황을 맞고 있었다.

앞서 살펴보았듯이 남산에 사찰이 들어서기 시작한 시점은 대체로 6세기 후반 즈음의 일이었다. 아마도 이들은 평지에 조영된 일반 사찰에 견주어 규모가 훨씬 작았으며, 온전히 구조를 갖춘 모습이 아니라 일정한 형식만 겨우 갖췄을 공산이 크다. 특히 그 자체 공적이라기보다는 사사로운 성격을 띠었을 가능성도 엿보인다. 하지만 남산신성의 축조를 계기로 이후 남산의 주변부는 물론 산자락과 곡간에도 상당히 규모 있는 불사가 활발하게 이루어지면서 위상이나 성격에도 저절로 근본적 변화가 뒤따를 수밖에 없었다.

남산에서 6세기 무렵 건립된 사찰로서 명확히 확인된 사례는 아직 없다. 지금껏 남산의 문화유산 가운데 가장 이른 시기 조영되었으리라 추정되는 것으로는 불곡(佛谷)의 감실석불좌상, 삼화령(三花嶺)의 미륵삼존석불상, 배동(拜洞)의 선방사(禪房寺) 삼존석불입상 정도가 손꼽히고 있다. 이들도 대체로 7세기 전반 무렵 조영되었을 것이라는 점에 대해서는 논자들 사이에 거의 의견 일치를 보이는 편이다.

이와 같은 사례로부터 남산에서 정상적 구조와 형식을 갖춘 사찰도 대충 이때로부터 조성되기 시작하였다고 상정해도 무방할 것 같다. 이후 남산자락과 계곡의 곳곳에는 수많은 불사가 본격적으로 들어서기 시작하였다. 다만, 어떤 형식으로건 이후 조영된 불사는 한동안 국가의 관장 아래에 놓이지 않았을까 싶다.

신라국가는 왕궁 및 시가지를 내려다볼 수 있는 위치의 남산의 사찰 건립과 운영에 대해서는 상당한 통제를 가하였으리라 여겨진다. 후술하듯이 이는 7세기 후반 문수사(文殊寺), 석가사(釋迦寺), 불무사(佛無寺)의 창건 설화로부터 유추해볼 수 있는 사실이다.

앞서 소개하였듯이 남산에서 확인되는 사찰은 줄잡아 147군데에 이른다. 이들이 모두 한꺼번에 이루어진 것은 아니며, 오랜 세월에 걸쳐서 하나씩 조성되어 나가면서 각각의 시대 양상이 깊숙이 반영되어 있다.[58] 그런 측면에서 구조나 형식, 성격 등이 상당한 차이가 났을 것임은 충분히 상정해 볼 만하다. 정치사회적 변동에 따른 영향이 적절히 스며든 데 따른 당연한 결과였다.

현재 이들 각각의 불사에 대해서 누가, 언제, 어떤 배경 아래, 어떻게 세운 것인지 알 도리는 없다. 그에 대한 체계적인 편년도 불가능한 상황이므로 실상에 대한 추적은 더 이상 곤란한 형편이다. 그래서 현재로서는 알려진 자료를 주된 실마리로 남산의 실상에 대한 대략의 윤곽만 더듬어볼 수밖에 없다.

그럴 때 일단 이런 사찰들의 구조 전반은 어떠하였으며, 과연 어떤 방식으로 운영되었을까는 매우 궁금해지는 대목이다. 이들 모두가 당연히 동일한 성격을 지닌 것은 아니었을 터이다. 조성 시기에 따라 규모나 형식에도 상당한 편차가 나며, 운영 방식 등도 매우 달랐으리라 여겨진

---

58) 이근직, 앞의 글 참조.

다. 현재 사지(寺址)의 현황과 불상 및 불탑 등 확보된 기초 자료를 근거로 하면 남산의 사찰은 일단 크게 두 부류로 나뉜다.

첫째, 왕경의 일반적 사찰처럼 불상을 안치한 금당과 불탑, 기타 부수적인 시설 배치 등에서 정형을 갖춘 경우이다. 남산 주변부를 둘러싼 평지와 일부 산기슭이나 곡간이라도 사명이 기록상 확인되는 사찰의 대부분은 이런 사례에 속한다고 분류해도 좋을 듯하다. 다만, 산간에는 지형지세의 한계 때문에 평지보다 규모는 별로 크지 않고, 또 구조도 일반적 정형으로부터 약간 비켜나 나름의 특이한 모습을 하였을 경우도 상정된다. 이들은 다른 사찰에 따로 예속되지 않은 채 독자적 조직과 운영체계를 갖추었으리라 여겨진다.[59]

둘째, 일반적인 구조에서 완전하게 벗어나 불상이나 불탑, 혹은 양자의 조합 등 여러 형식 가운데 어느 특정 대상에 대해서만 유난스레 강조점을 둔 특이 형식의 사찰이다. 평지를 벗어난 산자락과 계곡 여기저기에 불상, 불탑, 사지 등의 형태로 흔적을 남긴 것 중 상당수는 이런 사례에 속하는 것으로 보인다. 현황으로 미루어 매우 간소화된 형태로 불상만 있는 경우, 불탑뿐인 경우, 불상과 불탑이 함께 있는 경우 등등 여러 갈래로 나뉜다. 이처럼 일률적이지 않으며 다양하고 또 복합적이라는 데에서 남산의 사찰만이 갖는 뚜렷한 특징이 엿보인다.

불상은 석불상, 마애불, 선각불 등 여러 형태와 함께 단독불, 삼존불, 다면불, 사방불 등으로 매우 다양하다. 조영된 시점이나 신앙상의 계통,

---

59) 물론 왕경의 황룡사와 지방의 유력한 사찰이나, 왕경 내부의 南澗寺와 金剛山의 栢栗寺, 지방의 사찰인 金山寺와 法住寺 및 桐華寺의 창건 연기설화가 보여주는 것처럼 서로 간 긴밀한 연계를 맺고 있는 경우도 당연히 존재하였을 터이다. 그런 연장선상에서 후술하듯이 왕경 중심부의 사찰과 남산에 위치한 사찰 사이에는 어떤 형태로건 관계를 맺고 있다고 설정하여도 지나치지 않을 듯 싶다.

주어진 현장의 여건 등 여러 요소에 따라 그처럼 각기 다른 형식이 취해 졌음을 상상케 한다. 형편 여하에 따라 노출된 모습 그대로, 혹은 보호각 등 구조물을 덧씌운 경우도 적지 않았을 터이다. 게다가 예배를 위한 공 간을 그와 함께, 또는 따로 마련하기도 하였으리라 여겨진다.

한편, 불탑의 경우 목탑의 흔적은 아직 확인된 사례는 없으며, 전부 석탑으로서 3층이 주류이며, 5층도 몇몇 확인된다. 오직 불탑만을 신앙 의 대상으로 삼은 사례는 상대적으로 적었겠지만 부근에 따로 불상을 조영한 흔적이 아예 확인되지 않거나, 그렇지 않더라도 불상이 멀리 떨 어져 있는 경우 거의 상관관계를 보이지 않는다면 그런 같은 사례에 포 함시켜 이해하여도 무방하겠다.

8세기 중엽의 경덕왕대 용장사(茸長寺)에 주석한 고승 태현(太賢)이 항상 돌았다는 미륵장육상(彌勒丈六像)[60]으로 추정되는 삼륜대좌석불여 래좌상처럼 특별한 교리나 신앙에 근거한 탓인지 아니면 지형 때문인지 분명하지 않지만 불상과 탑상을 함께 결합시켜서[61] 조영한 특이 형식 의 사례도 보인다. 한편, 탑골(塔谷)의 부처바위처럼 4면에다 온갖 신앙 의 주체와 객체나 수단 등 부처의 세계를 다양한 방식으로 표현한 경우 도 있다. 이는 세계적으로도 달리 유례를 찾기 힘든 남산만이 갖는 특징 적인 면모가 아닐까 싶다.

이처럼 몇몇 유형으로 나뉘는 사찰 가운데 용장사 태현의 사례처럼 승려가 계속 머물면서 생활한 곳도 당연히 있었을 터이나, 그렇지 않고 필요에 따라 수시로 드나들면서 수련을 도모하거나 혹은 특정한 날만

---

60) 『삼국유사』4 義解篇 「賢瑜珈海華嚴」조.
61) 강우방, 앞의 글, p.389.

을 골라잡아서 예불에 참례하는 공간으로서 활용한 경우도 상정된다. 이를테면 경덕왕이 궁궐의 귀정문루(歸正門樓)에 올라 은근하게 지나가기를 기다린 승려인 충담사(忠談師)의 경우 1년 중 유독 3월 3일과 9월 9일에 남산 삼화령(三花嶺)의 미륵세존에게 차공양(茶供養)을 드렸다는 데서 유추된다.[62] 충담사는 특정 화랑을 찬미하는 「찬기파랑가(讚耆婆郎歌)」와 국왕의 자세를 노래한 「안민가(安民歌)」란 향가의 작가로서 이미 널리 알려진 승려였다. 아마도 경덕왕이 하필 그 시간에 귀정문루에서 고승의 출현을 기다린 것도 바로 그날 그때에 지나가는 충담사를 의도적으로 겨냥해서 기획한 일로 보인다.

온전한 형식을 갖춘 사찰이 아닌 경우의 이른바 산사(山寺)는[63] 궁궐과 남산신성의 관계처럼 왕경의 중앙부나 남산 주변부의 평지에 위치한 사찰과 어떤 형태로건 예속관계에 놓였을 공산이 크다. 마치 큰 사찰에 부속한 암자와 같은 성격이라 하겠다.

충담사처럼 평소 주석한 본사는 왕경 시가지에 따로 있었고. 특정한 날에만 한정해 남산의 삼화령에 있는 사찰을 찾아 차를 공양한 사실이 시사해 주듯이 그 외의 산사들 상당수도 평소 그처럼 상호관계를 맺고 있었을 터이다. 잠시 남산에 올라다가 남천에 놓인 문천교(蚊川橋, 楡橋)를 건넜다는 원효의 사례도[64] 비슷한 실상을 반영한다. 동남산 방면의

---

62) 『삼국유사』2 紀異篇2 「景德王 忠談師 表訓大德」조.

63) 일본에서는 이를 山林寺院이라 일컫고 있다.(吉川眞司, 「平城京 東山의 宗教的 環境」『新羅文物研究』12, 2019) 이 용어를 받아들여 경주 주변 山寺에 그대로 적용시킨 경우도 있다.(이용현, 「경주 주변의 산림사원」『신라문물연구』12, 2019) 자칫 혼동을 불러올 우려가 있으므로 여기서는 잠정적으로 山寺라 불러두기로 한다.

64) 『삼국유사』4 의해편 「元曉不羈」조.

피리촌(避里村)에 머물면서 낭랑한 소리로 염불하던 이름 모를 승려(염불사)가 죽은 뒤 소상(塑像)을 만들어 중심가의 민장사(敏藏寺)에 안치하였다는 사례도[65] 바로 그런 실상을 추정하는 데에 참고가 된다. 죽었다가 깨어난 망덕사의 승려 선율(善律)이 동남산에 묻혔다가 환생하였을 때 목동이 이를 본사(本寺)에 알렸다는[66] 것도 마찬가지이다. 규모가 작은 산사의 경우 본사와 말사(末寺)처럼 일정한 관계를 맺고 본사로부터 지원을 받아서 운영되었을 법하다.[67]

이와 같이 온통 다양한 형태의 불사로 이루어진 남산 자체는 신라인들의 일상생활과도 직결된 곳이었다. 신라인들이 내세운 불국토는 남산에 하나둘씩 불사의 조성이 이루어지면서 바로 이곳이라는 인식이 뿌리내려졌던 것이다. 이는 남산 속에는 온갖 부처가 언제나 머물고 있다고 여긴 사실에서 여지없이 드러난다.

백제 출신으로서 신문왕에 의해 국로(國老)로 책봉된 고승 경흥(憬興)의 상궤를 벗어난 호화스런 생활을 일깨워주기 위해 모습을 직접 드러낸 문수보살이 평시 머무는 데가 남산의 문수사였다고 한다.[68] 효소왕 6년(697) 낭산 입구 사천왕사(四天王寺)의 맞은 편 남천 가에 위치한 망덕사(望德寺)에서 낙성회(落成會)가 열렸을 때 국왕의 자만심을 깨우쳐주려 한 진신석가(眞身釋迦)는 머문 곳이 남산 삼성곡(參星谷)의 비파암(琵琶岩)

---

65) 『삼국유사』5 避隱篇「念佛師」조.
66) 『삼국유사』5 感通篇「善律還生」조.
67) 『삼국유사』5 감통편「正秀師救氷女」조에 本寺란 표현이 보인다. 단순히 정수가 주석한 황룡사를 지칭하는 지 아니면 天嚴寺와의 관계를 나타낸 것인지는 분명하지 않다.
68) 『삼국유사』5 감통편「憬興遇聖」조.

이라고 하였다.[69] 뒤늦게 진신석가의 존재를 깨달은 효소왕은 그 부근에다 석가사와 불무사를 세우도록 조치하였다.

이는 두 사찰의 창건 연기(緣起) 설화에 근거한 것으로 추정되거니와 여하튼 신라인들은 여러 부처가 남산에 머물러 있다고 생각하였다. 충담사가 차 공양으로 예불한 대상인 미륵도 마찬가지였을 터이다.

이 가운데 진신석가가 비파암에 산다고 인식한 것은 각별하게 시사해주는 바가 있다. 이는 곧 바위(암석)신앙에서[70] 비롯한 것으로 여겨지거니와 특히 수많은 불상을 만들어낸 남산의 바위에 대한 신라인의 의식이 유달랐음을 뜻하는 사실이기 때문이다. 돌로써 불상을 만드는 행위는 그 속에 부처가 들어있어 이를 찾아내는 일이라고 인식하였음을 연상시킨다. 아마도 신라인들은 남산 자체와 아울러 그곳의 바위 하나하나에까지도 영혼이 깃들어 있다고 신성하게 여기는 바위신앙을 갖고 있었던 것 같다. 남산의 석재를 이용해 불상을 만드는 경우는 물론 암벽 바위 자체에다 직접 새긴 마애불이나 그린 듯한 선각불도 마찬가지로 바로 그런 신앙으로부터 나온 일이겠다.

이처럼 신라인들은 남산에 각종의 부처가 평소 바위 속에 머문다고 생각해 신성시하였던 것이다. 경주분지 일대에는 신라 때에 만들어진 수많은 석조문화재가 곳곳에 널렸거니와 이들 가운데 동해안의 감은사(感恩寺) 동·서 두 석탑을 뺀 나머지 석재의 거의 대부분은 남산과 토함산을 원산지로 하였다고 한다.[71] 불국사의 다보탑 부재(部材)는 모두 남산의

---

69) 『삼국유사』5 감통편 「眞身受供」條.
70) 강우방, 앞의 글 참조.
71) 국립문화재연구소, 「석조문화재 안전관리 방안 연구보고서-첨성대를 중심으로-」 p.53.

화강암이며,[72] 석가탑의 경우 상륜부의 보개만이 토함산의 화강암일 뿐 나머지의 산지는 모두 남산이다.[73] 첨성대의 조영에 사용된 석재까지도 남산에서 채취된 것으로 추정되고 있다.[74]

바위신앙은 온갖 주요 석물을 만드는데 사용하도록 한 요인으로 작용하였던 듯하다. 이는 당연히 전통적 토착신앙으로부터 출발한 것이겠지만 불교가 발전해 나가면서 신라 불국토 인식 아래 남산 전체가 불교 중심으로 대체되어 갔음을 보여준다. 물론 남산에는 여전히 산신이 산다고 인식하였지만 신앙의 주류는 점차 불교로 옮겨간 것이다.

남산에는 산자락은 물론 아래의 계곡에 이르기까지 이용 가능한 한 거의 모든 곳에 다양한 형태의 사찰이 들어섰다. 어느 시점에 신라 왕경의 정경을 '절들이 별처럼 벌려 있고, 탑들은 기러기 줄지어 나는 듯(寺寺星張塔塔雁行)'하다고 한 표현은[75] 마치 최고조에 도달한 남산의 광경을 묘사하기라도 한 듯이 느껴진다.

8세기 중엽 경덕왕이 당나라 대종(代宗)에게 선물로서 보내기 위해 침단목(沈檀木)으로 기암괴석을 비롯한 산천과 함께 온갖 형상을 한 만불(萬佛)을 새겨 넣음으로써 만불산이라고 불린 가산(假山)은[76] 실로 남산을 배경으로 삼았거나[77] 아니면 장차 가상의 불교적 이상향으로서 남산을 그처럼 꾸며보려는 희구를 담은 것인지도 모른다.

---

72) 이찬희 외, 「불국사 다보탑의 암석학적 특징과 보존과학적 진단」,『지질학회지』39-3, 2003, p.322.

73) 박성철 외, 「불국사 삼층석탑에 사용된 석재의 암석학적 연구」,『암석학회지』24, 2015, p.8.

74) 국립문화재연구소, 앞의 보고서, pp.54-66..

75) 『삼국유사』3 흥법편 「원종흥법염촉멸신」조.

76) 『삼국유사』3 탑상편 「사불산·굴불산·만불산」조.

77) 차순철, 앞의 글, p.101.

남산의 불사는 끝내 금오봉 중심 일대에서 적절한 공간 확보가 더 이상 곤란해짐으로써 고위봉 방면으로까지 점차 확장된 것이었다.[78] 그렇다면 왜 남산에는 불사가 그처럼 많이 이루어졌을까. 무조건 불국토로서만 이를 설명해내기에는 충분하지 못한 느낌이 든다. 게다가 남산에 석재가 매우 많았던 점 때문이라고 단정하기도 어딘지 미흡하게 여겨진다.

신라인에게 남산을 불교식의 선성 공간으로 조성하기 위해 막연히 모방하려 한 어떤 원형이 이미 존재하였고, 결과적으로 이를 당대의 상황과 환경에 맞게 나름대로 변용 과정을 거침으로써 독특한 모습을 갖추게 된 것이 아닐까 싶다. 이는 남산이 불교적 신성 공간으로서 갖는 몇 가지 특징적 측면을 통해서 유추된다.

첫째, 남산 조성이 애초부터 끝까지 기획된 것이 아니며 6세기 후반 이후부터 매우 장기간에 걸쳐서 서서히 이루어져온 온 점이다. 둘째, 동일한 불사라 하더라도 매우 다양한 형식과 내용을 담고 있는 점이다. 셋째, 그와 관련하여 특정한 구체적 대상을 무조건 그대로 본받은 것이 아니었다는 점이다.

남산을 마침내 불교 성소로서 정착하게 된 모델로서 언뜻 떠올려 봄직한 대상은 인도의 아잔타를 비롯한 각종의 석굴사원이나 중국의 용문(龍門), 운강(雲崗)과 같은 석굴 등을 손꼽을 수 있다.[79] 아마도 불교 공인 이후 신라의 무수한 승려들이 구법(求法) 활동을 위해 중국은 물론 저 멀리 인도에까지도 나아갔거니와 모두 거기에서 다양한 모습의 석굴사원

---

78) 물론 그렇다고 금오봉의 불사가 모두 고위봉 방면의 2건보다 무조건 앞선다는 뜻은 아니다. 단지 주류적 흐름이 그렇다는 의미이다.

79) 강우방, 앞의 글, p.386.

들을 목격했을 터이다. 그들도 신라 땅에다 그런 모습을 현출시켜 보려는 염원을 당연히 가졌다고 추정해 볼 수 있을 법하다.

그렇지만 남산에서 산출되는 돌은 비교적 다루기 손쉬운 사질암(砂質巖)과는 달리 매우 단단한 화강암인 까닭에 깊숙이까지 파고들어가야 하는 석굴 사원을 조성하기에는 여건상 불가능하였다. 초기에 조영된 불곡의 감실석불좌상이 암시하듯이 처음에는 석굴을 시도해 보기도[80] 하였을지 모르나 결국 여의치 않다고 판단하였던 듯하다. 그래서 나름대로 현실적 사정과 자연 경관에 어울리는 불사가 적절하다고 판단하지 않았을까 싶다. 남산이 달리 유례를 찾아보기 어려울 정도의 매우 다양하고 복합적인 모습으로 꾸며지게 된 요인은 바로 그런 데에 있다고 하겠다.

남산에는 인도 승려의 수도처인 Vihara(僧院)나 예불 대상인 불상 중심의 Chaitya(石窟)는 물론이고,[81] 같은 석굴이더라도 운강에서처럼 불상, 혹은 불탑을 중핵으로 조영된 경우도 있다. 너무도 다양하고 복잡한 양상이어서 그 어느 특정한 쪽을 선택해서 따랐다고 간주하기는 어렵겠다. 그런 의미에서 남산은 신라 나름의 독특한 특징을 구현해낸 공간이라고 할 만하다.

신라 땅, 그 가운데 남산은 전불시대는 물론 현세에도 부처가 살고, 나아가 미래에도 부처가 출현하는 영원한 불국토로 인식한 데에 어울리는 모습을 하고 있는 것으로 여겨진다. 남산과 같은 곳은 물론 비슷한 사례조차 찾아보기 힘든 것도 바로 그런 측면 때문이라 하겠다.

남산에서 구현하고자 한 경험의 축적은 마침내 불교 교학과 함께 신

---

80) 박홍국, 『신라의 마음 경주 남산』, 한길아트, 2002, p.72.
81) 윤경렬, 앞의 책, p.63 ; 강우방, 앞의 글, p.423.

앙이 절정기에 도달한 8세기에 이르러 토함산(吐含山)의 석불사(石佛寺, 석굴암) 쪽으로 최종 집약시킴으로써 마무리 지어졌다. 석굴암은 남산의 전체에 버금할 정도의 새로운 불국토 구현의 중심지로 부상하였다. 어쩌면 석굴암과 함께 불국사(佛國寺)까지 창건됨으로써 불국토의 무게 중심은 남산에서 이제 토함산으로 옮겨진 듯한 느낌도 든다. 그런 추세와 연관해 남산에 죽음의 세계를 상징하는 무덤이 들어선 점을 주목해 볼 대상이다.

어느 때부터 남산을 둘러싼 주변의 평지에는 제법 규모를 갖춘 석실분이, 산자락에는 화장을 한 골호(骨壺)가 들어섰다. 만약 남산자락에 무덤이 들어서는 등 불교의 성소로서 기존 기능에 일정한 변화가 초래되었다면 불국토 구현의 중심지가 토함산 방면으로 옮겨진 데서 빚어진 결과일지 모른다.

남산자락 곳곳에는 무덤이 들어서면서[82] 삶과 죽음의 세계가 공존하여 본래적 성격에서 커다면 변화가 있었다. 물론 이후에도 불사는 계속되었지만 이는 잔재적인 성격에 불과하였을 따름이다. 그런 틈바구니에 밀려나 존재감이 없던 토착신앙이 다시 부상하는 분위기가 마련되지 않았을까 싶다. 헌강왕대 남산신이 나타나 신라의 몰락을 예고해 주었다거나 포석정에서 연회를 베풀던 중 견훤의 공격을 받아 경애왕이 살해당한 사건 속에는 그런 실상이 어렴풋하게나마 반영되어 있는 것으로 여겨진다.

---

82) 승려 선율은 물론 景哀王을 남산의 蟹目嶺에 묻었다는 사실(『삼국사기』12 신라본기 敬順王 즉위년조)도 참고가 된다.

6. 나오면서

신라의 왕경이 자리한 경주분지의 정남쪽에 있는 남산은 오래도록 신라인들에게 대단히 신성한 공간으로 각인되었다. 계속해서 남산이라 불리었지만 통일기의 어느 시점에 성립한 왕경의 5악 가운데 남악으로 인식되기도 하였다. 남산은 신라 말기에 이르기까지 정치사회적 변동에 따라 성격이나 위상에서 변화를 겪었지만 줄곧 신성시되었다. 그런 까닭으로 달리 유례를 찾기 어려울 정도의 독특한 문화유산을 남기게 되었다.

원래 남산은 주변부에 사람이 살기 시작하면서 토착신앙인 산악숭배의 주요 대상지였다. 신라 초기 지배집단의 발상지였으므로 조상숭배의 대상지로도 기능하였다. 시조의 탄강지인 나정이나 남산신이 출몰하였다는 포석정은 남산을 배후지로 한 조상숭배와 관련이 깊은 공간이기도 하였다.

6세기 초 불교 공인 이후 신라가 명실상부하게 불교국가로서 급속히 자리잡아가면서 토착신앙의 수준을 뛰어넘어 남산은 새로운 성격의 신성 공간으로 탈바꿈해 갔다. 현재 흔적을 남기고 있는 수많은 사찰들이 증명해주듯이 남산 자체는 신라 불교적 세계관의 성지로 뿌리내렸다. 신라인들은 자신의 영토, 특히 그 중심지인 왕경을 과거부터 현재는 물론 다가올 미래에 이르기까지 영원한 불국토라는 인식 아래 온갖 염원을 품고서 꾸며내려고 하였다. 그 가운데 남산은 특히 구심의 역할을 하였다.

남산에 사찰이 처음 들어선 시점은 6세기 후반이지만 불교 성지로서 뿌리내리기 시작한 것은 임시의 왕궁으로 기능한 남산신성이 591년 축조되면서부터였다. 당시 신라국왕이 전륜성왕, 나아가 석가족 신앙을 통해 신성한 존재가 되고 정교일체가 이루어지면서 남산은 불국토의 중핵으로 기능하였다. 이후 수많은 사찰이 들어서고 지금껏 그 흔적을 남겨 그런 실상을 입증해주고 있는 것이다.

8세기 중엽 석굴암과 불국사가 토함산자락에 들어서면서 불국토 구현의 중심 공간은 이 방면으로 점점 옮겨간 듯하다. 이에 따라 남산자락에는 여러 형식의 무덤들까지 들어섰다. 이제 남산은 삶과 죽음의 세계가 공존하는 불교문화의 복합공간으로 변모하였다. 남산은 장차 우리들이 어떤 시각과 방식으로 접근하느냐에 따라 내밀히 간직하고 있는 비밀은 언젠가 낱낱이 토해내리라 믿는다.

(새 글)

3

신라 왕경5악의 형성과 금강산

1. 문제의 제기

두루 아는 바와 같이 인간은 자연 앞에서는 언제나 나약하기 짝이 없는 존재이다. 그 까닭으로 온갖 자연현상의 신비함과 오묘함에 대해 일단 경외심을 갖게 마련이었다. 인지(認知)가 상대적으로 덜 발달한 시대로 거슬러 올라갈수록 일상생활 속에서 자연이 차지하는 힘은 그만큼 더 클 수밖에 없었다. 그래서 모든 자연물 속에는 불멸하는 정령(精靈)이 깃들어 있으며, 흔히 이들이 천태만상의 온갖 변이(變異)를 일으켜 인간의 삶을 제어하고 통제하는 기능을 한다고 믿었다. 인간은 그런 정령들을 신(神)이라고 여겨 섬김으로써 이들로부터 줄곧 보호받거나 구제되기를 바랐던 것이다.

다양한 자연물도 기능에 따라 인간생활에 미치는 영향력의 우열을 갖는다고 간주해 각각에다 등급을 부여하고 서열을 매기려 하였다. 가장 강력한 힘을 지녔다고 생각한 하늘과 태양을 필두로 생활 속에서 늘 접촉하는 인근의 산천(山川)에 이르기까지 삶에 미치는 정도는 제각기 다르다고 인식하였다. 그래서 이들을 신성하게 여기면서 정기적 혹은 부정기적으로 제사하는 체계를 차츰 마련해 나갔다. 그렇다고 설정된 등급이나 성격이 마냥 고정불변하였던 것은 아니며 매우 유동적이었다. 정치사회적 형편이나 문화적 사정의 여하 등 시세에 따라 이들의 체계는 끊임없이 바뀌어져 갔다.

왕조국가인 신라가 하루아침에 완형의 모습을 갖추고서 출발한 것이 아니었다. 씨앗이 뿌려지고 자라나 꽃을 피우고 열매가 맺어지듯이 경주분지 일대를 근간으로 등장한 사로(斯盧)라는 정치체가 점점 몸을 불려 나가서 마침내 4세기에 이르러 그에 어울리도록 내실을 갖춤으로써 신라라는 고대국가로 탈바꿈하였다. 이처럼 신라가 탄생함으로써 모태였던 사로국 자체는 비로소 그 왕경으로 기능하기 시작한 것이었다.

이후 경주분지 주변부에 살던 사람들은 최고지배자인 국왕이 거처하는 왕궁(王宮)을 중심으로 차츰 모여듦으로써[1] 왕경은 그에 걸맞은 외양과 구조를 갖추어나갔다. 국왕을 정점으로 삼은 중앙집권적 지배체제를 순조롭게 유지해가기 위한 방편의 하나로서 왕궁은 물론 왕성(王城)의 외관까지 매우 화려하게 치장하였다. 이를 지켜내기 위해 온갖 종류의 보호망까지 구축하였음은 물론이다.

국왕을 비롯한 지배집단은 현실적인 권력과 권위를 정당화하고 영속화시켜나갈 목적에서 관료조직을 정비하고, 그럴싸한 지배이데올로기로서 포장하려는 데에 각별히 애썼다. 국가 운영의 원칙과 방향을 담은

---

1) 朱甫暾, 「문헌자료로 본 신라왕경 핵심 유적의 검토」『신라왕경, 핵심유적 보존정비의 현재와 미래』, 문화재청 · 신라왕경 핵심유적 복원정비사업추진단 · 경주문화재연구소, 2018.

그릇인 율령을 반포하고 보편종교라 할 불교를 공인하며, 조상을 숭배하기 위한 체계와 질서를 갖추어 나간 것도 바로 같은 맥락에서 이해된다. 자연물을 대상으로 삼아 분산적이던 여러 종류의 제사를 정리해 지배체제 속으로 적극 끌어들인 것도 역시 그런 일환이었다.

이처럼 국가적 차원에서 관리·운영한 제사 전반의 대강(大綱)은 『삼국사기』 잡지(雜志)의 제사지(祭祀志) 속에 매우 간단한 형태로 정리되어 있다. 제사지를 신라국가의 운영체계 전체와 관련한 일련의 항목을 차례로 열거한 잡지 가운데 첫머리에다 올려놓은 사실로부터 당시 제사가 갖는 중요도를 유추해볼 수 있거니와 이를 통해 전성기 신라의 국가제사에 대한 대략의 이해가 가능하다.[2]

그에 따르면 신라국가의 차원에서 치러진 제사는 성격상 시조, 신궁, 종묘, 사직 등 조상신과 토지 및 농업의 신 등에 대한 제사와 관련한 일체, 명산대천(名山大川) 등 자연물 대상의 제사, 사성문제(四城門祭), 사대도제(四大道祭), 사천상제(四川上祭)처럼 왕경에 대한 통제나 출입 등 질서유지 및 내왕할 때의 안녕이나 일상생활과 연관된 제사 등의 셋으로 크게 나뉜다. 물론 이들은 『삼국사기』가 편찬된 고려 중기의 관점에서 일괄 정리된 것이므로 당대의 실상이 얼마나 제대로 반영되었는지는 낱낱이 따져보아야 하겠지만, 소략하게나마 일단 대부분 망라되었으며 실상에서 그리 크게 벗어났다고는 생각되지 않는다.

그 가운데 각별히 우리의 관심을 끄는 대목은 전국의 명산대천 등 자연물에 대한 내용을 정리한 중간 부분이다. 이에 따르면 명산대천에 대

---

2) 『삼국사기』 제사지의 구성과 성격 등에 대한 기초적 이해에 대해서는 나희라, 『신라의 국가제사』, 지식산업사, 2003 및 채미하, 『신라 국가제사와 왕권』, 혜안, 2008 참조.

한 제사는 크게 대·중·소의 3등급으로 서열이 매겨져 있었다. 대사(大祀)는 오로지 3산(山)에만 국한되며, 중사에는 5악(岳)을 비롯해 4진(鎭), 4해(海), 4독(瀆) 등등 여럿을 포괄하고 있다. 5악 외에는 4방(方)의 방위 각각에 해당하는 1개씩 도합 4개를 하나의 묶음으로 삼았음이 주목된다. 이는 중앙에 해당하는 별도의 제사가 따로 없었음을 뜻하는 사실이다.

그런 측면에서 후술할 중악(中岳)을 포함한 (지방의)5악은 영토의 중앙부를 크게 의식해 이를 돋보이도록 설정한 제사라는 측면에서 매우 특징적 현상이라 할 만하다. 한편, 소사는 전국토에 걸쳐서 여기저기에 위치한 대소 산천이 일정한 체계 없이 분산적으로 배치되었다는 데에 뚜렷한 특징을 보인다.

지리적 위치나 공간 배치로 미루어 대·중·소의 제사 체계는 대체로 신라 통일기 무렵의 사정을 반영한다고 해도 좋을 듯 싶다. 다만, 중사 속에는 신라 말기에 해당하는 청해진(淸海鎭)이 대상으로 포함된 점으로 미루어 통일기의 특정 시점을 주된 기준으로 삼으면서도 이후의 가감(加減)을 거친 대상까지도 들어간 것이라 추정함이 옳을 듯싶다. 이는 제사지에 반영된 제사 체계 자체가 일시에 완성된 것이 아니라 정치사회적 상황의 변동과 흐름에 적절히 어우러지도록 끊임없는 변전(變轉)의 과정을 거쳤음을 시사해주는 것이기도 하다.

이처럼 신라는 통일기에 이르러서 영역으로 편입된 전국의 명산대천을 크게 3구분해서 국가제사로 삼았거니와 그 가운데 각별히 눈여겨볼 대상은 왕경을 중심으로 이루어진 제사이다. 왕경에는 대·중·소의 세 종류 제사 모두가 함께 소재하였다는 점에서 지방과 뚜렷한 차이를 보이기 때문이다. 이는 전국에 걸치는 명산대천 제사의 중추가 역시 왕경이었음을 뜻하는 사실이기도 하다.

특히 대사였던 나력(奈歷), 골화(骨火), 혈례(穴禮)의 3산이 왕경과 그 인근에 위치한 점은 주목해볼 대상이다. 이들 각각에 붙어 있는 협주를[3] 하나의 단서로 삼으면 나력은 왕경 한가운데의 낭산(狼山)으로 비정되며, 골화는 인근의 영천(永川), 혈례는 경주분지 외곽의 당시 경기(京畿) 일원일 것으로 추정된다. 아마도 사로국 영역 전반이 신라국가의 출범과 함께 왕경으로 전환되면서 주요한 제사 대상지로 자리 잡았다고 여겨진다. 늦어도 7세기 초 무렵에는 이들이 하나로 묶여져 3산으로 불렸음이 확인되는데,[4] 당시 사람들은 거기에 각각 여신(女神)들이 산다고 믿었다.[5] 아마도 제사의 대상으로 삼은 여타 산천에 대한 사정도 비슷하였을 것으로 보인다.

3산에 견주어 중사의 첫머리에 배치된 5악은 지방을 대상으로 삼았다는 측면에서 특별히 주목된다. 5악 가운데 왕경에 소재한 것은 동악인 토함산(吐含山)뿐이다. 4진, 4해, 4독과 같은 다른 중사에는 대부분 중앙이 없는 상태에서 4방위를 가리키는 대상만이 배정되었으나 오직 5악에서만은 중악을 왕경 아닌 영남의 중앙부인 대구(大邱) 지역 소재의 공산(公山, 또는 父岳)에다 두고 있다. 이는 다른 중사에 견주어 5악 자체는 물론 그 가운데 중악이 국가적 차원에서 어떤 비중과 역할을 맡았는지를

---

3) 『삼국사기』32 잡지 제사조에는 '三山 一奈歷(習比部) 二骨火(切也火郡) 三穴禮(大城郡)'로 되어 있다. 골화를 영천의 절야화군으로 비정하였다. 절야화군은 경덕왕대에 臨皐郡으로 고쳐졌는데 골화는 그 領縣인 臨川縣에 위치한 것으로 보인다. 이 협주가 당연히 일연의 견해였음은 의심의 여지가 없다. 다만, 그가 멋대로 붙인 것이 아니라 자신이 손에 넣은 다른 사료에 근거한 것일 터이다.

4) 『삼국유사』1 기이편1 「金庾信」조.

5) 위와 같음.

시사해 주는 대목이다.

중악을 따로 설정한 점에서도 그러려니와 이를 지방에다 배치하면서 왕경에 위치한 산을 동악으로 삼은 점에서도 그러하다. 그것은 신라 전체 국토 상에서 왕경이 지리적으로 동남쪽에 치우친 데서 비롯한 것이기는 하나 거꾸로 동악 속에는 따로 어떤 나름의 정치사회적 의미가 강하게 깃들어 있음을 의미하기 때문이라는 느낌이다.[6]

여하튼 5악 가운데 중악을 지방에다 배치한 사례를 예외로 하면 명산대천을 대상으로 삼은 자연물 제사 체계는 대체로 왕경이 중심이었음은 새삼스레 언급할 필요가 없는 일이겠다. 그렇다고 그들이 모두 왕경에만 집중된 것은 아니었으며, 전체 국토에 두루 퍼져 흩어져 있는 특징을 보인다. 아마도 국가적 제사의 체계 속에 편입된 산악을 매개로 통일 이후 새로 포섭된 주민을 융합시킴으로써 이탈을 방지하려는 정치적 의도 아래 재정비되었음을 뜻하는 사실이다.

이상에서 지방의 5악, 특히 중악의 특이성을 잠시 지적해 두었거니와 왕경에도 그와는 또 다른 성격의 5악이 존재한 흔적이 얼핏 확인되므로 주목해볼 필요가 있다. 이를 여기서는 지방5악과 구별해서 잠정적으로 왕경5악이라 불러두기로 하겠다.[7] 과연 왕경5악은 실재하였는가. 그렇다면 언제부터였던가, 어떤 기능과 역할을 맡았으며 어떤 특징이 있는가 등등이 주요한 관심의 대상으로 떠오른다.

왕경의 구조와 운영의 실태 등에 대한 이해도를 좀 더 높여가기 위해

---

6) 동쪽은 해가 뜨는 방향으로서 4방위 가운데 首位이다. 다른 산악과는 달리 신라 건국자의 일원으로 여겨져 온 탈해가 하필 동악신이 되었다는 점에서 동악의 상징성은 각별하다.

7) 李基白, 「신라 五岳의 성립과 그 의의」『진단학보』33, 1972, pp.206~207에서 이미 왕경5악의 존재를 상정하고 있지만 그렇게 묶어서 불러지는 않았다.

왕경5악의 실상을 구체적으로 살펴볼 필요가 있을 듯싶다. 이를 통해 그 가운데 하나로 포함된 금강산(金剛山)이[8] 어떤 과정을 거쳐서 이른바 북악(北岳)으로 설정되었으며, 거기에는 어떤 연유와 배경이 작용하였고, 그 성격은 어떠하였던가에 초점을 맞추어 나름대로 더듬어보고자 한다.

2. 왕경5악의 실재 가능성

신라 왕경5악의 존재 여부를 단숨에 확정지을 뚜렷한 근거는 『삼국사기』나 『삼국유사』 등에서는 거의 찾아지지 않는다. 그런데 조선 전기의 지리서인 『신증동국여지승람(新增東國輿地勝覽)』에는 신라의 왕경5악을 따로 설정해도 좋을 만한 약간의 실마리가 다음의 사료에서 포착되므로 잠깐 유의해볼 필요가 있을 것 같다.

A) 낭산(狼山, 府의 동쪽 9里에 있다. 鎭山이다.), 토함산(吐含山, 부의 동쪽 30리에 있다. 신라에서는 동악이라 칭하고 중사를 지냈다.), 금강산(金剛山, 부의 북쪽 7리에 있다. 신라에서는 북악이라고 하였다.), 선도산(仙桃山, 부의 서쪽 7리에 있다. 신라에서는 서악이라고 불렸는데 혹은 西述, 혹은 西兄, 西鳶이라 일컫기도 하였다.), 함월산(含月山, 부의 동쪽 45리에 있다. 신라에서는 남악이라 하였다.), 금오산(金鼇山, 남산이라고도 하는데, 부의 남쪽 6리에 있다.)(하략)(『신증동국여지승람』21 慶州府 山川條)

---

8) 오늘날에는 경주분지의 금강산을 흔히 소금강산이라 부르고 있으나 여기서는 편의상 당대적 표현을 그대로 사용하고자 한다. 그렇게 하더라도 내용상 현재의 금강산과 혼동될 리 만무하기 때문이다.

이 사료 A)에서 소개된 대상은(편의상 바로 뒤에 생략한 산악까지 포함) 모두 경주분지 인근에서 널리 알려진 주요한 산악들이다. 이에 따르면 신라에서는 토함산을 동악, 선도산을 서악, 함월산을 남악, 금강산을 북악이라고도 불렀다 한다. 신라 왕경의 주변을 에워싼 여러 산들 가운데 유독 그들을 하나로 묶어서 동서남북의 4방을 나타내는 이름으로 칭하였다고 함으로써 일단 4악의 존재 가능성이 상정된다.

어떤 연유에서인지 모르지만 그 속에 중악이 포함되지 않았음이 주목된다. 그렇지만 이로써 일단 왕경5악의 존재를 설정할 만한 여지는 충분하다고 하겠다. 그와 같은 입장이 1669년 무렵 경주부사 민주면(閔周冕)의 주도 아래 편찬된 『동경잡기(東京雜記)』를[9] 비롯한 조선 후기의 몇몇 지리서나 읍지류(邑誌類)에서도 거의 그대로 이어졌다. 다만, 이들이 신라 당대가 아니라 조선시대의 사정을 담은 것이므로 실재 여하와 그에 내재된 특징은 따로 낱낱이 음미되어야 할 대상이겠다.

1530년 편찬된 『신증동국여지승람』에서 확인되는 왕경5(4)악 관련 내용이 언제 어디로부터 비롯한 것인지는 뚜렷하지가 않다. 조선 초기에 작성된 어떤 지리서에서도 그와 비슷한 내용이 확인되지 않기 때문이다. 그렇다면 일단 성종(成宗) 12년(1481) 『신증동국여지승람』의 모태인 『동국여지승람』이 편찬될 때 그런 내용이 처음 채록된 것이라고 잠정적으로 진단해 둠이 순리이겠다.

만약 더 이상의 추적이 곤란하다면 그 자체는 『동국여지승람』 편찬자가 당대적 입장에서 멋대로 제시해본 일종의 해석에 불과할 소지가

---

9) 이하 『동경잡기』와 관련한 내용은 조철제가 역주하고 계림문화재연구원이 2014년 간행한 자료에 의거하였다.

엿보인다. 그렇지만 그와 같은 결론을 선뜻 내리기에 앞서 『삼국사기』나 『삼국유사』 등의 사서에서 실상의 여하를 엄밀히 추적해 음미하는 방식이 온당한 접근일 듯싶다. 이들로부터 왕경5악의 존재를 상정해도 좋을 만한 단서가 약간이라도 검출될지 모른다.

그런 작업에 앞서 위에서 제시한 기사 A)에서는 몇 가지 주요 사항이 확인됨을 먼저 지적해둘 필요가 있다. 왕경5악의 실재 여부 및 성립 시점은 물론 특징적 측면을 구체적으로 적출해내는 유력한 단초가 될 수 있기 때문이다.

첫째, 왕경 중앙부에 두었을 법한 중악이 보이지 않는 점이다.[10] 중악이 당시 존재하였으나 편찬 당시 구체적 대상을 특정하기 어려웠던 까닭에 아예 빼고서 적시(摘示)하지 않은 것인지 아니면 글자 그대로 원래 4악뿐이었고 중악은 따로 실재하지 않았던 것인지 쉽사리 단정하기 어렵다. 다만, 그럴 때 위의 기사 첫머리에 가장 먼저 낭산을 제시하면서 굳이 진산(鎭山)이라고 간단하게 주석을 단 사실이 눈에 들어온다.

『동국여지승람』 찬자가 무엇을 근거로 해서 낭산을 진산이라고 풀이한 것인지는 매우 모호하다. 혹여 낭산을 왕경5악 가운데 중악으로 인식해서 그와 같은 단서를 붙여 나타내려 한 것인지도 모르겠다. 그렇지 않다면 신라 때 국가제사로서 명산대천 가운데 가장 중시한 대사를 치른 3산의 하나로서 왕경의 중앙부에 위치한 나력(奈歷)이 곧 낭산인 사실을 염두에 두고서 이를 진산으로 판단한 것인지도 알 수 없다.

---

10) 필자는 과거 중고기 왕경5악의 존재를 인정하는 견해를 받아들여 중앙을 낭산으로 비정한 바 있다.(주보돈, 「신라 낭산의 역사성」『신라문화』44, 2014). 그렇게 단정하기에는 근거가 박약하므로 확정은 일단 유보한다. 다만, 후술하듯이 중악은 그런 이름으로 실재하지는 않았더라도 낭산이나 황룡사가 관념적으로 중앙의 기능을 감당한 것으로 간주하는 입장이다.

그런데 『동경잡기』의 본문에서는 이 기사를 아무런 비판 없이 그대로 옮겨다 실었다. 그러다가 1712년 경주부윤 권이진(權以鎭)이 『동경잡기』의 잘못을 수정하고 보완하려는 의도 아래 간행한 「동경잡기간오(東京雜記刊誤)」에는 약간 다른 입장을 표명하고 있어 주목된다. 「간오」의 첫머리에서 일단 『(동국)여지승람』이 낭산을 진산이라 단정하였음이 잘못임을 지적해 두고 있는 것이다.

그러나 곧바로 이어진 글의 말미에서는 다시 약간의 보충적인 설명을 덧붙였다. 낭산을 진산이라 함이 만약 신라 도읍의 사정을 이야기하는 것이라면 반드시 잘못은 아니며, 그럴 수도 있겠다고 말함으로써 앞과는 정반대의 진단을 내린 것이다. 그것은 『신증동국여지승람』에서 유독 낭산에 단 협주에서만 '신라 때의 진산'이라고 명기하지 않은 사실에 착목(着目)해 내린 결론으로 여겨진다. 그래서 「간오」의 찬자는 굳이 조선 시기의 사정을 말한다면 낭산을 진산이라 단정함이 옳지 않으나 만약 신라 때의 것이라면 그런 진단은 타당하다고 여긴 것이었다. 어떻든 낭산을 신라의 진산이라고 풀이한 밑바탕에는 곧 그것이 왕경5악 가운데 중악이라고 인식한 때문일지도 모를 일이다.[11]

둘째, 부의 동쪽 45리에 위치한 함월산을 남악이라고 밝힌 점이다. 함월산의 현재 위치는 흔히 기림사(祇林寺)를 에워싼 뒷산으로 비정되고 있다. 부의 동쪽 30리 지점에 있다는 토함산보다 동해안 방면으로 20리나 더 나아간 곳에 위치한 함월산을 남악으로 비정한 것은 매우 의아스럽게 여겨지는 대목이다.

---

11) 주보돈, 「신라 狼山의 歷史性」 『신라문화』44, 2014.

함월산은 지방5악 가운데 동악인 토함산을 기점으로 약간 동북쪽으로 치우친 방향의 측면에서도 그러려니와 이로부터 다시 20리나 더 나아간 곳이므로 지리적으로도 왕경5악 가운데 남악으로서는 도무지 어울리지 않는 위치이다. 이런 사정으로 미루어 함월산을 남악이라 단정한 것은 어떤 착각에서 비롯한 잘못임이 분명하다. 혹여 그런 착오 자체가 왕경5악의 실재까지도 부정해버리는 근거로 작용할 혐의가 없지 않다. 그렇지만 그것이 단순한 실수에 지나지 않는다면 왕경5악의 존재 자체까지 부정할 결정적인 근거는 되지 못한다. 그럴 때 남악의 대상은 달리 찾아져야함이 마땅하겠다.

사실 『삼국사기』나 『삼국유사』 전부를 샅샅이 훑어보아도 기록상 함월산의 존재와 관련한 어떤 흔적도 찾아내기 어려운 사실도 뒷날 이를 남악으로 비정한 데에 근원적인 잘못이 뒤따름을 방증한다. 만약 신라 당대에 왕경5악이 실재하였다면 남악의 구체적 대상은 함월산이 아닌 다른 곳에서 찾아봄이 온당한 접근일[12] 듯싶다.

셋째, 토함산을 왕경5악 가운데 동악이라 비정한 점이다. 앞서 언급한 것처럼 토함산은 현재 통일기에 이르러서 비로소 지방5악의 동악으로 설정된 것으로 봄이 널리 받아들여지고 있다.[13] 왕경5악이 이미 존재한 상태라면 토함산은 동시에 지방5악이기도 한 특이한 사례에 속하는 셈이다. 당시 지리적 여건상 그렇지 말란 법은 없으므로 쉽사리 잘못이라 단정하기는 어렵겠다. 오히려 두 요소가 불가피하게 중첩된 데에 동악으로서의 토함산에 내재된 각별한 성격이 있다고 풀이함이 적절할 듯

---

12) 김병곤, 「신라의 왕경 오악과 (소)금강산」『신라문화』43, 2014, p.375.
13) 이기백, 앞의 글, p.205.

싶다.

사망한 뒤 동악의 산신이 된 설화의 주인공 탈해왕(脫解王)과 관련한 여러 이야기들을 간직한 토함산은 비교적 이른 시기부터 신라인들 사이에 크게 신성시되어 산악숭배의 주요 대상으로 자리 잡았음이[14] 확실하다. 그렇다면 여타 지방5악도 갑작스레 일시에 선정된 것은 아니며, 애초부터 각자 그럴 만한 필요조건을 충분히 갖춘 상태였다고 풀이하여도 무방하겠다.

그들 각각은 이미 통일 이전에도 신라인이건 아니건 상관없이 당해지역 주민들에 의해 산악신앙의 주요 대상으로 자리 잡았을 공산이 크다. 그러다가 통일을 계기로 신라가 국가적 차원에서 전국에 걸치는 명산대천을 단위로 하여 제사 체계를 전면 재편하면서 위치, 규모 등등 몇몇 핵심적 사항을 유념해 하나로 묶어내어 5악이라 명명하고 중사의 수위(首位)에 배치한 것이라 하겠다. 다만, 그럴 때 왕경5악과 지방5악으로서의 동악 중 어느 쪽이 먼저였던지는 아직 분명히 드러난 상태는 아니다.[15]

그것은 여하튼 일단 위의 기사를 액면 그대로 받아들인다면 동악은 어느 특정 시점부터 왕경5악이면서 동시에 지방5악이기도 한 중첩적인 위상을 지녔던 셈이 된다. 만약 왕경5악이 통일 이전부터 실재하였다면 통일 이후에 이르러서 비록 국가적 제사 체계 속으로 편성되지는 못하였지만, 오직 동악만이 새로이 설정된 지방5악의 하나로 선정된 결과

---

14) 이기백, 위의 글, pp.196-198.

15) 이기백, 위의 글에서는 통일 이전 왕경5악의 존재를 그대로 인정하고 있다. 다만, 당시 중악의 위치에 대해서는 단정하지 않고 보류해둔 입장을 취하였다.

가 된다. 왕경5악이 통일 이전부터 존재하였다가 통일 이후 지방으로 확대되었다고 여기는 입장에서는 대체로 이와 같이 추정함이 대세인 듯싶다.[16)]

그렇지만 만약 왕경5악이 통일 이전이 아닌 이후의 어느 시점에 이르러서 비로소 새로이 설정된 것이라면 그와 같은 이해는 일견 성립하기 어렵겠다. 거꾸로 지방5악 가운데 동악을 하나의 기준으로 삼아 왕경5악이 통일기에 이르러 비로소 편제된 것이라고 이해할 여지도 엿보이기 때문이다.

물론 그렇다고 사전에 아무것도 없는 백지의 상태에서 통일 이후 지방5악이 나왔다는 의미는 결코 아니다. 어떻든 동악은 지방5악을 배정하는 하나의 유력한 기준으로서 작용하였고 나아가 이에 토대하여 뒷날 왕경5악이 나왔을 가능성도 있다. 4방위 가운데 해가 뜨는 곳으로서 으뜸이라 할 동쪽의 위상을 여실히 반영하는 것이기도 하다.

이상과 같이 왕경5악이 통일 이전부터 존재했을 가능성은 있으나 모두를 그때 동시에 설정된 것이라 확정짓기는 곤란한 실정이다. 그 실재를 보여주는 기록은 오직 『신증동국여지승람』과 같은 조선시대에 정리된 지리서뿐이며, 『삼국사기』나 『삼국유사』를 비롯한 여러 사서에서는 그럴 만한 어떤 단서도 포착되지 않기 때문이다. 게다가 이미 언급하였듯이 『(신증)동국여지승람』의 기록에도 전후맥락상 일정한 문제점을 안고 있다.

---

16) 나희라(「토착종교의 관념체계」, pp.67-67), 신종원(「국가제사의 체계」, pp.168-168), 채미화(「명산대천 제사」, p.222) 등도 무비판적으로 그대로 받아들이고 있다.(모두 경상북도, 『신라의 토착종교와 제의』 (신라천년의 역사와 문화)15, 2016 수록).

그렇다고 왕경5악의 존재 자체까지를 선뜻 부정해서는 곤란하다. 왜 냐하면 후술하듯이 신라 당대에 이미 동악은 물론 선도산도 서악이라는 별칭으로 불렸고, 또 신라 말기의 일이기는 하나 금강산도 북악이라고 불린 사례까지[17] 확인되기 때문이다. 따라서 이를 단서로 삼으면 일단 성립의 시점은 어떻든 왕경5악의 실재 자체는 충분히 상정해봄 직하다.

만약 왕경5악이 신라 당대에 실재하였다고 한다면 그 성립 시점이 통일 전후 어느 때인가에 따라서 여러모로 다양한 새로운 이해가 가능해진다. 그러므로 다른 무엇보다도 먼저 왕경5악의 실재 여부와 함께 성립의 시점을 타진함이 올바른 순서이겠다.

3. 왕경5악의 실재와 금강산

1) 서악과 동악, 그리고 중악

왕경5악 모두가 설정되었음직한 시점을 명시적으로 알려주는 뚜렷한 기록은 없다. 다만, 다음의 기사는 설화성이 짙게 담겨져 있어 약간의 문제가 없지 않으나 일단 통일기 이전 왕경5악의 존재 가능성을 엿보게 하는 사료이므로 면밀히 따져볼 필요가 있겠다.

B) 진평왕 때에 지혜(智惠)라는 비구니가 어진 행실을 많이 하면서 안흥사(安興寺)에 살았다. 불전(佛典)을 새로 수리하려 하였으나 그럴 힘이 없었다. 어느 날 꿈에 선녀가 단정한 모습으로 구슬과 비취로 머리를 꾸미고 와서 위로해 말하기를 '나는 선도산의 신모(神母)이다. 네가

---

17) 『삼국유사』2 기이편2 「處容郞望海寺」조.

불전을 새로 수리하려 함을 기뻐해 금 10근(斤)을 주어 도우려고 한다. 나의 자리 밑에서 금을 얻어 3존상(尊像)을 장식하고, 벽에는 53불(佛), 6종의 성중(聖衆) 및 여러 천신(天神)과 5악의 신군(神君)(신라 때 5악은 동의 토함산, 남의 지리산, 서의 鷄龍, 북의 太伯, 중의 父岳, 또한 公山이라고도 한다)을 그리고, 매년 봄과 가을 두 계절의 열흘씩 선남선녀를 모아 널리 일체의 신령을 위해 점찰법회(占察法會)를 엶을 항규로 삼도록 하라.'고 일렀다. (중략) 신모는 오래도록 이 산에 살면서 나라를 지켰는데, 영이(靈異)함이 매우 많았다. 나라가 생긴 이래 항상 3개의 제사 가운데 하나로 삼고 차례는 여러 망제(望祭)의 위에다 두었다. (『삼국유사』5 감통편 「선도성모수희불사」조)

위의 사료는 진평왕대에 성모(聖母)가 머문다고 여긴 선도산 아래에 자리한 안흥사라는 절에서 불사를 대대적으로 일으키게 된 배경을 설화적 형식을 빌어서 전하는 내용이다. 오래 전부터 선도산에 살아온 성모의 점지를 통해 안흥사의 비구니 지혜는 마침내 법당의 3본존을 금으로 장식하고 주변 벽면에다 53불, 6성중과 함께 천신 및 5악의 산신을 그려 넣는 불사를 마치게 되었다고 한다. 이를 계기로 안흥사에서는 매년 봄과 가을 두 차례에 걸쳐서 점찰법회를 열었다고 한다. 안흥사의 벽에는 각종 부처와 함께 천신 및 5악의 산신이 그림으로 그려진 점, 선도산의 성모가 줄곧 국가 보위를 위한 많은 영험을 보인 까닭에 결국 3사의 하나로서 숱한 망제의 위에 배치되었다고 한 점 등이 내용상 각별히 유념해볼 대상이다.

그런데 기사의 첫머리에는 불사를 일으킨 시점이 다소 막연히 진평

왕대라고만 제시되어 있을 따름이다. 이를 그대로 받아들인다면 왕경5
악의 신앙은 이미 진평왕대를 하한으로 그 이전 어느 시점에 성립해 있
었다고 볼 여지가 보인다. 3사의 의미나 실체는 분명하지 않으나 나라를
지키고 돕는데 성모가 많은 영험을 보인 결과였다는 사실이나 선도산
이 마침내 수많은 망제의 위에 놓인 점 등으로 미루어 신라국가의 주도
로 행한 세 개의 주요한 국가제사를 지칭한다고 보아도 크게 어긋나지
는 않을 듯싶다. 선도산은 어느 시점에서 국가제사의 대상 가운데 하나
로 자리 잡았던 것이다.

하지만 이 기사에 보이는 5악을 근거로 당시 선도산을 포함한 왕경5
악이 이미 성립된 상태였다고 단정하기에는 약간의 주저가 뒤따른다. 먼
저 『삼국유사』의 찬자인 일연(一然)이 다른 부분에 대해서는 전혀 언급
하지 않으면서 하필 5악에 대해서만 따로 토를 달아 선도산이 포함되어
있지 않은 다른 (지방)5악의 사례를 의도적으로 소개해두고 있는 점이다.
일연은 자신이 확보한 자료에 5악의 하나로서 선도산이 빠진 사실을 매
우 의아스럽게 여기면서 문제로 삼고 있는 것이다.

일연은 5악에 달았던 주석의 출전(出典)을 따로 밝히지 않았으나 내
용상 『삼국사기』 제사조일 가능성이 매우 크다. 그가 만약 왕경5악의 존
재를 인정하는 입장이었다면 구태여 거기에다 선도산이 들어가지 않은
자료를 일부러 이끌어다 토를 달지는 않았을 터이다. 일연의 입장으로서
는 5악이라면 당연히 지방의 5악을 지칭한다고 여겼을 법하다. 일연은
왕경5악의 존재를 아예 알지 못하였거나 아니면 알았더라도 이를 인정

하지 않는 입장이었을 터이다.[18] 일연은 그처럼 간단한 토를 달아둠으로써 선도산이 5악의 하나에 포함되지 않는다고 보는 자신의 입장을 넌지시 내비쳤던 셈이다.

그럼에도 『삼국유사』의 다른 곳에서는 서악을 선도산의 별칭으로 명시한 기사를 따로 두 개나 싣고 있으므로 일연은 잠시 모순되는 듯한 입장을 보인다. 하나는 태종 무열왕이 김유신의 동생 문희(文姬)와 혼인하는 배경이 된 이른바 몽중(夢中) 배뇨(排尿)설화와 관련된 기사이다.[19] 동생인 문희에게 꿈을 판 언니 보희(寶姬)가 꿈속에서 왕경에 가득하도록 오줌 눈 곳을 서악이라고 하였다. 이 기록을 받아들이면 서악은 7세기 초를 하한으로 해서 이미 그 이전부터 선도산의 별칭으로서 사용한 셈이 된다.

다른 하나는 왕력편(王曆篇)의 진성여왕(眞聖女王)조에 보이는 기사이다.[20] 진성여왕이 897년 사망하자 화장한 뒤 유골을 서악에 뿌렸다고 한다. 다만, 그 말미에는 산골처를 서악과 병치해서 '일작미황산(一作未黃山)'이라고도 하였다. 기실 이 기사만으로는 서악의 일명을 미황산(未黃山)이라 한 것인지 아니면 산골처를 서악과는 다른 미황산을 지칭한 것인지는 분명하지 않다. 『삼국사기』에서[21] 진성여왕의 시신을 황산(黃山)에다 묻었다고 한 기록을 근거로 하면 후자로 풀이함이 옳을 듯싶다.

위의 두 기사로 미루어 구체적 시점은 불확실하나 신라 때에 이미 선

---

18) 그럼에도 이기백은 이를 왕경5악이 존재하는 주요 근거로 삼고 있다(앞의 글, p.206).
19) 『삼국유사』1 기이편1 「太宗武烈王」조.
20) 『삼국유사』1 왕력편 「진성여왕」조.
21) 『삼국사기』11 신라본기 진성왕 11년조.

백률사(하일식 제공)

도산의 별칭을 서악이라 한 자체는 구태여 의심할 필요는 없을 듯하다. 다만, 전자는 비록 통일 이전에 속하는 사례이기는 하지만 통일 이후의 것이 뒷날 소급, 부회되었을 여지도 엿보이므로 모쪼록 신중을 기함이 마땅하다. 이것만을 주된 근거로 삼아 통일 이전 서악이란 명칭의 존재를 확정짓기는 아직 섣부르다.

그런데 탈해가 동해로부터 왕경으로 진입해가기에 앞서 잠시 토함산을 거점으로 삼은 사실은 물론 그가 사망한 뒤 그 뼈로서 소상(塑像)을 만들어 거기에 안치해 동악신(東岳神)으로 모신 사실로 미루어 동악이 토함산의 별명으로서 비교적 일찍부터 사용되었을 가능성이 있다. 그런 의미에서 방향상 동악에 대칭되는 곳인 선도산은 안흥사 중창을 계기로

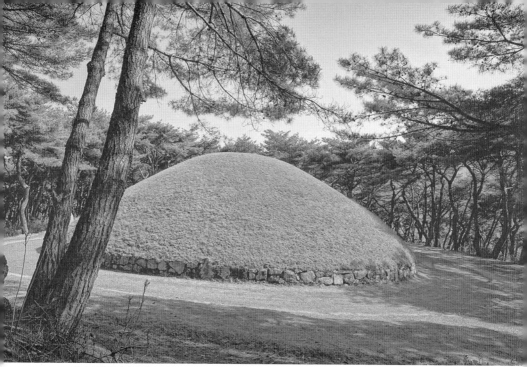

선덕여왕릉(하일식 제공)

서악이라 불렸으며 국가제사의 대상이 되었을 여지도 엿보인다.

　이런 몇몇 사항을 염두에 넣고 보면 통일 이전에는 신라 왕경5악 전부는 아니더라도 동악과 함께 방위상 그에 대칭되는 서악이란 두 용어가 이미 사용되었을 가능성도 충분히 상정된다. 통일 이전에도 왕경을 둘러싼 부근의 주요 산을 대상으로 삼은 산악숭배는 당연히 존재하였을 터이며, 따라서 토함산과 함께 선도산도 그 대상으로 선정되었다고 하여 하등 이상스럽지 않다. 특히 법흥왕(法興王) 이후 무열왕(武烈王)대에 이르기까지 여러 왕들의 무덤이 일련의 기획 아래 한동안 선도산 자락에 조영된 사실도 그런 추론을 보강해 준다.

　6세기 초 정치적 내분과 갈등을 격렬하게 겪은 뒤 즉위한 지증왕(智

證王)은 처음부터 여러 방면에 걸쳐 전례 드문 내정(內政) 개혁에 착수하였다.[22] 그 가운데 특히 재위[23] 3년(502) 추진한 순장금지령(殉葬禁止令)과 5년(504)의 상복법(喪服法) 반시(頒示)의 사례는 기존의 상장제(喪葬制) 전반을 혁신하려는 시책을 추진하였음을 뜻한다. 그에 대한 구체적 내용까지 아직 확연해진 상태는 아니지만 이후 진행된 여러 정황으로 유추하면 지배층 묘역(墓域)의 대대적인 이동이 상장제 혁신의 주요 대상 속에 포함되어 있었다고 간주해도 무방할 듯싶다.

신라 지배층의 무덤으로서 큰 외형을 갖는 고총(高塚)인 적석목곽분(積石木槨墳)은 4세기 중엽 이래 경주분지의 한가운데에 대단위로 밀집 집단을 이루면서 조영되었다. 이는 흔히 부체제(部體制)로 일컬어지고 있는 당시 여러 집단의 공동운명체적 운영과 적절하게 어우러지는 무덤군(群) 형식이었다.

그러다가 6세기에 접어들어 지배층의 무덤은 선도산을 비롯한 인근의 몇몇 지역으로 나누어 조영되기 시작하였다. 이는 국왕 중심의 지배체제 강화는 물론 그를 지원해주는 지배이데올로기인 불교의 수용을 계기로 사후(死後) 세계관에 대한 근본적 인식까지 달라진 사정과 맞물려 진행된 일대 변혁이었다. 기록상으로는 법흥왕이 사망한 뒤[24] 처음으로 무덤이 옮겨지기 시작한 듯이 비치지만 사실상 이는 어디까지나 하한일

---

22) 『삼국사기』4 신라본기 지증왕조.

23) 502년의 「浦項冷水里新羅碑」에 따르면 아직 지증왕이 즉위한 상태가 아니었으므로 엄밀한 의미에서는 약간의 기년 수정이 필요하나 여기서는 편의상 기존의 관례대로 『삼국사기』를 그대로 따랐다.

24) 국왕의 장지에 대한 구체적 위치를 알려주는 것 가운데 믿을 만한 기록으로서 법흥왕의 것이 처음이다. 그것이 바로 선도산자락이다. 이후 한동안 같은 곳에다 왕릉이 함께 조영된 사실은 그것을 방증해 준다. 태종무열왕의 陵碑와 왕릉은 그를 여실히 입증한다.

따름이다. 무덤 조영 지역을 옮기려는 기획은 이미 상장제 전반을 고친 지증왕대로부터 추진된 일이라 봄이 옳을지 모른다.

이제 지배층의 무덤은 경주분지의 중앙부를 벗어나 주변부로 차츰 옮겨져 정연한 모습을 갖춘 형태로서 새로이 조영되기 시작하거니와 선도산자락은 그 가운데 최고(最高)의 위상을 지녔던 지역으로 손꼽을 수 있다. 여기에는 특별히 국왕의 무덤만을 일렬로 정연하게 배치한 중앙의 핵심부를 기준으로 양측 산자락에는 왕족을 비롯한 당시 최고 유력 귀족층들의 집단 묘역이 조성되었다. 이를 계기로 선도산 일대는 경주분지의 여러 산악 가운데 가장 두드러진 신성 공간으로서 자리매김 된 것이다. 불교 공인 후 육신(肉身)이 묻히는 왕경 서쪽을 사후의 정토(淨土)로서 인식한 데서 나온 발상이었던 듯하다.

선도산이 성모가 사는 신성 공간으로 처음 인식된 시점을 언뜻 가늠하기는 힘들지만 늦어도 법흥왕의 무덤이 왕경 중심부를 벗어나 조영된 시점을 그 하한으로 잡아도 무방할 듯싶다. 이후 중고기를 거치면서 법흥왕을 승계한 국왕의 무덤이 질서정연하게 배치되고 바로 부근의 산자락 곳곳에 유력자들의 무덤이 흩어져 자리 잡으면서 선도산을 신성 공간으로 여기는 의식은 더욱 더 깊게 뿌리내려졌을 터이다. 아마도 선도성모 설화도 차라리 그와 연동해서 진평왕 전후 무렵 만들어졌을 공산도 엿보인다.[25] 특히 선도성모가 안흥사라는 절과 연관되는 사실은 그런 추정을 뒷받침해 준다.

그렇다면 늦어도 6세기 초 이후에는 탈해왕을 매개로 성소(聖所)라

---

25) 그런 의미에서 하필 도교적 성격의 선도성모라고 한 사실이 주목된다.

인식되어온 토함산의 동악에 대응되어 선도산이 서악이라 불리면서 성모가 사는 곳으로 자리매김된 것이라 상정해도 지나친 추정은 아니라 여겨진다. 두 산악 모두 사후 세계와 연결되는 공통점을 지닌다는 점에서도 그러려니와 동악의 남신(男神)인 탈해에 대응해 서악에는 여신(女神)으로서 성모가 살고 있다는 설정도 그와 같은 추정을 방증해주는 요소라 하겠다.

요컨대 여러모로 통일 이전의 어느 시점부터 토함산과 선도산은 각각 산악숭배의 주요 대상으로 뿌리내렸을 공산이 크다. 방위상 동서로 서로 대응됨으로써 당시 왕경5악 전부의 실재 여부와는 상관없이 각자 동악과 서악이란 별칭을 얻었으리라 여겨진다. 선도산이 당시 국가적 차원에서 추진된 제사인 3사의 하나에 포함된다면, 동악 역시 그 가운데 하나였다고 상상해도 무방할 듯 싶다.

이처럼 위의 기사 B)를 즉시 진평왕대 왕경5악 전부의 실재를 확정 짓는 근거로 삼기는 곤란하지만 선도산이 동악에 대응되어 서악으로 불렸음은 확실시된다고 하겠다. 설사 그와 같은 별칭이 뒷날 소급 부회된 것이라 하더라도 토함산과 선도산이 하나로 묶여져 당시 왕경 중심 산악신앙의 한 축을 이루고 있었음은 의심할 필요가 없을 듯하다.

그런데 통일 이전 왕경5악의 존재를 입증하려면 일단 중악의 존재 여부가 확정되어야 한다. 과연 중악은 어떠하였을까. 당시 중악이 존재하였다고 주장하는 근거로서 다음의 사료가 활용되어 왔으므로 잠시 이를 주목해볼 필요가 있다.

C) (유신)공은 나이 15세에 화랑이 되었으니 이때 사람들이 기꺼이 복

종하였는데, 용화향도(龍華香徒)라고 불렸다. 진평왕 건복(建福) 28년 신미에 공은 나이 17세로 고구려·백제·말갈이 나라를 침범하자 강개(慷慨)하여 노략질하는 도적을 평정할 뜻을 품고 홀로 중악의 석굴에 들어가 재계(齋戒)하고 하늘에다 맹세하였다.(하략)(『삼국사기』41 열전 김유신전 상)

이 기사는 김유신이 화랑으로서 17세 되던 612년 삼국 통합의 웅지를 품고서 의지를 굳히려는 극기 훈련을 감행한 사실을 보여준다. 당시 그는 수련을 위해 홀로 '중악의 석굴'에 들어갔다고 한다.

이 기사에 등장하는 중악은 과거 오래도록 통일 이전 왕경5악의 존재를 설정하는 데에 유력한 기준으로 삼아왔다. 그러면서 경주 서북쪽의 건천(乾川) 지역에 위치한 단석산(斷石山)을 중악으로 비정함이 일반적 경향이었다. 단석산은 김유신이 엄청난 고행의 수련 과정을 거친 뒤 지니고 있던 신검(神劍)으로 바위를 내려쳐 둘로 갈랐다는 전승으로부터 비롯한 명칭이다.[26] 그렇지만 단석산을 곧바로 중악이라 단정하는 데에는 선뜻 동의하기 힘든 몇몇 석연치 않은 측면이 보인다.

단석산은 경주분지 중앙부를 기준으로 보면 서북방으로 제법 멀리 떨어져 있어 방향으로는 물론 지리적으로도 중악에 해당하는 위치로는 전혀 어울리지 않는다. 이와 같은 사실을 고려해서 대안으로서 중악을 현재의 대구 소재의 팔공산(八公山)으로 비정하는 새로운 견해가[27] 제기

---

26) 『신증동국여지승람』21 慶州府 山川條.

27) 文暻鉉, 「所謂 中嶽石窟에 대하여」『동양문화연구』7, 경북대 동양문화연구소, 1980 ; 『增補 신라사연구』 도서출판, 춤.2000

되었다. 현재는 후자가 대체로 적절한 견해로 널리 받아들여지고 있다.

다만, 이 견해가 한층 더 설득력을 얻으려면 7세기 초에는 아직 지방 5악이 성립하기 이전이므로 약간의 보완적 설명이 뒤따라야 마땅하다. 아마도 「김유신전」 자체는 9세기 초반 무렵 그의 현손인 김장청(金長淸)이 정리한 10권의 『행록(行錄)』을 3권으로 축약 정리한 것이므로 이때 지방의 중악이 마치 통일 이전부터 존재한 듯이 소급·부회된 것으로 풀이함이 옳을 듯하다.

여하튼 이런 사정을 염두에 넣으면 중악을 통일 이전 왕경5악의 실재를 증명하는 입론의 근거로 삼기는 턱없이 부족하다고 하겠다. 물론 중악의 존재를 입증할 만한 기록도 달리 보이지 않는다. 이는 왕경5악이 통일 이전 존립하였다는 주장에 대한 치명적 약점이다.

2) 남산과 금강산

앞서 언급한 것처럼 통일 이전에 동악과 서악은 실재하였지만, 중악의 존재는 거의 확인되지 않는다. 한편 북악과 남악이란 명칭도 존재를 뚜렷히 확증하기가 어렵다. 북악이란 명칭은 보이지만 이는 어디까지나 신라 말기에 이르러서의 일일 따름이다.

그렇다면 일단 통일 이전에는 왕경5악 전부가 설정되었다고 보기는 힘들겠다. 하지만 남악과 북악과 같은 명칭은 아니어도 남산과 금강산이 다른 측면에서 통일 이전부터 신성한 공간으로서 함께 중시되고 있었으므로 이는 일단 눈여겨볼 만한 대상이 된다. 아래의 기사는 그런 실상을 반영해준다.

D) (진덕)왕의 시대에 알천공(閼川公)·임천공(林宗公)·술종공(述宗公)·호림공(虎林公)(慈藏의 이버지이다)·염장공(廉長公)·유신공(庾信公)이 있었는데, 남산(南山)의 우지암(于知巖)에 모여서 나라 일을 의론하였다.(중략) 신라에는 네 곳의 '신령스런 땅[靈地]'이 있었다. 큰일을 결정하려면 대신들이 반드시 그곳에 모여서 도모하였는데 그러면 일이 반드시 이루어졌다. 첫째, 동쪽의 청송산(靑松山), 둘째 남쪽의 우지산, 셋째, 서쪽의 피전(皮田), 넷째, 북쪽의 금강산(金剛山)이다.(하략)(『삼국유사』1 기이편2 「진덕왕」조)

신라에서 국가적으로 어떤 중대한 일이 일어났을 때 이를 함께 논의해 결정짓는 구조가 있었다. 그때 회의가 열린 장소를 각별히 4영지(靈地)로 불렀음을 위의 기사는 보여준다. 영지란 글자 그대로 신성한 곳, 신령스런 땅이란 뜻이겠다.

4영지는 방위상에서 보아 설정의 기준점이 당연히 왕경의 한가운데, 특히 평소 정치가 중점적으로 이루어진 왕궁을 구심으로 해서 그 주변 4방 일대였음이 분명하다. 참석자의 견해 차이로 쉽게 결정내리기 힘든 중차대한 일들만을 골라서 4영지에서 따로 열린 회의를 매개로 정리하는 전통이 있었던 것이다. 이들 4영지는 당연히 왕경을 둘러싼 주변부의 특정 지점을 가리키지만 위의 기사를 통해 다음의 몇 가지 음미할 만한 사항이 추출된다.

첫째, 진덕왕대라 하였지만 이때에 비로소 4영지가 일시적·한시적으로 설정된 것은 아니란 점이다. 바로 이 시점에서 신라 최고 유력자들이 함께 모여서 해결하지 않으면 안 될 어떤 국가적 중대사가 발생하였고 이를 결정하기 위한 임시회의가 당시 남산의 우지암에서 열린 사실을 보여줄 따름이다.

4영지가 언제 마련된 것인지는 특정하기 어렵지만 이미 진덕왕대 이전부터 구체적 위치까지 정해진 상태로 줄곧 존속한 곳이었음이 분명하다. 회의를 통해 공동으로 중대한 일을 결정하는 관행으로 미루어 4영지는 아마도 공동체의 속성을 강하게 지닌 6부 간의 협의에 의해 운영되던 이른바 부체제 단계에서 마련되었을 공산이 크다. 주요 사항을 결정하는 회의가 오직 특정한 한 곳에서만이 아니라 4곳에서 번갈아가며 열렸다는 사실 자체도 그런 공동체의 속성을 시사해 주기 때문이다.

둘째, 4영지라 하여 4곳만을 하나로 묶어 설정한 점이다. 왕궁과 같이 정치 행위가 본격적으로 벌어지는 왕경의 핵심부는 4영지를 설정하는 기준점으로는 작용하였겠지만 그 가운데 하나로서 들어가지는 않았다. 여하튼 4영지로서 왕경 대상으로 4방을 하나의 단위로서 묶으려는 관행은 이미 존재하고 있었음이 확인된다. 앞서 잠깐 소개해둔 바 있지만 중사 가운데서도 특히 지방을 대상으로 삼은 4진, 4해, 4독 등속은 그런 인식으로부터 영향을 받았을 가능성이 엿보인다.

이로 보아 어쩌면 지방5악 중의 중악과 같이 중앙부까지 제사의 대상으로 삼은 것은 차라리 정상이 아니라 차라리 예외적이라 풀이할 소지도 있다. 이는 곧 중악 나아가 5악이 차지하는 위상이 특별함을 시사해주는 대목이기도 하다. 여하튼 이를 근거로 삼으면 사료 A)가 보여주듯이 왕경에는 애초부터 중악은 없고 오로지 4악만이 존재하였을 가능성도 없지 않겠다는 느낌이다.

셋째, 4영지가 모두 산악은 아니며, 피전처럼 명칭상 농경지(밭)로 추정되는 평지까지 포함된 점이다. 피전은 이후 어떤 기록에서도 확인되지 않으므로 구체적 위치를 가늠하기 곤란하지만 왜 서쪽만이 영지의 대상으로서 산악이 선정되지 않았는지는 크게 관심을 끌 만한 대목이다. 이미 이 방면에서는 이미 선도산이 서악으로서 신성한 공간이라 인식되고 있었고 피전이 그 속에 포함된 때문인지, 아니면 회의 내용 중 각별히 농경의례나 제사와 연관된 일이 있었으므로 평지의 피전이 신성 공간으로 선택된 것인지 잘 알 수가 없다.

여하튼 동쪽에는 동악이 있음에도 이를 활용하지 않고 이 방면의 산지인 청송산을 영지의 하나로서 따로 설정한 점과는 뚜렷하게 대조되는 사실이다. 청송산의 구체적 위치는 단정하기 어려우나 혹여 그것이 토함산의 별명 가운데 하나일지, 아니면 동악이 상대적으로 멀리 떨어진 까닭에 가깝고 또 한때 왕궁이 있기도 한 명활산(明活山)을 그런 별칭으로 부른 것일지도 모르겠다. 명활산성의 남쪽에 있는 웅살곡(熊殺谷)이 뒷날 하필 선농제(先農祭)의 대상이었다는 사실로부터 유추하면 줄곧 신성시된 공간으로 기능하였을 여지는 충분하다.

넷째, 4영지에는 남산과 금강산이 각기 왕경 남북의 대칭적 위치로서 함께 보인다는 점이다. 남산은 마치 우지산인듯이 표현되기도 하였으나 이미 앞에서 남산 우지암으로 적시되었으므로 이는 잘못하여 생략된 표기로 여겨진다. 영지의 대상은 어디까지나 남산이지만 그 가운데 회의가 열린 구체적 지점이 우지암이었음을 일러준다.

아마도 다른 곳의 경우도 그와 마찬가지였을 터이다. 4영지는 그 자체가 평소 신성한 공간으로서 인식되었고 우지암의 사례처럼 그 중 어떤 특정 장소에서 회의가 열렸으리라 짐작된다.[28] 거기에는 평소 회의를 진행하는데 소용되는 각종의 기본 시설이나 설비까지도 갖춰졌을 공산이 있다.

이상에서처럼 남산과 금강산이 각각 4영지 속에 포함되어 위치상 남북으로 대칭되는 점은 특별히 유념해볼 대상이다. 이들은 아직 남악과 북악으로 불리지는 않았어도 이미 국가의 중요한 일을 결정하는 공간으로서 대단히 중요시되고 있었던 것이다. 특히 영지라고 일컬어진 데서 회의와는 상관없이 그 자체 매우 신성한 공간으로 인식되었음이 감지된다. 아마도 평소 단순히 회의하는 장소로서만 활용된 것은 아니며, 국가의 중대사가 제대로 순조롭게 결정되도록 염원해서 그들 대상의 제사를 지내기도 하였을 터이다. 거기에서 회의하면 반드시 결정되었다고 한 점은 그런 추정을 강하게 뒷받침해 준다.

피전이나 청송산은 이후 기록상으로 전혀 나타나지 않는다. 그와는 달리 남산과 금강산은 이따금씩 성지(聖地)로서 등장하는 사실이 주목된다. 아마도 신성한 공간으로서의 인식이 지속되었음은 두루 확인된다. 특히 금강산은 사료 A)에 보이듯이 왕경5악 가운데 북악으로까지 불리고 있었다. 방위상 그에 대응되는 남산이 줄곧 그처럼 불리면서 기록상 많이 나타나며 남악이라고 한 적은 없지만 영지의 하나였던 사실도 아울러서 주목된다.

금강산이 뒷날 북악으로 불린 데에는 4영지였던 사실이 밑바탕에 작용하였을 것 같다. 그런 측면에서 남산도 역시 마찬가지의 위치였다고

---

28) 그런 의미에서 6촌장 가운데 閼平이 내려왔다는 瓢嵓峰의 표암도 그와 관련하여 충분히 주목해 볼 대상이 되겠다.(『삼국유사』1 기이편1 「新羅始祖 赫居世王」조)

하겠다. 통일 이전 4곳을 하나로 묶어서 4영지로 명명해 신성한 공간으로 여겼으나 그 가운데 다시 남산과 금강산만을 따로 떼어내어 동악과 서악을 함께 묶어 4악 또는 중악을 더해서 5악이라 불렀다고 쉽게 판단하기는 곤란할 듯싶다. 통일기 이전에 아직 남악이나 북악으로 불린 흔적이 보이지 않기 때문이다.

요컨대 남산과 금강산이 각기 4영지의 하나로서 통일 이전에 신성한 공간으로서 인식되기는 하였으나 이로써 왕경5악이 성립했다고 단정할 근거로 삼기에는 아직 부족하다. 남산과 금강산은 통일 이전에는 동악 및 서악과는 다른 성격과 기능을 지닌 산악으로서 숭배의 대상이었다.

다만, 그와 같은 배경이 작용한 까닭에 이후 성격상 점차 공통분모를 갖게 됨으로써 동악 및 서악과 함께 왕경4악 혹은 5악으로 불리게 된 것으로 보인다. 아래에서는 왕경5악의 성립 과정을 더듬어 보면서 그 점을 추적해보기로 하겠다.

4. 왕경5악의 성립과 금강산

1) 왕경5악과 불교

토함산과 선도산은 이미 통일 이전부터 동악과 서악으로 불리면서 산악숭배의 양대 산맥으로 자리 잡고 있었다. 두 쪽이 모두 해가 뜨는 곳과 지는 곳으로서 상응한 점, 남신인 탈해왕과 성모인 여신이 서로 대응되는 점, 모두 사후 세계와 연관된다는 점 등 몇몇 공통분모를 지녔음은 그런 추정을 가능하게 해주는 요소이다.

물론 그렇다고 그것이 곧바로 왕경의 4악,[29] 혹은 중악을 포함한 5악 모두가 동시에 성립되었음을 입증해준다고 하기는 곤란하다. 남악과 북악이란 명칭은 아직 보이지 않거니와 방위상 남북으로 대응되는 남산과 금강산은 4영지처럼 다른 의미에서의 성소로 인식되고 있었지만 아직 동악 및 서악과 함께 같은 하나로 묶여질 상태는 아니었던 것 같다.

산악의 성격이나 기능이 언제나 고정불변한 것은 아니었다. 신라가 정치적 사회적으로 변동을 겪으면서 종교 문화도 저절로 그에 어우러지게 성격이나 기능도 변화하고 그런 과정을 거치면서 차츰 공통분모를 공유하기도 하였다. 그와 같은 과정 속에 한데 엮어질 만한 기반이 차츰 마련되어 갔다. 그럴 만한 공통 기반으로서는 불교와의 관련성을 손꼽을 수 있다.

불교는 처음 수용, 공인될 때 지배층이 주도한 까닭에 종교로서보다는 아무래도 체제를 유지해가기 위한 지배이데올로기로서의 성격을 강하게 띨 수밖에 없었다. 초기의 법흥왕과 진흥왕이 표방한 전륜성왕(轉輪聖王)이나 진평왕이 적극적으로 추구한 이른바 석가족(釋迦族) 신앙 등은 그를 뚜렷하게 입증해 주는 사례이다. 당시 정교(政敎)는 불교식 왕명(王名)을 통해 짐작되듯이 서로 떼어내어서는 이해하기 힘들 정도로 굳건하게 결속된 상태였다.

그러나 관료조직이 차츰 갖추어지고 사회가 한층 분화를 거치면서 불교는 지배이데올로기로서 더 이상 기능하기 곤란한 한계 상황을 맞았다. 결국 정교의 분리는 불가피해졌고 그에 따라 불교는 순수한 본연

---

29) 洪淳昶, 「신라 三山·五嶽에 대하여」『신라 民俗의 신연구』(신라문화제학술발표회논문집4), 1983, p.47에서는 논증의 방식은 다르지만 통일기 왕경4악을 설정하고 있어 주목된다.

의 종교성을 띠어갈 수밖에 없었다. 통일기에 이르러 새로운 지배이데올로기로서 불교를 대체해간 것이 유학(儒學)이었다. 정치로부터 분리되고 점차 멀어져간 불교는 고등종교로서 위상을 갖추면서 신앙적 지반을 넓혀나갔다.

처음 불교 사원은 왕경의 중앙부를 중심으로 한 시가지에 세워져 계획도시의 면모를 꾸리는 기능을 다하였다. 이른바 전불(前佛)시대 7처(處) 가람(伽藍)의 터가[30] 시사해 주듯이 원래 숲[林], 내[川], 저습지 등 평지에 있던 자연물 대상 토착신앙의 자리에 불교 사원이 점차 들어서서 그를 대체하고 융합해나갔다.

인구가 늘어나고 왕경 중심부가 정비되면서 급속도로 체계적 면모를 갖추게 되자 공간적 한계 상황을 맞았다. 이로써 불교 사원은 점점 주변부로 퍼져나갈 수밖에 없었는데, 마침내 주변 산록까지 올라갔다. 이제 왕경 주변의 산악은 토착신앙을 벗어나 불교의 주요 신앙 공간으로서 주목받기 시작한 것이었다. 그런 과정을 거치면서 기존의 자연물 신앙 대상은 불교와 접합하기에 이르렀다. 그런 실상은 동악과 서악은 물론 남산과 금강산에서도 뚜렷이 확인되는 사실이다.

서악의 정상부 가까이에는 매우 큰 규모의 마애3존불상이 자리해 있다. 현재 상당 부분 훼손된 탓에 원형을 완연하게 파악하기 곤란한 본존불인 아미타불을 중심으로 해서 양쪽에 서로 비슷한 규모와 모습을 한 두 보살이 협시(挾侍)하는 모습이다. 대체로 통일신라 초기의 작품으로 추정되고 있다. 마치 서악의 정상부에서 경주분지를 행해 내려다보면서

---

30) 『삼국유사』3 흥법편 「阿道基羅」조.

왕경을 지켜주려는 듯한 자세를 취한 모양새이다.

이밖에 선도산의 주변부 일대에는 이후 두대리의 마애불을 비롯해 안흥사, 애공사(哀公寺), 영경사(永敬寺) 등과 같은 사찰이 들어섰다.[31] 이로 보면 서악은 성모 중심의 산악숭배를 한층 뛰어넘어 불교와 차츰 접합해 나가는 경향성을 뚜렷이 보였다고 하여도 좋을 듯싶다.

동악이 신라문화가 절정기에 이른 경덕왕(景德王)대부터 불교의 성지로서 본격적으로 주목받기 시작하였음은 익히 아는 바와 같다. 그 출발은 화엄(華嚴)의 세계를 구현해내는 불국사(佛國寺)와 석불사(石佛寺, 石窟庵)가 이때 함께 들어서면서였다. 당시 역사(役事)의 규모나 절정기에 이른 문화 수준 등을 감안하면 이들을 매개로 동악이 8세기 중엽 이후 신라 불교적 세계관 구현의 한 중심축으로 자리 잡았음은 의심의 여지가 없다. 불국사와 석불사의 창건을 계기로 동악은 탈해 중심의 전통적인 산악신앙으로부터 벗어나 불교 신앙의 구심 가운데 하나로 이행해가는 커다란 변전(變轉)의 과정을 겪은 것으로 보인다.

남산이 통일기에 이르러 신라 불교 신앙의 신성 공간으로서 각별히 두드러졌음은 새삼스레 강조할 필요가 없을 터이다. 두루 알려져 있다시피 남산 자락 일대나 수십 군데에 이르는 산간의 계곡 곳곳에는 이루 헤아리기 힘든 온갖 종류와 형태의 불사가 오랜 기간에 걸쳐서 이루어졌다.

---

31) 애공사나 영경사의 관계 및 창건 시점은 모호한 측면이 엿보인다. 법흥왕, 진흥왕, 진지왕의 무덤 위치는 이들이 기준으로 되어 있다. 특히 진지왕의 무덤은 『삼국사기』에서는 영경사의 북쪽이라 하였으나 『삼국유사』 왕력편에서는 애공사의 북쪽이라 한 것으로 미루어 두 사찰이 동일하였을 가능성도 엿보인다. 이들 양자는 이후 기록상 보이지 않는 점, 뒷날 무덤의 위치를 비정할 무렵의 사정을 전해주는 것일지도 모르므로 당시에 창건된 사찰로 보기는 어렵다. 특히 법흥왕이 사망하였을 당시 아직 최초의 사찰인 興輪寺조차 완공되지 않은 시점임을 감안하면 더욱더 그러하다는 느낌이다.

남산 방면에서 불사가 처음 이루어지기 시작한 시점은 분명하지 않지만 6세기 후반 이전으로 소급하기는 힘들 것으로 보인다. 현재 제작된 연대가 가장 올라가는 것으로 추정되는 삼화령(三花嶺) 미륵삼존불이나 배리(拜里) 삼존석불입상이 7세기를 넘지 않음은 그를 방증해준다. 이런 정황으로 미루어 남산의 내부는 물론 그 주변 일대에 불사가 이루어지기 시작한 시점을 6세기 말 전후로 잡는 것이 온당할 듯싶다.

남산은 왕궁인 월성(月城)에서 올려다보는 위치로 말미암아 비교적 이른 시기부터 주목을 끌었을 터이다. 아마도 이 방면에 도당산성(都堂山城)이나 남산토성(南山土城)이 자리한 것은 바로 그런 실상을 반영해준다. 물론 신라 시조 박혁거세의 탄강과 관련한 나정(蘿井)이나 그가 처음으로 지었다는 궁궐이 위치한 곳이었다는 전승을 지닌 창림사(昌林寺)의 터가 서남산자락이라는 사실로 미루어 산악신앙의 대상이 된 시점은 그보다 한층 더 소급할 여지도 충분하다. 앞서 소개한 4영지의 하나로서 남산이 선택된 것도 그와 같은 배경이 깊숙이 작용하였을 터이다.[32]

이상에서 금강산을 제외한 세 산악이 산악신앙으로부터 불교의 성지로 바뀌는 과정을 간단히 살펴보았거니와 그런 과정에 대해 좀 더 구체적인 실상을 기록상 보여주는 것이 금강산이다. 따라서 아래에서는 금강산을 매개로 왕경5악이 성립되는 실상을 따로 살펴보기로 하겠다.

2) 금강산과 불교 성소로서의 왕경5악

4영지에서 드러나듯이 산악신앙의 주요 대상지 가운데 하나였던 금

---

[32] 불교 성지로서의 남산에 대해서는 따로 장을 마련하여 할애할 것이므로 여기서는 더 이상 언급을 하지 않기로 한다.

강산이 어떤 배경과 과정을 밟아 북악으로 인식되고 그처럼 불렸을까가 매우 궁금해지는 대목이다. 사실 금강산이 불교 성소로서 크게 주목을 받은 것은 이차돈(異次頓)의 순교 사건과 밀접한 관련이 있다. 그러나 반드시 그와 같은 최종 결론을 얻기 위해서는 약간의 구체적 검토 작업이 선행되어야 할 필요가 있다.

『삼국유사』「원종흥법염촉멸신(原宗興法厭髑滅身)」조에 따르면 법흥왕이 527년 불교를 공인하는 과정에서 귀족 사이에 큰 갈등과 마찰이 빚어졌다. 이때 왕명을 어기고서 절을 마음대로 지으려 했다는 명분을 앞세워 법흥왕은 내신(內臣, 宮中內人) 이차돈의 목을 베었다. 그때에 천지가 온통 암흑으로 바뀌고 땅이 흔들림과 동시에 떨어진 목으로부터 피가 솟구쳐 꽃비로 내리는 등 큰 이변이 벌어졌다고 한다. 법흥왕은 이차돈을 희생양으로 삼아 드디어 불교를 공인하기에 이르렀다. 이후 이차돈을 북산(北山)의 서쪽 고개에다 장사지내어 무덤을 만들고 그곳의 좋은 터를 잡아 자추사(刺楸寺)란 절을 지었다고 한다.[33]

이와 같은 이차돈 순교와 관련한 이야기의 대강은 물론 당대의 기록이 아니다. 원래 원화(元和, 806-820) 연간에 서남산자락에 있던 남간사(南澗寺) 소속의 승려 일념(一念)이 지은 「촉향분례불결사문(髑香墳禮佛結社文)」(이하 「결사문」이라 약칭함) 속에 들어가 있었다. 일연은 그 내용을 적당하게 줄여서 골간만을 『삼국유사』에다 옮겨 실었다.

이 「결사문」에 의하면 817년(헌덕왕 9년, 원화 12)[34] 8월 5일 국통(國統)

---

33) 『삼국유사』3 흥법편 「原宗興法厭髑滅身」조.

34) 비문의 내용을 근거로 해서 판각한 목판에서 印出해 서첩으로 만든 이른바 元和帖이 몇 종류 알려져 있으나 그 첫머리에는 원화 13년이라 되어 있어 1년의 차이를 보인다.

인 혜융(惠隆)을 비롯한 도속(道俗)이 함께 자추사 부근에 있던 이차돈의 옛 무덤을 수리하고 거기에다 비(碑)를 세웠다고 한다. 이 비는 당시 백률사 근방에 세워졌다가 현재 국립경주박물관으로 옮겨 관리되고 있는 이른바 「이차돈순교비」(일명 栢栗寺石幢記)를 가리키는 것으로 보인다.

「결사문」은 이차돈의 무덤에 대한 수선(修繕)과 입비(立碑)를 계기로 신앙 결사인 향도(香徒)를 조직해 매월 5일 무덤에 모여서 예불을 지속적으로 추진해가려는 의도 아래 작성된 것이다. 결사체는 흥륜사의 승려인 영수(永秀)를 중심으로 조직되었다고 한다.

「결사문」에 보이는 이차돈의 순교 이야기 대강은 전승과 함께 비문에 의거하였음이 분명하다.[35] 따라서 지금껏 알려진 설화 내용 전부를 무조건 6세기 당대까지 소급해서 적용하기는 곤란할 듯싶다. 사실 그 이전에 이차돈의 목이 자추사에 떨어졌다거나 혹은 무덤이 당시 거기에 조영되었음을 증명할 만한 어떠한 흔적도[36] 찾아지지 않는다.

김대문(金大問)이 8세기 초 무렵 지은 『계림잡전(鷄林雜傳)』에 의거한 『삼국사기』에서는[37] 이차돈의 목을 베자 피가 솟구쳤는데 그 색깔이 우유 빛과 같은 백색이었다는 정도의 이변이 있었음만을 간단하게 밝혀두었다. 거기에는 목이 북산(금강산)에 떨어졌다거나 그곳에다 무덤을 조영하고 그를 기리기 위해 자추사를 지었다는 등속처럼 비문이나 「결사문」

---

35) 1215년 『海東高僧傳』을 쓴 覺訓은 직접 동도(경주)의 현장에 가서 이차돈의 '무덤과 비(孤墳短碑)'를 직접 보았다고 한다. 따라서 같은 책 流通篇 釋法空條에 실린 이차돈 순교 장면도 이 비문을 근거로 작성되었을 것으로 여겨진다. 그 점에서는 「결사문」도 마찬가지이다.

36) 최근 이차돈 무덤으로 추정되는 석실분을 찾았다는 주장이 제기된 상태이다.(박방룡, 「이차돈 舍人 墓와 祠堂에 대한 단상」『신라문화유산연구』3, 2019.

37) 『삼국사기』4 신라본기 법흥왕 15년조.

에 실린 내용과 견줄 만한 사실은 보이지 않는다. 그러므로 9세기 초에 이차돈을 기리기 위한 현창 사업이 본격적으로 추진되고 비가 세워지면서 단순히 어떤 이변을 보였다는 기존의 전승을 토대로 해서 이때 새롭게 만들어낸 요소가 적지 않게 덧붙여졌다고 봄이 올바를 듯하다.

이와 같이 이차돈에 대한 대대적인 현창 사업은 9세기 초에 진행된 불교계의 여러모로 심상찮은 움직임 가운데[38] 하나로 여겨지지만, 이를 매개로 자추사의 위상은 크게 올라갔을 가능성이 엿보인다. 흔히 자추사는 곧 백률사의 이표기로서 양자는 같은 사찰을 가리키는 것으로 추정되고 있다.

백률사(자추사)는 「결사문」에 따르면 이차돈이 순교한 직후 동료인 궁중 나인(內人)들에 의해 창건된 것처럼 기록되어 있다. 그러나 『삼국유사』의 백률사조 모두(冒頭)에서는 대비상의 제작과 마찬가지로 그 시점이 불분명함을 적시해두고 있다. 따라서 초라한 형태로나마 사망 직후 이차돈의 무덤이 그 인근에 만들어졌을 가능성은 충분하나 법흥왕 당대에 이차돈의 원찰(願刹)로서 백률사가 건립되었다고 판단하기는 어렵겠다. 물론 백률사 관련 내용이 처음 기록상 등장하는 것은 7세기 말엽의 효소왕(孝昭王)대이므로 일단 사찰 자체는 이보다 앞서 창건되었을 것임을 유추할 수 있겠다.

---

38) 9세기 초 무렵에는 불교계에 벌어진 새로운 동향이 포착된다. 특히 이때 「阿道碑」「誓幢和尙碑」「神行禪師碑」「勝詮碑」등 불교의 수용과 확산에 크게 기여한 사람들을 기리는 비가 마치 유행인 듯이 건립되었다. 최근에는 김천의 修道庵에서 마모가 심하여 전모를 파악하기 어려우나 元和 3년(808)의 연대가 보이는 새로운 비까지 알려졌다. 대체로 초기 불교나 혹은 새로운 경향의 불교 수용에 애썼지만 잊혔거나 소외된 인물들을 현창하는 사업이 활발하게 진행된 것으로 여겨진다. 아마도 「이차돈순교비」도 그런 분위기의 일단을 보여주는 사례라 하겠다. 이는 哀莊王 7년(806) 내려진 새로운 佛寺 창건 금지나 佛事에 錦繡 사용을 금지하는 조치와 어떤 밀접한 상관관계가 있는 듯하다.

백률사는 어떤 연유로 효소왕대부터 국가적 차원에서 주목을 부쩍 끌기 시작하였던 것 같다. 당시 화랑이던 부례랑(夫禮郎)이 예하의 낭도(郎徒)들을 이끌고 동해안의 금란(金蘭)으로 유람하러 갔다가 북적(北狄)에게 잡혀가자 그를 찾아 나선 낭도 안상(安常)의 행방까지 묘연해졌다.

바로 같은 시기에 왕궁 내의 보물 창고인 천존고(天尊庫)에 보관 중이던 신라국가의 두 보물 거문고[琴]와 피리[笛]도 갑작스레 사라졌다. 그로부터 2개월쯤 지난 뒤 부례랑의 부모가 백률사의 대비상(大悲像) 앞에 나아가 여러 날 빌었더니 두 사람이 사라진 보물과 함께 갑작스레 그 주변에 나타났다고 한다.[39] 아마도 이런 신이한 사건들은 당시 백률사의 위상이 크게 높아져가던 도중임을 상징적으로 드러내어준다.

이로부터 수십년이 지난 뒤이긴 하나 경덕왕이 백률사에 직접 행차한 사실도 그런 실상을 방증한다. 이때 경덕왕은 땅에서 염불소리가 들리자 그 장소를 파보게 해서 사방불(四方佛)이 새겨진 바위를 얻었으므로 거기에다 절을 세워서 굴불사(掘佛寺)라 불렀다 한다.[40]

이상과 같이 9세기 초 금강산을 대상으로 이차돈에 대한 현창 사업이 본격화되기까지 불사가 꾸준히 진행되었음을 짐작할 수 있다. 어쩌면 그런 과업이 오래도록 누적된 결과로서 백률사를 중심으로 한 금강산 일대가 새로이 눈길을 크게 끌지 않았을까 싶다. 물론 금강산은 중고기 이전부터 4영지의 하나로서 한때 산악숭배의 대상으로 신성시되었지만, 이후 진행된 불사를 매개로 근본 성격이 불교의 성지 쪽으로 차츰 옮겨져 갔음이 분명하다.

---

39) 『삼국유사』3 탑상편 「栢栗寺」조.
40) 『삼국유사』3 탑상편 「四佛山 掘佛山 萬佛山」조.

아마도 금강산을 이차돈과 연관된다고 여겨 이를 중심으로 9세기 초 현창 사업을 벌인 데에는 그의 무덤이 바로 인근에 조영되었기 때문일 듯싶다. 「결사문」에서는 이차돈을 '마침내 북산의 서쪽 고개에 장사지냈다(遂乃葬北山之西嶺).'라거나 불사를 일으킨 계기로서 '옛무덤을 세우다(建舊塋).'고 하였다. 이는 비문에 보이는 북산에다 묻었다는 기록을 근거로 삼았음이 분명하다. 당시 금강산이라 명시하지 않고 일단 북산이라고 한 사실이 주목된다.

이차돈의 목이 떨어진 곳은 처음에는 막연히 북산이라는 지명으로만 전승된 듯하다. 일연은 그를 금강산이라고 명기하지 않고 굳이 그렇게 표현한 것을 매우 의아스럽게 여겨 토를 달았다. 어쩌면 원래는 단순히 막연한 '북쪽의 산'이란 의미로서만 알려졌을 뿐 무덤 자체의 구체적 위치는 모르거나 알았더라도 거의 방치된 상태였으나 불교식의 신성화 과정을 점점 거치면서 금강산으로 고착된 것인지도 모르겠다.[41]

이후 금강산은 어느 시점부터 북산이 아니라 북악으로도 불리게 된 것 같다. 북산이 그렇게 불리는 근거였음은 물론이다. 여하튼 금강산은 9세기 초 이차돈의 무덤이 정비되고 비가 세워지는 등을 매개로 불교식의 신성한 공간으로 뚜렷이 자리매김 되었음은 확실시된다.

이상과 같이 보면 이른바 경주분지 중심부를 내려다볼 위치에 있는 4개의 산은 각자 별도의 점진적 과정을 거치면서 불교식의 신성한 공간으로 굳혀지는 길을 걸었다. 아마 모두 산악신앙의 대상으로부터 출발하

---

41) 『海東高僧傳』에서는 이차돈의 머리가 날아가 떨어진 곳을 금강산 꼭대기라 하였고, 묻힌 곳도 금강산이라 표현하였다. 금강산도 원래는 북산이라 부르다가 불교 성지화한 뒤에 나온 것일 가능성이 크다. 그런 의미에서 4영지에 보이는 금강산도 역시 후대적인 소급 부회에서 비롯되었다고 추정하여도 무방할 것 같다.

였으나 차츰 불교의 색채가 강하게 덧씌워지면서 본질적 성격이 달라져 간 것이었다. 그러다가 9세기에 이르러서 마침내 4방위를 나타내는 산악이 하나로 묶여져 기능하기에 이르렀다. 이로써 이른바 왕경의 4악이 탄생된 셈이었다.

이들 왕경5(4)악은 각기 나름의 신성한 공간으로 인식되기는 하였으나 그렇다고 처음부터 하나의 묶음으로서 출발한 것이 아니었다. 각자는 원래 자연물을 숭배 대상으로 삼은 산악신앙의 신성 공간으로서 출발하였으나 불교 신앙의 뿌리가 내려지고 그 외피가 덧씌워져 마침내 함께 묶여 5(4)악으로 바뀐 것이라 하겠다. 동악과 서악은 자연물 신앙의 대상으로서 병존하다가 불교의 성소로 전화한 것이었다.

한편 남산과 북산은 각자 4영지로서 서로 대응되는 위치에 있다가 불교의 성지로 변모해갔다. 남산의 경우 끝내 남악이라 불리지는 않았지만 그 이름 자체가 곧 그런 기능을 하였던 것이다. 오히려 가장 중요시된 공간이었던 탓에 끝까지 전통적인 남산이란 이름을 그대로 이어간 것일지도 모른다.

이처럼 왕경5(4)악은 통일기 이전부터 그렇게 통칭된 것은 아니며, 금강산이 이차돈 현창 사업을 매개로 북악으로 인식된 9세기 초 이후 한데 묶여진 데서 비롯한 것으로 여겨진다. 당시 왕경5악의 존재를 분명하게 확정지으려면 일단 중악의 향방이 관건이다. 만약 중악의 실재가 따로 해명되지 않는다면 왕경에는 지방과는 다르게 4악만이 있었던 셈이 된다. 앞서 이미 언급한 것처럼 왕경 중악의 존재 여부는 기록상으로는 거의 확인되지 않는다. 그렇지만 왕경이라는 특수성을 고려하면 일단 다음의 세 가지 가능성은 상상해볼 수 있을 듯 싶다.

첫째, 4방을 가리키는 방위명이 붙은 일부 다른 제사 명칭과 마찬가지로 중악이 애초부터 설정되지 않았을 가능성이다. 말하자면 왕경의 경우 5악이 아닌 4악뿐이란 점이다. 사실 분지 지형이라는 지리적 여건상 굳이 중악을 따로 설정할 필요가 없었을지 모른다. 어쩌면 『신증동국여지승람』에서도 그런 까닭으로 중악이 보이지 않을 수 있다.

둘째, 당시 사람들은 위치상으로 삼산 가운데 하나인 나력, 즉 낭산을 중악으로 여겨졌을 가능성이다.[42] 이미 언급하였듯이 『신증동국여지승람』에서 낭산을 진산이라 간주한 데서 그렇게 유추해 볼 수 있다.

낭산의 남쪽 아래는 이른 시기부터 원래 '신이 논다'는 뜻의 신유림이라는 신성한 공간이 자리하고 있다. 낭산의 중턱에 선덕여왕의 무덤이 조영되고 이후 통일기의 문무왕을 거쳐 신문왕대에 이르러 그 자리에 사천왕사(四天王寺)가 완공되면서 신라인들의 인식에 큰 변화가 일어났다. 선덕여왕의 무덤이 조영된 곳을 도리천(忉利天)이라 여긴 데서 드러나듯이 낭산 자체는 곧 불교적 세계관의 가장 중심을 이루는 수미산(須彌山)으로 여겨진 것이었다.[43]

낭산은 비록 야트막한 구릉에 지나지 않지만 신라인들에게 관념상 가장 신성하고 가장 높은 산으로 인식되었다. 경주분지 안에서 낭산은 상대적으로 높아 시가지를 내려다 볼 수도 있어 실제로도 매우 중시되던 곳이다. 그래서 낭산은 자연물 신앙의 중핵이라 할 3산 가운데 하나이면서 동시에 왕경의 중악이 될 여지도 있는 그런 성격을 지니고 있다. 혹여 3산으로서의 위상과 기능이 점차 퇴조되면서 낭산이 왕경의 중악

---

42) 문경현, 앞의 글 ; 김병곤, 앞의 글, pp.381-384.
43) 『삼국유사』1 기이편1 「善德女王知幾三事」조.

으로 바뀐 것인지도 모르겠다.

셋째, 설사 중악이 실재하지는 않더라도 관념상으로만 존재하였을 가능성이 있다. 그럴 때 대상으로 오르는 것이 황룡사이다. 그 자리는 원래 왕경의 한가운데로 왕궁을 지으려다가 모종의 사정으로 말미암아[44] 황룡사로 바꾸어짓게 된 곳이다. 황룡(黃龍)의 출현을 계기로 그렇게 하였다는 설화 자체 속에는 5방색 중 황색이 암시하듯이 이미 그곳이 곧 왕경의 한가운데라는 인식이 반영되어 있다. 이를 매개로 다시 황제를 의미하는 황룡사(皇龍寺)로 고쳐 부른 데에서도 그런 생각이 그대로 승계되어졌음은 물론이다.

황룡사는 이른바 불교식 왕명시대에 지배이데올로기의 구심 역할을 다하였지만 유학으로 대체된 통일기에 이르러서 사천왕사를 비롯한 이른바 7대 성전(成典)사원에게 자리를 양보하였다. 그러나 지배세력의 교체를 거친 하대(下代)에 들어와 전반적인 복고풍의 움직임 속에서 다시금 불교계의 구심(求心)으로 부상하였다. 그 점은 황룡사가 중대와는 다르게 성전사원으로 지정된 데서 감지된다. 특히 무려 30여년이나 기울어진 상태로 방치되다시피 한 9층목탑을 경문왕(景文王)이 재위 13년(873)년 재조(再造)한 사실에서[45] 감지되듯이 황룡사가 왕경의 중심 사찰 기능을 되찾아갔음을 보여준다.

이상과 같이 어쩌면 왕경의 중악은 실재한 산악이 아니며 따라서 관념상으로만 존재하였을 여지도 없지 않다. 그럴 때 위치상으로 보아 낭

---

44) 주보돈, 「황룡사 창건과 그 의도」『한국사연구』176, 2017 참조.

45) 국립경주박물관, 『황룡사』, 2018, 「皇龍寺刹柱本記」 참조. 다만, 改塔이 완료된 시점은 『삼국사기』11 신라본기 경문왕 13년조에 의하는 한 873년임이 확실하다.

산, 아니면 황룡사였을 가능성이 크다고 하겠다. 왕경의 중악이 기록상 전혀 확인되지 않음도 바로 그 때문이 아닐까 싶다. 그런 측면에서라면 왕경에 실재한 것은 기실 5악이 아닌 4악뿐이었다고 봄이 온당할지도 모를 일이다.

5. 나오면서- 왕경5악의 성격

신라는 마침내 이차돈의 순교라는 우여곡절을 겪고서 삼국 가운데 가장 뒤늦고 힘들게 불교를 공인하기에 이르렀다. 이후 신라국왕들이 앞장서서 온갖 방식을 동원해 포교 활동을 적극 전개함으로써 불교는 급속히 확산되어 나갔다. 마치 한발 앞서간 경쟁국 고구려나 백제를 단숨에 따라잡으려는 듯한 기세였다.

그 결과 100년쯤 지났을 즈음에는 신라 주민 전체의 8-90% 이상이 불교도가 되었다 한다.[46] 가히 불교국가라 일컬어도 지나치지 않을 정도였다. 마침내 신라 전성기의 왕경은 온통 '절들이 별처럼 펼쳐져 있고 탑들이 기러기가 가지런히 날듯하며 법당(法幢)이 세워지고 범종(梵鐘)이 매달렸다.'[47]는 정경으로 묘사될 정도였다.

불교와 함께 각 방면에서 다양한 새로운 문화가 유입됨으로써 신라 사회는 크게 변모되어 갔다. 그런 과정에서 불교 자체에 대한 이해와 신앙심도 저절로 깊어졌음은 물론이다. 여러모로 선진지라 할 중국이나 심지어 본산인 천축(天竺)에까지 수많은 승려가 유학하고 그 결과 뛰어난 고승이 잇달아 배출되었다. 온갖 종류의 불경과 종파가 다 들어오면서

---

46) 『삼국유사』4 의해편 「慈藏定律」조.
47) 『삼국유사』3 흥법편 「原宗興法」조.

불교적 이상사회로 나아가려는 의식도 생겨났다. 자장(慈藏)에 의해 적극 수용된 세계관인 불국토는 그런 실상을 잘 반영해준다. 마침내 신라에서는 과거는 물론 미래에도 영원한 불교적 이상국가임을 구현해내려는 꿈으로 가득하였다.

신라 사람들은 자신들의 땅이 이른바 전불시대 7처 가람터가 있었다는 인식[48] 아래 현세불인 석가불이 태어나기 오래전부터 부처가 이미 살았던 불교의 발상지로 여겼다. 과거불인 가섭불(迦葉佛)이 설법하였다고 여긴 연좌석(宴坐石)에 황룡사의 장육존상을 안치하였으며,[49] 미래불인 미륵불이 장차 신라 땅에 강림해 진정한 불국토가 구현되기를 바랐다.

이런 의식 아래 신라 불교는 끊임없는 발전과 융성의 과정을 거치고 인민의 규합에 성공함으로써 국가를 통합하고 안정시키는 데에 상당한 기여를 하였다. 그런 과정에서 전통적 토착신앙은 점차 불교에 자리를 내어주고 있었다. 범신론적(汎神論的) 성격의 불교는 그들을 무조건 배척한 것이 아니며 포용하고 융합하려고 노력하였다. 그런 과정에서 왕경 중심의 기존 신악신앙은 차츰 불교의 성지로 탈바꿈해간 것이다.

기왕에 무조건 통일 이전 왕경5악의 존재를 설정하고 이것이 통일 이후 지방5악으로 바뀌었다고 막연히 이해함이 일반적 경향이었다. 지방5악은 통일 이후 추진된 지배정책의 일환으로서 대구의 공산(부악)을 중악으로 삼고 4방에다 다른 4악을 배치한 데서 나온 것이었다.

그러나 사실 왕경5악은 통일 이전에는 존재하지 않았던 것 같다. 당시 왕경에는 오직 동악과 서악만 존재하였을 따름이다. 통일 이후 동악

---

48) 『삼국유사』3 흥법편 「阿道基羅」조.
49) 『삼국유사』3 탑상편 「迦葉佛宴坐石」조 및 「皇龍寺丈六」조.

인 토함산은 지방5악으로 이어졌으나 그에 대응해 서악으로 인식된 선도산은 위치상 거기에 편입되지 않고 배제되었다. 새로운 지방5악은 통일 이후에 만들어진 것이었다.

불교의 발전으로 사원은 왕경 핵심부는 물론 주변부로 급속하게 번져나갔다. 이로 말미암아 불교가 주변의 산악숭배 신앙을 점차 대체해갔다. 기존의 서악은 물론 4영지에 포함되어 신성한 공간으로 여겨졌던 남산과 금강산도 불교의 성소로서 확연히 변모하였다. 그런 과정에서 왕경을 둘러싼 유력한 산악은 4방의 방위를 나타내는 5(혹은 4)악으로 인식되었다. 이것이 바로 왕경5악이라고 하겠다.

왕경5악은 여러모로 지방5악과는 근본적 성격을 달리하였다. 삼국을 통합하자마자 강한 정치적 목적 아래 기존의 유력한 산악숭배 대상을 일시에 하나의 체계로 묶은 지방5악을 국가제사인 중사로 편제한 것이었다. 반면 왕경5악은 각각 자연물 신앙의 성소로서 출발하였으나 오랜 과정을 거치면서 점점 불교의 성소로 탈바꿈해 나온 것이었다. 따라서 금강산이 북악으로 인식되고 그처럼 불린 시점을 기준으로 삼으면 왕경5악은 9세기 이차돈에 대한 현창 사업이 이루어진 뒤로 봄이 적절하다고 하겠다.

왕경에는 5악 모두가 실재하였다고 확정하기 곤란할 정도로 중악의 존재는 뚜렷하지가 않다. 그런 의미에서 4악이라 부름이 적절할지도 모른다. 다만, 왕경 시가지 자체가 지리적인 중앙부였으므로 따로 중악의 실재는 별로 큰 의미가 없었을 것 같다. 게다가 4악이 산악숭배가 아닌 불교의 성소였으므로 중악은 실재하는 것이 아닌 관념상으로만 존재하였을 가능성도 없지 않다.

어쩌면 왕경5악이 국가적 제사 체계 속에 들어갈 필요가 없었던 것도 그와 맥락이 닿아 있다. 이들 각각은 국가제사의 대상으로 되지는 못하였는데 거기에 자리한 사찰이 바로 신앙의 주요 대상이었기 때문이다. 이런 왕경5악은 불국토 구현의 중심인 왕경뿐만 아니라 신라 전체를 아울러 수호해준다고 믿었다.

(새 글)

4
선도산과 서악고분군

1. 들어가면서

오래도록 신라의 왕경으로 기능한 경주 시가지의 중심부는 사방이 산으로 둘러싸인 전형적인 분지 지형이다. 당시 집단을 이루어 삶을 영위하던 사람들은 저절로 주위를 에워싼 산들과 각기 다양한 방식으로 각별한 관계를 맺을 수밖에 없는 지리지형적 구조였던 셈이다. 국가 탄생 이후 단 한 차례도 천도를 경험하지 못한 채 줄곧 경주분지 일대에서만 부침을 거듭한 까닭에 그와 같은 관계가 여느 지역보다 한결 밀착되었다.

그 가운데 특정의 몇몇 산악에 대해서는 언제나 산신이 머문다는 인식 아래 특별히 숭앙하여 제사하지 하지 않으면 안 되는 대상이라고 여겼다. 아마도 바닥에는 그럴 만한 나름의 요인과 배경이 작동하고 있었을 터이다. 가장 두드러진 실례로서는 낭산(狼山), 토함산(吐含山), 선도산(仙桃山), 남산(南山), 금강산(金剛山), 명활산(明活山) 등을 손꼽을 수 있다.

이들 가운데 일부는 뒷날 왕경의 5악(岳)으로 통칭되는 등[1] 한층 각별한 취급을 받기도 하였다.

『삼국사기』 제사지(祭祀志)에는[2] 신라 국토 전체를 대상으로 삼은 산천 제사 체계가 종합적으로 정리되어 있다. 당시 신라의 산천 제사는 차지하는 비중이나 중요도에 따라 크게 대, 중, 소의 3등급으로 분류되었다.[3] 대사에는 왕경의 나력(奈歷)을 비롯한 삼산(三山)이며, 중사에는 5악을 비롯해 4진(鎭), 4해(海), 4독(瀆) 및 여타 몇몇 산악과 함께 청해진(淸海鎭) 등이 포함되었다. 소사는 대부분 산악이 중심이며, 전국에 걸쳐 24곳을 아우르는 모양새이다.[4]

이들이 위치한 지역을 종합적으로 판단하여 신라의 국가적 산천 제사 체계 전반은 흔히 통일 이후 정비되었으리라 추정되고 있다. 물론 그렇다고 해서 이들이 그때부터 비로소 산악 제사의 대상으로 부각되었다는 뜻은 아니겠다. 청해진의 사례처럼 뒷날 어떤 시대적 사정으로 말미암아 중요시됨으로써 새로 선정된 것도 포함되어 있기 때문이다.

하지만 상당 부분은 이미 이전부터 각 지역 단위별로 줄곧 숭배의 대상이었다가 신라 영역으로 편입된 뒤 제사 체계를 정비하는 과정에서 이어졌다고 봄이 옳겠다. 거기에는 당해 지역민을 신라의 주민으로 포용·포섭하려는 강한 정치적 의도가 바닥에 깔렸음은 당연히 해봄직한

---

1) 본서의 「신라 왕경5악의 형성과 금강산」 참조.

2) 『삼국사기』32 잡지 제사지.

3) 이밖에 주로 왕경을 대상으로 삼은 사성문제(四城門祭), 부정제(部庭祭), 사대도제(四大道祭) 등 등의 제사도 병존하였다.

4) 이들에 대한 전반적 정리는 채미하, 『신라 국가제사와 왕권』 혜안, 2008, pp.303-311 참조.

추정이다.[5]

비슷한 측면을 역시 신라 왕경 주변부의 산악 제사에 대해서도 상정해볼 만하다. 제사지에서 왕경 및 부근 지역을 대상으로 삼은 것으로는 3산과 5악의 하나인 토함산, 그리고 소사로 선정된 북형산(北兄山), 훼황(卉黃), 고허(高墟), 서술(西述) 등을 손 수 있다.[6] 이들은 국가 주도의 제사 체계 속에 들어가기는 하였으나 그렇다고 당시 산악신앙의 주요 대상이 이들에만 국한된 것은 아니었다. 앞서 소개하였다시피 왕경에는 여러모로 그보다 한층 신성시된 5악도 따로 존재하였다.[7] 게다가 산악 이외에도 알천(閼川)을 비롯한 여타 하천까지도[8] 제사의 대상이기는 하였으나 어떤 연유로 국가 차원의 정식 제사체계 속으로 편입되지 않았을 따름이다.

지방과 마찬가지로 왕경 소재의 산악들도 나름의 과정을 밟아 신앙의 대상으로 차츰 부상해 갔다. 이는 아마도 당해 지역과 가까이 살던 특정 집단과 밀착한 데서 비롯하였을 터이다. 그러다가 사로국(斯盧國)을 중심으로 점차 하나의 질서 속에 포섭되었다가 마침내 4세기에 이르러 신라국가가 탄생함으로써 그 중 일부는 새로운 차원의 제사 체계 속에 편제된 것 같다. 이때 그들 사이에는 대소경중에 따른 등급과 서열이 정

---

5) 채미하, 위의 책, pp.311-321.

6) 이들이 모두 산이나 악이란 단어가 붙어 있지 않지만 서술의 방식으로 미루어 대부분 산악이었을 것으로 여겨진다.

7) 국가의 공식 제사 대상은 아니었지만 이들 왕경 5악이 성립되는 시점에 대해서는 통일을 기준으로 이전이라 보는 견해와 이후로 보는 견해로 엇갈려 있다. 필자는 후자의 입장이며 그 가운데서도 점차적인 과정을 밟아 9세기 전반 무렵 성립된 것으로 이해하고 있다.

8) 북천(알천)에 신이 살고 있다는 인식은(『삼국유사』2 기이편2 「원성대왕」조) 그를 뚜렷이 입증해 주는 사실이다. 다만, 부정제(部庭祭)의 4곳 가운데 양부의 사천상제(四川上祭)는 비록 4곳의 숲이나 못이 대상으로 되어 있지만 시내 대상의 제사와 연관됨으로 주목해 볼 만하다.

식으로 매겨졌을 듯하다. 이는 특정 산악의 위상이 마냥 고정불변한 것이 아니며 줄곧 변동을 겪었음을 시사해준다.

한편 왕경을 에워싼 여러 산악들은 6세기 초 공인 후 종교 신앙의 중추로서 점점 뿌리내려간 불교와 자연스럽게 접합하였다. 불교가 지배이데올로기로 강하게 부상하면서 대부분의 산악숭배는 그 속으로 포섭·융합되었다.[9] 통일기에 이르러 지방의 산악 제사 가운데 가장 상위를 차지한 5악을 중심으로 주요 사찰이 점차 들어서게 된 사실은 그런 측면을 여실히 방증한다. 이와 같은 움직임이 원래 선진지역인 왕경에서 가장 먼저 진행되었을 것임은 상상키 어렵지 않다. 어쩌면 왕경 소재의 유력한 산악이 대체로 국가적 제사 체계로부터 배제된 사실도 양자의 융합이 상대적으로 빨리 진행된 데서 기인한 것일지도 모른다.[10]

왕경 내에서도 불교는 기존 산악숭배를 대체해 주류적 신앙으로 서서히 부상하는 과정을 밟았다. 그렇다고 기존 산악신앙이 전적으로 배척된 것은 아니며, 불교를 주축으로 하면서 양자는 자연스레 접합하였다. 왕경에서는 지방보다 그런 양상이 더욱 선명히 확인된다. 하지만 양자의 결합 시점이나 방식이 산악마다 달라 각기 특징적인 면모를 띠었다. 시대 상황과 지역적 사정이 깊숙이 반영된 데서 비롯한 일이었다.

여기서는 하나의 두드러진 사례로서 선도산을 주요 대상으로 삼아 그런 측면을 살펴보기로 하겠다. 특히 산자락에 조성된 묘역(墓域)에다

---

9) 김재경, 『신라 토착신앙과 불교의 융합사상사 연구』, 민족사, 2007 ; 정병삼, 『한국불교사』, 푸른역사, 2020, pp.55-58.

10) 이를테면 왕경 소재의 유력한 산악제사 가운데 토함산은 다른 산과는 달리 8세기 중엽에 이르러 불국사와 석불사(石佛寺, 석굴암)가 창건되면서 탈해 중심의 산악신앙이 불교 중심으로 바뀌었다. 이 점은 왕경의 다른 산악과는 차이가 나는 측면이다.

주된 초점을 맞추어서 이후 선도산의 성격이 어떻게 변모해 갔는지를 대강이나마 더듬어보려고 한다.

2. 선도산 신앙과 변화

신라 왕경에는 여느 지역과는 달리 산악숭배의 뿌리와 배경과 관련하여 추적해볼 만한 약간의 단서가 기록으로 전한다. 이들은 모두 비록 설화적 형식을 빌리기는 하였지만 특정 단위 집단이든 산악신앙과 떼려야 떼어내기 어려울 정도로 강하게 밀착하였음을 상기시키기에 충분한 사례들이다. 이를테면 신라의 시조 박혁거세(朴赫居世)가 양산(楊山) 산록의 나정(蘿井)에서 탄강하였다는 것은[11] 그런 정황의 일단을 보여준다.

이는 사람들이 경주분지 일원에 처음 들어와 집단을 이루면서 삶의 터전을 마련한 곳은 대체로 주변의 산자락이었음을 상정케 한다. 초기에는 생활을 영위하는데 미처 개발을 겪지 않은 평지나 저지대보다 약간 높은 산간 지대가 여러모로 유리한 까닭이었다. 박혁거세가 출현하기에 앞서 경주분지 내에서 초기 취락의 형성을 암시하는 '조선의 유민들이 산곡의 사이에 흩어져 살면서 6촌을 이루었다.'는[12] 기록으로도 그런 추정은 충분히 방증된다.

이보다 앞서 경주분지 주변부 일대에 흩어져 살았다는 이른바 6촌장(村長)들이 모두 양산, 돌산(突山), 자산(觜山), 무산(茂山), 금산(金山), 명활산을 주요 배경으로 삼은 사례도[13] 그런 추정을 한층 더 보강해준다. 현

---

11) 『삼국사기』1 신라본기 시조 혁거세거서간 즉위년조.
12) 위와 같음.
13) 위와 같음.

재 이런 산들의 구체적 위치를 가늠하기는 곤란한 형편이지만 초기 여러 집단들의 거주지가 주변부의 산자락 일원이었음은[14] 의심할 나위가 없다. 신라국가가 출범할 때의 궁궐이 원래 남산 기슭의 창림사(昌林寺) 자리였다는 전승도[15] 그런 추정이 온당함을 방증하는 사례로서 들 수 있겠다.

이처럼 신라 왕경 중심 산악숭배의 배후에는 건국을 주도한 여러 집단의 원래 거주지와 일정하게 연결된다. 아마도 당시 사람들은 천신(天神)은[16] 물론 인근의 산악에 머무는 산신이 자신들을 비호하고 보호해준다는 강고한 믿음을 갖고 있었던 것 같다. 초기의 사로국과 같은 읍락국가(邑落國家)의 기초 단위인 읍락이 독자성을 지닌 한 각자 나름의 산악신앙 대상을 따로 가질 수밖에 없는 국면이었다.

그런데 내부의 정치적 통합운동이 진전되면서 산악숭배가 차츰 승자 중심으로 재편되어졌음은 매우 자연스런 추세였다. 물론 이후 산악숭배가 아무런 변함없이 원래 그대로 이어졌을 리 만무하다. 정치사회적 변동을 겪으면서 산악숭배의 주체는 물론 대상도 성쇠를 거듭하고 구체적 내용이나 성격까지 변질되었을 것임은 충분히 상정해봄 직하다. 특히 고등종교인 불교가 수용·정착되고 나아가 정치와 깊이 밀착해감으로써 마침내 산악숭배 자체도 저절로 적지 않은 변모의 과정을 거쳤을 터이

---

14) 이수훈, 「신라 중고기 촌락지배 연구」, 부산대박사학위논문, 1995 참조.

15) 『삼국유사』1 기이1편 「신라시조혁거세왕」조.

16) 신라의 제사체계에서 천신신앙이 보이지 않음에 대해 산악신앙과 동일하기 때문이라는 견해가 있으나(문경현, 「신라인의 산악숭배와 산신」『신라문화제학술발표회논문집』11, 1991 ; 『증보 신라사 연구』도서출판 춤, 2000) 통일기에 외교적 목적에서 스스로 제후라 여겨 하늘에 대한 제사는 지내지 않았던 데서 비롯한 것으로 이해함이 적절할 듯하다. 『삼국사기』제사지 서문 참조.

다.[17] 그런 양상을 뚜렷이 보여주는 사례의 하나로서 선도산을 손꼽을
수 있다.

선도산은 서악(西岳), 서술(西述), 서형(西兄), 서연(西鳶) 등 여러 가지
다른 명칭으로도 불리었다.[18] 하나의 산악이 그처럼 다양한 이름을 갖
게 된 사실은 달리 유례를[19] 찾기 쉽지 않은 특징적 면모이다. 그런 산명
가운데 악, 술, 연처럼 높은 산을 가리키는 똑같은 '수리'에 대한 표기 방
식이 다른 데서 비롯하였을 여지도 충분하겠지만[20] 모두를 그렇다고 선
뜻 단정하기는 곤란한 일이다.

어떻든 하나의 산악이 여러 다른 이름으로 불린 자체는 내포된 성격
의 다양성이나 위상의 변화를 담은 데서 기인한 것이라 풀이된다. 그런
실상을 추적해볼 하나의 실마리는 일단 다음의 기사에서 찾아진다.

A) ①신모(神母)는 본래 중국 황제의 딸로 이름을 사소(娑蘇)라 하는
데 일찍이 선선의 술을 얻어 해동으로 와서 머물다가 오래도록 돌아가
지 않았다. 아버지 황제가 서신을 솔개의 발에 묶어 보내면서 이르기를
'솔개를 따라가서 머무는 곳으로 집을 삼아라.'고 하였다. 사소가 글을

---

17) 지금껏 알려진 몇몇 진흥왕순수비의 건립 장소로서 산봉우리가 선정된 것은 산천이나 하늘에 대
한 서악이 관념에서 비롯된 것이라는 견해도 (최병헌, 「신라 진흥왕대의 국가발전과 정치사상-진흥
왕순수비 · 황룡사장육존상 조성의 역사적 의의-」『신라문화』54, 2019, p105) 이와 관련하여 유의된
다.

18) 『신증동국여지승람』21 경주부 산천조. 이 산명들이 모두 예외 없이 『삼국사기』나 『삼국유사』 곳
곳에서 확인되므로 이들을 종합한 것이라 여겨진다.

19) 물론 대구의 팔공산이 공산(公山), 부악(父岳), 중악(中岳)으로 불린 사례가 있다. 이런 용어 각각
에는 나름의 역사성이 담겨져 있음은 물론이다.

20) 박광연, 「원광의 점찰법회 시행과 그 의미」『역사와 현실』43, 2002 ; 김선주, 「선도성모 수희불
사'의 형성 배경과 의미」『신라사학보』43, 2018, p.48.

서악동고분군 전경(국립경주문화재연구소 제공)

얻고서 솔개를 놓아주었더니 날아가 이 산에 이르렀다. 마침내 사소는
와서 집으로 삼고 지선(地仙)이 되었다. 그런 까닭에 서연산(西鳶山)이
라고도 불렸다.

②신모는 오래도록 이 산에 머물면서 나라를 지켰는데 영이(靈異)함이
무척 많았다. 나라가 생긴 이래 항상 세 개의 제사 가운데 하나로 삼고
그 차례는 숱한 망제(望祭)의 위에 두었다.(『삼국유사』5 감통편 「선도
성모수의불사」조)

위의 기사를 매개로 선도산 이해를 위한 몇몇 기본적 사항을 추출해
낼 수 있다. 선도산에는 산신으로서 신모가 살았는데 원래 중국 황제의

딸인 사소였다. 그가 선도산으로 옮기기에 앞서 신선사상을 익혔으므로 이로부터 산명이 비롯된 듯이 암시하고 있다. 아버지 황제의 점지에 따라 솔개가 머문 선도산의 지선(地仙)이 되었으므로 서연산이라고도 불렸다 한다. 이후 온갖 영험을 보이면서 나라를 지켰으므로 선도산은 마침내 산악제사의 주요 대상으로 되었다는 것이다.

선도산이 신라 산악신앙의 주요 대상으로 부각된 배경과 과정의 대략을 설화적 형식을 빌려서 보여주는 셈이다. 산신인 사소가 중국 황제의 딸로서 설정된 점과 함께 신선사상(신선술)에는 일단 중국의 문화가 깊숙이 영향을 미쳤음을 시사한다. 이는 곧 위의 설화 속에 후대의 윤색과 부회가 상당 부분 스며들어가 있음을 뜻하는 것이기도 하다.[21] 특히 신선술을 익힌 사소가 머묾으로써 선도산이 비로소 국가의 신성한 제사 대상으로 되었다는 구상 자체에서 그런 요소가 물씬 풍겨난다.

물론 그렇다고 내용 모두를 역사성이 전혀 담보되지 않은 후대의 윤색이나 조작으로 돌릴 필요는 없다. 특히 산신으로서 신모(神母)가 상정된 점은 이 설화 속에 어떤 원초적 요소가 담겼음을 암시해주므로 각별히 유의해볼 대상이다. 여신이 산신으로 등장하는 자체는 기록상 찾아보기 쉽지 않은 특이 사례에 속하기 때문이다.[22] 만약 앞서 윤색의 과정을 거쳤다면 아무런 성별의 제시가 없는 막연한 산신(이는 저절로 남성을 전

---

21) 신모는 이후 오래도록 숭앙의 대상이 되었다. 신라 말기의 경명왕(景明王)은 자신에게 잃어버린 매를 찾아준 보답으로 신모를 대왕으로 봉작한 사실이 있으며,(「신도성모수희불사」조) 『삼국사기』 찬자 김부식(金富軾)이 12세기 초 북송에 사신의 일원으로 갔을 때 관반학사(館伴學士) 왕보(王黼)에게 들은 중국 제실의 딸이 임신해 진한으로 와서 출산한 아들이 해동의 시주(始主)가 되고 신모는 지선이 되었다는 등등의 이야기들이(『삼국사기』12 신라본기 경순왕 말미의 사론) 이후에도 이어지면서 계속 윤색과 부회가 이루어졌으리라 짐작할 수 있다.

22) 『삼국유사』1 기이편1 「김유신」조에 보이는 3산의 호국신이 낭자로 되어 있어 여신의 모습을 하고 있지만 반드시 여신이라 단정할 수는 없다.

제한 것임)으로 고쳐서 그려졌을 터이다.[23]

그밖에 신모가 신라국가를 진호(鎭護)하는 영험을 많이 보임으로써 국가의 큰 제사 3개 가운데 하나로서 자리를 굳히고 나아가 여러 망제(望祭)의 상위에 배치되었다는 설정도 구체성의 측면에서 어느 정도 사실성이 내재함을 암시한다. 선도산이 어느 때부터 신라의 주요 산악신앙 대상으로 부상하게 된 사실까지 굳이 허구로 치부할 필요는 없을 터이기 때문이다.

그와 관련해 선도산이라는 산명 자체도 잠시 주목할 필요가 있다. 선도가 본래 신선(지선)이 사는 세계로서 신선사상과 연계됨을 뜻함은 이를 나위가 없는 일이겠다. 산명 자체의 연원이 어떠하건 선도산은 신선사상과 밀접히 연관된다는 인식에서 연유하였을 것임이 분명하다. 다만, 신모가 원래 토착의 산악신앙으로부터 비롯하였으나 뒷날 윤색, 부회의 과정을 거치면서 중국 도교의 신선술로 포장된 것으로 봄이 순조로운 이해일 듯하다.

산명의 유래는 어떻든 산신이 아닌 신모가 머문다는 인식에 내재된 의미를 풀어갈 약간의 단초는 선도산자락 어디엔가 자리하였을 것으로 여겨지는 사찰 이야기에서 찾아진다. 위의 기사 바로 앞에는 선도산과 관련한 대규모의 불사가 이루어진 사실이 다음과 같이 보인다.

A) ③진평왕대에 지혜(智惠)란 이름의 비구니가 있었는데 어진 행실을 하면서 안흥사(安興寺)에 살았다. 불전(佛典)을 새로 수리할까 하였

---

23) 이를 근거로 신라의 산신을 본래 여성으로 보려는 견해가 있다.(문경현, 앞의 글)

으나 힘이 미치지 못하였다. 꿈에 한 선녀가 아름다운 모습으로 구슬과 비취로 머리장식을 하고 와서 위로하기를 '나는 선도산 신모이다. 네가 불전을 수리하고자 함을 기뻐해 금 10근(斤)을 주어 도우려 한다. 나의 자리 밑에서 금을 얻어 주존(主尊) 3상(像)을 장식하고 벽에는 53불, 6종의 성중(聖衆) 및 여러 천신과 5악 신군(神君)을 그리고 매년 봄과 가을 두 계절의 열흘씩 선남선녀들을 모아 널리 일체의 신령을 위하여 점찰법회(占察法會)를 엶을 항규(恒規)로 삼도록 하라.'고 하였다. ④지혜가 놀라서 깨어나 무리를 이끌고 신사(神祠)로 가서 자리 아래에서 황금 160냥(兩)을 파내어 공을 이루었다. 모두 신모의 가르침에 따랐는데 (현재 불사한)사적만 남고 법사(法事)는 폐지되었다.(동상)

위의 기사를 논지 전개의 편의상 여기에서 인용함으로써 배치 순서가 뒤바뀌었지만 원래는 이미 소개한 A)①의 바로 앞에 열거된 것이다. 진평왕대에 선도산자락에 있던 안흥사라는 사찰 중심으로 행해진 불사가 주된 내용을 이룬다.

안흥사의 비구니 지혜가 불사를 새로 일으키려고 하였는데 재원의 문제로 고심 중이었다. 그런데 지혜의 꿈에 선도산의 신모가 나타나 자신의 자리 아래에 금이 묻힌 사실을 일러주면서 그것으로 불사를 일으키도록 유도하였다. 안흥사의 주존(主尊) 3상을 금으로 장식하고, 벽면에는 53불을 비롯한 다양한 불상 및 천신과 함께 5악의 산신을 그려두고 해마다 봄과 가을에 선남선녀를 널리 모아 항상 점찰법회를 열어야 된다는 조건부였다. 지혜는 꿈에서 깨어나 무리를 이끌고 신모의 사당에 가 금을 찾아내어 지시받은 대로 불사를 모두 끝냈다고 한다.

이 기사를 통해 선도산의 이해에 도움이 될 몇몇 기본적 사항이 추출된다. 선도산에는 신모를 모신 사당이 있었으며, 그와는 별도로 명확한 위치는 드러나지 않으나 산자락 어디엔가 안홍사라는 사찰이 있었다. 지혜라는 비구니가 그곳에 머물면서 대대적인 불사를 일으켜 안홍사의 금당을 불상과 함께 벽화까지 온전히 갖춘 모습으로 단장하기에 이르렀다. 새로운 불사가 행해진 시점은 진평왕(眞平王, 579-632)대였으며, 이후 안홍사가 점찰법회의 중심 사찰로서 기능하였다고 한다.

이 기사는 비록 설화적 형식을 빌리기는 하였지만 내용상 불사가 이루어진 자체를 전적으로 조작된 허구라고 단정할 필요는 없다. 거기에는 일정 정도의 역사성이 담긴 것으로 풀이해도 좋을 듯하다. 5악 신군을 비롯한 몇몇 의심스런 항목에 대해서 일연이 협주를 달아 자신의 입장을 명확하게 밝힌 사실로 미루어 본래 어떤 정리된 형태의 원전이 존재하였고 이를 별다른 가감 없이 그대로 옮겨놓은 것으로 여겨진다.

내용 가운데 특별히 주목해볼 점은 선도산에는 주신인 신모를 모신 사당이 있었는데 거기에서 보유한 금을 안홍사의 불사를 위한 재원으로서 활용한 사실이다. 이는 선도산이 기존 산신으로부터 이제 불교 쪽으로 신앙의 무게 중심이 옮겨졌음을 상징하는 것으로 풀이된다.

그렇다고 기존 산신신앙이 전적으로 배제되어 사라진 것은 아니었다. 벽면에 불교의 53불, 6종의 보살과 함께 천신 및 5악의 산신이 그려진 사실은 거기로 포섭되어 들어간 사정을 나타내어 주고 있기 때문이다. 말하자면 양자가 결합하면서 선도산의 무게 중심이 토착의 산악신앙

으로부터 불교 중심으로 옮겨진 셈이었다.[24]

이처럼 선도산은 산악신앙 전반이 독자성을 상실하고 차츰 불교로 대체되어 가는 하나의 전형을 뚜렷이 보인다는 점에서 눈길을 끈다.[25] 점찰법회가 600년 수나라로부터 귀국한 고승 원광(圓光)에 의해 처음 소개된 사실을 참작하면 안흥사의 불사가 진평왕대에 이루어진 점과도 [26] 그리 어긋나지 않는다. 말하자면 안흥사의 불사가 행해진 구체적 시점은 진평왕대로서 원광이 귀국한 뒤의 일이라고 하겠다. 당시 진평왕을 비롯한 직계의 존비속(尊卑屬) 일족 중심으로 석가모니의 신성(神聖)가족과 등치시키려는 이른바 진종설(眞種說, 찰제리종)을 앞세운 석가족 신앙이 한창 무르익어가던 당시의 분위기 전반과도 맥락을 같이한다.

선도산의 주신이 신모란 사실과 함께 산악신앙을 대체해간 안흥사가 하필 비구니 사찰이란 사실도 아울러서 흥미를 크게 끌 만한 대목이다.[27] 이미 535년 법흥왕비 보도(保刀)부인의 주도 아래 최초의 비구니 사찰인 영흥사(永興寺)가 흥륜사와 함께 창건되거니와 비구니 사찰은 그 밖에 달리 확인되는 사례는 없다. 선도산자락 어딘가에 위치한 안흥사가 비구니 사찰이란 점은 주신이 신모란 사실과도 어떤 상관관계를 갖는 것으로 여겨진다. 거꾸로 지혜로부터 뒷날 신모란 존재가 창안되었을지도 모를 일이다. 여하튼 신라인들에게는 선도산 자체가 여성성과 깊이 연관된다는 인식이 깊숙이 각인되어 있지 않았을까 싶다.

---

24) 박미선, 『신라 점찰법회와 신라인의 업·윤회의식』, 혜안, 2013, p.61.

25) 박광연, 앞의 글.

26) 박미선, 위의 책 참조.

27) 안흥사의 위치는 몇몇 기록을 통해서는 잘 알 수 없다. 선도산 위에는 마애삼존불이 있는데, 사당이 원래 있던 곳이었는지 아니면 안흥사가 자리한 곳인지 분명하지 않다.

그와 관련해 김춘추와 혼인한 김유신의 둘째 여동생 문희(文姫)의 매몽(買夢), 혹은 방뇨(放尿) 행위로 널리 알려진 설화도 잠시 주목해볼 대상이다. 원래 김유신의 큰 여동생인 보희(寶姫)가 선도산에 올라 방뇨함으로써 왕경이 오줌으로 가득 채워지는 꿈을 꾸었다. 이를 길몽으로 여긴 동생 문희가 언니에게 비단으로 대가를 치르고 꿈을 삼으로써 마침내 김춘추와 혼인해 왕비가 된다는 내용이 대종(大宗)이다. 여기에서 보희와 문희란 두 여성이 모두 하필이면 선도산과 연관되는 점도 그냥 지나치기 어려운 대목이다.

이처럼 신모, 비구니, 귀족 등이 모두 여성과 연관되는 사실은[28] 다른 곳에서는 사례를 찾기 어려운 없는 선도산만이 갖는 특정적인 면모이다.[29] 비슷한 시기에 진평왕은 진종설을 전면에 내세우고 아들을 얻기 위해 부단한 노력을 기울였으나 끝내 딸밖에 얻지를 못함으로써 목적을 이루지 못하였다. 이로 말미암아 진평왕의 뒤를 전례 없는 딸(선덕)이 잇게 되었다.

아들을 얻지 못하고 딸만을 얻음으로써 순조로운 왕위 승계에 실패한 사정도 선도산이 여성성과 연관된 어떤 인식과 전혀 무관하지 않을 듯 싶다. 특히 부득이 딸을 승계시키게 된 진평왕이 사후 특이하게도 왕릉만 나란히 조영되던 선도산 묘역을 떠나 다른 곳에다 따로 무덤을 마련하게 된 것도 그런 사정과 일정한 상관관계가 있는 듯하다. 진평왕의 뒤를 이은 선덕여왕과 진덕여왕의 무덤까지도 선도산자락을 벗어난 각

---

28) 이밖에도 『삼국유사』5 감통편 「金現感虎」조에도 김현과 사랑을 맺은 암호랑이가 살고 있던 곳이 서악이었다고 하는 점도 비슷한 사례로서 들 수 있다.

29) 다만, 왕자를 구출하기 위하여 왜로 떠나는 박제상을 뒤쫓아 가던 치술령(鵄述嶺)에서 죽어 치술신모가 된 사례가 있다.(『삼국유사』1 기이편1 「나물왕 김제상」조)

지에 따로 조영된 사실도 비슷한 맥락에서 새롭게 이해해봄 직하다.

3. 새로운 묘역의 설정 전야

이상의 몇몇 사례로 미루어 선도산만이 갖는 특성은 여느 산악과는 다르게 여러모로 여성성이 짙게 묻어난다는 사실이다. 어쩌면 그와 연결해 어떤 시대적 특수 사정이나 인식이 지속적으로 깊게 스며든 데서 말미암는다고 여겨진다.[30]

그와 관련하여 또 하나 지적하고 싶은 사항은 선도산자락이 6세기 초반 무렵부터 신라 최고 핵심 지배층의 집단 묘역(墓域)으로 조성되기 시작한 사실이다. 어떤 특정 집단만의 공동 묘역으로 꾸민 사실은 선도산을 또 다른 의미의 신성한 공간으로 여기도록 만든 계기였다. 기존의 인식에서 엄청난 변화가 시작된 것이었다.

4세기에 접어들어 읍락국가인 사로국을 모태로 삼은 신라가 출범하면서 창업의 주도 세력은 경주분지 주변부 일대의 여러 산자락으로부터 차츰 중앙부를 겨냥해 집주(集住)하기 시작하였다. 이들은 월성을 정치적 핵심 공간인 왕궁으로 삼고 거기에서 바라보이도록 북쪽으로 약간 떨어진 곳을 중심으로 지배집단의 공동 묘역 조성에 나섰다.

지리적으로 왕경의 중앙부 일원에 묘역을 조성한 자체는 결코 우연한 소산물로 보이지 않는다. 월성 왕궁의 조성과 동시에 나름의 어떤 기획 아래 의도적으로 추진한 일이었음이 분명하다. 당시 왕궁인 월성의

---

30) 탈해가 뒷날 토함산의 주신인 동악대왕이 되었다는 사실과 대응되는 측면이 엿보인다. 다른 산신과는 달리 하필 두 산신이 남녀로 구별되면서 구체적인 신명(神名)을 갖고 동서에 배치되었다는 측면에서 그러하다. 특히 양자 모두 외래계라는 점에도 마찬가지이다.

바로 북편에 하필 조상숭배를 위한 핵심 공간인 신전(神殿) 구역을 배치해 양자의 일체화를 노린 자체가 그런 사실을 입증한다.

이후 6세기 전반에 이르기까지 무려 150년 이상의 긴 기간 동안 신라 최고의 지배 집단은 지속해서 같은 지역을 다함께 공동의 묘역으로 운용·관리하였다. 다만, 사유나 계기가 선명히 드러나지 않은 채 수수께끼로 남아있으나 모량부(牟梁部)만은 극히 예외적으로 따로 멀리 떨어진 곳에다 묘역을 조성한 점이 눈길을 끈다.

기왕에 중앙부 일대의 무덤군은 동명(洞名)을 딴 단위별로 나뉘어 불리다가 최근에는 하나로 크게 묶어 대릉원고분군, 월성북고분군 등등으로 부르는 경향이 대세를 이루고 있다. 이는 이 일대의 고분들이 여러모로 같은 구조와 성격의 것으로서 그렇게 총칭함이 옳다는 인식에서 비롯한 일이다.

겉으로 드러난 봉분의 외양이 뚜렷하게 확인되는 것만 간추려 헤아려도 수치는 엄청났으리라 추산된다. 직전까지의 주류였던 목곽묘와는 다르게 외형이 매우 커져 흔히 고총(高塚)으로 불리지만 그렇다고 모든 고총의 규모가 비등했던 것은 아니다. 직경 백 미터 이상, 높이 20여 미터에 달하는 큰 것에서부터 직경 십여 미터 안팎에 불과한 것까지 상당한 편차를 보인다. 잠시 이해도를 높이기 위해 대릉원고분군의 주류를 이루는 무덤의 내부 구조나 입지, 경관 등에서 간취되는 몇 가지 특징적 사항을 대략 정리하면 다음과 같다.

첫째, 봉분의 겉모습이 지금껏 원형 거의 그대로 유지되고 있는 무덤의 내부 구조가 대부분 적석목곽분(積石木槨墳)이란 사실이다. 피장자의 주검을 안치한 매장의 주체 부위라 할 목곽 윗부분에다 먼저 다량의 냇

돌을 얹어 일정한 뚜께로 씌운 뒤 다시 그 위를 흙으로 덮음으로써 외양을 둥글게 만들었다. 이와 같은 형태의 전형적 내부 구조는 다른 지역에서는 유례를 찾기 힘든 독특한 유형에 속한다.

물론 대릉원 일대의 묘역에서도 다른 묘제인 횡혈식석실분(橫穴式石室墳)이 간간히 뒤섞였지만 이는 극히 일부에 국한된 예외적인 현상일 따름이다. 게다가 이들의 조영 시점이 적석목곽분과 같지 않으며 대체로 약간 뒤늦었을 것으로[31] 추정되고 있다. 아마도 적석목곽분 중심의 조영이 끝난 뒤 각기 어떤 사정에서 한시적, 한정적으로만 이어진 특수한 사례에 속한다. 그러므로 대릉원 일대가 공동 묘역으로서 정상적 기능을 감당한 시기의 주류적 묘제는 어떻든 적석목곽분이었음에는 의심의 여지가 없다.

둘째, 적석목곽분은 왕경을 벗어난 여타 지역에서는 거의 조영되지 않은 사실이다. 물론 의성(義城), 영덕(盈德), 경산(慶山) 등과 같은 일부 특정 지방에 한정해서 약간의 집단성을 띠거나 혹은 창녕(昌寧) 지역의 사례와 같이 수혈식석실분이 주류인 가운데 극히 일부만 조영된 곳도 있기는 하다.[32] 이는 오히려 왕경에서의 횡혈식석실분 조영 사례와는 거꾸로 어떤 지역적 특수 사정에서 기인한 예외적 현상일 따름이다.

왕경이 아닌 지방에서 조영된 적석목곽분의 경우 규모도 그리 크지 않을 뿐더러 묘광(墓壙)이나 적석 용도로 활용된 돌들도 대릉원고분군의 반듯한 냇돌과는 일정한 차이를 보인다. 그런 측면에서 겨우 적석목곽분을 모방하려는 시늉만 보인 유사적(類似的) 성격에 불과할 뿐이라는 느낌

---

31) 황종현, 「신라 횡혈식석실묘의 수용과 전개」 계명대박사학위논문, 2020.
32) 이희준, 『신라고고학연구』 사회평론, 2007.

이 매우 짙다. 여하튼 일부 지방민도 왕경 중심의 적석목곽분 문화를 어떤 방식으로건 접촉한 사실을 보여준다는 점에서는 유념해볼 대상이다.

셋째, 적석목곽분을 내부 구조로 삼은 무덤군의 입지가 모두 평지란 사실이다. 당시 신라의 영역으로 편입된 지역이나 인근의 가야문화 권역에서 조영된 수혈식석실분(竪穴式石室墳)의 입지가 대부분 평지보다 약간 높은 구릉지이거나 산록인 점과는 무척 대조적이다. 적석목곽분이 거의 예외 없이 평지에 조영된 점은 매우 특징적 양상이라 지적할 수 있다.

물론 경주분지 전반의 실정을 고려하면 대릉원 일원의 묘역도 구릉지인 듯이 비쳐지기도 하나 저지대에 견주어 상대적으로 약간 높은 정도일 따름이다. 이는 경주분지 일대에 저습지와 함께 용천수(湧泉水)가[33] 비교적 많은 지형적 특성에서 빚어진 현상이다. 그러므로 평지를 적석목곽분 입지의 주요 특징이라고 단정해도 무방하겠다.

넷째, 무덤 내부에다 엄청나게 후장(厚葬)한 사실이다. 부장품은 역시 각종의 신라식 경질(硬質)토기가 차지하는 비중이 크지만 무기·무구(武具), 마구(馬具)와 함께 관모, 귀걸이, 목걸이와 같은 금은세공의 위세품도 대단히 많고 또 다양한 구성이라는 점을 특징적 양상으로 지적할 수 있다. 시대적 조류를 반영한 적지 않은 외래(外來)계통의 물품들까지 부장되었다. 정치력과 맞물려 경제력까지 집중해간 당시의 시대상을 그대로 입증한다.

그 가운데 피장자의 정치사회적 위상을 잘 드러내는 금은세공의 각종 장신구류 중심 부장이 특히 돋보인다. 바로 전후에 조영된 분묘(이전

---

33) 심현철, 「신라 적석목곽묘 연구」, 부산대박사학위논문, 2020.

의 목곽묘와 이후의 횡혈식석실분)의 면모와 견주면 질량의 두 측면에서 실로 엄청난 변화를 보인다. 물론 같은 적석목곽분이라도 무덤에 따라 상당한 편차가 나게 마련이다. 같은 시기 지방의 수혈식석실분도 후장의 습속이 보이지만 전반적 수준은 적석목곽분에는 훨씬 미치지 못한다. 여기에는 당시 왕경과 지방의 정치경제적·문화적 역량의 차이가 여실히 반영된 결과라 하겠다.

다섯째, 무덤의 밀집도가 매우 높다는 사실이다. 왕경 전체 내에서도 적석목곽분이 집단을 이루어 조영된 지역은 통틀어 겨우 두 곳밖에 없다. 앞서 소개한 대릉원고분군 이외에는 그로부터 서쪽으로 한참 떨어진 모량리에 수십 기 조영된 사실만이 겨우 확인될 따름이다. 이는 당시 신라의 지배세력이 정치적으로 반(半)자립성을 강하게 지닌 부(部)라는 6개의 정치적 단위 집단으로 이루어진 실상과는 무척 대조되는 면모이다.

두루 아는 바처럼 그동안 경주분지 내의 다른 곳에서도 집단을 이룬 적석목곽분 중심의 묘역이 당연히 발견되리라 예측하면서 줄곧 출현을 학수고대하여 왔다. 하지만 지금껏 면밀한 수준의 지표조사가 전면적으로 이루어진 마당임에도 이들 두 지역을 제외하고서는 아직 무덤군(群)이 명확하게 확인된 적이 없다.[34] 이로 미루어 앞으로도 역시 출현을 기대하기 어렵지 않을까 싶다.

당시 6부가 신라국가를 공동으로 관리·운영하는 체제였음에도[35] 공동 묘역이 단지 두 곳에 불과한 사실은 적석목곽분의 조영과 내용 전반

---

34) 물론 형식상에서 차이가 나고 규모나 수치가 적은 적석목곽분이 주변부 일대에서 일부 발견되지만 6부 단위의 것으로 보기는 어렵다.(심현철, 앞의 글 참조)

35) 주보돈, 「삼국시대의 귀족과 신분제-신라를 중심으로-」『한국사회발전사론』, 일조각, 1992.

은 원천적으로 새롭게 구명되어야 마땅함을 뜻한다. 그럴 때 중앙부와는 완전한 별개로 조성된 모량리고분군은 각별한 관심을 기울여보아야 할 대상이다. 왜냐하면 6부 중 5부는 묘역을 공유한 반면 하필 모량부만 따로 떨어진 곳을 차지한 사실은 그럴 만한 어떤 내부의 사정이나 계기가 작용하였을 터이기 때문이다. 모름지기 그 자체가 6부 공동 묘역 운영의 수수께끼를 푸는 주요한 열쇠로 기능할지 모른다.

여섯째, 같은 공동 묘역 내에서도 규모가 비슷한 것끼리 묶는 등 배치가 질서정연한 모습이 아닌 대소 규모의 것들이 마구 뒤섞여 복합성·복잡성을 띤다는 사실이다. 이는 적어도 겉으로 드러난 외형적 규모를 분별의 중심으로 해서 조영된 것이 아님을 뜻한다. 오히려 큰 규모의 것을 기준으로 해서 제각기 차이가 나는 것들을 하나의 작은 단위로서 묶어 배치한 듯한 인상을 풍긴다. 현재 그런 경향이 아직 확연하게 간파된 상태는 아니지만 어떤 기준과 원칙이 내부적으로 작동하였을 가능성은 충분히 상정해봄 직하다.

여하튼 대릉원 일대에 조성된 묘역은 하나의 큰 덩어리를 이룬 상태이지만 구체적으로 들여다보면 다시 몇 개의 작은 그룹으로 나뉠 소지가 있다. 이를테면 월성 동북쪽의 인왕동 일대는 따로 떨어진 하나의 작은 구역으로 존재하였음이 분명하다. 서쪽에도 흩어져 있지만 하나의 군(群)으로 묶어볼 만한 양상이 엿보인다. 나머지 핵심 구역의 경우도 면밀히 관찰하면 몇 개의 작은 구역으로 세분이 가능할 듯하다.[36]

이상과 같이 경주분지 중앙부 일원에 조영된 적석목곽분 중심의 묘

---

36) 심현철, 위의 글 참조.

역에서 간취되는 몇몇 특징적 요소를 나름대로 지적해 보았다. 서악고분군의 성격을 제대로 가늠해보려는 전제로서의 필요성 때문에 약간의 번잡함을 무릅쓸 수밖에 없었다.

대릉원 일대가 신라국가 출범 뒤 최고 지배세력이 공동으로 조성한 묘역이었음은 의심의 여지가 없다. 그런 측면에서 적석목곽분이 당시 왕경 지배자 집단인 6부 공동체가 자신들의 정체성을 배타적으로 차별화시키는 기능을 한 것이라 이해해도 좋을 듯하다.

그런데 6세 전반 기존 분묘나 묘역에는 커다란 변화가 일기 시작하였다. 그 점을 뚜렷하게 보여주는 것이 이때의 왕릉 조영 실태이다. 아래에서 장을 바꾸어 그 점을 구체적으로 추적해 보기로 하겠다.

4. 선도산자락의 묘역과 무열왕릉

1) 6세기 이전의 기록에 보이는 왕릉

6세기 초까지 신라의 주류적 묘제로서 적석목곽분이 조영되던 시기에는 국왕인 마립간(麻立干)의 무덤조차 각별하게 별도의 지역 혹은 구역에다 독립적으로 조영되지 않았다. 여러 왕릉들도 다른 무덤들과 마찬가지로 같은 공동의 묘역 내에 뒤섞였다. 세밀히 관찰하면 묘역 내에서는 일정한 어떤 규칙성이 당연히 작용하였을 법하나 적어도 겉으로 얼핏 보면 그 점이 확연히 드러나지는 않는다. 이런 사실 자체가 매우 특징적인 면모로 지적된다.

선입견을 말끔히 버린다면 오히려 그것이 당시 신라국가가 6부를 기

본 단위로 하면서도 공동으로 운영되던 이른바 부체제 단계의[37] 정치사
회적 실태와 적절히 어우러지는 모습이라 단정하여도 좋을 것 같다. 별
다른 차별성을 보이지 않는 공동의 묘역 조성에는 국왕의 위상이 아직
초월적 절대권자로 부상하지 못한 시대상이 그대로 반영된 것으로 여겨
지기 때문이다.

당시 정치 운영뿐만 아니라 왕경 자체의 경영에도 6부는 공동으로
참여하였다. 그래서 왕릉만을 각별하게 취급한 묘역 공간을 따로 마련하
지 않음은 당연한 일이었다. 그런 의미에서 공동 묘역의 존재는 오히려
시대적 양상이 적절히 반영된 실증적 사례로서 손꼽아도 무방하겠다. 기
왕에 강한 선입견에 입각해 6부별로 무덤군이 따로 조성되었으리라고
막연히 추정한 것은 근본적으로 잘못되었음이 여지없이 드러났다.

그런데 6세기에 접어들면서 지배집단의 공동 묘역에는 커다란 변화
가 일어났다. 먼저 묘역 자체가 대릉원 구역을 벗어나고 또 이들이 주변
부 산지 일대의 여기저기로 흩어져 조영되기 시작한 것이었다.[38] 묘역
의 조성 과정에서 벌어진 일종의 대변혁이었던 셈이다. 후술하듯이 540
년 사망한 법흥왕(法興王, 514-540)의 무덤은 그를 구체적으로 입증해주
는 실례이다. 이후 왕릉은 대릉원 일원에서는 전혀 조영되지 않았다

『삼국사기』에 의하면[39] 왕릉의 조영이 기록상 처음 등장하는 것은
신라국가의 시조 혁거세거서간(赫居世居西干)대부터이다. 혁거세가 사망

---

37) 주보돈, 앞의 글 및 「신라의 부와 부체제」『부대사학』30, 2006.

38) 황종현, 앞의 글 참조.

39) 이하 신라 왕릉과 관련한 언급은 특별한 제시가 없는 경우 『삼국사기』에 의거한 것은 가능한 한
번잡함을 피하기 위해 따로 주를 달지 않는다.

하자 담암사(曇巖寺)[40] 북쪽의 이른바 사릉(蛇陵)에 묻었다고 한다. 이후 부자(父子)로 승계된 남해차차웅(南解次次雄), 유리이사금(儒理尼師今)도 잇달아 사릉에 묻혔다.

일단 이런 일련의 기록을 그대로 받아들인다면 사릉은 마치 초기의 박씨족단이 의도적으로 왕릉만 따로 떼어 조성한 작은 공동의 묘역인 듯이 기능한 셈이 된다. 뒷날 그곳을 하나로 묶어서 사릉원(蛇陵園)이라 부른 것도 바로 그 때문으로 여겨진다. 석(昔)씨인 탈해이사금의 뒤를 이은 박씨 파사이사금(婆娑尼師今)까지 같은 사릉원에 묻힌 사실도 그런 실상을 방증한다. 다만, 이후 『삼국사기』에서 상고기(上古期)의 다른 박씨 왕릉을 다룬 기록은 더 이상 찾아지지 않는 데에 근본적 문제가 엿보인다.

한편 『삼국유사』에서도 역시 이들 무덤의 위치를 알려주는 기록은 전혀 없다. 여하튼 사릉원은 잠시 사실성 여부를 떠나 뒷날 어느 시점에 이르러 박씨족단 소속의 일부 국왕들만 따로 묻힌 특별한 묘역으로 인식되기 시작하였음이 분명하다.

그렇지만 그런 양상은 앞서 언급한 것처럼 4세기 이후 적석목곽분의 조영에서 보이는 모습과는 너무도 대조적이다. 그 이전 무덤이 고고학적으로 보아 고총이 아닌 목관묘(木棺墓)와 목곽묘(木槨墓)라는 전반적 흐름과도 어긋난다. 이는 왕릉 관련 초기 기록이 근본적 문제점을 안고 있음을 뜻하는 사실이다. 사릉원이 사실상 박씨 출신 왕자(王者)의 공동묘지로서 설정된 자체가 당대가 아닌 뒷날 어느 특정 시점의 부회였음을 시

---

40) 『삼국유사』1 기이편1 「신라시조 혁거세왕」조.

사한다. 어쩌면 하대(下代) 말기 박씨로서 돌연 즉위한 신덕왕(神德王), 경명왕(景明王), 경애왕(景哀王)의 3왕이 자신들의 즉위 정당성을 내세우려는 명분용으로서 취한 조치일지도 모를 일이다.

한편 석씨로서 처음 왕위에 오른 탈해이사금의 무덤은 박씨와는 다르게 성북(城北)의 양정구(壤井丘)에 별도로 묻혔다 한다. 성북은 다소 뜬금없는 표현이지만 양정구도 너무 모호해서 구체적 위치를 가늠하기 곤란하다. 『삼국유사』에서는 탈해를 미소(未召)의 소정구(疏井丘)에다 수장(水葬)했다고 한다.[41]

한편 『삼국유사』 기이편에서는 탈해를 소천구(疏川丘)에 장사지냈다 하여[42] 약간의 차이를 보인다. 그밖에 벌휴(伐休)로부터 흘해(訖解)에 이르기까지 석씨 계통 7명 이사금들의 무덤에 관한 기록은 일체 보이지 않는다. 이는 역으로 탈해의 무덤 기록 자체까지 별로 신빙성 없음을 시사해주는 것이기도 하다.

사실 탈해의 무덤이 다시 주목을 끈 것은 통일기에 이르러서의 일이다. 통일 전쟁이 마무리된 직후 문무왕(文武王)이 직면한 최대의 과제는 당(唐)과 왜(倭)라는 현실의 외적에 대한 대비였다. 문무왕은 대비책의 하나로서 불력(佛力)의 도움을 받으려는 의도로 사천왕사(四天王寺)와 감은사(感恩寺)의 창건을 추진하였다. 물론 이 사찰들은 결국 아들인 신문왕(神文王)이 완공을 보았지만 이때부터 동해안 방면이 주목을 크게 끌기 시작하였다.

그럴 때 멀리 동해연안을 내려다볼 수 있는 우뚝한 위치의 토함산이

---

41) 『삼국유사』1 왕력편 제사탈해이질금조.
42) 『삼국유사』1 기이편1 「제사탈해왕」조

저절로 주요한 관심의 대상으로 부각되었을 듯하다. 이는 다음의 기사를 통해 유추되는 사실이다.

B) 일설(一說)에는 (탈해가) 죽은 뒤 27세[43] 문호왕(文虎王, 문무왕)대인 조로(調露) 2년 경진(庚辰) 3월 15일 신유(辛酉) 밤에 태종(太宗)의[44] 꿈에 노인이 모습을 몹시 사납게 하고 나타나서 말하기를 '나는 탈해이다. 소천구에서 나의 뼈를 파내어 상(像)을 빚어 토함산에 안치하라.'고 하였다. 왕은 그 말을 따랐다. 그 까닭으로 지금껏 국사(國祀)가 끊이지 않았다. 곧 동악신이라고 한다.(『삼국유사』1 기이편1 「제사탈해왕」조)

이 기사는 탈해를 전적으로 다룬 『삼국유사』 「제사탈해왕」조의 가장 말미에 협주의 형식으로 덧붙여진 부분이다. 앞서 제시된 분문과 사료 계통은 물론 내용까지 달랐음을 보여준다.

이에 따르면 동해안 방면을 지배 기반으로 경주분지로 진출한 전승을 지닌 탈해가 679년 3월 문무왕에게 현몽(現夢)하였다. 문무왕이 외적의 침입에 대비해 동해안 방면의 방어대책을 크게 고심하던 바로 그 시점이었다. 탈해가 무덤이 있는 소천구에서 자신의 뼈를 파내어 소상(塑像)으로 빚어서 토함산에다 안치하라는 내용이었다. 문무왕은 지시에 따라 탈해의 소상을 만들고 탈해를 동악신(東岳神)으로 삼아 국가 차원의 제사를 지냈다고 한다.

---

43) 탈해이사금이 사망 뒤부터를 헤아리므로 30대인 문무왕을 27대라고 한 것으로 여겨진다.
44) 태종은 내용이나 시점으로 보아 문무왕의 잘못임이 분명하다.

아마도 거기에는 바로 그 무렵 문무왕이 통일정책의 일환으로서 지배체제 전반을 재정비하면서 토함산을 오악 가운데 하나로서 국가제사의 대상으로 선정한 실상이 바닥에 깔려 있다. 여하튼 동해안의 방비를 위해 탈해를 주요 대상으로 삼은 제사의 필요성 때문에 막연하나마 기록과 같은 무덤을 비정했을 공산이 크다. 이때 굳이 다른 석씨족단 출신의 왕릉까지 구태여 억지로 비정해야 필요는 없었을 듯하다. 애초에 관련 기록이 없는 것도 바로 그 때문이라 여겨진다.

김씨족단의 시조인 알지(閼智)의 무덤에 대한 내용은 전혀 확인되지 않는다. 대신 김씨로서 처음 왕위에 올랐다는 미추왕(味鄒王)의 무덤을 대릉(大陵, 죽장릉)이라 불러서 특별하게 다룬 사실이 확인된다. 한편 『삼국유사』에서는 미추왕릉을 죽현릉(竹現陵)이라 하면서 위치까지 막연하게나마 흥륜사의 동쪽이라고 밝힌 사실이 주목된다.[45]

미추왕의 무덤이 죽장릉(竹長陵), 혹은 죽현릉이라고도 불린 것은 주변 일대에 대나무가 많았던 데서 연유한 듯하다. 설화에 따르면 하대(下代) 개창의 주도세력들이 화합의 차원에서 미추왕의 무덤을 대묘(大廟)로 명명해 숭앙의 대상으로 삼았다. 이때 신라국가의 최고 제사인 삼산과 대등하게 다루어 서열을 매겨서 오릉(五陵)의 위에[46] 두었다고 한다. 아마도 이는 미추왕릉을 대릉이라 부른 시점과 배경을 암시하는 것이 아닌가 싶다. 바로 이 무렵 미추왕릉도 함께 비정되었을 공산이 크다.[47]

---

45) 『삼국유사』1 기이편1 「미추왕 죽엽군」조.
46) 기록 그대로 오릉의 위라면 시조 혁거세보다 높였다는 뜻이다. 만약 삼산과 대등하였다는 앞의 문장을 고려하면 오릉은 오악의 잘못일 가능성이 크다.
47) 일연이 협주로 덧붙인 자신의 견해에 따르면 고려 후기에 미추왕릉을 시조당(始祖堂)이라 하였다 한다. 이는 그에 앞서 미추왕릉의 구체적 위치가 비정된 상태였음을 보여주는 사실이다.

17대인 나물마립간(奈勿麻立干)부터 김씨 출신의 세습체제를 확립해 갔거니와 이후 지증왕(智證王)대에 이르기까지 잇달아 즉위한 6대 동안 김씨족단 출신 왕릉 관련 기록은 어디에도 보이지 않는다. 그 사이 눌지마립간(訥祇麻立干, 417-457) 17년(434) 역대의 원릉(園陵)들을 수리하였음에도 왕릉 관련 기사가 전혀 보이지 않는 점은 무척 의아스럽다. 이는 미추왕릉 자체에 대해서까지 의심을 갖게 하는 요소이기도 하다. 『삼국유사』 왕력편에서는 유일하게 나물마립간의 무덤만을 '첨성대서남(占星臺西南)'이라 하여 위치를 밝히고 있다. 기준으로 활용된 첨성대(瞻星臺)가 선덕여왕대에 세워졌음을 고려하면 이후 어떤 필요성 때문에 대충의 위치 비정이 이루어졌으리라 짐작케 한다.

이상과 같이 6세기 이전의 기록에 등장하는 왕릉은 몇 가지 측면에서 오랜 시간이 흐른 뒤 당면한 어떤 현실적 필요성 때문에 비정되었음이 확실시된다. 특히 기록상에 구체적 위치를 명시한 무덤의 경우 봉분이 거의 없다시피 한 목관묘나 목곽묘가 조영되던 시기인 사실도 그런 추정을 보강해준다. 그러므로 6세기 이전 기록상에서 확인되는 왕릉은 특히 다음의 몇몇 사실을 이유로 뒷날 정치적 목적에서 이루어진 부회에 불과한 것이라 판단할 수밖에 없다.

첫째, 모두 3성 족단의 시조나 그에 준하는 특정 국왕만을 대상으로 삼은 사실이다. 조선 후기의 당면 현실적 필요성 때문에 신라 국왕의 무덤 전부를 비정하려는 시도가 있거니와[48] 그보다 훨씬 앞서 이미 신라 당대에 시조나 그에 준하는 일부 인물에 한정해 비정이 먼저 추진되었다.

---

48) 강인구, 『고분연구』 학연문화사, 2000 ; 이근직, 『신라왕릉연구』 학연문화사, 2013.

그 결과가 『삼국사기』나 『삼국유사』에 수렴·정리된 것으로 보인다. 시조를 제외한 초기 박씨왕 3대의 경우 시조왕의 해체된 오체(五體)를 묻었다는 전승의 오릉(五陵)에다[49] 의도적으로 끼워 맞춤으로써 마치 왕릉만을 따로 조성한 것처럼 나타내었다. 왕릉만의 별도 묘역을 설정한 사실 자체는 후대의 부회임을 결정적으로 입증해주는 것이다.

둘째, 초기의 왕릉 관련 기록이 언뜻 보였다가 오히려 시기가 내려올수록 보이지 않는다는 사실이다. 이는 너무도 의아스럽게 여겨질 수밖에 없는 대목이다. 나물마립간 이후 지증왕대에 이르기까지는 앞서 소개한 적석목곽분이 조영되던 기간이다. 이때조차도 왕릉은 각별하게 취급되지를 않았다.

그럼에도 이보다 앞서 왕릉만이 별도로 조영된 듯한 기록 자체에는 너무나 작위성이 깃든 것임을 암시한다. 정상적 상황이라면 오히려 뒤늦은 시기의 왕릉과 관련한 기록이 보여야 마땅한 일이기 때문이다. 나물마립간 이전의 경우 여타 기록도 신빙성에서 근본적인 문제를 안고 있듯이 왕릉 관련 기록도 그런 양상과 맥락을 같이한다.

셋째, 앞서 언급한 것처럼 더욱 이른 시기의 박씨족단 출신 왕릉의 경우 같은 구역에 별도로 다루어진 사실이다. 왕릉만으로 된 묘역을 따로 설정하기 시작한 것은 후술하듯이 6세기에 들어서서의 일이다. 아마도 뒷날의 실상에 비추어서 하필 5기만 따로 떨어져 있었던 까닭에 오릉이라 불린 곳에 박씨 왕들의 무덤을 비정하지 않았을까 싶다. 이는 앞서 언급하였듯이 신라 말기에 갑작스레 등장한 박씨 3왕의 출현과 연동된

---

49) 『삼국유사』1 기이편1 「신라시조 혁거세왕」조.

느낌이다.

이상과 같이 6세기 이전의 왕릉 관련 기록은 모두 후대의 부회에서 비롯한 것임이 분명하다. 한편 나물마립간 이후 한동안 김씨족단 출신 왕릉과 관련한 기록은 아예 보이지 않는다. 이는 초기 왕릉의 위치를 알려주는 기록이 애초부터 없었거나 혹은 이른 시기에 기억하지 못하게 되었을 수도 있겠다.

다만, 고고학적 양상으로 미루어 당시 왕릉까지도 하나의 공동 묘역에 조영함으로써 구체적 위치를 낱낱이 따져서 기억할 필요도 없고 그럴 형편도 아니었기 때문으로 봄이 온당할 듯하다. 이는 당시 국왕의 위상이 어떠한지를 암시해주는 것이기도 하다. 왕릉만을 별도로 조영하고 위치까지 구체적으로 명기하기 시작한 시기와는 근본적 성격이 달랐다고 할 수밖에 없다. 서악고분군으로 불리는 묘역이 설정되면서부터 믿을 만한 왕릉 관련 기록이 거의 빠짐없이 등장함은 그를 입증한다. 따라서 거기에 내재된 의미는 구체적으로 밝혀봄 직하다.

2) 선도산자락의 새 묘역 조성

앞에서 다소 장황하다시피 할 정도로 문헌기록상에서 확인되는 6세기 이전의 몇몇 왕릉과 관련한 문제를 점검하였다. 그런 종류의 기록에서는 신빙성이 원천적으로 결여된 탓에 액면 그대로 받아들일 수 없음은 자명하다.

신라 왕릉의 위치와 관련한 기록상의 믿을 만한 첫 사례로서는 법흥왕릉을 손꼽을 수 있다. 바로 이 무렵부터 신라 지배 집단의 공동 묘역은 왕경의 중앙부를 벗어나 주변부 일대의 여러 산자락으로 흩어져 조영되기 시작하였다. 법흥왕릉은 그런 현상을 예고한 일종의 신호탄처럼 보이므로 그 계기와 배경은 음미해볼 만한 대상이다.

27년 동안 재위한 법흥왕은 540년 사망하였다. 이때 '애공사(哀公寺)의 북쪽 봉우리에 장사지냈다.'고[50] 하여 적확히 꼬집지를 않아 다소 막연하나 대략적 위치는 가늠할 만한 여지가 엿보인다. 이 기록에서 유념해볼 사항은 법흥왕릉의 위치를 판단하는 기준으로서 애공사란 사찰이 활용된 점이다.

법흥왕릉이 조영될 무렵 신라 최초의 사찰인 흥륜사조차 아직 완공되지 않은 시점이므로 당연히 애공사도 실재하였을 리 만무하다. 그러므로 법흥왕릉 관련 기사는 뒷날 애공사가 창건된 뒤의 어느 시점에 정리된 것이겠다. 이 기사로서 애공사가 법흥왕릉과 어떤 상관성을 맺었음을 추정할 소지는 엿보이지만 아쉽게도 창건의 시점이나 목적 등을 풀어갈 어떤 단서도 없다. 무덤 주변에 위치한 사실로 미루어 애공사는 몇몇 왕릉 대상의 제사를 비롯해 무덤 관련 사항 일체를 관장한 능사(陵寺)였거나 아니면 특정 원찰(願刹)을 겨냥해 세워졌을 정도로만 추측할 수 있을 따름이다.

현재 정확한 위치를 비롯한 제반 사정을 가늠하기 힘든 애공사만으로는 법흥왕릉에 대한 위치 추적은 즉각 한계에 부닥칠 수밖에 없다. 애공사 관련 기록은 그밖에도 약간 등장하지만 특이하게도 법흥왕릉의 사례처럼 왕릉의 위치를 알려주는 용도로서만 쓰였을 따름이다. 이를테면 『삼국사기』에서는 진흥왕(眞興王, 540-576)의 무덤에 대해서도 역시 '애

---

50) 『삼국사기』4 신라본기 법흥왕 27년조.

선도산마애삼존(하일식 제공)

공사의 북쪽 봉우리에 장사지냈다.'고[51] 하였다. 이를 근거로 하면 법흥
왕릉과 진흥왕릉은 일단 애공사를 기준으로 해서 같은 방향이며 서로
가까운 곳에 위치하였다는 정도의 유추가 가능하다. 두 왕릉은 묘역을
함께한 것처럼 보인다.

　그런데 『삼국사기』뿐만 아니라 『삼국유사』 왕력편에도 법흥왕릉을
'애공사의 북쪽'이라[52] 하여 위치를 명시해두고 있다. 법흥왕릉에 대한
두 사서의 기록이 애공사의 '북쪽'과 '북봉'으로 표현상 약간의 차이가
나지만 거의 일치함은 유념해볼 대상이다. 기록 자체가 신뢰할 수 있음

51) 『삼국사기』4 신라본기 진흥왕 37년조.
52) 『삼국유사』1 왕력 법흥왕조.

을 뜻하기 때문이다.

한편, 진흥왕릉의 경우 법흥왕릉과는 다르게 『삼국유사』에서는 위치 관련 기록이 어디에서도 확인되지 않는다. 반면, 진흥왕의 뒤를 이었으나 재위 4년째인 579년 국인들에 의해 폐위(廢位) 당한 진지왕(眞智王, 576-579)의 무덤에 대해서 법흥왕릉과 마찬가지로 '애공사의 북쪽'임을 밝힌 기사가[53] 확인된다. 잠시 사료 계통을 불문하면 법흥왕을 비롯한 잇단 3왕의 무덤은 모두 애공사 북쪽(봉)의 어느 특정 구역을 공유한 셈이 된다.

그런데 『삼국사기』에서는 정작 진지왕릉을 같은 애공사가 아닌 '영경사(永敬寺)의 북쪽'이라[54] 함으로써 약간의 문제가 뒤따른다. 이들 두 사찰의 위치나 상호 관계가 분명하지 않기 때문이다. 영경사도 애공사와 마찬가지로 언제, 어디에, 어떻게 세워졌는지 확인되지 않으며 오로지 왕릉의 위치를 드러내는 용도로서만 활용되었을 따름이다.[55]

이상과 같이 『삼국사기』와 『삼국유사』의 두 사서를 아울러서 고려하면 중고(中古) 초기 법흥왕, 진흥왕, 진지왕 등 3왕의 무덤 위치가 모두 애공사를 기준해서 북쪽으로 설정된 점에서는 공통적이다. 진지왕릉의 경우 영경사를 기준으로 삼은 기록도 보이지만 만약 두 사찰이 서로 인

---

53) 『삼국유사』1 왕력 진지왕조.

54) 『삼국사기』4 신라본기 진지왕 4년조.

55) 그런 측면에서 두 사찰은 능사이거나 아니면 원찰로서 기능하였을 가능성이 크다. 무덤과 매우 가까운 곳인 까닭으로 위치를 알려주는 기준으로 활용된 사실 자체가 그런 추정을 뒷받침한다. 게다가 사명이 애공처럼 '공을 불쌍히 여긴다'거나 '영원도록 공경한다'는 뜻인 점도 그와 관련하여 주목해볼 대상이다. 흥륜사, 황룡사, 분황사처럼 일반적으로 사명 속에는 어떤 지향성이나 특성이 들어가게 마련이기 때문이다.

접하였거나,[56] 아니면 원래 같은 곳이었다면[57] 별달리 크게 문제로 되지는 않을 것 같다. 일단 그런 의문을 풀어갈 약간의 실마리는 무열왕릉에서 찾아진다.

『삼국사기』에 따르면 재위 8년만인 661년 사망한 무열왕(武烈王, 654-661)은 '영경사의 북쪽'에[58] 묻혔다고 한다. 이처럼 진지왕릉과 마찬가지로 무열왕릉도 『삼국사기』에서는 영경사를 기준으로 위치가 명시되어 있다. 그렇다면 두 왕릉도 묘역을 함께한 셈이 되며 애공사를 기준으로 삼은 법흥왕릉, 진흥왕릉과는 일정하게 차이를 보인다.

하지만 『삼국유사』에 의하면 진지왕릉도 애공사 기준으로는 같은 곳으로 비정된다. 그러므로 이들을 모두 종합해서 판단하면 4기의 왕릉은 모두 비슷한 곳에 위치할 수밖에 없다는 결론이 자연스레 얻어진다. 이들의 구체적 위치를 확정하는 관건은 결국 애공사와 영경사의 위치 및 관계 여하에 달린 셈이다.

그런데 그에 대한 의문을 풀어갈 실마리가 『삼국유사』에서 확인된다. 여기에는 무열왕릉과 관련해 주목해볼 만한 기록이 보이기 때문이다.

C) ①진덕왕이 죽자(薨) 영휘(永徽) 5년(654) 갑인(甲寅)에 즉위하였는데 나라를 다스린 지 8년만인 용삭(龍朔) 원년(661) 신유(辛酉)에 돌아가셨으니(崩) 나이 59세였다. 애공사의 동쪽에 장사지냈다. ②비(碑)가 있는데 왕과 김유신이 귀신같은 꾀와 힘을 합쳐 삼한(三韓)을 하나로

---

56) 최민희, 「경주 사악동고분군에 대한 새로운 왕릉 비정」『신라사학보』40, 2017.
57) 이근직, 앞의 책.
58) 『삼국사기』5 신라본기 태종무열왕 8년조.

통합하여 사직(社稷)에 큰 공을 세웠으므로 묘호(廟號)를 태종(太宗)이라 하였다.(『삼국유사』1 기이편1 「태종춘추공」조)

비록 기록은 간단하지만 약간 음미해볼 만한 내용이 담겨져 있다. C)는 하나의 단락을 이루고 있으나 내용상 다시 두 문장으로 나누어서 이해함이 적절할 것 같다. 첫 문장①은 즉위 시점, 재위 기간 및 사망 시점과 나이 등 무열왕에 대한 대강을 그려두고 있다. 주인공 김춘추(金春秋)가 즉위하기까지의 일생을 정리한 바로 앞 단락에 이어서 국왕 관련 사항만을 최대한 압축적으로 표현한 부분이다.

그에 견주어 둘째 문장②는 무열왕의 사후(死後)와 관련한 내용이다. 끝 부분에 보이는 태종이란 묘호에 주된 초점이 맞추어져 있다. 가장 앞 단어인 '유비(有碑)'를 직전 문장①과 연결해 '비를 세웠다.'는 뜻으로 풀이함이 일반적 경향이었다. 하지만 '유비'를 '입비(立碑)'나 '수비(樹碑, 豎碑)'의 뜻으로 새김은 매우 어색하게 느껴진다.

곧바로 뒤이어진 내용과 어우러지도록 이해하면 글자 그대로 '(왕릉에는) 비가 있다'는 정도의 새김이 적절할 듯하다. 『삼국유사』 찬자 일연(一然)은 어떻든 「무열왕릉비」를 실견하였거니와[59] 이를 근거로 해서 나름대로 덧붙인 표현으로 이해된다.

일연은 무열왕의 묘호가 태종임을 적시한 제액(題額)을 현장에서 직접 보았고 그래서 이를 김유신의 도움으로 삼한을 통합(一統)함으로써 사직에 큰 공을 세웠기 때문이라 풀이한 것이다. 그가 『삼국유사』를 찬

---

59) 주보돈, 「통일신라의 (능)묘비에 대한 몇 가지 논의」『목간과 문자』9, 2012, p.36.

술하면서 취한 기본적 서술 태도를[60] 상기하면 그런 풀이는 멋대로 꾸며낸 것이 아니며 비문 자체로부터 인용하였을 공산이 크다.[61]

요컨대 일연은 무열왕에 대해 정리하면서 「무열왕릉비」에서 확인된 내용 중 일부를 위의 기사에 활용한 것이다. 문장①에서는 입수한 원전 기록 그대로 진덕여왕의 죽음을 '훙'이라고 하였으나 무열왕에 대해서는 굳이 단계를 높인 용어인 '붕'으로 표현한 것도 그런 추정을 보강해준다. 아마도 비문에서 태종이란 묘호와 연동해서 각별히 그런 용어가 사용되었을 법하다. 일연도 비문의 제액에 태종을 당당하게 내세운 사실을 의식하면서 애써 그런 표현을 쓴 것이다.

그것은 어떻든 위의 기사①에서 무열왕의 주검이 '애공사의 동쪽'에 묻혔음을 적시한 사항은 주목해볼 대상이다. 앞서 3왕의 무덤처럼 무열왕릉도 『삼국유사』에서는 진지왕릉과 마찬가지로 영경사가 아닌 애공사를 위치의 기준으로 삼았기 때문이다. 다만, 방향을 북쪽(붕)이 아닌 동쪽으로 달리 설정한 점에서 차이를 보인다.

영경사 기준의 방향만을 근거로 삼으면 무열왕릉은 여타 3왕의 무덤과 약간 다른 곳으로 비정될 여지도 있다. 하지만 무열왕릉이 진지왕릉과 같은 양상이라는 측면에서 4왕의 무덤은 비슷한 곳일 수밖에 없다.

---

60) 이기백, 『한국고전연구-삼국유사와 고려사 병지-』 일조각, 2004.

61) 다만, 그렇게 볼 경우 '일통삼한'이 문제가 된다. 무열왕릉비의 건립 시점이 문제가 되기 때문이다. 흔히 능묘비의 건립 시점을 장의 일체가 마무리된 시점으로 간주하지만 「성덕왕릉비」나 「흥덕왕릉비」가 각각 사후 18년과 30여년이 지난 뒤 세워진 사실을 고려하면 「무열왕릉비」도 그렇게 생각해볼 여지가 생겨난다. 묘호 태종과 관련한 일통삼한의 내용이 실제로 능비에 들어가 있다면 입비 시점은 고구려까지 멸망시킨 668년 이후로 봄이 옳을 듯하다. 어쩌면 그를 기념해서 따로 세웠을 수도 있겠다. 그 연장선상에서 673년 사망한 김유신의 묘비도 세워졌을 것 같다. 681년 사망한 문무왕의 능비도 찬자가 국학소경(國學少卿)인 점으로 미루어 입비 시점은 682년을 상한으로 하는 점이 그와 관련해 참고로 된다.

결국 4왕릉의 구체적 위치는 앞서 언급한 것처럼 두 사찰의 관계를 여하히 설정하느냐에 달린 문제로 귀결된다.

현재까지 알려진 기록만 보면 애공사와 영경사 두 사찰의 위치는 비슷한 곳일 수도 있고, 전혀 다른 곳일 수도 있다. 한편 경우에 따라서는 같은 사찰을 지칭하나 개명을 거친 탓에 달라졌을 소지도 없지 않다. 이를 명확히 가름할 기록은 달리 없다. 이런 상태에서는 단지 사찰의 위치와 방향만으로 4기 왕릉의 구체적 위치에 접근하려는 시도는[62] 명백한 한계를 지닐 수밖에 없는 것이다.

그런 측면에서 앞으로 밝혀져야 할 과제는 차라리 같은 왕릉의 위치를 알리면서 왜 사서마다 기준 사찰을 달리 하였을까 하는 점이다. 하지만 그 실상을 구명(究明)해내는 데에는 여러모로 난관이 뒤따르므로 더 이상의 논의를 진행하는 것은 별로 의미가 없는 일로 여겨진다. 그래서 당분간 유보해둠이 올바른 자세로 보인다.

애공사와 영경사의 상관관계나 위치가 여하하든 관련 기록 일체를 종합적으로 판단하면 법흥왕릉 이하 왕릉 4기는 비슷한 구역에 있었던 것만은 부정할 수 없겠다. 그 가운데 현재 주인공을 확실히 가늠할 수 있는 무열왕릉은 이들의 구체적 위치를 확정짓는 유력한 실마리가 된다. 따라서 우리의 관심은 이제 이들이 자리한 선도산자락의 이른바 서악(西岳)고분군 쪽으로 돌려야 할 차례이다.

---

62) 최민희, 앞의 글.

3) 서악고분군과 무열왕릉

수많은 신라 왕릉의 위치를 점검할 때 피장자를 명확하게 확정지을 수 있는 사례는 그리 흔치 않다. (능)묘비 덕분에 현재 주인공을 가장 뚜렷하게 아는 사례로서 무열왕릉을 들 수가 있다. 이를 기준으로 삼으면 나머지 3기 왕릉에 대한 위치 추정이 어느 정도 가능해진다.

선도산자락의 하단부에는 귀부(龜趺)와 함께 이수(螭首)를 갖춘 「무열왕릉비」가 자리하고 있다. 비록 현재 비신(碑身)은 없는 상태이지만 주변 일대에서 흩어져 있던 유려한 해서체의 비편 몇 개가 일찍이 수습된 바 있다. 비신은 약간 파손을 겪은 모양이었으나 현장에 조선전기까지 온전하게 남아 있었다. 그러나 그 뒤 어느 틈엔가 산산조각이 나고 말았다.[63]

그런데 너무도 다행스럽게 이수의 중앙부에는 '태종무열대왕지비(太宗武烈大王之碑)'라는 8자로 된 전서체의 제액이 남아 있다. 이는 무열왕릉의 위치를 적확히 꼬집어낼 수 있도록 하는 유일한 단서이다. 이로부터 북서쪽으로 대략 70미터 남짓 떨어진 지점에 제법 규모를 갖춘 고총 1기가 단독으로 자리하고 있다. 이 무덤의 바로 앞에는 제대(祭臺)와 약간의 석물까지 존재한다. 능비로부터의 거리나 규모 및 석물 등으로 보아 무열왕릉으로 간주하는 데 대해서는 전혀 이견이 없다.

무열왕릉에서 다시 북쪽 정방의 대충 100여 미터 정도 떨어진 곳에는 4기의 무덤이 위쪽의 선도산 봉우리 쪽을 향해 일렬종대로 달리는 모습이다. 규모는 물론 매우 정연한 모습으로 미루어 모두 예사로운 무덤이 아님은 쉽게 짐작이 간다. 특히 주인공이 확실한 무열왕릉의 위쪽에

---

63) 주보돈, 앞의 글, 2012.

약간의 간격을 두고서 나란히 정렬된 상태로부터 양자 사이에 어떤 밀접한 상관성이 있음을 유추해낼 수 있다.

그렇다면 앞서 기록상에서 확인된 3기의 왕릉을 떠올리는 것은 무척 자연스런 일이겠다. 1기의 주인공은 확실하지 않으나 여하튼 기록과 현황이 합치되는 매우 희귀한 사례에 속한다. 무열왕릉과 함께 그들 모두가 같은 곳이라는 사실은 이로써 드러났다. 3기는 이미 소개한 법흥왕, 진흥왕, 진지왕의 무덤으로 설정해도 좋을 듯하다. 그렇다면 1기는 아직 확정하기 어렵지만 일단 이 구역은 왕릉으로 구성된 하나의 특별한 묘역이라 단정해도 무방하겠다.

그런데 선도산을 중심으로 주위 일원에는 이들만 존재한 것이 아니다. 현재 주변의 산록 곳곳에는 대소의 고분군들이 적지 않게 산재한다. 이들까지 아우른 전체를 흔히 서악고분군이라 총칭하거니와 그 중 무열왕릉을 포함한 5기의 무덤은 하나의 묶음으로서 중앙부에 정연하게 자리해 전체 묘역의 핵심을 이루는 모양새이다. 그렇다고 같은 시기에 경주분지 일원에서 서악고분군만 존재한 것도 아니었다. 규모의 대소나 수량의 다소에서 차이나지만 여러 지역에 걸쳐 독립적 묘역이 조성되어 있었다.

앞서 언급하였듯이 신라 지배집단의 공동 묘역은 원래 대릉원 일원에 집중되어 있었다. 그러다가 6세기로 접어들어 새로운 묘역이 모색되었는데 이때 선정된 대상은 한두 곳이 아니었다. 이제 묘역이 여러 곳으로 흩어져 조성된 점이 기존 상황에 견주어 확연히 달라진 면모였다. 이를테면 편의상 주요 산악을 기준으로 삼아 분류하면 크게 선도산을 비롯해 명활산, 금강산, 송화산, 망산, 말암산 일대 등등의 사례를 손꼽을 수 있다.[64) 그밖에 시가지 중심부로부터 한층 더 멀리 떨어진 여러 곳에도 비록 규모가 작기는 하나 집단을 이룬 무덤군들이 여럿 확인된다.[65)

이처럼 서악고분군이 주축을 이루기는 하나 이는 어디까지나 당시 여러 묘역 가운데 하나였을 따름이다. 이전과는 다른 6세기 이후 고분군 조성에서 보이는 특징적 양상이므로 서악고분군의 조성 배경을 제대로 이해하려면 반드시 염두에 두어야 할 사항이다.

6세기 초 무렵부터 새롭게 조성된 묘역 각각을 세부적으로 들여다보면 다시 몇몇의 작은 구역으로 구분되는 양상이 뚜렷하게 간취된다. 예컨대 서악고분군만 하더라도 그와 같이 몇몇 작은 그룹으로 세분이 가능하다. 앞서 언급한 선도산 봉우리를 기점으로 남쪽을 향해 달리는 중앙부의 긴 일직선상에 핵심 그룹이 위치하며, 그 왼쪽(동편) 산자락에는 서로 비등한 규모의 제법 큰 30기 내외의 무덤이 하나의 무리를 이루고 있다. 한편 오른쪽(서편)의 산자락 방면에는 규모는 작지만 또 다른 고분군이 분포한다.

한편 범위를 약간 더 넓혀보면 그 바깥쪽으로도 여러 곳에 걸쳐 고분군이 자리하였음이 확인된다. 선도산 너머의 동쪽 충효동 방면에도 별도의 고분군이 따로 존재한다. 정반대편 서쪽 산자락에는 이른바 장산토우총(獐山土偶塚)을 중심으로 30미터 내외의 큰 것부터 10미터에 못 미치는 작은 것에 이르기까지 대소 수백 기 고분이 밀집한 양상을 보인다.

이런 모습은 오직 서악고분군 일원에서만 국한된 현상이 아니었다.

---

64) 황종현, 앞의 글.

65) 경주시 · 국립경주박물관, 『문화유적분포지도』, 2008 ; 문화재청, 『전국비지정 고분군 실태조사 보고서』⑦, 2016.

다른 지역에서도 다소간의 편차가 나지만 비슷한 면모를 보인다. 예컨대 북쪽의 금강산 일대만 하더라도 백률사(栢栗寺)를 기준으로 서편과 남쪽 방면의 동천동 일대 여기저기에 무덤군이 조성되었다. 한편 뒤쪽의 용강동 방면으로도 몇몇 무덤군이 흩어져 있다. 이들 묘역의 선후나 상관관계는 뚜렷이 드러난 상태는 아니나 분묘 자체가 갖는 보수성을 고려하면 오랜 기간에 걸쳐서 서서히 일정 구역 단위별로 조성되었으리라 여겨진다.

이런 양상을 앞서 소개한 대릉원고분군과 대조하면 몇몇 측면에서 현저히 다른 특징이 지적된다. 첫째, 새로운 묘역은 한두 곳이 아닌 여러 지역에 흩어져 조성된 점이다. 이는 하나의 커다란 무덤 공동체가 해체되면서 동시에 그보다 하위의 어떤 단위 집단별로 묘역이 나뉘어졌음을 뜻하는 사실이다.

이처럼 여러 묘역으로 흩어진 양상을 두고 최근 6부라는 단위가 작용된 결과로 이해하는 새로운 견해가[66] 제기되었다. 산지를 기준으로 군이 6개 구역으로 나누어 설정하려는 데에서도 먼저 그런 결론을 얻으려한 저의가 엿보인다. 하지만 이는 당시 지배체제에 대한 약간의 오해가 빚어낸 착각에 지나지 않는 해석이다.

당시는 공동체성이 강한 부체제 단계를 벗어나 이제 막 국왕 정점의 새로운 지배체제로 나아가던 일대 전환기였다. 그런 양상을 뚜렷이 보여주는 고고학적 증거가 바로 여러 독립된 묘역 가운데 핵심인 서악고분군이다. 법흥왕릉이 조영되면서부터 왕릉들만을 하나의 단위로 묶어 일

---

66) 황종현, 앞의 글.

반 성원들과는 분별해서 별도의 묘역을 중심부에다 마련한 자체가 국왕의 위상이 초월자였음을 여실히 보여준다.

그러므로 묘역이 여러 곳에 흩어져 조성된 사실은 기존의 부를 단위로 삼은 것이라기보다는 차라리 부체제 자체의 해체로 진행된 보다 하위 집단별 분화의 실상을 그대로 드러내는 현상으로 풀이함이 온당하다. 묘역의 분리 조성은 당시의 시대적 양상과 적절하게 부합되는 모양새라 하겠다.

둘째, 그 점과 관련하지만 하나의 큰 묘역은 다시 여러 개의 작은 무덤군으로 나뉘는 사실이다. 이들 가운데 시대의 흐름 속에서 각 묘역 중심부로부터 주변부로 확산된 경우도 물론 없지는 않겠지만 애초부터 각각의 단위별로 분리된 상태에서 출발하였을 가능성이 예상된다. 이는 이미 큰 단위 집단이 다시 하위의 작은 단위로 분화되고 있었음을 뜻하는 사실이다.

큰 고분군 내에서 각기 작은 단위의 묘역이 생겨난 자체는 단순히 지형적 요인에 의한 것으로는 보이지 않는다. 물론 그럴 경우가 전혀 없다고 단정하기는 어렵겠지만 가기에는 어떤 형식으로건 일정한 사회현상이 투영된 것으로 여겨진다. 이를테면 골품이나 그 하위의 가계(家系) 분화와 같은 양상을 설정해볼 수 있지 않을까 싶다.

셋째, 다른 무엇보다도 특별히 왕릉만 따로 떼어내어 별도의 묘역을 조성한 사실이다. 특히 이들이 중앙부에 자리한 점이다. 일단 무열왕릉을 제외하면 적어도 나머지 4기(후술하듯이 엄밀하게는 전부 7기)에서 그런 양상이 뚜렷이 나타난다. 이는 기존 대릉원에서는 전혀 찾아볼 수 없는 특징적 면모이다. 확연히 달라진 국왕의 위상을 그대로 보여준다. 국왕을 신라 지배집단 내에서는 물론 왕족과도 분별하려는 인식이 표출된 결과라 하겠다. 정치사회적으로 무엇인가가 크게 바뀐 현상을 여실히 입증해주는 사례라 풀이된다.

사실 기존 묘역에서 어떤 변화가 일기 시작하였을 시점으로서는 일단 지증왕(智證王, 500-514)대를 설정할 수 있다. 지증왕 3년(502) 반포된 순장(殉葬) 금지령이나 5년(504) 제정된 상복법(喪服法)은 그런 면모를 적절히 보이는 사례이다. 양자에는 장제(葬制) 전반의 변화를 내재한 것으로 추정된다.

그에 대한 구체적 내용은 알기 어렵지만 장제와 관련된 법령의 제정이나 반포 속에 기존 묘제 및 묘역이나 장법의 변경을 추동하는 어떤 요소까지 포함되었을 가능성이 짙다. 이를 계기로 해서 묘역이 새롭게 물색되고 그것이 실제로 구현되면서 내부의 작은 혈연 단위별로 흩어졌으리라 짐작된다. 이 자체는 실로 엄청난 변혁이라고 할 수 있다. 거기에는 정치사회적 상황과 함께 사후 세계관의 근본적 변동까지 내재되었기 때문이다.

그런 측면은 기존의 묘역에 견주어 서악고분군을 비롯한 각 새로운 묘역에 보이는 몇 가지 특징적 양상으로부터도 유추된다. 첫째, 경주분지에서 멀리 떨어진 외곽이 아니며 시가지가 바로 아래로 내려다보이는 곳이란 점이다. 둘째, 그와 관련하지만 왕경 중심부를 둘러싼 3개의 시내[川]를 건넌 곳이며 유독 남쪽 방면에만 따로 묘역이 조성되지 않은 점이다. 물론 명활산 산록처럼 시내가 없는 지형적 요인에서 말미암은 특수 예외도 있기는 하다. 셋째, 묘역의 입지는 평지가 아니며 산자락이란 점이다. 이는 기존 묘역과는 입지 면에서 두드러지게 차이가 나는 면모이다. 넷째, 내부 구조가 거의 예외 없이 횡혈식석실분이란 점이다. 이제 묘역의 변경과 동시에 기존 적석목곽분은 사실상 종막을 고한 셈이 되었다. 다섯째, 부장 양상은 후장으로부터 박장(薄葬)으로 바뀐 점이다. 여기에는 사후 내세관의 근본 변화를 내재한 것으로 비쳐진다.

이와 같이 묘역의 이동과 함께 겉으로 드러난 가장 두드러진 변화는 아무래도 입지와 함께 새로운 묘제가 수용된 점이다. 이를 추동한 밑바탕에는 당연히 정치사회적 변동이 깔렸겠지만 동시에 전통적 토착신앙에 대신한 새로운 지배이데올로기로서의 불교 공인도 크게 작용하였을 법하다.

오래도록 지배집단의 정체성을 상징하는 요소로 기능해온 적석목곽분은 지배체제 변동으로 더 이상 효용성이 발현되기 곤란한 지경에 이르렀다. 그래서 지배체제의 변화를 함축한 공동 묘역을 옮기면서 장제 일반은 물론 묘제까지 새로운 것을 채택한 것으로 여겨진다. 실로 엄청난 변혁이었던 셈이다.

5. 서악고분군과 왕릉의 주인공

1) 서악고분군의 구성과 왕릉

6세기 전반에 벌어진 묘역의 대대적인 이동은 정치사회적·사상적 세계관의 변동을 반영하면서 체계적인 기획 아래에 추진된 일종의 혁신이라 할 수 있다. 묘역 자체가 여러 곳으로 분산되었을 뿐만 아니라 보수성이 강한 묘제까지 바꾼 점은 그런 사정의 일단을 입증하기에 충분하다.

특히 주목되는 점은 여러 곳의 묘역 가운데 가장 핵심이라 할 서악고분군의 경우 중앙부에다 왕릉만으로 이루어진 별도의 작은 구역을 다시 금 마련함으로써 여타 무덤군과 차별 지으려 한 사실이다. 여기에는 당시 초월자적 절대자로 우뚝한 국왕의 현실적 위상이 그대로 반영되어 있기 때문이다.

큰 범위의 서악고분군 가운데 중핵을 이루는 무덤은 전체 7기로 헤아려진다. 이미 언급한 무열왕릉을 중심으로 뒤편 100여 미터 이상 떨어진 곳의 추정 왕릉 4기, 아래쪽으로 200미터 남짓한 곳에는 그보다 규모가 한층 작은 2기가 별도로 존재한다. 서로간의 이격(離隔) 거리나 배열 양상으로 미루어 무열왕릉 주축으로 위와 아래 각 1곳씩 전체 3개의 작은 그룹으로 이루어져 있는 셈이다.

이들은 인근의 여타 묘역과 달리 중앙부에 위치하고 정연하게 배치됨으로써 어떤 강한 기획성을 풍기는 모양새를 하고 있다. 특히 무열왕릉은 한가운데이기도 하려니와 유독 1기만 단독으로 배치된 사실로부터 마치 중간에서 양자를 이어주는 듯한 느낌이다. 아마 양쪽 피장자 모두는 무열왕과 어떤 형태로건 특수한 관계를 맺고 있기 때문이라고 상정해봄 직하다. 특히 기록에 의하면 진평왕을 시작으로 선덕여왕, 진덕여왕 등 무열왕 직전까지의 3왕릉은 선도산이 아닌 왕경 내의 각 지역으로 흩어져 조영된 점에서 그러하다.

그런 측면에서 무열왕릉이 그런 직전의 흐름과 다르게 다시 원래의 공동묘역으로 되돌아온 사실은 예사롭게 보아 넘기기 어려운 일대사건이라 할 수 있다. 게다가 이어진 문무왕릉의 경우 자신의 유언에 따라 다시 정반대편의 동해안으로 옮겨 조영되었다. 이는 무열왕릉의 조영에는 각별한 정치적 의도가 깃들어 있음을 뜻하는 사실이다. 무열왕릉을 서악고분군의 왕릉만 따로 조영된 의미를 추적하는 중심적 실마리로 삼아야 하는 근거는 이런 데에 있다. 그와 같은 기획은 묘역 전체의 중심적 위치인 무열왕이 직접 시도하였거나 그렇지 않으면 그 무덤을 조성하는 데 주도적 역할을 맡은 아들 문무왕에 의해 추진되었을 터이다. 이런 인식을 전제로 할 때 비로소 서악고분군에 내재된 기본 성격을 올바르게 가늠할 수 있을 것 같다.

먼저 주목해볼 것은 2기로 이루어졌으며, 위치나 규모의 측면에서 위쪽 4기와 현저한 차이를 보이는 아래 그룹이다. 둘 가운데 작은 쪽 1기의 주인공에 대해서는 현재 별다른 이견이 없다. 기록을 통해 857년 50세를 일기로 사망한 김양(金陽)의 무덤임이 확실시되고 있다.

김양은 무열왕의 9세손으로서 원성왕(元聖王)과 왕위를 다투다 실패하고 강릉 지방으로 옮겨간 김주원(金周元)의 증손(曾孫)이다. 흥덕왕(興德王)의 사후 왕위 쟁탈전이 한창 벌어졌을 때 김우징(金祐徵)을 도와 신무왕(神武王)으로 즉위시킨 제일급의 공신으로서 뒤이은 문성왕(文聖王)대의 최고 실력자이기도 하였다. 그가 사망한 뒤의 장례 및 무덤 조영과 관련한 다음과 같은 기록이 보인다.

D) 대중(大中) 11년 8월 13일 자택에서 죽으니 향년 50세였다. 부음(訃音)을 듣고서 대왕이 애통해 하며 서발한(舒發翰)을 추증하고 부의(賻儀)와 장례는 하나같이 김유신의 옛 사례에 따랐으며 그해 12월 8일 태종대왕의 무덤에 배장(陪葬)하였다.(『삼국사기』44 열전 김양전)

이에 따르면 김양의 장례 절차 일체는 김유신의 전례에 따라서 진행되었으며, 태종 무열왕릉에 배장했다고 한다. 이를 액면대로 받아들여 김양도 김유신처럼 무열왕릉 가까이에 묻혔다고 해서 현재의 위치로 비정한 것이다. 상당한 시차를 두었으나 김양이 무열왕릉에 배장된 까닭에 양자의 무덤은 비슷한 곳일 수밖에 없다. 기록을 그대로 받아들이면 김양의 무덤 옆에 있는 나머지 1기의 주인공도 저절로 김유신으로 확정지을 수 있게 되는 셈이다.

김유신은 673년 7월 1일 자택에서 79세를 일기로 사망하였다. 이에 문무왕은 장례에 소요되는 수많은 비용을 국가가 부담하고 군악고취(軍樂鼓吹) 1백인을 보내어 금산원(金山原)에다 장사지낸 뒤 유사(有司)에게 묘비를 세우도록 명령하였다.[67] 2기의 무덤 가운데 큰 것의 앞에는 현재 귀부가 남아 있으며 또 국자박사(國子博士) 설인선(薛因宣)이 지었다는 「김유신비」가 실재하였으므로[68] 입비 사실과 자연스레 들어맞는다.

다만, 문제는 금산원의 구체적 위치가 과연 어디일까 하는 점과 현재 통용되고 있듯이 뒷날 조선 시대에 김유신의 무덤이 따로 송화산자락으로 비정된 점이다. 이로 말미암아 큰 무덤의 피장자도 김유신이 아닌 김인문(金仁問)으로 비정하려는 견해가 제시되었다.[69] 그럴 때 유력한 근거로서 활용된 것이 이로부터 수백 미터 떨어진 서악서원에서 발견된 「김인문비」의 비편이었다.

그렇다고 현재 남아 있는 귀부를 꼭 「김인문비」의 그것이라 단정하기는 곤란하다. 귀부와 서악서원의 거리도 비교적 멀거니와 「김유신비」

---

67) 『삼국사기』43 열전 김유신전 하.
68) 『삼국사기』28 백제본기 의자왕 20년조 사론.
69) 김인문은 694년 4월 29일 당나라 장안에서 66세를 일기로 병사하였다. 시신은 신라로 운구되어 이듬해인 695년 12월 27일 경서원(京西原)에 안장되었다고 한다.(『삼국사기』44 열전 김인문전)

도 존재하였음이 확실하기 때문이다. 오히려 현재 김유신의 무덤으로 비정된 곳은 12지(支)신상(神像)을 비롯한 석물 자체가 국왕이 아닌 인물에게는 결코 어울리지 않는다. 게다가 석물은 김유신이 사망한 7세기 말엽의 것도 아님이 명백하다. 이런 원천적인 문제점에 대해 9세기 흥덕왕대에 김유신이 흥무대왕(興武大王)으로 추봉됨으로써[70] 이 무렵 무덤까지 그에 걸맞게 새롭게 단장된 것이라는 반론이 뒤따랐다.

하지만 현재 추정 김유신묘의 주변에는 입비의 흔적이 전혀 없다는점, 9세기라면 이미 금관가야계가 쇠퇴의 길을 걷던 시절로서 당시 다른왕릉을 능가할 수준의 치장이 과연 합당할까 의심되는 점, 특히 흥덕왕9년(834) 골품제에 따른 생활상의 통제가 강한 법령이 제정된 점[71] 등등으로 미루어 의문이 짙게 든다. 따라서 아직 금산원의 구체적 위치를 가늠할 수는 없지만 김양의 사례처럼 관련 기록을 충실히 받아들인다면나란하게 배치된 무덤의 주인공을 김유신으로 봄이 가장 무난한 이해라할 수 있다.[72]

양자가 무열왕릉으로부터 아래로 일정한 거리를 두면서 배치되었을뿐만 아니라 규모가 상대적으로 작은 점도 역시 왕릉에 견주어 품격이다른 배장인 데서 비롯한 일로 여겨진다. 김유신이 무열왕릉에 배장된사실은 그의 영원한 정치적 동지로서 삼국통일에 지대한 공훈을 세웠기때문이었지만, 김양은 스스로 김유신 못지않게 큰 공헌을 하였다는 자부심과 아울러 가야계의 외손이란 점도 의식하여 나란하게 묻히기를 희

---

70) 『삼국사기』43 열전 김유신전 하.
71) 『삼국사기』33 잡지 색복 · 거기 · 기용 · 옥사조.
72) 무덤의 주인공을 둘러싼 논란에 대해서는 주보돈, 앞의 논문, 2012, pp.50-51 참조.

구하였을지 모른다. 여하튼 2기는 기록에 따르는 한 김유신과 김양의 두 사람으로 비정하여도 하등 이상할 바가 없다.

이제 남은 문제는 위쪽 4기의 구체적인 주인공 설정이다. 이 중 3기에 대해서는 앞서 언급하였듯이 기록을 근거로 해서 법흥왕, 진흥왕, 진지왕 3인으로 간주하는 데에 거의 이견은 없는 듯하다. 다만, 다음의 두 가지 사항은 아직껏 확연히 풀리지 않는 수수께끼로 남아 줄곧 논란의 대상이 되고 있다.

하나는 4기 가운데 나머지 1기의 주인공이 과연 누구인가이며, 다른 하나는 4인의 구체적인 피장처가 어느 것일까 하는 점이다. 이를 놓고 논자들 사이에 크게 견해가 나뉘어 합의점을 찾지 못하는 상황이다.

먼저 1기의 주인공에 대한 문제이다. 이에 대해 무열왕의 아버지 김용춘(金龍春, 추존 文興大王),[73] 법흥왕비 보도(保刀)부인,[74] 진흥왕비 사도(思道)부인[75]으로 보는 등 견해가 크게 셋으로 엇갈려 있다. 거기에다 최근에는 지증왕을 가세시킨 신설까지[76] 제기된 상태이다.

대부분이 고고학적 입장을 기본으로 견지하면서도 이 문제에 대해 유독 문헌으로 해명하려는 특징적 양상을 보인다. 현재로서는 무덤의 발굴이 이루어지지 않은 탓에 고고학적 판별 자체가 불가능한 데서 비롯한 부득이한 접근이기도 하다. 그렇다면 이는 영원토록 해결되지 못한 채 평행선을 달릴 수밖에 없는 상태임을 뜻한다.

---

73) 강인구, 앞의 책.

74) 이근직, 앞의 책.

75) 김용성, 「경주 서악동 능원과 그 의의」『영남대 문화인류학과 40주년 기념논총』, 2012 ; 『신라 고분고고학의 탐색』, 진인진, 2015. 최민희, 앞의 글.

76) 황종현, 앞의 글.

그런데 문헌 기록을 근거로 이 문제에 접근하려면 3기를 특정 왕릉이라 비정하였듯이 그럴 만한 여건이 적절한 수준에서 갖추어질 때에 비로소 가능해진다. 이를테면 아무래도 구체성을 띤 믿을 만한 기록을 먼저 찾아내어야 마땅하다. 그렇지 못한다면 최소한 4기를 한데 묶어서 이해할 만한 합당한 논리적 근거라도 도출해내어야 한다. 현재로서는 전자는 불가능한 실정이므로 결국 후자의 입장에서 접근해 볼 수밖에 없다.

먼저 기존 견해 가운데 4기의 하나에 왕비를 포함시킴은 뚜렷한 근거 없이 일관성을 결여하였을 뿐만 아니라 매우 돌출적이라는 측면에서 선뜻 받아들이기 어렵다. 왕릉만으로 구성된 묘역에 왜 하필 특정 왕비의 무덤 하나가 끼어든 것인가를 합리적·체계적으로 논증하지 않으면 안 되기 때문이다. 진흥왕비 사도부인의 경우에는 예외적으로 사망 관련 기록이[77] 남은 특이한 사례가 유일한 근거로서 제시되고 있을 따름이다.[78]

그렇지만 왕비의 죽음 관련 기록이 남아 전하는 사실 자체가 특이하다고 해서 이를 곧장 왕릉과 비등하게 나란히 조영된 증거로 삼기에는 쉽게 납득되지 않는다. 그와 같은 결론에 이르기에 앞서 먼저 기록이 남겨진 배경과 함께 거기에 함축된 의미까지 낱낱이 살펴봄이 올바른 접근이겠다.

이 기록에 의하면 사도부인은 진흥왕이 사후 스스로 출가해 영흥사에 오래도록 머물다가 사망하였거니와 바로 이때 소불(塑佛)이 저절로

---

77) 『삼국사기』4 신라본기 진평왕 36년조.
78) 김용성, 앞의 글.

깨어지는 이변으로서 그럴 조짐을 미리 내보였다고 한다. 이는 진흥왕의 죽음을 스스로 창건한 황룡사의 장육상이 눈물을 흘려서 미리 알린 사례와[79] 비슷한 맥락이다.[80]

이처럼 기록은 사도부인의 죽음이 예견된 이변에 초점이 맞추어져 나름의 의미가 들어가 있지만 이를 곧바로 왕비릉 조영의 근거로 직결시키기에는 지나친 논리적 비약이 엿보인다. 당시 합장 가능한 횡혈식석실분이 도입된 상태였음에도 특정한 왕비만을 하필 국왕과 동등한 자격으로 나란하게 묻었다면 적절한 근거를 갖고 따로 논증해야 마땅하다. 그렇지 않는다면 왕비릉이란 주장은 아무래도 설득력을 얻기 곤란하다.

이렇게 보면 김용춘과 지증왕만이 상정 가능한 대상으로 남는다. 일단 4기를 하나로 묶는 데에는 무열왕릉과의 관련성에 초점을 맞추어야 함은 이를 나위가 없다. 4기의 왕릉은 배치 상태로 보아 무열왕릉 조영과 각별한 관계 아래 기획되었음을 뜻하기 때문이다. 말하자면 4기 해명의 열쇠는 무열왕릉에 달린 셈이다.

그럴 때 지증왕도 무덤 관련 기록이 처음 등장하는 법흥왕의 아버지라는 점에서 당연히 대상의 하나로 포함될 소지는 충분해 보인다. 그렇다면 4기의 주인공은 지증왕, 법흥왕, 진흥왕, 진지왕이 되는 셈이다. 게다가 지증왕이 장제 개혁을 가장 먼저 시도하여 묘역과 묘제가 바뀔 만한 길을 턴 점에서 그럴 가능성은 배가된다.

그렇다면 해명해야 할 다음의 과제는 지증왕 이하 4왕을 함께 묶었

---

79) 『삼국유사』3 탑상 「황룡사장육」조 및 『삼국사기』4 신라본기 진흥왕 37년조.
80) 『삼국사기』4 신라본기 진흥왕 37년조에 사도부인이 영흥사에서 사망하자 국인이 예장(禮葬)하였다는 기사는 그런 추정을 보완해준다.

을 때 이것이 과연 무열왕과 어떻게 직결되는가를 검증하는 일이다. 진지왕을 기준으로 삼으면 직계 존속으로서 하나의 묶음이 되겠지만 무열왕을 기준으로 삼는다면 중간에 그의 아버지가 빠지게 됨으로써 직접 연결시키기는 곤란하다. 그러므로 지증왕으로 단정하기에는 역시 미흡함이 뒤따른다.

한편 지증왕으로 보려는 주장의 밑바탕에는 애초 묘역을 옮기려 한 의도를 6부와 관련된다는 잘못된 전제를 깐 데에 근본적 한계가 있다. 당대 금석문에 의하면 지증왕은 사탁부 소속인[81] 반면 그의 아들인 법흥왕은 탁부 출신이므로[82] 새로운 묘역 설정이 부(部)를 주요 기준으로 삼았다고 봄은 논리적으로 성립 불가능하다. 오히려 거꾸로 공동묘역의 이동과 새로운 묘제의 수용이란 일대 변혁은 기존의 부체제적 질서를 완전히 벗어남으로써 비로소 가능해진 일이었다.

그렇다면 묘역을 벗어난 첫 국왕을 지증왕으로 간주하기에는 풀어야 할 난제가 너무도 많으므로 선뜻 받아들이기 곤란하다. 지증왕의 재위 기간에는 부체제적 질서를 벗어나려는 움직임이 일기는 하였으나 이제 막 본격화되기 시작하였을 뿐 아직 전반이 마무리된 상태가 아니었다. 무덤 관련 기록 자체가 전혀 보이지 않는 것도 이 주장의 근본적 취약점이다.

기존 부체제를 탈피해 국왕 정점의 집권적 지배체제로 본격 전환된 시점은 율령 반포, 불교 공인, 상대등 설치 등 일련의 과정을 거친 뒤 대

---

81) 「포항냉수리신라비」
82) 「울진봉평신라비」

왕이란 왕호와 독자적 연호 사용까지 표방한 법흥왕대 후반기였다.[83] 따라서 상당한 혁신적인 성격이라 할 묘역 이동의 첫 문을 연 인물로서는 아무래도 왕릉 관련 기록까지 처음 등장하는 법흥왕대로 봄이 온당할 듯 싶다.

2) 왕릉의 주인공

이처럼 지증왕을 제외하면 기존 견해 중 이제 무열왕의 아버지인 김용춘, 즉 문흥대왕만이 대상으로 남는다. 나머지 1기의 주인공을 김용춘으로 볼 만한 명분상의 근거로서 오묘제 실시가 제기된 상태이므로[84] 여기서는 그것의 적절성 여부를 검토하는 쪽으로 눈 돌릴 차례이다. 위의 4기 왕릉을 무열왕과 직결시키는 근거가 오묘제에 입각한 것이라면 일단 상관관계상으로 별다른 문제는 없다. 다만, 오묘제의 수용 시점이나 배경, 그리고 김용춘의 자격 등은 논란꺼리가 된다.

오래도록 왕위를 꿈꾼 김춘추는 기존 불교 지배이데올로기를 유학으로 대체하려는 강한 지향을 갖고 줄기차게 추구해왔다.[85] 즉위를 위한 대안적 명분으로서 유학을 앞세워 밀어붙인 것이다. 이로 말미암아 저절로 전통 보수성이 강한 귀족들과의 대립·마찰을 크게 빚을 수밖에 없는 국면이었다. 갈등의 양상이 최고조에 다다른 647년 마침내 최후의 결전이라 할 비담(毗曇)의 난이 발발하였다. 김춘추는 김유신의 도움을 받아 비담의 난을 진압함으로써 실권자로 부상하였다.

---

83) 주보돈, 앞의 글, 1992.
84) 강인구, 앞의 글.
85) 주보돈, 『김춘추와 그의 사람들』 지식산업사, 2018.

이듬해인 648년 김춘추는 외교적 목적을 앞세워 당나라로 들어가 가장 먼저 국자감(國子監)에 나아갔다. 이는 김춘추의 지향이 어디에 있었던가를 여실히 방증하는 사례이다. 이후 진덕여왕의 재위 기간 내내 김춘추는 유학에 토대한 당제(唐制) 수용을 적극 주도함으로써 즉위를 위한 기반을 착실히 다져갔다. 이때 독자적 연호의 사용을 스스로 포기한 사실은 그와 맞물린 오묘제의 도입 가능성을 상정케 한다.

종묘를 정식으로 세우는 등 오묘제의 실질적 구현 시점을 둘러싸고 논자에 따라 약간의 입장 차이를 보이지만 어떻든 그에 대한 기본 구상은 김춘추가 실권자로서 유학 수용을 적극 추진할 무렵부터 세워졌을 공산이 크다. 아들 문무왕이 재위 5년(655) 당 고종(高宗)의 칙사 유인원(劉仁願) 및 웅진도독 부여융(夫餘隆)과 함께 취리산(就利山)에서 회맹할 때 작성한 맹문(盟文)을 금서철권(金書鐵券)으로 만들어 종묘에 갈무리한 시점을[86] 하한으로 해서 오묘제는 그 이전 어느 시점에 이미 수용된 상태였다고 하겠다. 아직 정확한 시점을 꼬집어내기는 어렵지만 대충 무열왕대라 간주하여도 그리 어긋나지는 않을 것 같다.

그런데 그와 관련해 주목해볼 점은 무열왕이 아버지 김용춘을 문흥대왕(文興大王)으로 추봉한[87] 사실이다. 무열왕이 즉위한 바로 직후란 시점에서도 그러려니와 특히 대왕으로 추봉한 사실 자체는 예사로이 보아 넘길 일은 아니다. 대왕으로 추봉한 첫 사례이므로 이는 곧 무열왕의 창안이라고 단정할 수 있다. 사실상 이로써 기존 갈문왕(葛文王) 추봉제는 대왕 추봉제로 바뀐 셈이다.

---

86) 『삼국사기』6 신라본기 문무왕 5년조 ; 『삼국유사』1 기이1 「태종춘추공」조.
87) 『삼국사기』5 신라본기 태종무열왕 원년조.

그렇다면 무열왕이 하필 아버지를 갈문왕이 아닌 대왕으로 추봉하였을까라는 의문이 저절로 떠오른다. 갈문왕과 대왕의 위상은 결코 동등하지가 않다.[88] 갈문왕에 대신한 대왕 추봉제 도입에는 나름의 내밀한 정치적 계산과 목적을 깐 것으로 보지 않을 수 없다. 말하자면 이는 어떤 특별한 기획 아래 진행된 일로 여겨진다. 무열왕은 자신 기점의 직계 선조를 대상으로 삼은 오묘제의 실시를 염두에 두고 추진한 일이었다.

무열왕이 아버지 용춘을 다른 선왕(先王)과 나란히 종묘에 입묘시키려면 사실상 갈문왕으로는 불가능하였다. 갈문왕은 국왕과 자격이 동등하지 않았으므로[89] 원천적으로 입묘의 대상으로 선정될 자격이 없었다. 하지만 추봉이지만 대왕이라면 사정은 전혀 달라진다. 당당한 유자격자가 되도록 하려면 갈문왕 대신 대왕 추봉제를 도입해야만 하였다.

이는 이후 오묘제의 정착과 함께 즉위하지 못한 직계 존속을 종묘에 입묘시킬 수 있도록 하는 선례가 된 것이다. 통일전쟁 이후 과업을 마무리 지은 신문왕 7년(687)의 일이지만 오묘제를 재정비하면서 문흥대왕을 5묘에 정식 입묘시켰음은[90] 그를 입증한다.

이상과 같은 실상을 고려하면 나머지 1기는 비록 추봉이기는 하지만 문흥대왕으로 보아도[91] 하등 이상스럽지가 않다. 무열왕릉을 중심으로 놓고 보면 위쪽 4기의 배치도 적절하게 어우러지는 모양새이다.

갖은 난관을 무릅쓰면서 힘들게 즉위한 무열왕으로서는 즉위의 명분

---

88) 이기백, 「신라시대의 갈문왕」『역사학보』58, 1973 ; 『신라정치사회사연구』, 일조각, 1974.
89) 이기백, 위의 글.
90) 『삼국사기』8 신라본기 신문왕 7년조.
91) 강인구, 앞의 글.

이나 정당성을 강하게 내세울 필요가 있었다. 그래서 유학에 토대한 오묘제의 수용을 매개로 자신 중심의 직계존속(直系尊屬) 체계를 정립하려고 시도하였다.

하지만, 그의 즉위가 순조롭게 이루어진 것이 아닌 까닭에 그 여파는 아직 말끔하게 가신 상태는 아니었다. 내부 반발이 여전히 만만치 않았으므로 새로운 지배질서의 정비는 가장 시급하고 긴요한 과제였다. 그래서 일단 오묘제를 매개로 즉위의 정당성을 내세워 체제를 굳혀가면서 동시에 안정적인 왕위 승계 수립에도 관심을 기울였다.

무열왕은 아버지를 대왕으로 추봉한 바로 이듬해인 655년 이어서 장남 법민(法敏)을 태자로 책봉하였다. 사실 신라에서 태자책봉제는 진흥왕이 처음 도입하였으나 동륜(銅輪)태자의 사망으로 정착에는 실패하였다. 이에 진지왕이 뒤를 잇게 되었으나 4년만에 귀족회의에서 폐위 당하였으므로 아들 용춘은 물론 손자인 김춘추까지 정상적 즉위가 불가능한 상태였다. 그래서 즉위에 이르기까지 온갖 고초를 겪은 무열왕으로서는 안정적인 왕위 계승에 각별한 관심을 기울이지 않을 수 없었다.

이처럼 아버지의 대왕 추봉과 곧바로 이어서 진행한 태자 책봉의 양자는 사실상 일련의 선상에 놓인 과업이었다. 새로운 상황에 걸맞게 오묘제에 입각해 선조의 가계를 재정비함으로써 자신의 즉위 정당성을 일단락 짓는 한편 장차 자신의 후사가 순조롭게 이어지기를 희구한 것이었다.

이상의 정황으로 미루어 문제의 나머지 1기는 문흥(대)왕으로 봄이 적절하다고 판단한다. 이는 오묘제 수용과 정립의 지향이란 분위기에서 나온 조치였다. 직전의 3왕릉이 다른 곳에 조영된 마당에 무열왕릉만이 굳이 서악 쪽으로 다시 되돌아온 것도 바로 그 때문이었다.

사실 그런 조치에는 기존 불교 이데올로기에 기반한 중고기를 일체 정리함과 동시에 새로운 시대의 개시를 선언하려는 의미까지 포함된 것이라 여겨진다. 그런 실상을 보여주는 사례가 바로 태종(太宗)이란 묘호의 사용이었다.

신라의 태종 묘호 사용에 대한 고집은 뒷날 당과 외교 마찰의 요인이 되기도 하였지만[92] 그 출발점은 김춘추와 당태종의 만남이었던 것으로 보인다. 아마도 이때 당태종과 군사동맹을 밀약한 김춘추는 장차 그의 정치 운영이나 정책까지 크게 본받으려는 생각을 가졌을 공산이 크다. 이는 자신의 원대한 꿈을 실현시키기 위해 유학은 물론 김유신을 비롯한 원효(元曉), 강수(强首)와 같은 소외된 인물을 적극 끌어들인 데서도 유추되는 사실이다.[93]

두루 알려져 있다시피 태종의 강점은 뛰어난 인재에 대한 남다른 안목과 과감한 등용이었다. 그러므로 태종이란 묘호는 무열왕 자신이 오묘제 도입 구상 당초부터 당태종을 본받으려 한 데에 뿌리를 둔 것으로 풀이된다.

비록 형식적 수준에서이기는 하지만 종묘를 상징하는 태조(太祖)란 묘호는 「황초령비」와 「마운령비」에 보이듯이 이미 진흥왕대부터 사용되고 있었다.[94] 통일기 「문무왕릉비」 이후의 몇몇 금석문상에서는 태조

---

92) 『삼국사기』8 신라본기 신문왕 12년조 ; 『삼국유사』1 기이편1 「태종춘추공」조.

93) 주보돈, 앞의 책.

94) 태조가 처음 사용되기 시작한 시점은 알기 어려우나 대왕과 함께 연호를 사용한 시점을 고려하면 법흥왕대부터일 가능성이 크다. 그런 측면에서 오묘제 및 태종 묘호의 구상은 연호 사용의 포기와 동일한 선상에서 이해해봄 직하다.

성한(星漢)이란 존재가 확인되지만 너무도 막연해서 구체적으로 누구인가를 둘러싸고 논란되어 있다.[95] 그렇지만 중고기에는 오로지 태조만이 확인될 따름이며 당시 시호(諡號)조차 따로 존재하지 않은 상태였다. 그러다가 무열왕은 시호와 묘호를 함께 사용한 것이다. 이후 멸망에 이를 때까지 조종지법(祖宗之法)에 따른 묘호는 사용되지 않았다. 시호와 묘호는 별다른 구별 없이 사용하였다.

그런 의미에서 이제 태종이란 묘호와 무열왕이란 시호의 사용은 하나의 큰 획을 긋는 일대사건이라 평가할 수 있다. 양자의 동시 사용은 어쩌면 전대(前代)의 정리이면서 동시에 새로운 시대의 출발을 선언한 것이나 다름없는 일이었다. 그런 연장선상에서 미루어볼 때 무열왕릉 중심의 서악고분군 정비도 묘역 상에서 중고기의 총정리이면서 동시에 새로운 출발이었다고 여겨진다. 무열왕의 뒤를 이은 국왕들의 무덤이 다시 진평왕, 선덕여왕, 진덕여왕의 3왕 사례처럼 왕경 각지에 뿔뿔이 흩어져 조영되었음은 그를 방증하는 사실이다.

이제 4기 왕릉 주인공의 구체적 피장처를 비정하는 문제만 남는다. 사실 무덤을 모두 직접 파보지 않는 한 구체적 주인공을 밝혀내는 것은 원천적으로 불가능한 일이겠다. 설사 파본다고 하더라도 지석(誌石)과 같은 명문이 출토되지 않는 한 주인공을 확정하기 힘들지도 모른다. 그러므로 막연한 상태에서 이를 비정하려는 시도 자체는 무모하고 별로 의미도 있을 것 같지 않다. 다만, 오묘제 실시를 전제로 4기 왕릉의 주인공을 나름대로 추정해본 마당이므로 잠정이나마 시도해 볼 수밖에 없는

---

95) 이기동, 「신라 태조 성한의 문제와 흥덕왕릉비의 발견」『신라 골품제사회와 화랑도』 한국연구원, 1980.

형편이다.

피장처를 명확히 밝힐 만한 문헌상의 근거는 어디에도 없다. 현재 남아 있는 기록에서 애공사 기준의 북쪽이나 북봉 등과 같은 표현이나, 영경사 기준의 동쪽이나 북쪽 등 방향의 차이를 확인하는 것만으로는 사실상 접근이 불가능하다. 게다가 약간의 차이 나는 무덤 규모만으로 주인공을 추적하는 것도 정확성을 기하기는 어렵다. 그럴 때 눈여겨봄 직한 유일한 실마리는 경관(景觀)이다.

4기는 규모가 엇비슷하면서 아래로부터 위쪽으로 나란히 일렬로 정리된 특성을 보인다. 여기에는 그들 사이의 서열이나 순서가 반영된 듯한 느낌이 짙게 든다. 기왕에도 그런 양상을 실마리로 해서 대체로 처음 조영된 법흥왕릉을 비정하려는 데에 초점이 맞추어졌다. 그래서 법흥왕릉을 가장 위쪽의 1호로 보거나 아니면 가장 아래쪽의 4호로 보려는 두 입장이 제기되었다. 법흥왕릉을 기준으로 삼아 나머지를 시기 순으로 배정하는 방식이 취해진 것이다.

이미 오묘제에 입각해 조성된 묘역으로 결론이 내려진 까닭에 각별히 주목해볼 대상은 유일하게 그런 입장을 취한 강인구의 견해이다.[96] 씨는 가장 위쪽의 1호분을 법흥왕릉으로 보고 순차적으로 진흥왕릉, 진지왕릉, 문흥(대)왕릉이라 결정하였다. 일견 나름의 일관성을 지녔으므로 경청해볼 만한 이해이다.

만일 법흥왕릉을 조성할 당초부터 오묘제에 입각해 기획을 도모한 것이라면 일견 수용할 여지가 보인다. 그렇지만 오묘제가 구상된 시점이

---

96) 강인구, 앞의 책.

무열왕대거나 직후라면 그런 결과론적 인식에 입각한 배치는 적절해 보이지 않는다. 오히려 넓은 공간이 활용됨으로써 아래의 세 왕릉이 그처럼 매우 촘촘한 모습으로 들어서지는 않았을 터이기 때문이다.

특히 진지왕이 재위 중 폐위된 점이나 문흥(대)왕이 추봉된 사실까지도 함께 고려됨이 마땅하다. 가장 먼저 조영된 법흥왕릉과 진흥왕릉의 위치만 북봉이라 하였듯이 두 왕릉은 같은 묘역이지만 이미 크게 공간을 나누어 일정한 간격을 두고 배치되었을 공산이 크다. 처음부터 미리 정해진 순서에 따라 일렬로 정연하게 조영되었다고 봄은 뒷날의 결과론으로부터 유추된 데에 지나지 않는다. 그러므로 그와 같은 추정은 받아들이기 곤란하다.

묘역의 현장을 면밀히 살피면 4기는 서로 간 떨어진 거리에서 차이를 보인다. 1호와 2호 사이에는 서로 수십 미터 정도의 이격(離隔)이 보이며 2호부터 아래 3기(2, 3, 4호의 순서)는 공간이 별로 없이 거의 붙어있다시피 한 상태이다. 이는 4기가 크게 두 그룹으로 나뉨을 의미한다. 이것이 단순히 지형적 요인에서 비롯한 것일지 어떨지 모르지만 거리상으로 보면 상당한 의도성이 깃든 느낌이다. 1호를 별도로 여기면서 나머지는 하나로 묶으려고 의도한 듯하기 때문이다. 이를 유력한 근거로 삼아 각각의 구체적 주인공을 추정해봄 직하다.

단독으로 떨어져 가장 높은 곳에 위치한 1호는 법흥왕릉으로 볼 여지가 충분하다. 법흥왕릉이 묘역 조성 이후 처음 조영되었다는 상징성을 갖기 때문이다. 게다가 일종의 중고기 중시조처럼 생각되어 가장 높은 곳에 배치하였을 가능성도 엿보인다. 단독으로 우뚝하게 함으로써 약간이나마 돋보이도록 한 배려였을 터이다. 게다가 혈연 계보가 나머지 3기와는 달리 다루어야 할 필요성이 작용하였을지 모른다.

법흥왕과 그 뒤를 이은 진흥왕은 부자관계가 아니며 백부와 조카, 혹은 조손(祖孫)의 관계이다. 반면 진흥왕부터 진지왕과 문흥왕은 모두 부자 직계로 이어졌다. 이것이 3기만을 따로 하나로 묶을 만한 또 다른 명분이 되는 셈이다.

그런데 이와 관련하여 또 하나 유념해야 둘 사항은 이미 언급하였듯이 진지왕과 문흥(대)왕의 문제이다. 폐위됨으로써 정상 궤도를 벗어난 진지왕릉이 처음부터 같은 규모로 직전의 법흥왕릉 및 진흥왕릉과 동등한 수준과 규모로 같은 묘역에 자리하였다고 보기는 매우 주저된다. 마찬가지로 추봉을 통해 비로소 자격을 갖춘 추봉 문흥(대)왕의 경우도 역시 처음부터 같은 왕릉만의 묘역에 묻혔을 리 만무하다. 따라서 양자는 달리 이해해볼 소지가 있다.

이상에서 언급한 사실을 근거로 추리하면 처음에는 법흥왕릉과 뒤이은 진흥왕릉의 2기만이 먼저 중심 구역에 일정한 거리를 두고 자리 잡았을 공산이 크다. 양자만 애공사의 북봉이라고 동일한 사서에 같은 표현으로 명시된 점은 그런 실상을 암시해준다.

그런데 비상적인 과정을 밟아 오묘제에 들게 된 진지왕릉과 문흥왕릉은 원래 다른 곳에 조영되었다가 정비 과정에서 이장됨으로써 함께 정연한 모습을 갖추었을 여지가 엿보인다. 왕릉의 이장(移葬) 자체는 흔하지는 않지만 뒷날 경덕왕(景德王)의 사례에서[97] 확인된다. 따라서 양자는 진흥왕릉과 법흥왕릉 사에의 빈 공간에다 2기를 끼운 것으로 추정해

---

97) 『삼국유사』1 왕력편 제삼십오경덕왕조.

볼 수 있다.

무척 공교롭지만 앞쪽에서 봉우리 방향을 향해 찍은 항공사진을 점검하면 1호와 4호를 주요 중심축으로 해서 중간의 2호와 3호는 일직선상에서 약간 비켜나 있는 모양새이다. 그러므로 이는 원래 1호와 4호가 먼저 조영되고 뒤에 3호와 2호가 이들 사이에 추가된 것으로도 이해할 수 있다. 그렇다면 가장 앞에 위치하는 4호가 진흥왕릉이며, 3호와 2호는 각각 진지왕릉과 문흥왕릉으로 봄이 적절하다는 판단이다.

이런 구도는 이제 막 오묘제가 처음으로 도입되기도 하였거니와 이를 종묘만이 아닌 무덤에까지 반영한 것으로서 순서가 별로 크게 문제되지는 않을 듯하다. 특히 폐위나 추봉이란 비정상적 과정을 밟았으므로 오히려 중간에 숨어 있는 듯이 비쳐지는 모습도 당연시되었을지 모른다.

요컨대 1호는 법흥왕릉, 4호는 진흥왕릉이며 이를 주된 기준으로 3호 진지왕릉과 2호 문흥왕릉은 이장을 통해 함께 나란히 정비된 것으로 진단한다. 이로써 무열왕 이후 승계가 중고기로부터 이어지는 정통성을 갖는다는 기획을 최종적으로 마무리 지었다고 하겠다.

6. 나가면서

무덤이란 당연하게도 죽음을 나타내는 표징이지만 삶과도 밀접히 연관된다. 죽은 사람의 무덤을 조영하는 주체는 어디까지나 살아있는 사람들이기 때문이다. 따라서 거기에는 이들이 직면한 정치사회성이나 경제성이 자연스레 반영되게 마련이다.

수많은 신라의 공동묘역 가운데 매우 의도적 기획 아래 조영되었음을 보여주는 실례로는 서악고분군을 손꼽는 데에는 누구라도 동의할 터이다. 거기에는 전후 시기의 양상과는 몇 가지 측면에서 전혀 다른 모습을 보이기 때문이다.

첫째는 중앙부에 상당히 정연하게 그룹을 이루면서 조영된 점, 둘째는 그와 관련한 믿을 만한 내용이 기록상 처음 나타나는 점, 셋째는 완전하지는 않지만 현존하는 능비로 주인공을 확실히 파악할 수 있는 무덤이 존재하는 점 등이다. 이를 매개로 나란하게 조영된 4기 고총의 주인공이 중고기의 국왕들임을 알게 되었다.

왜 거기에 왕릉이 나란히 존재하게 되었는가 하는 수수께끼를 풀어내는 열쇠는 역시 무열왕릉이 쥐고 있다. 「무열왕릉비」를 통해 무덤군의 중앙에 위치한 주인공이 무열왕임을 확정할 수 있거니와 특히 직전까지의 3왕이 이 지역을 벗어나 나른 곳으로 뿔뿔이 흩어졌다가 무열왕릉만이 다시 그곳으로 돌아와 조영된 사실은 예사롭지 않다. 무열왕의 혼사가 이루어지는 배경 설화가 선도산과 연관된 것도 뒷날 그로부터 나온 것으로 여겨진다.

그렇다면 이는 무열왕을 중핵으로 일정한 관계를 맺고 왕릉만을 하나의 묶음으로써 별도의 묘역으로 구획하였음을 뜻한다. 이는 전후 시기의 묘역 조성과는 상당히 구별되는 특징적 면모이다. 그 출발은 법흥왕대부터이지만 당시 정치사회적 변동의 소산물이면서 새로운 시대로 나아감을 묘역 이동으로 드러낸 것처럼 보인다. 무열왕릉에는 일단 그를 최종적으로 정리한다는 의미가 내재되어 있다.

선도산(서악)은 원래 산악숭배로 매우 중시된 대상이었다. 그러다가 진평왕대에 이르러 불사가 크게 이루어지면서 차츰 불교의 성지로 바뀌어졌다. 일대에 사찰이 자리 잡았을 뿐만 아니라 특히 선도산 봉우리에 조금 못 미치는 바로 아래 지점에 마애의 관음과 대세지를 협시로 하는 아미타불 3존이 자리하고 있다. 이는 선도산이 어느 틈엔가 신라인들에게 서방정토로 인식되었음을 상징적으로 보여준다.

이 일대가 묘역으로 조성되기 시작한 당초부터 그런 인식을 가졌던 것은 아니었다. 왕경 중심부와 가까울 뿐만 아니라 이를 내려다볼 수 있는 위치, 일대의 묘역 확보 용이함 등 여러모로 지리적으로 유리한 위치였기 때문에 선정되었을 것으로 여겨진다. 그러다가 불교가 차츰 주류를 차지하면서 서악은 자연스레 서방의 불국정토처럼 인식되어 오래도록 영원한 신성 공간으로서 뿌리내려진 것이라 하겠다.

(새 글)

5
신라의 능·묘비(陵墓碑)에 대한 몇몇 논의

1. 들어가면서

흔히 사람들은 어떤 사건과 사실이 영원히 남겨지기를 바라는 마음에서 각별히 금속과 같은 단단한 재질에다가 내용을 새긴다. 그런 금속이나 돌에 새겨진 글자나 부호를 통칭해서 금석문(金石文)이라 일컫는다. 금석문의 종류는 대단히 많다. 어떤 재질로 만들어진 것이냐에 따라 분류하기도 하고, 이를 토대로 다시 내용 및 목적과 성격을 놓고 세분하기도 한다.

그들 가운데에 일반적으로 가장 많이 남아 역사 복원을 위해 유용하게 활용되는 것으로는 비석(碑石, 碑文)을 손꼽을 수 있다. 비석도 역시 내용이나 용도에 따라 세분 가능하지만 여기서 주목하고 싶은 것은 신라의 묘비, 특히 능비에 대해서이다.[1]

___

1) 묘비 가운데 왕(비)릉 등에 세워진 것만을 각별하게 따로 떼어내어 능비라고 일컫는다. 여기서는 편의상 (능)묘비와 같은 형식으로 쓰려고 한다.

(능)묘비란 죽은 자의 시신을 안치한 무덤 앞 특정 위치에 세우는 금석을 총칭한다. 이를 매개로 무덤에 묻힌 주인공의 생전 행적과 실태를 파악할 수가 있다. 신라에서 (능)묘비의 존재가 뚜렷이 확인되는 것은 통일기의 일로서 그 이전의 사례는 없다. 익히 알다시피 통일 이전에도 왕릉을 비롯하여 수많은 무덤이 조영되었지만 주인공을 제대로 확정지을 수 있는 사례가 별로 많지 않은 것도 바로 그 때문이다.

　그렇다면 통일 이전에는 (능)묘비문화가 과연 수용되지 않았던 것일까. 아니면 수용되었으나 현 시점에서 확인되지 않았을 따름인가. 이는 자연스레 가져 봄직한 의문이다.

　여기서는 신라의 (능)묘비에 대해서 크게 삼국을 통일하기 이전과 이후의 두 시기로 나누어 이해해 보고자 한다. 각각은 시대상이 현저히 다를 뿐 아니라 현전하는 (능)묘비의 유무(有無)로서도 확연히 구분되기 때문이다. 사실 통일 이전의 사례로서 남아 전하는 것은 전혀 없다. 과연 원래부터 세워지지 않았던 것인가 아니면 그것이 뒷날 인멸되어 버렸던가. 세워지지 않았다면 과연 그 이유는 무엇 때문일까.

　통일기 이전도 다시 크게 두 시기로 나누어 접근해 보고자 한다. 하나는 엄청나게 큰 봉분을 가지는 이른바 고총(高塚)이 출현하는 마립간(麻立干) 시기이다. 이때는 대체로 경주분지 일대에서 적석목곽분(積石木槨墳)이 주류적 묘제이다.

　다른 하나는 6세기 이후 통일기에 이르기까지의 시기이다. 이때를 문헌사학에서는 흔히 중고기(中古期)라 일컫거니와 신라가 비약적으로 발전해가던 기간이다. 당시 무덤의 내부 구조는 적석목곽분 대신 횡혈식석실분(橫穴式石室墳)이 주류로 정착되었다. 분묘의 내부 구조뿐 아니라

무열왕릉_귀부와 이수(하일식 제공)

외형적 규모도 훨씬 작아졌다. 국왕을 정점으로 한 새로운 지배체제가 출범하는 등 여러모로 변화가 크게 일어나는 등 정황상 (능)묘비문화가 이 무렵 수용되었음 직한 데 아직 발견된 사례는 없다.

통일기에 이르러서 비로소 신라가 (능)묘비문화를 수용한 실상이 실물로서 확인된다. 그럼에도 정착·확산된 것 같지는 않다. 특별한 경우에 한정해서만 (능)묘비를 세웠던 듯하기 때문이다. (능)묘비를 아무나 마음대로 세우지 못하도록 법적으로 규제한 듯하다. 일반인들이 (능)묘비를 세우는 데에는 상당한 제약이 뒤따랐던 것이다. 이는 일단 골품제와 같은 신분제 운용과도 밀접히 연관된 것으로 보인다. 국왕의 무덤에조차도 (능)묘비를 세우는 관행은 뿌리내린 것 같지 않다. 거기에는 그럴 만한 어떤 배경이 작용하였으리라 짐작된다.

통일기에 이르러서 왕릉 수준의 무덤에 국한해 다양한 석물(石物)로 화려하게 단장하려는 문화가 수용되었다. 그럼에도 (능)묘비를 세우는 문화는 함께 동반된 것 같지는 않다. 그것은 무덤을 조성하자마자 곧바로 입비(立碑, 建碑)하지 않고 상당한 시간이 흐른 뒤 일반 석물과는 별개로 세운 몇몇 사례로부터 뚜렷이 간취된다. 이는 (능)묘비가 어떤 정형화된 석물문화의 일부가 아니라 각자 따로 수용되었음을 뜻한다. 달리 말하면 (능)묘비와 석물문화의 성격이 달랐던 것이다.

이상과 같이 몇몇 의문점을 제기하고 풀어보려 함이 이 글을 기초한 목적이다. 신라의 왕릉 가운데 (능)묘비를 세운 흔적이 확인되는 사례도 별로 많지 않다. 현재로서는 겨우 몇 기밖에 없다. 이는 뒷날 저절로 인멸된 때문이 아니라 애초부터 그렇게 많이 세우지 않았던 데서 비롯한 당연한 결과로 여겨진다.

모든 왕릉에 꼭 (능)묘비를 세운 관행이 자리 잡지 못한 탓에 비교적 이른 시기부터 주인공은 잊히고 기록상으로 남을 기회조차 줄어들었다. 이로 말미암아 현재 신라 왕릉 가운데에는 몇 기에 대해서만 기록이나 (능)묘비를 주된 근거로 주인공을 짐작할 따름이다. 한편 (능)묘비 대신 묘지(墓誌)문화가 극히 일부 수용되었으나 이 또한 유행하지 못하였다. 여기에도 나름의 이유와 배경이 작용하였을 터이므로 이에 대해서도 아울러 살펴보고자 한다.

2. 문제의 소재

1971년 7월 한여름의 어느 날 충남 공주(公州)로부터 전해진 깜짝 놀

랄 만한 소식이 매스컴을 화려하게 장식하면서 전국으로 삽시간에 퍼졌다. 공주의 송산리(宋山里) 고분군에서 백제 고분으로서는 처음으로 도굴을 거치지 않고 원래의 모습 그대로를 간직한 속칭 처녀분이 발굴된 사건이었다. 뒷날 이 고분은 무령왕릉(武寧王陵)으로 정식 명명되었다.

흔히 고고학계에서는 이 왕릉의 발굴 진행 과정과 방법, 소요 시간, 사후 처리 등을 놓고서 사상 최악이었다고 평가하는 한편 반대로 해방 이후 거둔 최대의 성과라는 서로 어긋나는 진단을 하고 있다. 후자와 같은 평판은 지금껏 거의 변함없이 이어지고 있다. 이는 무덤에서 출토된 유물이 질량(質量)의 두 측면에서 대단하였기 때문은 아니었다. 거기에는 특별한 유물이 들어있었기 때문이다. 바로 무령왕(비)의 지석(誌石)과 매지권(買地券)이다.[2]

지석에 쓰인 글자는 겨우 50여자에 불과하지만 무덤의 주인공은 물론이고 생몰(生沒) 시점 및 최후로 보유한 관작(官爵) 등을 알려 주어 이후 백제사 연구를 한껏 진작시키는 촉매제의 역할을 하였다. 무령왕릉은 축조의 절대 연대가 확정적이라는 측면에서 역사학은 물론 고고학 및 미술사 등 여러 방면으로부터 각별한 관심을 끌게 되었다.

현재까지도 무령왕의 지석은 변함없이 위력을 대단하게 발휘하고 있다. 지석 덕분으로 무령왕릉은 한국 고대의 왕릉 가운데 주인공을 확실

---

2) 과거 이를 묘지석이냐 매지권이냐를 놓고 논란이 분분하였지만 현재에는 각각 나누어서 이해함이 일반적인 듯하다.(忠淸南道·公州大 百濟文化硏究所, 『百濟武寧王陵』, 1991, pp.165-186) 이처럼 무령왕릉에는 墓誌와 매지권이 각기 따로 존재하였으며 3년 뒤 왕비가 사망하였을 때 매지권의 뒷면이 왕비의 묘지로서 다시 활용되었다. 그런 점은 달리 유례를 찾기 어려운 특이한 사례에 속한다. 묘지는 원래 중국에서는 삼국시대에 출현하였다가 劉宋時代(420-479)에 이르러 전형적인 형태를 갖추었으며 隋唐代까지 매우 발달하였다. 지석은 대개 상하 兩石으로 이루어졌는데 상부의 개석 표면에는 死者가 역임한 최후 관직과 성명을 篆書로 새긴 탓에 이를 篆蓋라고도 하며 下石에는 본문이라 할 誌文을 새겼다.

히 알 수 있는 거의 유일한 사례에 속하기 때문이다. 그런 측면에서 무령왕릉은 해방 이후 최대의 발굴이라고 평가하여도 좋다. 이는 거꾸로 다른 무덤의 주인공을 알 수 있는 경우가 매우 드물다는 의미이기도 하다.

무덤에 묻힌 주인공이 누구인지 알게 하는 단서로는 묘지와 함께 (능)묘비가 손꼽힌다. 백제에서는 무령왕과 왕비의 지석을 제외하면 달리 사례가 없고 또 묘비도 전혀 알려진 바가 없다. 무덤에 묘지를 껴묻는 문화는 무령왕을 전후한 시기에 활발히 교류하던 중국 남조(南朝) 문화의 일시적 수용으로 그쳤을 뿐 정착되지 못하였던 듯하다. 한편 7세기 중엽에 세워진 「사택지적비(砂宅智積碑)」로부터 유추하면[3] 어쩌면 (능)묘비문화도 수용되었을 법한데 그를 입증해주는 어떤 단서도 엿보이지 않는다. 이런 현황으로 짐작하면 애초부터 수용되지 않았을 가능성이 크다.

한편, 고구려의 경우 5세기 초에 건립된 「광개토왕비(廣開土王碑)」로 미루어 석비를 세우는 문화가 비교적 이른 시기부터 수용된 것 같다. 5세기의 것으로 추정되는 「집안고구려비(輯安高句麗碑)」나 「충주고구려비(忠州高句麗碑)」는 그런 추정을 보강해주는 구체적 실례이다. 다만, 고구려에서도 현재 6세기의 성벽석각(城壁石刻) 몇몇만 알려졌을 뿐 석비의 사례가 많지 않으며, (능)묘비가 발견되지 않은 점은 주목되는 사실이다.

그런데 안악(安岳)3호분, 덕흥리벽화분(德興里壁畵墳), 모두루묘(牟頭婁墓) 등의 무덤에는 비록 돌이 아닌 묵서(墨書)의 형식을 빌린 것이지만 묘지의 존재가 확인된다. 이는 고구려에서 묘지문화가 비교적 이른 시기에

---

3) 물론 「砂宅智積碑」가 묘비란 의미는 아니다. 단지 立碑의 문화가 있었다는 뜻에서 그처럼 표현하였다.

수용되었음을 뜻한다. 그럼에도 묘비를 세우는 문화가 달리 없었다는 점은 특이하다. 단, 이것은 물론 「광개토왕비」를 (능)묘비로 간주하지 않는다는 전제에서이다.

다 아는 바처럼 「광개토왕비」의 성격에 대해서는 오래도록 크게 논란되어 왔다. 과연 (능)묘비일까[4] 아닐까 하는 문제이다. 비문의 일부만을 놓고 본다면 묘비의 형식을 극히 일부 갖추었음은 부정할 수 없다.

그렇지만 내용을 조금 더 깊이 들여다보면 그렇게 단정하기 힘든 몇몇 요소가 추출된다. 주인공인 광개토왕의 신상에 앞서 시조(始祖)의 출자(出自)와 함께 고구려의 건국 과정을 주로 소개한 점, 이후 2대인 유류왕(儒留王)과 3대인 대무신왕(大朱留王)까지 밝힌 뒤 일반적인 묘비의 관례로는 당연히 들어가야 할 주인공의 조부(祖父)나 부(父) 등 직계 존속(尊屬)의 세계(世系)를 전혀 밝히지 않은 점, 비문 자체 내에서 '이에 비를 세워 훈적을 새김으로써 후세에 드러내어 보인다(於是立碑 銘記勳績 以示後世焉).'고 하여 입비의 목적이 단순히 훈적((勳績) 가록에 무게 중심을 둔다고 명시한 점, 동시에 비문의 내용이 수묘연호(守墓煙戶)에 비중을 크게 두고 있는 점 등으로 짐작하면 쉽사리 (능)묘비라 단정하기 곤란한 측면이 엿보인다.

광개토왕릉 자체를 확정짓기 힘들 정도로 능묘와 멀리 떨어져 있는 점도 그처럼 진단하는데 참고로 된다. 고구려에서 (능)묘비문화가 수용

---

4) 「광개토왕비」에 무덤을 뜻하는 山陵이란 표현이 보이지만 이것이 개별의 陵墓를 지칭하는 용어로서 사용된 것 같지는 않다. 守墓란 표현이 사용된 사실로 미루어 아직 陵과 墓를 구분하는 인식은 갖고 있지 않았던 듯하다. 그 점은 백제의 무령왕이나 왕비의 지석에서 大墓란 용어를 쓰고 있는 점도 동일한 맥락이다. 신라의 경우는 7세기 말 '新羅文武王陵之碑'라 하여 능묘를 애써 의도적으로 구별하려고 한 측면이 엿보인다.

되었음 직한 사례를 달리 찾을 수 없는 것도 그런 추정을 방증해주는 또 하나의 요소이다. 고구려에서 묘지문화는 수용된 반면 (능)묘비문화는 그렇지 않았다고 단정해도 무방할 듯하다.

이처럼 신라보다 정치적·문화적으로 선진(先進)인 고구려나 백제에서 묘지문화가 한정적이기 하나 수용된 반면 (능)묘비문화는 그렇지 못한 것 같다. 한편 신라에서는 같은 시기에 (능)묘비는 물론이고 묘지문화조차 수용된 흔적이 전혀 보이지 않는다.

그렇다면 당시 (능)묘비문화는 쉽게 수용될 수 있는 성질의 것이 아니며 어떤 여건이 갖추어졌을 때 비로소 가능하였다고 설정해도 무방할 것 같다. 그런 측면에서 (능)묘비문화의 수용 자체가 갖는 의미는 각별하였다고 말할 수가 있겠다.

신라에서는 그처럼 묘비나 묘지문화가 없다가 통일기에 이르러서 갑작스레 수용되었다. 이는 그럴 만한 정치적·사회적 여건이 충분히 숙성된 데서 비로소 가능해진 일로 보인다. 그렇다고 이후 널리 유행해서 일반화된 것 같지가 않다. 그런 의미에서 매우 한정적이지만 통일기에 묘지나 묘비문화가 수용된 자체에는 어떤 특별한 의도가 깔린 것으로 풀이해도 무방할지 모르겠다. 이를 다루어 볼 만한 첫째 이유는 바로 여기에 있다.

신라에서 6세기는 비문의 세기라고[5] 일컬어도 무방할 정도로 석비가 많이 만들어진 시기였다. 모든 비문이 어떤 사력(事歷)의 유래를 다룬 것이라는 의미에서 기적비(紀績碑)라 총칭할 수 있지만[6] 용도에 따라 이

---

5) 朱甫暾, 『금석문과 신라사』 (지식산업사. 2002). pp.22-34.
6) 葛城末治, 『朝鮮金石攷』 (亞細亞文化社, 1978), p.25.

를 좀 더 유별(類別)할 때 그 하나로서 무덤 앞에 세우는 (능)묘비를 들 수 있다. 6세기의 신라에서 유난히 석비를 많이 세운 사실은 곧 당시 (능)묘비도 세워졌을 가능성을 드높여 준다.

그렇지만 통일기 이전에는 아직 (능)묘비를 세운 흔적이 거의 확인되지 않는다. 이는 원래 존재하였는데 (능)묘비가 인멸된 것이 아니라 여러 모로 여건상[7] 그런 문화 자체가 아직 수용되지 않은 데서 말미암은 것으로 보인다.

그런 측면에서 신라 통일기에 이르러 비로소 (능)묘비문화를 수용한 것은 각별히 유념해 볼 대상이 된다. 통일 이전 석비를 세우는 문화가 널리 유행하였건만 하필 묘지나 (능)묘비문화는 들어오지 않았던 것일까. 거기에는 당대 나름의 이유와 배경이 작동하고 있었을 터이다. 신라의 (능)묘비 문제를 따로 다루어 볼 만한 두 번째 이유는 여기에 있다.

3. 삼국기 신라의 (능)묘비

1) (능)묘비의 출현 전야(前夜)

돌과 같은 단단한 재료에 어떤 사실을 기록해 비갈(碑碣)을 세우려 한 의도는 그 내용이 널리 알려져 영원히 기억되기를 바란 소박한 염원에서였을 터이다. 특히 일종의 문서적 성격으로 한시적 기능을 지닌 사적비와 달리 (능)묘비에는 한층 더 영속성에 대한 기대와 희구가 담길 수밖에 없었다.

신라의 왕릉 전부에 (능)묘비가 세워졌는지 어떤지는 선뜻 단정하기

---

7) 그 구체적 실상에 대해서는 후술하기로 한다.

어렵지만[8] 일부에만 세워졌음이 확실시된다. 그럼에도 피장자를 제대로 알지 못하는 실정이고 보면 애초 입비한 목적과 기대 수준에는 턱없이 미치지 못하였음이 저절로 드러난다.

신라에서 (능)묘비문화가 언제부터 수용되기 시작한 것인지 하는 등등의 문제는 잠시 젖혀두더라도 현존하는 신라 왕릉의 (능)묘비 가운데 원래 모습을 그대로 간직한 것은 단 한 기도 없다. 이는 자연스레 깨어지고 마멸되기도 하며 또 많은 곡절을 겪어 의도적 파괴를 거쳤기 때문일 터이다. 그래서 언제부터, 어떤 내용을, 어떻게 담은 (능)묘비가 세졌는지 등 기본적 사항에 대해서는 알려진 바가 없는 실정이다.

기왕에 존재하지 않던 (능)묘비가 특정 시점에 갑자기 세워진 데에는 그럴 만한 요인이 작용하였을 듯하다. 가기에는 장제(葬制) 관련 의례의 근본 변동이나 조상세계(祖上世系)를 비롯한 사후세계에 대한 어떤 인식의 변화도 일정하게 영향을 미쳤을 터이다. 바꾸어 말하면 장제문화와 관련해 (능)묘비도 출현하였으리라 여겨진다.

지금까지의 알려진 일체 자료에 의하는 한 신라에서 확인되는 첫 사례로는 「무열왕릉비(武烈王陵碑)」를 손꼽을 수 있다. 후술하듯이 그 전에는 (능)묘비를 세우는 문화 자체가 없었으리라 추정된다. 이는 당시 아직 그럴 만한 기반이 제대로 갖추어지지 못하였음을 뜻하는 사실이다. 이에 대해서는 무덤의 위치, 내부 구조, 사후세계에 대한 의식 및 장제 일반을 매개로 추적해 볼 수 있을 것 같다.

---

8) 박순교, 「신라 중대 시조존숭의 관념」『韓國 古代의 考古와 歷史』(學硏文化社, 1997), p.397에서는 (능)묘비를 세움이 일반적 경향이었다고 추측하였고, 이근직, 『신라왕릉연구』(학연문화사, 2012), p.462에서는 오히려 예외적으로 특별한 경우에 국한해 비를 세운 것으로 추정하였다. 후술하듯이 지금까지의 양상으로 보면 후자 쪽이 한층 타당한 것 같다.

(능)묘비가 세워질 만한 배경으로는 먼저 무덤의 외형을 크게 만들기 시작한 이른바 고총고분의 축조를 들 수 있다. 왜냐하면 고총을 조영한 밑바탕에는 피장자(혹은 조영을 맡은 주체)의 정치적·사회적 위상을 겉으로 드러내어 과시하려는 의도를 짙게 깔고 있는 만큼 이를 문자로 보증해주는 (능)묘비를 세울 분위기도 마련되었음 직하기 때문이다.

신라에서 고총의 축조는 적석목곽분의 조영에서 시작되므로 약간의 논란은 있지만 현재 4세기 중엽을 대략 그 시점(始點)으로 잡아도[9] 그리 무리하지는 않다. 그렇지만 적석목곽분 조영 시기에는 (능)묘비가 세워졌을 가능성이 그렇게 높아 보이지 않는다. 그것은 다음의 몇 가지 이유 때문이다.

첫째, 적석목곽분은 마립간이란 왕호를 칭한 시기에 주로 경주분지 중앙부 중심으로 군집(群集)을 이루어 조영된 사실이다. 분묘가 특정한 곳에 밀집한 자체는 피장자의 개별성보다는 집단성, 공동체성이 각별히 강조되었음을 뜻한다.

흔히 마립간 시기를 여러 부(部)를 중심으로 정치가 공동으로 운영된 이른바 부체제(部體制) 단계라고 일컬음은 그런 실상을 반영한다. 달리 말하면 적석목곽분 조영 시기는 마립간이라도 공동체성을 아직 완전히 벗지 못하였고, 따라서 각 무덤마다 개별성을 띤 (능)묘비를 세우는 문화는 그와 어우러질 분위기가 아니었다.

둘째, (능)묘비를 작성하려면 일단 문자 문화에 대한 이해 정도와 수준이 상당할 정도로 뒷받침 될 때 가능해진다. 지금까지의 자료에 의하

---

9) 이희준, 『신라고고학연구』, 사회평론, 2007, pp.214-220.

는 한 신라 석비로서 최고(最古)는 501년 건립으로 추정되는 「포항중성리신라비(浦項中城里新羅碑)」이다.

이를 비롯한 6세기 초반의 몇몇 비문에 대한 전반적 내용으로 짐작하면 당시 신라인이 (능)묘비를 자유롭게 작성할 만큼의 문자 구사 능력을 보유한 것 같지 않다. 지나치게 낮추어 평가한 측면은 엿보이나 『양서(梁書)』 신라전에는 신라인들이 6세기 초까지 문자를 알지 못한다고 단정하였음은[10] 그런 사정의 일단을 반영한다. 중국에서 한대(漢代)에 이르러 개인의 (능)묘비가 처음 세워지게 된 배경으로 당시 유학의 급속한 발전이 밀접하게 연관된 점도 그런 추정에 참고가 된다.

비문에는 대체로 유학적 인식에 입각한 개인의 업적이나 조상숭배와 현창 및 업적의 과시와 같은 내용이 주류를 이루게 마련이다. 따라서 6세기 초반 무렵 신라인의 문장 구사 능력은 그런 내용을 (능)묘비에 마음껏 담을 만큼의 수준에 이르렀다고 보기는 힘든다.

셋째, 무덤이 좁은 구역에 빽빽하게 조영된 까닭에 각각의 (능)묘비를 세울 만한 공간이 확보되었을 여지가 별로 보이지 않는 사실이다. 실제로 공동묘역에 (능)묘비를 세웠을 만한 어떤 단초도 찾아지지 않는다. 적석목곽분이 수백 기나 집중 조영되었는데 만약 (능)묘비가 세워졌다면 어떤 형태로건 흔적이 확인됨 직하기 때문이다.

지금껏 적지 않은 무덤 발굴을 통해 그런 실상이 전혀 드러나지 않음은 애초 (능)묘비가 세워지지 않은 결과로 여겨진다. 그렇다고 중국의 사

---

10) 『梁書』54 諸夷傳 新羅條. 이럴 때 문자를 알지 못한다는 것은 백제의 통역을 통한 것이라는 점도 있지만 실제 신라인의 문자 수준이 筆談할 정도에 이르지도 못하였음을 뜻하는 것으로 풀이된다.

례에 비추어[11] 당시 (능)묘비 대신 묘지가 매납(埋納)된 것도 아니었다. 앞서 언급한 것처럼 비슷한 시기의 고구려나 백제처럼 초기적 형태의 묘지를 묻었을 만한 데도 그렇지 않은 것이다.

넷째, 신라와 인접해 치열하게 경쟁하던 문화적 선진국인 고구려나 백제에서도 (능)묘비문화가 수용된 흔적이 거의 보이지 않는 사실이다. 한반도의 동남쪽에 치우쳐 선진문물 입수에 매우 불리한 여건의 신라가 그런 문화와 접촉하기 위해서는 부득이 고구려나 백제의 직·간접적인 도움을 받지 않을 수 없는 형편이었다. 그런 상황에서 신라가 두 나라에 앞서 (능)묘비문화를 받아들였다고 단정하기는 힘들 듯하다.

다섯째, 이 시기에는 기록상 왕릉과 관련된 어떤 기록도 보이지 않는 점이다. 적석목곽분 조영기의 마립간 무덤과 관련하여 『삼국사기』에는 단 한 마디의 언급도 없다. 그보다 편찬이 뒤늦은 『삼국유사』 왕력편(王曆篇)에는[12] 오직 나물마립간만 '무덤이 첨성대 서남에 있다(陵在占星臺西南).'라고 한 기록이 확인된다. 무덤의 위치에 대해 첨성대(점성대)를 기준으로 삼은 사실로 보아 뒷날의 전승 자료에 의거하여 삽입되었다는 느낌이다.

나물마립간은 사로국으로부터 신라를 정식 출범시키고 김씨족단 중심의 세습체제를 마련함으로써 중시조(中始祖)로 인식된 인물이다. 그래서 그의 무덤과 관련한 전승이 각별히 남아있게 되고 그것이 뒷날 왕력편의 정리 과정에서 채록된 것 같다. 마립간 시기의 다른 왕릉들에 관한

---

11) 중국의 사정에 대해서는 朴漢濟, 「魏晉南北朝時代 墓葬習俗의 변화와 墓誌銘의 流行」『동양사학연구』104, 2008 참조.

12) 『삼국유사』1 왕력편 나물마립간 조.

기록이 전혀 보이지 않음은 그 위치를 구체적으로 가늠할 기록이 전혀 없었던 데서 말미암은 일이라 하겠다.[13]

이상과 같이 보면 4세기 중반부터 6세기 초반의 적석목곽분 조영 기간에는 (능)묘비문화가 수용되지 않았음이 거의 확실시된다. 여러 가지 사정으로 아직 그럴 만한 여건이 제대로 갖추어지지 못한 탓이다. 집단의 공동 묘역(墓域)에서 아무런 구별 없이 모두 다함께 무덤을 조영함으로써 왕릉조차 따로 도드라지게 드러낼 상황이 아니었다.

아직 오랜 혈연적 공동체성이 강인하게 유지됨으로써 왕릉이라도 대소 규모의 차이는 있겠으나 특별히 묘역을 분리할 정도가 아니었던 것이다. 이로 말미암아 무덤의 주인공이 기록으로 남지를 못하고 오래도록 전승되다가 구체적 위치는 빠른 속도로 잊혀져버리고 말았다. 심지어는 왕릉인지 아닌지조차 판별하기 어려운 지경에 이르렀다. 그래서 뒷날 기록으로조차 제대로 정리되지 못한 것이다.[14]

2) 중고기의 왕릉과 (능)묘비

신라 왕릉의 위치를 구체적으로 밝힌 것으로서 믿을 만한 최초의 기록은 법흥왕(法興王, 514-540)대부터 시작된다. 『삼국사기』에는 법흥왕의

---

13) 그런 의미에서도 나물마립간 이전 왕릉의 위치를 밝히고 있는 기록이 후대적인 부회임은 의심할 나위가 없겠다. 당시에는 유구가 木棺墓와 木槨墓였던 탓에 위치를 알 수 있을 정도로 봉분이 제대로 남았을 리 만무한 일이다.

14) 그에 비하여 그보다 앞서는 초기 박씨 왕릉에 대한 기록이나 석씨로서 최초로 왕위에 오른 탈해왕릉 및 미추왕릉에 대한 위치가 기록상으로 남았다. 이는 뒷날 특정한 목적에서 부회한 것으로 여겨진다. 사실 그 시점을 그대로 받아들인다면 고총이 축조되던 단계가 아니므로 봉분조차 제대로 남아 있지 않았을 터이다.

왕릉을 '애공사 북봉에 장사지냈다(葬於哀公寺北峯).'라 하여[15] 위치가 명시되어 있다.

법흥왕릉이 조성될 당시는 아직 사찰이 건립되기 이전이었으므로 애공사라는 절이 존재하였을 리 만무하다. 그러므로 그것은 뒷날의 어느 시점을 기준으로 정리된 것임이 분명하다. 현재로서는 애공사의 위치를 확정지을 수 없으므로 자연히 법흥왕릉도 뚜렷하지 않다. 그 까닭으로 위치를 둘러싸고서 크게 논란되어 온 것이다.

법흥왕릉의 위치가 처음 기록상에 등장한다는 자체에도 물론 나름의 의미가 있겠지만 특히 기존과는 전혀 다른 곳에다 공동의 묘역이 조성된 점은 여러모로 음미해 볼 대상이다. 앞서 언급하였던 것처럼 직전까지 지배집단의 공동묘역은 왕경 중앙부의 평지에 자리해 개별적·분산적이 아니라 일정한 범위에서 집단을 이루고 조성되었음이 특징적이다.

그런 측면에서 당시 개별 왕릉에 대한 기록이 사서(史書)에 남지 않게 된 것도 어쩌면 당연한 일이었다. 왕릉을 비롯한 여타 무덤이 뒤섞여 조밀하게 조성된 묘역의 경우 밀집도가 점차 높아짐으로써 위치를 세세히 기록하기 어려웠다. 게다가 강고하게 유지되던 공동체성 때문에 사실 그럴 필요성조차 없었다.

그러다가 법흥왕이 사망하면서 오랜 관행을 벗어나 왕릉을 기존 공동묘역으로부터 멀리 떨어진 곳에 따로 만드는 분위기가 새로이 조성되었다. 이는 묘역의 공간 부족과 같은 단순한 외형적 사정에서 기인한 것

---

15) 『삼국사기』4 신라본기 法興王 27년조.

으로 보이지 않는다.[16] 비록 사후(死後)의 일이기는 하지만 일단 기존의 집단성 내부에는 어떤 근본적인 변화가 초래되기 시작하였음을 보여주는 신호탄으로 여겨지기 때문이다.

집단성의 변화란 곧 이제부터 왕릉만은 특별하게 취급해야 할 정도로 상황이 달라졌음을 뜻한다. 국왕권의 위상과 면모가 확연하게 달라진 것이다. 아마도 법흥왕대에 이르러 공동체적 성격의 부체제 단계를 벗어나 국왕을 정점으로 하는 중앙집권적 지배체제로의 전환이라는 커다란 정치사회적 변동이[17] 공동 묘역의 변화에 직접적으로 영향을 미치지 않았을까 싶다.

법흥왕대부터 골품제의 출현이 일러주듯이 신라 국왕의 위상은 여타의 왕족·귀족과는 현격히 차별화되어 초월자적인 존재로 부상하였다. 그 결과 왕릉은 집단 묘역을 벗어나 별도로 떨어진 곳에다 개별 단위로 조영된 것이다. 이는 곧 오래도록 유지해온 관행이 일정 부분 부정되었음을 뜻한다.

둘째, 그와 함께 사후 세계에 대한 관념의 근본적 변화도 크게 작용하였다. 이 점은 불교라는 새로운 지배이데올로기의 수용에서 찾아진다. 기존의 묘역을 완전히 벗어나 왕경 중앙부에서 서쪽 방면으로 이동한 자체는 새로운 불교의 사후세계가 서방정토에 있다는 관념이 깔린 것으로 풀이된다. 말하자면 직전에 공인된 불교적 사후 관념이 집단의 공동

---

16) 왕경 중앙부에는 무덤이 포화상태에 도달해 공간 부족으로 도시계획은 추진될 수밖에 없었다. 따라서 이를 법흥왕릉의 조영과 연관시키는 입장도 있다. 그러나 단순히 새로운 도시계획을 추진할 목적에서 법흥왕릉이 집단 묘역을 벗어났다고 보는 것은 정치사회적 변화를 무시한 지나친 결과론일 따름이다.

17) 朱甫暾, 「三國時代의 貴族과 身分制」『韓國社會發展史論』, 一潮閣, 1992, pp.42-46.

묘역으로부터 벗어나는 데 일정한 영향을 끼쳤을 가능성이 크다.

이미 널리 지적되고 있듯이 적석목곽분 조영 시기에는 망자를 위해 엄청나게 부장(副葬)하는 이른바 후장(厚葬)의 습속이 유지되었다. 하지만 불교 수용 이후 박장(薄葬)으로 관행이 급격히 바뀌었다. 이는 불교식 장례 의식이 수용된 결과로 보인다. 이제부터 무덤의 조영에 소요되던 엄청난 경비는 차츰 사찰로 옮겨져 그 재정 기반으로 활용되는 변화가 뒤따랐다.

셋째, 무덤의 내부 구조가 변화한 사실이다. 법흥왕릉의 조영은 단순히 집단 묘역을 벗어난데 그치지 않고 거기에 어우러지도록 무덤의 내부 구조까지 일신(一新)하는 변화가 수반되었다. 말하자면 적석목곽분에서 횡혈식석실분으로의 전환이다.

물론 아직 법흥왕릉의 위치를 뚜렷이 가늠하기 어려워 내부 구조까지를 단정적으로 운위하기는 곤란하지만 기왕의 평지로부터 구릉상으로 이동하면서 구조 자체도 바뀌었을 개연성은 충분히 상상된다. 이를 부정하는 견해도 없지는 않으나[18] 기왕에 그렇게 간주함이 일반적 경향이라 할 수 있다.

묘역이 집단성을 탈피해 개별 단위로 조영되었더라도 기존 관행 모두가 일시에 완전히 없어진 것은 아니었다. 그것은 법흥왕릉이 자리한 것으로 추정되는 서악고분군의 양상 전반을 살피면 여실히 드러난다. 집단 묘역을 벗어났더라도 아직 같은 공동 묘역에서 특정 집단의 무덤이 무리지어 조영되는 분위기가 이어지고 있었던 것이다.

---

18) 李根直, 앞의 책 참조.

서악고분군 가운데 주인공이 확실한 무열왕릉의 뒤편으로 고총고분 4기가 위로부터 아래에 걸쳐 일렬로 나란히 배치되어 있다. 그 주변 일대 구릉상에는 다른 묘역도 따로 집단을 이루어 조성되고 있었다. 이는 피장자들 사이의 어떤 혈연성과 위계(位階)가 함께 반영되어 있다는 느낌이다. 그 가운데 중앙부에 왕릉만을 별도로 함께 조영함으로써 다른 집단 묘역과 차별성을 드러내려고 의도하였다.

이후의 전개 과정을 살피면 그런 양상은 물론 한시적으로만 진행되었음이 드러난다. 그것은 여하튼 법흥왕 이후 집단의 묘역을 벗어나면서도 아직 기존의 분위기는 부분적이기는 하나 이어지고 있었다. 왕릉(혹은 왕비릉도 포함)에 국한해서 별도의 작은 묘역이 갖추어진 점은 기왕과는 뚜렷이 차이가 나는 면모이다.

이들 서악고분군에 조영된 4기의 구체적 주인공을 둘러싸고 크게 논란되어 왔지만 중고기에 재위한 국왕들의 무덤인 것만은 틀림없는 사실이다. 『삼국사기』에 따르면 법흥왕에 이어 진흥왕도 역시 '애공사의 북봉'에 장사지냈다고[19] 한다. 양자가 비슷한 지역에 영조되었음은 의심할 바 없다. 한편 『삼국유사』에 의하면 진지왕의 무덤도 역시 애공사의 북쪽에 있다고[20] 하여 같은 양상을 보인다.

이상과 같이 보면 법흥왕, 진흥왕, 진지왕은 모두 같은 구역에 묻혔음이 분명하다. 무열왕릉 위쪽의 4기 왕릉 가운데 3기가 그에 해당한다. 나머지 1기의 주인공은 잘 알 수는 없지만 여하튼 왕릉이 함께 같은 구

---

19) 『삼국사기』4 신라본기 眞興王 37년조.
20) 『삼국유사』1 왕력1편 「眞智王」조.

역에 공동묘역을 이루고 있었음은 의심이 여지가 없다.[21]

하지만 왕릉이 군집(群集)을 유지한 자체로부터 유추하면 법흥왕릉 이하의 서악고분군에서는 아직 주인공을 밝히는 (능)묘비가 세워질 가능성은 별로 없어 보인다. 특히 중고기에 사적비가 매우 활발하게 세워졌음을 고려하면 일단 (능)묘비문화가 도입되었을 여지가 대단히 컸음에도 불구하고 그렇지 않았음은 내부적으로 기왕의 집단성을 완전히 탈피하지 못한 채 이어진 관행과 밀접히 연관된 듯하다.

그런 측면에서 왕릉 가운데 (능)묘비가 세워졌을 가능성이 가장 높은 대상으로서는 어쩌면 집단성을 벗어나 처음으로 떨어져 단독 조영되기 시작한 진평왕릉을 손꼽을 수 있다. 이제 개개 왕릉의 위치를 명시적으로 드러내기 위해서도 (능)묘비가 절실해진 상황이었다. 이후 선덕여왕릉과 이어지는 진덕여왕릉도 마찬가지이다.

그러나 문헌 기록상으로는 물론이고 여타 그를 입증할 만한 어떤 단서도 포착되지 않는다. 그러므로 진덕여왕대까지는 아직 (능)묘비문화를 도입할 만한 필요성이나 여건이 충분히 성숙되지 못한 상태였다고 봄이 순조로울 듯 싶다. 그 뒤를 이은 무열왕의 즉위로부터 근본적 변화가 시작된 것이다.

4. 통일기 신라의 (능)묘비와 그 문화

1) 최초의 (릉)묘비

신라에서 (능)묘비문화가 수용된 사실을 알려주는 확실한 최초의 사

---

21) 서악고분군의 중앙부 4기의 주인공을 둘러싼 논란에 대해서는 본서의 「선도산의 역사적 의미」 참조.

례로서는 무열왕릉을 손꼽을 수 있다. 무열왕릉의 (능)묘비 건립 실상과 관련하여서는 특이하게 기록상으로 확인된다. 논의의 진전을 위하여 잠시 그를 소개하면 다음과 같다.

A) 진덕왕이 사망하고 (무열왕은) 영휘(永徽) 5年 갑인(甲寅)에 즉위하여 나라를 다스린 지 8년째이던 용삭(龍朔) 원년 신유(辛酉) 돌아가셨으니 59세였는데 애공사의 동쪽에 장사지냈다. (거기에)비가 있다. 왕은 (김)유신(庾信)과 함께 신묘한 꾀로 힘을 합쳐 삼한을 일통하여 사직에 큰 공을 세웠다. 그 까닭으로 묘호(廟號)를 태종이라 하였다. 태자 법민(法敏), 각간 인문(仁問), 각간 문왕(文王), 각간 지경(智鏡), 각간 개원(愷元) 등은 모두 문희(文姬)가 낳은 자식이다. 당시 꿈을 산 징조가 여기에서 실현되었다.(『삼국유사』1 기이편1 「태종춘추공」조)

이 기사에는 무열왕 김춘추의 생애가 매우 압축적으로 기술되어 있다. 영휘(永徽) 5년(654) 진덕여왕을 뒤이었으며, 용삭(龍朔) 원년(661)에 59세를 일기로 사망하자 애공사의 동쪽에다가 장사지냈다고 한다.

그런데 바로 이어지는 문장의 말미에는 거기에 비가 있었다는 내용이 덧붙여진 사실이 주목된다. 오직 비가 있다는 사실만 전할 뿐 비의 현황을 비롯한 제반 사항에 대해서는 일체 언급이 없다. 여하튼 이로 미루어 무열왕릉에는 비가 세워졌음이 명백하다.

앞서 보았듯이 무열왕과 관련한 위의 기사 내용은 『삼국사기』 신라본기와는 상당한 차이를 보인다. 후자에서는 구체적 연령 관계 기사가 없으며 장지조차 애공사가 아닌 영경사의 북쪽이라고 명시하였다. 양자

사이의 불일치는 곧 위의 『삼국유사』 기록이 『삼국사기』와는 다른 자료로부터 채록되었음을 뜻한다. 다만, 그 전거(典據)가 된 기록이나 전승(傳承)이 따로 존재한 것인지 아니면 '유비(有碑)'라 한 데서 짐작되듯이 당시까지 존재하던 (능)묘비에 의거한 것인지도 분명하지 않다.

그런데 찬자 일연(一然)이 『삼국사기』에는 없는 내용임에도 굳이 비가 존재한 사실 자체를 끼워 넣으면서까지 기술한 데에는 그럴 만한 의도가 깃든 것으로 풀이된다. 『삼국유사』 전편을 일별하면 일연이 전 생애 동안 여러 차례에 걸쳐 경주 일원을 방문·답사한 흔적이 엿보인다. 그런 점을 고려하면 일연이 직접 「무열왕릉비」를 실견하였을 가능성도 배제하기 어렵겠다. 이는 일단 위의 사료 자체를 통해서 유추되는 사실이다.

사료 A)의 바로 앞에서는 김춘추와 김유신의 동생 문희가 혼인하게 된 배경으로서 그의 언니 보희(寶姬)와의 사이에 꿈을 팔고 사는 이야기를 전한 뒤 중간에 위의 기사를 끼워 넣었다. 그리고 바로 뒤이어 꿈이 현실로서 실현된 것이라는 일연 자신의 판단으로 내용을 끝맺음하였다. 다시 그 아래에는 김춘추에게 따로 서자(庶子)까지 있었음을 덧붙였다.

이른바 매몽설화(買夢說話)와 관련한 내용은 사료 A)의 바로 앞에서부터 이 기사까지를 하나의 큰 단락으로 삼았다. 그런데 중간 부분에는 원래 채록될 당시 매몽설화에는 없었지만 「태종춘추공」조를 정리하면서 일연 자신이 따로 삽입해 넣었음이 분명하다. 일연은 그럼으로써 매몽설화 전반을 마무리 지으려고 하였다.

그렇게 보면 위의 사료 A)는 매몽설화와는 다른 계통의 어떤 자료에 근거하였음이 분명하다. 그렇다면 그 근거가 된 것은 무엇일까. 일단 다음의 몇 가지 사실로 미루어 무열왕릉에 위치한 (능)묘비였던 것으로 판단함이[22] 가장 순조로운 이해일 듯 싶다.

첫째, 서술 내용과 아무런 상관이 없는 데도 단순히 중간에다 '비가 있다(有碑)'는 사실만을 삽입하였다면 이는 매우 싱겁기 이를 데 없는 표현이 된다. 후술하듯이 경주를 탐방할 당시 일연은 현장에서 「무열왕릉비」를 직접 본 까닭에 매몽설화는 물론 『삼국사기』에 실리지 않은 새로운 내용까지 추가할 수 있었던 것이다.

『삼국유사』에는 이따금씩 현존하거나 혹은 지금은 없어져버렸으나 일연이 여러 금석문 자료에 대해 실견(實見)한 흔적을 여기저기에 남기고 있다.[23] 그러므로 '비가 있다(有碑)'라고 한 표현은 일연이 현장에서 비문을 직접 목격한 사실을 기술하였음임 분명하다고 하겠다.

둘째, '비가 있다'라고 표현한 부분의 바로 앞뒤 내용은 묘비 속에 흔히 들어가는 공통 사항이란 사실이다. 무열왕의 즉위년과 붕년(崩年), 재위 기간, 사망 당시의 연령 등은 묘비의 일반적 내용이다. 비문에서 채록한 내용이 거기에만 그친 것인지 어떤지는 분명하지가 않다. 바로 뒤의 '왕과 유신(王與庾信)' 이하 '당시(當時)'의 바로 앞부분까지도 비문에 의거하였을 가능성을 전적으로 배제하기 어렵기 때문이다.

셋째, 일연의 생존 당시는 물론이고 이후에도 「무열왕릉비」가 그대로 존재한 점이다. 무열왕릉으로 추정되는 바로 그 자리에 비가 세워졌음을 뚜렷이 입증해 주는 증거는 지금껏 확인된다.

---

22) 黃雲龍, 「新羅太宗廟號의 紛糾始末」『동국사학』17, 1982, p.3에서는 그것만이 아니라 그밖에도 많은 부분이 비문에 근거한 것으로 논단하였다.

23) 『삼국유사』3 탑상편 「皇龍寺九層塔」조, 「皇龍寺鐘 芬皇寺藥師 奉德寺鐘」조, 「南月山」조 및 같은 책 5 의해편 「勝詮髑髏」조 등 참조.

무열왕릉으로부터 동남쪽으로 약 70여 미터쯤 떨어진 곳에 귀부(龜趺)와 이수(螭首)가 현존한다. 이수에는 '태종무열대왕지비(太宗武烈大王之碑)'라는 전서(篆書)의 제액(題額)이 양각되어 있다. 현재 비신(碑身)은 없어진 상태이지만 일단 그것으로서 무열왕릉에 (능)묘비가 실재하였음은 명백하게 증명된다. 실제로 1935년 무열왕릉 앞에서 '중례(中禮)'란 글씨의 비편이 발견된 적도 있다.[24]

이상과 같은 사례로 미루어 일연은 무열왕릉을 직접 답사하여 (능)묘비를 실견하고 내용 중의 일부를 『삼국유사』「태종춘추공」조를 정리하는 데 적절히 활용한 것으로 여겨진다. 비록 깨어진 상태였을지 모르나 일연의 생존 시에도 「무열왕릉비」의 비신은 존재하였고 이후 한동안 이어졌음은 의심의 여지가 없는 사실이다. 그것은 다음의 사료를 통해서 입증된다.

B) 길가의 황폐화된 마을 사이에 푸른 보리가 벌써 피었네. 우뚝 솟은 여러 산봉우리 둥근 것이 마치 짐승이 엎드린 듯하다. 잘린 비갈이 거친 풀 섶에 누웠는데 치켜든 거북이 머리가 드러나네. 푸르른 들이 길게 시내 언덕을 뻗어 내달리는데 이것이 무열왕릉이라 하니, 인산(囚山) 제도가 허술하지는 않는구나. 말에서 내리니 머리털이 으쓱한데, 두 손 모아 소매 여며서 비문을 어루만져 읽으니, 결락이 심해서 찾아

---

24) 末松保和의 견해에 따르면(「近時發見の新羅金石文」『新羅史の諸問題』, 1954, p.503) '中禮' 2자가 새겨진 비편이 무열왕릉 앞에서 발견되었다고 한다. 다만, 그는 인근에 傳金陽碑가 있으므로 (옆에 있는 귀부를 김양묘비의 그것으로 파악하였음) 그것일 수도 있다는 입장을 취하였다. 그밖에 다른 「무열왕릉비」의 비편으로 추정되는 한 점도 다시 나왔다.(국립경주박물관, 『文字로 본 新羅』, 2002, p.51)

내기 어렵구나. 아득한 세월에 황량하게 내버려두고 지키지 않았구나

(하략)(『매계선생문집』1 오언고시 「무열왕릉」조)

위의 사료는 조선 성종(成宗) 연간(1469-1494) 고위 관료를 역임한 바 있는 매계(梅溪) 조위(曹偉, 1454-1503)의 문집에 실린 「무열왕릉(武烈王陵)」이라는 제목의 오언고시(五言古詩)이다. 16세기 편찬된 『신증동국여지승람』에[25] 인용되었는데, 17세기 중엽의 『동경잡기(東京雜記)』에도[26] 그대로 옮겨 실었다. 다만 이들에서는 태종무열왕릉의 위치를 『삼국사기』와 마찬가지로 '영경사의 북쪽'으로 밝힌 뒤 앞의 시를 인용하고 있다.

위의 시구를 보면 구체적인 작성 시점은 분명하지 않으나 조위가 어느 봄날 태종무열왕릉 앞을 지나다가 길가의 (능)묘비를 직접 보고서 판독을 시도한 직후에 지은 시임은 쉽게 알 수 있다. 그 가운데 '우뚝 솟은 수 개의 산봉우리 둥근 것이 짐승이 엎드린 듯하다. 잘린 비갈이 거친 풀 섶에 누웠는데 치켜든 거북이 머리가 드러나네.'란 귀절은 당시 비의 현황을 그대로 묘사하고 있어 각별히 주목된다. 앞부분 '우뚝 솟은 수 개의 산봉우리 둥근 것이 짐승이 엎드린 듯'한 표현은 위쪽 무덤의 현황을 그린 것 같다. 뒷부분은 「무열왕릉비」가 당시까지도 이수[伏獸], 비신[斷碣], 귀부(龜首)의 세 가지 요소를 완벽하게 갖춘 상태였음을 알려준다. 다만, 비신만은 크게 부서진 채로 거친 풀숲에서 딩군다고 표현한 것으로 미루어 이미 파손되어 온전하지 못한 모습을 떠올리게 한다.

---

25) 『신증동국여지승람』21 경주부 陵墓條.
26) 『동경잡기』1 陵墓條.

그러나 비문을 만져서 판독을 시도하고 결락의 상태를 판별하였다는 내용으로 미루어 비신이 완전하게 박살나 파편으로 흩어진 상태는 아니었음이 확실하다. 조위로서는 손으로 문질러 비문을 읽어보려 시도하였으나 이미 결락이 심하게 진행되어 육안(肉眼)으로는 제대로 읽어내기가 쉽지 않았던 장면이 연상된다.

이상과 같이 보면 「무열왕릉비」는 적어도 조선 초기의 성종 연간에 이르기까지는 귀부와 이수뿐만 아니라 비록 깨어지기는 하였으나 비신도 거의 갖춘 완형의 상태로 존재하였음이 확인된다. 조위 자신은 비신의 결락으로 말미암아 읽어내기 어려움을 토로하였으나 이 표현이 곧 전혀 읽어낼 수 없다는 의미는 아니다. 역으로 자세히 살핀다면 어느 정도는 읽을 만한 여지가 있었다는 뜻으로도 풀이된다.

그런 추정을 방증하는 것은 조선 선조(宣祖)의 손자인 낭선군(朗善君) 이우(李俁, 1637-1693)가 편집한 『대동금석서(大東金石書)』 부편의 목록집 『대동금석목(大東金石目)』에 실린 「무열왕릉비」에다 덧붙인 설명문이다.[27] 거기에는 비문을 쓴(書) 사람이 김인문이며, 전서의 비액을 쓴 사람은 알 수 없으나 세워진 연대가 당의 고종 용삭 원년(661)으로서 신라 문무왕 즉위 원년에 해당한다고 밝히면서 말미에는 조위의 시 일부를 인용해 현상을 나타내었다.[28]

여기에서 주목하고 싶은 것은 비문을 쓴 사람이 김인문임을 명확히 밝힌 점이다. 일반적으로 썼다는 것은 곧 비문의 글씨를 쓴 의미로 풀이

---

27) 京城帝國大學法文學部,『大東金石目』 1932(亞細亞文化社 復刊, 1976), p.42.

28) 여기서는 조위의 시를 '曹梅溪詩曰 斷碑臥草中 昻然見龜首 摩挲讀碑文 缺落實難究'라고만 인용하였는데 원문과 대조하면 약간의 出入이 보인다.

한다. 귀부, 이수, 비신의 삼박자를 완벽히 갖춘 형식의 비문을 작성할 때 전액서자(篆額書者), 찬문자(撰文者), 서자(書者), 각자(刻者, 鐫者)가 각각 역할을 분담하기도 하고 한 사람이 여러 일을 맡은 경우도 있었다. 김인문이 썼다는 표현은 좁은 의미로는 비문의 글씨를 썼다는 한정적 사실을 뜻하나 당시 (능)묘비 수용 초기였던 사실을 감안하면 그 속에는 문장을 지은 사실까지 포함하였을 가능성도 전혀 없지는 않다.[29]

김인문은 어릴 적부터 유가(儒家)의 서적을 널리 읽었고 나아가 노장(老莊) 뿐만 아니라 불교까지 두루 섭렵하였으며 예서(隸書)에도 능하였다고 한다.[30] 이로 보면 김인문이 「무열왕릉비」를 짓고 글씨까지 썼을 수도 있겠다. 그렇지만 일단 썼다는 것은 명확한 근거가 달리 없는 한 글씨를 썼다는 한정적 의미로 받아들임이 현재로서는 가장 무난할 듯싶다.

그런 추정을 방증하여 주는 사례가 「무열왕릉비」와 비교적 가까운 시점에 쓰인 「문무왕릉비」이다. 이 비는 현재 깨어진 상태이기는 하지만 상당 부분이 남아 있으므로 일단 참고로 삼을 만하다.

「문무왕릉비」의 제액이 원래 존재하였는지 어떤지의 여부는 현재 이수가 남아 있지 않아 단정할 수는 없다. 다만 제액 대신 비문의 첫 행에는 '…국신라문무왕릉지비(國新羅文武王陵之碑)'라는 표현이 보인다. 이것이 혹여 제액은 따로 없는 상태에서 그 기능을 대신하였을지도 모르겠다.

그런데 같은 행에서 아래로 세 글자를 의도적으로 띄우고서 '급찬국

---

29) 中古期의 事蹟碑에서는 書尺과 文尺(文作人)을 혼용하여 따로 구분하지는 않았다.

30) 『삼국사기』44 열전 金仁問傳.

학소경신 김△△봉 교찬(及浪國學少卿臣 金△△奉 敎撰)'이라 하여 급찬의 관등과 국학소경이란 직명을 가진 어떤 인물이 왕명을 받아 찬문한 것으로 밝혀져 있다. 김△△란 인물의 역할은 아마 글자 그대로 비문을 짓는 일이었던 것 같다.

「문무왕릉비」는 원래 양면이었는데 현존하는 후면의 맨 마지막 행 가장 윗부분에는 '…입오일경진건비(卄五日景辰建碑)'라 하여 건비의 연월일을 뚜렷이 밝혀 두고서 그 아래에 다시 4자가 들어갈 공란을 띄운 뒤 '대사신한눌유봉…(大舍臣韓訥儒奉)'이라고 쓴 부분이 보인다. 대사의 관등을 지닌 한눌유(韓訥儒)란 인물이 왕명을 받아 어떤 역할을 수행하였음을 기록한 곳이다. 아쉽게도 그가 담당한 역할이 들어갈 봉(奉)의 아래 부분은 결락으로 뚜렷하지 않지만 일반적으로 글씨를 쓴 것으로 추정되고 있다. 이처럼 「문무왕릉비」에는 적어도 비문의 찬자와 서자를 명확히 구분하고 있는 것이다.

이런 점을 고려하면 「무열왕릉비」의 경우도 역시 그러하였으리라 잠정 결론 내려도 좋을 듯 싶다. 일단 김인문의 역할은 찬문보다는 차라리 글씨를 썼다고 보는 편이 무난하다. 다만, 달리 사례가 많지 않으므로 이것만으로 굳이 단정할 필요는 없겠다. 본질적인 문제는 「무열왕릉비」를 썼다는 기록이 과연 어디에서 근거하였느냐에 있다.

김인문이 「무열왕릉비」를 작성하였다는 증거는 달리 찾아지지 않는다. 단지 『대동금석목』의 설명문에만 보일 뿐이다. 그런데 유연정(劉燕庭)의 『해동금석원(海東金石苑)』에서는 다시 한 걸음 더 나아가 '김인문찬서병전액(金仁問撰書並篆額)'이라 하여 찬문 이하의 역할까지 모두 맡았던 것처럼 풀이하고 있다.

한편 조선 후기의 실학자 서유구(徐有榘)의 『임원십육지(林園十六志)』「이운지(怡雲志)」에 부록으로 실린 금석문 목록집인 『동국금석(東國金石)』에는 김인문이 단지 썼다고만 정리하고 있다. 오세창(吳世昌, 1864-1953)이 1917년 편찬한 『근역서화징(槿域書畵徵)』에도 무열왕이 사망한 신유년에 김인문이 「무열왕릉비」를 썼다고 주장하였다. 고대부터 조선 시대까지의 금석문 전반을 집대성한 1919년 조선총독부 간행의 『조선금석총람(朝鮮金石總覽)』에는 찬문자를 아예 소개하지 않고 막연히 문무왕 대에 건립되었다는 사실만 언급해 두었을 따름이다.

이로 보면 김인문이 「무열왕릉비」를 썼다는 입장, 찬서와 함께 전액 까지도 작성하였다는 입장, 그리고 그 어느 것도 받아들이지 않는 세 입 장으로 크게 엇갈림을 알 수가 있다. 김인문이 작성하였다는 것은 고사 하고 그것이 어디에 근거하였던 것인지조차 뚜렷하게 알기 어려운 형편 이다. 다만, 「무열왕릉비」의 서자(書者)를 최초로 기록한 『대동금석목』은 김인문이란 이름자를 비문을 직접 보고서 그렇게 정리하였을 가능성은 충분히 상정된다. 그것이 청(淸) 나라에 알려지자 유연정이 확대하여 '찬 서병전액(撰書並篆額)'으로 풀이하였으나 국내에서는 오직 썼다는 사실 만이 전해졌을 따름이다.

요컨대 「무열왕릉비」는 신라에서 최초로 세워진 (능)묘비이다. 『삼국 유사』가 편찬되던 고려 후기는 물론이고 조선 초기에까지 깨어진 상태 이기는 하였으나 실재하였음은 분명하다. 그러다가 조선 후기의 어느 시 점에 완전히 파괴됨으로써 이제는 비편조차 찾아보기 어렵게 되어 버렸 다. 이유는 잘 알 수가 없으나 산산이 부서져버린 것으로 미루어 의도적

인 파괴의 과정을 거쳤을 법하다.[31]

「무열왕릉비」가 (능)묘비문화로서 최초로 수용된 사례임에도 불구하고 이수, 귀부, 비신을 완벽하게 갖춘 정형화된 모습인 점은 각별히 주목해 볼 만하다. 이수나 귀부의 규모가 유난히 크고 작품성이 대단히 뛰어남은 이미 널리 지적되어 온 바이지만,[32] 수용 초창기였음에도 불구하고 그런 완전한 모습을 갖추었다는 것은 대단히 놀라운 일이다.

신라에서는 6세기 무렵 비갈을 세우는 문화가 널리 유행하였지만 대체로 자연석의 일부만을 마탁(磨琢)하여 활용하는 갈(碣)과 같은 형태였다. 진흥왕대에 세워진 「북한산비」나 「마운령비」 등에서 드러나듯이 비신에 아무런 장식을 동반하지 않은 보호용의 소박한 개석(蓋石)과 함께 세우기 위한 용도로서 단순한 비좌(碑座)를 만드는 정도에 그쳤다.

그러다가 7세기 후반에 이르러 갑작스레 (능)묘비문화를 수용하면서 완형의 완벽한 모습을 갖추게 된 것이다. 이는 당시 전반적으로 추진되던 당(唐) 문화의 적극적 수용과 밀접히 연관된 듯하다. 선덕여왕 말년인 647년 상대등(上大等) 비담(毗曇)의 난을 거친 뒤 진덕여왕대에 김춘추가 명실상부한 실권자로 부상하면서 당 문화는 본격적으로 수용되었다.

그로 말미암아 정치사회 전반에 걸쳐 당 문화의 기풍이 널리 유행하였거니와 그런 분위기의 연장선상에서 (능)묘비문화도 수용된 것으로 여겨진다. 당시 신라 지배층이 당으로부터 (능)묘비문화의 수용에 적극 나설 만한 나름의 객관적인 조건과 분위기는 한껏 무르익은 상태였던 것

---

31) 今西龍, 「新羅文武王陵碑に就きて」『新羅史硏究』(國書刊行會, 1933), p.494에서는 비가 깨어진 것이 세종·세조 연간 권세가로부터 징발 당하는 번거로움에서 말미암은 것으로 추정하였다.
32) 關野貞, 葛城末治, 今西龍 등 일찍이 무열왕의 귀부와 이수를 살펴본 日人 연구자들조차도 규모나 작품성 등에서 당의 그것과 비교하여 오히려 한층 능가하는 대작이라고 격찬하였다.

흥덕왕릉(하일식 제공)

이다. 그 구체적 실상에 대해서는 현재 남아 있는 (능)묘비의 내용을 다루면서 검토해 보기로 하겠다.

2) (능)묘비문화의 수용과 배경

　(능)묘비는 신라가 7세기 중엽 당 문화를 적극 수용하여 기존의 문화적 기반 일체를 쇄신해 가던 환경 속에서 나온 것이었다. 그렇지만 그것은 어디까지나 외부적으로 드러난 배경에 지나지 않는다. 하필 7세기에 들어와 완형의 (능)묘비를 세우게 된 데에는 신라사회(지배층) 내부에서 분출된 어떤 강력한 욕구가 축적된 데서 가능한 일이었다. 그를 추적해 갈 실마리는 일단 처음 시작된 무열왕릉에서 찾아져야겠다.

이미 언급하였듯이 서악고분군의 가장 앞쪽 동편에 자리한 무열왕릉의 뒤쪽 4기 왕릉은 일렬로 정연하게 영조되었다는 데서 어떤 혈연적 위계나 순서에 입각하였으며, 따라서 바로 무열왕 직계 존속들이 묻힌 무덤 떼라고 이해해도 무방하겠다. 말하자면 무열왕에게는 서악동 고분군이 자신의 직계 조상의 공동 묘지였던 셈이다.

그의 사후 그곳의 맨 아래 지점에 묻히면서 처음으로 (능)묘비가 세워졌다. 그 이전에는 그런 문화가 전혀 없었다가 이제 무열왕릉을 직계 존속 무덤군의 가장 아래에다 배치하면서 (능)묘비를 세운 일 자체가 예사로워 보이지 않는다. 하필이면 그런 곳에 (능)묘비를 세운 사실은 그들과 아무런 관련성이 없었을 리 만무하기 때문이다.

무열왕이 자신의 할아버지 진지왕과 아버지 김용춘의 경우는 지극히 당연한 일이지만 증조부인 진흥왕과 함께 법흥왕까지도 묻힌 곳에다[33] 자신을 거기에 묻도록 한 것은 어떤 형태로든 그들과 혈연 계보상 하나로 엮어내려는 인식이 강하게 작용한 데서 비롯한 일로 여겨진다. 비록 무열왕릉이 거기에 조영된 것은 아들인 문무왕의 판단에 의한 일이겠지만 무열왕의 의지도 일정 정도 스며들었을 가능성이 매우 크다. 그런 사정의 일단에 대해서는 달리 문헌 기록이 없고 또 「무열왕릉비」의 내용조차 알 수가 없는 상황이므로 그 정도의 추정으로 그칠 수밖에 없는 실정이다.

무열왕릉을 조영하였고 거기에다가 (능)묘비를 세우는 데 주도적인 역할을 맡았던 장남 문무왕의 의도가 작용하였을 것임은 재론의 여지가

---

33) 이를 둘러싼 여러 견해와 필자의 입장에 대해서는 주 21)에 소개한 글에서 따로 다루었으므로 구체적 내용은 그곳으로 넘긴다.

없다. 문무왕의 경우에도 마찬가지로 사후 (능)묘비가 세워졌다. 「문무왕릉비」는 「무열왕릉비」로부터 그렇게 멀리 떨어진 시점이 아니므로 문장 구조나 체계가 매우 비슷하였으리라 추정된다. 따라서 「문무왕릉비」를 약간의 단서로 삼아 무열왕대에 (능)묘비문화가 수용된 배경을 간접적이나마 다시 점검해 보기로 하겠다.

2009년 가을 경주시 동부동의 한 주택가에서 「문무왕릉비」의 일부가 새로 발견되었다는 소식이 전해졌다. 그 비편은 전적으로 새로운 것이 아니었으며 이미 오래 전에 알려진 것으로 판명되었다. 조선 후기의 영조(英祖) 연간(1724-1776)에 경주부윤(慶州府尹)으로서 평소 금석학에 지대한 관심을 갖고 있던 홍양호(洪良浩, 1724-1802)의 문집인 『이계집(耳溪集)』에는 정조 20년(1796) 「문무왕릉비」를 발견한 사실과 함께 경위가 약간 소개되어 있다.

그에 의하면 당시 밭 갈던 농부에 의해 하단부와 우측의 상단부가 발견되었다 한다.[34] 홍양호 자신은 내용을 구체적으로 언급하지 않았지만 탁본이 어떤 경로를 통하여 청나라에 전해져 소개되었다. 이를 입수한 청의 금석학자 유희해(劉喜海, 1793-1853)는 『해동금석원(海東金石苑)』이란 자료집을 편찬하면서 알려진 내용 전부를 거기에다 실었다. 당시 유희해는 「문무왕릉비」를 실견하지 못한 채 오직 탁본에만 의존하여 비편을 막연히 4점으로 추정하였다. 실제 비는 앞뒤로 새겨진 양면이었으며 현전하는 비편은 원형의 우측 상단부와 하단부 2점의 앞뒷면이었음이 밝혀

---

34) 洪良浩, 『耳溪集』1 新羅文武王陵碑後敍.

졌다.[35) 처음 발견된 이후 이들 두 비편의 향방은 오래도록 묘연해진 상태였다.

그러다가 1961년 동부동에서 두 비편 가운데 하단부만 먼저 발견되었으며,[36) 2009년에는 인근 지역에서 나머지 우측 상단부까지 다시 알려졌다. 동부동은 원래 발견된 사천왕사(四天王寺) 부근으로부터 상당히 멀리 떨어진 곳이다. 1796년 처음 발견되었을 때 제 자리에 두지 않고 경주부 읍성(邑城) 안으로 옮겨졌다가 어느 틈엔가 사라져 버리고만 것이다.

그동안 「문무왕릉비」의 전모를 둘러싸고서 약간의 논란이 있었다. 현황으로서는 하단부와 상단부 우측의 부분만 남아 있는 데서 비롯된 일이었다. 비는 앞뒤의 양면으로 이루어졌으며 매 글자는 종선과 횡선이 쳐진 정간(井間) 속에 들어가 있다. 앞면의 하단부는 대체로 원형을 유지한 상태로서 온전한 편이며 28행, 뒷면은 전체 22행으로 이루어졌다. 그렇지만 비신의 가장 윗 부분과 중간 부분이 없어짐으로써 매행 마다의 글자 수에 대해서는 명확히 단정할 수가 없어 논자에 따라 약간씩 견해가 엇갈리는 상황이다.[37)

어떻든 비는 온전한 모습이 아니어서 전체 내용을 제대로 가늠하기란 쉽지 않으며 현재로서는 오로지 대강만 짐작할 수 있을 따름이다. 전

---

35) 그와 관련한 제반 실상에 대해서는 李泳鎬, 「新羅 文武王陵碑의 再檢討」『역사교육논집』8, 1986 참조.

36) 洪思俊,, 「新羅 文武王陵 斷碑의 發見」『미술자료』3, 1961.

37) 문무왕비를 앞 뒤의 양면으로 파악한 洪思俊은 윗부분을 2행으로 매행 40자로 이루어진 것으로 보았고, 金昌鎬도 이를 따랐으나(「文武王陵碑에 보이는 新羅人의 祖上認識」『한국사연구』53, 1986, pp.23-23), 매행의 글자 수를 52자로 본 이영호의 견해가(앞의 글, p.53) 타당한 것으로 보인다.

반적인 흐름으로 보아 신라의 건국과 경역(境域)에 대한 찬미, 조상세계, 그리고 문무왕이 일군 일련의 업적, 특히 삼국통일과 관련한 개괄적 이야기, 유조(遺詔) 등의 내용이 중점으로 구성되었다.[38] 그 가운데 각별히 주목해 볼 대상은 조상세계와 관련한 부분이다.

문무왕의 직계 조상세계에 대한 부분은 4행 말미로부터 7행 첫머리에 걸쳐 있다. 거기에는 신라 왕조의 뿌리를 화관(火官)의 후예에 두고 있으며 다시 그 갈래[枝]는 투후(秺侯)를 거쳐 7세손까지 계승되다가 문무왕의 15대조(代祖)인 성한왕(星漢王)으로 이어졌다는 내용이 보인다.[39]

화관은 중국의 삼황오제(三皇五帝) 전설상에 등장하는 염제신농씨(炎帝神農氏)를 가리킨다. 투후는 한(漢) 무제(武帝, 서기전 141-서기전 87)대에 활약한 김일제(金日磾, 서기전 134-서기전 86) 바로 그 사람이다. 김일제는 본래 흉노제국의 제후왕인 휴도왕(休屠王)의 왕자였는데 한의 명장 곽거병(霍去病)에게 사로잡혀 노예가 되었다가 무제의 눈에 들어 중용되었다. 마침내 군공을 세워서 투(秺) 지방의 후(侯)로 봉해진 데서 투후로 불렸다.

그는 휴도왕이 금인(金人)으로서 제천(祭天)하였다는 고사에 따라 김씨 성을 하사 받았다고 한다. 그 자손은 전한 말기 왕망(王莽)의 신(新)에 이르기까지 7세손이 이어졌다.[40] 성한왕(星漢王)은 앞서는 기록상에서는 전혀 보이지 않다가 「문무왕릉비」에서 처음 확인되는 왕명이다. 이후 성한왕은 나말에 이르기까지도 금석문 자료상에서 이따금씩 보이거니와

---

38) 이에 대해서는 今西龍, 앞의 글, p.503 참조.

39) 이문기, 「新羅 金氏 王室의 少昊金天氏 出自 觀念의 標榜과 그 變化」 『역사교육논집』 23·24, 1999.

40) 『漢書』 68 列傳 霍光金日磾傳.

계속 신라 조상세계의 첫머리에 굳건하게 자리하였음을 알 수 있다. 다만 성한왕이 역사서에 등장하는 어떤 구체적 인물을 가리키는 지를 둘러싸고 논란되어[41] 확정적이지 않다.

그런데 일부만 남은 「김인문묘비(金仁問墓碑)」에서는 태조한왕(太祖漢王)이 보이는데 바로 성한왕으로[42] 추정되고 있다. 태조란 묘호는 568년 진흥왕이 직접 순행(巡行)해서 세운 「황초령비」와 「마운령비」에도 보인다. 다만 거기에서는 태조의 실명(實名)은 거명되지 않고 있다.

이와 같이 「문무왕릉비」에는 태조가 붙지 않고 성한왕 뿐인 반면, 「김인문비」에 이르러서는 묘호와 왕명이 결합한 복합형인 태조한왕으로 나타난다. 그러다가 872년 무렵 세워졌으리라[43] 추정되는 「흥덕왕릉비(興德王陵碑)」에는 태조성한(太祖星漢)으로 등장한다. 이런 사정으로 미루어 어쩌면 태조와 성한이 처음부터 하나로 굳게 결합한 상태로 출발한 것이 아니라 각기 따로 불리었다가 통일기에 이르러 조상세계를 체계적으로 정리하면서 비로소 하나로 합쳐지게 된 것이 아닐까 싶다.[44] 그러면서 동시에 자신들의 조상세계에 대한 인식을 중국의 신화 전설상에 보이는 화관 신농씨와 연결하고, 이로부터 한 걸음 더 나아가 사실성을 강화시키기 위한 의도에서 중국에서도 처음 김씨 성을 갖게 된 투후 김일제를 세계 속으로 끌어들였던 것 같다.

---

41) 성한왕이 구체적으로 누구를 지칭하는가에 대해서는 확정짓기 어려운 형편이다. 閼智說, 勢(熱)漢說, 味鄒說, 奈勿說, 架空의 인물설 등 다양한 주장이 제기되어 있기 때문이다.

42) 李基東, 「太祖 星漢의 問題와 興德王陵碑의 發見」『대구사학』15·16 ; 『新羅 骨品制社會와 花郎徒』, (한국연구원, 1980), p.373.

43) 李基東, 위의 글, p.372.

44) 李基東, 위의 글, p.374에서 신라에서는 神宮이 창립된 이래 멸망 때까지 성한이 그대로 태조로 간주되었다고 보았다

이처럼 신라는 통일기 초기에 이르러서 원래 박·석·김 삼성의 왕실 세계(世系)를 각기 하늘과 연결시켜 이해하던 종전의 인식과는[45] 판연히 다르게 중국의 신화 전설상에 부회하려는 시도를 하였다. 그렇지만 그 뿌리가 염제신농씨로 일관된 것은 아니었다. 그와는 다른 형태로도 진행되어 갔던 것이다. 이는 「김인문비」의 제 3행과 4행에 보이는 다음의 구절에서 유추된다.

C) (3행)···五之君少皞△墟分星于而超碧海金天命···(4행)···△太祖漢王啓千齡之(하략)

「김인문비」의 제4행에 태조한왕이 보이는 바, 바로 위의 제3행에는 「문무왕릉비」와 마찬가지로 그 윗대의 조상세계를 다른 것과 연결시키려 한 내용이 들어가 있었으리라 추정된다. 그를 방증하는 것이 제3행의 소호(少皞)와 금천(金天)이란 표현이다.

이 비에서는 서술 방식상 양자가 각기 따로 등장하지만 원래는 모두 동일한 대상으로서 소호금천씨를 지칭하는 것으로 이해되고 있다.[46] 소호(少皞)는 '소호(少昊)'로도 표기되며 중국 전설상의 오제(五帝) 가운데 수위인 황제(黃帝)의 아들로서 금덕(金德)을 이어받았다고 하여 금천씨(金天氏)라 일컬었다. 그래서 소호금천씨를 태조한왕의 조상세계 속에 위치 지우려고 시도한 것으로 추정된다.

---

45) 『삼국사기』와 『삼국유사』에서 드러나듯이 朴, 昔, 金 3성의 출자는 각각 하늘과 연결되어 있다. 아마도 이는 본래 신라인의 조상세계 인식을 그대로 나타낸 것으로 보인다. 통일기에는 그런 인식이 일시 당 문화를 수용하면서 달라졌던 것이다.

46) 이문기, 앞의 글, p.656.

신라인들이 스스로를 소호금천씨의 후예라고 자처하는 의식은 통일기에 널리 유행한 것 같다. 그것은 설인선(薛因宣)이[47] 지었다는 「김유신비(金庾信碑)」나 9세기 후반 박거물(朴居勿)이 짓고 요극일(姚克一)이 썼다는 「삼랑사비(三郎寺碑)」에서도 김씨 성의 유래를 소호금천씨와 연관시키고 있는 데서 짐작된다.[48]

여기에서 주목되는 점은 신라 왕실의 김씨뿐만 아니라 금관가야계의 조상세계까지 소호금천씨와 연결시킨 사실이다. 「김유신비」가 사망 당시인 7세기 말에 세워진 것이라면[49] 아마도 신라 왕실과 마찬가지로 금관가야계도 비슷한 시기에 자신들의 조상세계를 중국과 연결시키려 한 셈이다. 김씨 모두가 소호금천씨의 후예라고 자칭함으로써 그 뿌리는 같았다는 의식을 의도적으로 강조하려 한 조치로 보인다. 문무왕이 즉위하면서 금관국 시조 수로왕(首露王)을 자신의 15대조라고 명시한 것도[50] 그와 비슷한 맥락에서 이해된다.

신라 왕실과 금관국 김씨계의 두 가문은 이미 겹치는 혼인을 통하여 상호 결속하기도 하였지만 다함께 소호금천씨의 후예로서 원래부터 같은 뿌리였다는 인식을 공유하였던 것이다. 이는 당시의 중대 정권이 마치 두 가문 공동의 연합적 성격을 지녔다고 인식한 데서 비롯한 것으로 여겨진다. 김유신계가 바로 이 무렵 자신들 가문의 역사서로서 '황실을

---

47) 薛仁宣이란 인물에 대해서는 잘 알 수가 없다. 今西龍(「百濟略史」『百濟史硏究』, 國書刊行會, 1934 말미에 붙은 附錄 [贋作「金庾信平濟頌碑文」と扶餘』, pp.53-61)에 따르면 1920년대 경남 산청에서 문무왕 8년 9월에 國子博士 설인선이 찬문하였다는 「金庾信平濟頌碑」가 출현하였다는데 얼마 뒤 당시 만들어진 위작임이 판명되었다.

48) 『삼국사기』28 백제본기 義慈王 30년조 및 같은 책 41 열전 김유신전. 상

49) 「김유신비」의 건립과 관련하여 논란이 많다. 이에 대해서는 후술하기로 하겠다.

50) 『삼국유사』2 기이편2 「駕洛國記」조.

열다'는 뜻을 지닌 『개황록(開皇錄, 曆)』을 쓴 것도[51] 그런 제반의 사정과 직결되는 듯하다.[52]

이후 신라에서 소호금천씨를 자신들의 조상세계로 간주한 인식이 어떻게 전개된 것인지 분명하지 않다. 태조성한은 줄곧 보이지만 소호금천씨는 행방이 묘연해졌다. 9세기 후반의 「흥덕왕릉비」의 비편에는 오직 태조성한만이 확인되며 고려 초기 당대 최고의 문장가 최언위(崔彦撝)가 찬문하고 천복(天福) 2년(937)에 세워진 「광조사진철대사보월승공탑비(廣照寺眞澈大師寶月乘空塔碑)」와 4년(939)의 「비로암진공대사보법탑비(毘盧庵眞空大師寶法塔碑)」에도 성한(聖韓)만이 보일 뿐 소호금천씨의 향방은 드러나지 않는다. 당대 신라에서 8세기 이후 소호금천씨는 종적은 묘연해진 상태이다.

그런데 1954년 출토되었다가 최근 학계에 다시 소개된[53] 「대당고김씨부인묘지명(大唐故金氏夫人墓誌銘)」에[54] 묘주(墓主)인 김씨부인이 김씨성을 칭하게 된 연원으로서 소호금천씨를 들고 이어서 흉노계 김일제를 자신들의 원조(遠祖)라고 소개하였다. 이런 인식은 「문무왕릉비」에 보이는 그것과 동일하다. 통일기에 성립된 소호금천씨 조상세계 인식은 적어도 당으로 이주하여 뿌리를 내린 신라계의 김씨 족단(혹은 신라인) 사이

---

51) 朱甫暾,「加耶史 認識과 史料問題 -가야사 인식의 進展을 위하여-」『韓國 古代史와 考古學』, 학연문화사, 2000, pp.928-929.

52) 『삼국사기』에 보이던 신라나 금관국의 왕실 세계를 중국과 연결시키고자 한 의식은 『삼국유사』에는 전혀 나타나지 않는다. 이는 고조선의 건국을 唐堯와 같은 때로 인식하려는 檀君神話를 게재한 사실에서 유추되듯이 『삼국유사』는 당시 강하게 고조되던 민족의식을 배경으로 『삼국사기』와는 다르게 그와 같은 기록을 의도적으로 싣지 않았을 지도 모르겠다.

53) 권덕영,「〈大唐故金氏夫人墓銘〉과 관련한 몇 가지 문제」『한국고대사연구』54, 2009 참조.

54) 자료에는 그렇게 소개되지 않고 「大唐故金氏夫人墓銘」이라 하였으나 원래 묘지명에 나와 있는 대로 부르는 편이 정당하다고 생각된다. 그것이 현재 우리 학계의 일반적 용법과도 부합한다.

에도 그대로 승계되고 있었던 것이다.

이 묘지명은 김씨부인이 사망한 당나라 함통(咸通) 5년(864)에 작성되었으므로 9세기까지 그런 인식이 소멸되지 않고 면면히 이어졌음을 알 수 있다. 다만, 그것은 오직 당에서의 일일 뿐이며 정작 신라에서는 보이지 않으므로 마찬가지 양상이라 단언하기는 어렵다. 신라에서는 소호금천씨와 직결시키는 인식이 일시 유행하였지만 어느 시점에서 종식된 반면 당에서는 신라계 주민들 사이에서 현지에 뿌리내리기 위한 하나의 방편으로서 계속 주장되었을지도 모르기 때문이다.

이문기는 신라 중대의 왕실세계를 소호금천씨와 연결짓는 출자 관념이 「문무왕릉비」와 「김인문묘비」에는 있었으나 이후 한동안 보이지 않다가 하대 「흥덕왕릉비」의 태조성한을 비롯하여 고려 초기 2점의 탑비에서 성한이 다시 나타나는 현상을 들고서 그런 관념은 일관되게 주창된 것이 아니라 부침을 거듭하였다고 풀이하였다.[55] 이를 보완하기 위하여 금관국계의 출자를 소호금천씨에 둔 「김유신비」가[56] 원래 7세기 후반에 세워졌던 묘비와는 다른 것으로 간주하여 결국 「김유신비」가 두 개라는 가설까지 제시하였다. 이에 대해 「대당고김씨부인묘지명」을 소

─────────

55) 이문기, 앞의 논문 참조. 『삼국사기』열전과 백제본기 등에 몇 차례 인용된 「김유신비」는 원래 그가 사망한 673년 왕명으로 세워진 묘비로서 薛仁宣이 찬문한 것으로 봄이(박순교, 「신라 중대 시조 존숭의 관념」『韓國 古代의 考古와 歷史』, 學研文化社, 1997, p.404) 일반적이지만, 이문기는 自說을 보강할 필요성에서 그처럼 추정하였고 김상현도 기록을 근거로 두 기의 존재 가능성을 제시하였다.(김상현, 「文獻으로 본 韓國古代 金石文」『문화사학』21, 2006, p.383) 이에 대해서는 곽승훈의 적절한 비판이 있으므로(곽승훈, 「문헌에 실린 신라 금석문 연구」『신라 금석문 연구』, 韓國史學, 2006, pp.63-64) 따로 재론할 필요성을 느끼지는 않는다. 다만, 후술하듯이 당시 묘비는 하나라도 마음대로 세울 수 있는 성질의 것이 아니었으므로 「김유신비」만 유독 2기였다고 풀이하기에는 무리한 감을 떨치기 어렵다.

56) 『삼국사기』41 열전 김유신전 상.

개하고 분석한 권덕영은 김씨부인의 증조부 김원득(金原得)이 신라에서 당으로 들어간 시점을 경덕왕대 혹은 혜공왕대 무렵으로 추정하고 소호 금천씨의 출자관념이 적어도 그때까지 널리 퍼져 있었다고 보아 부침설을 부정하였다.[57]

신라 김씨의 소호금천씨 출자설은 중대의 어느 시점까지 전승되었음은 확실하다. 그러나 당으로 이주한 신라계 당인(唐人)들 사이에서는 그런 의식이 승계되었을지라도 국내에서는 반드시 그러하였다고 단정할 근거는 어디에도 없다. 태조성한 인식이 계속 이어졌다고 하여 곧 소호금천씨 출자 관념까지 반드시 그와 같았다고 볼 단서는 당대 사료상에는 나타나지 않기 때문이다. 다만, 태조성한 인식은 나말까지 그대로 남았으나 중간의 어느 시점에서 소호금천씨 출자 관념은 신라 국내에서 통용되지 못하고 소멸된 것이 아닌가 싶다.[58]

이상과 같이 통일기에 이르러 신라 김씨 왕실은 물론이고 금관가야 계조차 자신들의 출자를 중국의 신화 전설상 인물과 직결시키고자 하였다. 신라가 삼국을 통합하는 데 크게 공헌한 두 세력은 사실상 공동 정권을 창출하였다는 분위기에 적극 편승하여 공동 시조로서 소호금천씨를 상정해 전면에 내세우려 한 것이었다.

그런 과정에서 일각에서 잠시나마 화관 신농씨를 내세우려는 움직임도 있었지만 이후에는 대체로 전자로 정리되어 간 듯하다. 이는 통일기 초에는 신라 왕실을 비롯한 지배집단이 자신들의 출자를 아직 뚜렷하게

---

57) 권덕영, 앞의 글, pp.405-406.

58) 이 점과 관련하여 下代에 새로운 정권이 수립되면서 중대 정권과 연동된 중국 계통의 출자를 부정하려는 움직임이 나타났을 가능성이 상정된다. 이에 대해서는 당시의 경향과 관련하여 따로 구체적인 논의가 필요할 듯싶다.

확정짓지 못한 채 당의 전설상 3황 5제 가운데 그 대상을 탐색해 가던 과정에 있었음을 여실히 보여 준다.

그러다가 소호금천씨가 부각되어 그것을 성한과 직결시키고 마침내 태조성한으로 정리되기에 이른 것이라 하겠다. 그렇지만 소호금천씨나 그 중간 연결고리로서 활용한 투후 김일제 출자 관념은 이후 나말까지 그대로 이어진 것 같지는 않다. 고려 초기의 실상을 보면 성한은 변함없이 신라 김씨의 시조왕으로서 남았지만[59] 소호금천씨와 연결짓는 관념은 차츰 소멸되는 과정을 밟았던 것으로[60] 여겨진다.

7세기 후반 신라 김씨족단은 금관국계와 함께 공동 정권을 창출해 내었을 뿐만 아니라 마침내 삼국 통합을 달성함으로써 지배체제를 새로 이 재편해야 할 전환기적(轉換期的) 상황을 맞고 있었다. 사실 무열왕으로부터 시작된 중대 왕실은 계보상으로는 이미 진지왕 이후 방계의 길을 걸어감으로써 정상적이라면 왕위를 승계하기 어려웠던 내부적 문제점을 안고 있었다.

공동 정권이 국운(國運)을 건 삼국간 항쟁을 치루어 내면서도 부득이 내부의 정적(政敵)을 제거하지 않을 수 없었다거나 문무왕이 사망하면서 신문왕(神文王)을 구전(柩前)에서 즉시 즉위하도록 조치한 유언 등은 과거 오랜 정쟁(政爭)의 여진(餘震)이 채 가시지 않고 작동하던 상황을 여실히 반영하여 준다. 통일을 달성하였어도 아직은 여전히 정정(政情)이 심

---

59) 李基東, 앞의 논문, p.373.

60) 거기에는 신라 왕경을 당의 수도 長安의 西京에 대해 東京이라고 칭한다거나 김헌창의 난 때에 보이듯이 국호를 長安이라 하고 독자적 年號 사용을 표방한 점, 경문왕대에 보이는 皇帝意識의 高揚 등을 통해서 짐작하면 당에 대해 自尊의식을 지키려는 의식이 작용한 것인지도 모른다. 『삼국사기』 신라본기나 『삼국유사』에 그런 흔적이 보이지 않는 것도 그를 증명한다. 그에 대한 구체적 논의는 뒷날의 과제로 미룬다.

히 불안정한 상태였다. 그런 분위기를 쇄신하려는 일환으로서 무열왕계 중심의 중대 지배세력은 기왕과는 다른 새로운 조상세계를 내세웠던 것이다.[61]

한편 신라로서는 자신들보다 훨씬 선진적이었던 고구려와 백제를 제압한 뒤에 그 영토와 인민들을 자국의 영토와 주민으로 적극 포섭·융합해 내어야만 하는 당면 과제를 눈앞에 두고서 향방을 심각하게 고민하지 않을 수가 없었을 터이다. 그 일환으로서 일통삼한의 지배이데올로기를 창출해 내는 한편 새로운 상황에 어울리도록 지배체제를 재정비하면서 당 문화 수용의 연장선상에서 왕실 계보 자체까지도 중국의 신화·전설과 연결시키려는 시도를 감행하였다.

집권화 과정에서 이미 유학을 새로운 지배이데올로기로 표방한 김춘추[62]는 김유신의[63] 도움을 받아 실권을 장악한 진덕여왕대부터 정착을 위해 노력하였고 즉위한 뒤 그에 더욱 더 박차를 가한 바 있다.[64] 무열왕은 새로운 지배체제 구축을 위하여 당 문화의 수용에 매우 적극적이었다. 마침내 그 연장선상에서 기반을 정당화시키려는 명분으로서 자신들의 조상세계까지도 아울러 그와 연결시키고자 하였다. 바로 그런 분위기에서 (능)묘비문화도 수용하여 자신들 조상세계의 뿌리를 중국의 신화전설상에 둠으로써 유구성(悠久性)과 선진성(先進性)을 각별히 강조하려 한 것으로 여겨진다.

---

61) 李文基, 「신라 五廟制의 성립과 그 배경」『韓國 古代史와 考古學』, 2000, pp.916-917.

62) 朱甫暾, 「김춘추의 정치지향과 유학」『국왕과 의례』 태학사, 2009 참조.

63) 朱甫暾, 「金庾信의 政治志向」『신라사학보』11, 2007.

64) 『삼국사기』8 신라본기 太宗武烈王 원년조에 보이듯 즉위하자 곧바로 理方府格 60여조를 改修한 데서 유추할 수 있다.

그런 의식을 각인시키고 확산시켜 가기 위한 방편으로 거의 반영구성(半永久性)이 보장된 (능)묘비를 활용하려 하였다. 처음으로 (능)묘비문화를 수용하면서 특별히 귀부와 이수를 완벽하게 갖춘 형태를 취한 것은 그와 같은 의식의 강한 발로로 풀이된다. 중대 초입기에 처음으로 (능)묘비문화를 수용한 것은 그런 저간의 사정에서 말미암은 것이다.

이처럼 중대의 지배세력이 조상세계를 중국의 신화·전설과 연결시키려 한 의식의 저변에는 기존의 질서를 청산하고 새로운 질서를 구축하려는 의도가 짙게 깔려 있었다. 다른 한편 현실적으로 당과 고조되어 가던 갈등 양상, 대결의 구도를 무마시키려는 현실적 이해관계도 어느 정도 작용하였으리라 추측된다. 이미 무열왕의 묘호를 태종이라고 설정한 문제를 둘러싸고서 일시 긴장관계로 돌입한 적이 있지만[65] 자신들의 세계를 중국과 연결시킴으로써 대립관계를 해소하려 한 목적도 아울러 지니고 있었다.

기왕에 신라 왕실이 자신들의 세계를 하늘[天]과 직결시키려는 의식은 더 이상 유지되기 곤란한 상황으로 내닫고 있었다. 통일기에 그동안 행해오던 하늘에 대한 제사를 포기하고 대신 삼산(三山)과 오악(五嶽)을 대사(大祀)와 중사(中祀)의 첫머리에 배치한 의식이나 스스로 7묘(廟)가 아니라 제후의 격에 어울리는 5묘제를 채택한 사정도[66] 그런 사정과 밀접하게 연관된 일이다.

요컨대 통일기에 신라는 안팎으로 변모해 가던 제반 상황에 적절히 대처해가는 가운데 조상세계까지 중국의 신화 전설과 직결시켜 보려는

---

65) 『삼국사기』8 신라본기 神文王 12년조.
66) 『삼국사기』8 신라본기 神文王 7년조.

의식을 창안해내어 이를 정착시킬 목적에서 (능)묘비문화를 도입해 내용을 새기고자 하였다. 그렇지만 그런 시도는 일시적으로 성공을 거두었을지 모르나 지속된 것 같지는 않다. 중대 정권이 무너지고 새로운 하대(下代) 사회로 진입하면서 상황은 크게 달라져 갔기 때문이다.

5. (능)묘비문화의 전개 양상

신라에서 (능)묘비문화가 처음 수용된 것은 무열왕이 사망하고 난 뒤의 일이다. 입비 시점은 아직 명확해진 상태는 아니지만 흔히 지적되고 있듯이 661년 직후이거나 그로부터 그리 멀리 떨어지지 않은 때였을 공산이 크다.

다만, 태종이라는 묘호 사용을 고려한다면 그 시점에 대해서는 약간 재고해볼 여지가 생겨난다. 왜냐하면 「무열왕릉비」의 제액에는 태종이라는 묘호가 사용되고 있기 때문이다. 태종이란 묘호의 사용 시점은 곧 「무열왕릉비」의 입비 연대를 결정하는 데서는 핵심으로 기능할 수가 있다. 입비는 일단 태종이란 묘호가 처음 나온 시점을 상한으로 한정해 두어야 한다.

『삼국사기』에 의하면[67] 무열왕이 사망하지 마자 곧바로 장사를 치루면서 시호(諡號)를 확정하고 동시에 조묘(祖廟)에 태종이란 묘호를 올린 것처럼 기록되어 있다. 묘호제가 오래 전에 확립되어 깊이 뿌리내린 상태였다면 그럴 가능성도 매우 농후할 듯하다.

그렇지만 진흥왕대 혹은 직전의 어느 시기에 태조란 묘호가 처음 사

---

67) 『삼국사기』5 신라본기 太宗武烈王 8년조.

용된 이후 묘호제가 정착된 흔적은 별로 찾아지지가 않는다. 게다가 그 사이 종묘제(宗廟制)가 시행되었다고 단정할 만한 아무런 흔적도 없다. 그렇다면 태조가 처음 설정된 이후 태종이란 묘호가 나오기 이전까지 종묘제가 제대로 가동된 것으로 보기는 어렵겠다. 사실 진덕여왕대까지 는 아직 시호제조차 제대로 실시되고 있지를 않았다.

이런 사정을 고려하면 중고기에는 태조 이외의 묘호가 따로 시행되 었을 가능성은 거의 없을 듯하다. 아마도 무열왕 사망 이후 문무왕대 사 이의 어느 시점에 이르러 종묘제를 정식으로 수용하면서[68] 묘호제가 새 로 시작된 것이라 봄이 적절하다. 그런 측면에서 태조는 사실상 정상적 인 종묘제가 마련되지 않은 상태에서 나온 묘호였다고 하겠다. 다만, 그 것은 굳이 종묘가 아니더라도 당시 존재하던 시조묘(始祖廟)나 신궁(神 宮)과 연관해서 운용되었을 가능성이 크다.

시호제는 무열왕 사후 처음으로 실시되었음이 분명하다. (능)묘비에 '태종무열대왕(太宗武烈大王)'이라 한 데서 어쩌면 무열왕이란 시호와 동 시에 태종이라는 묘호까지 갖추었을지 모를 일이다. 다만, 각기 따로 실 시하였다가 결합할 가능성도 염두에 두어야 한다. 그럴 때 동일한 대상 에 대해 시호가 먼저 결정된 뒤에 묘호가 올려졌을 공산이 크다. 그 점은 신문왕대에 당나라 측에서 태종이라는 묘호의 사용에 대해서 의도적으

---

68) 『삼국사기』6 신라본기 文武王 5년조에 당의 劉仁願 주도 아래 문무왕이 熊津의 就利山에서 會 盟한 뒤 唐將 劉仁軌가 작성한 盟文을 영원히 위반치 않겠다는 의미로 金書鐵券으로 만들어 宗廟에 갈무리하였다는 데서 이미 宗廟制가 실시되고 있었다는 느낌이다. 그런데 종묘제에 기반한 오묘제 의 시행 시점을 둘러싸고서 크게 神文王代說, 文武王代說, 武烈王代說로 나뉘어 논란되고 있지만(李 文基, 앞의 글, 2000, pp.891-901 참조), 일단 하한은 문무왕 5년으로 설정함이 적절하다. 그렇다고 김용춘을 文興大王으로 추존한 무열왕 원년(654)으로 비정함은(이문기, 위의 글) 약간 지나친 추정 으로 보인다. 무열왕이란 시호와 태종이라는 묘호의 사용을 동시에 관련지어 이해함이 적절할 듯 싶 다. 다만 무열왕은 사망 직후이지만 태종은 그보다는 약간 늦었을 가능성도 고려해야 한다.

로 시비를 걸어 왔을 때 신라가 답변한 내용으로 미루어 짐작할 수 있다.

그런 정황에 대해서는 기록상 약간의 출입은 있으나 『삼국유사』와[69] 『삼국사기』에[70] 비슷한 내용이 보인다. 이에 의하면 당에서는 태종이 신공성덕(神功聖德)으로서 천고(千古)에 가장 뛰어 났기 때문에 묘호를 그렇게 올렸는데 소국인 신라가 그를 함부로 사용한다고 힐난하였다. 신라에서는 무열왕도 현덕(賢德)이 있어 양신(良臣) 김유신을 얻어 일통삼한의 공업을 이루었으니 그럴 만한 자격이 충분하다고 대응하였다.

그 뒤 이 문제는 더 이상 외교상의 논란거리가 되지 못한 것으로 미루어 그 자체 특정한 시기에 빚어진 외교상의 잠정적 마찰에서 비롯한 것으로 여겨지거니와 여기서 일단 주목되는 사실은 일통삼한한 데서 태종이란 묘호를 사용하였다고 주장한 점이다.

이를 만일 액면 그대로 받아들인다면 태종이란 묘호의 사용은 아무리 일러도 668년 고구려가 멸망한 뒤의 일이고, 늦추어 잡으면 당나라가 철수한 676년 이후의 어느 시점이 될 수도 있다. 이런 논리에 입각하면 「무열왕릉비」는 당연히 사후 즉시가 아니라 상당한 시일이 흐른 뒤에 세워졌다고 봄이 적절하다.

물론 신라가 당을 대상으로 삼아 내어놓은 표현은 단순한 외교적 언사(言辭)에 지나지 않을 수도 있다. 세차게 몰아붙이는 당의 압박을 일시 모면하기 위한 방편에서 그처럼 표현하였을 가능성도 엿보인다. 그렇다면 태종이란 묘호는 원래 일통삼한과는 사실상 아무런 상관없는 일이 되겠다. 물론 무열왕 김춘추가 생존하였을 당시 일통삼한 의식은 당연히

---

69) 『삼국유사』1 기이편1 「太宗春秋公」조.
70) 『삼국사기』8 신라본기 神文王 12년조.

성립되어 있지 않았다. 따라서 그 자체 역사적 사실이 아님은 분명하다.

그렇지만 태종이란 묘호제가 시행될 때 내세울 만한 어떤 충분하고 적당한 명분이 없었을 리 만무하다. 뒷날 일통삼한을 앞세운 사정을 고려해서 그를 추정하면 일단 무열왕이 백제 멸망에서 수행한 공적을 손꼽을 수 있겠다.

그런데 백제는 무열왕이 사망하기 1년 전인 660년 멸망하였지만 아직 663년까지는 부흥운동이 진행 중이어서 전쟁이 말끔히 마무리된 상태는 아니었다. 게다가 665년에는 당의 간섭과 강요로 말미암아 문무왕이 부득이 웅진도독부(熊津都督府)의 도독으로 파견되어 온 백제 의자왕의 아들 부여융(扶餘隆)과 취리산(就利山)에서 회맹하고 난 뒤 곧바로 신라 사신도 칙사(勅使) 유인궤(劉仁軌)를 따라 백제, 탐라(耽羅), 왜(倭)의 사자와 함께 당나라 고종의 태산(泰山) 봉선(封禪) 의례에 부득이하게 참여할[71] 수밖에 없었다. 신라로서는 이미 멸망한 백제의 부흥과 직결될지도 모르는 웅진도독부와 동등한 대우를 받는 데 대해서는 심한 불쾌감과 함께 의구심을 가졌을 법하다.

그래서 문무왕은 반발의 의사 표시로서 의도적으로 태종이란 묘호를 더욱 적극적으로 표방하였을지도 모를 일이다. 그동안 신라는 내부적 필요성 때문에 당 문화를 적극 수용하여 왔거니와 오히려 당이 정치적인 목적에서 신라를 견제하면서 백제를 노골적으로 후원하려 들자 그를 겨냥한 대항적 차원에서 외교 마찰을 예상하면서도 태종이란 묘호를 일부러 사용하였을 여지도 있는 것이다.

---

71) 『삼국사기』6 신라본기 文武王 5년조.

그렇게 보면 태종이란 묘호 사용의 시점은 어쩌면 신라와 당의 관계가 우호적이었을 때보다 오히려 긴장관계가 고조된 때였고 따라서 665년을 하나의 대상으로 설정하여도 무방하겠다. 말하자면 태종은 일통삼한의 결과는 아니지만 그와 유사한 백제를 멸망시킨 공적을 명분으로 삼아 사용하기 시작한 것으로 보인다.

시점은 무열왕이 사망한 바로 그 무렵이라기보다는 665년 웅진의 취리산 회맹이었다고 추정된다. 부여융과의 사이에 맺는 데 사용된 맹문(盟文)을 금서철권으로 만들어 종묘에 갈무리하였다고 한 것은 그런 사정의 일단을 방증해 준다. 신라로서는 역설적이게도 바로 그때 종묘 자체를 세웠으며 동시에 태종의 묘호를 올려 명실상부한 새로운 지배체제로서 중대 정권의 출범을 공식적으로 선언한 것이 아닌가 싶다.

그것은 여하튼 제액에서 태종무열왕이라고 하여 묘호와 시호를 함께 나타내었으나 태종과 무열왕이 반드시 같은 시점에 설정되었다고 단정할 필요는 없을 듯하다. 무열왕이란 시호가 먼저 확정되었고 어느 정도의 시간이 경과한 뒤 신라 내부의 어떤 필요성에서 종묘제를 정식 도입함으로써[72] 태종이 나왔을 수도 있다.

물론 이제 막 종묘제를 정식으로 실시하였지만 처음부터 그 자체가 곧바로 5묘제로 출발하였다고 단정할 필요도 없다. 당태종과 동일한 묘호를 의도적으로 사용한 데에는 뒷날과는 달리 5묘제를 부정하려는 의지가 깃들어 있는 것으로 보이기 때문이다. 그런 측면에서 본격적인 5묘

---

72) 문무왕이 임종을 앞두고 내린 遺詔에서(『삼국사기』7 신라본기 文武王 21년조) 국왕을 '宗廟之主'라고 표현한 것도 그 점을 생각하는데 약간의 참고로 된다.

제의 정상적 가동이 신문왕대부터라고 간주하는 입장에도[73] 나름의 의미는 있다고 여겨진다.[74]

이상과 같이 무열왕이 661년 사망하자마자 곧바로 태종이란 묘호를 사용한 것이 아니라면 묘비가 찬문(撰文)되고 입비(立碑)된 시점을 막연히 그때라고 단정할 수는 없는 일이다. 후술하듯이 능묘를 조영함과 동시에 입비한다거나[75] 또는 능묘에 반드시 입비하는 어떤 관행이 아직 자리 잡지를 못한 데서도 그 점은 입증된다. 이는 중대의 입비 관행을 살피면 저절로 드러나는 사실이다.

「무열왕릉비」 건립 이후 (능)묘비로서 가장 먼저 확인되는 것은 「김유신비」이다. 일통삼한에 최대의 공적을 세웠던 명장 김유신은 673년 7월 1일 79세를 일기로 사망하였다. 일생 전반은 『삼국사기』에 이례적으로 무려 세 권이나 차지하는 열전에서 드러나거니와 당시 그의 위상은 문무왕이 직접 사저(私邸)에 행차하여 임종을 지켜볼 정도였다.

신라 조정에서는 그가 사망하자 엄청난 부의(賻儀)와 군악고취(軍樂鼓吹) 100인을 보내는 등 공적에 어울리게 예우하였다. 장지는 금산원(金

---

73) 邊太燮, 「廟制의 變遷을 통하여 본 新羅社會의 發展過程」 『역사교육』8, 1964 참조. 이후 이 학설이 통설적이다.

74) 그와 연관이 있을지 어떨지 알 수 없으나 황복사 석탑 출토 「金銅舍利記」에는 '天授三年壬辰六月二日乘天 所以神睦太后孝照大王 奉爲宗廟聖靈 禪院伽藍 建立三層石塔'(한국고대사회연구소편, 『譯註 韓國古代金石文』(III), 1992, p.347)이라 하여 신문왕이 宗廟에 오른 사실을 기록하고 있다. 신라에서는 宗廟制가 안착되었음에도 太宗이란 묘호의 사용을 둘러싼 논란이 직전에 있었기 때문인지 이제 따로 祖宗之制는 더 이상 시행되지 않았다. 아마 諡號를 廟號처럼 사용한 것 같다. 그런 의미에서 보면 시호와 묘호를 따로 가진 유일한 사례인 태종을 중심으로 문무왕대 사이에 종묘제가 시작되었다고 하여도 하등 이상스럽지가 않다.

75) 「무열왕릉비」의 입비 시점은 『대동금석목』에서 문무왕 원년으로 추정한 이후 그것이 통설로서 거의 정착된 듯하다. 그러나 『隋書』81 列傳 東夷傳 新羅條와 그를 轉載한 『北史』94 列傳 新羅條에 '王及父母妻子喪 持服一年'이라 한 것으로 보아 능묘의 완성에는 적어도 1년 이상이 소요된 것으로 추측되므로 「무열왕릉비」의 입비를 사망 당해년으로 보기는 곤란하겠다.

山原)으로 정해졌는데 이때 문무왕이 유사(有司)에게 입비하고 거기에 그의 공명(功名)을 기록하도록 명령하였으니[76] 이것이 곧 김유신의 묘비가 되는 셈이다. 여기에서 국왕이 입비하도록 명령한 사실은 각별히 눈길을 끄는 대목이다. 후술하듯이 그것으로부터 일단 어떤 권세가라도 마음대로 입비할 수 없었음을 시사받을 수 있기 때문이다.

「김유신비」의 실물은 지금 남아 있지 않다. 이미 앞서 언급하였듯이 단편적이기는 하나 그 내용의 일부는 역사서 속에서 간간이 전해진다. 그와 관련된 사료를 적출하면 다음과 같다.

D) ①신라인들은 스스로 소호금천씨(少昊金天氏)의 후손이라 하였다.[신라의 국자박사(國子博) 설인선(薛仁宣) 지은 「김유신비」와 박거물(朴居勿) 짓고 요극일(姚克一) 쓴 「삼랑사비(三郎寺碑)」의 글에 보인다.)](『삼국사기』28 백제본기 의자왕 20년조)
②신라인들이 스스로를 소호금천씨의 후손이라 하였는데 「유신비」에 또한 헌원(軒轅)의 후예이자 소호의 자손이라 하였다.(『삼국사기』41 열전 김유신전 상)
③아버지 서현(舒玄)은 벼슬이 소판(蘇判)·대량주도독안무대량주제군사(大梁州都督安撫大梁州諸軍事)에 이르렀다.「유신비」에는 아버지를 소판 김소연(金逍衍)이라 하였는데 서현(舒玄)이 이름을 고쳤는지 혹은 소연이 자(字)인지 못하겠다. 의심이 들어 둘 다 남겨둔다.(동상)

---

76) 『삼국사기』43 열전 김유신전 하.

이 세 기사를 종합적으로 정리하여 판단하면 「김유신비」는 국자박사였던 설인선(薛仁宣)이 지었는데[77], 이를 통해 조상세계를 '헌원의 후예요 소호의 자손'이라 하여 신라 왕성(王姓)과 마찬가지로 소호금천씨의 후예임을 내세운 사실, 아버지를 '소판 김소연'이라 하여 최후로 소판의 관등을 보유한 사실, 이름이 서현이 아니라 소연이라고 다르게 표기된 사실 등을 짐작할 수가 있다. 그것은 여하튼 조상세계가 보이는 점, 아버지를 대상으로 다룬 점은 일단 「김인문비」와도 상통하므로 묘비라 판단할 수 있는 내용이다. 그밖에 문무왕이 입비 명령을 내린 것처럼 공명을 기술한 부분이 큰 비중을 차지하였을 듯하다. 그런 내용은 모두 열전 속에 용해된 형태로 들어가지 않았을까 싶다.

흔히 3권에 달하는 김유신 열전의 내용은 하권의 말미에 보이는 '유신의 현손(玄孫) 집사랑(執事郞) 장청(長淸)이 행록(行錄) 10권을 지었는데 세상에 퍼졌으나 자못 지어낸 말이 많이 이를 깎아내고 그 중 쓸 수 있는 것만 추려서 열전을 만들었다.'고 한 내용을 근거로 현손인 김장청이 쓴 『행록』 10권만을 간추린 것으로 생각하는 경향이 짙다. 기실은 「김유신비」도 적지 않게 참작한 것으로 여겨진다.

『행록』에는 글자 그대로 '자못 지어난 말'이 많았으므로 전부를 그대로 사용하기 어려웠다. 그래서 산락(刪落)과 함께 윤문(潤文)하는 과정을 당연히 거쳤겠지만 이때 내용 또한 상당 부분 재정리되었을 것 같다. 그럴 때 「김유신비」에 보이는 내용도 적극 활용되지 않았을까 여겨진다.

그 가운데 특별히 조상세계나 부명(父名)에서 차이를 보이는 점을

---

77) 앞서 언급하였듯이 「김유신비」를 7세기 후반과 9세기 후반에 세워진 두 기가 따로 있을 것으로 추정한 견해도 있지만 따르기 힘들다. 이에 대해서는 뒤에서 다시 다루기로 한다.

「김유신비」와 비교해서 소개하고 있다. 말하자면 열전의 작성에 「김유신비」가 일정하게 활용되었던 것이다. 그것은 열전의 찬문자가 비문을 직접 보지 않고서는 결코 나올 수가 없는 표현이다. 말하자면 『삼국사기』를 편찬하던 시점에서는 「김유신비」가 존재하였기에 가능한 일이다. 현장에서 직접 비문을 보았으므로 사료 D)①에서처럼 지은이를 설인선이라 밝혀두고 있는 것이다. 그러므로 「김유신비」는 『삼국사기』가 편찬된 고려 인종대 즈음까지 실재하였다고 보아도 무방할 듯하다.

『대동금석서』에는 뒷날 「김인문비」로 밝혀진 비편을 일부 소개하였다. 그런데 그 목록집인 『대동금석목』에서는 「김유신비」란 이름 아래 '태대각간김유신묘비(太大角干金庾信墓碑)'라는 제액을 소개하면서 '당나라 고종 함형 4년 계유(癸酉)에 세웠으니 신라 문무왕 13년이다.'라고 덧붙이고 있다. 이후 대체로 조선 후기까지는 「김인문비」를 그처럼 인식하여 왔다.

그러다가 1931년 경주의 서악서원(西岳書院) 누문(樓門) 아래에서 「김인문비」의 비편이 실제 출토됨으로써 이를 「김유신비」로 인식한 것은 잘못이었음이 드러났다.[78] 그렇다고 제액의 문제까지 반드시 해명된 것은 아니다. 16세기 무렵까지도 사실상 「김유신비」는 그와 별도로 존재하였을 가능성이[79] 있기 때문이다.

무열왕릉 구역의 길 건너 바로 아래에는 앞뒤로 두 기의 고총이 나란히 자리하고 있다. 그 가운데 원래 큰 것은 흔히 '각간묘(角干墓)'로 불렸는데, 대체로 조선 명종(明宗)대까지 김유신묘라고 여겨졌다. 그러다가

---

78) 藤田亮策, 「新羅金仁問墓碑に就いて」『京城帝大史學會會報』2, 1932, pp.1-5.
79) 金相鉉,, 앞의 글, pp.282-283.

숙종 36년(1710) 경주부윤 남지훈(南至熏)이 송화산(松花山) 쪽의 현재 (전) 김유신묘에 '신라태대각간김유신묘(新羅太大角干金庾信墓)'란 비를 세우면서 그의 비정은[80] 거의 사실로서 굳어졌다. 이후 오래도록 큰 무덤은 기록을[81] 근거로 하대 김양(金陽, 808-857)의 무덤으로 간주되고 작은 것은 주인공을 알 수 없는 묘로 인식되었다.

그런데 「김인문비」가 새로 출현함으로써 이제는 다시 큰 것이 김인문묘, 작은 것이 김양묘로 정리되었다. 현재까지 줄곧 그렇게 인식함이 일반적 경향이다. 특히 1960년대에 박일훈(朴日薰)은 「김인문비」의 하단부가 현재 무덤 앞에 있는 귀부 위의 비좌(碑座)에 딱 들어맞는다는 사실을[82] 주된 근거로 삼아 그를 보완하였다.

이에 대해 이병도(李丙燾)는 「문무왕릉비」도 그와 크기가 거의 비슷하므로 7세기 후반 당시에는 비나 비좌의 규격은 대체로 같았을 것으로 추정하면서 박일훈의 주장을 반박하고 나섰다. 그래서 (전)김유신묘의 석물은 묘가 조영되던 7세기 후반 당대의 것이 아니라 하면서 의문을 제기하기 시작하였다. (전)김인문묘가 각간라고 전칭(傳稱)되어 온 점, 무덤 앞에 있는 귀부가 무열왕릉의 그것보다 규모는 조금 작지만 거의 비슷한 양식이라는 점, 『삼국사기』 열전 김양전에 '김유신의 구례(舊例)에 따라 김양을 무열왕릉에 배장(陪葬)한다.'고 밝힌 점 등등을 근거로 (전)김인문묘가 바로 김유신묘일 것으로[83] 논단하였다. 최근 일각에서 이 견

---

80) 李丙燾, 「金庾信墓考」『한국고대사연구』, 朴英社, 1976, p.722.
81) 『삼국사기』44 열전 金陽傳에 '大中十一年 八月十三日 薨于私第 享年五十 訃聞大王 哀慟 追贈舒發翰 其贈賻殯葬 一依金庾信舊例 以其年十二月八日 陪葬于太宗大王之陵'이라 하였다.
82) 朴日薰, 「김인문묘와 김유신묘」『고고미술』9-11(통권100), 1968, pp.484-485.
83) 李丙燾, 앞의 글, pp.727-723.

해를 적극 수용함으로써[84] 이제 김유신묘를 둘러싼 논란이 새롭게 재연(再燃)되고 있다는 느낌이다.

「김유신비」는 조선 초기까지 실재하였음이 확실시되지만 이후 어느 시점에 이르러 향방을 알 수 없게 되었다. 국왕이 아닌 고위 귀족으로서는 극히 드물게 묘비를 세웠다는 기록까지 전해지고 있다. 묘비를 세우는 문화가 일반화되어 있었다면 굳이 왕명으로서 기공(紀功)하여 입비하도록 지시하는 조치가 내려질 필요는 없었을 터이다. 따라서 당시 국가가 허락하지 않는다면 마음대로 묘비를 세울 수 없었다는 추정이 가능해진다.

그런 측면에서 통일 이후 (능)묘비로 알려진 사례가 그리 많지 않은 점도 눈에 들어온다. 대체로 9세기 이후 승려의 묘탑(墓塔)과 탑비를 세우는 문화가 갑자기 널리 퍼져나가거니와 이는 당시의 정치 상황과 불교계의 특수한 사정에서 말미암은 것으로 여겨진다.

그럼에도 불교 관계를 제외하면 (능)묘비가 그리 많이 만들어진 것 같지는 않다. 현재까지 존재가 뚜렷이 확인되는 것만 헤아리면 최초의 「무열왕릉비」를 시작으로 「김유신비」, 「문무왕릉비」, 「김인문비」, 「성덕왕릉비」, 「흥덕왕릉비」 등의 정도를 겨우 손꼽을 수 있을 따름이다.[85] 이밖

---

84) 文暻鉉, 「金庾信墓考」『신라사학보』17, 2009, pp.376-382 ; 李根直, 앞의 책, pp.366-370, 380-393.,

85) 『삼국유사』1 王曆 「元聖王」조의 말미에 '陵在鵠寺 今崇福寺 有也致遠所立碑'라 하여 마치 원성왕릉에 비가 있었던 듯이 기록하였으나 이는 崔致遠이 왕명으로 찬문한 「大崇福寺碑」를 가리킨다. 한편 『대동금석서』의 續集 말미에는 「新羅景德王陵碑」란 標題가 붙은 탁본 한 점이 실려 있는데 옆에 '金鰲山 釋迦寺'란 글씨가 쓰여 있다. 석가사는 『삼국유사』5 감통편 「眞身受供」조에 의하면 孝昭王대에 琵琶嵓에 세워졌는데 현재 위치는 경주시 내남면 용장리 南山 자락의 琵琶谷이라 한다.(경주시사편판위원회, 『경주시사』III, 2006, p.328). 탁본의 내용을 아무리 뜯어보아도 경덕왕릉비로 추정할 만한 단서는 찾아내기 힘들다.

에 몇몇 귀부가 존재하는 현황을 고려하면[86] 그 수치가 약간 늘어날 가능성은 없지 않다. 그것을 포함하더라도 무덤의 전체 수치에 비하여 (능)묘비는 그리 많은 편이 아니다.

특히 국왕이라도 무열왕, 문무왕, 성덕왕, 홍덕왕의 4명에 국한되며 2인의 귀족 묘비는 겨우 김유신, 김인문과 같이 태대각간(太大角干) 등 최고위직을 지낸 두드러진 인물들에 불과할 뿐이다. (능)묘비가 많이 세워졌다면 하필이면 유독 이들만이 남게 된 것일까. 아니면 (능)묘비문화 자체의 특수성에서 말미암은 것인가. 아마도 신라에 (능)묘비문화가 수용되기는 하였으나 그 수가 극히 적은 것은 입비 자체에 어떤 특수한 사정과 제약이 뒤따른 결과라는 느낌이 강하게 든다.

당시 엄격한 신분제인 골품제가 운용되던 사정을 감안하면 그에 따른 제재의 일환으로서 (능)묘비를 마음대로 세우지 못하게 한 규제도 있었던 것 같다. 앞서 언급하였듯이 「김유신비」가 세워지게 된 사실도 당연시된 일은 아니었다. 국왕의 명령이란 특별한 조치가 있은 연후에 가능하였다고 여겨진다.

그는 삼국통일 과정에서 제일가는 군공을 세웠을 뿐만 아니라 신하로서 오를 수 있는 최고의 관등인 태대각간까지 역임한 인물이다. 뒷날에는 그런 공로로 홍무대왕(興武大王)으로 추존된 적이 있으므로 사실상 국왕에 버금하는 대접을 받았다. 그런 점은 왕자 또는 왕제(王弟)로서 당을 자주 왕래하고 혹은 장기간 체재하면서 활발한 외교활동을 벌임으로써 김유신과 마찬가지로 신라의 삼국통합에 결정적 공헌을 하고 마침내

---

86) 李浩官,「統一新羅의 龜趺와 螭首」『고고미술』154·155, 1982 ; 嚴基杓,「新羅 塔碑의 樣式과 造型的 意義」『문화사학』14, 2000 참조.

태대각간으로 추존된 김인문의 정도로 거의 국한된다. 귀족의 묘비로서 세워졌음이 확실한 두 사례 모두 국왕에 버금하는 지위에 있었으며 신라국가에 특별히 공헌한 공통분모를 갖고 있다.

그런 측면에서 볼 때 국왕이라고 하더라도 특별히 그럴 만한 충분한 명분이나 계기가 주어지지 않는다면 마음대로 (능)묘비를 세웠을 것 같지 않다. 5묘제를 실시하면서 모든 국왕이 거기에 배향되지 않았던 사정과도 비슷하다고 여겨진다. 국왕으로서 (능)묘비를 세울 필요조건은 갖추었더라도 그 자체가 반드시 세워야 할 충분조건인 것은 아니었다. 차라리 (능)묘비를 세우는 일 자체가 특수한 사례에 속한다고 풀이된다. 일단 그런 추정을 뒷받침하여 주는 근거는 사망 이후 무덤을 조영하면서 (능)묘비가 즉시 세워지지 않았다가 한참 세월이 흐른 뒤에 세우기도 한 사례에서 확인된다.

(능)묘비를 세운 시점을 명확하게 알 수 있는 대상으로는 「성덕왕릉비」의 경우가 유일하다. 737년 성덕왕이 사망한 직후 석물을 갖춘 능묘는 곧장 조영되었으리라 생각된다. 그런데 묘비가 세워진 것은 바로 이때가 아니며 오랜 세월이 흐른 뒤였다. 그의 첫째 아들 효성왕(孝成王)의 재위 5년을 거치고 다시 그의 둘째 아들인 경덕왕의 재위 13년(754)에 이르러서의 일이다. 능묘가 조영된 지 18째에 해당하는 해이다. 이때에 경덕왕은 갑자기 선친인 성덕왕릉에다 (능)묘비를 세우기로 결정하였다.

그 배경이 여하하였던지는 뚜렷하지 않다. 경덕왕이 자신의 아버지를 위하여 신종(神鐘)을 만들려고 꾸준히 노력하였던 사정을 고려하면 지극한 효성심이 밑바탕에 깔려 있었던 것으로 여겨지지만 결국 어떤 명분을 내세웠던지는 선명하지 못한 형편이다.

비슷한 사례는「흥덕왕릉비」의 경우에서도 찾아진다.「흥덕왕릉비」도 현재 온전히 보존된 상태가 아니어서 그 전모를 파악할 수는 없다. 다만 귀부와 함께 박살난 상태로서 현지에서 수습된 60여 점의 비편을 통하여 대충의 면모를 추정하는 정도이다. 비편 가운데 '흥덕(興德)'이라는 전서(篆書)[87]의 제액(題額)이 보이므로「흥덕왕릉비」임은 거의 확실시된다. 거기에는「황룡사구층목탑찰주본기(皇龍寺九層木塔刹柱本記)」와「적인선사비(寂忍禪師碑)」및「삼랑사비」를 쓴 명필인 요극일(姚克一)의 이름이[88] 등장한다. 그가 바로 비문의 서자(書者)였던 것이다.

요극일이 역임한 병부시랑(兵部侍郎)이란 직명, 그가 작성한 앞의 두 금석문이 872년 쓰인 점 등 몇 가지 사항으로 미루어「흥덕왕릉비」도 흔히 이 무렵 세워진 것으로 추정되고 있다.[89] 그렇다면 흥덕왕은 836년 사망하였으므로 (능)묘비가 세워진 시점과는 무려 36년이란 상당한 시차가 발생한다. 이때에 이르러 그동안 세우지 않았다가 갑자기 (능)묘비를 세우게 된 이유나 배경은 따로 추적해 보아야 할 대상이지만 그 자체는 (능)묘비문화가 제대로 정착되지 않았음을 반영하는 것이기도 한다. 다른 한편 특별한 명분이 없다면 국왕조차도 함부로 입비하지 못하였음을 추정케 하는 대목이다. 무덤이 위치한 곳과는 전혀 별개의 곳에다가 (능)묘비를 세운 사례도 찾아진다.「문무왕릉비」의 사례가 바로 그러하

---

87) 이를 처음 소개한 閔泳珪,「新羅興德王陵碑斷石記」『역사학보』17·18合輯, 1962, p.626에서 篆書라 소개하였고 이후 일반적으로 그렇게 받아들여져 왔다. 다만, 韓國古代社會硏究所編, 『譯註 韓國古代金石文』(Ⅲ), 1992의「興德王陵碑」片, p.414에서는 隷書로 간주하였다.

88) 韓國古代社會硏究所編, 위의 책에는 이 비편만이 누락된 상태이다.

89) 李基東,「羅末麗初 近侍機構와 文翰機構의 擴張」『역사학보』77, 1978 ;『新羅 骨品制社會와 花郞徒』한국연구원, 1980, p.240.

다.

「문무왕릉비」가 본래 세워진 지점은 분명하지는 않으나 단편(斷片) 2 점이 사천왕사지 부근에서 발견되었다. 사천왕사지 남쪽에는 두 기의 귀 부가 동서로 나란히 자리 잡고 있다. 단편의 하단부를 서쪽 귀부의 비좌 (碑座)에 맞추어 보니 딱 들어맞았다.[90] 그래서 「문무왕릉비」는 원래 사 천왕사의 입구에 세워졌음이 판명되었다. 최근 귀부 주변의 발굴을 통하 여 동편에서는 사천왕사의 사적비로 추정된 비편이 출토되었다. 기왕에 사천왕사 사적비로 추정되는 두 점의 비편이 이미 수습된 바 있으나 이 번에는 정식의 발굴을 통하여 확보된 것이어서 나름대로 의미가 크다.

이미 널리 알려진 「문무왕릉비」에 견주어 재질이나 정간(井間)의 크 기 등에서 뚜렷하게 차이가 나므로 양자는 다름이 분명해졌다.[91] 기왕 에 동서의 귀부를 각기 「문무왕릉비」와 신문왕릉비의 그것으로 추정하 는 견해도 있었지만[92] 동편의 것은 사천왕사의 사적비로 봄이 적절할 듯 싶다.[93] 신문왕릉비의 존재 여부가 확실하지 않기 때문이다.

「문무왕릉비」는 무덤이 아닌 사천왕사 입구에 세워졌다. 왜 하필 사 찰의 입구에 (능)묘비가 세워졌던 것인지는 이상스럽기 그지없다. (능)묘 비라면 무덤의 앞쪽에 세워짐이 당연할 터인데 「문무왕릉비」는 그렇지 가 않았던 것이다. 비문 자체에 '신라문무왕릉지비(新羅文武王陵之碑)'라

90) 洪思俊, 「新羅文武王陵碑斷碑追記」, 『고고미술』3-9호, 1962.
91) 최장미, 「사천왕사지 발굴조사 성과와 추정 사적비편」, 『木簡과 文字』8, 2011, p.181.
92) 황수영, 「금석문의 新例」, 『한국학보』5, 1976 참조.
93) 사적비의 내용이 분명하지 않음에도 감히 그렇게 단정하는 것은 神文王陵이 따로 마련되어 있 기 때문이다. 그 위치를 둘러싸고 현재 크게 논란되고 있지만 왕릉이 따로 있었다면 거기에 입비하 지 않고 굳이 사천왕사에다가 입비하였다는 것은 매우 어색한 일이다. 화장하여 水中陵으로 마련된 문무왕릉과는 그 점에서 사정이 본질적으로 달랐다고 이해해야 마땅하다.

명시되어 있으므로 그것이 (능)묘비의 성격임은 의심의 여지가 없다. 그렇다면 사찰에다가 (능)묘비를 세운 것은 대단히 이례적인 일에 속한다고 해야겠다. 이는 신라의 (능)묘비문화가 제대로 정형화되어 있지 않았음을 반영하는 대목이기도 하다.

그것은 여하튼 「문무왕릉비」가 사천왕사 입구에 세워진 자체는[94] 양자 사이의 특수 관계를 암시한다. 사천왕사는 기실 문무왕대에 당과의 전투에 대응하기 위한 하나의 방편으로서 유가승(瑜珈僧) 명랑(明朗)의 발의로 짓게 된 사찰이다. 그러므로 사천왕사는 당과의 싸움을 승리로 이끈 문무왕에게는 더 할 나위 없이 소중하였으며, 따라서 당연히 원찰적(願利的) 성격이었을 가능성도 충분히 상정된다. 문무왕이 왜(倭)의 공격에 대비하기 위하여 동해구(東海口)에 감은사(感恩寺)의 창건을 시도하다가 이루지 못한 상태에서 사망하자 아들인 신문왕이 완공한 뒤 그처럼 이름을 붙여졌다.

이렇게 보면 사찬왕사와 감은사 양자는 문무왕과 뗄 수 없는 깊은 관계가 있었던 셈이다.[95] 삼국통합의 위업을 이룬 문무왕에게는 여전히 지속되는 불안정한 대외적 위협의 문제 해결이 급선무였고. 따라서 그에 대비하기 위한 방편에서 당을 대상으로 하여서는 사천왕사를, 왜를 대상으로 하여서는 감은사라는 큰 도량을 개창한 것이었다.

그런데 주목되는 점은 사망 이후 완공된 감은사 방면에는 화장을 한 문무왕의 수중릉이 따로 조영된 사실이다. 그 연장선상에서 보면 생존

---

94) 『삼국유사』2 기이편2 「文虎王法敏」조. 다만 『삼국사기』7 신라본기 文武王 19년조에는 사천왕사가 당과의 싸움이 마무리된 679년에 완공되었다고 하였다.

95) 공교롭게도 두 사찰이 모두 중대에는 국가의 직접적 관리 아래에 있었던 成典사원이었음도 특별히 주목해 볼 대상이다.

하여 있을 때 완공된 사천왕사가 차라리 문무왕의 원찰이었을 가능성이 크다. 그래서 그의 (능)묘비가 사천왕사의 입구에 마련될 수 있었던 것이다. 그렇지 않다면 혹여 문무왕의 유체를 화장한 곳과도 관련성이 있을지도 모르겠다.

문무왕은 사망 후 10일만에 고문외정(庫門外庭)에서 화장하였다고[96] 한다. 현재 고문외정의 구체적 위치는 가늠하기 힘든 실정이다. 지금 능지탑(陵只塔)이 세워져 있는 곳이라 추정해 그렇게 복원된 상태이지만 여러 가지로 문제점을 많이 안고 있어 쉽사리 납득되지 않는다.

한편 화장터를 사천왕사 부근으로 비정하면서 「문무왕릉비」가 그래서 거기에 세워졌다고 보는 견해도[97] 있다. 국왕의 시신을 화장하면서 사찰 경내(境內)나 바로 앞에서 시행한 사례가 여럿 보이므로[98] 사천왕사 혹은 그 부근이 문무왕의 화장터라 간주하여도 하등 이상스러울 바는 없다. 그것은 여하튼 사천왕사 입구에 「문무왕릉비」를 세웠다는 자체는 일반적 (능)묘비의 입비 관행과는 뚜렷하게 차이가 나는 대목이다.

「문무왕릉비」가 사천왕사의 사적비와 나란히 세워졌다는 사실을 고려할 때 특히 주목해 볼 대상은 황복사(皇福寺)의 경우이다. 거기에도 사천왕사의 경우와 마찬가지로 두 기의 귀부가 동서로 나란히 배치되어 있다. 어쩌면 그 가운데 하나를 사적비라고 한다면 다른 하나는 혹여 황

---

96) 『삼국사기』7 신라본기 文武王 21년조.

97) 今西龍, 앞의 글, p.413.

98) 『삼국사기』9 신라본기 孝成王 6년조에서는 효성왕의 화장지를 法流寺 남쪽이라 하였으나 『삼국유사』 왕력편에서는 법류사라 하여 약간의 차이를 보인다. 한편 원성왕의 화장지는 鳳德寺南이라고 하였다.(『삼국사기』10 신라본기 元聖王 14년조) 그밖에 孝恭王은 師子寺北, 景明王은 皇福寺, 혹은 黃福寺北이 화장지였다. 효공왕은 『삼국사기』에서는 화장한 것이 아니라 사자사북쪽에 묻었던 것처럼 기록하였다.

복사와 밀접한 관련이 있는 국왕의 (능)묘비일지도 모른다.

이로부터 동쪽으로 수십 미터 떨어진 곳에는 원래 추정 석실분이 있었으나 도괴되고 지금 석물만이 지상에 노출된 상태로 흔적만 남겨져 있다. 이를 신문왕릉으로 비정하는 견해가 있는가 하면 왕비릉으로 추정하는 견해도 있어 확정적이지 않다. 최근 발굴을 통해 석재 외에 무덤을 조영한 흔적조차 보이지 않아 어떤지 가늠하기 어려워 오리무중 속에 빠진 느낌이다. 다만, 황복사는 흔히 삼층석탑에서 출토된 706년 작성의 금동사리함 명문을 근거로 신문왕과 그의 왕비인 신목태후(神睦太后)의 원찰로 추정되기도 한다.[99]

사실 문무왕의 경우는 화장해 수장(水葬)하였음에도 따로 비를 세웠다는 자체가 특이한 사례에 속한다. 그런 의미에서 사천왕사에다가 (능)묘비를 세운 데에는 어떤 강한 목적성이 깃들어 있겠다는 생각이다. 신라 국왕 가운데에 화장한 사례는 적지 않게 찾아진다.『삼국사기』신라본기에는 문무왕을 비롯하여 효성왕, 선덕왕(宣德王), 원성왕(元聖王),『삼국유사』왕력편에서는 그와는 다르게 진성여왕, 효공왕(孝恭王), 신덕왕(神德王), 경명왕(景明王)을 사례로서 손꼽고 있다. 아마도『삼국사기』가 누락한 부분에 대해『삼국유사』왕력편을 정리하면서 보완하였을 것으로 여겨진다.

화장한 뒤 최종 마무리 처리 방법에 대해서도 산골(散骨)하는 경우, 장골(藏骨)하는 경우, 능묘(陵墓)를 조영하는 경우로 나뉜다. 원성왕은 화

---

99) 그러나 황복사는 이미 義湘이 출가한 사찰이므로 이미 중고기부터 존재하였음을 알 수가 있다. 황복사와 같은 기존의 유력한 사찰이 국왕과 왕비의 원찰로 바뀌는 배경과 과정에 대한 치밀한 검토가 필요한 시점이다. 따라서 현재로서는 일단 위의 舍利記에 보이듯이 기존 禪院에다가 금동사리기를 봉안하기 위하여 삼층석탑만을 세웠던 것이라고만 한정적으로 이해함이 적절하다.

장을 하였지만 문무왕릉처럼 다시 능묘를 만들기도 하여 사후 처리가 일률적이지 않았음을 알 수 있다.

이상과 같이 중대에 접어들면서 (능)묘비가 세워지는 사정을 살펴보았다. 애초에 (능)묘비문화가 적어도 외형은 비신 외에 귀부와 이수를 갖춘 완성된 형태로 수용되었으나 그를 운용하는 데에서 어떤 뚜렷한 정형성 정립의 상황은 확인되지 않는다. 달리 말하면 이는 (능)묘비문화가 제대로 정착되지 못하였음을 뜻한다. 모든 왕릉에 (능)묘비가 반드시 세워진 것도 아니었다. 게다가 세워진 시점과 위치도 상황에 따라 각기 크게 다른 양상을 보인다.

물론 능묘 부근이 일반적이지만 「문무왕릉비」는 전혀 예상하기 힘든 곳에 자리하였다. 특히 세워진 시점에서는 차이가 많이 났다. 「무열왕릉비」, 「김유신묘비」, 「문무왕릉비」는[100] 능묘의 조영 시점과 그리 멀지는 않았을 지라도 입비한 시점의 어떤 정형성을 발견할 수가 없다. 특히 입비 시점이 분명한 「성덕왕릉비」와 「흥덕왕릉비」를 염두에 넣으면 그러하다.[101] 따라서 그처럼 중대의 (능)묘비문화가 정형성을 구축하지 못한 원인은 따로 구명해 보아야 할 대상이다.

---

100) 「문무왕릉비」의 입비 시점에 대해서는 비문 후면의 말미에 보이는 '廿五日景辰建碑'를 근거로 삼아 접근하고 있다. 景辰은 葛城末治에 따르면(앞의 책, p.72) 당 고조의 아버지인 昞을 피휘한 것이라고 한다. 丙과 昞은 전혀 다른 글자인데 그 이유로 피휘 하였음은 잘 납득되지 않는다. 더구나 당시는 신라와 당의 긴장이 지속되던 시점이다. 다만, 「崇福寺碑」에 丙午를 景午로 쓴 사례가 보이는데 이에 대해서 鄭炳三은 陽火가 중첩하는 것을 꺼려서 그렇게 쓴 것으로 풀이하였다.(한국고대사연구소편, 앞의 책 Ⅲ, p.262) 그것은 여하튼 景午가 곧 丙午임은 부정할 수는 없다. 따라서 이를 실마리로 접근하여 682년 보는 견해가 있으나(김창호, 「문무왕릉비에 보이는 新羅人의 祖上認識」『한국사연구』53, 1986, p.19) 月이 뚜렷하지 않으므로 확정적이지는 않다.

101) 「김인문비」의 건립 시점에 대해서는 695년 사망 직후일 가능성(박순교, 앞의 글, p.403)이 제기되어 있다. 末松保和는 장례 직후로, 허흥식은 효소왕 10년(701)으로, 이근직은 효소왕이 태대각간으로 추존한 695년 10월 27일 장례를 치룬 뒤 건립되었다고 추정하였다.

4. (능)묘비문화의 특징과 한계

7세기 후반 신라에서 (능)묘비문화가 처음 도입된 이후의 어느 시점부터는 무덤을 안전하게 보호할 뿐만 아니라 화려·장엄하게 치장하는 석물문화가 수용되었다. 양자에 내재된 의도는 몇 가지 점에서 공통적이라 할 수 있다.

첫째, 재질로서 돌을 사용한다는 점이다. 이는 영구하게 유지 보존되기를 염원하는 인식을 바탕에 깔고 있는 데서 비롯한 일이라 하겠다. 둘째, 그를 매개로 해서 주인공을 안팎으로 과시하려는 의도를 갖고 있다는 사실이다. 석물이 외형을 장엄하게 꾸며서 피장자를 내세우려 하였다면 (능)묘비도 또한 문자란 수단을 동원하여 어떤 내용이나 업적을 과시하려는 목적을 지닌 것이었다. 셋째, 양자는 상당한 정치적·경제적 기반을 갖고 있어야만 가능하였다는 점이다. 지금까지 그런 모습으로 확인된 수치가 극히 적다는 점에서 그 점은 명백하다.

이상과 같이 석물문화나 (능)묘비문화가 비록 수단은 다르지만 목적에서는 비슷한 요소를 공유하고 있었다. 그런 측면에서 양자는 함께 결합하여 운용될 만한 성질의 것이기도 하였다. 그럼에도 불구하고 그러지를 않았다. 이는 성덕왕릉과 흥덕왕릉을 통해서 뚜렷이 확인되는 사실이다.

석물문화가 신라에 처음 수용된 시점은 잘 알 수가 없지만 일단 신문왕대 이전으로 거슬러 올라가기는 힘들 듯 싶다. 현재 주인공이 뚜렷이 확인되는 무열왕릉의 경우는 기존에 사용되던 호석(護石)과 (능)묘비를 제외하고는 무덤을 치장하는 석물이 사용되지 않았다. 그를 뒤이은 문무왕은 유조(遺詔)를 남겨 '장례 제도는 힘써 검약(儉約)함을 좇도록 하라.'

고 지시하였고 이에 따라 화장이라는 서국식(西國式) 장법을 처음 채택함으로써[102] 스스로 박장(薄葬)의 모범을 보이고자 하였다.[103] 전반적으로 보아 당시 무덤에 석물문화가 본격적으로 도입될 만한 분위기는 아니었다. 따라서 석문문화의 도입 상한선을 그런 조치가 내려진 신문왕대로 둠이 올바른 접근이라 하겠다.

신문왕릉이 어느 것일까를 둘러싸고서는 논란이 많다. (전)신문왕릉을 그대로 인정하는 설, 황복사지 동쪽의 파괴된 무덤으로 보는 설, (전)진평왕릉으로 보는 설 등으로 나뉘어져 있어 석물문화의 도입 상황을 명확하게 파악하기 곤란한 실정이다. 무덤에 기본적 석물문화를 제대로 갖춘 확실한 최초의 사례로는 성덕왕릉을 손꼽을 수 있다.[104] 그렇다면 이는 (능)묘비문화 및 석물문화와 관련하여 각별히 주목해 볼 대상이다.

앞서 이미 언급하였듯이 성덕왕릉의 조영 당시에는 원래 (능)묘비가 세워지지 않았다. 그러다가 사후 18년째인 경덕왕 13년 어떤 사유로 세워진 것이다. 이는 (능)묘비문화와 석물문화가 함께 수용, 정착된 것이 아니었음을 뚜렷이 보여준다. 그런 점은 「흥덕왕릉비」를 통해서도 마찬가지로 확인된다.

흥덕왕릉은 사망한 뒤 곧장 조영되었을 터이지만 (능)묘비가 세워진 것은 무려 30여년의 세월이 흐르고 난 뒤의 일이다. 이는 곧 (능)묘비문화와 석물문화가 물론 동시에 도입된 것이 아니려니와 두 문화가 공존

---

102) 『삼국사기』7 신라본기 文武王 21년조.

103) 長田夏樹, 「新羅文武王陵碑文初探」『神戶外大論叢』17권 1-3호, 1966, p.182에서는 유조의 내용이 비문에 보인다고 그 신빙성이 높은 것으로 풀이하였다. 이영호도 앞의 글, p.68에서 유조의 일부가 비문에 들어간 것으로 보았다.

104) 이근직, 앞의 책, p.281.

하던 시기에도 양자가 하나로 결합하여 운용된 것이 아니었음을 보여준다. 무덤을 위한다는 자체는 같을지 모르지만 목적이나 기능에서는 달랐음을 시사해 주는 대목이다.

그와 관련하여 주목해볼 점은 묘비나 석물로 무덤을 장식한 데에는 어떤 강한 규제(規制)가 뒤따랐을 것이란 사실이다. 아무나 마음대로 무덤에 묘비를 세우거나 석물로 치장할 수가 없었다. 그 자체에는 언제나 현상을 실제보다 한층 더 과시·과장적으로 나타내려는 의도가 스며들게 마련이기 때문이다. 그런 사유로 중국에서는 이미 묘비문화가 성립되는 초기인 후한대 및 위진(魏晉)시대 이후부터 박장령(薄葬令)을 내려 마음대로 세울 수 없도록 조치하였다.[105] 그 때문에 비슷한 내용이라도 무덤 안에다 껴묻는 묘지(墓誌)문화가 발달하게 되었다. 그 점은 수당대에 이르러서도 마찬가지의 양상이었다.[106]

(능)묘비와 석물을 갖고 무덤을 치장하는 데에는 일정한 제약이 뒤따랐다. 특히 당대에 묘비 및 석물 규제와 관련한 규정을 율령 속의 조목으로 넣은 것은 거꾸로 그런 현상 자체가 일시 널리 유행하였거나 그럴 만한 소지가 대단히 강한 데서 말미암는다. 비문을 통하여 왕공 귀족들은 자신들의 가문(家門)을 멋대로 현창하고 개인 업적을 과대 포장함으로써 인사고과(人事考課)에까지 이용하려는 행위가 빈발하였기 때문이다.[107]

당의 문화를 적극 수용하려 한 신라도 마찬가지로 그런 율령 조목을 받아들였을 법하다. 특히 엄격한 신분제로서의 골품제를 운용한 신라는

---

105) 李浩官, 앞의 글, p.140 참조.
106) 朴漢濟, 「魏晉南北朝時代 墓葬習俗의 변화와 墓誌銘의 流行」『東洋史學研究』104, 2008 참조.
107) 東野治之·平川南, 『よみがえる古代の碑』((財)歷史民俗博物館振興會, 1999), pp.10-12.

묘비와 석물문화의 통제에도 관심을 무척 많이 기울였으리라 짐작된다. 그로 말미암아 (능)묘비와 석물은 극히 한정되게 조영되었던 것이라 여겨진다. 먼저 그런 사정의 일단을 추적할 만한 실마리는 다음 사료에서 찾아진다.

> E) 무릇 모든 관리의 장례를 치름에(중략) ①비갈(碑碣)의 제도는 5품 이상은 비를 세우고(이수와 귀부를 하되 받침 위의 높이는 9척을 넘지 못한다.) 7품 이상은 갈(碣)을 세운다(圭首와 方趺를 하되 받침 위의 높이는 4척을 넘지 못한다.) 만약 은자(隱者)로서 소박하게 살면서 효의(孝義)가 널리 알려졌다면 비록 벼슬하지 않았더라도 갈을 세울 수 있었다. ②무릇 석인(石人)과 석수(石獸)와 같은 것들은 3품 이상은 6개, 5품 이상은 4개를 쓸 수 있다.(하략)(『大唐六典』4 禮部)

이는 당에서 묘비와 석물이 운용되던 실상의 한 단면을 보여 준다. 이에 따르면 관료의 경우 5품(品) 이상의 경우 비를 세울 수 있게 허용하되 이수와 귀부도 갖추도록 하였으나 부(趺)로부터의 높이는 9척이 넘지 못하도록 규제하였다. 7품 이상은 갈(碣)을 세울 수 있도록 하며 규수(圭首)와 방부(方趺)를 갖추되 부(趺)로부터의 높이가 4척을 넘지 못하도록 제한하였다. 만약 벼슬을 하지 못한 일반인이라 하더라도 효의(孝義)가 널리 알려진 경우라면 갈(碣)을 세울 수 있게 허용하였다. 한편 석인(石人)이나 석수(石獸)는 3품 이상에게는 6점, 5품 이상에게는 4점을 쓰는 등 수치에 제한을 두었다.

이렇게 보면 당에서는 일단 관료를 중심으로 하여 관품(官品)에 따라

비냐 갈이냐, 귀부냐 방부냐, 이수냐 규수냐 등의 외형과 함께 크기를 결정하는 등 엄격한 제한을 가하였다. 관료를 역임하지 않았을 때에는 특수한 사정을 고려하여 관으로부터 인정받을 경우에만 한정해서 묘갈(墓碣)을 세울 수 있도록 허용하였다.

그런데 위의 기사에서 보이듯 석인과 석수 등 석물을 석비와 곧바로 연동시켜 운용하지 않았음은 주목되는 사실이다. 3품과 5품을 기준으로 제시한 점이 묘갈의 그것과는 자못 다르다. 이는 양자가 각기 별개로 나누어 운용되었음을 뜻한다. 양자는 원래부터 목적을 달리하면서 만들어졌음을 보여 주는 것이다. 만약 그와 같은 기본적 규정을 어겼을 경우에 일정한 처벌이 가해졌다. 그것에 대한 내용은 다음의 사료에 나타난다.

F) 모든 관리들이 정치적 실적이 없으면서도 문득 비를 세운 자는 1년 징역형에 처한다. 만약 사람을 보내어 자신이 잘했다고 하여 상부에 신청한 자는 장백에 처하며 뇌물이 무거운 자는 장론(贓論)에 연좌시킨다. 보낸 것을 받은 자는 감1등 한다.(비록 정치적 실적이 있더라도 스스로 보낸 자 역시 같다.)(『唐律疏議』11 職制下 長吏輒立碑條)[108]

이 기사에 따르면 당에서는 관직을 역임하였다고 해서 무조건 입비

108) 이하 그에 이어지는 당대의 구체적 解說인 疏議 부분을 참고로 소개하면 다음과 같다. '疏議曰 在官長長吏 謂內外百司長官以下 臨統所部者 未能導德齊禮 移風易俗 實無政迹妄述己功崇飾虛辭 諷諭所部 輒立碑頌者徒一年 所部爲其立碑狀者從坐 若遣人妄稱己善 申請於上者杖一百 若虛狀上表者 從上書詐不實徒二年 有贓重者坐贓論 謂計贓重於本罪者 從贓而斷 受遣者 各減一等 各謂立碑者徒一年上減 申請於上者杖一百上減 若官人不遣立碑 百姓自立 及妄申請者 從不應爲重科杖八十 其碑除毁 注雖有政迹 而自遣者亦同 疏議曰 官人雖有政迹 而自遣所部立碑 或遣申請者 官人亦依前科罪 若所部自立 及自申上不知不遣者不坐'

가 허용된 것이 아니었다. 묘비를 세우려면 국가를 대상으로 일정한 절차를 거쳐 거기에 상응하는 상당한 업적을 공식적으로 인정받아야만 하였다. 해당자는 업적 사항을 제출하여 상급관사(上級官司)로부터 실적을 사전에 승인받지 않으면 안 되었던 것이다.

그렇지 않고 마음대로 입비하였을 경우 1년의 도형(徒刑)에 해당하는 엄형을 받았다. 만약 다른 사람을 시켜서 자신이 이룬 업적을 실제와는 달리 멋대로 과장해서 올렸다면 장백형(杖百刑)에 처해졌다. 뇌물을 바쳐 그렇게 경우에도 그에 상응하는 처벌을 받도록 규정하였다. 그를 구체적으로 해설한 소의(疏議)에 의하면[109] 이런 제반 규정은 입비할 만한 요건을 명확하게 구비하려는 조치를 가리킴이 확실하다.

이처럼 당에서는 관료를 역임하였더라도 아무에게나 입비가 허용된 것이 아니었다. 그것은 어디까지나 최소한의 기본적 필요조건이었을 따름이다. 그 위에 비를 세울 충분조건은 따로 마련해 두고 있었다. 사전에 자신의 공적을 소속한 부서의 상급관서로부터 승인 받아야만 가능하였다.

그런 조건이 모두 다 구비되었을 때 비로소 사료 F)에 보이는 대로 설정된 외형과 규모를 갖춘 비갈을 세울 수가 있었다. 이처럼 엄격한 규정을 마련해 둔 것은 그 자체 자신의 조상을 마음대로 현창하고 나아가 업적을 경쟁적으로 과장한다면 관료조직의 기강이 해이해지고 나아가 지배제제 유지에 크게 영향을 미치게 되는 데서 말미암은 조치로 여겨진다.

---

109) 위의 註 참조.

그런데 8세기에 바로 위와 같은 규정을 거의 그대로 수용한 일본 율령에서는 약간 다른 변용된 모습으로 등장한다. 이 규정도 신라의 그것을 생각하는 데 아울러 참고가 될 듯하다. 잠시 이를 소개하면 다음과 같다.

G)무릇 내외 관청이 사실 정치적 실적이 없으면서 사람을 보내어 멋대로 자신이 잘하였다고 신청해 올린 자는 장백(杖百)에 처한다. 장물이 무거운 자는 장론에 연좌시킨다.(『律令』職制律3)

위의 일본율(日本律)은 사료 F)에 보이는 당율(唐律)에 견주면 후자를 베낀 것임이 확실시된다. 그러면서도 약간 다르게 변용시켰음이 드러난다. 원래 당률의 해당 부분 규정은 입비(立碑)와 관련한 직제율(職制律)이었다. 전체가 입비를 마음대로 하지 못하도록 하는 조항이었다. 그럼에도 불구하고 일본율에서는 중간에 '갑자기 비를 새운 자는 1년 도형에 처한다(輒立碑者 徒一年).'와 같은 핵심적 사항을 아예 빼어버렸다. 그런 까닭에 마침내 이 규정 자체가 무엇을 대상으로 왜 설정된 것인지조차 분간하지 못하도록 엉뚱한 내용으로 바뀌어 버렸다. 그 속에는 두 나라 사이에 문화상의 현격한 격차가 내재함을 보여준다.

이에 대해 당시 일본에서는 자신의 치적을 과시하는 경우가 적었기 때문으로 풀이하는 견해도 있으나[110] 그보다는 차라리 당시 일본에서는 (능)묘비문화 자체가 존재할 만한 기반이 아직 제대로 갖추어지지 못한

---

110) 東野治之·平川南, 앞의 책, p.9.

데서 기인한 것으로 여겨진다. 지금까지 8세기 일본에서는 묘비로 추정되는 몇 기가 존재한다고 알려져 있으나[111] 기실 외형과 함께 내용을 살피면 당을 비롯한 신라나 혹은 후대의 그것과 비교하여 질적 수준에서 묘비라고 이름 붙이기가 곤란할 정도이다. 물론 귀부나 이수와 같이 외형을 제대로 갖춘 것은 하나도 없다.

이런 제반 사정으로 미루어 짐작하면 당율을 도입하면도 내용을 명확하게 인지하지 못한 채 마음대로 변용함으로써 본래의 목적인 묘비와 관련된 규정까지 구태여 넣을 필요성을 느끼지 못한 것이었다. 그래서 일부 현실적으로 필요하지 않다고 여긴 조항은 전후맥락이 닿지 않게 빠져버렸다. 여하튼 당의 율령을 수용하는 과정에서 자신들의 사회 형편이나 문화 수준에 맞추어 변용시켜 가는 모습의 일단을 엿보게 하는 대목이다.

그에 견주어 율령의 조문(條文)이 단 한 조항도 전해지지 않으므로 신라의 묘비나 석물과 관련한 사정에 대해서는 기록으로는 전혀 확인되지 않는다. 따라서 내부 정황을 일별함으로써 대체적 동향이나마 약간 가늠해 볼 수밖에 없는 형편이다.

당 문화의 수용에 대단히 적극적이었던 무열왕은 즉위하던 654년 바로 직전 완성된 당 고종의 영휘율령(永徽律令)을 받아들여서 이방부격(理方府格) 60여조를 수정(修定)하였다고 한다.[112] 이로 보면 앞서 소개한 묘비 관련 규정도 비록 바로 그 시점이 아니라고 할지라도 신라 율령 속에

---

111) 齋藤忠, 『古代朝鮮·日本金石文資料集成』(吉川弘文館, 1983) ; 國立歷史民俗博物館, 『古代の碑』, 1997, p.7 ; 東野治之·平川南, 위의 책, pp.47-48 참조.
112) 『삼국사기』5 신라본기 太宗武烈王 원년조.

수용되었을 가능성은 매우 크다.

그 점과 관련하여 문무왕 4년(664) 재화전지(財貨田地)를 멋대로 불사(佛寺)에 시주하는 행위를 금지시킨 조치도[113] 아울러 참고로 된다. 이와 같은 금지 조치는 단순히 1회용으로 머문 것이 아니라 율령의 한 편목(篇目)으로 자리하였을 가능성이 크기 때문이다. 그런 점을 고려하면 묘비의 입비나 석물의 제한이나 금지와 같은 조치도 들어갔을 공산이 매우 큰 것이다.

특히 신라 골품제 사회에서는 관료제 운용 뿐만 아니라 일생생활의 색복(色服), 거기(車騎), 기용(器用), 옥사(屋舍)까지도 골품에 따른 규제를 세세하게 마련하고 있던 실상을[114] 염두에 둔다면 묘비나 석물에 대한 규정이 율령의 편목 속에 설정되었다고 추정하여도 하등 이상스럽지가 않다. 골품제의 엄격한 규제 아래에서 묘비나 석물문화에 대한 규정 자체가 너무 까다로웠던 까닭에 일반화되기란 대단히 어려웠으리라[115] 여겨진다.

그런 점은 국왕조차도 (능)묘비를 제때에 입비하지 못할 정도였던 데서도 짐작된다. 일반 귀족의 경우 김유신이나 김인문과 같이 삼국통일에 공헌한 가장 고위의 특별한 유력자에 국한될 정도였다. 이로 말미암아 이후 아무나 묘비를 세울 엄두를 감히 내지 못하였을 터이다. 특히 근검

---

113) 『삼국사기』6 신라본기 文武王 4년조.

114) 『삼국사기』33 雜志.

115) 문헌 기록에는 8세기에 효자인 「向德碑」나 「番吉墓碑」(이는 곧 「향덕비」 자체를 가리킬 수도 있음), 「貞苑碑」가 존재한 것으로 전해지는 데 그를 세우는 데는 모두 국가가 개입되어 있다. 문헌상에 보이는 碑와 관련하여서는 곽승훈, 앞의 책 및 金相鉉, 「文獻으로 본 韓國古代 金石文」『文化史學』21, 2004 참조.

검약을 각별히 강조한 장례문화가 문무왕이 내린 유조 속에 들어 있고 또 그것을 (능)묘비에다가 새기기까지 한 마당에[116] 이후 묘비나 석물문화는 자연스레 제한되어 움츠러들 수밖에 없었다. 한편 (능)묘비문화가 처음 수용된 배경으로 조상세계를 재정립하려는 특수한 목적이 작용하였다는 사실도 함께 고려하면 그런 이면에는 아무나 경쟁적으로 조상을 현창하는 시도를 저지시키려는 의도도 바탕에 깔려 있었으리라 여겨진다.

대체로 8세기 말까지 그런 문화는 금과옥조처럼 지켜지다가 하대 초입부터 불교 사찰이나 승려를 현창하는 비가 널리 세워지면서 차츰 깨어지기 시작하였다. 그럼에도 (능)묘비문화가 나말에 이르러 일부 선승(禪僧)들의 탑비에 한정하여 조성되었던 것도 그런 영향이 여전히 강하게 작용하였음을 보여 준다.[117]

무덤의 곁에 세우는 묘비나 석물은 그렇다손 치더라도 무덤의 내부에 묻어 그에 대체될 만한 묘지문화의 향방이 과연 어떠하였을까가 매우 궁금해지는 대목이다. 중국에서는 한대 이후 묘비에 대한 통제가 차츰 강화되자 대신에 묘지문화가 저절로 발달하게 되었다고 한다.[118]

그런 실상에 비추어 (능)묘비문화를 거의 수용하지 않은 일본의 경우 예상 밖으로 8세기의 묘지가 제법 많이 출토된 것으로 알려져 있다.[119]

---

116) 「문무왕릉비」의 뒷면 22행에 보이는 '葬以積薪……滅粉骨鯨津'란 구절은 그런 사정의 한 측면을 유추하게 한다.
117) 여성구, 1992, 「神行의 生涯와 思想」『수촌박영석화갑기념 역사학논총』 p.363에서 후대의 선사들 비문도 왕의 허락을 받고 건립되었다고 지적하였다.
118) 朴漢濟, 앞의 글 참조.
119) 齋藤忠, 앞의 책, pp.66-97에 따르면 대략 11점 정도가 알려져 있다.

그 가운데 특히 주목되는 사항은 묘지가 은판(銀版), 동판(銅版), 금동판(金銅版), 동제장골기(銅製藏骨器), 금동통(金銅筒), 전판(塼版) 등에 새겨져 재질과 모양이 매우 다양한 사실이 주목된다.[120] 내용은 대체로 망자(亡者)와 연관된 지극히 간략함이 특징적이다.

그런데 신라에서는 현재 묘지의 출토 사례는 단지 하나가 있을 따름이다. 1991년 효성여자대학교(현 대구가톨릭대학교) 박물관이 당시 경주 용강동(龍江洞) 소재 근화여중·고의 신축 교사 건립 예정 부지 내의 고분군을 발굴하였다. 그 중 1구간 6호분으로 명명된 횡혈식석실분의 현실(玄室) 모서리 부근에서 상하 두 점이 한 세트로 포개진 석판이 출토되었다. 상하 2점의 석판은 각기 개석(蓋石)과 지석(誌石)으로서 연대는 대충 7세기 말로 추정되었다.[121] 묘지석의 글씨는 음각이 아니라 주서(朱書)로 쓰였다.[122]

현재까지 신라의 묘지로서 알려진 유일한 사례에 속하거니와 아쉽게도 주서의 글씨가 조사 과정에서 탈각되어 겨우 몇 글자만이 확인할 수 있을 따름이다. 적어도 외형을 갖춘 묘지문화가 신라에도 7세기에 도입되었음을 보여 주는 대단히 흥미로운 사례이다.

한편, 경주 천군동(千軍洞) 북군(北軍) 마을에서 출토된 건녕(乾寧) 2년(895)명(銘)의 명문석을 묘지로 주장하기도 하나[123] 확실하지가 않다. 원

---

120) 위와 같음.

121) 대구가톨릭대학교 박물관, 『慶州 龍江洞 古墳群 I (제1구간)』, 2010, p.51.

122) 묘지를 주서로 작성한 사례는 고려시대에도 보인다. 고려의 대문장가 李奎報가 쓴 '悼朴生兒兼書夢中事 幷序'(『동국이상국집』8 古律詩)에 林椿의 墓誌銘을 쓸 때 옆에 있던 승려가 '硏朱書之'하였다는 표현이 보인다. 이에 대해서는 金龍善, 「새 고려묘지명 7점」『史學研究』100, 2010, p.870 참조.

123) 朴方龍, 「乾寧二年銘墓誌에 對한 考察」『고고역사학지』16, 2000, pp.244-245.

주(原州) 홍법사지(興法寺址)에서 출토된 염거화상탑지(廉居和尙塔誌)는 동판에 새겨져 있는데, 염거화상이 회창(會昌) 4년(844) 사망한 사실을 기록하여 묘탑에다가 안치한 것이다. 탑지(塔誌)로서는[124] 유일한 사례이거니와 승려의 것이며, 또 사망 연월일만 기록하였을 뿐 일반적인 묘지와는 다른 양식이므로 묘지라 하기도 어렵다.

이상과 같이 보면 신라에서는 묘지문화가 거의 수용되지 않았다고 간주하여도 좋을 듯 싶다. 그 점은 고구려와 백제의 경우도 마찬가지이다. 다만 근자에 종종 소개되고 있듯이 국내에서는 묘지를 만들지 않았던 본국의 유민들도 당으로 이주한 뒤 현지의 문화를 적극적으로 받아들여 묘지를 만들었던 것과는 매우 대조적인 모습이다.

신라에서는 골품제에 따른 규제가 사실상 (능)묘비문화에 영향을 크게 미치고 그것이 그대로 묘지문화에까지 이어진 탓으로 여겨진다. (능)묘비를 마음대로 세울 수가 없었거니와 그를 대체하였음 직한 묘지문화도 제대로 수용되지 못하였다. 그런 정황의 일단을 추정케 하는 것이 719년 조성된 「감산사미륵조상기(甘山寺彌勒造像記)」와 「아미타조상기(阿彌陀造像記)」이다.

두 조상기의 주인공은 동일인인 김지성(金志誠), 또는 김지전(金志全)이다. 그가 생전에 먼저 죽은 부모를 위하여 719년 감산사를 세우고 거기에 미륵상과 아미타상을 조성하면서 각각의 뒷면에다가 조상기를 남겼다.

그런데 바로 이듬해인 720년에는 자신 또한 69세를 일기로 사망하

---

124) 葛城末治, 앞의 책, pp.239-240.

였다. 그래서 아미타상 말미에는 그의 죽음을 따로 추기하였다.[125] 추기한 시점은 명확히 드러나 있지가 않다.[126] 비록 조상기의 뒷면을 활용하고 있으나 내용은 곧 묘지나 다름없는 성격이다. 묘지문화가 따로 발달하지 못하였고, 게다가 부모와 마찬가지로 화장하여 동해안의 흔지변(欣支邊)에 산골한 까닭에 따로 마련할 수 없어 조상기의 말미에 그런 형식으로 추기를 남겼던 것으로 보인다. 이는 묘비나 묘지문화가 엄격히 규제되던 상황에서 나온 일종의 편법으로 풀이된다. 거꾸로 묘비나 묘지문화가 그럴 정도로 강력하게 통제받고 있었음을 시사해 주는 대목이기도 하다.

7. 나오면서

이상에서 신라의 (능)묘비문화 수용 여부 및 그 전개 과정을 살펴보았다. 아래에서는 그 전반적인 내용을 간추려서 결론에 대신하고자 한다.

첫째, 마립간시기에 무덤의 외양을 치장하는 문화와 (능)묘비는 수용되지 않았다. 그것은 당시의 시대 시정으로 일정한 한계가 작용한 탓이었다. 지배층 무덤이 군을 이룬 데서 드러나듯이 당시 공동체성 강인하게 유지되고 있었다. 왕릉조차도 같은 일반 무덤군에 뒤섞여 조영될 정도였다. 그런 상황에서는 하필 특정한 인물만을 드러내는 묘비는 수용되기 어려웠다.

---

125) 韓國古代社會研究所編, 『譯註 韓國古代金石文』(III), p.300. 원문의 내용은 다음과 같다. '金志全重阿湌 敬生已前 此善業造 歲△十九 庚申年 四月廿二日 長逝爲△之'
126) 종래 이를 근거로 아미타상은 720년에 세워진 것으로 풀이하는 경향이 강하였다. 그러나 아미타상과 미륵상은 모두 함께 719년에 조성한 것이다. 두 문장을 모두 작성한 사람은 아미타조상기에만 보이는 奈麻聰이다. 바로 그 뒤의 문장은 구조상 나마 관등을 보유한 총에 의해 작성된 것인지 어떤지 시점은 어떠한지 등도 따로 검토해 보아야 할 대상이다.

둘째, 중고기에 들어와 정치사회적으로 그로부터 벗어날 만한 분위기가 조성되었다. 이제 왕릉만은 여타 왕족이나 귀족들의 무덤과는 따로 떨어져 조영되었다. 그럼에도 아직 왕릉들이 역시 하나의 무리를 이루고 있음으로 보아 이전의 공동체성이 잔존하고 있었다. 이로 말미암아 (능)묘비문화는 여전히 수용되지 못한 것 같다.

셋째, 중고기 후반의 진평왕대부터 왕릉도 집단성을 벗어나 개별적으로 조영됨으로써 이제는 (능)묘비가 세워질 만한 여건은 충분하게 갖추어진 상태였다. 그럼에도 (능)묘비문화는 즉각 수용되지 않았다. 이는 전대적인 그대로 전통이 이어지고 아직 그를 당장 벗어날 만한 충분한 분위기가 성숙되지 못하였기 때문인 듯하다.

넷째, 무열왕대에 처음 (능)묘비문화가 수용되었다. 이는 그래야만 할 내부적 필요성이 강하게 주어졌기 때문으로 보인다. 이때 (능)묘비문화가 처음임에도 비신과 함께 귀부 및 이수까지를 모두 갖춘 하나의 완성된 체계로서 수용되었음이 특징적이다.

그런데 이후 멸망기에 이르기까지 확인되는 (능)묘비는 지금껏 겨우 10여점에 불과할 따름이다. 이로 미루어 애초부터 (능) 묘비가 그리 많이 세워지지는 않았을 것으로 여겨진다. 현존하는 귀부는 엄청난 외형으로 미루어 부분적 파괴는 거쳤을지 몰라도 그 흔적은 어떤 형태로든 남겨지게 마련이다.

그러나 왕릉급의 규모만 한정해도 귀부나 이수의 흔적을 남긴 것은 겨우 몇 기에 불과하다. 이는 (능)묘비를 세우는 문화가 깊숙이 뿌리내리지 않았다는 가설을 설정할 수 있게 해 주는 대목이다. 그 점을 방증해 주는 것이 바로 「성덕왕릉비」과 「흥덕왕릉비」의 사례이다. 두 왕릉의 (능)묘비는 무덤이 조영되고 상당한 세월이 흐른 뒤에 세워졌다. 이는 (능)묘비가 능묘의 조영에 필수적인 조건이 아니었음을 시사한다. 거꾸로 특별한 목적과 계기가 있을 경우에 한정해 (능)묘비를 세웠음을 뜻하는 것이기도 하다. 아마도 신라 최초의 (능)묘비인 「무열왕릉비」와 마찬가지였을 것으로 여겨진다.

다섯째, 무열왕릉에 처음으로 (능)묘비가 세워진 데에는 그럴 만한 배경이 작용하고 있었다. 무열왕 자신은 즉위하기 이전부터 당 문화의 수용에 대단한 열성을 보였다. 장차 신라사회가 나아가야 할 방향으로서 유학을 새로운 지배이데올로기로 설정하여 추진하던 중이었다. 이로 말미암아 기존의 지배세력과는 자연히 대립 갈등할 수밖에 없었다.

이후 내란도 겪고 또 삼국통일전쟁까지 치루면서 마침내 최후의 승자가 됨으로써 신질서를 구축할 발판을 마련하였다. 이를 구현하는 하나의 방편으로서 제시된 것이 5묘제의 도입과 조상세계를 중국의 신화 전설과 연계시키는 구상이었다. 그를 내외에 드러내어 영구히 정착시키기 위한 수단으로서 활용한 것 가운데 하나가 바로 (능)묘비였다. 이들 비문 속에는 모두 거의 공통적으로 자신들의 조상세계를 중국의 신화전설상에 보이는 인물들과 연결시킨 내용이 보임은 그런 사정의 일단을 반영한다.

여섯째, (능)묘비 도입 초기의 기능이 제대로 발휘된 것은 중대 초기라는 매우 한정된 시기에 국한된다. 「무열왕릉비」를 비롯하여 「문무왕릉비」, 「김유신비」, 「김인문비」처럼 특정한 시기에 잇달아 세워졌음은 그를 입증해준다. 무덤을 조영한 직후는 아니라 하더라도 그로부터 얼마 멀지 않은 시점에 세워졌다. 이들은 모두 통일전쟁 승리의 공로자라는 공통성을 갖고 있다. 따라서 (능)묘지를 통해 그런 공적을 공식적으로 드러내어 헌창하고자 하려는 목적이 바닥에 깔린 듯하다.

그런데 이후에는 무덤에 (능)묘비를 세우는 일이 활발히 추진되지 않았다. 성덕왕릉을 비롯한 겨우 몇몇 경우에만 세워졌을 따름이다. 그것도 능묘의 조영 직후가 아니라 상당한 세월이 경과한 뒤였다. (능)묘비가 8세기에 들어와 국왕의 그것조차도 그리 활발하게 입비되지 않았음은 애초 설정한 목적이 어느 정도 달성된 데 따른 당연한 결과로 보인다. 성덕왕릉과 흥덕왕릉에 입비된 것이 오히려 예외적 현상으로 당시 나름의 내부 사정과 긴밀히 연관된 것으로 여겨진다.

일곱째, 그와 관련해 주목하고 싶은 사항은 당시 골품제가 엄격하게 운용되던 사회였다는 사실이다. 골품제는 골품과 두품에 따라 정치적 사회적 진출과 활동은 물론이고 일상생활까지 규제하는 엄격한 신분제였다. 그런 상태에서 묘비는 마음대로 세울 수 있는 성질의 것이 아니었다.

비교적 신분질서로부터 자유로웠던 당에서조차 관료들이 멋대로 묘비를 세우지 못하였다. 이를 위해서는 일정한 절차와 원칙이 정해져 있었고 어길 경우 상응하는 처벌을 받았다. 이런 사정을 참작하면 골품제를 운용하던 신라에서 (능)묘비의 입비가 한층 더 제약을 크게 받았다고 상정하여도 무방하다. 신라에서 (능)묘비문화가 그렇게 발달하지 못한 요인의 하나는 바로 이런 데서 찾아진다.

중대 정권이 몰락하고 하대에 접어들면서 기존의 조상세계에는 일정한 변화가 초래된 듯하다. 하대 정치세력은 중대와는 달리 조상세계를 이제 중고기 혹은 그 이전으로 회귀하고자 하였던 것 같다. 그리하여 따로 그를 굳이 내세울 필요가 없었다. 「흥덕왕릉비」가 왕릉이 조영된 이후 30여년만에 세워진 것은 (능)묘비문화가 거의 정착하지 못하였음을 웅변한다.

대신 새로운 종교와 문화를 수용한 선승(禪僧)들이 출현하면서 골품제적 제한 자체를 과감히 허물어 감과 함께 새로운 묘비문화를 창출해 내고 있었다. 그 결과 승려들 중심으로 수많은 묘비가 세워졌으며 마침내 그런 유행은 고려시대까지 이어져 묘지문화를 성행하게 하는 기반으로 작용하였다.

(이 글은 성격상 부득이 「삼국기 신라의 (능)묘비에 대한 약간의 논의」『복현사림』30, 2012 와 「통일신라의 (능)묘비에 대한 몇 가지 문제」『목간과 문자』16, 2012를 하나로 묶어서 새롭게 재정리한 것임.)

III

왕경과 인식

1
신라의 '동경(東京)'과 그 의미

1. 들어가면서

다 아는 바와 같이 역사학은 기록으로 남아있는 사료(史料)를 근간으로 해서 존립하는 학문 분야이다. 그런 까닭에 역사학에서 사료의 중요성은 아무리 강조하여도 지나치지 않다.

어떤 역사적 사실을 복원하려고 시도할 때 기본 사료는 언제나 조심스럽고 엄중하게 다루지 않으면 안 된다. 모든 사료가 항상 동일한 무게를 지니는 것이 아니기 때문이다. 기록으로 남겨질 당초부터 그 속에는 여러 요인으로 말미암아 불순물이 적지 않게 스며듦으로써 실제 일어난 사실 자체를 흐려 놓기 십상이다. 게다가 다시 그들이 전승(傳承), 전사(轉寫), 기록(記錄) 및 재정리의 과정을 거치면서 간혹 착각이나 착오, 혹은 특정한 목적에서 진행된 의도적 조작까지 끼어듦으로써 때로는 원상(原狀)을 너무나 크게 오염시키기도 한다. 사료를 늘 조심스럽게 취급해야 하는 이유도 바로 이런 데에 있다.

현재 남겨진 사료 자체가 실상을 그대로 온전히 전하는 경우는 거의 없다고 단언하여도 좋다. 기록자의 다양한 시각과 입장이 언제나 작용하게 마련이기 때문이다. 그래서 사실을 명확히 밝혀내기 위해서는 동일한 대상을 다룬 모든 사료 각각을 대상으로 내재한 무게를 달아봄은 필수적 과업이다. 그를 바탕으로 해서 모름지기 옥석(玉石)을 가려내는 구체적 작업을 진행하지 않으면 안 되는 것이다.

이처럼 과거 일어난 사실 그대로를 드러내기 위한 기초적 작업을 총칭해서 흔히 사료비판(史料批判)이라 일컫는다. 어떤 경우라도 정리된 사료 속에는 종종 착각을 불러일으킬 만한 난관이 곳곳에 도사리고 있게 마련이다. 그들이 때때로 예기치 못할 정도의 엉뚱한 결과로 이어질 소지를 안고 있기도 하다. 가령 '고려(高麗)'라는 국호를 그런 사례의 하나로서 손꼽을 수 있을 듯하다.[1]

고구려는 5세기의 어느 무렵 국호를 '고려'라고 고쳐 부르기 시작하였다. 현재로서는 '고려'란 새 국호의 사용이 공식 선언된 첫 시점을 가늠하기는 힘드나[2] 이후 그것이 점차적인 과정을 밟아 정착되어갔을 것으로 여겨진다. 다만, 양자는 일정 기간 병용되면서 '고구려'의 사용은 차츰 줄어드는 경향을 보인 반면, 점점 '고려' 일색으로 자리잡아간 것 같다. 그런 실상은 당대 사료를 면밀히 점검하면 여실히 드러난다.

논란이 많아 현재로서는 건립 시점을 확정지을 수는 없지만 5세기의 것임이 확실한 「충주고구려비(忠州高句麗碑)」에서는 고구려의 국왕을 '고

---

1) 古朝鮮이라는 국호도 그런 사례의 하나로 손꼽을 수 있다.

2) 고구려의 국호 변경에 대해서는 金鎭熙, 「高句麗國號表記의 變遷에 관한 考察」 영남대교육대학원석사학위), 1989 ; 李殿福, 「高句麗が高麗と改名したのは何時か?」『高句麗·渤海の考古と歷史』, 學生社, 1991 ; 鄭求福, 「高句麗의 '高麗' 國號에 대한 一考察」『호서사학』19·20, 1992 등을 참조.

려대왕(高麗太王)'이라고 표현하였다. 그런데 그보다 약간 뒤늦은 5세기 말 작성된 북위(北魏)의 효문제(孝文帝)가 고구려의 문자왕(文咨王)에게 보낸 '고구려왕 운(雲)에게 주는 조서'라는 글에서는[3] 여전히 '고구려'란 국호가 그대로 사용되고 있다. 이는 양자가 국제관계상에서 일정 기간 병용되었음을 뜻하는 사실이다. 중국의 남북 양조(兩朝)가 5세기를 통해 고구려 국왕을 책봉하면서 때로는 '고구려왕', 때로는 '고려왕'이라고 병칭하고 있음은 그런 실상을 방증하기에 충분한 사례이다.

그러다가 7세기 중엽 당나라의 태종이 거의 동시로 추정되는 시점에 백제의 의자왕(義慈王)과 선덕여왕(善德女王)에게 각각 보낸 두 조서 속에서는[4] 모두 '고려'란 국호로 통일되어 있다. 이로 미루어 볼 때 6세기 이후의 어느 무렵부터는 '고려'만이 국내적으로는 물론[5] 국제적으로도 정식 국호로서 통용되었다고 단정하여도 무방하겠다. 6세기 이후 고구려 열전이 입전(立傳)되어 있는 『주서(周書)』, 『수서(隋書)』, 신구(新舊)의 두 『당서(唐書)』 등 중국 정사(正史)의 동이전(東夷傳, 혹은 異域傳)에서는 모두 한결같이 '고려전(高麗傳)'이라 이름 붙인 데서[6] 그런 추정은 보증된다.

그런데 12세기 중엽인 고려 인종(仁宗, 1123-1147)대에 왕명으로 편찬한 기전체(紀傳體)의 역사서로서 고구려사 전체를 다룬 『삼국사기』에서

---

3) 朱甫暾, 「《文館詞林》 소재 外交文書」『경북사학』15, 1992 ; 『금석문과 신라사』 지식산업사, 2002.

4) 위와 같음.

5) 흔히 6세기 제작된 것으로 추정되는 延嘉七年銘金銅佛像 光背에도 '高麗國'이라고 하여 '고려'로 표기하였다.

6) 다만, 『南史』와 『北史』에서는 예외적으로 高句麗傳을 입전하고 있는데 이는 5세기부터 시작하는 남북조시기를 일괄적 대상으로 삼고 있는 데서 비롯한 것으로 보인다. 내용에서는 고려란 국호를 동시에 사용하였다.

는 정작 '고구려'를 '고려'라 칭한 사례는 거의 발견되지 않는다.[7] 거의 모든 기록은 '고구려'로 말끔히 정리된 것이다. 그를 일별하면 의도성이 강하게 개입되었음이 뚜렷이 확인된다. 중국 정사에 실린 특정 기사를 원전(原典)으로 삼았음이 분명하며, 그곳에서는 '고려'라 표기되었음이 확실한 데도,[8] 이를 모두 '고구려'로 바꾸어 놓고 있는 것이다. 이는 『삼국사기』의 편찬을 시작하면서 그런 방침을 기본적 범례(凡例)로서 전면에 내걸었음을 유추케 하는 대목이다. 아마도 고구려가 현실의 고려와 자칫 혼선을 빚을지 모른다는 우려에서 일정한 수준의 사료 조작이 감행되었음을 뜻한다.

한편 승려 일연(一然)이 13세기 후반 편찬한 『삼국유사』에서는 곳곳에 '고구려(혹은 그를 줄인 구려)'와 '고려'가 마구 뒤섞여 『삼국사기』와는 전혀 다른 특징적 면모를 보인다. 『삼국유사』는 개인에 의한 사찬의 사서인 까닭에 어떤 특별한 편찬 원칙에 얽매이지 않고 가능하면 본래의 원전 그대로를 옮기고자 한 데서 비롯한 현상일지 모르겠다.

다만, 원전을 그대로를 옮겨둔다는 기본 입장을 견지하면서도 때로는 원래의 자료에서는 '고려'라 표기되었지만 의도적으로 '고구려'로 고친 몇몇 사례가 발견된다.[9] 이는 사찬인 탓에 굳이 하나의 일관된 원칙

---

7) 다만, 『삼국사기』7 신라본기 문무왕 11년조에 唐將 薛仁貴가 文武王에게 보내는 글이나, 그에 대한 答書가 원문으로 실린 경우는 예외로 손꼽을 수 있다. 이는 『삼국사기』 찬자가 述而不作하는 자세를 견지하고 있었음을 뜻하는 것이어서 매우 주목되는 사실이다.

8) 『삼국사기』19 고구려본기 文咨明王 13년조의 기사는 『魏書』100 東夷傳 高句麗條의 것을 그대로 옮긴 것인데 원전에는 高麗라 한 것을 고구려로 바꾸고 있다. 문자명왕 17년조에서는 『梁書』54 高句驪傳의 기사를 옮기면서 역시 고구려를 고려로 바꾸었다.

9) 이를테면 『삼국사기』 고구려본기를 인용하면서 거의 대부분을 '고려본기'로 고쳐 표기한 사례를 손꼽을 수 있다.

만을 내세워 철저히 지킬 필요가 없는 데서 나온 당연한 결과였다고 풀이된다. 어쩌면 원전의 상태에 따라 달리 취급하였을 수도 있고, 또 고치려고 시도하였지만 완벽한 목적 달성에는 실패한 데서 나온 결과일 수도 있겠다. 어떻든 이는 일연이 자신의 소속 왕조인 고려를 고구려와 의도적으로 구분하려고 구태여 애쓰지 않았음을 시사해 주는 대목이다.

이상과 같이 고구려가 스스로 5세기의 어느 시점에 고려로 국호를 바꾸었는데, 이후 한동안 양자가 병용되다가 6세기의 어느 시점부터 점점 후자로 정착되어 갔음이 분명하다. 그런 사정의 일단이 고구려 멸망 뒤 정리된 중국 측 문헌 기록에서는 거의 그대로 반영되었지만 뒷날 고려왕조가 고구려사를 정리하면서는 정작 그렇게 하지를 않았다.

특히 관찬 사서인 『삼국사기』에서는 원전이 여하하든 상관없이 일괄적으로 고구려로 고쳐서 정리하였다. 반면 사찬 사서인 『삼국유사』에서는 의도적, 혹은 때로는 착각으로 말미암아 고친 부분도 있으나 거의 대부분은 원전 그대로를 옮겼으므로 고려라고 표기한 부분이 상대적으로 많이 발견된다. 이로 말미암아 일찍이 고구려가 고려라고 국호를 고쳤던 역사적 사실 자체조차 드러날 기회는 없어지고 말았다.

이처럼 사료가 뒷날 의도적 목적 아래 조작됨으로써 중시해 볼 만한 역사적 의미를 놓쳐버리거나 자칫 혼동을 초래할 위험성을 안고 있는 경우도 적지 않았다. 가령 고려왕조의 국호 자체가 일반적 이해처럼 단순히 고구려를 줄여서 그렇게 표현한 것이 아니라 바뀌어진 그대로를 승계한 것이라 한다면 거기에 내재된 의미를 다른 각도에서 다양하게 해석해볼 여지가 얼마든지 생겨난다. 이는 고려왕조가 국호를 그렇게 내세워 고구려의 정통성을 이어나가가겠다고 표방한 것이 아니라 자신들이 (前)고려를[10] 그대로 부활, 승계하였다는 강한 의지를 드러내려 한 것으로 생각했을지 모를 일이다. 때로는 고구려를 전고려(前高麗)라 부르기도 한 사례가 있음은 그런 실상을 여실히 반영해 준다.[11]

'고려'란 국호의 경우와 사정이 똑 같다고는 말할 수 없겠지만 대단히 유사한 사례는 '동경(東京)'이란 지명에서도 찾을 수가 있다. 935년 신라가 고려에 투항하자 태조 왕건은 특별히 항복해와 더할 나위 없이 경사스럽다는 뜻에서 그 왕경을 '경주(慶州)'라고 명명하였다. 그러다가 성종(成宗) 6년(988)에 이르러서[12] 이제는 경주를 드높여 동경이라 부름으로써 이것이 점차 별칭으로 정착되어 갔다. 이로써 동경이란 지명이 일반적으로 고려 성종 때에 이르러서 비로소 그렇게 불리기 시작한 것이라 여겨져 온 것이다.

그러나 만약 경주가 '동경'으로도 불리기 시작한 시점이 고려가 아니라 이미 그 이전의 신라 때부터라고 한다면 어떻게 해석될까. 만일 그러하다면 기존 이해 가운데 새로워지지 않으면 안 될 부분이 적지 않을 터이다. 사실 신라 통일기에 자신의 왕도를 '동경'이라 불렀을 가능성을 엿보게 하는 당대의 기록이 몇몇 찾아진다.

그렇다면 고려에서 사용된 동경이란 경주의 별명도 새로이 생긴 것에 아니라 앞서 본 국호의 경우와 마찬가지로 이미 신라 때의 그것을 그대로 이어받았을 공산이 크다. 그럼에도 대부분의 연구자들이 그동안 강

---

10) 『삼국유사』3 塔像篇 「高麗靈塔寺」조에서는 '僧傳'을 인용하면서 고려와를 구분하여 '前高麗'라 하고 있음은 그런 의미에서 주목되는 대목이다.

11) 그런 측면에서 발해가 고구려의 정통성을 표방하였다는 입장만을 내세운 것과 내재된 의미는 크게 차이가 난다.

12) 『고려사』57 지리지 東京留守官慶州條.

한 선입견에 치우친 나머지 이를 너무 쉽게 도외시하면서 뒷날 고려시대의 것을 소급, 부회한 것으로 단정해 버렸다. 그런 까닭으로 거기에 내재된 중대한 의미를 제대로 포착해내지 못한 채 그대로 지나쳐버린 경우가 적지 않다고 여겨진다.

만일 신라인들 전부가 아니라 일부만이라도 비공식적으로 자신의 왕도를 '동경'이라 인식하고 있었음이 확인된다면 이는 나름대로 음미해볼 만한 충분한 대상이 되겠다. 기존 신라사를 새롭게 이해해볼 여지를 적지 않게 담지하고 있기 때문이다. 아래에서는 장(章)을 달리하여 그 점을 좀 더 구체적으로 점검해 보기로 하겠다.

2. '동경'의 실재

신라 당대에는 정치적·문화적·경제적 중심지라 할 수도를 금성(金城)으로 공식 표기하였음은[13] 익히 아는 바와 같다. 흔히 금성은 서라벌(徐羅伐)을 훈차(訓借)한 것이라 여겨지고 있다. 유관 사료를 일별하면 금성은 처음에는 궁성(宮城)을 주로 가리키는 용어로서 사용된 것 같다.[14] 뒷날 월성(月城)이 축조되어 이것이 왕궁으로 공고히 자리 잡게 됨으로써 금성은 왕도 전체를 가리키는 명칭으로 확대되어 간 듯하다.

통일기에 이르러 신라는 영토 전체를 대상으로 군현제(郡縣制)를 본격적으로 실시하였는데, 이를 한마디로 9주 5소경이라고 부른다. 이후 금성은 지방의 요충지에 두어진 5소경에 대응하는 왕경의 의미로서 대

---

13) 『舊唐書』199 列傳 東夷傳 新羅條 및 『新唐書』220 東夷傳 新羅條.
14) 『삼국사기』 34 지리지 序文.

경(大京)[15], 혹은 금경(金京)이라[16] 불리기도 하였다.[17] 이는 신라인들이 늦어도 6세기 이전 자신의 왕도를 '큰 고을'이란 뜻의 건모라(健牟羅)라고 하였던 것과[18] 일맥상통한다. 그처럼 신라 왕도가 건모라, 대경, 금경 등 다양하게 불리기도 하였지만 정식의 명칭이 특정 시점 이후부터 금성이었음은 의심의 여지가 없다.

그런데 『삼국유사』를 일별하면 신라 왕도와 관련하여 그냥 지나칠 수 없는 또 다른 고유명사가 발견되는데, 그것이 동경이다. 이를테면 흥법편(興法篇) 「동경흥륜사금당십성(東京興輪寺金堂十聖)」조의 '동경흥륜사(東京興輪寺)', 탑상편(塔像篇) 「삼소관음 중생사(三所觀音 衆生寺)」조의 '동경중생사(東京衆生寺)', 「천룡사(天龍寺)」조의 '동경고위산천룡사(東京高位山天龍寺)', 의해편(義解篇) 「원광서학(圓光西學)」조의 '동경안일호장(東京安逸戶長)', 「보양이목(寶壤梨木)」조의 '동경장서기(東京掌書記)' 등에 동경이란 지명이 보인다. 이 다섯 사례 가운데 뒤의 4개는 내용상으로 보아 고려시대의 경주를 지칭하는 지명임이 거의 확실시된다.

다만, '동경흥륜사'의 경우만은 반드시 그처럼 쉽게 단정하기 어려운 측면을 갖고 있다. 거기에 실려 있는 내용 자체가 고려 때의 것이 아니며 신라의 사정을 전하는 것이기 때문이다. 물론 신라 최초의 사찰인 흥륜사가 고려 때까지 변함없이 온존되었다면[19] 거기에 보이는 동경을 꼭

---

15) 「華嚴經墨書紙片」 跋文.

16) 「關門城城壁石刻」.

17) 문헌사료나 금석문에서는 그밖에 京師란 표현이 자주 사용되나 이는 왕경을 가리키는 보통명사에 지나지 않는다.

18) 『梁書』54 列傳 諸夷傳 新羅條.

19) 『삼국유사』3 탑상편 「興輪寺壁畵普賢」조. 金相鉉, 「三國遺事의 歷史方法論的 考察」『동양학』23, 1992에서는 10성을 일연이 직접 실견한 것으로 추정하고 있다.

이때의 것으로 간주하여도[20] 잘못이라고 말할 수는 없겠다. 그런데 다음에 소개하는 처용가(處容歌)란 향가에서 확인되는[21] '동경'이라면 약간 다르게 이해할 여지가 생겨난다. 널리 알려진 대로 처용가의 첫머리에는 '동경'이란 지명이 보이 때문이다.

신라 49대 헌강왕(憲康王, 875-886)이 울산 앞바다의 개운포(開雲浦)에 행차하였다가 동해의 용왕과 만나며 온갖 우여곡절을 겪은 끝에 마침내 그의 일곱 아들 가운데 하나인 처용을 데리고 왕경으로 돌아왔다. 헌강왕은 이후 처용으로 하여금 국정을 보좌해 주도록 요청하면서 그에게 급간(級干)의 관등을 주고 어떤 미녀와의 혼인을 주선하기까지 하였다. 왕경에 머물던 처용이 어느 날 출타했다가 귀가해서 역신(疫神)이 그의 아내를 흠모하여 잠시 사람으로 변신해 사통(私通)하는 장면을 목격하게 되었다. 처용은 눈앞에서 당장 문제로 삼지 않고 일단 춤추고 노래를 부르면서 기다리니 역신이 그냥 물러났다고 한다. 이때 불렀던 노래가 향가(鄕歌)로 정리되었으니 널리 알려진 처용가가 바로 그것이다.

처용 자체가 실제로 어떤 성격의 인물을 상징하는지를 둘러싸고 그동안 몇몇 주장이 제기되어 논란하여 왔다. 여하튼 내용 자체가 설화적 성격을 띠고 있으므로 모두를 역사적 사실로 받아들일 수는 없는 노릇이다. 그런데 여기에 보이는 동경은 소홀히 보아 넘길 수 없는 대상이다. 처용가가 고려시대에 정리되면서 그처럼 고쳐진 것으로 풀이하는 견해도 있지만,[22] 만일 그렇다면 처용가의 내용은 물론이려니와 『삼국유사』

---

20) 韓基汶, 「新羅 下代 興輪寺와 金堂 十聖의 性格」『신라문화』20, 2002, p.184 ; 曺凡煥, 「東京 興輪寺 金堂 十聖에 대한 再論」『삼국의 초전 불교와 그 특징』(신라문화제학술논문집35), 2014, p.118.

21) 『삼국유사』2 기이편2 「處容郎 望海寺」조.

22) 李基文, 『新訂版 國語史槪說』, 태학사, 1998, p.91.

에 실린 그밖의 다른 향가 13수의 경우도 역시 그와 마찬가지 선상에서 이해해야 마땅한 일이겠다.

그렇지 않다면 동경만이 왜 하필 그렇게 고쳐졌어야 하였는지에 대한 납득할 만한 적절한 합리적 이유와 논리적 근거를 제시해서 해명하지 않으면 안 되는 것이다. 만일 그처럼 쉽게 고쳐질 성질의 것이라면 향가 연구는 자료상 원천적 문제를 안고 있는 셈이 되므로 출발점에서부터 전면적인 재검토가 요망된다고 하겠다.

앞서 언급한 것처럼 고려를 굳이 고구려로 고치지 않고 가능하면 원전 그대로를 전재(轉載)하려는 입장을 기본적으로 고수한 『삼국유사』 찬자가 쉽사리 그렇게 주요 단어를 멋대로 바꾸었을 리는 만무한 일이겠다. 다른 향가를 그처럼 고친 유사한 사례를 찾아내지 못한다면 오로지 동경만을 그처럼 바꾼 것으로 볼 하등의 이유는 없다.

일단 처용가가 작성되었을 당시 신라 왕경을 그처럼 동경이라 불렀다고 봄이 올바른 접근 방식이겠다. 그처럼 신라 왕경을 동경이라 불렀을 가능성을 엿보게 하는 또 다른 사례가 역시 『삼국유사』에는 다음과 같이 보인다.

A) 또 해동의 명현 안홍(安弘)이 지은 「동도성립기(東都成立記)」에는 이르기를 '신라 제27대 여왕이 임금이 되어 비록 도는 있으나 위엄이 없어 9한(韓)이 자주 침입해서 고달팠다. 만약 용궁(龍宮)의 남쪽 황룡사(皇龍寺)에 9층탑을 세우면 주변 나라로부터의 재난을 진압할 수 있다. 제1층 일본(日本), 제2층 중화(中華), 제3층 오월(吳越), 제4층 탁라(托羅), 제5층 응유(鷹遊), 제6층 말갈(靺鞨), 제7층 단국(丹國), 제8층

여적(女狄), 제9층 예맥(穢貊)이다.'라고 하였다.(『삼국유사』3 탑상편
「황룡사구층탑」조)

　　신라는 642년 백제 의자왕(義慈王, 641-660)으로부터 전면적 공세를
받아 낙동강 이서의 옛 가야 땅 거의 전부를 상실함과 동시에 그로부터
강한 압박을 받아 정치적 내분을 격심하게 겪는 등 한창 내우외환에 시
달리고 있었다. 이때 당나라에 유학하였다가 갓 돌아온 자장(慈藏)이 당
면한 신라의 대내외적 위기를 벗어나기 위한 방편으로서 호국의 중심
도량인 황룡사에 9층탑의 건립을 건의하였다.
　　이를 받아들인 선덕여왕(善德女王, 632-647)이 마침내 645년 9층목탑
을 완성하게 되거니와 위의 기사는 그런 배경과 과정을 비교적 소상히
기술하고는 말미에 일연 스스로가 지은 찬시(讚詩)를 덧붙이고 나서 다
시 그 아래에 끝으로 앞의 내용을 보증하려는 의도에서인지 해동의 명
현인 안홍(安弘)이 편찬한 「동도성립기」를 이끌어 소개하고 있다. 여기에
는 9층탑을 완성함으로써 장차 신라에게 복속해 오리라 예상되는 아홉
오랑캐인 9이(夷), 또는 9한(韓)의 이름을 들어 각 층에 대비시켜 소개하
고 있다.
　　이에 대해 각별히 주목해볼 사항은 안홍이란 인물이 편찬하였다는
「동도성립기」에 보이는 '동도(東都)'란 표현이다. 『삼국유사』에서도 '동
도'란 사례가 몇몇 보이는데[23] 이들은 모두 동경의 일명으로서 경주를
지칭함은 확실하다. 그렇다면 위의 동도도 역시 그와 마찬가지로 고려시

---

23) 『삼국유사』3 탑상편 「天龍寺」조 및 5 感通篇 「善律還生」조.

대의 경주로 보아야 할 것인가 어떤가가 문제로 부상한다.

해동의 명현이라는 안홍이 고려의 승려가 아니라 신라의 승려이어서[24] 문제는 그리 간단하지가 않다. 안홍은 13세기 초 승려 각훈(覺訓)이 편찬한 『해동고승전(海東高僧傳)』에 의하면[25] 안함(安含)과 동일한 인물로 비정되고 있다. 안함은 흥륜사 금당에 배치된 신라 10성(聖) 가운데 한 사람으로 내세워진 바로 그 인물이다. 『해동고승전』에는 안함이 이찬 김시부(金詩賦)의 손자로서, 600년 수나라에 유학하였다가 605년 중국 및 인도의 승려 몇몇과 함께 돌아왔다고 전한다.

안함은 미래에 일어날 일들과 관련한 예언서 한 권을 짓고 거기에서 마치 자신이 직접 목도한 듯이 호기롭게 몇몇을 예견하였는데 뒷날 그것이 뚜렷이 입증되었다는 것이다. 그 속에는 선덕여왕이 장차 도리천(忉利天)에 묻힐 일, 무열왕과 문무왕에 의해서 이루어질 삼국 통일 등등의 대사건도 예언의 대상으로 들어가 있었다고 한다. 안함은 640년 만선도량(萬善道場)에서 62세를 일기로 입적하였다. 이를 역산하면 안함은 579년 출생한 셈이 된다.

거기에 인용된 최치원의 「의상전(義湘傳)」에 따르면 안홍은 625년 귀국하였다고 하므로 두 사람의 활동 시기 사이에는 상당한 편차를 보인다. 그래서 『해동고승』의 찬자 각훈도 실제로 두 사람을 동일한 인물이라 간주하면서도 혹여 서로 다른 사람일지도 모른다는 서로 어긋나는 추측을 하고 있다. 한편 『삼국사기』에서는 진흥왕 37년(576) 안홍이 인도

---

24) 『동도성립기』를 매개로 해서 거꾸로 안홍을 고려시대 사람으로 보는 견해가 있으나(末松保和. 「三國遺事の經籍關係記事」『靑丘史草』2, 1966) 이는 지나친 추정이다.

25) 『海東高僧傳』 전반에 대해서는 章輝玉, 『海東高僧傳』, 民族社, 1991 참조.

승려 비마라(毗摩羅) 등 2인과 함께 귀국하였다고[26] 한다.

이처럼 양자가 활동한 기간에는 상당한 차이를 보이지만, 외국 승려들과 함께 귀국한 행적이 비슷한 까닭에 각훈은 두 사람을 동일한 인물로 비정하였던 것이다.[27] 일단 활동 시기만을 놓고서 본다면 두 사람은 각기 별개의 인물일 가능성이 한층 크다고 보아야 한다.

안홍과 안함은 실존한 승려임은 분명하나 약간의 착란이 개재되어 동일인인지 아닌지 명확하게는 단정하기 어렵게 되었다.[28] 『해동고승전』에서는 안함이 말년에 예언서를 지었다지만 그 책명은 제시되지 않았다. 만일 안홍과 안함이 같은 인물이라면 예언서 그것이 곧 『동도성립기』라고 해야 할지 모른다. 그런데 거기에 보이는 9이의 실체에 대해서는 약간의 문제가 있다.

일반적으로 9이의 구체적 국명(國名, 혹은 族名) 가운데 오월, 단국, 여적(女狄, 女眞) 등이 나말 여초에 나타나므로 『동도성립기』 자체가 흔히 이때에 쓰인 것이라고 주장되기도 한다.[29] 사실 그것에만 한정한다면 그럴 가능성이 전혀 없지도 않다.

『삼국유사』 「마한(馬韓)」조에는 그와 약간의 차이를 보이지만[30] 비슷한 내용을 인용하면서 단지 '해동안홍기(海東安弘記)'라고만 표현되어 있

---

26) 『삼국사기』4 신라본기 眞興王 37년조.

27) 辛鍾遠, 『新羅初期佛敎史硏究』, 民族社, 1992, pp.232-237 참조.

28) 이를 둘러싼 논란에 대해서는 辛鍾遠, 위의 책, p.235의 註9)를 참조.

29) 前間恭作, 「新羅王の世次とその名につきて」 『東洋學報』15-2, 1925 ; 武田幸男, 「創寺緣起からみた新羅人の國際觀」 『中村治兵衛古稀記念東洋史論叢』, 1986 ; 李丙燾, 『高麗時代의 硏究』, 을유문화사, 1948 ; 盧明鎬, 「高麗時代의 多元的 天下觀과 海東天子」 『한국사연구』105, 1999, p.10.

30) 이를테면 托羅를 乇羅, 女狄을 女眞이라 하였다. 이는 轉寫 과정에서 빚어진 착오에서 기인한 것으로 보인다.

사천왕사지당간지주(하일식 제공)

다. 이것이 곧 『동도성립기』를 지칭함은[31] 거의 의심의 여지가 없는 듯하다. 그렇다고 하더라도 9한, 9이의 구체적 명칭은 후대에 부회되었을 공산이 크다. 그 점은 「황룡사찰주본기(皇龍寺刹柱本記)」를 통해서도 읽어낼 수 있다.

「찰주본기」는 872년 황룡사를 중창하면서 탑의 심초석(心礎石)의 사리공 안에서 출토된 사리함에 황룡사 목탑 건립 이야기에 관한 명문이 새겨져 있어 흔히 그처럼 불린다. 명문에는 탑 건립의 추진 배경과 과정 등의 대강이 소개되어 있는데, 대체로 『삼국유사』에 보이는 내용과 대동

---

31) 辛鍾遠, 앞의 책, p.241.

소이하다.

거기에는 탑을 완성하면 '해동제국(海東諸國) 혼항여국(渾降汝國)'라 하여 '해동의 여러 나라들이 모두 신라에 항복해올 것'이라고 예측하였는데, '과합삼한(果合三韓)'이라 하여 '과연 삼한이 하나로 합쳐지게 되었다'는 내용이 보인다. 이때의 삼한이란 물론 삼국을 가리킨다. 이로 보면 황룡사 9층목탑을 건립하면서 노렸던 목적은 바로 눈앞의 적국 백제의 공격을 물리치고 나아가 그를 병합하겠다는 것이었으나 결과적으로 고구려까지 포함함으로써 삼한을 통일하게 되었다는 것이다.

어쩌면 안함도 640년 입적하기 바로 직전 그와 같은 희구를 표출하여 9층탑의 건립을 주장하였을 가능성은 충분히 상정해봄 직하다. 혹시 그에 앞서 안홍도 앞서 비슷한 내용의 참서(讖書)를 지었을 여지도 있으므로 각훈이 서로 다른 두 사람을 동일인으로 착각하였을지 모른다.

그런데 9이의 실체로 미루어 흔히 「동도성립기」는 고려에서 작성되어 7세기의 안홍에게 부회된 것으로 추정하고 나아가 동도가 흔히 고려시대의 경주를 가리킨다고 간주하고 있다. 물론 그럴 가능성을 전적으로 배제할 수는 없다. 그렇지만 그런 추정이 성립하려면 반드시 그 서책이 고려시대 경주를 동경이라고 부르게 된 성종 이후 쓰였다는 사실도 뚜렷이 입증해야 마땅한 일이다. 게다가 하필 안홍에 빗대어 고려시대에 편찬되어야 하였던 당위성도 밝혀내어야 할 대상이다.

설사 그렇다고 하더라도 예언서의 저자를 신라의 고승에게 돌리면서 당시에는 존재하지도 않았던 동도란 지명을 굳이 사용하였다는 자체는 이상스럽기 그지없는 일이다. 『동도성립기』라는 책명을 사용해서 굳이 신라시대에 쓰인 예언서라고 위장하려 하였다면 당시의 지명이 사용되지 않았음은 매우 의아스럽게 여겨지는 대목이다.

그러므로 이때의 동도는 꼭히 뒷날 고려의 동경이 아니라 신라 왕경을 그처럼 지칭한 것으로 봄이 적절할 듯 싶다. 신라에서 동도란 표현을 사용하지 않았다는 전제 아래 이를 수(隋)의 동도로서 낙양(洛陽)을 가리킨다는 주장도[32] 이미 제기되어 있지만 너무 나아간 지나친 추정이다. 9층목탑 건립이 주된 내용으로 들어가 있음을 고려하면 동도는 일단 신라의 왕경을 가리킨다고 봄이 순조롭다.

통일기에 신라인이 자신들의 왕경을 동경으로도 불렀다는 결정적 근거는 산청의 단속사(斷俗寺)에 세워진 「신행선사비(神行禪師碑)」를 통해 뚜렷이 확인된다. 이 비는 신행선사가 입적한 779년으로부터 35년이 지난 813년에 세워졌다. 찬자는 당시 실력자의 한 사람인 병부령 김헌정(金獻貞)으로서 뒷날 즉위한 희강왕(僖康王, 836-838) 제융(悌隆)의 아버지이다.

비석 자체는 조선 후기에 일실되어 현재 남아 전해지지 않지만 탁본 전문이 중국에까지 알려져 『해동금석원(海東金石苑)』에 수록됨으로써 다행히 전체 내용을 파악할 수 있게 되었다. 현재는 비의 원상을 추정하기도 힘든 형편이지만 무척 다행스러운 것은 조선 숙종 연간에 낭선군(朗善君) 이우(李俁)가 정리한 『대동금석서(大東金石書)』에 일부가 실린 사실이다.*

비문에 의하면 신행선사는 '속성은 김씨이며 동경 어리 사람이다. 급간 상근(常勤)의 아들로서 선사(先師)인 안홍(安弘)의 형의 증손이라고 한

---

32) 辛鍾遠, 위의 책, p.234.
*(補)서울대 규장각과 양산통도사에 각각 시점을 달리하여 작성된 탁본을 소장하고 있다.

다'.[33] 비문이 작성된 시점은 813년이었으므로[34] 거기에 보이는 동경이 신라의 왕도인 금성을 가리킴은[35] 의심의 여지가 없다. 혹여 실물이나 탁본이 없으므로 약간 문제시될 수 있지만 다행스럽게도 위에서 언급한 『대동금석서』속에 이 부분이 남아서 전한다. 만약 뒷날 탁본을 근거로 해서 목판본을 만들었다거나, 나아가 그런 과정을 거치면서 당해 부분이 의도적으로 동경이라 고쳐지지 않았다면 이는 이미 신라 당대인 813년을 하한으로 해서 왕도를 동경이라 부르는 어떤 흐름이 있었음을 뚜렷이 입증해준다고 하겠다.[36]

그렇다면 이미 언급하였듯이 향가인 처용가에 보이는 동경도 바로 당대적 표현이라 하여도 그리 어긋나지는 않을 듯 싶다. 어쩌면 『동도성립기』란 책명도 비록 통일 이전의 안홍에게 부회하였으나 고려가 아닌 나말(羅末) 혹은 그 이전으로 소급할 수 있다고 하여 조금도 이상스러울 바가 없다.

그런 측면에서 고려 성종대부터 경주를 갑작스레 동경이라 부르게 된 사실도 오히려 황도(皇都)인 개경을 중심으로 해서 단순히 방위상으

---

33) 원문은 다음과 같다. '俗姓金氏 東京御里人也 級干常勤之子 先師安弘之兄曾孫'.

34) 비문의 작성자가 김헌정이어서 동경은 이 사람의 생각일 수도 있다. 다만 김헌정이 비문을 작성해 주었다는 측면에서 보면 이들은 一群으로 묶어서 이해하여도 무방하다고 여겨진다. 신행이 안홍의 증손이라 한 것도 동경(동도)이란 용어 사용의 측면에서 보면 우연의 일치라고는 생각되지 않는다. 그런 의식을 지닌 특정한 집단이 존재함을 상상케 하는 것이다.

35) 최홍조, 「신라 神行禪師碑의 건립과 그 정치적 배경」『木簡과 文字』11, 2013, p.227 ; 郭承勳, 「斷俗寺神行禪師碑」『韓國金石文集成(12)』, 韓國國學振興院 · 靑溪文化財團, p.27.

36) 893년 작성된 것으로 추정되는 良州 深源寺의 「秀澈和尙塔碑」에는 '東原京'이 보이는데 이를 동경과 같은 뜻으로 보는 견해도 있으나 내용상 김해의 금관소경을 가리키는 것으로 봄이 타당할 듯하다. 이밖에 「天竺山佛影寺記」에 인용된 '新羅古碑'에 '唐永徽二年義湘法師自東京운운'이라 하여 경주를 지칭하는 동경이 보이지만 신라고비의 실체가 분명하지 않아 논의하기는 어렵다. 위의 「불영사기」는 고려 공민왕 19년(洪武 3년으로 1370년) 翰林學士 柳伯儒가 쓴 것이다. 이에 대해서는 곽승훈, 『新羅金石文研究』, 韓國史學, 2006, pp.45-46 참조.

로 설정된 것이 아니라[37] 기왕에 사용하던 명칭을 의도적으로 부활시켰다고 해석해 볼 여지가 생겨난다. 어쩌면 이미 태조 왕건 시절부터 고구려의 평양성을 서경(西京)이라 부르는 마당에[38] 신라의 왕도였던 경주를 동경이라고 불러줌으로써 이는 고려 왕조 자체가 두 왕조의 문화를 병합, 승계하였다는 의식을 드러내어 보이려 하였는지도 모를 일이다.[39]

그것은 여하튼 동경은 고려시대에 이르러서가 아니라 이미 신라에서 왕경의 별칭으로서 사용되고 있었음은 틀림없는 사실이다. 그것이 오래 도록 드러내어 놓고 공식화되지 않았다가 성종대(982-998)에 이르러 이제는 공식 지명으로서 화려하게 부활하기에 이른 것이라 하겠다. 거기에는 신라의 후예들이 고려의 정치적 핵심 세력으로 진출한 사실이나 혹은 그럴 만한 사유가 연계되어 있는 것으로 여겨진다. 그렇다면 이제 우리의 관심은 동경이 어떤 연유로, 언제부터 사용되기 시작하였으며, 그것이 갖는 역사적 의미가 어떠한지 하는 쪽으로 돌려볼 차례이다.

3. '동경' 의식의 기반과 배경

신라인이 어느 시점부터 자신들의 왕경을 '동경'이라고 부르기 시작하였다면 그것은 단순히 또 하나의 다른 표현 정도에 머무는 것이 아니라 그 속에 나름의 새로운 인식이 깊숙이 스며든 결과로 이해된다. 왜냐

---

37) 방위를 고려하였다면 평양은 北京이 되어야 마땅한 일이다. 그럼에도 西京으로 명명한 것은 이미 신라의 왕도를 동경이라 부르고 있는 현실을 의식한 데서 나온 것으로 보인다.

38) 『고려사절요』1 태조 5년조. 서경에 대해서는 河炫綱, 「高麗 西京考」『역사학보』35 · 36 ; 『한국중세사연구』 1988 및 蔣尙勳, 「高麗 太祖의 西京政策」『高麗 太祖의 國家經營』, 서울대출판부, 1996 참조.

39) 『고려사』92 열전 崔凝傳에 의하면 태조가 신라의 9층탑 건립의 예를 끌어들여 西京에 9층탑을 세움으로써 '合三韓爲一家'하려 하였다는 사실도 그 점을 생각하는 데 참고로 된다.

하면 동경, 혹은 그 일명으로서의 동도는 원래 수(隋)와 당(唐)의 부도(副都)로서 기능한 낙양을 뜻하는 명칭이었기 때문이다.

수나라의 양제(煬帝)는 아버지 문제(文帝)를 시해하고 즉위하자마자 낙양이 전체 영토의 중심에 위치해 산동(山東)과 강남(江南)을 제압할 수 있는 유리한 곳이었고, 또 사방으로 열려 있어 수륙교통에 편리하다고 여겨 천하의 물산을 집결시키는 데 안성맞춤인 중심 기지로 적극 개발하기 시작하였다. 그를 목적으로 수많은 인력을 동원해 장강(長江)까지 연결하는 대운하를 건설하였다. 이로 말미암아 낙양을 동경, 또는 동도라고 부르고 기존의 수도 장안은 서경, 서도라고 불렀다.

이런 양경(兩京)체제는 당 왕조에까지 그대로 이어졌다. 특히 고종(高宗) 재위 시의 실권자였던 측천무후(則天武后)는 대부분의 시간을 동도인 낙양에 머물면서 보내었다. 그래서 동도를 각별히 중시하다가 고종이 사망한 직후인 684년에는 신도(新都)라고 더욱 높여서 정식 수도로 삼으려는 생각까지도 하였다 한다.[40] 당에 대신하는 새로운 무(武)씨 왕조의 개창 기획과 맞물려 진행된 일이었다.

그런 사정 전반을 헤아리면 신라에서 자신의 왕도를 각별히 동경이라 불렀던 흐름은 예사로이 보아 넘길 수는 없는 각별한 의미가 깃든 것으로 추측된다. 다만 그럴 때 유념해야 할 사항은 신라 정부가 그 사용을 공식적으로 선언한 것이 아니었으며, 일각에서만 그렇게 불렀을 가능성이 컸다는 사실이다. 신라 중앙정부가 동경을 공식 지명으로서 채택해 표방한 흔적은 전혀 찾을 수 없기 때문이다. 후술하듯이 신라의 현실

---

40)『新唐書』38 地理志 東都條에 따르면 공식적으로는 여러 차례에 걸쳐 동도, 낙양, 동경 등으로 고쳐서 불러 지명의 변화가 매우 심하였다.

지배세력 주류가 아닌 비주류 일각에서 동경을 비공식으로 사용한 것이 아니었을까 싶다.

앞서 언급한 것처럼 동경을 사용한 인물들은 울산 출신의 처용이나 산청 단속사에 주석한 신행과 같이 지방민, 혹은 왕경인이었더라도 당시 주류가 아닌 비주류적인 성격의 인물들로 보인다. 말하자면 어떤 세력 집단들이 당시 주류적 흐름에 대한 반감으로서 동경이란 지명을 의도적으로 사용하기 시작한 것이 아니었을까 하는 것이다. 그런 측면에서 동경이 공식적 지명은 아니었어도 일단 그를 사용한 일련의 흐름이 있었다는 사실 자체가 중시되어야 마땅하다고 생각된다. 상황 여하에 따라 그것이 주류적 흐름으로 부상할 여지도 있는 것이었기 때문이다.

신라 왕도를 동경이라 부르려는 움직임이 일어난 배경과 시점에 대해서는 일단 통일신라사의 흐름을 통해서 유추함이 적절하겠다. 흔히 중대(中代)의 문을 연 무열왕(武烈王, 654-661) 김춘추(金春秋)가 내정과 함께 외교적 목적을 위해 당문화(唐文化)의 수용에 적극 나섰고 그 결과 당을 끌어들여 삼국통일을 이루게 됨으로써 스스로 마치 제후국인 듯이 저자세를 취한 것으로 이해되고 있다.

기실 그에 앞서 독자적 연호(年號) 사용을 포기한 점, 공식적 관복을 당복(唐服)으로 바꾼 점, 제후(諸侯)의 지위에 해당하는 오묘제(五廟制)를 자발적으로 채택한 점 등으로 미루어볼 때 그런 입장이 기본 정책으로 설정되었음은 부정할 수 없을 것 같다. 신라와 당의 관계 여하에 따라 주어진 책봉호(冊封號)에서는 약간씩 차이가 났지만 줄곧 책봉을 받았던 것도 그런 점을 방증해 주는 사실이다. 신라 중앙정부가 당과 공식적으로 맺은 그런 관계를 쉽사리 부정하기는 힘든 일이겠다. 그런 측면에서 발

망덕사지당간지주(하일식 제공)

해(渤海)나 일본이 독자적 연호를 사용하면서 책봉을 받지 않았던 사실
과는 무척 대조되는 면모이다.

그처럼 기왕에 겉으로 드러난 대당의존적(對唐依存的) 의식만을 일방
적으로 적시(摘示)해서 강조하여 왔지만 이는 기실은 일면적 이해에 불
과하다. 신라가 당과 평화적인 관계를 유지해 나갈 수밖에 없었던 외교
적 입장만을 지나치게 강조한 것이기 때문이다. 그러나 다른 측면에서
살피면 밑바닥에 또 다른 흐름도 면면히 이어지고 있었다는 점을 무시
하고 지나쳐서는 안 된다.

신라는 백제, 고구려를 멸망시킨 후 연합군인 당과 670년부터 676년
에 이르기까지 명운을 건 최후의 전쟁을 치러나갔다. 당이 전쟁의 거점

으로 활용한 안동도호부를 요동으로 옮겨감으로써 전쟁은 일단락되었다. 신라는 이로써 삼국을 통합한 셈이 되었다.

그렇지만 신라는 내심 당이 언제인가는 재침해올지 모른다는 위기감에 휩싸여 있었다. 신라는 중원의 통일제국 수당이 지난날 고구려를 대상으로 호시탐탐 벌였던 일련의 전쟁 과정을 익히 알고 있던 터라, 당이 당면의 형편상 일시 물러나기는 하였겠지만 언젠가는 자신을 끝까지 굴복 시키기 위해 재침해올 공산이 크다고 예상하였다. 그래서 만약의 사태에 대비하지 않으면 안 된다고 여겼을 것 같다. 그런 사정이 통일 이후의 지배체제 정비에 깊이 반영되었으리라 여겨진다.

한편, 663년 부흥운동까지 실패한 백제 망명세력이 왜(倭)로 건너가서 망명정부를 세우고서 부활의 기회를 노리던 상황이었다.[41] 문무왕(文武王, 661-681)이 동해안에 감은사(感恩寺)를 세우려 시도하였고, 자신은 죽고 난 뒤 동해의 용왕이 되어 불국토(佛國土) 신라를 지켜내고자 한 의지를 드러내어 보인 데서 그런 실상은 충분히 감지된다. 그런 전반적 분위기 속에서 신라는 당과의 우호관계 회복을 적극적으로 추진하고자 승전국(勝戰國)이었음에도 오히려 스스로를 낮추어서 제후국 수준으로 자처한 것이다.

그러나 겉으로 그런 입장을 내세우고 있었지만 다른 한편에서는 승전국으로서의 강한 자부심, 자존심도 아울러서 지니고 있었다. 그 점을 뚜렷이 보여 주는 것이 사천왕사(四天王寺)의 존재이다. 사천왕사는 문무왕 19년(679) 완성을 본 사찰로서[42] 창건의 연기(緣起)설화는 『삼국유사』

기이편2 「문호왕법민(文虎王法敏)」조에 아래와 같이 비교적 자세한 내용이 전해진다.

당에 유학 중이던 의상(義湘)이 거기에 억류되어 있던 김인문(金仁問)으로부터 들어 급거 귀국하여 알렸던 당의 침공 정보를 놓고 문무왕은 군신들에게 방비대책을 물었다. 그러자 각간 김천존(金天尊)이 명랑법사(明朗法師)를 추천해 주었다. 명랑은 곧바로 낭산(狼山) 남쪽 자락에 위치한 신유림(神遊林)에다가 사천왕사를 짓고 도량을 개설하면 당의 침공을 물리칠 수 있으리라는 방책을 제시하였다.

바로 얼마 뒤에 당병이 공격해온다는 첩보를 입수하자 즉각 명랑을 주축으로 한 유가승(瑜珈僧) 12명이 임시로 띳집을 엮어 오방신상(五方神像)을 모셔두고서 문두루비법(文豆婁秘法)을 짓자 미처 접전하기도 전에 당병이 패몰(敗沒)하였다고 한다. 이후에도 재차 그런 일이 되풀이되자 당에서는 김인문을 따라갔다가 옥중에 갇히게 된 한림랑(翰林郎) 박문준(朴文俊)에게 신라가 취한 비책의 내용을 추궁하였다.

그러자 박문준은 신라 정부가 일통삼국하도록 도와준 당의 은혜에 보답하고자 낭산의 아래에다 절을 짓고 '황수만년(皇壽萬年)'을 축원한다는 소문을 자신도 들었다고 답하였다. 이에 고종은 예부시랑(禮部侍郎) 악붕귀(樂鵬龜)를 보내어 실상의 여부를 실사토록 하였다. 신라에서는 급히 사천왕사와는 별도의 새 사찰을 인근에 지어 당의 사신을 그곳으로 안내한 뒤 뇌물을 주어서 사태를 적절한 선에서 마무리 수습하였다고 한다. 새로 지은 사찰은 곧 사천왕사 부근에 있는 망덕사(望德寺)이다.

사천왕사와 망덕사의 창건연기설화가 시사해 주듯이 통일전쟁을 거치면서 신라 내부에는 서로 상반되는 이중적 국제관이 공존하고 있었음을 유추할 수 있다.[43] 전자가 반당(反唐)을 상징한다면, 후자는 곧 친당(親唐)을 상징하고 있는 것이다.

그런데 주목되는 점은 통일 후 신라국가가 관리하는 호국사찰로서 7곳의 성전사원(成典寺院)을 두면서[44] 사천왕사를 그 첫머리에 배치한 사실이다. 반당적 성격을 대표하는 사천왕사가 성전사원의 첫머리를 차지한 반면 친당적 성격을 강하게 지닌 망덕사는 애초부터 성전사원으로 선정조차 되지 않았다. 이는 신라와 당의 관계 실상이 일반적으로 생각해온 것과는 꼭 그대로 일치하는 것만은 아니라는 점을 암시하는 사실이다. 성전사원 가운데 특별히 황제를 뜻하는 '황(皇)'이란 글자가 들어간 사찰이 전혀 없는 것도 상당한 작위성(作爲性)을 시사해 준다. 이는 친당의식이 주류적 위치를 차지한 가운데서도 반당 자립의식이 상존한 이중성을 뚜렷이 보여 주는 사례라 하겠다.

사실 그 점과 관련하여 무열왕이 사망한 뒤 묘호(廟號)를 태종(太宗)으로 설정한 점도 눈여겨볼 만한 대목이다. 태종이란 묘호가 채택된 시점은 확실하지 않지만 「무열왕릉비(武烈王陵碑)」의 건립으로 미루어[45] 사망 이후 그리 오랜 세월이 지난 시점의 일은 아니었을 듯 싶다. 김춘추가 주도하여 당으로부터 유교문화의 적극적 수용을 표방하였고, 즉위한 뒤까지 이를 추진해 온 마당에 굳이 당 태종의 묘호를 끌어들여 사용한 것은 무열왕도 그에 비견할 수 있다는 신라인의 강렬한 자신감 표현으로 풀이된다. 김춘추가 당 태종을 직접 만나 담판하기도 한 특수한 경험

---

43) 武田幸男, 앞의 글, pp.367-378.

44) 성전사원에 대해서는 李泳鎬, 「신라 중대 왕실사원의 관사적 기능」『한국사연구』43, 1983 및 蔡尙植, 「신라통일기의 성전사원의 구조와 기능」『부산사학』8, 1984 참조.

45) 朱甫暾, 「통일신라의 (陵)墓碑에 대한 몇 가지 논의」『木簡과 文字』9, 2012, pp.46-49.

이 거기에 영향을 미친 듯하다.[46]

그런 무열왕을 대상으로 태종이란 묘호를 사용한 것은 당 문화에의 일방적 예속만을 추진한 상황에서라면 나오기 힘든 일이다. 얼마간 세월이 흐른 뒤인 신문왕(神文王, 681-692)대에 태종 묘호를 둘러싸고서 당과의 사이에 벌어진 논란에서도[47] 그런 정황의 일단은 뚜렷이 읽힌다. 물론 이 논란은 바로 직전 전쟁을 치른 뒤 두 나라 사이에 생겨난 대립과 갈등의 앙금이 채 가시지 않고 긴장감이 감돌던 시점에서 전개된 외교관계의 실상을 잘 반영해 주고 있거니와 신라도 끝까지 고집을 쉽사리 꺾지 않고 관철시키는 자세를 굳게 견지하였던 것이다. 이는 신라가 당과의 외교관계가 완전하게 파탄이 날 수도 있다는 각오까지 하고서 자긍심, 자존심을 지켜내겠다는 강한 의지의 발로였다.

이처럼 신라는 중고기 말부터 외교적 목적으로 당과 접촉하면서 그에 급속히 경사(傾斜)되기는 하였으나, 밑바탕에는 독립국으로서 오래도록 유지해 오던 자존심까지 일시에 내버린 것은 아니었다. 백제와 전쟁이 진행되던 도중 당장(唐將) 소정방(蘇定方)의 억지에 반발한 김유신(金庾信)이 당장이라도 당과의 한판 싸움을 벌일 듯이 내비친 기세에서도[48] 그런 모습이 감지된다.

이후 삼국통일의 성공 및 당과의 전쟁에서 거둔 잠정적 승리는 그런 자존 의식을 크게 고양시키는 배경으로 작용하였으리라 추측된다. 혹여 재침할지도 모른다는 데서 온 위기 의식으로 말미암아 당과는 우호관계

---

46) 무열왕은 생존하고 있을 때 당태종을 이미 흠모하여 이미 그런 내용을 유언으로 남겼을 가능성도 없지 않다.

47) 『삼국사기』8 신라본기 神文王 12년조 및 『삼국유사』1 기이편1 「太宗春秋公」조.

48) 『삼국사기』5 신라본기 太宗武烈王 7년조.

를 맺기 위해 지속적으로 노력을 기울이면서 비록 스스로를 낮추어 접근할 수밖에 없었지만, 당당하게 싸워 승전한 데서 온 자신감은 밑바탕에 충만한 상태였던 것으로 짐작된다. 그런 의식 아래 '일통삼한(一統三韓)'이 표방되고 나아가 그 구체적 실현으로서 전체 영역을 나름의 천하관이 담긴 지방통치조직인 9주5소경으로 재편하였던 것이다.

676년 싸움에서 패배함으로써 신라를 완벽하게 굴복시키려던 당의 숙원은 무위로 돌아갔다. 반면 신라는 마치 보란 듯이 고구려 영역까지 자신의 지배 아래 두겠다는 의지를 강하게 내비쳤다. 670년 망명해온 안승(安勝)을 고구려왕으로 책봉하였다가, 674년에는 잠시 신라왕의 덕에 보답한다는 뜻을 내재한 보덕국왕(報德國王)으로 책봉하였다.

그러다가 문무왕은 당과의 전쟁이 끝난 뒤인 680년 자신의 여동생을 안승의 처로 삼도록 하였다가 683년에 이르러서는 다시 그를 왕경으로 불러들여 소판(蘇判)의 관등을 지급하고 곁에 머무르게 함으로써 급기야는 보덕국 자체를 없애버렸다. 이듬해 안승의 족자(族子) 대문(大文)이 그에 반발해 반란을 일으키자 토벌하고 주민을 모두 사민시킴으로써 잔존 기반 자체를 송두리째 뽑아버렸다.

신문왕은 685년 9주 5소경제를 완비함으로써 통일 이후 추진해 온 일련의 지방 재편 작업을 모두 마무리 지었다. 이는 사실상 삼국 통합의 종료 선언으로서 일통삼한, 달리 말하면 백제와 고구려를 완전히 장악하였음을 대내외에 선포한 셈이었다. 9주 가운데 3주를 옛 고구려 영토로 설정하여 의도적으로 배치하는 조치를 취하였다.

기실 고구려에 속한다고 비정한 영토 가운데에는 통일전쟁의 승리 결과로서 새로이 확보된 지역은 거의 없었다. 그들은 이미 오래 전에 신라 영역으로 편입되어 있던 곳이었다. 멸망기의 고구려 영역 전부는 당이 장악한 상태였으므로 사실상 새로이 신라 영토로 들어온 땅은 전혀 없었던 셈이나 다름없었다.

그럼에도 신라가 그처럼 마치 자신들이 장악한 것처럼 내세운 데에는 겉으로 그럴 듯하게 일통삼한을 이루어낸 듯이 보이기 위한 의도로서, 그에 따라 9주라는 신라 나름의 천하관이 성립되었음을 표방하려는 정지작업의 일환이기도 하였다. 통일기 중앙군사조직의 핵심이라 할 9서당(誓幢) 속에 신라민은 물론이고, 고구려, 백제민, 보덕민, 심지어는 말갈민까지 넣어서 구성한 것도 그런 의식과 표리일체를 이루는 시책이었다.

이상과 같이 보면 통일 이후 언뜻언뜻 표현되었을 뿐, 겉으로 강하게 표출되지는 않았지만 신라인들은 삼국 통합에 따른 강한 자신감, 자부심을 지니고 있었음은 분명하다. 통일 과업 수행을 통하여 고구려와 백제의 문화적 역량까지 하나로 엮어내고, 아울러 당의 문화를 적극 수용하여 소화해냄으로써 신라문화가 절정기로 치닫고 있던 상황은 그런 의식을 한결 드높여 주었다.

737년 성덕왕(聖德王, 702-737)이 사망하였을 때 당나라 현종(玄宗)이 조문 사절을 보내면서 신라를 당과 비슷한 수준에 이른 것으로 보아 '군자지국(君子之國)'이라 표현하였음은[49] 그를 단적으로 보여 주는 사례이다. 이는 곧 당시 신라인 자신들도 그렇게 인식하고 있었음을 뜻한다. 그점은 735년 일본에 파견된 신라 사절이 스스로를 왕성국(王城國)이라고

---

49) 『舊唐書』199 東夷傳 新羅條 및 『新唐書』220 東夷傳 新羅條.

내세움으로써 외교적 마찰까지 빚어진 데서도[50] 유추되는 사실이다.

신라는 이제 형식상으로 뿐만 아니라 실제적으로도 상당한 문화적 자긍심을 가질 정도의[51] 성숙한 단계에 이르고 있었다. 이러한 전반적 분위기가 드디어 자신의 왕도를 동경이라고 부를 수 있도록 하는 배경으로 작용한 것이다. 어쩌면 일본에 파견된 신라 사신이 내세운 왕성국 자체가 바로 그와 비슷한 맥락에서 나온 표현이 아니었을까 싶다.

4. '동경'의 출현과 그 의미

신라는 나름의 자존심, 자긍심을 갖고 있기는 하였지만 오묘제의 실시에서 드러나듯이 겉으로는 당을 대상으로 해서 일단 스스로 낮추는 기본 입장을 견지하고 있었다. 그것은 진덕여왕(眞德女王, 647-654) 즉위 이후 유학(儒學) 수용을 적극 추진해 가던 주도세력이 당의 국세(國勢)와 문화 수준을 익히 알고 있었던 데서 비롯한 당연한 결과였다.

한편, 삼국 통합을 달성하고 당과의 전쟁에서 일시 승리하였지만 사후의 외교적 처리가 그리 만만하지 않았던 저간의 사정도 그런 행태에 한몫을 하였다. 이 무렵 신라의 지배층이 자신의 조상세계(祖上世系)를 중국 삼황오제(三皇五帝) 전설상의 가상 인물인 소호금천씨(小昊金天氏)에 연결짓고자 한 사실도[52] 그런 의식의 연장선상에 놓여 있다.

8세기에 들어와서부터 당이 신라의 문화 수준을 인정하여 군자국이라고 불러 주었더라도 그 자체가 곧장 당과 대등하다는 인식으로까지

---

50) 『續日本記』12 聖武紀 天平7年 正月條.

51) 하일식, 「당 중심의 세계질서와 신라인의 자기인식」『역사와 현실』37, 2000, pp.82-87.

52) 「文武王陵碑」 및 『삼국사기』42 열전 金庾信傳 上.

직결된 것은 아니었다. 현실적 입장에서 그런 인식을 공식적으로 드러내기가 곤란하였을 터이기 때문이다. 다만, 그와 같은 분위기는 점점 무르익어 바깥으로 표출될 만한 상황은 차츰 갖추어져 가고 있었다.

그러던 중 당에서는 변경의 절도사(節度使)들이 반란을 일으키면서 전역이 차츰 혼란의 소용돌이 속으로 빠져들고 있었다. 이것이 마침내 신라 내부 일각에서 자존심의 한 표현으로서 자신의 왕도를 동경이라 부르게 된 배경으로 작용하였을 것 같다. 당에 일방적으로 의존하려 한 중앙정부의 기본적 입장에 대한 일종의 반발이었다.

신라는 신문왕, 효소왕(孝昭王, 692-702)대를 거치면서 당에다 각각 한 차례씩만 사신을 파견하였을 뿐이었다. 기록상의 누락을 고려하더라도 그것은 676년 정전(停戰), 혹은 휴전(休戰) 이후 두 나라 사이의 상당히 소원해진 긴장 상태가 지속되고 있었음을 의미한다. 그들 사이의 갈등은 우호관계로 쉽게 전환되기 어려울 정도로 전쟁의 여운(餘震)이 작지 않았음을 시사한다. 물론 그 동안 각기 당면한 내부의 지배체제 정비에 힘을 쏟고 있던 까닭에 정상적 관계를 회복할 여유를 제대로 갖지 못한 데서 말미암는 것이기도 하였다.

그러다가 성덕왕대에 이르러서는 갑작스레 매우 자주 사신을 주고받게 되었다. 성덕왕은 재위 기간 37년 동안 무려 46차례에 걸쳐 당에 사신을 파견하였으며, 심지어 어떤 때는 1년에 세 차례씩이었던 경우까지[53] 있었다.

이처럼 빈번하게 사신을 파견한 것은 두 나라의 관계가 거의 완전하

---

53) 權悳永, 『古代韓中外交史 - 遣唐使硏究』, 일조각, 1997, pp.45-57.

게 군사동맹관계 시절의 수준까지 회복되었음을 뜻한다. 아마도 이 무렵 정상적 관계를 맺을 수 있게 된 데에는 두 나라 각각 과거 전쟁을 주도한 책임자들이 정치 일선에서 물러나는 등 세대교체 현상이 진행된 데서 온 자연스런 결과였을 가능성도 엿보인다.

모처럼 회복된 두 나라의 우호관계가 한결 굳건하게 다져진 계기는 732년 발해가 산동반도의 등주(登州)를 공격하였을 때 당이 신라에 도움을 요청하고, 신라가 그를 받아들여 발해의 남쪽 국경을 공격해 준 사건이었다.[54] 눈이 많이 내린 까닭에 비록 신라는 별다른 전공을 올리지는 못하였지만, 당은 이 사건을 계기로 지난날 영역화한 옛 고구려의 영토로서 오래도록 방치해 둔 패강(浿江) 이남의 땅을 신라 영토로 승인해 주었다.[55] 이로써 신라는 영토상으로 명실상부하게 일통삼한을 이룬 셈이 되었다.

그런데 남북으로 대치해서 치열하게 경쟁하던 발해가 당을 공격한 사실 자체는 신라로 하여금 당이란 존재를 새롭게 인식하도록 하는 하나의 주요 계기가 되었을지 모른다. 당의 요구를 받아들여 도와주기는 하였으나 자신들과 경쟁하는 상대인 발해의 공격을 받은 사건은 신라에 상당한 충격파를 던졌을 터이기 때문이다. 그 위에 755년 일어난 안사(安史)의 난은 그런 인식의 교정(矯正)에 결정적인 계기로 작용하였을 것 같다.

난이 발발해 현종 황제가 파촉(巴蜀) 지방으로 피난을 떠났다는 소식을 접하자 경덕왕은 그 이듬해 성도(成都)로까지 사신을 파견하였다. 이

54) 『삼국사기』8 신라본기 聖德王 32년조.
55) 同上 34년조.

때 현종은 오언십운(五言十韻)의 시를 몸소 짓고 써서 경덕왕에게 답례하였다고 한다.[56] 아마도 당의 황제가 변경의 절도사에 불과한 안록산(安祿山)에게 쫓겨 장안(長安)을 벗어나 성도까지 피난하지 않을 수가 없었다는 사실은 신라에게 적지 않은 충격파를 던졌을 것 같다. 그런 사정의 일단은 다음의 사료에 엿보인다.

B) 14년 (중략) 망덕사탑이 흔들렸다.(당나라 영호징(令狐澄)의 「신라국기(新羅國記)」에 이르기를 그 나라에서는 당을 위하여 이 절을 세웠다. 그래서 그를 절 이름으로 삼았다. 절의 두 탑이 서로 마주하였는데 높이는 13층으로 갑작스레 흔들리고 벌어졌다 합쳤다 하여 마치 기울어져 엎어지는 듯함이 여러 날이었다. 그해에 안록산이 반란하였으니 그에 반응한 것이 아닌가 싶다.)(『삼국사기』9 신라본기 경덕왕 14년조)

이 기사에 따르면 경덕왕 14년(755)에는 망덕사의 탑이 별다른 이유 없이 흔들렸다고 한다. 그런데 앞서 언급한 것처럼 망덕사는 통일전쟁기에 반당적 성격의 사천왕사와는 정반대로 당 황제의 축수를 위해 세운 사찰로서 완성 시점은 신문왕 5년(685)이었다.[57] 그런 망덕사의 탑이 흔들렸다는 것은 당과 관련하여 심상치 않은 어떤 인식상의 변화를 예고해 주는 조짐이 담겨져 있다. 그와 같은 정황의 대강을 위의 기사 속에 인용된 협주(夾註)를 통해서 읽어낼 수가 있는 것이다.

위의 협주에 인용된 당나라 영호징의 「신라국기」는 흔히 지적되듯이

---

56) 『삼국사기』9 신라본기 景德王 15년조.
57) 『삼국사기』8 신라본기 神文王 5년조.

고음(顧愔)이 지은 「신라국기」의 잘못이므로 그렇게 고쳐져야 한다. 고음은 혜공왕(惠恭王) 4년(768) 당의 책봉사로 파견된 귀숭경(歸崇敬)을 따라 사절의 일원으로서 신라에 왔던 인물이다. 귀국한 뒤 「신라국기」[58]란 보고서를 작성해서 제출하였다.

거기에는 안록산의 난 초기가 아니라 완전히 마무리된 뒤 다시금 상당한 시일이 흘렀음에도 당시 망덕사탑이 흔들렸다고 신라에서 전문(傳聞)한 내용을 싣고 있는 것이다. 이는 안록산의 난이 신라에 던진 충격이 얼마만큼 컸던가를 뚜렷이 증명하여 주는 대목이다. 당시 신라 민심이 어떠하였는지의 일단을 잘 반영한다고 풀이된다.

안록산의 난은 755년부터 763년에 이르기까지 근 8년 동안 계속되었거니와 당의 정치사회에 끼친 영향은 실로 엄청났다. 이후 당은 지배체제 전반을 완전히 새롭게 재정비하지 안 될 지경이었다. 이로 말미암아 전반이 해이해짐으로써 각 지방에서 군림하던 번진(藩鎭)세력은 독자노선을 걸어갔다.

바로 이 무렵 황해 바다 건너 산동 일대에는 고구려계의 이정기(李正己)가 자리 잡아 9세기 초에 이르기까지 수십년 동안 독자세력으로서 위세를 떨쳤다. 난이 마무리될 즈음인 764년 신라 사신으로 일본에 파견된 대나마 김재백(金才伯)이 북구주(北九州)의 대재부(大宰府)에 이르러서 소속 관료와 나눈 대화 속에서 자신들은 당의 내정이 심히 불안정하여 해적이 많이 준동하므로 갑병(甲兵)을 내어 경계하고 있다는[59] 이야기를

---

58) 위에 인용된 기사에는 슈狐澄의 저작이라고 하였으나, 「신라국기」는 인멸되고 대신 그 부분이 그의 저작인 『大中遺事』에 인용된 사실(岡田英弘, 「新羅國記と大中遺事について」『朝鮮學報』2, 1951)을 『삼국사기』 찬자가 잘못 이해한 데서 비롯한 것이다.

59) 『續日本記』25 淳仁紀 天平寶字 秋七月 甲寅條.

전하고 있다. 이는 안록산의 난 여진이 신라에 얼마나 강력하게 미치고 있었던가를 여실히 보여 주는 사례이다.

당 황제 및 황실의 축수와 안녕을 빌기 위해 세운 망덕사의 탑이 흔들렸던 기억이 이후 신라인에게 그처럼 오래도록 각인된 것 자체는 그것이 갖는 의미가 심상치 않은 수준이었음을 뜻한다. 이는 당에 의존하여 왔던 기존 신라의 주류적 시각 내에서 어떤 변화가 일고 있었음을 보이는 징조라 여겨진다. 그동안 당 혹은 그 문화에 대한 일방적 경사와 신뢰는 밑으로부터 흔들리기 시작한 것이다.

사실 오래도록 친당의존의 주류적 흐름 속에서 반당자주의 입장도 존재하였지만 이들은 겉으로 드러내지를 못하였고 오로지 바닥에 깔려 있는 정도였다. 그렇지만 이제는 사정이 현저히 달라졌다. 군자국을 바탕으로 한 반당자존의식이 기왕과는 다르게 겉으로 강하게 표출될 기반이 마련되었다. 비록 그것이 아직 주류적 상태로까지 나아간 것은 아니었지만 그러한 분위기 속에서라면 자신의 왕도를 동경이라고 부르자는 움직임도 충분히 나올 수 있는 일이었다. 언제부터 신라 왕도를 비공식적으로나마 동경이라 부르기 시작한 것인지는 잘 알 수가 없지만 이 사건이 주요 계기가 되었으리라 추정하여도 그리 지나친 억측만은 아닐 듯 싶다.

안록산 난의 여파로 당이 안팎으로 큰 변동을 겪게 되자 그런 정황을 직접 목격하였을 뿐 아니라 이후 그 영향을 적지 않게 받고 있던 신라의 일각에서 한동안 잠복해 있던 대당 자립의식이 움츠려온 목을 서서히 들어올리기 시작한 것이다. 그 밑바탕에는 군자국, 왕성국이라고 자처할 만한 수준에 이른 문화적 자신감이 자리하고 있었음은 물론이다.

자신의 왕도를 동경이라 부른 밑바닥에는 곧 장안인 서경을 의식한 흐름이 깔려 있었다. 신라의 왕도는 당의 장안에 대응된다는 인식으로서, 달리 말하면 이는 곧 신라가 당과 대등하다는 자존의식의 표현인 셈이었다. 물론 당시 신라가 공식적으로 그를 전면에 내세운 것은 아니었지만 그런 의식이 표출된 것 자체에는 상당한 의미가 깃들어 있는 것이다. 그 바탕에는 당 문화에 지나치게 경도된 나머지 시종일관 의존적 자세를 추구해온 현실의 지배세력에 대한 반감이 깔린 것이었다. 그런 분위기의 일단은 다음의 기사에서 그대로 묻어난다.

C) 5년 9월 자옥(子玉)을 양근현소수(楊根縣小守)로 삼았다. 집사사(執事史)인 모초(毛肖)가 논박하여 말하기를 '자옥은 문적출신(文籍出身)이 아닌데 분에 넘치는 직책을 맡길 수는 없습니다.'고 하였다. 시중(侍中)이 의논하여 이르기를 '비록 문적출신이 아니어도 일찍이 대당(大唐)에 들어가 학생(學生)이 되었으니 또한 쓸 수 있지 않겠는가.'고 하였다. 왕이 그를 따랐다.(『삼국사기』10 신라본기 원성왕조)

이 기사에 따르면 당나라에 유학을 다녀온 자옥을 양근현소수로 임명하려 하자 집사부 소속의 최고 말단직 사(史)였던 모초(毛肖)가 그는 문적 출신이 아니어서 소수의 직을 맡겨서는 안 된다고 논박하였다. 이에 대해 집사부 장관인 시중을 중심으로 해서 공론을 거친 결과 오히려 대당 유학생이어서 쓸 수 있다는 결론을 내려서 국왕으로부터 재가를 얻었다고 한다.

사실 이는 여러 각도에서 재음미해 볼 여지가 있는 내용이지만, 모초가 가진 기본 입장은 단순히 개인만의 생각에서 비롯한 것이 아니라 당시 대당 유학생 등용(登用, 혹은 重用)에 대해 팽배해진 반발의 분위기 전반을 대변한 듯한 인상이 짙다. 그러지 않고서는 집사부의 가장 말단인 사(史)였던 모초가 감히 그렇게 주장하기는 힘들었을 터이다.

직전까지 대당 유학생의 관료 진출 상황이 뚜렷하지가 않아 구체적 실상을 알기는 어렵지만 당시 신라가 유학을 지배이데올로기로 삼고 있었고, 당나라가 신라를 군자국이라 치켜세웠던 점 등을 감안하면 그들은 관료 진출할 때 상당한 우대를 받았음은 부정할 수 없는 사실이라 하겠다. 특히 성덕왕대에 빈번하게 추진된 대당 교섭의 창구는 주로 당의 언어를 잘 이해하고 그 문화에 익숙한 그들이 맡았을 공산이 크다. 따라서 전반적으로 볼 때 대당 유학 경험을 오히려 크게 선호하는 분위기가 주류였다고 하여도 무방할 듯하다.

그런데 이제 원성왕(元聖王, 785-799)대 무렵에 이르러서는 사정이 판연히 달라지기 시작하였다. 대당 유학생을 우대하던 기존의 관료 선발 방법에 대해 반발하려는 싹이 움트고 있었다. 사실 대당 유학에 대한 반감은 바로 직전인 788년 국학 교육 강화의 한 방안으로서 시행된 독서삼품과(讀書三品科)와도 연관될 터이지만, 다른 한편 대당 인식상의 어떤 변화가 밑바탕에 작동하고 있었던 데서 기인한 현상으로도 풀이된다. 오래도록 진행된 대당 저자세 외교, 숙위(宿衛)를 비롯한 당나라 유학생 우대 시책 등에 대한 불만이 밑으로부터 차츰 커져가고 있었으니 그런 상황을 모초가 자옥의 양근현소수 임명을 계기로 해서 노골적으로 드러낸 것이었다.

그러므로 그것이 반드시 모초 개인의 일시적 견해일 뿐이라고 굳이 한정할 필요는 없겠다. 당시 신라사회에서 일고 있던 분위기 전반을 모초가 대변하였을 따름이다. 특히 시중과 같은 고위직에서는 적절한 타협을 보려 한 반면 모초와 같은 하급관료가 그런 입장을 강하게 피력한 점은 특별히 주목되는 사실이다. 이는 기존 지배체제에 대한 반발이 밑으로부터 진행되고 있던 것으로서 자신의 왕도를 동경이라 부른 현상도 결코 그와 무관하지가 않을 듯 싶다. 지배층 주류의 일방적 대당의존 정책과 모화(慕華)의 흐름에 대한 반발이 점점 널리 번져가고 있었던 것이다. 그런 양상은 김헌창(金憲昌)의 난을 통해서도 뚜렷이 읽어낼 수가 있다.

웅천주도독(熊川州都督)으로 재직 중이던 김헌창은 자신의 아버지 김주원(金周元)이 여러모로 당연히 즉위하여야 하였음에도 그러지 못한 데 대한 명분을 앞세워 822년 자신의 임지(任地)를 거점으로 해서 반란의 기치를 내걸었다. 김헌창의 난은 한때 웅천주를 비롯한 무진(武珍), 완산(完山), 청(菁), 사벌(沙伐)의 5주(州)와 국원(國原), 서원(西原), 금관경(金官京)의 3소경 등 거의 전국 절반 이상으로부터 호응을 받을 정도로 일시 기세를 크게 올렸으나 위기 의식을 느낀 왕경 지배세력의 적극적인 공동 대응책으로 급기야는 실패로 돌아가고 말았다.[60] 지방민들 대다수가 왕경 귀족 출신인 김헌창이 주도한 반란 사건에 가담하거나 동조하였다는 사실 자체는 신라 몰락의 신호탄이 오른 것이나 다름없었다.[61]

그런데 김헌창이 지극히 짧은 기간에 그처럼 폭넓게 지지기반을 확보할 수 있었던 데에는 지방민의 반(反)신라, 반(反)중앙정부 감정이 널리

---

60) 『삼국사기』10 신라본기 憲德王 14년조.

61) 김헌창의 난 전반에 대해서는 朱甫暾, 「新羅 下代 金憲昌의 亂과 그 性格」『한국고대사연구』51, 2008 참조.

퍼진 탓도 있었지만 다른 한편 그를 교묘하게 이용한 전략적 성공 덕분이기도 하였다. 그와 같은 측면에서 각별히 주목해 보아야 할 사항은 김헌창이 반란을 일으키면서 장안(長安)이란 국호와 경운(慶雲)이란 연호를 내세웠다는 점이다. 이는 그 이전 어떤 반란사건에서도 전혀 보이지 않는 특별한 사정이 깃든 현상으로 풀이되기 때문이다.

익히 아는 바처럼 신라는 법흥왕(法興王) 23년(536) 나름의 천하의식을 가진 독립국임을 자처하는 표징으로서 연호를 사용하기 시작하였다. 이후 백년 남짓 연호를 사용하다가 중고(中古) 말기에 이르러 유학을 지배이데올로기로 내세워 시대를 새롭게 열어가려는 열망과 의욕을 지닌 김춘추와 김유신 등 신흥의 지배세력이 대당 외교관계를 원활하게 추진할 목적에서 스스로 포기를 선언하였다.

이제 김헌창이 반란을 획책하면서 연호를 부활시켰던 것이니 실로 170여년만의 일이었다. 바다 건너 일본은 신라보다는 뒤늦게 7세기 중반에 이르러 비로소 독자적 연호를 사용하기 시작하였고, 698년 건국한 북방의 인접국인 발해는 건국 초기부터 멸망에 이를 때까지 계속 사용하였다.

그러나 신라는 오히려 그들과는 전혀 반대의 경우로서 100여년 이미 사용하던 연호조차 포기하는 길을 걸어갔다. 그런 선택이 결과적으로 당과의 외교를 유리하게 이끈 방편으로 작용한 셈이 되었고, 마침내는 삼국통합의 성공으로 이어졌다. 그와 같은 배경으로 말미암아 신라로서는 자칫 외교적 마찰을 빚을 우려가 있었기 때문에 통일 이후에도 현실적으로 연호의 부활을 공식 선언하기가 곤란한 실정이었다.

그런 측면에서 김헌창이 반란을 일으키면서 연호 사용을 표방한 사실은 신라사회의 밑바탕에는 오래도록 그를 갈망하는 모종의 움직임이 강하게 흐르고 있었음을 내비친 것으로 해석해도 무방할 것 같다. 김헌창은 반란을 일으키면서 그와 같은 심상찮은 분위기 전반을 교묘하게 이용하여 국호와 연호를 내세웠던 것이다. 이런 의식은 일견 동경이란 용어의 사용과도 맥락이 닿아 있다고 풀이된다.

독자적 연호를 사용할 수 있는 대전제로서 작용한 것이 새로운 국호의 표방이다. 김헌창은 과감하게 신라에 대신하여 장안이란 국호를 전면에 내걸었다. 그것이 다시 독자적 연호 사용의 명분으로서 작용한 것이다. 새로운 국호 사용에는 중앙정부의 시책에 반발하는 원래의 신라 주민은 물론이고 복속된 과거의 백제, 고구려, 가야계 주민들까지 폭넓게 포섭해내려는 정치적 의도가 깔린 것이지만 특히 내세워진 국호가 장안이었다는 사실은 각별히 주목해 볼 만한 대상이다.

장안은 다 아는 바와 같이 당시 세계제국으로 자처하던 당의 수도였다. 김헌창이 내세운 국호 장안이 당의 수도 명칭과 전혀 무관하였던 것으로는 보이지가 않는다. 당을 강하게 의식하면서 그렇게 내세웠던 것으로 여겨진다. 그렇다면 이는 자신들이 당과 대등하다는 강한 자존 의식의 발로였다고 풀이할 수밖에 없다. 그 밑바탕에는 앞서 언급하였듯이 신라가 군자국이라는 의식과 같은 강한 자부심이 작동하고 있었던 것이다.

그런데 장안이란 국호가 갑작스레 돌출적으로 나온 것이라고 여겨지지 않으며 이미 그럴 만한 배경이 충분히 형성되어 있었던 것으로 짐작된다. 수나라에서 장안은 낙양이 동경으로 설정되면서 서경 혹은 서도라 불리었고 이후 그것이 당으로 승계되었다. 김헌창이 장안을 앞세운 데에는 신라의 왕도를 동경이라 설정하고 있던 의식에 대한 대응에서 비롯한 것이었다. 말하자면 김헌창이 반란을 도모하면서 국호를 장안으로 내건 바탕에는 이중적 의미가 깔려 있는 것으로 풀이된다. 하나는 자신이 건설을 희구하는 국가가 당과 대등하다는 의미이며, 그래서 독자적 연호를 표방한 것이기도 하였다. 다른 하나는 신라의 왕도인 동경에 대응되는 서경이라는 의미로서의 장안 건국이었다.

이는 김헌창의 반란이 단순히 중앙에 대한 지방이라는 의미가 아니라 당과 대등한, 그리고 신라 중앙정부와 동등한 독립세력이라는 사실을 강하게 드러내기 위한 것이었다. 그렇게 보면 김헌창은 반신라, 반당의식을 지닌 세력의 포섭을 함께 겨냥해서 장안과 경운이라는 국호와 연호를 내세운 것이라 하겠다. 반란의 주동세력 혹은 그에 호응해서 가담한 세력들은 이제 기존 신라와는 다른 새로운 국가 건설을 꿈꾸고 있었으니 이미 자신의 왕도를 동경이라 불러온 사람들도 바로 그들과 연관되리라 여겨진다.

사실 김헌창이 장안이란 국호와 경운이란 연호를 내세운 사건은 갑작스레 돌출한 것이 아니라 밑바탕에서 꾸준히 성장일로에 있던 자주의식의 구체적 표현이었다. 이미 8세기 말에 쓰인 「갈항사석탑기(葛項寺石塔記)」에 원성왕의 어머니 조문태후(照文太后)를 황태후(皇太后)라고 일컬은 사실[62], 애장왕(哀莊王) 2년(801) 기존의 오묘제를 개정하여 혜공왕대)에 불천지위(不遷之位)로 입묘된 태종과 문무왕의 2묘를 별립(別立)하고 시조대왕을 포함하여 고조(高祖) 이하 부(父)에 이르기까지 자신의 직계

---

62) 최치원이 896년 작성한 「崇福寺碑」에는 같은 인물에 대해 炤文王后라고만 하면서 황태후라 하지 않고 있음은 주목된다. 8세기 말의 특수한 사정을 반영하고 있기 때문이다.

황룡사 터와 2016년 경주 황룡사 남쪽담장에서 출토된 '달온심촌주(達溫心村主)'라는 촌주(村主) 이름이
새겨진 청동접시(신라문화유산연구원 제공)

존속(直系尊屬)을 내세워 5묘제를 새로 정함으로써[63] 사실상 7묘제로 개정한 셈이 된 사실[64] 등에서 그런 정황을 어렴풋이나마 읽어낼 수 있다. 이는 신라 지배층 일각에서 갖고 있던 일종의 황제의식을 보여 주는 것으로[65] 풀이된다. 이들은 밑으로부터 변화를 추동하던 동경 의식의 발현과 비슷한 면모였다고 하겠다. 김헌창이 난을 일으키면서 갑작스레 장안과 경운을 내세운 것은 그런 의식의 대변이었다.

김헌창의 난은 비록 실패로 돌아갔지만 그런 근본 의식까지 완전히 소멸된 것은 아니었다. 장보고의 청해진 설치에 뒤이어 경문왕(景文王) 12년(872) 황룡사 9층목탑을 개건(改建)하면서 '해동제국 혼항여국(海東諸國 渾降汝國)'하려는 의도를 써넣은 찰주본기를 작성하여 초석에 넣은 점, 불국토 건설의 중심 도량인 황룡사를 새로이 성전사원으로 설정한 점 등은 그러한 변화된 의식의 소산물이다. 후삼국기에서 통일 이후의 광종(光宗)대에 이르기까지 고려가 한시적이나마 황제국(皇帝國)이라고 대내외에 천명한 것도 그런 연장선상에서 이해된다.

사실 고려 성종대에 이르러 경주를 동경이라 부르게 된 것은 이 시점에서 새로이 창안한 것이 아니라, 중앙정부에서 점차 두각을 나타낸 신라계 출신들자의 위상을 높여주기 위해[66] 자존 의식을 내재한 과거 용어의 부활이었던 것이다. 그에 앞서 고구려의 수도 평양을 경영하면서 그것이 방위상 북쪽이었음에도 서경이라 이름 붙인 것은 당시까지 이어

---

63) 『삼국사기』 신라본기10 哀莊王 2년조.
64) 나희라, 「신라의 종묘제 수용과 그 내용」 『한국사연구』98, 1997, p.78.
65) 김창겸, 「신라 원성왕계 왕의 황제·황족적 지위와 골품 초월화」 『백산학보』52, 1997.
66) 김창현, 「고려시대 동경의 위상과 행정체계」 『신라문화』32, 2008, p.5.

지던 동경을 의식한 데서 나온 결과가 아니었을까 싶다. 그런 의미에서 동경은 이미 고려 성종 이전에도 현실적으로는 크게 인식되고 있었음이 드러난다고 하겠다.

5. 나가면서

'동경'이라는 용어는 신라의 왕경이었던 경주를 가리키는 별칭으로서 지금껏 사용되고 있다. 그런데 일반적으로 이 용어가 처음 사용된 시점을 고려시대로 보려는 경향이 강하였다. 사실 국가적 차원에서 공식적으로 경주를 동경으로 부르기 시작한 시점을 그렇게 설정하여도 잘못은 아니라 생각된다. 고려 성종대에 이르러 경주를 그렇게 부르기 시작하였음은 의심할 바 없는 사실이기 때문이다.

그러나 거기에서 비롯한 선입견으로 사료를 바라본 나머지 통일신라시대에 '동경'이란 용어가 이미 출현하였다는 중요한 사실을 간과해버리고 말았다. 비록 신라국가의 공식적 입장은 아닐지라도 당시 자신들의 왕도를 동경이라 부른 몇몇 사례가 찾아지기 때문이다. 이를테면 널리 알려진 향가인 처용가나 813년 세워진 「신행선사비」와 같은 당대의 사료에는 왕도를 지칭하는 '동경'이란 지명의 존재가 명백히 확인된다.

그럼에도 이를 마냥 고려시대의 것으로 돌려버리거나 혹은 거기에 내재된 의미를 아예 거들떠보려고 하지 않았음이 일반적 추세였다. 이로 말미암아 깊이 음미해 보아야 할 중요 사항임에도 그냥 지나쳐버린 대상이 적지 않았으리라 생각된다. 이는 접근 방법상의 근본적 문제였음을 뜻한다. 그렇다면 그와 연관이 있는 기존 역사 해석은 재음미(再吟味)되어 마땅한 일이겠다.

동경은 원래 7세기 초 이후 수와 당의 왕도인 장안에 대응해 낙양을 부도(副都)로 운영하기 시작한 데서 나온 용어였다. 당시 장안은 서경, 서도라고 불리었다. 신라의 일각에서 동경이란 지명을 사용한 의도도 그런 사정을 의식한 데서 비롯한 것이라 봄이 적절하겠다. 신라인이 자신의 왕도를 동경으로 부르기 시작한 시점은 문화 수준이 향상된 이후의 일이다.

그런 측면에서 당이 신라를 군자국이라 인식한 시점은 각별히 주목해 볼 만한 대상이 된다. 이때는 신라 문화가 절정에 도달한 8세기 전반 성덕왕대로서 실상과 매우 어울리는 표현이다. 때마침 일본을 대상으로 해서 왕성국이라고 자처한 사실도 그와 맥락을 같이한다.

바로 이 무렵 당에서 발발하여 동아시아 전체에 큰 충격파를 던진 안사의 난이 일어났다. 이 난은 신라에서 자존 의식을 겉으로 표출시킨 주요 계기로 작용하였을 것이라 여겨진다. 통일전쟁을 승리로 이끌면서 고조된 신라인의 자긍심과 자부심이 대당 외교에 가려져 있다가 두터운 구각(舊殼)을 깨부수고서 서서히 고개를 내밀기 시작한 것으로 보이기 때문이다. 그 단적인 표현의 하나가 바로 자신의 왕도를 '동경'이라 부르고자 한 인식으로 풀이된다.

신라인들이 사용한 동경은 당의 왕도 장안이 서경인 데에 대응한 표현이었다. 서쪽의 당에 대응하는 동쪽의 문화 중심이 신라라는 의식의 발로였다. 마치 불교의 발상지인 인도를 서천축(西天竺)이라 하고 신라 스스로를 동천축(東天竺)이라고 부른 것과 마찬가지의 선상이다. 다만 당시의 집권세력이 대당 외교관계로 말미암아 그를 노골적으로 드러내어 놓고 사용하기는 곤란한 일이었다. 하지만 밑으로부터 그런 의식은 점점 확대, 확산되는 과정을 밟고 있었다. 그를 증명해 주는 것이 김헌창의 난에서 사용한 장안이란 국호와 경운이란 연호이다.

신라도 650년까지 독자적 연호를 사용하였다가 대당 의존도가 높아지면서 포기하였다. 반면 인근의 발해나 일본은 뒤늦게 연호를 사용하고 있었다. 독립국 신라로서는 심히 자존심을 구기는 일이었지만 절실한 대당 외교로 말미암은 부득이한 조치였다.

그러나 밑바탕에는 그런 저자세에 대한 불만을 가진 집단이 존재하였고 그것이 마침내 김헌창의 난을 통해서 표출된 것이었다. 독자적 연호 사용을 가능하게 한 명분은 장안이란 국호였다. 이 장안은 서경의 다른 표현이면서도 동시에 신라 왕도를 동경으로 의식한 데서 나온 이중적 의미를 지닌 것이었다. 연호 사용에서는 당과 대등하다는 인식이, 그럼으로써 신라의 동경에 대해서는 반란군 자신들이 독립국으로서 한결 우위에 있다는 의식의 표출이었다. 김헌창이 그렇게 표방한 것은 물론 세력의 결집을 위한 것이었지만 그런 인식이 밑바닥에 널리 퍼진 상태였음을 의미한다.

이상과 같은 측면에서 보면 고려가 초기부터 서경을 사용한 것, 성종대에 동경을 사용한 것 등은 이미 그 이전 신라 때부터 왕경을 동경이라고 부르고 있었던 사실을 의식한 데서 나온 것으로 여겨진다. 고려시대 3경제를 새롭게 재음미해 보아야 할 필요성도 이런 데서 찾아진다.

(『대구사학』120, 2015)

2

신라 하대 김헌창(金憲昌)의 난과 그 성격

1. 들어가면서

신라 천년의 역사는 『삼국사기』에 따르면[1] 크게 상대(上代, 서기전 57-서기후 653), 중대(中代, 654-779), 하대(下代, 780-935)의 세 시기로 나뉜다. 그렇게 구분한 기준이나 근거는 흔히 왕통계보(王統系譜)와 관련된다고 알려져 있지만 신라 정치사의 흐름을 일별하면 그 자체 각기 지배체제의 성격에서 근본적인 차이가 났기 때문임을 짐작할 수 있다.

그 가운데 하대는 문을 연 37대 선덕왕(宣德王, 780-784)의 뒤를 이어 즉위한 38대 원성왕(元聖王, 785-798)의 직계에 의해 왕위가 계승되며 대체로 여러 유력한 진골 귀족들의 연립(聯立) 형태로 운영되던[2] 정치사회적으로 매우 불안정한 시대였다고 이해함이 일반적 경향이다. 이로 말미

---

1) 『삼국사기』12 신라본기 敬順王 9년조.

2) 李基白, 「新羅 惠恭王代의 政治的 變革」 『사회과학』 2, 1958 ; 『신라정치사회사연구』, 一潮閣, 1974, p.252.

암아 신라사회에 내재한 구조적인 모순(矛盾)이 누적·폭발함으로써 멸망의 길로 치닫던 시기였다고 평가되는 것이다.

하대의 벽두부터 신라가 비록 쇄망(衰亡)의 조짐을 보이기는 하였으나 오랜 기간 축적된 역량을 배경으로 하루아침에 저절로 무너질 리는 만무하였다. 쌓여진 문제점을 해소해 보려는 여러 갈래의 노력들이 행해지기도 하였다. 이를테면 제도적인 문제점을 개선·보완하거나 그에 대한 개혁적 시책이 펼쳐지기도 하고 또 때로는 체제를 근본적으로 바꾸어 보고자 하려는 변혁(變革)의 움직임까지 일기도 하였다. 그 중 하대 초기에 발발한 김헌창(金憲昌)의 난도 일견 그런 변혁을 도모한 대표적인 사례의 하나로 손꼽을 수 있지 않을까 싶다.

그런데 김헌창의 반란 사건은 신라사의 전개 과정에서 가진 중요성에도 불구하고 기실 그동안 별로 크게 주목 받지는 못하였던 것 같다. 그것은 이를 전론(專論)한 논고(論考)가 그리 많지 않다는 점에서[3] 확연히 드러나는 사실이다. 대개 하대의 정치과정을 다루면서 극히 부분적으로만 취급되었을 따름이다.

이는 어쩌면 김헌창의 난에 내재된 정치적·사회적 의미와 중요도를 제대로 간파해내지 못한 채 지나쳐 버린 소치가 아닌가 싶다. 난이 비록 실패로 끝나기는 하였어도 국호(國號)를 따로 내세웠다는 점에서 기존 신라 왕조를 그대로 이어나가지 못하도록 막으려는 강력한 의지를 읽어낼 수 있다. 이는 난의 주도 세력이 신라사회가 안고 있는 구조적 모순점

---

3) 김헌창의 난을 집중적으로 다룬 논고로는 黃善榮, 「新羅 下代 金憲昌 亂의 性格」『부산사학』35, 1998 ; 『나말여초 정치제도사 연구』 국학자료원, 2002 및 朴勇國, 「新羅 憲德王代 金憲昌의 亂과 晋州地域」『退溪學과 한국문화』37, 2005 정도를 손꼽을 수 있다. 그밖에는 다른 주제를 다루면서 약간 언급하는 정도에 그쳤다.

을 제대로 인지해서 혁신해 보려는 의도를 갖고 있었음을 반영한다.

게다가 이미 오래 전에 소멸되어 버린 독자적 연호(年號) 사용의 관행을 되살려내려고 하였다는 점도 그와 관련하여 깊이 음미해 볼 만한 대상으로 여겨진다. 이는 기존의 신라 왕조와는 달리 강한 자주성을 지닌 새로운 성격의 국가 건설을 표방하고 있음을 엿보게 하는 대목이다.

이상과 같은 측면에서 김헌창의 난은 여느 반란사건과는 달리 결코 그냥 언뜻 스치고 지나쳐버릴 대상은 아니라 생각된다. 게다가 왕경(王京) 한가운데에서 일어난 것도 아니며 왕경 출신의 유력한 귀족이 지방 장관으로 나아가 중앙정부를 대상으로 지방민을 규합하여 도모하였다는 점도 주목되는 사실이다. 어쩌면 뒤이은 군진세력(軍鎭勢力) 장보고(張保皐)가 머지않아 등장할 징후는 이미 여기에서 나타나며 나아가 먼 훗날 후삼국이 정립(鼎立)되는 한 단초(端初)도 여기에서 읽어낼 수 있기 때문이다.

이를 통하여 김헌창의 난을 실마리로 이제 정치적·사회적인 무게 중심이 점차 지방으로 옮겨가는 듯한 현상을 더듬을 여지도 보인다. 이는 지방이 그만큼 정치적·사회적으로 크게 주목받을 만큼 두드러지게 성장하였음을 뜻하는 사실이기도 하다. 중앙정부에서는 이 난을 거울삼아 특히 흥덕왕(興德王, 826-835)대에 이르러서는 신라사회가 안고 있는 구조적인 문제점들을 보완하려는 몇몇 개혁적 시도를 단행하지만 부분적인 미봉책에 그쳤을 뿐 근본적인 해결책을 제시하지는 못하였다. 이미 전반적인 모순 구조가 너무나도 깊숙하게 뿌리내린 상태였기 때문이다. 이제 신라사회는 회생(回生)을 더 이상 기대하기 어려운 상황으로 치닫고 있었다.

이상과 같이 신라 멸망을 예고하는 메시지가 담긴 김헌창의 난이 갖는 의미와 의의는 적지 않다고 하겠다. 필자는 기왕에 그 점을 인식하여 약간이나마 나름의 정리된 입장을 표명한 적이 있다.[4] 여기에서는 이를 확대하여 좀 더 깊이 있게 다룸으로써 실상을 좀 더 구체적으로 추적해 보고자 한다.

2. 배경과 원인

김헌창의 난은 헌덕왕 14년(822) 3월에 발발하였다. 난의 진행 과정과 경과는 아래에 소개하는 사료에 비교적 자세하게 나타나 있다. 내용이 너무 길어서 자칫 번잡하다는 느낌도 들지만 구체적인 분석의 필요성 때문에 아래와 같이 편의상 번호를 매겨 문단을 나누어서 전문을 제시해 두기로 한다.

A) ①3월 웅천주도독 김헌창은 아버지인 주원(周元)이 왕이 되지 못하였으므로 반란하여 국호를 장안(長安)이라 하고, 경운(慶雲) 원년이라 건원(建元)하였다. ②무진(武珍)·완산(完山)·청(菁)·사벌(沙伐) 4주(州) 도독과 국원(國原)·서원(西原)·금관(金官)의 사신(仕臣) 및 여러 군현(郡縣)의 수령(守令)들을 위협하여 자기의 소속으로 삼았다. 청주도독 향영(向榮)은 추화군(推火郡)으로 탈주하였고 한산(漢山)·우두(牛頭)·삽량(歃良)·패강(浿江)·북원(北原) 등은 헌창의 역모를 미리 알아 병을 일으켜 스스로 지켰다. 18일 완사장사(完山長史) 최웅(崔雄), 주조(州

---

4) 朱甫暾, 「新羅의 村落構造와 그 變化」『國史館論叢』35, 1992, pp.86-92.

助)인 아찬 정련(正連)의 아들 영충(令忠) 등은 왕경으로 도망하여 이를 알렸다. 왕은 즉시 최웅에게 급찬과 함께 속함군태수(速含郡太守)를 제수하고 영충에게는 급찬을 지급하였다. ③마침내는 원장(員將) 8인을 차출하여 왕경 중심의 8방면을 지키게 한 뒤에 출사(出師)하였다. 일길찬 장웅을 선발로 하고 잡찬 위공(衛恭)·파진찬 제릉(悌凌)이 뒤따랐다. 이찬 균정(均貞)·잡찬 웅원(雄元)·대아찬 우징(祐徵) 등이 3군을 관장해서 나아갔다. 각간 충공(忠恭)·잡찬 윤응(允膺)은 문화관문(蚊火關門)을 지켰다. 명기(明基)·안락(安樂) 두 화랑이 각기 종군하기를 청하였다. 명기는 낭도들과 함께 황산(黃山)으로, 안락은 시미지진(施彌知鎭)으로 나아갔다. 이에 헌창은 장수를 보내어 요로(要路)에 자리 잡고 기다렸다. 장웅이 도동현(道冬峴)에서 적병(賊兵)을 만나 쳐서 패배시켰다. 위공·제릉은 장웅의 군대와 합쳐 삼년산군(三年山城)을 공격하여 이기고 속리산으로 진군하여 적병을 쳐서 멸하였다. 균정 등은 적과 성산(星山)에서 싸워 멸하였다. 여러 군대가 함께 웅진(熊津)에 이르러 적과 크게 싸워 머리를 베어 얻은 수치는 계산하기 어려울 정도였다. 헌창은 겨우 몸을 피하여 성으로 들어가 굳게 지켰다. 제군(諸軍)이 포위하여 공격한 지 열흘이 지나 성이 장차 함락되려 하자 헌창은 면하기 어려움을 알고 자결하니 종자(從者)가 머리와 몸을 잘라 각기 묻었다. 성이 함락되자 무덤에서 그 몸을 찾아내어 베었다. ④종족(宗族)과 당여(黨與) 무릇 239인을 죽이고 그 민(民)을 풀어주었다. ⑤뒤에 군공을 논의하여 작상(爵賞)에 차등을 두었는데 아찬 녹진(祿眞)에게 대아찬을 주었으나 받지 않았다. 삽량주(歃良州)의 굴자군(屈自郡)은 적에 가까웠으나 난에 물들지 않았으므로 7년간 조세를 면제하였다.(『삼국

『사기』10 신라본기 헌덕왕 14년조)

위의 사료는 김헌창이 난을 일으킨 이유가 그의 아버지인 김주원(金周元)이 왕이 되지 못한 데 대한 불만 때문인 듯이 설명하고 있다. 그렇다면 자연히 그도 왕이 되고자 하는 목적을 가졌던 셈이 된다. 국호 사용 사실도 일단 그런 측면에서 이해가 가능하기 때문이다.

돌이켜 보면 오래도록 위의 기사를 액면 그대로 받아들여 그처럼 이해하려는 경향이 지배적이었다.[5] 그러나 이와 같은 견해는 본 사료에 대한 아무런 검증의 과정을 거치지 않은 채 무조건 그대로 받아들였다는 점에서 문제를 지니고 있으므로 따르기가 어려운 측면이 보인다. 그것은 다음의 몇 가지 점에서 문제점이 뚜렷하기 때문이다.

첫째, 김주원의 왕위 계승 실패 사건은 이미 김헌창이 난을 일으키기 30여 년 이전의 일이란 사실이다. 이 사건이 발생한 지 별로 긴 기간을 경과하지 않았다면 일견 그와 같은 해석은 타당한 것으로 받아들여질 수 있다.

그러나 이미 잊힐 정도로 너무나 오래된 일이었고 따라서 그것이 개인적 불만일지는 몰라도 난을 일으키기 위한 명분으로 내세워지기에는 미약하기 짝이 없다. 난의 명분으로는 전혀 적절하지 않을 정도로 시효(時效)가 너무 많이 지났다는 느낌이다. 어쩌면 반란을 진압하게 된 중앙 정부 측에서 오래도록 그런 일이 혹시 있을지 모른다고 예의주시 하였을지는 알 수 없다. 그런 측면에서 약간 더 과감하게 추측한다면 김주원

---

5) 해방 이후 지금까지 간행된 개설서는 거의 예외 없이 그런 입장에서 김헌창의 난을 다루고 있다.

의 비속(卑屬)들을 여전히 중앙에 남겨서 정치적 활동을 하게 한 것은 그에 대비한 회유 책략의 차원이었을 듯 싶다.

둘째, 후술하듯이 김주원이 물러나 자리 잡은 명주(溟州) 지역이 난에 적극 가담한 아무런 흔적이 포착되지 않는다는 사실이다. 난의 향방과 관련하여 9주 5소경 가운데 오직 남원(南原)과 함께 명주(溟州)만이 전혀 보이지 않는 사실은 주목해 볼 만한 점이다.

김주원의 왕위계승 실패가 난을 일으킨 주된 명분이었다면 차라리 그 집안의 주력이 퇴거한 거점인 명주 일대가 중심적 역할을 하였거나 아니면 어떤 움직임이라도 보여야 마땅한 일이다. 그럼에도 명주에서는 어떤 낌새도 드러나 있지 않다. 사료상의 문제 때문인지도 모를 일이지만 어떻든 김헌창의 난은 왕위계승 실패를 주된 명분으로 삼아 사전의 치밀한 계획 아래 진행된 것이 아니란 사실을 시사한다.

셋째, 김헌창과 친형제 사이인 김종기(金宗基)와 그 직계 비속들은 아무도 반란에 가담하지 않았다는 점이다. 김주원계의 가족 단위를 중심으로 왕위계승 실패에 대한 불만을 갖고 난을 일으켰다면 그 점은 도무지 납득되지 않는 사실이다.

넷째, 난의 규모가 전국에 걸쳤다는 점이다. 김헌창의 난을 왕위계승 실패란 명분만으로 설명하기에는 그 규모가 너무나도 커진 점이다. 이는 역으로 난의 성격을 제대로 간파하는 데 크게 장애가 되는 요소이다.

이상과 같은 몇 가지 이유를 근거로 김헌창이 난을 일으킨 명분이 30여년 전 아버지가 왕위에 오르지 못한 데에 있다고 기술한 위의 사료를 그대로 수용하기는 곤란하다. 다만, 그 자신은 현실의 집권(執權)세력에 대해 상당한 불만을 갖고 있었을 가능성은 충분히 상정된다. 평소 자신의 아버지가 정당한 왕위계승권자였음에도 불구하고 현실의 힘에 밀린 나머지 즉위에 실패하고 명주로 퇴거(退去)한 사실에 대해서는 매우 못마땅하게 여겼으리라는 것은 당연히 추정할 수 있음직한 일이다.

당시 통용되던 정당한 절차가 아니라 무력으로 왕위에 오른 원성왕으로서는 김주원계 전부를 제거할 명분과 힘이 사실상 미약한 상태였다. 김주원에게 정당성을 부여한 지지 세력이 상당히 온존하였던 만큼 이들을 오히려 회유하지 않으면 안 되는 상황이었다. 그래서 그들을 여전히 중앙 관직에 등용할 수밖에 없었지만 대신 요직에는 임명하지 않고 또 감시·감독을 결코 게을리 하지는 않았을 공산이 크다.

김주원계에게 시중직(侍中職)은 허용하였지만 최고위직인 상대등에는 끝내 취임시키지 않은 사실은[6] 그런 사정의 일단을 짐작케 하기에 충분하다. 따라서 김헌창 난의 명분으로 내세운 아버지의 왕위 계승 문제는 아무래도 실상과는 일정한 거리가 있는 해석이라 하겠다. 이는 차라리 현실의 집권세력이 난을 진압한 후 정리하는 과정에서 내재한 의미를 의도적으로 축소하려는 현실의 정치적 목적에서 내세운 데에 지나지 않았을 듯싶다.

그런 측면에서 위의 기록은 아무래도 김헌창의 생각이 그대로 반영된 표현은 아니라 여겨진다. 기왕의 연구에서 이와 같은 충분한 사료 점검의 과정을 빠트린 점은 문제로 지적된다. 그러므로 김헌창이 난을 일으킨 원인에 대해서는 사건의 전후 맥락(脈絡)을 충분히 따져 보고 따로 추출해내는 것이 바람직한 접근이라 하겠다.

---

6) 李基白, 「新羅 下代의 執事省」『新羅政治社會史硏究』, 1974, p.186.

난이 일어나던 바로 그 해에는 일단 주목해 볼 만한 두 가지 사실이 눈에 띤다. 첫째는 정월에 헌덕왕(憲德王)의 동모제(同母弟)로서 상대등이 던 수종(秀宗)이 새로이 부군(副君)으로 지목되어 월지궁(月池宮)에 들어 간 사실이다.[7] 둘째는 헌덕왕의 또 다른 동생인 충공(忠恭)이 수종의 뒤를 이어 상대등에 취임하여 정치적 실권을 쥐고서 전반적인 관료인사를 관장하게 된 사실이다.[8] 이 둘은 김헌창이 난을 일으키기 바로 직전에 있었던 사실이므로 난의 발생 계기와 뗄 수 없는 상관관계를 가졌으리란 추정을 가능케 한다.

수종은 뒷날 친형인 헌덕왕이 사망한 뒤 즉위한 흥덕왕 바로 그 사람이거니와 맏형인 소성왕(昭聖王)의 아들로서 자신의 조카인 애장왕(哀莊王, 800-809)을 중형 헌덕[金彦昇]과 함께 시해하는 데 주도적인 역할을 맡았다. 그는 이미 애장왕 5년(804) 시중에 올라 동왕 8년(807)까지 그 자리를 역임하였으나[9] 이후의 관력(官歷)은 그리 뚜렷하지 않다. 그러다가 애장왕의 시해사건에 가담하였던 것이다. 헌덕왕 11년(819)에 이르러는 상대등 김숭빈(金崇斌)이 사망하자 그 자리를 바로 이어 받았다.[10] 그러다가 동왕 14년(822) 정월 드디어 부군(副君)으로 취임한 것이었다.

부군이란 직책이 신라사에서 전무후무한 사례이어서 그 제도의 실체는 물론이고 설정 목적 및 역할이나 향방 등에 대해서는 잘 알 수가 없는 실정이다. 다만 상대등을 역임한 수종이 취임한 점, 태자의 거처로서 동

---

7) 『삼국사기』10 신라본기 헌덕왕 14년조.

8) 『삼국사기』45 열전 祿眞傳.

9) 『삼국사기』10 신라본기 애장왕 5년조에는 阿湌 秀昇으로 되어 있으나 헌덕왕 14년조에는 秀宗을 秀升이라 부르기도 하였다 하므로 흔히 양자를 동일인으로 본다.

10) 『삼국사기』10 신라본기 헌덕왕 11년조.

궁(東宮)의 다른 이름일지 모를 월지궁(月池宮)에 들어가 살았던 점 등으로 미루어 볼 때 차기 왕위계승권자의 지위였음은 명백하다.

부군은 아마 비슷한 시기에 발해에서 시행되고 있던 부왕(副王)처럼[11] 차기의 왕위계승권을 가지면서 동시에 현실의 실권(實權)도 보유한 직책으로 해석된다.[12] 이미 태자제도가 제대로 정착되어 있던 상황 아래에 굳이 부군이라는 다소 생경한 지위를 새롭게 창안해 내어 나름의 형식으로 다음의 왕위계승권자를 미리 확정짓지 않으면 안 될 어떤 사정이 내재되어 있었던 것 같다. 어떻든 수종의 왕위계승을 안팎으로 기정사실화해 두기 위해 부득이 항구적이 아니라 한시적인 필요성에서 부군이라는 독특한 제도를 만들어낸 것이라 하겠다.

수종(흥덕왕)을 사실상의 왕위계승권자인 부군으로 삼은 이유를 사자(嗣子)가 없었기 때문이라 설명하였다.[13] 그러나 헌덕왕에게는 아들이 있었던 듯한 몇몇 흔적이 찾아진다.[14] 우선 공산(公山, 현재의 八公山)에 소재한 동화사(桐華寺)를 창건한 심지(心地)란 인물이 헌덕왕의 아들임은 의심의 여지가 없다.[15] 심지가 출가한 때의 연령은 분명하지가 않다. '지학지년(志學之年)'이라고 한 점으로 미루어 보면 10대 중반쯤의 청소년 정도로 짐작될 따름이다. 출가한 구체적 시점도 딱히 가늠하기는 어려

---

11) 『新唐書』219 渤海傳.

12) 대체로 副君을 太子에 준하는 지위(李基東, 「新羅 興德王代의 정치와 사회」『國史館論叢』21, 1991 ;『新羅社會史研究』, 一潮閣, 1997, p.156), 혹은 태자의 이칭으로 보기도 한다.(金昌謙, 『新羅 下代 王位繼承 研究』, 경인문화사, 2003, p.108)

13) 『삼국사기』45 열전 祿眞傳.

14) 헌덕왕의 왕자나 태자의 存否 문제를 둘러싸고 논란이 많지만 필자는 몇몇 기록에 보이는 사례를 무조건 도외시할 수는 없다는 입장이다.

15) 『삼국유사』4 의해편 「心地繼祖」조.

우나 헌덕왕의 재위 당시였을 듯하다. 그것은 여하튼 헌덕왕에게 아들이 없었기 때문에 수종을 부군으로 삼았다는 것은 실상과 분명히 어긋나는 점이다.

다음은 김헌창의 난이 진압되던 바로 그 해에 각간 충공의 딸인 정교(貞嬌)를 태자비로 삼았다는 기사가[16] 주목된다. 이를 그대로 받아들인다면 헌덕왕에게는 이미 책봉한 태자가 있었던 셈이 되기 때문이다. 이는 헌덕왕에게 아들이 없었다는 기록을 부정하는 확실한 근거가 된다. 그로 말미암아 이 태자비의 실체를 둘러싸고 논란이 많아 정설이 없는 실정이다. 헌덕왕의 재취비(再娶妃)로 보는 설[17], 흥덕왕비로 보는 설[18], 이름을 알 수 없는 태자비로 보는 설[19] 등으로 엇갈려 의견이 분분하다.

김헌창의 난이 일어나기 1년 전인 헌덕왕 13년(821) 당시 시중으로 있던 충공이 사망하였다고 하나[20] 그 뒤에도 헌덕왕의 친동생으로서 비슷한 지위의 같은 이름을 가진 인물이 계속 활동하고 있다. 양자가 동명이인이 아니라면 헌덕왕조의 기사에는 무언가 약간의 착각이 개재된 부분이 들어가 있는 셈이 된다. 그렇다면 이 태자비의 경우도 당연히 그런 착오를 일으킨 실례 중의 하나로 손꼽을 수가 있겠다. 그렇지만 사료 정리상의 어떤 의도성이 개입되어 그런 현상이 나타난 것인지도 또한 모를 일이다.

여하튼 무조건 헌덕왕에게 아들이 없었다고 단정하는 것은 별로 적

---

16) 『삼국사기』10 신라본기 헌덕왕 14년조.

17) 文暻鉉, 「神武王의 登極과 金昕」『西巖趙恒來敎授華甲紀念 한국사학논총』, 1992, pp.71-72

18) 李基白, 「上大等考」『역사학보』19, 1962 ; 『新羅政治社會史硏究』, 一潮閣, 1974, p.122.

19) 金昌謙, 앞의 책, p.106.

20) 『삼국사기』10 신라본기 헌덕왕 13년조.

절하지가 못하다. 그럼에도 헌덕왕에게 아들이 없어 동생인 수종이 부군으로 취임하여 차기의 왕위계승권자로 확정하였다는 사건 속에는 무엇인가 심상치 않은 흑막이 깔려 있다고 하겠다. 새로운 부군제의 도입 자체에서도 예상되듯이 이는 정상적인 왕위계승이라기보다는 무엇인가 석연치 않은 어떤 내밀한 사건의 결과였다고도 유추되기 때문이다. 그 까닭으로 827년의 흥덕왕 즉위 자체까지도 어떤 우여곡절을 거친 결과로 보는 견해까지[21] 제기되어 있다.

요컨대 822년 정월 왕제(王弟)로서 상대등이던 수종이 전무후무한 부군에 취임함과 동시에 거처인 월지궁으로 입궁한 사실이나, 그 다음 동생인 충공의 상대등 취임과 관료의 인사권 장악 등은 예사로워 보이지가 않는다. 바로 뒤이어지는 김헌창의 난과 상관관계를 갖는 것으로 보이기 때문이다.

그와 관련하여 당시 인사 문제가 심각하게 제기되어 있었음은 주목되는 사실이다. 『삼국사기』45 열전 녹진전(祿眞傳)에 의하면 상대등인 충공이 단행한 인사 조치가, 구체적인 실상은 잘 알 수가 없지만, 직접 관계된 당사자들로부터 반발을 크게 받은 듯하다. 이로 말미암아 충공은 깊은 고민에 빠지게 되었다. 마침내 6두품 출신으로서 집사시랑(執事侍郎)의 직책을 맡고 있던 녹진이란 인물의 도움을 받고 나서야 비로소 말끔히 해결되었다.

충공은 상대등이 되자마자 '정사당(政事堂)에 앉아 내외관(內外官)을

21) 井上秀雄,「三國史記にあらわれた新羅の中央行政官制について」『朝鮮學報』51, 1969 ; 『新羅史基礎研究』, 東出版, 1974, p.246. 이에 대해 李基東은 興德王의 즉위가 평화롭게 이루어진 것으로 보고 있다. 앞의 글, p.162.

헤아려 썼다.'라 한 데서 여실히 드러나듯이 내외관료의 인사권을 쥐고 있었다.[22] 이로 말미암아 뚜렷하지는 않지만 어떤 중차대한 문제가 발생한 것 같다. 녹진이 유교적인 이념을 통하여 이를 해결해 주면서 '재주가 뛰어난 자는 고위직에, 작은 자는 낮은 자리를'이라 하여 중앙관과 지방관의 인사 정책과 관련된 가장 기본적인 원칙 사항에 대해 언급하고 있다. 이런 녹진의 원론적인 충고는 충공의 고민을 일거에 해결하는 효과를 가져다주었다. 충공은 그 결과를 즉각 국왕에게 보고하는 한편 월지궁에 기거하던 부군 수종에게도 알려서 원래의 계획대로 강행하였다.

이상의 사실을 통하여 보면 당시 집권세력이 단행한 인사상의 조치에는 그냥 지나치기 어려운 어떤 중요한 내용이 담겨져 있었음이 확실하다. 그렇게 결정한 데에 국왕 뿐만 아니라 부군, 상대등이 함께 참여한 사실이 그를 여실히 방증한다. 구체적인 내용은 사료상에 전혀 드러나 있지 않지만 조카인 애장왕을 죽이고 권력을 장악하여 분점(分占)한 3인에게 힘이 집중되던 사실과 관련 있는 인사정책이 아닌가 싶다. 바꾸어 말하면 현실의 정치적 적대세력을 제거하거나 핵심에서 배제하려는 조치가 아니었을까 싶다.[23]

아마도 당시 인사는 그들의 권력 집중을 뒷받침해 주는 방향으로 진행되었던 것 같다. 그 대상은 단지 중앙관료에 한정되지 않고 지방관에 이르기까지 광범위하게 분포한 것으로 보인다. 헌덕왕 13년(821) 시중 충공이 사망하자(?) 이찬 영공(永恭)을 그 자리에 임명한 일이 있고 동시에

---

22) 李基白, 앞의 글, p.116.

23) 그런 측면에서 김헌창이 난을 일으킨 이유를 현실 정치에서 배제된 것으로 보는 견해(金東洙, 「新羅 憲德 興德王代의 改革政治」『한국사연구』39, 1982, p.39 ; 金貞淑, 「金周 元世系의 成立과 그 變遷」『백산학보』28, 1984, p.176)는 받아들일 만하다.

청주도독(菁州都督)이던 헌창을 웅천주도독으로 전보(轉補)시켰다. 그리고 그 이듬해에는 이미 언급하였듯이 수종을 부군으로 삼고 충공을 상대등에 임명하였던 것이다. 비록 기록상에 뚜렷이 드러나지는 않지만 821년에서 822년의 두 해에 걸쳐 대대적인 인사가 단행된 것으로 추정된다.

이런 결정에 대해 불만을 품은 인물들이 적지 않았을 것으로 여겨진다. 주로 이들 3인방 중심으로 그를 지지하는 세력을 결집시키려는 방향으로 인사가 추진되었을 것이기 때문이다. 그 까닭으로 그에 대한 반발은 자연스레 표출되기 시작하였고 따라서 실무를 총괄하고 있던 충공은 계획된 인사의 강행 여하를 놓고 심각한 고민에 빠지게 되었던 것 같다. 특히 출신 배경으로 볼 때 자신들에게 가장 위협적이었을 김헌창 등을 왕경에서 멀고 또 견디기 쉽지 않은 지역의 지방관으로 계속 따돌렸던 데에서 미루어 짐작된다.

당시 옛 백제의 핵심 거점인 웅천주를 비롯한 일대에는 백제 계통의 고승 진표(眞表)의 사례에서[24] 유추되듯이 신라 중앙 정부에 대한 반감이 완전히 해소되지 않고 온존된 상태인 데다가 지난 십수년 간에 걸쳐 재해가 잇달아 발생한 지역으로서 어려움을 상당히 겪고 있었다. 이런 지역에 파견된 지방관들은 김헌창의 경우처럼 결국 정권의 핵심에서 밀려난 세력인 셈이다. 이번 인사에서 그런 방향성이 확연히 드러나자 김헌창은 동조세력과 함께 반발을 직접 표출하게 된 것이라 하겠다.

---

24) 李基白, 「眞表의 彌勒信仰」『新羅思想史研究』, 一潮閣, 1986, pp.266-268. 다만 眞表의 성을 흔히『삼국유사』4 의해편「眞表傳簡」조에 근거하여 井氏라 생각하나 그의 아버지가 眞乃末인 것으로 보면 眞이 성이었던 것으로 보인다.

김헌창이 인사와 관련한 불만을 품고 반란을 획책한 것은 상대등 충공의 고민을 깨끗이 해결해 준 녹진이 난의 진압에 적극 가담하여 공을 세운 사실을 특기(特記)한 데서도 유추된다. 헌덕왕 형제들 중심의 집권화 경향에 대해 오히려 6두품 세력들은 적극 동조하는 입장을 취하였을 것으로 보인다.

　　그런 점은 녹진 뿐만 아니라 원성왕의 꿈을 잘 해몽하여 즉위케 한 여삼(餘三, 餘山)에게서도 확인되는 사실이다. 널리 알려져 있듯이 이들은 주로 개인적인 능력을 바탕으로 정치적 출세를 도모하려는 입장이었다.[25] 녹진이 충공에게 진언한 내용의 핵심도 역시 그러하였다. 그 속에서는 모름지기 각자의 능력을 중시하여 관직에 등용하여야 한다고 생각하였을 6두품의 기본적 입장이 강하게 묻어난다.

　　김헌창은 정권의 실세(實勢)들로부터 태생적으로 줄곧 견제를 받는 입장이었다. 이는 그의 관력(官歷)을 통해서도 어렴풋이나마 읽을 수 있는 사실이다. 일시 시중으로 역임된 적이 있기는 하나 웅천주도독으로 나아가기 이전에 이미 무진주도독(武珍州都督) 1년 8개월, 청주도독 5년 4개월 등 도합 7년을 지방장관으로 보낸 적이 있다. 게다가 행정을 총괄하는 시중직을 이미 오래 전에 역임한 바 있음에도 그렇게 장기간 계속적으로 지방에 머물게 한 것은 어떤 정치적인 의도가 바탕에 깔린 결정으로 볼 수밖에 없다. 아마도 김헌창 자신도 그 점에 강한 불만을 품고 있었으리라 여겨진다. 당장의 인사 자체에 대해서보다도 줄곧 정치적으로 밀리던 차에 지방관으로 파견된 인물들이 큰 불만을 갖자 그를 호기

25) 李基白,「新羅 六頭品 硏究」『省谷論叢』2, 1971 ;『新羅政治社會史硏究』, 一潮閣, pp.57-63.

(好機)로 삼아 반란을 획책한 것으로 보인다.

따라서 김헌창의 반란은 단지 지방관으로 발령된 그 자체에 불만을 가진 것이 아니라 장기간 진행된 헌덕왕 3형제 중심의 집권화 과정에서 정치적으로 배제되어온 결과로 풀이된다. 바로 그 시점에서 단행된 대대적인 인사를 놓고 소외된 인물들의 불만이 크게 일자 김헌창은 이를 적당히 이용하여 중앙정부에 반기를 든 것이었다. 아마도 집권화 과정에서 정치적으로 밀리던 세력들이 적극 가담한 것으로 보인다. 후술하듯이 김헌창을 비롯한 중대와 일정하게 친연관계가 닿은 세력은 말할 것도 없고 백제 및 가야계 세력들이 주축으로 참여하였다.

김헌창이 난을 일으킨 데에는 물론 현실의 인사에 대한 불만이 직접적인 계기로 작용하였지만 한편 그 밑바탕에는 지방민의 동향이 깊숙이 작용하였음도 간과할 수 없는 사실이다. 헌덕왕은 왕위를 탈취하자마자 곧장 국내의 제방(堤防)을 수리케 하는 등 안정적인 농업생산력 향상에 비중을 둔 시책을 펼쳤다.

그러나 이후 사회경제 전반은 예상 밖으로 심히 불안정한 방향으로 흐르고 있었다. 헌덕왕 6년(814) 국서(國西)에 물난리가 난 것을 비롯하여 7년(815)에는 비슷한 지역에 크게 기근이 들어 도적이 봉기하고, 8년(816)에 또 다시 기근이 들어 170명이 당나라의 절동(浙東)으로 먹을거리를 찾아 나섰으며, 9년(817)의 잇단 기근, 11년(819)에는 초적(草賊)이 전국에 걸쳐 일어난 일, 13년(821) 기근으로 아이를 내다팔 정도로 궁핍해진 사태[26] 등 장기간 지속해서 발발한 사회경제적 문제는 지방민으로 하여금

---

26) 이상은 전부 『삼국사기』10 신라본기 헌덕왕조.

크게 동요하게 하는 결정적 요인으로 작용하였다.

재난은 전국에 걸쳤던 것으로 짐작되지만 특히 국서(國西), 서변(西邊) 등의 표현에서 느껴지듯이 대체로 옛 백제 지역이 가장 큰 타격을 입었던 것 같다. 이들은 대부분 김헌창이 도독을 역임한 바로 그 일대이기도 하다. 따라서 그는 이 지역 민심의 동향을 누구보다도 잘 읽고 있었다.

게다가 비록 즉시 제압당하기는 하였지만 산발적으로 발생한 초적, 도적의 봉기는 불만이 전반적으로 표출될 만한 분위기가 크게 고조되던 실상을 여실히 보여 준다. 재해(災害)로 인한 불안은 이제 밑바탕에 잠재되어 있던 망국인으로서의 근본적 불만을 토로하게끔 하는 상태로까지 비화(飛火)해 갔던 것이다. 김헌창은 그런 정황을 충분히 잘 간파하고 있었다. 그것은 단순히 중앙의 정권 탈환을 도모하기 위한 반란이 아니라 동요하는 민심을 이용하여 국호와 연호를 갖는 새로운 왕조 개창(開創)으로까지 나아간 데에서 미루어 짐작 가능하다.

김헌창은 애장왕을 시해하고 즉위한 헌덕왕 형제의 집권화 시책에 반발하는 대표적 세력으로서 줄곧 견제와 감시의 주된 표적이었다. 그 까닭으로 감내하기 쉽지 않은 지역의 지방장관으로 계속 밀려나 있었다. 이에 대해 불만을 품고 있던 차 821년과 822년에 걸쳐 대대적으로 단행된 인사의 방향이 구체적으로 밝혀지자 그에 불만을 품은 세력을 규합하여 반란을 도모한 것이었다.

그가 아버지인 김주원이 왕위에 오르지 못한 데 대한 불만 때문에 난을 일으켰다고 하는 기록은 차라리 진압 후 중앙정부 측이 반란에 내재한 의미를 최소화하려 한 의도로서 전면에 내세워진 것일 뿐 실상과는 일정한 차이가 있다고 하겠다. 특히 그런 주장을 내세운 밑바탕에는 지방민의 중앙정부에 대한 불만을 감쇄시키려는 정치적 의도가 짙게 깔려 있는 듯하다. 실상은 누적되던 사회경제적인 불만이 점차 지방과 왕경 사이는 물론이고 각 지역 간의 차별로까지 이어짐으로써 망국민의 감정이 되살아나던 상황이었다. 중앙정부에서는 그런 점을 인식하여 난을 진압한 직후 이를 차단하는 시책을 강구하려 하였던 것이다. 이는 난의 경과와 정리의 과정을 검토하면 한층 구체적으로 드러난다.

3. 참가 범위와 경과

앞 장에서 제시한 사료 A)②를 통하여 알 수 있듯이 김헌창이 난을 일으켰을 때 여기에 참여한 지역 단위는 크게 주(州)와 소경(小京) 규모로 설정되어 있다. 물론 '제군현수령(諸郡縣守令)'이라 하여 그보다 하위 단위인 군현도 독자성을 가진 것처럼 기록되었으나 주와 소경이 중심적 파악 대상이었음은 분명하다.

이는 당시 지방통치체제상의 한 측면을 여실히 보여 주는 사실이다. 특히 소경을 굳이 주와 따로 나란히 명기(明記)하고 있음은 주목된다. 비록 『삼국사기』 지리지에는 소경이 주의 아래에 마치 상하관계로 영속(領屬)된 듯이 기재되어 있으나 실제로는 서로 버금하는 특별한 행정단위로 운용되었음을 시사해 주기 때문이다.

그런데 김헌창의 난에 임하는 9주 5소경의 태세를 기준으로 삼으면 몇 가지로 분류가 가능하다. 첫째, 웅천주를 거점으로 난에 휘말린 지역으로서 무진, 완산, 청, 사벌의 4주와 국원, 서원, 금관의 3소경을 들 수 있다. 둘째, 한산(漢山), 우두(牛頭), 삽량의 3주와 북원(北原)소경 및 설치된 지 얼마 지나지 않은 특수한 구역인 패강진을 손꼽을 수 있다. 셋째,

기록상에 보이지 않아 그 향방을 가늠하기가 어려운 명주와 남원소경의 경우이다. 전국이 난의 소용돌이에 휩싸였으면서도 이처럼 지역마다 입장이 다른 것은 각기 나름의 형편과 배경이 작용하고 있었기 때문일 터이다.

김헌창이 직접 관장한 웅천주를 포함하여 5곳이 난에 가담하여 9주 가운데 반 이상이나 되므로 전체 규모가 어느 정도였는지를 대충 헤아릴 수 있다. 나머지 한산, 우두, 삽량과 패강 및 북원 등은 난의 발발 사실을 먼저 알아서[先知] 군사를 일으켜 관할 영역을 지켰다고 한다. '선지'라는 표현 속에는 주모자 김헌창이 자신의 거병(擧兵) 사실을 당해 지방관에게 미리 알려 동참을 종용하였음을 시사한다. 그래서 이들은 난이 웅천주를 중심으로 발생하였음을 사전(事前)에 인지하고 그 추이를 지켜보려는 입장을 취한 것으로 여겨진다.

사실 이후 이들의 향방을 뚜렷하게 알기는 어려우나 어쩌면 중립적인 입장을 견지하여 관망하는 자세를 취하였을 가능성이 크다. 거기에 별다른 움직임이 포착되지 않기 때문이다. 다만 중앙에서 물러난 김주원의 거점인 명주의 향방이 전혀 드러나지 않음은 특별히 유의되는 대상이다. 이에 대해서는 후술하기로 한다.

여하튼 김헌창의 난에 참가한 범위가 매우 광범위하였다는 사실은 주목된다. 어쩌면 싸움이 크게 지방과 중앙(재빨리 왕경 편에 선 삽량주만은 제외)의 두 그룹 대결 구도로 잡혀진 모습이다. 이는 곧 신라사회에 내재된 중앙과 지방 사이 모순 구조의 심화(深化) 정도를 뚜렷이 반영하여 준다고 하겠다.

반란에 적극 가담한 지역 사이의 결속 정도에 대해서는 쉽사리 가늠하기 곤란하지만 전국적인 규모로 일어난 것은 결국 그만큼 중앙정부에 불만의 기운이 만연한 상태였음을 시사한다. 비록 김헌창이 주의 도독이나 소경의 사신 및 군현의 수령들을 위협하여 자기에게 예속시켰다고 표현되어 있으나 지리적인 여건으로 미루어[27] 기록을 액면 그대로 따르기는 곤란하다. 왜냐하면 사벌(상주)이나 청주(진주)는 오히려 왕경과 가깝고 거점인 웅천주[公州]로부터 멀리 떨어져 단순히 협박을 받았다고 해서 쉽게 그에 편승하였을 리 만무하기 때문이다. 특히 왕경의 바로 코앞에 위치한 금관경이 난에 가담한 것은 그러한 설명이 전혀 타당하지 않음을 뚜렷이 증명하여 준다. 따라서 '위협'이라는 표현은 어디까지나 난이 진압된 이후 승자인 관변(官邊)의 입장에서 실상을 호도하기 위해 의도적으로 제시한 하나의 주장일 따름이라고 해석하는 편이 적절할 것 같다.

물론 위의 사료에서 보이듯 일부 지역의 경우 지방장관이 분위기가 심상치 않음을 느끼고 근무지를 이탈한 경우도 있다. 이와 같은 몇몇 사례를 근거로 크게 포장하여 위협 때문에 어쩔 수 없이 가담한 것이란 진단을 의도적으로 내린 듯하다. 후술하듯이 당해 지역의 반란 참여 여부를 놓고 지방의 유력자와 지방관의 의견이 분분해 전혀 합치되지 않은 경우도 예상된다. 바꾸어 말하면 지방민과 정치적 입장을 달리한 일부 지방관은 위협받았을 가능성도 충분히 상정되기는 한다. 가령 청주도독인 향영(向榮)은 위협을 벗어나 삽량주 소속의 추화군[密城郡]으로 도망을 쳤다. 이는 어디까지나 지방민과 지방관의 입장이 상반된 데서 비롯

---

27) 黃善榮, 앞의 글, p.48.

한 것일 따름이지 김헌창의 협박 때문은 아니었다고 하겠다.

왕경과 가까운 사벌주나 금관경이 적극 가담한 것은 난의 규모와 성격을 유추해 내는 데에 시사하는 바가 크다. 기실 왕경과 삽량주(금관경 제외)를 제외한 전체 영남 지역이 모두 반란에 휘말렸음을 보여 주기 때문이다. 이는 난이 신라사회의 근간을 뒤흔들 정도의 규모로 진행되었음을 의미한다.

난의 발발 소식이 왕경으로 전해지자 즉각 원장(員將) 8인을 차출하여 왕경의 8방을 지키게 한 연후에 출병하였다는 사실에서 중앙의 지배집단이 어떻게 느끼고 대처하였는지를 미루어 짐작할 수 있다. 출정군을 내보내고 난 뒤 다시 왕도의 수비 보강을 위하여 각간 충공과 잡찬 윤응으로 하여금 문화관문을 지키게 하였다. 이 관문은 성덕왕 21년 (722) 각간 원진(元眞)의 지휘 아래 일본의 공격을 대비하기 위한 목적에서 39262인을 동원하여 쌓은 모벌군성(毛伐郡城)이었다.[28] 이 성은 글자 그대로 관문(關門)으로서 동해안의 울산 방면으로부터 왕경으로 들어가고자 하면 반드시 거쳐야 할 요충이었다. 그렇다면 중앙에서는 난군(亂軍)이 해로를 통해서까지 왕경을 공격할지 모른다고 예측하였음을 의미한다. 왕경 귀족의 위기감 정도를 읽어낼 수 있다.

한편 명기와 안락 두 화랑이 국왕에게 종군을 요청하여 실현되었다. 이에 명기는 낭도들과 함께 황산으로, 안락은 시미지진으로 파견되었다. 황산과 시미지진의 현재 위치를 명확하게 가늠할 수는 없지만 그들이 어린 나이의 화랑이었음을 고려하면 왕경에 가까운 곳으로 비정함이 온

---

28) 『삼국유사』2 기이편2 「孝成王」조.

당할 듯하다. 황산은 흔히 지적되듯이 낙동강 하류의 양산(梁山) 방면으로 짐작된다. 금관경이 난군에 적극 가담한 사실을 참고하면 그 점은 더욱 명확해진다. 시미지진의 위치에 대해서는 달리 추정할 만한 실마리가 없지만 진(鎭)이 흔히 진(津)으로도 해석되는 만큼 역시 낙동강 방면으로 해석하여도 그리 큰 잘못은 아닐 듯하다. 이렇게 보면 신라 중앙정부에서는 김해나 울산 방면으로부터의 공격에 적극 대비하였음이 드러난다.

왕경과 극히 가까운 곳에 위치한 금관경이 난에 가담한 사실은 각별히 주목해 보아야 할 대상이다. 특히 관할의 주인 삽량주가 난에 참여하지 않고 있다는 측면에서 더욱 그러하다. 사실 난에 연루된 범위는 매우 광범위하다. 영남 일원에서는 사벌과 청주의 두 주가 포함되고 오직 삽량주만 제외되었을 따름이다. 그럼에도 삽량주 내에서는 금관경이 연관되는 특이한 현상을 보이고 있다. 이렇게 보면 원래의 신라와 가야 영역 가운데 왕경과 가까운 삽량주 외에는 거의 모든 지역이 참여한 셈이 된다. 이는 중앙정부에 대한 지방민의 불만 정도가 어떤 수준이었던가를 읽을 수 있는 대목이다.

그런데 유독 금관경이 가담한 것은 김유신의 후예인 금관국계의 향방과 밀접하게 연관된 것으로 풀이하여도 좋지 않을까 싶다. 그렇지 않다면 왜 하필 삽량주 가운데 섬처럼 되어버린 금관경만이 난에 참여한 것인지가 제대로 해명되지 않기 때문이다.

후삼국기에는 주로 고구려·백제의 부흥을 외쳤으며 다른 한편 가야계 지역에서도 독립선언을 하거니와 이는 오래전 멸망한 왕조의 부활에 대한 기대와 희망이 완전히 불식되지 않은 상태였음을 반영한다. 이를테면 백제계통의 경우 진표(眞表)의 사례를 통하여 유추되며[29] 고구려계는 구덕(丘德)이란 승려를 아직도 고구려승이라 표현한 데서[30] 미루어 짐작된다. 그리고 가야계 가운데 일부에서 임나왕족(任那王族)이란 표현이 사용된 사실을 통하여[31] 그런 인식이 여전히 계승되고 있었음이 확인된다.

이와 같이 멸망한 옛 왕조에 대한 계승의식은 몽고의 병란을 거친 고려 후기에 이르러서 비로소 완전히 해소되거니와 신라 중대는 물론이고 삼국 통합 이후 백 수십 년 이상이나 지난 하대에 이르기까지도 강고하게 작동하고 있었던 것이다. 특히 골품제적 지배체제 아래에서 지방민과 왕경인 사이에 존재하던 차별적 인식과 시책은 그를 존치시키는 데 크게 영향을 미쳤을 듯하다. 국왕 중심의 중앙집권적인 지배체제 정비과정에서는 삼국통일에 혁혁한 공훈을 세운 김유신의 금관가야계조차도 철저하게 소외되고 있었다.[32]

이처럼 중앙 무대에서 정치적으로 차별받고 배제되던 상황이 곧 금관경으로 하여금 난에 적극 가담하게 한 결과를 가져 온 요인이었다. 특히 금관경은 김유신가의 식읍이 있던 곳으로서 중앙의 동향에 긴밀히 연결되어 그 영향을 강하게 받아 왔을 터이다. 그래서 김유신계가 중앙에서 밀려나는 데 반발하여 난에 동조한 것으로 풀이된다.

다음은 명주 지역의 향방이 전혀 기록상에 나타나지 않는다는 사실

---

29) 주 25)와 같음.

30) 『삼국사기』10 신라본기 흥덕. 2년조.

31) 「鳳林寺眞鏡大師寶月凌空塔碑」.

32) 李基白, 앞의 글, pp.247-252.

이 주목을 끈다.[33] 명주는 김헌창의 아버지 김주원이 왕위쟁탈전에서 밀려나서 퇴거해 근거지로 잡은 거점 지역이다. 이곳에는 원래 김주원 자신의 식읍이 있었던 것 같으며[34] 퇴거 이후 오래도록 명주군왕으로 책봉되었고 그 결과 반독립세력으로 자처하였다. 따라서 김헌창이 중앙 정부에 반기를 들었다면 당연히 이 지역도 기꺼이 동참하였을 법하다. 특히 김주원이 왕이 되지 못한 것을 명분으로 앞세웠다면 더더욱 그러하다. 그런데도 김헌창이 반란을 일으키면서 이곳을 또 하나의 근거지로 삼지 않았다는 것 자체는 매우 의아스럽게 여겨진다.

이미 언급하였듯이 원(原)고구려 영역을 편제한 주와 소경에서는 대체로 난의 동참을 요청받고 그 추이를 지켜보면서 관망하는 경향을 보였다. 여기에는 몇 가지 가능성이 점쳐진다. 하나는 이 방면에 파견된 지방관들이 대체로 중앙의 집권세력과 긴밀한 관계를 맺고 있던 세력이었을 가능성이다. 그들과 입장을 달리하는 세력들은 김헌창의 예에서처럼 옛 백제 지역으로 보내어진 반면 옛 고구려 지역을 대상으로 해서는 집권세력과 밀착된 세력이 파견되었을 지도 모른다. 이 지역은 발해와 접경지대인 만큼 현실적으로 중시되었고 따라서 중앙의 두터운 신임을 받은 인물이 지방관으로 파견되었을 듯도 하다. 패강진이 두어진 이후 여전히 개발에 많은 관심을 기울이던 상황이었다.[35]

다른 하나는 지방민의 전반적 동향과 관련된 문제이다. 김헌창의 아

---

33) 이를 의아스럽게 여겨 앞의 사료에 보이는 삽량주를 명주의 잘못으로 본 견해가 있으나(黃善榮, 앞의 글, p.51) 따르지 않는다.

34) 『신증동국여지승람』44 江陵大都護府 人物條.

35) 이에 대해서는 李基東, 「新羅 下代의 浿江鎭」『新羅 骨品制社會와 花郎徒』 한국연구원, 1980 참조.

전명주군왕릉(하일식 제공)

들 범문(梵文)이 바로 3년 뒤 이 지역을 근거지로 반란을 일으킨 것으로
보면[36] 옛 고구려 영역의 지방민들도 중앙정부에 적지 않게 반감을 갖
고 있었음은 분명하다. 그렇지만 그동안 기근 등 자연재해로 입었던 경
제적 피해가 상대적으로 적었고, 또 패강진의 사례에서 보이듯이 중앙정
부에서 이 지역에 대해서는 비교적 크게 관심을 기울였을 듯하다.

그래서 전반적으로 난에 가담하지 않고 관망하는 입장을 취하였을
지 모른다. 그렇다면 명주 지역도 일단 그와 사정이 비슷하지 않았을까
싶다. 혹시 명주는 김헌창의 가형(家兄)으로 중앙정부에서 활동하고 있

---

36) 『삼국사기』10 신라본기 헌덕왕 17년조.

는 김종기계와[37] 밀접한 관계를 갖고 있었고 그 까닭으로 아예 중립적인 입장을 취하거나 혹은 기존의 기반을 그대로 유지하기 위하여 오히려 중앙정부에 더욱 밀착해 갔을 지도 모르겠다.

여하튼 옛 고구려 영역 내에서도 일부 동요하는 분위기가 없지는 않았을 터이지만 대체로 중도적인 입장에서 관망하는 형세가 우세하였던 것 같다. 중앙정부로서는 장차 이 지역까지 난에 적극 가담하게 되면 걷잡을 수 없는 상황으로 치달을 우려가 컸으므로 난의 조기 진압에 적극 나선 것으로 여겨진다.

그와 관련하여 남원 지역의 향방이 전혀 드러나지 않는 점은 달리 주목해 보아야 할 대상이다. 남원이 난에 가담한 흔적은 전혀 포착되지 않는다. 지리적 위치를 고려하여 볼 때 서원(청주)처럼 주와 그에 외형적으로 영속된 소경은 함께 참여함이 정상적이라고 해야겠다. 삽량주가 동참하지 않음에도 금관경이 가담한 것과는 무척이나 대조적인 양상이다.

완산주[全州] 경역 내의 남원은 반란의 거점인 웅진에 가깝고 또 전체적으로 소용돌이에 휘말린 지역의 한가운데쯤에 위치하면서도 그에 가담하지 않은 것은 매우 이상스럽게 여겨진다. 이 기록을 액면 그대로 받아들이면 남원만은 마치 섬처럼 고립한 셈이 된다. 그래서 이를 기록상의 잘못으로 판단하는 논자도 있다.[38] 그러나 반드시 그렇게 단정할 근거는 없고 또 그럴 필요조차 없을 듯하다. 거기에는 나름의 이유가 내재되어 있으므로 오히려 그 점을 소중하게 다루어야 마땅할 터이다.

---

37) 李基東, 「新羅 下代의 王位繼承과 政治過程」『新羅 骨品制社會와 花郞徒』, 한국연구원, 1980, p.155.

38) 黃善榮, 앞의 글, p.49.

원래 남원소경은 고구려 유민에 의해 건국된 보덕국(報德國)이 멸망한 이후 그 주민의 관리를 원활히 하기 위해 이주시킴으로서 설치된 곳이었다. 따라서 이곳은 고구려계 주민이 주류를 이루었고 그 문화가 깊이 뿌리 내린 특이한 지역이었다.[39] 중원(국원)으로 대가야계가 사민되어 그 문화가 정착된 것과 비슷한 면모라 하겠다.

　　그런 측면에서 옛 고구려계 주민들이 대부분 살고 있던 지역이 난에 가담하지 않고 관망하는 자세를 취한 것과도 어떤 맥락이 닿아 있을지도 모르겠다. 만일 남원이 난에 적극 반대하였다면 진압된 이후 삽량주의 굴자군보다도 한층 더 큰 혜택을 받았을지 모르나 그에 대한 논의가 전혀 없는 것으로 미루어 보면 오히려 중립적인 입장을 취하였음이 확실시된다. 그 까닭으로 기록상에 향방이 나타나지 않는 것으로 여겨진다.

　　반면 그와는 달리 한주는 난에 가담하지 않고 중립적인 입장을 취하였으나 그에 영속되었으면서도 난에 참여한 중원(국원)소경의 사례도 특이하다. 앞서 언급한 금관경과 비슷한 측면이다. 국원은 대가야의 멸망 전후 대체로 그 주민을 옮겨서 만든 소경이다. 따라서 대가야계 유민이 중심을 이루고 있던 특수한 지역이라 하겠다. 대가야계로서 두드러진 활동을 한 우륵(于勒)이나 강수(强首)와 같은 인물의 출신지이다. 옛 고구려 영역인 한주 속에서 마치 섬처럼 고립된 모습이었다. 아마도 이와 같은 특성이 결국 국원으로 하여금 한주의 경역 내에 있으면서도 남원의 사례와는 다른 길을 걷도록 유도한 것으로 짐작된다. 옛 가야 지역이 대부분 난에 가담한 것과 맥락을 같이한다.

---

39) 林炳泰, 「新羅小京考」『역사학보』35 · 36, 1967 참조.

요컨대 같은 지역에 위치한 주와 소경이 모두 같은 정치적 입장을 가진 것은 아니었다. 각 지역의 현실적 상황이나 역사적 배경에 따라 다른 입장을 취하였다. 말하자면 단순히 난의 본거지였던 웅천주와의 거리 문제가 아니라 각 지역이 처한 정치적·사회경제적·역사적 배경과 형편에 따라 난에의 가담 여하가 결정되는 특징을 보인다. 이를 통하여 이미 옛날 멸망한 왕조의 정치적 기반이 강하게 작용하였음도 아울러 간취된다.

게다가 김헌창 난의 밑바탕에는 중앙과 지방의 차별이 짙게 깔려 있다. 그로 말미암아 옛 삼국으로의 회귀(回歸)를 희구하는 분위가가 점차 고양되어 가는 추세를 엿보인다. 그런 측면에서 9세 말부터 전개되는 후삼국의 분립은 이미 김헌창의 난에서 예고되고 있었다고 단정하여도 좋을 듯하다. 신라 왕경의 지배세력도 그를 충분히 인지하였고 그 까닭으로 즉각 대응하는 자세를 취하였다. 이는 그 자신들의 장래 사활이 걸린 심각한 문제였기 때문이다. 이에 모든 정치세력이 일치단결하여 난에 대처하였던 것이라 하겠다.

사정이 그러하였으므로 난의 진압 후 신라 중앙정부는 그를 무마하려는 시책을 일정하게 펼치지 않을 수 없었다. 이를테면 가야세력에 대한 일종의 무마책(김유신을 興武大王으로 추봉한 사실), 지방세력에 대한 대우의 변화(장보고 등 군진세력에 대한 우대도 그 일환), 일부 6두품 세력에 대한 대아찬 지급 등의 사례가 이 시기에 집중적으로 보임은 그를 뚜렷이 증명하여 주는 사실이다. 그런 변화의 내용을 총체적으로 정리하려한 시도가 곧 흥덕왕 8년(834)의 골품제 재정비로 나타난 것으로 풀이된

관문성_녹동구간(하일식 제공)

다.[40] 물론 골품에 따른 제반 생활상의 규제가 중심이었으나 그것은 어디까지나 형식적인 명분이었을 뿐이다.

　그런데 난에 가담하였더라도 모든 지역의 내부 사정이 한결같지가 않았다. 지방관과 지방민의 입장이 같았을 경우 난에 적극 참여하여 별다른 문제가 야기되지 않았지만 그렇지 않을 경우에 여러 양상으로 반응이 다르게 나타났음은 주목해 볼 만한 사실이다.

　첫째, 청주도독 향영과 같은 경우이다. 청주 지역 자체는 난에 적극 호응한 반면 총책임자인 도독이 반발하여 임지를 이탈, 인근의 추화군

---

40) 834년의 골품제 개혁에 내재한 성격과 의미를 둘러싼 제반 논의에 대해서는 李基東, 앞의 글, pp.173-176 참조.

[밀양]으로 도망하였다. 그럼에도 청주가 난에 가담하였다고 분류된 것으로 미루어 보면 청주의 주치(州治) 자체 뿐만 아니라 소속의 군현들도 대부분 난에 참여한 것으로 이해하여도 무방하겠다. 지방세력들 및 일부 군현의 수령들은[41] 도독과 정치적인 입장을 달리한 것이었다. 그렇다면 난에 가담한 지역들의 지방관과 지방 유력세력들의 입장은 적어도 외형적으로는 같았다고[42] 단언하여도 좋을 듯하다.

둘째, 임지를 탈주하여 왕경으로 돌아와 상황을 보고한 완산주의 장사인 최웅과 주조였던 아찬 정련의 아들 영충 등의 사례이다. 장사는 그 일명이 사마(司馬)로서 주의 장관인 도독의 군사권을 보좌하여 주는 역할을 맡은 직책이다. 주조는 도독 다음가는 주의 차관직으로서 일명을 주보(州輔)라 하였다. 그밖에 각 주에는 2인의 외사정(外司正)이 있었고, 또 승려가 임명되는 주통 1인이 있었다.[43]

이들이 각기 행정·군사·감찰·종교사상(교육과 문화) 등의 업무를 분장하여 도독을 보좌하는 역할을 감당하였다. 따라서 위기 상황에서 군사 보좌인 장사가 탈출한 사실은 내부적으로 심각한 문제점을 안고 있었음을 뜻하는 것으로 풀이된다. 이로 보면 완산주에서는 도독과 일부 보좌진들의 정치적인 입장이 달랐음을 추정케 한다.

특히 주목되는 것은 차관인 주조로 있던 정련의 탈출 사실은 보이지 않고 대신 그의 아들 영충만이 보인다는 점이다. 이에 대해서는 두 가지

---

41) 청주의 경우 모든 군현이 전부 난에 가담하였다고 보기는 어렵다. 왜냐하면 완산주 장사였던 최웅이 탈출하여 왕경에 보고한 후 보임된 관직이 바로 청주의 관할인 速含郡(咸陽)인 데서 짐작할 수 있다.

42) 朴勇國, 앞의 글, p.265.

43) 『삼국사기』40 잡지 직관 하.

해석이 가능하다. 하나는 정련이 난에 가담한 반면 아들은 그에 반발하여 탈주하였을 경우이다. 그러나 그럴 가능성이 그리 높아 보이지는 않는다. 부자 간에 정치적인 입장을 달리 하는 경우가 그렇게 흔한 사례는 아니기 때문이다. 관등이나 관직을 소지하지 못한 아들의 경우에는 더더욱 그런 느낌이 든다.

다른 하나는 정련이 난에 반대하다가 죽임을 당하고 아들만 장사 최웅과 함께 탈주하였을 경우이다. 정련의 아들 영충이 장사 최웅과 마찬가지로 급찬의 관등을 제수 받은 사실이 그를 시사한다. 장사의 직에 있던 최웅은 도망하여 급찬으로 승진, 속함군태수로 보임된 반면 영충은 급찬의 관등만을 지급받고 있다. 아마도 영충에게는 비록 관등이 지급되었을 뿐이기는 하였으나 그것이 단순히 난을 반대하여 탈출한 결과라기보다는 아버지의 죽음 등 공로에 의한 포상의 성격이 짙다. 장사의 관등 범위는 사지에서 대나마까지였다.

그런 점에서 최웅의 급찬 관등 승진은 별로 괄목할 정도는 아니다. 그에 견주어 영충은 주조의 아들로서 원래 아무런 관직과 관등을 가지지 않았음에도 급찬을 받았음은 상당히 파격적인 우대이다. 따라서 영충의 경우에는 난의 와중에 아버지가 사망한 공로로 인해 관등이 높게 수여된 것이라 보아도 그리 어긋나지는 않을 듯하다.[44]

그렇다면 완산주의 경우 도독을 비롯한 전체 구성원이 반란에 찬성하였으나 일부 그의 속관(屬官)들만 정치적 입장을 달리 한 것으로 여겨진다. 이처럼 주에 따라 상황은 한결같지 않았을 것으로 여겨진다.

---

44) 戰功을 세운 父의 사망으로 그 직책을 물려받는 사례는 비록 지방민이기는 하나 村主 祐連의 아들이 겨우 10여세 그 지위를 승계한 경우를 손꼽을 수 있다.(『삼국사기』11 신라본기 진성왕 3년조.)

셋째, 삽량주 굴자군의 사례이다. 난이 마무리된 후 유독 굴자군만을 대상으로 하여 7년간의 조세를 면제하는 특혜가 주어졌다. 그 이유는 현재의 경남 창원(昌原)인 굴자군이 반란의 중심 거점인 청주에 가까웠으면서도 그에 휩쓸리지 않았기 때문이라는 것이다. 이를 삽량주와 굴자군으로 풀이하는 견해도 있지만 굴자군이 삽량주에 예속된 것으로 미루어 짐작하면 삽량주에 소속한 여러 군 가운데 오직 굴자군만이 특필되었다고 봄이 옳을 듯하다.

그렇다면 하필 난이 발생한 지역과 접하는 지역이 굴자군 뿐이었겠느냐 하는 의문이 저절로 떠오른다. 굴자군에 대한 7년 조세 면제의 혜택만 보일 뿐 지방관에 대한 포상이 달리 보이지 않는 것은 약간 의아스럽게 느껴지는 대목이다. 면세의 혜택은 오직 지방민에게 돌아가는 것이므로 결국 반란에 대한 그들의 선택이 큰 영향을 미쳤음을 뜻한다. 굴자군은 금관소경에 인접하여 있고 또 청주(州治인 晉州)에도 비교적 가까웠으므로 난의 소용돌이에 휘말릴 공산이 매우 큰 지역이다. 게다가 청주도독이 굴자군으로 피신한 것이 아니라 그보다 훨씬 더 먼 낙동강 건너의 추화군으로 간 것으로 미루어 보면 이곳은 안전지대가 아니었음이 확실하다.

그럼에도 굴자군은 난에 휩쓸리지 않았다고 한다. 이는 어쩌면 굴자군태수가 난에 가담하려는 입장을 취한 반면에 지방민들은 오히려 그에 반발하였을 것으로 추측케 한다. 지방관이 아니라 특별히 굴자군 주민만을 포상의 대상으로 삼으려 한 것은 그런 측면에서 이해된다.

요컨대 김헌창의 난에 대해 전체 지방이 모두 똑같은 입장을 취한 것은 아니었음이 확인된다. 난에 가담한 방식은 기본적으로 주와 소경을 단위로 하여 이루어졌다. 이는 지방의 주된 행정권과 군사권이 그들을 중심으로 부여되었음을 뜻한다.

이들 가운데 지방관과 지방민이 합심하여 적극 참여한 지역이 있는가 하면, 지방관과 그 속관의 정치적 입장이 서로 엇갈린 지역도 있고, 또 지방관과 지방 유력세력이 입장을 달리한 경우도 있었다. 한편 난에 직접 참여하지 않고 관망한 경우에도 중앙정부를 지지하는 입장도 있고 아니면 중립적 자세를 취한 경우도 있어 사정 여하에 따라 다양한 형태로 나타났다.

사실 김헌창의 난은 거의 전국에 걸쳐 영향을 미치고 있었다. 신라 전역이 소용돌이에 빠질 정도로 규모가 컸다고 하겠다. 국호를 내건 것은 그와 관련하여 주목된다.

그러나 한편 의아스럽게 여겨지는 것은 난의 규모에 비하여 너무도 쉽게 진압되었다는 사실이다. 일차적으로 왕경에 대한 단속을 철저히 한 뒤 일길찬 장웅을 선발로 삼고, 잡찬 위공과 파진찬 제릉을 2군으로, 이찬 균정, 잡찬 웅원과 대아찬 우징을 3군으로 하는 출정군을 편성하였다.

장웅의 선발군은 도동현에서 난군을 맞아 싸워서 승리하고 난 뒤, 2군과 합류하여 삼년산군을 공략하고 속리산 방면을 장악하였으며 이어서 웅진주로 나아갔다. 균정이 이끄는 후발군은 성산에서 싸워 승리하고 웅진주 방면으로 진군하였다. 3군은 뒤에 웅진성에서 합세하여 김헌창의 근거지에 대한 본격적 공략에 나서 마침내 승리를 거두었다.

이상과 같은 진행 과정을 더듬어 보면 김헌창의 주력 부대는 처음부터 끝까지 웅진성에만 그대로 진을 친 상태였음이 드러난다. 3군이 각기 웅진으로 진군하다가 맞닥뜨린 반군 부대는 결국 각 지역에서 봉기한 세력들일 따름이었다.

그런 측면에서 이들 반군은 매우 분산적이었다고 하겠다. 이는 반군이 아직 전국에 걸쳐 체계적인 조직망을 갖추지 못하였음을 방증한다. 그에 비해 중앙 정부는 신속하게 대응하였다. 새로운 국호를 앞세워 독자적인 왕조국가의 수립을 표방함으로써 강력한 세력의 결집을 도모하였으나 초기 단계에서 제대로 조직화하지 못함으로써 결국 난은 물거품으로 끝나고 만 셈이었다.

이는 결국 김헌창이 거사를 치밀하게 준비하지 못하였음을 시사한다. 단지 반(反)중앙정부적인(반신라적)인 분위기가 전반적으로 무르익자 오로지 개인의 목적 달성을 위하여 그에 편승하려고 하였을 따름이었다. 김헌창의 난이 지닌 명백한 한계는 바로 여기에 있는 것으로 풀이된다. 다만 이 난을 통하여 당시 지방이 어떤 방향으로 흘러가고 있었던가는 여실히 드러난 셈이 되었다.

4. 난의 성격

이처럼 웅천주도독 김헌창은 신라사회에 배태되어 온 정치적·사회경제적 모순 구조가 전국에 걸쳐 구체적으로 노정되고 있는 상황을 적절히 포착하여 난을 획책하였다. 당시의 전반적인 분위기는 난이 저절로 발생할 수밖에 없을 정도로 크게 고조되던 상태였음은 틀림없다. 다만, 사전 준비 작업이 미흡한 상태로 성급하게 분위기에 편승해 난을 기도한 탓에 각 지역 간의 결속력을 제대로 갖추지 못함으로써 목적 달성에는 실패하였다.

반대로 내적인 분열상을 보이던 중앙정부는 합심하여 신속하게 대응함으로써 난을 예상외로 쉽게 진압할 수가 있었다. 신라사회가 커다란 모순을 내재한 상태였으면서도 이후 100년 이상 유지될 수 있었던 것도 난을 이른 시기에 적절히 해결한 결과였다. 그런 점에서 비록 실패하였으나 김헌창의 난이 가지는 의미나 영향은 결코 작지가 않았다고 평가된다.

그 전까지 일어났던 다른 반란 사건과 비교하여 김헌창의 난이 보인 가장 큰 특징은 왕경 귀족세력과 지방 세력이 함께 결속하여 중앙정부에 반기를 든 사실이다. 물론 중고기 말인 647년에 일어났던 이른바 비담(毗曇)의 난에서도 선덕여왕 편에 섰던 김유신의 군사가 지방세력을 기반으로 하였을 것이라는 견해가[45] 있으나 그렇다고 하더라도 그것은 어디까지나 중앙의 내란에 지방민이 이용된 사례에 불과할 따름이다.

그리고 중대 말의 혜공왕대인 768년 일어난 대공(大恭)·대렴(大廉) 형제의 난(일명 96각간의 난)은 전국에 걸친 대란이었으나 귀족들의 사병(私兵)을 기반으로 한[46] 권력쟁탈전적 성격을 띠었다. 따라서 중앙귀족과 지방 세력이 같은 입장에서 합심하여 일으킨 정변은 김헌창의 난이 처음이었다고 하여도 좋을 듯하다. 특히 장안이란 국호와 경운이란 연호를 사용하여 독립된 왕조국가의 건설을 꿈꾸었다는 점은 다른 난과는 전혀 성격을 달리하는 면모이다. 김헌창의 난을 단순하게 다룰 수 없는 이유도 여기에서 찾아진다. 그 속에는 신라왕조의 종말이 그리 머지않았음을 예고해주는 조짐이 담겨져 있기 때문이다.

---

45) 井上秀雄, 「新羅王權と地方勢力」『新羅史基礎研究』, 東出版, 1974, pp.380-384 .
46) 李基白, 「新羅私兵考」『역사학보』9, 1957 ; 『신라정치사회사연구』, 一潮閣, 1974, p.259.

국호는 특정한 정치세력이 자기의 정체성을 드러내어 여타의 집단과를 구별하기 위한 목적에서 내세우는 것이다. 김헌창이 난을 일으키면서 국호를 표방한 자체는 궁극적으로 기존 신라 왕조를 부정하고 그와의 차별성을 강하게 드러내기 위한 데에 주된 목적을 두고 있는 셈이다. 말하자면 신라 왕조의 계승이 아니라 타도를 최종 목표로 삼은 난이었다고 하겠다.

그렇다면 거기에는 반(反)신라적인 감정을 품은 세력을 결집하려는 의도가 내재된 것이었다고 할 수 있겠다. 주도자 김헌창이 세우고자 한 장안이란 국가가 어떤 이상과 지향을 지닌 지는 잘 알 수가 없지만 기존 신라왕조의 그것과는 달랐음이 분명하다. 이는 당연히 원(原)신라계 주민도 겨냥하였을 것이지만 대체로 옛 백제, 고구려, 가야 계통의 주민들을 포섭 대상으로 삼는 데도 유리한 측면이 있었기 때문일 터이다. 그 점은 앞서 언급하였듯이 난에 참가한 범위에서 뚜렷이 포착된다.

물론 지역에 따라 상황이 다르기는 하였으나 신라에 대한 전반적인 반감이 무르익고 있었고 따라서 이들 여러 계통의 세력들을 한곳으로 결집해 내기 위해서는 독자적인 국호 사용이 절대적으로 필요한 전제조건이었다. 김헌창 등 주도세력은 중앙귀족 출신이었으므로 그에 반감을 가진 여러 세력들의 참여를 적극 유도해 내려면 가능한 한 중립적 성격의 새로운 국호 표방은 불가피하였다. 그래야만 여러 다양한 갈래의 세력들을 불러 모을 수가 있었기 때문이다.

그런 측면에서 김헌창의 난에는 이미 후삼국 정립기에 나타나는 성격이 그대로 묻어난다. 넓은 범위에서 반(反)신라세력을 널리 결집해 내려고 특정 세력의 입장을 대변하는 국호가 아니라 중앙정부에 반발하는 전체 주민을 포괄할 만한 전혀 다른 이름의 국호가 필요하였던 것이다. 후삼국기와는 달리 백제, 고구려, 가야 등 기존의 특정 국명을 사용하지 않은 이유도 바로 여기에서 찾아진다.

그런데 왜 하필 장안이란 국호를 사용한 것인지는 알 수가 없지만 당나라의 서울과 명칭이 같다는 점은 특별히 유의되는 사실이다. 물론 장안이 '오래도록의 안정'이란 염원을 담고 있는 보통명사에서 비롯되었을 수도 있으나 경운이란 연호를 사용한 사실과 아울러서 참작하면 그 속에는 반(反)신라의식과 동시에 반당(反唐)의식도 아울러 내재한 것이 아닌가 싶다. 연호는 그 자체 독자성을 띠었음을 대내외적으로 강력하게 표명하기 위한 상징물이기 때문이다.

신라는 7세기에 이르기까지 나름의 천하의식을 갖고 있었으며 8세기에는 왕성국(王城國)이라[47] 자칭하기도 하였다. 왕경을 스스로 대경(大京) 또는 동경(東京)이라고도 한 것도 바로 그런 의식의 소산이다. 그러면서 다른 한편으로는 당으로부터 책봉을 받아 독자적인 연호 사용을 포기하는 이중성을 보이고 있었다.

바로 그러한 시기에 독자적 연호를 사용하고 국호를 장안이라 내세운 것은 나름의 자주성을 과시하려 한 것으로 풀이된다. 말하자면 국호를 장안이라 하면서 동시에 독자적인 연호를 사용한 것은 당에 대한 자주성을 강하게 담은 선언이기도 하였다. 이는 김헌창 일파가 그 동안 취해 왔던 신라의 대당(對唐) 정책에 대해서 무엇인가 불만을 갖고 있었음

---

47)『續日本紀』12 聖武紀 天平7年 2月條. 그를 방증하여 주는 사례는『四分律拾毗尼義鈔』에 실린 唐 大中 3년(849) 작성된 新羅國寄還書라는 편지글에 보이는 '新羅國王城明寺沙門自相'의 王城이라 는 표현이다.(金相鉉,「新羅 佛教의 國際的 性格-羅唐 佛教典籍의 交流를 중심으로-」『경주 신라학 국 제학술대회 발표요지문』, 2007, p.227에서 재인용)

을 뜻한다. 사실 그것이 난을 일으키기 위한 세력을 결집시키는 데에 유리한 요소였기 때문이기도 하였을 터이다.

김헌창 자신이 개인적으로 당을 어떻게 인식하고 있었는지 사료상에 전혀 드러나지는 않는다. 따라서 이에 대해서는 다른 측면으로 접근해 보아야 한다. 독자적인 연호 사용에 내재한 사정을 제대로 살피기 위해서는 당시 당과 관련된 안팎의 동정을 눈여겨 볼 필요가 있다.

그럴 때 먼저 눈에 띄는 것은 난이 일어나기 3년 전인 헌덕왕 11년 (819) 고구려계의 후예인 운주절도사(鄆州節度使) 이사도(李師道)가 산동 일대를 중심으로 일으킨 반란 사건이다. 이사도가 난을 일으키자 당에서는 즉각 신라 조정에 원병을 요청하였다. 이에 신라는 순천군장군(順天軍將軍) 김웅원(金雄元)으로 하여금 3만을 거느리고 출병하게 하였다. 그러나 이후 출정군의 향방은 전혀 알 수가 없다.

그런데 3만이 전부 중앙군만으로 이루어진 것은 아닐 터이다. 오히려 지방민이 주축이었을 가능성이 높다. 이사도의 근거지인 산동반도와 비교적 가까운 지역 출신 병력이 주력이었을 듯하다. 이미 810년대에 기근으로 수많은 유이민이 이탈하여 당으로 건너가는 등 사회경제적으로 심히 불안정한 상황 속에서 출정군의 대다수가 이들 지역민 중심으로 편성되었다면 자연 신라 중앙정부는 물론이고 당에 대해서까지도 적지 않은 반감을 가졌을 법하다.

한편 일개 지방 세력에 불과한 절도사가 일으킨 사건을 두고 신라에게까지 병력 파견을 요청한 사실 자체는 역으로 당을 우습게 여기도록 하는 분위기를 자아내었을 것 같다. 이처럼 당 내부의 동향이나 신라에의 병력 요청은 김헌창으로 하여금 반신라·반당적 입장을 함께 취하기에 충분한 일이었을 것 같다.

당에서는 8세기 중엽 발발한 안사(安史)의 난 이후 지방에 근거를 둔 절도사들이 할거(割據)하는 경향을 뚜렷이 보이기 시작하였다. 바로 이 시기에 원래 고구려의 유민으로서 영주(營州)에서 출생한 이사도의 할아버지 이정기(李正己)는 평로군(平盧軍)의 일개 병졸로 출발하여 상관인 후희일(候希逸)을 몰아내고 산동으로 진출하였다. 765년에는 평로치청절도관찰사(平盧淄靑節度觀察使)가 되어 반독자 세력으로 자리 잡았거니와 그 뒤 아들 납(納), 손자 사고(師古), 사도(師道) 형제에 이르기까지 50여년간 가장 강력한 번진(藩鎭) 세력으로 성장하였다.

당의 중앙정부가 814년 반란한 회서절도사(淮西節度使)를 토벌하기 위해 대대적인 병력을 동원하자 오래도록 반(半)독자성을 구가하던 이사도 세력도 위기감을 강하게 느끼기 시작하였다. 그리하여 중앙정부가 점차 압박을 가해 오자 그에 맞서 강경한 입장을 취하다가 드디어 819년 반기를 들었던 것이다.[48]

이와 같은 당의 변경에서 일어난 이사도의 난 자체는 김헌창이 지방민을 바탕으로 중앙정부에 반란하는 기치를 내거는 데도 알게 모르게 영향을 미쳤으리라 여겨진다. 이미 당에서도 안사의 난 이후 구심력의 이완이 이루어져 지방 세력에 의한 원심 분리가 본격적으로 작동하면서 이탈하는 등 점차 분립화의 경향을 보이자 그런 경향은 저절로 신라의 지방세력에게도 전달되었던 것 같다.

게다가 신라를 대상으로 한 파병 요청에 따른 모병(募兵)은 당해 지역

---

48) 李正己와 관련하여서는 金文經, 「唐代 藩鎭의 한 研究 - 高句麗 遺民 李正己一家를 중심으로-」 『省谷論叢』6, 1975 참조.

의 지방세력이 반발하는 직접적인 요인이 된 듯하다. 그렇지 않아도 오래도록 지속되어 온 기근으로 커다란 어려움을 겪던 상황에서 지방민을 주된 대상으로 삼은 파병군 편성은 신라 중앙정부에 대해서 뿐만 아니라 당에 대한 반감까지 불러일으킬 정도로 비화된 같다.

다른 한편 옛 백제나 고구려 계통 주민들은 당에 의해 멸망당한 탓에 별로 감정이 좋지 않았을 터이다. 따라서 김헌창은 중앙정부에 대해 반기를 들면서 자연히 밑바탕에 깔린 이런 반당(反唐) 정서도 적절히 활용하려 하였을 듯하다.

게다가 경쟁관계에 있던 발해와 일본이 신라와는 아주 다르게 여전히 독자적인 연호를 사용하고 있던 점도 김헌창이 독자성을 부르짖는 데 주요한 명분으로 작용하였을 터이다. 이것이 바로 장안을 국호로, 그리고 경운이란 연호를 사용하게 한 기본적인 배경이 되었다고 하겠다.

기존 신라 중앙정부에 대한 우위를 차지하는 명분으로 작용하기도 하였을 듯하다. 반당의 기운이 중앙정부 내에서 존재한 사실도 그 점을 생각하는 데 참고가 된다.[49] 이를테면 약간 시기가 앞서기는 하지만 원성왕 5년(789) 당나라 유학생 자옥(子玉)이 양근현소수(楊根縣小守)에 보임되었을 때 집사사(執事史)였던 모초(毛肖)가 문적출신(文籍出身, 國學)이 아니란 이유로 강력하게 반발하였던 데에서[50] 그런 경향성은 어느 정도 간취된다.

---

49) 이와 관련하여 흥덕왕 9년(834)의 골품제 개혁에 대해 국왕을 골품제를 초월하는 중국의 皇帝的 지위에 대응하는 조치로 본 해석이나(武田幸男, 「新羅骨品制の再檢討」『東洋文化研究所紀要』67, 1975), 하대 元聖王系의 皇帝의 지위에 주목한 연구(金昌謙, 「新羅 元聖王系 王의 皇帝 皇族的 地位와 骨品超越化」『백산학보』52, 1999)는 참고로 된다.

50) 『삼국사기』10 신라본기 원성왕 5년조.

이상과 같은 측면에서 보면 김헌창의 난은 철저한 준비를 갖춘 상태는 아니나 중앙 정부에 대한 반발의 수준에 머물지 않고 국제적인 동향을 어느 정도 간파한 바탕에서 새로운 모습을 갖춘 왕조국가 건설을 목표로 하는 성격을 띠었다고 풀이된다. 말하자면 그 속에는 이미 후삼국 시기와 비슷한 성향이 짙게 깃들어 있었다고 하겠다.

5. 사후 처리와 그 영향

이미 누차 언급한 것처럼 김헌창의 난은 중앙귀족과 지방 세력의 결합으로 일어난 데에 큰 특징이 있다. 대내외적인 정세를 어느 정도 읽고 있던 중앙귀족이 지방의 분립적 경향을 활용하여 일으킨 반란이었다. 지방 세력이 단순히 소극적인 입장에서 이끌려 가담한 것은 결코 아니었다. 그것은 핵심지역 가운데 하나인 청주도독조차 심상찮은 분위기에 밀려 근무지를 벗어나지 않으면 안 되었던 점에서 뚜렷이 드러나는 사실이다. 따라서 김헌창의 난은 특정한 정치적 목적을 지닌 중앙의 귀족과 지방 세력의 합작으로 일어났다고 평가함이 온당할 듯하다.

그것은 신라 사회가 대체로 두 가지 방향에서 모두 문제점을 안고 있었음을 뜻한다. 지배체제 내부의 문제점과 함께 중앙과 지방의 차별화 시책이 그것이다. 아마도 지방 세력은 정치사회적으로 이미 널리 고착된 차별적 대우는 물론이고 중앙정부나 귀족이 보유한 식읍을 매개로 이중의 경제적인 착취를 당하던 상황이었다.

지방 세력이 적극적으로 난에 동조한 데에는 모순구조가 그만큼 심화되었을 뿐만 아니라 거꾸로 그들이 독자성을 외칠 만큼 크게 성장하였음을 뜻하기도 한다. 따라서 중앙정부로서는 난을 진압한 이후 그런 문제점을 적절하게 해소하는 처방(處方)을 내어 놓지 않을 수가 없었다.

신라 중앙정부는 반란에 가담한 중앙귀족을 대상으로 탄압과 회유의 양면책을 적절히 구사하여 전체를 마무리 지으려 하였다. 중앙귀족으로서 난을 주도한 세력은 크게 두 가지로 분류된다. 하나는 김주원처럼 중대 왕권에 혈연적인 연결고리를 가진 세력이다. 이들은 널리 지적되어 온 것처럼 중대를 개창한 무열왕계라 부를 수가 있겠다.

그 가운데 하대를 여는 데에 공헌한 쪽도 있고 정권에서 배제된 세력도 있었을 것이다. 물론 전자의 주축으로는 일단 김헌창 가계(김주원가계)를 손꼽을 수 있다. 한편 다른 무열계 후예인 김범청(金範淸)은[51] 김주원과 직접적인 혈연관계가 명시되지 않은 측면에서 혹여 후자에 속할 지도 모르겠다.

난을 진압하였을 때 종족(宗族)과 당여(黨與)를 무려 239인이나 죽였다고 한다. 종족의 구체적인 내용과 범위는 추적하기 어려우나 크게는 무열왕계를 아우른 범칭으로 보아도 무방할 듯하다. 같은 무열왕계로서 종족의 범주에는 들어갔겠지만 죽임을 당한 239인에는 포함되지 않고 김범청의 사례처럼 골품을 진골에서 6두품으로 족강(族降) 당하는 형을 받은 경우도[52] 있었다. 따라서 같은 종족이라 하더라도 참여의 강도(强度)나 정치적인 입장에 따라 다른 처벌을 받기도 하였음을 알 수 있다. 그렇다면 난에 가담한 종족·당여의 수가 239인보다도 한층 더 많았을 것임을 짐작키 어렵지 않다. 난의 규모를 추정케 하는 대목의 하나이다.

한편 김헌창의 난에 금관가야계가 중요한 역할을 하였음도 소홀히

---

51) 「朗慧和尙白月葆光塔碑」
52) 武田幸男, 앞의 글, pp.193-194.

보아 넘길 수 없는 사실이다. 이미 앞에서 지적하였듯이 삽량주의 경역 범위에 포함되어 있었고 바로 그 주치와도 극히 가까운 곳에 위치하였으며 또 왕경에서도 그리 멀리 떨어지지 않은 금관경이 난에 가담한 것은 이곳 지역민의 반발이 그만큼 완강하였음을 뜻한다. 주축은 아무래도 금관국의 후예들이었을 터이다. 그들이 난에 적극 가담한 것은 곧 신라 중앙정부에 대한 불만을 크게 갖고 있었음을 뜻한다.

금관국 김유신계의 후예는 통일 이후 수십 년이 흐르면서 중앙의 정치적 핵심에서 줄곧 밀리는 상황이었다. 그로 말미암아 벌써 중대 말기부터 귀족의 반란에 가담하기도 하였다.[53] 물론 김유신과 미추왕(味鄒王)에 얽힌 설화를 통하여[54] 추정되듯이 금관계의 후예가 직접 난을 주도한 적은 없을지 모르지만 그들이 중앙정치의 핵심에서 배제되고 있던 사정을 반영하는 것은 틀림없다.

이는 그 후예들의 관등이 지극히 낮은 데에서도 유추된다. 김유신의 서손(庶孫)인 김암(金巖)도 관력(官歷)으로 볼 때[55] 6두품 신분에 속함이 확실시되거니와 김유신 『행록(行錄)』 10권을 저술한 김장청(金長淸)이란 인물이 겨우 집사부의 최말단 직책인 랑(郞, 史)에 머문 사실은 금관가야계의 향방을 추적하는 데 크게 참고로 된다.[56]

『행록』이 작성되던 무렵과 그리 멀지 않은 흥덕왕대에 김유신이 갑

---

53) 李基白, 앞의 글, p.249.

54) 『삼국사기』43 열전 김유신전 하 및 『삼국유사』1 기이편1 「味鄒王竹葉軍」조.

55) 李基東, 앞의 글, pp.222-223.

56) 朱甫暾, 「金庾信의 政治志向」『신라사학보』11, 2007, pp.10-11.

자기 흥무대왕(興武大王)으로 추봉된 일도[57] 금관국계의 향방과 결코 무관하지 않을 듯하다. 아마도 흥덕왕대에 이르러 금관국계를 회유하기 위한 목적에서 그처럼 추봉하는 조치를 취한 것이 아닌가 싶다. 이들이 바로 '종족당여(宗族黨興)' 가운데 당여로 표현된 주축으로 보인다.

한편 한산주가 난에 가담하지 않고 중립적인 입장을 취한 상황에서 그에 영속한 국원(중원경)만이 유독 가담한 것도 결국 그곳이 대가야계가 중심세력으로 자리 잡은 사정과 무관하다고 보기는 어려울 터이다.

이상과 같이 보면 중앙 귀족세력은 다양한 갈래와 입장을 가진 세력이 김헌창의 난에 참여하였음이 확실하다. 난을 진압하면서 기본적으로 그들을 죽이거나 또는 신분을 강등시키는(族降) 등의 강경책을 구사하였다. 이는 난의 재발을 방지하고 나아가 헌덕왕 형제 중심의 지배체제를 굳건히 구축하기 위한 조치였다.

바로 뒤이어 즉위한 흥덕왕은 귀족들을 전반적으로 포용하고 융합하는 정책으로 선회하였다. 갑자기 김유신을 흥무대왕으로 추봉한 것이 바로 그런 사정의 일단을 입증하여 준다. 김주원계로서 김헌창의 친형 종기(宗基)의 직계 후손들인 김양(金陽)이나 김흔(金昕) 등을 중용하기도 하였다. 다만 이들이 귀족을 대표하는 상대등에 임명된 사례가 전무한 것으로 미루어[58] 짐작하면 여전히 일정하게 경계의 대상으로 여겼다는 데에는 변함이 없었다.

한편 중앙귀족의 불만을 완화하기 위하여 골품제 운영상의 변화를

---

57) 『삼국사기』43 열전 김유신전 하. 다만 『삼국유사』1 기이편1 「김유신」조에는 景明王대로 되어 있다.
58) 주 7)과 같음.

일부 시도하였음이 주목된다. 가령 상대등 충공의 인사를 둘러싼 고충(苦衷)을 해결하고 한걸음 더 나아가 김헌창의 난 진압에 군공을 크게 세운 녹진(祿眞)에게 대아찬의 관등을 지급하려한 사실이다.[59]

녹진이 난의 진압에 적극 나선 것은 결국 인사문제가 김헌창의 난과 깊이 연루되었음을 시사하거니와 기존의 관례대로라면 아무리 군공을 세웠더라도 6두품인 녹진에게는 아찬중위(阿湌重位)가 주어짐이 마땅하였겠지만 대아찬을 지급하려 한 것은 골품제의 탄력적인 운용을 시사하는 대목이다. 7세기의 통일기에 지방민만을 대상으로 지급되던 외위제(外位制)가 소멸되고 경위화(京位化)해 가던 초기에 군고포상(軍功褒賞)의 수단으로서 지방민에게 경위를 지급하던 것과 유사한 측면을 엿보인다. 이런 관행이 점차 늘어나게 되면 결국 골품(두품)과 관등간의 기존 관계는 저절로 무너지지 않을 수가 없게 되는 것이다.

그러한 단초들이 비록 본인의 완강한 거절로 성사되지는 못하였지만 녹진의 대아찬 지급에 엿보임은 주목해 볼 만한 사실이다. 이는 지배귀족인 진골들도 신라사회에 내재한 구조적인 문제점을 충분히 감지하고 있음을 말해 주기 때문이다. 장차 신라사회가 영속해가기 위해서 추진되어 마땅한 기본 방향은 이로써 충분히 드러나 있는 상태였다.

귀족과는 달리 난에 가담한 지방세력에 대해서는 처음부터 포용하려는 입장을 취하였음이 특징적이다. 그 점은 '종기민(縱其民)'이라 한 데에서 잘 드러난다. 이 민을 사병으로 보는 견해도 있지만[60] 그러나 지방 세력도 자발적으로 김헌창의 난에 적극 가담하였으므로 그렇게 한정지어

---

59) 『삼국사기』45 열전 祿眞傳.

60) 李基白, 앞의 글, p.262

서는 곤란하다. 차라리 사병 세력 가운데 책임자는 '종족당여'의 당여 속에 포함된 것으로 봄이 적절하다고 하겠다. 따라서 이 민을 전부 사병으로 간주해서는 안 될 듯하다. 물론 민이란 표현 속에는 사병이 일부 포함되었음도 부정할 수는 없겠지만 기록 그대로 적극 가담한 지방민을 지칭한다고 봄이 온당할 듯하다.

지방 세력을 대상으로 아무런 형벌을 가하지 않고 전부 방면(放免)한 사실은 그들을 적극 포용하려는 의사를 갖고 있었음을 뜻한다. 만약 강경하게 처리하였다가는 오히려 전면적으로 달구어진 분위기 속에서 다시 폭발할 우려가 내재한 상황이었기 때문이 아닌가 싶다. 바꾸어 말하면 지방민의 불만은 이미 극한 상태에까지 도달하였고 따라서 신라에 대신해 과거 자신들의 왕조를 이 기회에 재건하려는 움직임이 크게 일고 있었다. 그래서 그들을 무조건 억압하는 것이 아니라 달래는 선상에서 마무리 지으려 한 것으로 여겨진다.

김헌창의 난이 진압된 3년 뒤인 헌덕왕 17년(825) 그 아들 범문(梵文)이 한산주 경역의 고달산적(高達山賊) 수신(壽神) 등 백여 명과 함께 다시 반란을 일으켜 북한산주를 공격하였으나 실패로 돌아갔거니와[61] 그가 평양(平壤)에 도읍을 정하려 하였다는 것으로 미루어 보면 수신이란 인물도 단순한 도적의 무리로 보이지가 않는다. 이는 신라 중앙정부의 입장에서 상황을 감추기 위하여 의도적으로 그들을 폄하(貶下)시킨 표현일 따름이다.

이미 언급한 것처럼 한산주 등의 옛 고구려 지역은 대체로 김헌창의

---

61) 『삼국사기』10 신라본기 헌덕왕 17년조.

난에 직접 가담하지는 않았지만 이미 전국적으로 널리 지방민의 불만이 팽배한 상태였음을 단적으로 나타내어 주는 사례이다. 따라서 이후 신라 중앙정부는 지방민을 가능하면 적극 회유하는 방책을 펼치지 않을 수가 없었다. 지방민의 전면적 폭발은 곧 신라사회 자체의 붕괴를 의미하기 때문이다. 이 시기에 지방민을 대상으로 하여 취한 몇몇 시책에서도 회유의 경향이 뚜렷이 간취된다.

먼저 지방 세력들의 요구에 따라 그들로 하여금 청해진(淸海鎭)과 같은 군진(軍鎭)을 여러 곳에 설치하여 일정 지역을 자치적으로 관장케 하였다. 널리 알려져 있듯이 흥덕왕은 3년(828) 장보고의 요청에 따라 1만 병을 거느려서 청해진에 주둔시켰다.[62] 아마도 이 병력 1만은 원래부터 장보고 개인에게 소속한 군사라기보다는 무진주(武珍州)를 중심으로 한 가까운 일대의 지방민 동원권을 부여받아 모집한 것으로 봄이 적절하다.

그렇다면 이는 한편으로는 중앙의 지방에 대한 강력한 통제력의 상실을 의미하지만 다른 한편으로는 지방 세력의 성장으로 그를 어쩔 수 없이 받아들이지 않으면 안 될 정도의 위기 상황이 도래하였음을 반영하는 것이기도 하다. 물론 중앙정부로서는 이미 그럴 만한 능력도 없으려니와 지방을 강압적으로 통제하는 방식으로는 효과를 기대하기 어려웠다.

청해진을 설치한 바로 이듬해인 흥덕왕 4년(829) 당은군(唐恩郡)을 당성진(唐城鎭)으로 삼아 사찬 극정(極正)으로 하여금 지키게 하였거니와[63] 그가 소지한 관등으로 미루어 보면 지방 세력이었을 여지도 전적으

---

62) 『삼국사기』10 신라본기 흥덕왕 3년조.

63) 同上 4년조.

로 배제할 수는 없다. 지방 출신자로 하여금 청해진을 관장하게 하였다면 같은 시기에 비슷한 성격과 목적으로 설치된 당성진의 경우에만 하필 중앙관이 파견되었다고 단정하기는 어렵기 때문이다. 극정이 소지한 사찬 역시 지방민이 소지할 수 있는 최고의 관등이란 점도 그렇게 판단하는 데 참고로 된다.

여하튼 이 시기에는 지방민의 성장으로 그에 어느 정도 상응하는 대우를 하지 않을 수 없게 되었고 따라서 지방민 주도의 군진 설치를 부득이 허락한 것이다. 이는 결국 지방민의 무장을 공인한 셈이어서 이후 지방 세력이 분립화·자립화하는 데 촉매제 역할을 한 것으로 보인다.[64]

중앙정부로서는 지방민의 자립화 경향을 그와 같은 군진 설치의 형태로 어쩔 수 없이 부분적으로 수용하고 있었다. 마치 당에서 반자립적인 절도사를 인정하여 주는 것과 비슷한 양상이었다. 혹시 신라가 체제 유지를 위해서는 부득이하게 그와 같은 추세를 일부러 수용한 것이 아닌가 싶다.

둘째, 지방민을 대상으로 한 관등제 운용상의 변화였다. 이 시기에 이르러 새로이 사찬중위제(沙湌重位制)를 실시하였던 것이다. 관등제가 성립기부터 골품제와 밀착, 운용되었음은 두루 아는 사실이다. 각 골품과 두품에는[65] 승진할 수 있는 관등의 상한이 각기 설정되어 있었다. 정치적으로 거의 제약을 받지 않는 신분인 진골의 경우는 제1등인 이벌찬까지 승진이 가능하나, 그렇지 못한 6두품의 경우는 제6등인 아찬까지,

---

64) 그런 측면에서 李基東이 앞의 글, p.157에서 김헌창의 난 영향의 하나로 地方割據的 경향을 촉진하였다는 지적은 일정한 의미가 있다고 여겨진다.

65) 朱甫暾, 「新羅骨品制社會とその變化」『朝鮮學報』196, 2005 참조.

5두품은 제11등인 대나마까지만 승진이 가능하였다. 4두품 이하의 승진 상한을 둘러싸고는 약간의 논란이 제기되어 있는 실정이다.

관등 소지자의 수가 점차 늘어나자 승진상의 제약을 받는 신분층을 대상으로 한 특진(特進)의 길로서 중위제가 마련되었다. 『삼국사기』 등의 문헌상으로는 아찬, 대나마, 나마에 각각 중위제가 설정되었음이 확인된다. 이들은 모두 거의 비슷한 시기에 함께 설치된 것으로 보인다. 아찬은 6두품, 대나마는 5두품, 나마는 4두품의 승진 상한선이어서 거기에 각기 중위(重位)가 두어진 것이었다. 이들 중위제의 실시 시기를 둘러싸고서는 다양한 견해들이 제기되어 있지만 대체적으로 지배체제가 새롭게 정비되는 통일 후인 7세기 후반 무렵으로 봄이 일반적이다.

한편 그와는 달리 문헌상에 보이지 않는 사찬중위제의 경우는 오로지 9세기의 금석문상에서만 확인된다. 사찬중위제가 『삼국사기』에 실려 있지 않다는 점에서 다른 세 관등의 중위제와는 설정 목적이나 운용 대상 및 시점 등이 각기 달랐을 것임을 예상케 한다. 그런데 사찬을 계선 (界線)으로 거기까지밖에 오를 수 없는 신분층은 오직 지방민뿐이다. 그런 의미에서 사찬중위제는 지방민을 대상으로 삼은 특진의 길로서 만들어낸 것임은[66] 의심의 여지가 없다고 하겠다. 다만 그것이 언제 처음 설정되었는가를 둘러싸고서는 논란되고 있다.

사찬중위제가 나타나는 최초의 사례는 830년대이므로 일단 이를 하한으로 설정할 수 있겠다. 상한선은 다른 관등의 중위제가 설정된 7세기 후반으로 잡아야 할 터이다. 그 사이의 어느 시점 가운데 사찬중위가 지

---

66) 武田幸男, 「新羅の骨品体制社會」『歷史學研究』299, 1965, p.3.

방민의 특진을 위해 특별히 설정된 관등이란 점을 고려하면 그들의 위상이 크게 고조되면서 불만이 표출되는 9세기 초반으로 봄이 가장 적절할 듯하다. 그렇다면 김헌창의 난이 일어난 시점과 바로 겹쳐진다. 그 전후의 특정 시점을 단정할 수는 없지만 어쩌면 난이 진압된 후 지방민을 대상으로 취한 회유책을 고려하면 822년 직후로 보는 편이 온당하지 않을까 싶다.

지방민을 대상으로 한 관등 운용과 관련하여 주목되는 또 하나의 사례는 염장(閻長)의 경우이다. 그는 무주(무진주) 출신으로서 장보고의 청해진에 군사로 발탁되어 그곳을 중심으로 활동하였다. 우징(祐徵)이 장보고의 병력을 빌려 민애왕(閔哀王)을 공격할 때 크게 군공을 세운 뒤 왕경에 계속 머물렀다. 그러다가 중앙정부의 사주를 받아 마침내 장보고를 암살하고 청해진을 장악한 공로를 인정받아 지방민임에도 아찬의 관등을 수여 받았던 특이한 경력의 소유자였다.[67]

지방 출신자로서는 파격적인 관등 수여 사례라고 할 만하다. 한편 비슷한 시기에 장보고가 받은 직책도 예사롭지가 않다. 장보고는 처음 정식의 관직이 아닌 대사(大使)로 승인받았으나 신무왕(우징)을 도와서 즉위시킨 공로로 감의군사(感義軍使)로 책봉되었다가 문성왕(文聖王)이 즉위하면서 다시 청해진장군(清海鎮將軍)으로 임명되었다.

대사나 군사에 내재된 의미나 내용은 불분명하지만 장군은 원래 진골귀족들만 임명될 수 있는 중앙의 정식 군관직이다. 그럼에도 이 시기에 지방출신자가 장군호를 칭한 것은 지방 세력의 현실적 실력과 위세

---

67) 『삼국유사』2 기이편2 「神武大王 閻長 弓巴」조.

를 이제는 부득이 인정하지 않을 수 없는 상황이었음을 여실히 보여 주는 사실이다.

셋째, 지방민을 대상으로 한 골품제 운용상의 변화이다. 원래 지방민은 골품제에서 배제된 외적(外的)인 존재였다. 중고기까지는 관등을 17등 체계의 경위와 11등 체계의 외위로 이원화하여 골품제의 편제 대상인 왕경인에게만 경위를 주고 지방민에게는 별도로 외위를 수여함으로써 출신지에 따라 차별하였다. 지방민은 골품제에 편입되지 못한 탓에 결국 경위 수여의 대상이 되지 못하였다.

그러다가 통일기에 이르러 지방민에게도 경위 대신 외위를 지급하게 됨으로써 관등이 일원화되었다. 그럼에도 지방민은 여전히 골품제 속으로 편제(編制)되지 못한 것으로 봄이 일반적이었다. 관등 지급을 통하여 지방민에게도 일부 지방관이나 하위 군관직 일부는 개방된 것으로 보이나[68] 여전히 골품외적인 존재로 취급당하였다.

그런데 바로 이 시기에 이르러서는 지방민도 골품제에 준하는 대우를 받게 된 것이다. 그것은 『삼국사기』33 옥사(屋舍)조 말미에 '외진촌주여오품동 차촌주여사품동(外眞村主與五品同 次村主與四品同)'이라 한 데에서 유추되는 사실이다. 9세기에 지방민이 비록 골품제라는 신분 구조 속으로 직접 편입되지는 못하였지만 그에 준하는 대우를 받았음을 짐작할 수가 있다.

위의 사료로 미루어 짐작하면 지방민의 신분도 크게 진촌주(眞村主)

---

68) 朱甫暾, 「二聖山城 출토 木簡과 道使」『경북사학』14, 1991 ;『금석문과 신라사』, 지식산업사, 2002, pp.315-317.

와 차촌주(次村主)로 나뉜다.[69] 이들의 실체는 분명하지가 않지만 흔히 촌주라는 지방민 가운데 유력자가 갖는 최고의 직임(職任)인 것과는 성격이 다른 듯하다. 지금까지 대체로 촌주의 직임 가운데 다시 고하(高下)를 구분지은 것으로 파악하였으나 이는 어디까지나 신분층을 지칭할 따름으로 그렇게 단정짓기는 어렵다.

그렇다면 지방민 가운데 경위를 받을 수 있는 유력자는 크게 두 계층으로 나뉘어 있었던 셈이 된다. 실제 촌주가 될 수 있는 범위에 속하는 층은 진촌주이며, 그에 대한 보좌직(補佐職)에 취임 가능한 계층을 총칭하여 차촌주라 이름한 것이 아닌가 싶다. 이미 1-3두품이 소멸한 마당에 지방 유력자층의 경우 4·5두품에 준하는 대우를 받는 것은 극히 자연스러운 일이었다.

이처럼 통일기에 지방민도 경위를 수여받았으나 여전히 골품외적인 존재로 취급되다가 9세기에 이르러 적어도 그에 준하는 대우를 받게 된 것이다. 이는 지방민을 대상으로 설정한 사찬중위제와 짝하여 그들의 정치사회적 성장을 나타내어 주는 실례로 풀이하여도 무방할 듯하다.

6. 나오면서

새로운 왕조 개창의 기치를 내건 김헌창의 난이 신라 지배층에게 준 타격은 대단히 컸을 것 같다. 이는 그동안 귀족간의 정권쟁탈을 위한 다른 반란 사건과는 성격을 전혀 달리하기 때문이다. 단지 중앙귀족 중심으로만 진행된 것이 아니라 지방 세력가들이, 그것도 전국에 걸쳐서 적

---

69) 李鍾旭, 「南山新城碑를 통하여 본 신라의 지방통치체제」『역사학보』64, 1974, pp.56- 67.

극적으로 가담하였다. 무언가 심각한 위기 상황을 감지한 신라 중앙의 지배세력은 합심하여 적극적이고도 신속하게 공동 대처함으로써 의외로 비교적 손쉽게 제압할 수 있었다.

그런데 주목되는 것은 난에 가담한 중앙귀족을 대상으로는 강온(强穩)의 양면책을 구사하였으나 지방민에 대해서는 적극적으로 회유·포섭하는 방책을 취하였다는 사실이다. 그동안 왕경인과 지방민의 차별 및 원(原)신라인과 새로이 편입된 복속민의 차별적 대우 등은 신라사회가 안고 있는 근본적 모순구조였다. 그것이 김헌창의 난을 통하여 극명하게 표출된 것이었다.

이제 지방민 문제는 장차 신라사회의 존속 여하를 가름할 중대한 사안으로 부상하였다. 장차 그것이 폭발할 것임은 불을 보듯 뻔한 이치였다. 그러나 기존 지배체제로서는 이를 근본적으로 해결할 능력이나 가능성은 별로 없었다. 따라서 지방민을 대상으로 삼은 유화책(宥和策)은 근본적인 방책이 아니라 어디까지나 임시미봉책일 따름이었다.

난이 진압되면서 원성왕계 비속(卑屬)들에게 권력이 한껏 집중될 토대가 마련되었다. 그러나 동시에 그 내부에는 다시 분란을 야기할 만한 소지가 잠재되기도 하였다. 그래서 원성왕은 즉위 초기부터 왕위계승체계를 확립할 목적에서 태자책봉제를 적극 정착시키려고 하였다.

하지만 불행하게도 책봉된 태자가 계획대로 즉위하지 못하고 일찍 사망함으로써 안정적인 왕위계승권 확립에는 실패하였다. 그로 말미암아 어린 나이로 애장왕이 즉위하고 삼촌인 김언승이 섭정(攝政)하면서 문제를 노정시키고 있었다. 김언승은 애장왕이 나이가 들어 친정(親政)하게 되자 점차 밀리면서 급기야는 다른 동생들과 함께 왕을 시해하고 헌덕왕으로 즉위하였다.

헌덕왕이 단독으로 왕위를 찬탈한 것이 아니라 여기에는 그의 형제들이 가담하여 도왔던 것이다. 그 결과 헌덕왕 즉위 이후는 사실상 그의 형제들이 함께 참여하는 공동정권이라는 특이한 형식의 체제가 안출되었다. 태자제 대신에 시행된 부군제(副君制)는 그런 상황에서 부득이하게 만들어낸 임시방편적 성격의 제도였다.

그런 상황 속에 왕위는 부자계승이 아니라 새로운 형태의 형제계승 체제가 정착되고 있었다. 헌덕왕에게 아들이 있었던 사정을 고려하면 당시 부자계승과 형제계승체계가 갈등하였으나 후자가 우위를 차지하는 상황이었다. 이후 형제 중심으로 권력이 집중되어 가자 자연 많은 귀족이 차츰 정치적 핵심에서 배제될 수밖에 없었고 그를 둘러싼 불만은 누적되어 갔다.

마침내 김헌창은 불만을 품은 세력을 차츰 결집시켜 반란을 주도하게 된 것이었다. 따라서 난이 진압된 결과 형제계승을 지향하던 세력들이 승리하였지만 여전히 근본적인 문제는 풀리지 않은 채 남겨져 있는 상태였다. 불안정한 왕위계승의 문제로 말미암아 이미 지배세력 내부의 왕위쟁탈전은 예고된 것이나 다름없었다.

헌덕왕의 뒤를 이어 즉위한 흥덕왕은 구조적인 모순을 해결하기 위한 노력을 일부 시도하였으나 한계가 있었다. 왕위계승권을 둘러싼 문제는 쉽사리 타협되기 어려웠고 따라서 언제 폭발할지 모르는 시한폭탄을 안고 있는 듯하였다. 부분적인 개혁정책만으로는 한계가 있다는 데에 흥덕왕의 깊은 고민이 있었던 것이다. 그가 왕비 사망 이후 굳이 재혼(再婚)을 하지 않으려 고집한 이유도 어쩌면 이런 현실적인 문제에 직면해 있었던 때문이 아닐까 싶다.

　아마도 흥덕왕은 매우 빠른 속도로 분해되어 가던 원성왕계 가계 내부의 단결과 화합을 지향하여 의도적으로 상대등과 시중을 적절히 안배하려 노력하였지만 그것은 일시적인 미봉책에 불과하였을 따름이었다. 과연 흥덕왕이 사망하자 우려한 대로 왕위를 둘러싼 쟁탈전이 폭발하였던 것이다. 이후 한동안 잠잠한 상태가 유지되긴 하였으나 그것은 약간의 생명 연장이었을 뿐 신라사회는 서서히 최후의 장막(帳幕)이 드리워지고 있었다.

(『한국고대사연구』51, 2008)

3

신라의 달구벌(達句伐) 천도 기도와
김씨족단의 유래

1. 들어가면서

신라는 삼국을 통합한 뒤에 영토와 인민을 전면적으로 재배치하는 등 여러 가지 사후 정지작업을 실시하였다. 이는 새로이 편입된 고구려와 백제의 유민을 선무(宣撫)하여 신라 주민화시키려는 통일 시책의 일환이었다. 그러한 측면은 9주(州) 5소경(小京)과 9서당(誓幢)제에서 가장 두드러지게 드러난다. 신문왕(神文王, 681~691)이 삼국 통합의 성과를 정리하는 일련의 작업을 마무리 짓기 위해 최후로 추진한 과제가 바로 달구벌(達句伐, 현재의 大邱)로의 천도 기도였다. 그러나 이는 끝내 실현되지 못하고 말았다.

달구벌 천도가 이루어지지 못한 것은 흔히 지적되고 있듯이 당시 지배 귀족이 지녔던 강인한 보수성에서 기인한 것이기도 하겠지만[1] 이를

---

1) 李丙燾, 『한국사』(古代篇), 을유문화사, 1959, p.634. 이후 암묵적으로 그와 같은 주장을 받아들여 온 것이 일반적이다.

좀 더 구체적으로 들여다보면 천도 후에 뒤따를 엄청난 구조 변동을 스스로 감내하기 어렵다고 진단한 사정에서 기인한 것이라 하겠다. 천도로 말미암아 기존 귀족들이 보유한 지배 기반이나 구조에 그만큼 변동이 초래될 공산이 컷기 때문이다.

그런데 달구벌 천도의 문제와 관련하여 그냥 지나칠 수 없는 단순하고 소박한 의문의 하나는 왜 하필 달구벌이 대상으로 떠올랐을까라는 점이다. 흔히 달구벌로의 천도 사유로서 동남방에 치우친 수도의 편재성(偏在性)을 극복하기 위한 방안의 하나가 손꼽히고 있다.[2]

그러나 엄밀히 말하면 달구벌조차 당시의 지리적 구도로 보아 신라의 중앙부가 아니었으므로[3] 그러한 지적이 완전한 정곡(正鵠)을 얻었다고 단정하기는 어렵겠다. 대체적으로 보아 당시 신라 영토의 중앙은 중원경(中原京)이 두어진 충주(忠州) 일대였음이 틀림없다. 물론 이 지역은 원래의 신라 영역에 포함되었던 곳이 아니었던 까닭에 천도의 대상지로 선정되기는 어려웠더라도, 하필 대구가 그 대상이 된 이유를 영토의 중앙부였기 때문이라고 하는 해석은 별로 설득력을 지니는 것 같지가 않다. 특히 천도가 무계획적으로 황급하게 이루어진 것이 아니라 치밀한 계산 아래 시도된 것이라고 할 때에 대구가 대상으로 선정된 데에는 이 지역이 왕경인 경주와 어떤 원천적인 관련성을 가졌기 때문이 아닌지를 당연히 의심해 봄 직하다. 바꾸어 말하면 당시 왕경의 지배집단은 달구벌과 어떤 친연성(親緣性)이 있었기에 이곳을 도읍지로 삼으려 한 것이

---

2) 위와 같음. 소경의 설치를 그렇게 이해하여 왔음은(藤田亮策,「新羅九州五京攷」『朝鮮學報』5, 1953 ;『朝鮮學論考』, 1963, p.357) 널리 알려진 사실이다.

3) 尹容鎭,「대구의 沿革과 관련된 고대기록 소고」『동양문화연구』(경북대)2, 1975 ;『향토문화』7, 1992, p.13.

아니었던가 하는 것이다.

이 글은 대구가 굳이 천도의 대상으로 선정된 근본적인 이유가 어디에 있었던가 하는 막연한 의문에서 출발해 그와 관련될 만한 몇 가지 문제를 밝혀 보려는 의도로 기초(起草)해 보았다. 기대한 바의 목적이 어느 정도 달성된다면 신라 초기사의 이해에 약간이나마 보탬이 될 수 있으리라 기대한다.

2. 달구벌 천도 시도와 실패

신라가 달구벌로 천도하려다 그만둔 사실을 전해주는 기록으로는 다음의 사료가 거의 유일하게 남아 있다.

A) 9년 가을 윤(閏) 9월 26일 장산성(獐山城)에 행차하였다. 서원경성(西原京城)을 쌓았다. 왕이 도읍을 달구벌(達句伐)로 옮기고자 하였으나 성사되지 못하였다.(『삼국사기』8 신라본기 신문왕조)

신문왕 9년(689) 윤9월 왕이 장산성[慶山]에 행차하고 서원경성[淸州]을 쌓았는데, 바로 이때 달구벌로 도읍을 옮기려다 뜻을 이루지 못하였다는 것이다. 이를 근거로 달구벌로의 천도에 대해서는 구체적인 실행 단계가 아니라 도상(圖上)의 계획 단계에서 그쳤다고 인식함이 일반적 경향이다.

그러나 그러한 이해에 대해서는 몇 가지 점에서 의문이 제기된다. 첫째, 과연 계획 추진의 단계에서 실패로 끝났다면 그 자체가 기록에 굳이 남겨졌겠는가 하는 점이다. 정책의 입안(立案)과 시행의 과정에서 계획된 일은 헤아릴 수 없이 많았을 터인데 그렇다면 하필 이것만 기록상으로 남겨졌을 리 만무하기 때문이다. 그것과 함께 기록된 국왕의 장산성 행차나 서원경성의 축조가 지방 정비의 일환으로 진행되었다는 점을 감안해 볼 때 더욱 그러한 느낌을 떨치기 어렵다.

둘째, '미과(未果)'라고 한 표현 자체가 풍기는 뉘앙스이다. 이는 어디까지나 계획의 실패를 의미하는 것이 아니라 결과적으로 성사되지 못하였다는 뜻이 내포되어 있는 것이다. 최종적으로 옮겨가려는 순간에 이루지 못하였음을 표현한 것이라고 하겠다.

셋째, 같은 해에 행해진 서원경성의 축조는 사실상 9주 5소경제의 완성이다. 따라서 달구벌로의 천도 자체도 지방에 대한 전체적인 정지(整地)작업의 일환으로 추진되어 왔던 통일을 위한 마무리 사업이었음을 뚜렷하게 보여 준다는 점이다.

이상과 같은 몇 가지 이유에서 신문왕 9년에 행해진 달구벌로의 천도 기도는 계획 단계에 머문 것이 아니라 통일의 주요 시책인 9주 5소경 설치가 일단락되고 난 후 그 대단원으로서 왕경 자체까지 옮기려다가 이루지 못한 것이라 봄이 온당하다고 생각된다. 말하자면 천도를 위해 필요한 사전의 기본적 정지작업은[4] 이미 훨씬 오래 전부터 진행되어 왔던 것이라 하겠다.

문무왕은 사망하던 해인 21년(681) 왕경을 일신(一新)하려 하였지만 고승 의상(義相)의 간언으로 그만둔 적이 있었다.[5] 문무왕이 죽으면서

---

4) 주보돈, 「신라국가형성기 대구사회의 동향」『한국고대사논총』8, 1996 ; 『신라 지방 통치체제의 정비과정과 촌락』, 신서원, 1998, p.434. 李文基, 「통일신라시대의 대구」『대구시사』1(通史篇), 1995, p.250에서도 그러한 추정을 하고 있다.

5) 『삼국사기』7 신라본기 문무왕 21년조.

남긴 유조(遺詔)의 내용으로 미루어 보건대[6] 왕경을 일신하는 작업이 취소된 것은 장기간에 걸쳐 치룬 통일전쟁으로부터 비롯한 피폐(疲弊)함으로 말미암아 백성들의 부담이 너무 과도함을 우려한 데에 있었다.

그러나 신문왕 즉위 이후 추진된 체제 정비로 전반적인 안정을 구가하게 되자 달구벌로의 천도 계획이 수립되고 이를 위한 기초 작업으로서 왕성(王城)의 축성을 비롯하여 관아(官衙)나 도로 건설, 사찰 창건 등과 같은 작업이 이미 상당한 수준으로 진행되지 않았을까 싶다.[7]

그러다가 9주 5소경제의 완성으로 지방에 대한 대체적인 정비가 끝난 뒤 막상 천도를 실행에 옮기려던 차제에 귀족들의 반발에 부닥쳐 성공을 거두지 못한 것으로 풀이된다. 이 점은 소경이 하필 원신라(原新羅) 지역에는 한 곳도 두어지지 않은 사실을 통해서도 어느 정도 감지될 수 있는 사실이다. 아마도 달구벌로의 천도를 미리 계획하여 두었던 까닭에 원신라 지역에는 의도적으로 소경을 설치하지 않고 신도(新都) 경영에 구도(舊都)를 활용하려 한 의도가 아니었을까 싶다.

천도 자체가 실패로 끝난 이유에 대해서는 흔히 국왕 중심 지배체제에 반발하는 보수적인 귀족들 반대 때문이라고 다소 막연하게 설명을 하여 왔다. 물론 이를 꼭 잘못된 주장이라고 단정할 수는 없겠으나 적확(的確)한 해석으로 받아들이기는 어려운 측면이 엿보인다. 왜냐하면 신문왕 즉위년(681)에 발생한 김흠돌(金欽突)의 반란 사건과 그 처리 과정에서 느껴지듯이 왕권에 도전할 만한 세력은 대부분 이를 계기로 이미 제거된 상태였기 때문이다.

---

6) 위와 같음.

7) 주보돈, 앞의 책, p.434.

이 난은 흔히 지적되어 온 것처럼 오랫동안 김춘추와 김유신 두 세력 집단 중심의 정치 운영에 대해 대척적(對蹠的)인 입장에 섰던 귀족세력들의 마지막 도전이었다. 통일전쟁 이전 뿐만 아니라 전쟁이 진행되는 과정에서도 줄곧 대립·갈등하고 있던 양대 세력이 최후로 결전(決戰)을 치른 사건이 바로 김흠돌의 반란 기도였다.[8]

이 난은 문무왕이 신문왕으로 하여금 왕위는 잠시라도 비워둘 수 없으니 자기가 사망하면 즉석에서 즉위하라고 유언한 데에서 짐작할 수 있듯이 모반 계획 자체가 사전에 상당히 유포되어 있었다는 느낌이 짙다. 그 까닭으로 난이 큰 규모로 발전하지 못한 채 사실상 모의(謀議) 단계에서 싱겁게 끝나버린 듯하다. 이 점은 신문왕 즉위년 8월 8일 모반(謀叛)이 발각되고 난 뒤 난의 규모에 비해 지극히 짧은 3, 4일이라는 기간만에 그 잔여 세력까지 완전히 소탕(掃蕩)된 데에서 유추할 수가 있다.

난의 사후 처리 과정에서 병부령(兵部令)이던 군관(軍官)이 모반 계획을 사전에 알고서도 고발하지 않았다는 죄목으로 적자(嫡子) 1인과 함께 죽임을 당한 사실은 모반이 이미 일반인들조차 감지할 정도로 널리 누설되었음을 뜻한다. 아울러 이 난의 결과 국왕권에 반발하는 세력들이 얼마나 철저하게 척결되었는지를 단적으로 보여 주는 것이기도 한다.

이상과 같이 신문왕 즉위년에 발발한 이른바 김흠돌 모반사건의 처리 방식이나 이후 진행된 체제 정비를 고려한다면 달구벌로의 천도 시도가 단지 왕권에 반발하는 귀족들의 반대로 실패하였다고 단정하는 것

---

8) 金欽突의 난에 대해서는 金壽泰, 『新羅中代政治史研究』 —潮閣, 1996, pp.8-33 참조. 다만 씨는 김흠돌의 모반사건 처리 이후에도 진골귀족 세력이 남아 있어 신문왕 사후 孝昭王대의 정치적 변화를 유발하는 계기가 되었다고 보았는데, 이는 필자의 입장과 근본적으로 차이가 난다.(朱甫暾, 「남북국시대의 지배체제와 정치」『한국사』3, 한길사, 1994, p.301 참조)

계림(하일식 제공)

은 어딘가 석연치 못하다는 생각을 떨치기 어렵다. 사실 통일 이후 진행된 체제 정비를 신문왕이 깨끗하게 마무리할 수가 있었던 것도 국왕 중심의 집권체제가 그만큼 굳건히 다져졌기 때문이었다. 그 까닭으로 흔히 이 시기를 신라사에서 전제왕권(專制王權)의 성립기로[9] 설정하기까지 하는 것이다.

　신문왕대에 진행된 체제 정비 작업이란 어디까지나 강화된 국왕 중심의 지배체제를 영속화시키기 위한 제도적 조치였을 따름이다. 따라서 신문왕의 천도 시도 실패 이유를 국왕에 반발하는 귀족들 때문으로 돌

---

9) 李基白·李基東, 『한국사강좌』1(古代篇), 一潮閣, 1982 참조.

리는 것은 지나치게 막연한 감이 든다. 차라리 그보다는 국왕을 지지하여 왔던 세력들조차 적극적인 반대로 돌아섰기 때문으로 풀이함이 옳을 듯하다. 국왕을 지지한 세력의 반대로 달구벌로의 천도가 실패하였다고 한다면 다소 의아스럽게 여겨질지 모르나 이는 바로 같은 해에 행해진 녹읍(祿邑) 혁파와 관련지어 음미하면 저절로 해결될 듯하다.

> B) 봄 정월 교령을 내려 내외관의 녹읍(祿邑)을 없애는 대신 해마다 조(租)를 차등해서 줌을 항식(恒式)으로 삼도록 하였다.(『삼국사기』8 신라본기 신문왕 9년조)

이 기사는 신문왕 9년(689)에 현직의 내·외관을 대상으로 지급되던 기존의 녹읍제를 폐지하고 대신 1년을 단위로 하는 녹봉제(祿俸制, 年俸制)를 실시한 사실을 보여준다. 녹읍의 혁파는 사료 A)의 달구벌 천도와 같은 해에 실시된 일로서 이에 바로 앞서 기록되어 있다. 그처럼 달구벌로의 천도가 실패로 돌아간 사실이 녹읍 혁파와 바로 같은 해에 진행되었다는 것만으로도 양자가 서로 별개의 사실이 아님을 강하게 시사받을 수 있다.

신문왕 9년의 녹읍 혁파를 달구벌로의 천도와 관련지어 이해할 때 귀족들의 동향도 예사롭게 보아 넘기기 어렵다. 이미 그보다 2년 전인 신문왕 7년(687) 관료들을 대상으로 문무관료전(文武官僚田)을 지급한 적이 있다. 이는 신문왕대에 계속해서 진행한 새로운 관료체제의 정비와 궤(軌)를 하나로 하는 것으로서 신흥(新興)의 관료들 대상으로 경제적 기반을 마련해 줄 필요성에서 취해진 조처였음이 확실하다. 한편, 그러면서도 특정의 귀족 관료에게 큰 영향을 미칠 수 있는 녹읍 혁파가 달구벌로의 천도를 단행하려는 바로 그 시점에 실시된 것이었다. 그렇다면 양자가 전혀 별개의 것이라 간주하기는 곤란하지 않을까 싶다.

신문왕 9년의 녹읍 혁파가 동왕 7년의 문무관료전 지급과 어떤 상관관계에 있는 것인지를 둘러싸고서는 크게 논란되어 한마디로 잘라 결론 내리기 힘들다. 그것은 어떻든 오래도록 귀족들의 주요한 경제적인 기반으로서 기능하여 왔던 녹읍을 녹봉으로 대체한 것은 이후 그를 대폭 축소시키려는 의도가 깔려 있음이 분명하다. 이 점에 대해서는 그를 다룬 대부분 논자들의 견해가 일치하는 듯하다.[10]

그렇다면 녹읍 혁파 조치는 그동안 신문왕 중심의 체제 정비에 대해 적극 동참해 왔던 귀족들의 반발을 불러일으키기에 충분한 사안(事案)이 되는 셈이다. 이들이 삼국통일전쟁의 승리나 대소 규모로 실시된 전공(戰功)으로 녹읍이나 식읍(食邑)을 지급받는 등 가장 큰 경제적인 혜택을 누리는 존재들이었기 때문이다. 이들은 녹읍 혁파로 말미암아 장차 중요한 경제적인 기반을 일시에 잃게 될지 모를 일이다. 사실 이들이 바로 왕권을 지지하여 왔으며 김흠돌의 반란사건 진압과 이후 추진된 신문왕의 체제 정비에 적극 협조해 왔던 세력이었다.

그러나 녹읍 혁파로 경제적인 기반이 상당히 축소될지도 모를 마당에 다시 달구벌로 천도하게 된다면 그나마 그들이 왕경 일대에 전통적으로 쌓아온 인적·물적인 토대까지 자칫 잃게 될 위기에 직면할지 모를 일이다. 이미 녹읍 혁파를 통하여 전반적인 위기 상황을 감지한 그들은

---

10) 녹읍을 둘러싼 제반 문제에 대해서는 李喜寬, 「新羅의 祿邑」『한국상고사학보』3, 1990 참조.

달구벌 천도로 미구(未久)에 초래될 결과를 충분히 예상하고 있었을 터였다.

이상과 같은 의미에서 보면 천도에 적극 반대한 세력은 왕권 강화에 반발해 온 세력들이라기보다는 오히려 정치적으로 신문왕을 적극 지지해온 세력들로서 왕경을 중심으로 하여 전통적인 기반을 지녔던 상층 귀족들로 설정하는 것이 순조롭다. 이들은 신문왕의 측근들로서 그동안 통일 후의 신질서(新秩序) 수립에 적극 동참하여 왔던 세력들이기도 하였다.

직전의 녹읍 혁파로 가장 크게 타격을 입은 이들은 마침내 달구벌로의 천도가 실현되면 전통적으로 지녀온 세력 기반까지 상실하게 될 터이므로 적극 반대하고 나섰을 것으로 보인다. 이들의 완강한 저지로 말미암아 천도는 마침내 실행을 목전에 두고 일구어내지 못한 것이라 하겠다. 천도에 적극 가담한 세력은 차라리 그를 통하여 별로 잃을 것이 없던 중하급 귀족들이나 신흥의 관료층이 주축들이었을 듯하다.

요컨대 신문왕의 달구벌 천도 시도를 반대하고 나선 세력들은 국왕 중심의 지배체제 정비에 반대하던 세력들이 아니라 차라리 그를 적극 지지하고 동참한 핵심들이었다. 이들이 천도를 반대한 것은 왕경과 그 인근에 상당한 세력 기반을 갖고 있었으므로 그로 말미암아 잃을 것이 많았기 때문이었다. 이미 녹읍 혁파를 통하여 그들이 지니고 있던 경제적 기반의 상당 부분을 상실한 상층의 귀족들은 더 이상 양보할 수 없는 상황에 직면한 것이라 하겠다.

그런 의미에서 달구벌로의 천도를 반대한 세력들을 그저 막연하게 왕권에 반발 혹은 도전하려는 세력들이라 단정하여서는 곤란하다고 하겠다. 그런 추정은 이 시기를 전제왕권 성립기로 보는 일반적인 이해와 배치되기도 하기 때문이다. 이러한 과정을 거치면서 통일 이후 또 다른 방향으로 지배세력의 재편이 이루어져 가고 있었던 것이다.[11]

3. 달구벌과 왕경의 친연성(親緣性)

이상에서 신문왕이 달구벌로의 천도를 기도하고 그것이 실패하게 된 배경에 대하여 간단히 짚어보았다. 다음으로 왜 하필 달구벌이 천도의 대상으로 되었을까가 논의의 핵심 사항으로 떠오른다. 물론 달구벌이 선정된 것은 통일을 달성함으로써 그곳이 그럴 만한 자연 지리적 여건이나 지정학적 요건을 충분하게 갖추고 있었기 때문일 터이다. 오늘날 대구분지와 그 인근에는 다른 어떤 지역에 견주어도 손색이 없을 정도로 수많은 대규모 고총(高塚) 고분군이 널리 산재함은 그를 뚜렷이 입증하여 준다. 이곳은 고대사회로부터 많은 사람이 살아가기에 적합한 여건을 잘 갖추고 있었음을 의미한다.

특히 대구가 교통상의 요지였다는 사실은 입지로 보아 신라의 도읍으로 기능할 만한 필요충분조건을 갖고 있음을 의미한다. 대구의 중앙부로부터 서쪽으로 얼마쯤 떨어져 낙동강(洛東江)이 북에서 남으로 영남의 중심부를 동서로 가르면서 흐른다. 대구분지의 약간 북쪽에 치우쳐서 낙동강의 큰 지류 중 하나인 금호강(琴湖江)이 영천(永川) 방면에서 발원하여 동으로부터 서쪽 방면으로 흘러 낙동강과 합류한다. 이러한 측면에서 보면 대구는 일단 수로(水路) 교통의 요충지로서 기능할 여건을 충분히

---

11) 그런 의미에서 中代와 中古의 귀족은 성격상에서 현저한 차이가 난다고 하겠다. 이에 대해서는 뒷날 통일기 골품제의 변화와 관련하여 다시 논의할 기회를 갖고자 한다.

갖춘 셈이다.

뿐만 아니라 육로(陸路) 교통의 중심지에 위치해 있기도 하다. 경주분지를 중심으로 살피면 인근의 영천, 경산(慶山), 대구 방면으로 이어지는 지역에 영남 일원에서 가장 발달한 청동기문화가 하나의 벨트를 이루고서 공통적으로 나타나는 사실은[12] 그 점을 뚜렷이 입증한다. 수로를 이용하여 이동하는 신석기문화와는 달리 주로 육로를 매개로 전개되는 청동기문화가 북방으로부터 남하하여 경주분지로 흘러 들어가는 길목에 대구가 위치한 것이다.

대구가 오래도록 육로교통의 요충지로 기능한 사실은 이보다 훨씬 뒷날인 9세기 전반 왕위 쟁탈전이 한창 전개될 무렵인 839년 청해진(淸海鎭)을 근거지로 한 해상세력 장보고(張保皐)의 군대를 이끈 김우징(金祐徵)이 왕경으로 진군하였을 때 중앙정부에서 급파된 병력을 맞아 승패를 가름하는 일대회전(一大會戰)이 벌어진 곳이라는 점도 그를 방증한다. 한편, 후삼국 정립기인 927년 후백제 견훤(甄萱)의 군대가 신라 왕경을 초략하고 퇴각할 때 신라 구원을 위해 출동한 고려 왕건(王建)의 군사와 일대 접전을 벌인 곳도 바로 대구였다. 이는 대구가 영남 일원으로 나아갈 때 거쳐야 하는 육로 교통의 요충지였음을[13] 입증한다. 아마도 대구를 천도 대상지로 선정한 데에는 이런 교통상의 이점도 충분히 감안했을 터이다.

이와 같이 달구벌이 천도의 대상지로 선정된 것은 매우 넓은 분지 지

---

12) 李賢惠, 『三韓社會形成過程研究』, 一潮閣, 1984, pp.77-78.

13) 李基白, 「新羅 五岳의 成立과 그 意義」『진단학보』33, 1972 ; 『新羅政治社會史研究』, 一潮閣, 1974, pp.199-200.

형이라는 자연 지리적 여건과 함께 교통의 요충지가 일차적인 요소로서 작용하였음은 의심의 여지가 없다. 하지만, 그것만으로는 오랜 왕경을 옮기는 결정적 근거로 삼기에는 어딘가 미흡하다는 느낌을 떨치기 어렵다.[14] 지방의 군사적 및 정치적인 중심지로 기능한 상주(尙州) 등도 대상이 되기에 충분한 곳이기 때문이다.

그렇다면 또 다른 요인으로서 대구에 대해 지배세력이 가진 어떤 친연성(親緣性)을 상정해 봄이 어떨까 싶다. 달리 말하면 대구는 신라의 지배세력 가운데 특히 김씨족단과 어떤 오랜 깊은 인연이 있었고 이로 말미암아 천도 대상지로 선정되지 않았을까 하는 것이다. 이 점은 일단 지명의 유사성에서 찾아진다.

대구의 원래 지명은 달구벌(達句伐)이다. 『삼국사기』 지리지에서는 이를 달구화(達句火)라고도 하였다.[15] 화(火)의 훈은 '불'로서 벌(伐)과 동일하다. 양자가 부리(夫里) 등과 마찬가지로 들판[野]이나 평야 등을 가리키는 같은 단어의 음차(音借)나 훈독(訓讀)임은 재론의 여지가 없다. 그러면 어근이라 할 달구(達句)에 내재한 의미가 문제로 된다.

달구벌은 경덕왕(景德王)이 한화(漢化)정책을 추진할 때 대구(大丘)로 고친 이후 오래도록 그처럼 불렸다. 그렇다면 벌이 언덕을 뜻하는 구(丘)로 바뀐 셈이므로 '달구'는 일단 '대(大)'와 관련지을 여지가 생겨난다. 그렇지만 양자를 언어학적으로 직접 연관시킬 만한 어떠한 근거도 찾아내기 어렵다. 다 아는 바와 같이 경덕왕대의 지명 한화(漢化) 시도 자체가

---

14) 李文基, 앞의 글, p.246.
15) 『삼국사기』34 지리지 壽昌郡條.

어떤 하나의 기준과 원칙에 따른 것은 아니며 매우 다양하였다.[16] 그렇다면 '대'와 '달구'가 반드시 언어나 의미상 굳이 직접적인 상관성을 띤 것으로 간주할 필요는 없겠다. 대구는 달구와는 상관없이 전혀 새로운 의도로 만들어낸 지명일 수 있다.

그런데 달구벌을 달벌(達伐)이라고도 한 사실이 주목된다. 왜냐하면 이는 '달구'와 '달'이 서로 마음대로 환치(換置)될 수 있는 성격의 것임을 뜻하기 때문이다. '달구'와 '달'이 하나의 단어에서 비롯된 것이라 한다면[17] 어쩌면 원형을 '닭'이라 풀이해도 무방할 듯하다.

사실 '닭'은 '닥'과 '달'의 두 가지로 발음된다. 닭의 표준어 발음은 '닥'이지만 현재의 경상도 방언으로는 흔히 '달'로 읽는다. 만약 바로 뒤에 자음으로 시작하는 단어가 이어지면 마찰을 피하기 위해 중간에 '우'가 저절로 삽입됨으로써 단독 발음에서 묵음(默音)된 'ㄱ'이 되살아나 '달구'로 발음된다. 이를테면 '닭똥'을 '달구똥', '닭새끼'는 '달구새끼'와 같은 식으로 발음함이 일반적이다. 한편 경상도 지방이라도 때로는 지역에 따라 '닭'이 오늘의 표준음처럼 '독(닥)'이라 발음되기도 함은 두루 아는 바와 같다.

이처럼 '달구'가 '닭'에서 비롯된 것이라면 후술하듯이 일단 대구와 경주의 친연성은 의외로 쉽게 찾아지는 셈이다. 사실 오래도록 대구의 중요한 거점으로 기능해 온 달성(達城)이 언제부터 그렇게 불리었는지 잘 알 수는 없지만 적어도 『신증동국여지승람(新增東國輿地勝覽)』에 등장

---

16) 경덕왕대의 지명 한화에 관련하여서는 辛兌鉉, 「삼국사기 지리지의 연구」『신흥대학논문집1』, 1958 참조.
17) 대구시사편찬위원회, 『대구시사』Ⅰ, 1973, p.56.

하는 사실로 미루어 훨씬 이전까지 소급될 수 있겠다. 일반적으로 지적되듯이 『삼국사기』의 달벌성(達伐城)에서[18] 그 유래를 찾을 수 있을지도 모른다. 벌(伐)이 때로는 성(城)과 같은 뜻으로도 사용되었으므로 달구벌에 성이 붙을 경우 그것이 생략되었을 법하기 때문이다.

그런데 경주분지에 왕궁(王宮)이 있던 곳을 월성(月城)으로 불렀음은 다 아는 바와 같다. 월성이 처음 축조된 것은 기록 그대로 받아들이면 파사이사금(婆娑尼師今) 22년(101)의 일이다.[19] 월성의 '월(月)'은 훈독하면 '달'이 되므로 월성은 곧 '달성'으로도 된다.

월성이 달성으로 훈독된다면 이 또한 닭과 밀접한 관련성에서 비롯된 명칭임이 거의 확실해진다. 왜냐하면 월성이 소재한 곳은 후술하듯이 '닭'의 의미를 지닌 '양부(梁部)'와 관련이 있기 때문이다. 그렇다면 대구의 달성과 경주의 월성은 원래 동일하게 '닭'에서 비롯하였는데 한자로 표기하는 방식에서 차이가 남으로써 그처럼 되었을 공산이 크다. 이 점은 고고학적으로 보아 현재의 대구 달성과 경주 월성의 구조나 입지가 지극히 비슷하다는 사실로부터도[20] 방증된다.

요컨대 경주와 대구는 몇 가지 점에서 일단 공통분모를 지닌다. 이들 두 지역 사이에 지명상에서 공통성을 갖고 있다거나 고고학상으로 보아 중심 거점 성의 구조나 위치가 유사하다는 점은 달구벌로의 천도를 생각하는 데에 그대로 지나칠 수 없는 대목이다. 특히 지명이 모두 '닭'에서 비롯한 사실은 두 지역 사이의 강한 친연성을 엿보게 한다. 말하자면

---

18) 『삼국사기』2, 신라본기 沾解尼師今 15년조.

19) 『삼국사기』1, 신라본기 婆娑尼師今條.

20) 有光敎一, 「慶州月城·大邱達城の城壁下の遺跡について」『朝鮮學報』14, 1959 참조.

두 지역은 '닭'을 매개로 한 어떤 뿌리 깊은 공통성이 있다고 하겠다. 아래에서 이를 좀 더 구체적으로 추적해보기로 하겠다.

4. 닭과 김씨족단

신라사 초기에 박(朴)·석(昔)·김(金)의 3성(姓) 족단이 왕위를 번갈아 가면서(엄밀하게는 그렇지 않지만) 계승하다가 나물마립간(奈勿麻立干) 이후에는 김씨로 세습체제가 고정되었음은 다 아는 바와 같다. 이를 흔히 3성교립(交立)이라고 일컫고 있거니와 실재성 여부는 크게 논란되어 왔으므로 잠시 젖혀 두더라도 적어도 신라사 초기에 3개의 유력한 집단이 공존(共存)하였음을 반영하는 것만은[21] 부정할 수 없는 사실이다.

그런데 서로 경쟁하고 때론 대립·갈등하던 이들 세 집단 가운데 최후의 승자가 된 김씨는 특별히 닭과 밀접한 관계가 있었다. 그 점은 우선 김씨란 성이 최초로 역사 무대에 등장하는 시조 알지(閼智)의 탄생이 닭과 관계를 가진 데에서 확인된다. 비록 알지가 금독(金櫝)에서 출생하여 성을 김씨라고 칭하였다지만[22] 그것은 잘 알려져 있듯이 김씨란 성씨가 처음 등장하는 6세기 중엽 이후에 부회된 일일 따름이다.

알지의 탄생이 닭(그 울음)과 밀접하게 연관되어 있음은 탄생신화 속에서 뚜렷이 확인된다. 말하자면 알지의 탄생신화에서는 김씨 성의 유래가 된 금궤보다도 닭 쪽이 그 중핵을 이룬다고 하여도 좋다. 알지의 탄생지였다는 시림(始林)은 닭(울음)으로 말미암아 계림(鷄林)으로 바뀌고 나아가 신라 국호의 별칭(別稱)이 되어 뒷날 조선시대에 이르기까지 오래

---

21) 朱甫暾, 「三國時代의 貴族과 身分制」『韓國社會發展史論』, 一潮閣, 1992, p.15.

22) 『삼국사기』1 신라본기 脫解尼師今 9년조 및 『삼국유사』 기이편1 「金閼智 脫解王代」條 참조.

도록 사용되었음은 그를 명백하게 입증해주는 사실이다. 계림이 국명으로 기능한 것은 기록 그대로 탈해이사금 시기라기보다는 김씨가 왕위를 세습시켜 간 나물마립간 이후라 봄이 순조로울 듯하다.

계림이라는 국호는 일찍이 인도에까지 알려졌다. 『삼국유사』4 의해(義解)편 「귀축제사(歸竺諸師)」조에 '천축인들은 해동(海東)을 구구타예설라(矩矩吒䃜說羅)라 불렀으니 구구타는 계(鷄)요, 예설라는 귀(貴)를 말한다. 그 나라에서 서로 전해 이르기를 신라에서 계신(鷄神)을 받들어 존숭하는 까닭에 그 깃을 꽂아서 장식한다.'고 한 데에서 짐작할 수 있다.

이 기사에서 특히 주목되는 점은 신라인들이 계신(닭신)을 믿고 존숭하였다는 대목이다. 알지 탄생신화에서도 알 수 있듯이 그것은 닭을 자신들의 조상신으로 여기고 있었음을 의미한다. 그 까닭으로 흔히 김씨집단은 닭을 조상으로 숭배하여 잡아먹지 않는 닭토템 씨족으로[23] 간주되기도 하였다. 과거 경주의 황남동(皇南洞) 155호분(일명 天馬塚) 발굴에서 달걀이 출토된 바 있었거니와, 이는 5세기를 중심 연대로 하는 적석목곽분의 주인공들인 김씨족단이 닭과의 친연성을 물증(物證)하는 것으로 큰 주목을 받았다. 이처럼 김씨가 닭과 밀접한 관련성이 있는 혈연 집단이라는 사실을 염두에 둘 때 빠뜨릴 수 없는 것은 6부(部)에 대한 문제이다.

신라의 왕경이 여섯 개의 부란 집단으로 구성되었음은 다 아는 사실

---

23) 金哲埈, 「新羅上古世系와 그 紀年」『역사학보』17·18, 1962 ; 『韓國古代社會硏究』, 知識産業社, 1975, p.73.

이다. 6부는 6세기 초[24] 이후 멸망기에 이르기까지 왕도의 행정구획 단위로서 기능하였다. 그러나 6부가 처음부터 왕경의 행정구획으로서의 성격을 지녔던 것은 아니었다. 원래 이들 6부는 각각이 의제적(擬制的)인 혈연성을 띤 단위 정치집단이었다. 그러다가 김씨족단의 모태인 탁부(喙部, 양부)를 주축으로 6세기 초 정치적 집권화(集權化)가 이루어져 (반)자립성과 혈연성이 거의 해소됨으로써 행정구획으로 전화한 것이었다.

물론 그러면서도 전대적(前代的)인 성격이 일거에 완전히 없어지지는 않았으며 잔존의 형태로서 이어졌다. 그것은 중고기의 금석문상에서 인명을 표기하는 데에 부명(部名)이 반드시 따라붙는 요소로서 마치 후대의 성씨처럼 기능한 사실에서 엿보인다. 결국 이는 6부가 행정구획으로 성격이 바뀌었더라도 그 속에서 왕경인의 우월의식, 특히 그 이전의 배타적 특권의식이 완전히 불식되지 않았음을 뜻한다. 그런 의식이 신분질서에 수렴되어 성립한 것이 골품제였다. 통일기 이후 국왕을 정점으로 하는 율령체제(律令體制)가 본격적으로 확립되고 관료조직 체계가 갖추어지면서 비로소 그러한 6부를 매개로 한 외형적 우월의식도 사라지게 되는 것이다.[25]

그러한 성격의 6부가 언제부터 어디에서 기원하였는지 단정 지을 수 없지만 신라의 모태인 사로국이 적어도 처음부터 6개의 집단으로 구성

---

24) 구체적인 연대는 확정짓기 어렵다. 6부의 행정구획적인 성격을 꼭 혈연성의 有無만으로 규정하기 곤란하기 때문이다. 6부의 혈연성이 크게 퇴색하는 것은 法興王대임이 분명하지만 그 이전 慈悲麻立干 12년(469)에 이미 왕경은 제도적 정비를 거쳤다. 따라서 어느 쪽에 무게를 두느냐에 따라 그 시점은 달라질 수 있다고 보므로 6부의 행정구획적 기능이 시작되는 시점에 대해서는 일단 단정을 유보할 수밖에 없다.

25) 물론 그렇다고 王京人의 지방민에 대한 우월의식까지 완전히 사라졌다는 의미는 아니다. 그런 의식은 羅末까지 지속되었는데, 어쩌면 신라 멸망의 주요한 요인이 되었다고도 생각된다.

된 것은 아니었던 듯하다. 필자는 4세기 마립간시대가 시작될 무렵에 정치세력의 결집체(結集體)로서 부라 칭해지는 집단이 출현하고 이후 5세기 초반까지는 유력한 3개의 부만 존재하다가 이들이 비대해진 결과 점차 분화함으로써 5세기 전반의 어느 시점에는 6개로 그 완성을 보게 되는 것으로 이해하고 있다.[26] 그것은 여하튼 몇몇의 부가 정치집단으로서의 구체적인 모습을 드러내는 것은 마립간 시기였음이 거의 확실하다고 생각한다.[27] 부의 모태는 사로국 단계의 읍락(邑落)이었다. 신라국가가 탄생하면서 읍락이 내부의 재편을 거친 결과 나온 것이 바로 부였다.

완성 당시의 6부는 문헌상으로 보면 양(梁), 사량(沙梁), 모량(牟梁), 본피(本彼), 습비(習比), 한기(漢祇, 韓岐)였다. 이들 6부 가운데 6세기의 금석문 및 문헌 사료에 의하는 한, 가장 핵심이 되는 것이 탁(喙)부, 즉 양부와 사탁(沙喙)부, 즉 사량부였다. 관등(官等)을 소지한 관인(官人)들의 압도적 다수가 이들 두 부에 소속한 반면 다른 부에 속하는 인물은 지극히 희소하게 등장하기 때문이다.[28] 게다가 국왕은 반드시 양부에, 서열상 제2인자로 추정되는 갈문왕(葛文王)은 사량부에 소속함은 그를 입증한다. 말하자면 양부는 국왕을, 사량부는 그에 버금가는 갈문왕을 배출하는 집단이었던 것이다.

그런데 6부명이 모두 금석문에서 확인되지만 양이 탁(喙)으로, 사량

---

26) 朱甫暾, 앞의 글, 1992 참조.

27) 6부의 성립을 尼師今시기로 소급하여 보려는 견해도 있으나(全德在, 『新羅六部體制硏究』, 潮閣, 1996, pp.30-35), 이때는 읍락을 기초 단위로 한 三韓시대의 斯盧國 단계이므로 받아들이기 어렵다.

28) 530년대 이후의 금석문에서는 그들 2부 외에 本彼部와 모량부만 간헐적으로 등장할 뿐 여타 부 소속 인물은 확인되지 않고 있다.

은 사탁으로 표기되어 문헌과 일정한 차이를 보인다.[29] 양과 탁은 자체만을 놓고 보면 서로 전혀 상관이 없는 별개의 글자인 듯이 보이므로 문헌이 언젠가 착오를 범한 것으로 간주될 소지도 없지 않다. 그러나 이 두 글자는 원래 발음으로는 물론 구체적인 내용까지 동일한 글자임이 확실하다. 그와 관련하여 우선 다음의 기사가 주목된다.

C) 또 최치원(崔致遠)이 이르기를 '진한(辰韓)은 본래 연(燕)나라 사람이 도망해온 것이다. 그 까닭으로 탁수(涿水)의 이름을 취하여 거주하는 곳의 읍리(邑里)를 칭하였으니 사탁(沙涿)·점착(漸涿) 등이다.'고 하였다(신라 사람들은 방언으로 탁(涿)의 음을 도(道)라고 한다. 그래서 지금 혹은 사량(沙梁)이라고 하는데 양(梁) 역시 도(道)로 읽는다.)(『삼국유사』1 기이편1 「진한」조)

이 기사는 6부 가운데 핵심인 양부의 유래에 대해 나말의 명유 최치원(崔致遠)이 나름의 견해를 표명한 내용이다. 이에 대해서 『삼국유사』의 찬자 일연(一然)이 주석[挾注]으로 덧붙여 보완적 해설을 하고 있다.

최치원은 사량·점량(모량) 등의 양(梁)을 탁(涿)이라 보고 그것이 연나라의 물이름인 탁수(涿水)에서 유래한 것이라 풀이하였다. 사실 이는 신라인의 출자(出自)가 『삼국지(三國志)』 진한전(辰韓傳)에 보이는 내용을 근거로 연나라라고 생각한 유학자 최치원의 독특한 견해이다. 어쩌면 거꾸로 최치원을 비롯한 당대 신라 지식인들이 스스로를 연에서 기원하였음

---

29) 다른 部名도 금석문상에서 표기가 문헌과는 약간 차이가 난다.

을 주장하는 근거로 삼기 위하여 6부의 하나인 양(梁)을 탁수의 탁(涿)에서 유래한 것이라 부회(附會)하였을 가능성이 크다.

여하튼 그 사실성 여하는 잠시 젖혀두더라도 탁(涿)이란 글자에 아무런 이상이 없다면 최치원 혹은 당시 신라인들이 양(梁)을 그렇게 읽었던 것만은 분명하다. 말하자면 여기에서 당시 신라에서 양(梁)을 '탁'으로 읽은 사실이 확인되는 것이다. 다만, 부명을 탁(涿)으로 표기한 사례가 그밖에 달리 전혀 찾아지지 않는 것으로 미루어 보면 탁(涿)은 탁(喙)을 필사(筆寫)하는 과정에서 그런 잘못을 범하였을 가능성도 전적으로 배제하기는 어렵겠다.

이에 대해 고려시대 사람인 일연은 탁(涿)이 곧 양(梁)임을 주장하는 이유로서 신라인들이 양자 모두를 '도(道)'라 발음하였기 때문으로 풀이하였다. 이러한 해석은 그 뒤에도 되풀이되고 있다.[30] 탁(涿)이 한편 도(道)로도 읽혀졌다는 것은 전적으로 일연 자신의 견해에 불과할 뿐인 듯하다. 물론 후술하듯이 양(梁)을 도(道)로 발음한 것은 충분히 납득되지만 탁(涿)을 도(道)라 발음한 사실은 달리 근거를 찾기 어렵기 때문이다.

이는 차라리 6세기 금석문에 널리 나타나는 탁(喙)을 탁(涿)으로 발음하였을 뿐만 아니라 동시에 문헌상에 보이는 양(梁)이 '돌(달)'로 읽혀졌음을 보여 주는 증거가 아닐까 한다. 말하자면 원래 탁(喙) 자체는 탁(涿)이나 양(梁, 돌, 달)의 두 종류 음(音)을 함께 갖고 있었기 때문에 그렇게 표기되지 않았을까 싶다. 그런 까닭으로 금석문에 보이는 탁(喙)은 우리 측 문헌 기록에는 양(梁)으로 표기된 반면 중국 측 문헌 기록인 『양서(梁

---

30) 『삼국유사』1 기이편1 「新羅始祖 赫居世王」조.

書)』등에는[31] 탁(喙, 喙評)으로 표기된 듯하다.

다만, 같은 중국 측 문헌 기록이라도『통전(通典)』에서는 탁[喙評]으로 표기하면서 단서를 달아 신라인들이 그것을 '喙呼穢反'이라 하여 마치 한자 그대로 '훼'라고 발음하였던 듯한 주장을 내비치고 있다. 이는 중국 측 기사자(記事者)들이 신라인이 만든 이른바 조자(造字)인 탁(喙)을 겉모양의 유사함 때문에 한자인 '부리' 훼(喙)와 혼동하여[32] 자신들의 발음에 따라 표현한 것이라 여겨진다. 후술하듯이 탁(喙)은 부리 훼와 매우 흡사한 글자이지만 이는 어디까지나 신라인들이 만들어서 사용한 다른 글자임은 의심의 여지가 없다.

이상과 같이 보면 탁(喙)은 신라 당대에 이미 두 종류로 읽혀졌을 공산이 크다. 하나는 '탁(涿, 啄)'이며, 다른 하나는 양(梁)이다. 전자는 글자 그대로 '탁'이라 발음되었고, 후자는 일연의 풀이대로 '도(道)'이지만 그 자체 '돌(달)'로 읽혀졌음이 확실시된다. 이를테면 명량(鳴梁)으로 표기해 놓고 이를 '울돌'로 읽는다거나『훈몽자회(訓蒙字會)』에 양(梁)을 '달(돌)'로 훈독(訓讀)하고 있는 데서 단적으로 드러난다. 양(梁)을 도(道)로 읽었다는 일연의 해석은 오늘날의 발음인 '도(道)'가 아니라 그것이 '돌(달)'과 비슷하게 발음된 데서 연유한 것이 아니었을까 싶다.[33]

이렇게 보면 탁(涿, 啄)과 양(梁)은 음(音)과 훈(訓)이 전혀 다른 글자이지만 탁(喙)을 매개로 서로 통함을 알 수가 있다. 양자 모두 금석문에 보이는 당시 부명(部名)의 표기인 같은 글자 탁(喙)을 대상으로 삼으면서 한

---

31)『梁書』54 新羅傳.

32) 文暻鉉,「上古期 新羅六部의 史的 考察」『國史館論叢』45, 1993, p.134.

33) 同上, p.135 참조.

편으로 '탁'이라 발음해 이를 '涿(啄)'으로 표기하기도 하고, 다른 한편 '달'이라고 발음해 '梁'(돌, 달)이라 표기하기도 한 것이다. 이는 압량(押梁)을 압독(押督)이라고도 한 것과 마찬가지의 현상이다. 압량의 '양(梁)'이나 압독의 '독(督)'이 모두 탁(喙)이었기 때문이다.[34]

요컨대 탁(喙)은 신라 당시에 '탁(독)'으로도 '달'로도 발음되었음이 분명하다. 그렇다면 탁(喙)의 실체가 어떠하였기에 그와 같은 현상이 빚어졌을까. 이 의문은 다음의 사료를 매개로 의외로 쉽게 풀어낼 수 있다.

D) 鷄曰喙音達(『鷄林類事』)

이는 송(宋)나라 사람으로서 고려 숙종(肅宗) 8년(1103) 사신의 일행으로서 고려에 다녀간 적이 있는 손목(孫穆)이 직접 견문한 사실을 토대로 정리한 『계림유사(鷄林類事)』에 보이는 내용이다. 이 사료에는 6부의 주축인 탁(喙)의 실체가 선명하게 드러나 있다.

이에 의하면 고려에서는 닭(鷄)을 '喙'이라 쓰고서 이를 '달'로 발음하였다는 것이다. 송나라 사람인 손목이 '계(鷄)'를 굳이 '喙'이라 표현한 것은 이 글자 자체가 단순히 '부리 훼'자가 아니었음을 뚜렷하게 증명해 준다. '喙'은 현재의 자전(字典)으로 '부리 훼'로 읽을 만한 글자에 매우 가깝지만 신라 금석문에서 두루 확인해보면 두 글자의 자형(字形)이 꼭 일치하지는 않는다. 따라서 양자는 다른 글자로 봄이 온당하다. 그런 의미

---

34) 關門城 城壁 石刻에 보이는 押喙(朴方龍, 「新羅 關門城의 銘文石 考察」『미술자료』31, 1982)을 押喙으로 판독한 사례는 그 점에서 크게 참고로 된다.(全德在, 앞의 책, p.36)

에서 '喙'을 신라인의 조자(造字)라 보는 견해가[35] 옳다고 여겨진다. 손목이 순 한자인 '喙'을 모르고 그처럼 풀이하였을 리 만무한 일이다.

사실 『계림유사』는 '喙'의 뜻이나 음과 관련해 귀중한 시사점을 던지고 있다. 그에 따르면 '喙'의 본래 뜻은 닭이며, 그 음을 '달'로 읽었다. 말하자면 6부 가운데 핵심인 탁부(喙部), 사탁부(沙喙部)의 '喙'이 가진 본래의 뜻은 닭이다. 이 닭을 손목이 목도한 고려시대에서는 '달'이라 발음하고 있었다. 喙은 신라인이 만든 글자이면서 이후 폐기되지 않고 고려시대까지 닭을 지칭하는 용어로서 계속 사용되었던 것이다.

이렇게 보면 앞서 언급하였듯이 '喙'을 중국 측 기록에서 '啄(涿)'이라고 나타낸 점이나 우리 측 기록에서 '梁(督)'으로 표기한 이유가 한층 명백해진다. '喙'은 그 뜻이나 음이 곧 '닭'으로서 신라시기에 '닥(탁)'과 '달(돌)'의 두 종류로 발음되고 있었다. 바꾸어 말하면 '喙'은 '닭'을 뜻하는 신라인의 만든 글자로서 이미 당대에 '닥(탁)'이나 '달(돌)'로도 발음되고 있었던 것이다.[36]

앞서 언급하였듯이 이 점은 오늘날 '닭'이 지역에 따라, 또는 뒤에 이어지는 단어 여하에 따라 그렇게 두 종류로 발음되는 것과 마찬가지이다. 그러므로 6부를 『양서』 신라전에서 6탁평(啄評)이라 표기한 것도 흔히 지적되고 있는 것처럼 반드시 잘못이라고 하기는 어렵다. 둘 가운데 어느 하나의 발음을 선택해 그처럼 표기한 것이기 때문이다.

---

35) 文暻鉉, 앞의 글, pp.134-135.

36) 최근 喙을 들, 들판을 의미하는 '부리'로 보고 그것을 喙로 표기한 것으로 보아 '훼'로 읽으려는 견해들이 제기되고 있지만(全德在, 앞의 책, pp.24-27 및 金在弘, 「신라(사로국)의 형성과 발전」『역사와 현실』21, 1996, pp.3-12), 이는 『계림유사』를 무시하거나 혹은 잘못 읽은 결과로 판단되므로 취하지 않는다.

이상에서처럼 6부의 핵심인 탁부의 '탁' 자체가 '닭'을 의미하는 사실을 확인할 수 있다. 이는 이 집단이 닭과 뗄 수 없는 친연관계를 맺고 있었음을 뜻한다. 그 점은 앞서 언급하였듯이 김씨 시조인 알지의 탄생신화와도 그대로 일치한다. 이를 통해서 보면 김씨집단이 계림을 국호로 삼았던 밑바탕의 사정도 저절로 이해 가능해진다.

계림은 글자 그대로 '닭수풀'로서 닭을 신앙의 대상으로 삼는 집단이 다수였던 데에서 비롯된 것이다. 말하자면 신라의 국명이 계림으로 되었다거나 알지의 탄생이 닭과 관련되어 있음은 모두 6부의 핵심인 탁에서부터 말미암은 것이라 하겠다. 이는 닭을 조상신으로 삼은 김씨족단이 정치적인 실권을 장악한 뒤의 당연한 결과였다.

5. 달구벌로의 회귀(回歸)

이상 6부의 핵심인 탁부나 사탁부 및 모탁부의 모체인 '탁'은 닭으로서, 당대에 '닥(탁)' 또는 '달(돌)' 등으로 발음되었으며, 신라의 지배씨족인 김씨족단이 닭과 밀접한 관련이 있는 데서 말미암았음을 살펴보았다. 그에 앞서 대구의 옛 지명인 달구벌의 '달구'나 달성의 '달'도 곧 닭이었다고 추정하여 두었다. 그런 점에서 본다면 적어도 두 지역은 닭을 매개로 하여 서로 연결할 만한 실마리는 일단 확보된 셈이다.

대구가 닭과 관련되는 사정은 경산의 옛 지명을 압량(押梁), 압독(押督)이라 한 데서도 유추된다. 압량의 '梁'(돌 또는 달로 읽었음)이나 '督'이 모두 '啄' 즉 닭의 뜻이라는 사실은 이미 앞서 지적하였다. 그런데 이 '압'이 원래의 훈과는 달리 음으로서 곧 '앞'(前)을 의미한다고 흔히 지적되고 있는 것으로 보면[37] 원래의 양(梁)이나 독(督), 즉 (原)닭이 따로 존재하였음 직하다. 어쩌면 그것이 곧 위치상으로 대구일지도 모른다.[38] 바꾸어 말하면 경산을 '앞닭'이라고 하였다면, 대구는 '닭' 또는 '뒷닭'이란 의미를 내포하고 있지 않을까 하는 것이다.

그렇다면 이는 대구를 달구벌 혹은 달성이라고 한 것과도 맥락을 같이한다. 여하튼 그 점은 다른 언어학적인 문제가 개재되므로 단정을 피하지만 대구나 경산이 모두 닭과 일정한 관련이 있는 집단이 거주하고 있었으며 그 까닭으로 그러한 지명을 갖게 된 것으로 여겨진다.[39]

그런데 주목되는 점은 신라의 제사체계에 보이는 공산(公山, 즉 오늘날 팔공산)의 이름이나 위치이다. 신라는 통일 이후 세 나라 주민에 대한 융합정책의 일환으로서 국토 전체 속에서 명산대천(名山大川)을 대상으로 삼아 새로운 제사(祭祀)체계를 마련하거니와 그 결과로서 출현한 것이 대(大)·중(中)·소사(小祀)였다.

대사는 삼산(三山)으로서 경주를 중심으로 한 원 신라 지역에 위치한 반면, 중사(中祀)의 중핵을 이루는 것이 오악(五岳)으로서 이는 원 신라 지역도 포함되지만 새로이 신라의 영역으로 편입된 지역을 주된 대상으로 삼아 성립한 제사체계이다.[40] 오악은 동쪽의 토함산(吐含山, 大城郡), 남쪽의 지리산(地理山, 菁州), 서쪽의 계룡산(鷄龍山, 熊川州), 북쪽의 태백

---

37) 李弘稙, 「梁 職貢圖 論考」『高大60周年紀念論文集』(人文科學篇), 1965 ; 『韓國古代史의 研究』, 新丘文化社, 1971, pp.416-417 ; 대구시사편찬위원회, 앞의 책, p.56.

38) 위와 같음.

39) 청동기 이후 삼국시기에 이르기까지 이 지역의 문화적인 기반이 경주와 동일하다는 고고학적인 증거들은 그를 뚜렷이 방증하는 사례이다. 신라가 일찍부터 洛東江 상류지역으로 진출하려 하였던 것도 이와 관련이 있을지도 모른다.

40) 五岳에 대해서는 李基白, 앞의 글 참조.

산(太伯山, 奈已郡), 중앙의 부악(父岳, 一云 公山, 押督郡) 다섯이었다.

오늘날 대구 중심부와 경산에서 그리 멀지 않은 팔공산은 당시 공산(公山)으로 불리었는데, 오악 가운데서도 중악이었다. 물론 지리적으로 공산이 영남의 한가운데 위치하였기 때문에 중악으로 선정되었겠지만 특히 주목되는 것은 부악이라 불린 사실이다. 왜 하필 공산을 중악으로 삼으면서 부악으로도 불렀을까. 이 점은 달구벌로의 천도와 관련하여 소홀히 넘길 수 없는 대상이다.

신라인들이 공산을 부악 즉 '아버지 산'이라고 부르면서 중요한 국가 제사체계인 오악 가운데 핵심인 중악의 위치에 두려고 하였던 것은 당시 신라 지배세력 출자와의 관련성을 떼어 놓고 생각하기 어렵다.[41] 다만 『삼국사기』 제사지에는 공산이 압독군(押督郡)에 속하였다 하였는데, 달구벌과 압독이 모두 닭과 관련되어 있었던 점을 고려하면 공산이 대구와도 어떤 형태로든 연결되었다고 하여[42] 이상스럽지 않다.

그밖에 달리 근거가 없으므로 더 이상의 추적은 불가능한 형편이지만 대구가 왕경의 대상지로 선정된 것은 그곳이 김씨족단의 원주지(原住地)와 관계되기 때문인지도 모르겠다. 흔히 지적되듯이 이 일대가 다른 지역에 견주어 일찍부터 신라적인(경주적인) 요소가 강하게 묻어난다는 고고학적인 지견은 크게 참고로 된다. 어쩌면 신라가 동해안 지역과 함께 이른 시기부터 하필 낙동강 상류 방면으로 진출하려고 애썼던 것도

---

41) 혹은 공산을 중악으로 삼았던 것은 천도를 위한 사전 整地작업으로서 공산을 중악으로 삼았을 가능성도 있다. 그렇다면 이는 천도가 계획 단계에 그친 것이 아님을 입증하여 주는 사실로 손꼽을 수 있다.

42) 李基白은 달구벌이 압독국의 지배하에 들어 있었던 것으로 보았는데,(앞의 글, p.198) 필자도 달구벌이 독자세력이었다가 사로국에 복속되기 이전에 먼저 압독국에 편입된 것으로 보고 있다.(앞의 책, pp.416-418).

이와 관련이 있다고 보아도 지나친 억측은 아니라 하겠다.

최근 김씨족단의 원래 근거지를 둘러싸고는 몇몇 견해가 제시되어 있다. 종래 김씨족단을 경주분지 일대에 가장 먼저 선주(先住)한 것으로 이해하려는 경향이 강하였으나[43] 그런 인식에 대한 수정설이 제출되고 있다. 경주분지 중앙부 일원에 산재한 적석목곽분의 기원을 추적하여 고고학적 측면에서 김씨족단의 기원을 북방에서 찾고자 하는 견해가 있는가 하면,[44] 『삼국사기』 신라본기의 초기기록에 보이는 백제 관련 기사를 토대로 김씨족단의 근거지를 보은(報恩), 상주(尙州) 등 소백산맥 일대로 보려는 입장도 있다.[45] 한편 본래는 경북 영주(榮州) 지방을 근거지로 삼았다가 충주(忠州) 방면으로 옮기고 마침내 경주분지에 정착하게 되었다는 견해[46] 등의 신설까지 제기되고 있기도 하다.

필자는 이들과는 접근 방법론도 달리할 뿐만 아니라 경주분지로 이주한 시기에 대해서도 견해를 달리한다. 아직 결론을 내릴 만큼 고고자료나 문헌에 대해 충분히 검토한 것은 아니지만 청동기 단계에서 경주와 대구지역의 유사성이 간취된다는 사실을 고려한다면 김씨족단은 4세기 훨씬 이전의 이른 시기 경주로 진입하기 직전에 대구나 경산 방면을 경유하였을 가능성이 엿보인다. 달구벌로의 천도를 시도한 자체도 그러한 뿌리 깊은 인연을 고려할 때 충분한 이해가 가능하다. 말하자면 달구벌로의 천도는 그런 의미에서 원주지로의 회귀(回歸)를 시사해주는 것

---

43) 金哲埈, 앞의 글, p.74 참조.

44) 崔秉鉉, 『新羅古墳硏究』, 一志社, 1992, pp.414-415.

45) 朴南守, 「新羅上古 金氏系의 起源과 登場」 『경주사학』6, 1987, pp.9-11.

46) 姜鍾薰, 「新羅 三姓 族團과 上古期의 政治體制」 서울대박사학위논문, 1997, pp.78-79 및 「新羅 上古期 金氏 族團의 出自」 전국역사학대회발표요지문, 1998 참조.

이 아닐까 하는 것이다.

경주분지 일대에서 지배세력으로 부상한 것은 물론 박, 석, 김씨의 순서이지만 첫 출현 시점은 그렇지 않을 수도 있다. 가령 혁거세의 왕비인 알영(閼英)을 김씨족단의 일원으로 볼 수 있다면[47] 석씨에 앞서 김씨가 먼저 혼인을 통하여 경주의 박씨족단과 관계를 맺은 사실이 일단 확인되는 셈이다. 따라서 시조 신화와 왕위 계승의 순서인 박, 석, 김씨가 곧 경주분지에 출현, 정착해간 순서를 의미하는 것은 아니며 글자 그대로 유력한 지배집단으로서의 성장을 의미하는 것이겠다. 현재의 단계에서는 아직 그런 실태를 구체적으로 추적해내기는 곤란하지만 앞으로 고고학 자료에 대한 면밀한 검토를 토대로 새롭게 문제를 제기해볼 필요성이 강하게 느껴진다. 여기서는 여러 가지 사정상 단정은 유보하여 둔다.

요컨대 대구와 경주 두 지역은 여러 가지 면에서 친연성을 갖고 있는데, 모두 닭과 관련된 지명을 공유한다거나, 중심지를 이룬 성(城)의 위치나 구조가 유사한 점 등에서 그러하다. 특히 대구에 가까운 곳인 경산을 압량(독)이라 하였던 점, (팔)공산을 하필 부악이라 부르고 오악 가운데 중악으로 삼았던 점도 심상(尋常)히 넘길 수 없는 대상이다. 이는 김씨족단 혹은 그 일부가 경주분지로 이주해 정착하기 직전 어느 시기에 일정한 기간 그곳을 경유한 사실을 반영하는 것일지도 모르기 때문이다. 신라가 달구벌로 천도를 시도한 것도 그러한 관계에서 비롯되었을 공산이 크지 않을까 싶다.

---

47) 金哲埈, 앞의 글 참조.

6. 나오면서

이상에서 신라가 신문왕 9년 달구벌로 천도하게 된 배경과 실패의 원인, 그리고 그 대상지가 하필 대구였던 점에 대하여 몇 가지 추정을 시도해 보았다.

달구벌은 북쪽, 혹은 서북 지역으로부터 경주분지로 들어가는 데 거쳐야 할 육로교통의 한 요충지였다. 지금까지의 고고학적인 발굴 양상으로 볼 때 신석기문화와는 달리 청동기문화의 이동에는 육로가 주로 이용된 바, 경주와 대구가 문화적인 친연관계를 가질 만한 배경은 거기에 있었던 것으로 보인다. 말하자면 대구는 청동기시대 이후 영남 남부지역으로 흘러드는 북방으로부터의 선진문물이 통과하는 주요한 길목의 하나였던 것이다.

그런데 신문왕대 달구벌 천도 시도로 미루어 경주와 대구의 문화적인 친연성은 단순히 그 자체로만 그치는 것이 아니라 양자 사이에 어떤 정치적인 연관성도 내재되어 있었을 가능성을 시사해주는 것으로 상정해 보았다. 신라의 지배세력이 된 김씨족단의 일부가 어느 시기인지 특정하기는 어려우나 일단 대구를 중간 경유지로 삼은 것으로 상정하였다. 달구벌로의 천도는 그러한 인연 때문이며 따라서 거기에는 일종의 본거지 회귀라는 의미가 내포된 것으로 추측하였다.

신라 지배 집단 가운데 경주분지에 선주한 순서를 문헌상으로 따진다면 김씨족단이 석씨족단보다는 앞서며, 박씨족단보다는 약간 뒤지는 것이 아닐까 싶다. 이처럼 경주분지에 빨리 이주한 김씨족단이 가장 뒤늦게 두각을 나타내는 것도 앞으로 밝혀져야 할 과제의 하나이지만 그들이 성장하여 마침내 패자(覇者)가 되는 요인도 신라사의 체계화를 위하여 검토되어야 할 주된 대상이다. 필자는 당분간 그러한 의문점들에 대하여 꾸준한 관심을 기울여 보고자 한다.

(『백산학보』52, 1999)

신라 왕경의 이해

지은이 | 주보돈

펴낸이 | 최병식

펴낸날 | 2020년 12월 21일

펴낸곳 | 주류성출판사

주소 | 서울특별시 서초구 강남대로 435(서초동 1305-5) 주류성빌딩 15층

전화 | 02-3481-1024(대표전화) 팩스 | 02-3482-0656

홈페이지 | www.juluesung.co.kr

값 28,000원

잘못된 책은 교환해 드립니다.

ISBN 978-89-6246-431-3 93910